한림일본학자료총서
아사히신문 외지판 7

아사히신문
외지판(조선판)
기사명 색인 _제2권

1920.01. ~ 1921.12.

한림대학교 일본학연구소
서정완 외 12인

서문: 『아사히신문 외지판(조선판) 기사명 색인 제2권』를 간행하며
　　　1920.01.～1921.12. / 6
범례 / 13

1920년

1921년

朝日新聞 外地版(朝鮮版) 記事名 索引

『아사히신문 외지판(조선판) 기사명 색인 제2권』을 간행하며
1920.01.~1921.12.

서 정 완
한림대학교 일본학연구소 소장

1. 「조선판」 제2권을 간행하며

1915년 12월부터 1919년 12월까지 약 4년간의 기사명 색인을 수록한『아사히신문 외지판(조선판) 기사명 색인』을 간행한 지 1년 만에 그 후속인 1920년과 1921년 2년간의 기사명 색인을 수록한 제2권을 간행하기에 이르렀다. 본 연구소는 1935년 12월부터 1945년 3월까지 약 10년간의 기사명 색인을 수록한『아사히신문 외지판(남선판) 기사명 색인』(전 5권)을 이미 완간하였으며, 이른바 이 '남선판'에 이어 '조선판'을 후속사업으로서 수행하고 있는데 작년에 이은 이번 '조선판'이 바로 그 결과물이다. 앞으로 1935년 11월까지 완간하게 되면, 1915년부터 1945년까지 약 30년간의 「아사히신문 외지판」에 대한 기사명 색인이 완성된다.

국내 일본연구의 인프라 구축을 중요한 학문적・사회적 역할로 인식하고 있는 본 연구소는 <제국일본의 문화권력: 학지(學知)와 문화매체>라는 연구를 9년째 수행하면서 그와 병행해서 한일근대사 또는 식민지 연구를 위한 인프라 구축에 많은 노력을 기울여 왔다. 구체적으로 일부를 예시하면 다음과 같다.

「경성일보(京城日報)」, 「경성신보(京城新報)」, 「매일신보(每日申報)」, 「아사히신문 외지판(朝日新聞外地版)」, 「마이니치신문 외지판(每日新聞外地版)」, 「다롄신문(大連新聞)」, 「제국대학신문(帝國大學新聞)」, 「요미우리신문(賣讀新聞, 1874~1980)」, 「샹하이신보(上海新報)」, 「일본노동신문(日本勞動新聞)」, 「시국신문(時局新聞)」, 「애국신문(愛國新聞)」 등을 비롯해서 1945년 이전의 오키나와에서 간행된 신문DB인 「近代沖縄新聞集成DVD」(1898~1940)까지 다양한 신문자료를 일본연구를 위한 기초자료로서 갖추고 있으며, 지속적인 확충노력은 지금도 계속되고 있다.

이 외에도『朝鮮及滿洲』나『文敎의 朝鮮』등을 시작으로『十五年戰爭極祕資料集』(전 30권)과 補

卷 56권, 『十五年戰爭重要文獻シリーズ』6권, 『朝鮮總督府帝國議會說明資料』(전 19권), 『特高京察關係資料集成』(전 39권), 『映畫檢閱時報』(전 40권), 『出版警察報』(전 42권), 『出版警察資料』(전 16권), 『出版警察槪觀』(전 4권). 『外事警察報』(전 68권), 『外事警察報(補卷)』(전 9권), 『外事警察資料』(전 4권), 『外事警察槪況』(전 8권), 『外事月報』(전 11권), 『外務省警察史』(전 54권), 『文部省思想統制關係資料集成』(전 11권), 『戰前・戰中期アジア硏究資料 植民地社會事業関係資料 朝鮮編』(전 56권), 『戰前・戰中期アジア硏究資料 植民地社會事業関係資料 臺灣編』(전 52권), 『戰前・戰中期アジア硏究資料 植民地社會事業関係資料 滿洲・滿洲國編』(전 45권), 『言論報國』(전 3권), 『戰前・戰中期アジア硏究資料 植民地社會事業関係資料 雜誌「朝鮮社會事業」』(전 51권), 『滿蒙』(전 122권), 『優生學』(전 16권), 『映畫公社舊藏 戰時統制下映畫資料集』(전 34권), 『植民地帝國人物叢書』(전 45권), 『朝鮮總督府及所屬官署職員錄』(전 34권), 『新亞細亞』(전 19권), 『新異國叢書』(전 36권), 『日本植民地文學精選集 朝鮮編』(전 13권), 『滿洲總合文化雜誌 藝文』(전 36권) 등을 소장하고 있으며, 이들 기초문헌을 갖추기 위해서 연구소 역량의 상당한 부분을 할애하였다.

이들 도서는 모두 본 연구소 내에 설치된 <일본학도서관> 소장도서로서 공개하고 있다. 이러한 연구소 자산 외에도 일본 군사학의 최고권위인 故 오에 시노부(大江志乃夫) 교수의 장서 약 2만 점이 본 연구소의 노력으로 「오에 시노부 일본근대사문고」라는 이름으로 본교 도서관에 소장되었으며, 최근에는 故 아베 다카시(阿部猛) 교수의 장서 약 1만 점도 들어왔다. 일본학연구소 장서 6만 점과 함께 총 약 10만 점에 이르는 국내 최대이자 매우 높은 질의 장서는 「한림일본학총서」(총 100권)를 비롯한 본 연구소의 왕성한 출판사업과 함께 국내 일본학 인프라 구축의 근간을 담당하고 있다.

이번에 간행되는 『아사히신문 외지판(조선판) 기사명 색인』 제2권은 단독으로서는 미미한 존재에 불과할 수 있으나, 위에서 언급한 본 연구소가 보유한 방대한 일본학 자산의 일부로 본다면, 나름대로 학계에 공헌할 수 있는 유의미한 성과물이라 생각한다.

본 연구소는 연구소의 본분인 연구활동을 중심으로 일본학 인프라 구축을 통해서 학계와 사회에 공헌하고자 한다. 그 일환으로서 『아사히신문 외지판(조선판) 기사명 색인』이 자리하고 있으며, 이 기사명 색인이 1915년~1945년을 망라할 수 있도록 앞으로도 지속적으로 노력할 것이다.

2. 기사 내용의 특징

1920년판은 1월 6일부터 12월 28일까지, 1921편은 1월 5일부터 12월 28일까지의 기사를 수록하고 있다.

아래와 같은 역사를 가진 「아사히신문 외지판」을 대상으로 「아사히신문 선만판(鮮滿版)」이 간행되었다.

- 「아사히신문 선만부록(鮮滿附錄)」(1915.4.16.~1917.6)
- 「아사히신문 선만판(鮮滿版)」(1918.5.2.~1925.3)
- 「조선아사히(朝鮮朝日)」(1925.4.1.~1935.2.11.)
- 「조선아사히 서북판」(1935.2.12.~1935.11.30.)
- 『조선아사히 남선판』(1935.2.12.~1935.11.30.)

주지하는 바와 같이, 1920년은 3.1 독립운동이 전개된 이듬해이기 때문에 당시 조선인에 의한 반총독부 운동 즉 독립운동에 대한 기사와 식민통치를 강화하기 위한 내용을 담은 기사가 자연스럽게 눈에 띈다. 무단통치에서 문화통치로 변한 것은 결코 조선의 독립을 인정하거나 일본인과 조선인을 동위(同位)에 두기 위함이 아니라 결국은 제국의 식민통치를 수월하게 하기 위함이라는 점에서 접근 방식이 약간 다를 뿐 식민통치의 강화임에는 변함이 없다. 이를 보여주는 대표적 기사를 1920년 1년을 대상으로 발췌해서 제시하면 다음과 같다.

01.18. 斎藤総督に投下されし爆弾研究の結果は興味ある事実を教へたり 軽々に発表せば国際問題
(사이토 총독에 던져진 폭탄에 대한 조사 결과는 흥미로운 사실을 알려준다. 경솔하게 발표하면 국제문제가 될 수 있다)
01.28. 絶えず蠢動する不逞鮮人団の実状 (끊임없이 준동하는 불령 조선인단의 실상)
02.06. 忠清南道の試み 施政協議会に就て 官僚の通弊を根絶し 威嚇施政の時代過ぐ
(충청남도의 시도, 시정협의회에 관해서 관료의 폐단을 근절하여 조선인을 위협하는 시정을 펴는 시대는 끝났다)
02.07. 学生の排日運動 (학생들의 배일운동)
02.10. 総督府後援となり宗教家を活動せしめん (총독부가 후원해서 종교가들을 활동시킨다)
02.13. 忠南面長等の叫び 「文化政治を実現せよ」 失政の因は実情乖離と修飾報告過信にあり
(충남에서 면장 등이 호소, "문화정치를 실현해라", 실정의 원인은 실정 괴리와 과장된 보고서를 과신한 데에 있다)
02.19. 愈実施に決定の朝鮮学制改正問題 (드디어 실시하기로 결정된 조선의 학제개정문제)
02.19. 「新総督の来任は天命に反しているので殺害の決心をした」と大胆にも被告姜宇奎は犯罪動機を陳述す ≪爆弾事件公判筆記概要(一)≫
("새 총독의 부임은 천명에 반하기에 살해할 결심을 했다"고 피고 강우규는 대담하게도 범죄동기를 진술하다 ≪폭탄사건 공판필기개요(1)≫)
02.20. 「新総督の来任は天命に反しているので殺害の決心をした」と大胆にも被告姜宇奎は犯罪動機を陳述す ≪爆弾事件公判筆記概要(二)≫
("새 총독의 부임은 천명에 반하기에 살해할 결심을 했다"고 피고 강우규는 대담하게도 범죄동기를 진술하다 ≪폭탄사건 공판필기개요(2)≫)
02.21. 日鮮同根の研究 『同源』創刊に就いて (일선 동근의 연구, 『동원(同源)』 창간에 즈음하여)
02.21. 教員優遇に就て (교원 우대에 관해서)
02.22. 「新総督の来任は天命に反しているので殺害の決心をした」と大胆にも被告姜宇奎は犯罪動機を陳

述す ≪爆弾事件公判筆記概要(三)≫

("새 총독의 부임은 천명에 반하기에 살해할 결심을 했다"고 피고 강우규는 대담하게도 범죄 동기를 진술하다 ≪폭탄사건 공판필기개요(3)≫)

02.24. 「新総督の来任は天命に反しているので殺害の決心をした」と大胆にも被告姜宇奎は犯罪動機を陳述す ≪爆弾事件公判筆記概要(四)≫

("새 총독의 부임은 천명에 반하기에 살해할 결심을 했다"고 피고 강우규는 대담하게도 범죄 동기를 진술하다 ≪폭탄사건 공판필기개요(4)≫)

02.25. 「新総督の来任は天命に反しているので殺害の決心をした」と大胆にも被告姜宇奎は犯罪動機を陳述す ≪爆弾事件公判筆記概要(五)≫

("새 총독의 부임은 천명에 반하기에 살해할 결심을 했다"고 피고 강우규는 대담하게도 범죄 동기를 진술하다 ≪폭탄사건 공판필기개요(5)≫)

02.26. 「新総督の来任は天命に反しているので殺害の決心をした」と大胆にも被告姜宇奎は犯罪動機を陳述す ≪爆弾事件公判筆記概要(六)≫

("새 총독의 부임은 천명에 반하기에 살해할 결심을 했다"고 피고 강우규는 대담하게도 범죄 동기를 진술하다 ≪폭탄사건 공판필기개요(6)≫)

02.29. 爆弾襲撃を企てた不逞鮮人団 大邱で五名検挙さる

(폭탄습격을 획책한 불령 조선인단, 대구에서 5명 검거되다)

03.25. 鮮人開発に多大の効果ありし宗教教育 多少の弊害はある

(조선인 개발에 커다란 효과가 있는 종교 교육, 다소의 폐해는 있다)

04.23. 朝鮮女と夫殺しの大罪(下) 強制結婚から来る悪結果

(조선의 여인과 남편을 살해한 대죄, 강제결혼에서 오는 나쁜 결과)

04.25. 学校生徒の同盟休校 (학생들의 동맹휴업)

04.27. 総督府よりも出演 歓迎せらるる家庭講演会 (총독부에서도 출연, 환영 받는 가정강습회)

04.29. 京城婦人の歓び 家庭講演会を待ち佗ぶ

(경성 부인들의 환호, 가정강연회를 학수고대하다)

04.30. 鮮人恩赦の公布に就て (조선인 은사(恩赦=특별사면) 공포에 관해서)

05.11. 笞刑廃止は一視同仁の実現で朝鮮統治上必要の政策

(태형 폐지는 일시동인(一視同仁)의 실현이며 조선을 통치하는 데 있어서 필요한 정책)

05.22. 祖先崇拝と人心統一と結合のため 朝鮮神社奉建の趣旨

(조상숭배와 민심 통일과 결합을 위해, 조선신사 봉건(奉建)의 취지)

05.30. 乱雑極る警官の服装を改良して嘲笑の的より救へ

(난잡함이 그지없는 경찰관의 복장을 개량해서 웃음거리가 되는 것을 피해라)

06.08. 延禧専門学校 同盟休校問題 排日的色彩を認めず

(연희전문학교 동맹휴교 문제, 배일적 색채를 인정할 수 없음)

06.09. 不逞鮮人婦人 独立陰謀の公判 大邱地方法院に於て開廷

(불령 조선인 부인, 독립음모에 대한 공판, 대구지방법원에서 열려)

07.08. 武装鮮人の正体は共産主義者 国権恢復は仮面のみ

(무장 조선인의 정체는 공산주의자, 국권회복은 가면일 뿐)

09.09. 川村警保局長 時局対応策を語る (가와무라 경보국장, 시국 대응책을 말하다)

09.09. 不逞鮮人の凶暴 銃殺ー爆弾ー官庁に放火

(흉폭한 불령 조선인, 총으로 살인, 폭탄 투척, 관청에 방화)

09.26. 不逞鮮人団は頑強激烈に抵抗 砲火を交へ宛然戦争のやう

(불령 조선인단은 완강하고 격렬하게 저항, 포화를 주고받으며 마치 전쟁을 치르듯)

10.26. 儒林内地視察団 (사진) (유림의 내지 시찰단)

10.26. 独立運動に参加せし不逞鮮人三名の取調終了して検事局へ

(독립운동에 참가한 불령 조선인 3명의 조사를 마치고 검사국 이첩)
　12.04. 朝鮮統治と現下の趨勢 丸山總督府事務官講述
　　　　(조선통치와 현하의 추세, 마루야마 총독부 사무관이 강연에서 말하다)
　12.08. 朝鮮醫科大學實現 全提として高等學校設置
　　　　(조선에 의과대학 실현되다, 고등학교 설치를 전제로)
　12.15. 「朝鮮語辭典」の完城 眞の文化的事業である
　　　　(『조선어사전』 완성, 진정한 문화적 사업이다)

　이상의 기사를 살펴보면, 크게 두 가지 부류의 기사로 정리할 수 있다는 것을 알 수 있다. 하나는 조선의 독립과 국권회복에 대한 적대적 경계와 이에 대한 강력한 제재이며 들 수 있으며, 다른 하나는 3.1 독립운동 이후로 이른바 '문화정책'이라는 미명 하에 전개되는 유화적 제스처를 가장한 사상과 의식의 교화를 노린 정책이다. 전자에 해당되는 것은 강우규(姜宇奎) 선생에 대한 기사이다. 총 6회에 이르는 시리즈물로 게재할 정도로 총독부를 중심으로 한 식민권력에게 커다란 충격이었다는 것을 알 수 있으며, '不逞鮮人'이라는 조선인을 비하하는 호칭으로 조선인의 저항에 경계심을 드러내고 있는 것이다. 그 연장으로서 학생들의 '배일(排日)'적 동태에 대해서도 경계심을 보이고 있다. 이는 식민권력을 단속하겠다는 의사를 조선사회에 분명하게 밝히기 위한 기사라 볼 수 있다.

　이에 반해서 2월 6일의 관료의 폐단을 근절하고 조선인을 위협하는 시정을 펴는 시대는 끝났다는 내용을 담은 기사, 교사에 대한 우대, 일선동근(日鮮同根)의 강조, 『조선어사전』 완성에 대한 강조 등은 이른바 문화정치라 할 수 있는 것들이다.

　조선 사회의 어른이라 할 수 있는 유림을 대상으로 내지에 시찰단을 보내고 이를 사진으로 공개하는 등은 아주 치밀한 회유책이라 할 수 있다. 경찰관의 난잡한 복장을 바로잡아서 웃음거리가 되지 않게 하겠다는 것은 공권력에 대한 위신을 확보하겠다는 이야기로 보인다. 가정강연회의 경우는 식민권력과 언론매체의 친밀한 관계를 엿볼 수 있는 대목이라 할 수 있다. 조선의 학제를 개정해서 조선에 의과대학을 실현하는 등의 문교정책도 중장기적 안목에서 조선의 통치를 수월하게 위한 것이라 볼 수 있고, 이는 1924년의 경성제대 개교로 이어진다. 그러나 이러한 문화정책의 이면에는 12월 4일자에 있는 마루야마 총독부 사무관이 "朝鮮統治と現下の趨勢(조선통치와 현하의 추세)라는 강연에 있다고 하겠다. 강연 중에는 '민족자결', '권리자유', '선민개발', '문화운동', '독립운동', '일한병합'과 같은 말이 나온다. 그리고 1921년 첫 신문인 1월 5일자 및 6일자에서 사이토 마코토(齊藤實)가 "조선통치와 현재 및 장래"라는 이른바 신년사를 상하로 나누어 발표하고 있는 것과 맥락을 같이한다. 요는 흔들리지 않고 조선 통치를 보다 확실하게 하겠다고 한다.

　이렇듯 1920년은 3.1독립운동으로 불이 붙은 조선의 독립운동과 국권회복을 위한 저항에 의해서 식민권력이 '조선통치'라는 문제를 놓고 고민하면서 경계와 탄압을 강화하는 모습이 그대로 반영되어 있다. 비록 「아사히신문 외지판」은 일본 신문이며, 당연히 식민권력 입장에 서는 매체임에는 틀림없다. 그러나 그러한 점을 우리가 가감함으로써 당시 식민지 조선의 사회상과 저항의 모습, 그리고 식민권력의 저의를 선명하게 도려낼 수 있다고 생각한다.

3. 제작일지

『아사히신문 외지판(조선판) 기사명 색인』 제2권(1920.01.~1921.12.)은 한림대학교 일본학연구소 일본학DB 사업의 일환으로 <한림일본학자료총서>로서 간행되었다. 이 사업은 연구소장이 중심이 되어 기획, 추진, 감독하였으며, 여기에는 제작·간행을 위한 외부 지원금 획득 작업도 포함된다. 한편 한림대학교 일본학과 학부생으로 구성된 연구보조원들이 입력한 데이터는 신뢰성 담보를 위해 총 세 차례에 걸친 검증작업을 통해서 오타나 누락된 기사를 최소화하였다. 색인 추출작업과 전체 구성에 대한 편집은 심재현 연구원/사서가 수고하였다.

(1) 1920년 1월 ~ 1920년 4월 (4개월)

작업기간: 2015년 1월 ~ 2016년 12월

작 업 자: 박명훈(09), 김성희(11), 박진희(12), 현정훈(12), 김보민(13), 노혜민(13), 박상진(13), 홍세은(13), 김성희(15)

작업내역: 입력, 1차 수정, 2차 수정, 3차 수정

(2) 1920년 5월 ~ 1921년 12월 (20개월)

작업기간: 2015년 3월 ~ 2016년 12월

작 업 자: 박명훈(09), 김성희(11), 박진희(12), 현정훈(12), 김보민(13), 노혜민(13), 박상진(13), 방나은(13), 정단비(13), 홍세은(13), 김성희(15)

작업내역: 입력, 1차 수정, 2차 수정, 3차 수정

4. 데이터 현황

『아사히신문 외지판(조선판) 기사명 색인』은 데이터 검색을 용이하게 하기 위해서 모든 기사에 일련번호를 부여했으며, 1권의 일련번호를 이어받아서 93700~103649까지 수록되어 있다. 색인은 일본어 한자음을 한글음에 따라 가나다 순으로 정리했으며, 총 2,000어휘에 이른다.

5. 기 타

이 책 색인에 등록되어 있는 어휘 외에도 더 많은 어휘에 대한 색인 추출을 시도하였으나, 해당 기간에 해당 어휘를 포함한 기사가 없는 경우가 많았다. 사용자의 편의를 위해서 해당 용례를 찾을 수 없었던 어휘 목록을 따로 정리해서 색인범례와 함께 제시했으니 색인과 함께 참고해주기 바란다.

6. 추가

누락된 기사가 있어서 일련번호를 만들어서 추가함.

일련번호	판명	간행일	단수	기사명
93695	鮮滿版	1919-10-11	02단	龍山舊練兵場埋立工事
93696	鮮滿版	1919-10-11	02단	豆滿江林業會社設立
93697	鮮滿版	1919-12-03	02단	新任鎭海要港部司令官海軍中將/千坂智次郎氏
93698	鮮滿版	1919-12-09	05단	新任朝鮮總督府事務官/久留島新司氏
93699	鮮滿版	1919-12-10	02단	新任朝鮮總督府事務官/菊山嘉男氏

朝日新聞 外地版(조선판) 기사명 색인 제2권 1920.01.~1921.12.
범 례

1. 본 DB는 『朝日新聞 外地版 鮮滿版』 중 1920.01.~1921.12.의 기사를 대상으로 하였다.

2. 본 DB는 일련번호, 판명, 간행일, 단수, 기사명 순으로 게재하였다.

3. 신문이 휴간, 결호, 발행불명인 경우 해당날짜와 함께 休刊, 缺號, 發行不明이라 표기하였다.

4. DB작업 시 색인어 입력을 병행하였다.

5. 기사명 입력은 원문의 줄 바꿈을 기준으로 '/'로 구분을 두었다.

   예) 關東廳移置問題

   　　旅順より大連へとの議

   　　第一困難なるは廳舍舍宅の設備 (이하 기사 본문)

   　→ 關東廳移置問題/旅順より大連へとの議/第一困難なるは廳舍舍宅の設備

6. 광고 및 訂正, 取消, 正誤 등 신문내용의 수정을 알리는 기사는 생략하였다.

7. 연재물기사(번호와 저자명이 기입된 기사)는 '제목(편수)/저자명'의 형태로 입력하였다.
   이어지는 부제목은 생략하였다.

   예) 朝鮮道中記(５７) 貴妃の靈に遭ふ 顔が四角で腕が達者 これが大邱一番の歌ひ女 大阪にて瓢
   　　齊 (이하 기사 본문)

   → 朝鮮道中記(５７)/大阪にて瓢齊翁

8. 연관기사(연계기사)는 '기사명1/기사명2/기사명3'의 형태로 표시한다. 이때 하나의 기사명 내에
   서는 상기의 줄 바꿈 표시인 '/' 대신 '스페이스(공백)'를 사용하였다. 또한, 기사명 전체를 이탤
   릭체(기울임꼴)로 변환하였다.

   예) 朝鮮の土を踏むのは今度が最初 家内に敎はる積り机上の學問は駄目 何の事業も無く慚愧の至
   　　りです (이하 기사본문)

   → *朝鮮の土を踏むのは今度が最初 家内に敎はる積り机上の學問は駄目/何の事業も無く慚愧の至りです*

9. 기사명의 내용과 문맥이 이어지는 기사는 '상위 기사명(하위 기사명/하위 기사명)' 형태로 입력
   하였다.

10. 괄호로 묶어서 입력한 하위 기사명은 '슬래쉬(/)'로 구분하였다.

    예) 米穀收用と影響 朝鮮の各地方に於ける 大邱地方 慶山地方 金泉地方 浦項地方 (이하 기사본문)

    → 米穀收用と影響/朝鮮の各地方に於ける(大邱地方/慶山地方/金泉地方/浦項地方)

11. 신문기사에 있는 숫자, !, ?, 、, "", 「」 등의 기호는 모두 전각으로 입력하였다. 단, '()'와 '슬래

쉬(/)'는 반각으로 입력하였다.

12. 촉음과 요음은 현행 표기법에 맞게 고쳐서 입력하였다.

    예) ちよつと → ちょっと, ニユース → ニュース, 2ヶ月 → 2ヶ月

13. 기사명에 사용된 '◆', '……', '='와 같은 기호들은 생략하고 중점은 한글 아래아(・)로 입력하였다.

14. 한자는 원문에 약자로 표기되어 있어도 모두 정자로 통일해서 입력할 것을 원칙으로 했다. 단, 오늘날 일본에서 쓰이는 이체자(異體字)는 원문대로 입력하였다.

15. 이체자 중 PC에서 입력이 불가능한 경우 현대에서 통용되는 한자로 표기, 범례에 표기하는 형태를 취하였다.

    예) 98903번 기사의 '侻'자는 '兑'으로 대체하여 표기하였다.

    인쇄 상태 등으로 인해 판독이 어려운 글자는 ■로 표기하였다.

아사히신문 외지판(조선판) 기사명 색인

1920년

1920년 1월 (선만판)

일련번호	판명	간행일	단수	기사명
93700	鮮滿版	1920-01-06	01단	治鮮方針/朝鮮總督齋藤實
93701	鮮滿版	1920-01-06	03단	大規模の咸興慈惠醫院/總工費四十萬圓/本年度中に竣成
93702	鮮滿版	1920-01-06	03단	咸興の非常警戒
93703	鮮滿版	1920-01-07	01단	發展の途上にある忠南/驚異すべき各地の活躍/在鳥致院三洲生(歷史の公州/工業の大田/米の鳥致院/富力の江景/酒造の論山/天安と禮山)
93704	鮮滿版	1920-01-07	02단	釜山公會堂新築
93705	鮮滿版	1920-01-07	03단	釜山の移出米
93706	鮮滿版	1920-01-07	03단	活牛移出盛況
93707	鮮滿版	1920-01-07	03단	咸興より
93708	鮮滿版	1920-01-07	03단	行金橫領事件の新事實發覺/關係者悉く檢擧さる
93709	鮮滿版	1920-01-08	01단	和食と洋食(一)/京大教授醫學博士戶田正三(第一食物並に食品量及び質の關係/食物量の關係)
93710	鮮滿版	1920-01-08	04단	昨年中の元山貿易高/二千萬圓帶を突破す/經由貨物は大減退
93711	鮮滿版	1920-01-08	04단	佐世保軍港名物男/芳造流感に斃る
93712	鮮滿版	1920-01-08	04단	練習艦八雲
93713	鮮滿版	1920-01-09	01단	皮を被れる骸骨の群/恐ろしき地獄の繪卷之が西伯利の現狀だ/親は愛兒の死骸を捨て當もなく日夜待ち焦るゝは『救濟の手』
93714	鮮滿版	1920-01-09	02단	和食と洋食(二)/京大教授醫學博士戶田正三
93715	鮮滿版	1920-01-09	04단	北鮮航路と船舶融通問題
93716	鮮滿版	1920-01-09	04단	城津の初荷/素晴しい景氣/大頭は久原鑛業
93717	鮮滿版	1920-01-09	04단	疫病地認定廢止/在香港鈴木總領事五日發七日外務省着重
93718	鮮滿版	1920-01-10	01단	築港と修道は絶望/虐待された城津地方民/築港期成同盟會を擴張し新に庚申會を組織して奮起
93719	鮮滿版	1920-01-10	01단	和食と洋食(三)/京大教授醫學博士戶田正三
93720	鮮滿版	1920-01-10	03단	咸北山間新米産地/將來有望の久原鑛業が精米器を提供
93721	鮮滿版	1920-01-10	04단	城津端川間の停車場は恩湖、日新、梨湖、汝海津の四箇所に新設
93722	鮮滿版	1920-01-10	04단	京仁間に電車運轉計劃/汽車線路を利用して旅客貨物を運搬
93723	鮮滿版	1920-01-10	05단	城津の釀造界/濁酒賣出は本月中旬
93724	鮮滿版	1920-01-10	05단	京城の綿絲取引は現金に決定
93725	鮮滿版	1920-01-10	05단	志自岐殉難者建碑計劃
93726	鮮滿版	1920-01-10	05단	朝鮮新聞經營者變更
93727	鮮滿版	1920-01-11	01단	戰後の日支經濟關係/農商部次長江川鐸
93728	鮮滿版	1920-01-11	01단	和食と洋食(四)/京大教授醫學博士戶田正三
93729	鮮滿版	1920-01-11	04단	京畿道の新豫算/約二十萬圓の增加

일련번호	판명	간행일	단수	기사명
93730	鮮滿版	1920-01-11	04단	滿鮮の學事視察
93731	鮮滿版	1920-01-13	01단	故李太王殿下御一年祭/純朝鮮古式の御儀
93732	鮮滿版	1920-01-13	01단	和食と洋食(五)/京大教授醫學博士戶田正三
93733	鮮滿版	1920-01-13	02단	慈惠醫院新設/全鮮に十三箇所/五箇年間の繼續事業
93734	鮮滿版	1920-01-13	02단	京城の小學校舍增設/就學兒童增加で校舍不足
93735	鮮滿版	1920-01-13	03단	朝鮮關稅撤廢延期と九州地方の影響
93736	鮮滿版	1920-01-13	03단	京城で大懇談會/宜教師と新聞記者の意志疏通のため
93737	鮮滿版	1920-01-13	03단	鰊の大漁/素晴しい慶北/東海岸の漁場
93738	鮮滿版	1920-01-13	04단	府廳舍新築中止/朝鮮神社道路の位置も變更か
93739	鮮滿版	1920-01-13	04단	藤川慶北道知事視察
93740	鮮滿版	1920-01-13	04단	大邱消防組頭異動
93741	鮮滿版	1920-01-14	01단	和食と洋食(六)/京大教授醫學博士戶田正三
93742	鮮滿版	1920-01-14	01단	釜山米穀取引所近く發起人銓衡
93743	鮮滿版	1920-01-14	01단	釜山米穀集散
93744	鮮滿版	1920-01-14	01단	東和汽の船龍裕丸/新たに敦浦間に就航すべき
93745	鮮滿版	1920-01-14	02단	商議員總改選
93746	鮮滿版	1920-01-14	03단	仁川俱樂部會
93747	鮮滿版	1920-01-14	03단	仁川商議補選
93748	鮮滿版	1920-01-14	03단	製鐵平爐起工
93749	鮮滿版	1920-01-14	03단	倉庫業開始
93750	鮮滿版	1920-01-14	03단	殖産銀行補給辭退/優に年七朱を配當
93751	鮮滿版	1920-01-14	04단	釜山の流感/小學校は閉鎖
93752	鮮滿版	1920-01-14	04단	鎭南浦の流感
93753	鮮滿版	1920-01-14	04단	明太魚も豊漁
93754	鮮滿版	1920-01-15		缺號
93755	鮮滿版	1920-01-16	01단	本年度豫算輕鐵補助
93756	鮮滿版	1920-01-16	01단	城惠道路工事中止に就て/地方民の期成計劃
93757	鮮滿版	1920-01-16	01단	和食と洋食(八)/京大教授醫學博士戶田正三
93758	鮮滿版	1920-01-16	02단	新聞紙延着不着に付謹告
93759	鮮滿版	1920-01-16	02단	監獄費擴張/笞刑廢止に伴ふ
93760	鮮滿版	1920-01-16	03단	本多博士設計中の九州の一大公園八幡と霧島山に(下)/溫泉を利用し大遊泳場
93761	鮮滿版	1920-01-16	04단	京城の金融
93762	鮮滿版	1920-01-16	04단	京城公會堂
93763	鮮滿版	1920-01-16	04단	興鐵創立總會
93764	鮮滿版	1920-01-16	04단	光州電氣買收

일련번호	판명	간행일	단수	기사명
93765	鮮滿版	1920-01-17	01단	維納に於ける米國の兒童救濟事業(一)/(給與前の體重檢査)
93766	鮮滿版	1920-01-17	01단	和服令は默殺/三澤高津校長談
93767	鮮滿版	1920-01-17	01단	九大名物敎授訪問記(一)/日本國民は何事も徹底的でない/久保博士蝶類採集上から見た國民性を語る
93768	鮮滿版	1920-01-17	02단	南鮮鐵創立
93769	鮮滿版	1920-01-17	02단	各地雜信(水道値上(廣島)/敎育行致(岐阜)/民力涵養(和歌山)/學校敷地(松江)/徒弟學校(高松)/痲疹流行(松山))
93770	鮮滿版	1920-01-17	04단	厭になる北國の冬空
93771	鮮滿版	1920-01-18	01단	醫科大學と醫學專門學校
93772	鮮滿版	1920-01-18	01단	鳥致院の問題/米豆延取引
93773	鮮滿版	1920-01-18	01단	九大名物敎授訪問記(二)/年齡を限った禁酒法では駄目/習慣の付かぬ者に飮酒せしめぬ樣にせよ/荒川博士の談
93774	鮮滿版	1920-01-18	03단	宮有地拂下/財源として地元民に
93775	鮮滿版	1920-01-18	03단	衛生設備改善
93776	鮮滿版	1920-01-18	04단	大邱中學建設/本年より補習科開始
93777	鮮滿版	1920-01-18	04단	齋藤總督に投下されし爆彈研究の結果は興味ある事實を敎へたり輕々に發表せば國際問題
93778	鮮滿版	1920-01-18	05단	隧道內で汽車脫線/不通十二時間餘
93779	鮮滿版	1920-01-18	05단	雪中射擊會
93780	鮮滿版	1920-01-20	01단	救濟事業擴張/大塚內務局長談
93781	鮮滿版	1920-01-20	01단	鳥致院の金融/頗る緩慢狀態
93782	鮮滿版	1920-01-20	01단	九大名物敎授訪問記(三)/女子敎育に頗る熱心な桑木博士/昇格運動には贊成/地方にも女子大學を
93783	鮮滿版	1920-01-20	02단	朝鮮出漁不況/縛綱漁業研究
93784	鮮滿版	1920-01-20	03단	女學校移管問題
93785	鮮滿版	1920-01-20	03단	東拓制度改正
93786	鮮滿版	1920-01-20	03단	畜産會議
93787	鮮滿版	1920-01-20	04단	樹苗成績
93788	鮮滿版	1920-01-20	04단	氷雪の國に流浪すること半生/無意識に世界を一周して歸鮮したる今浦島の團體
93789	鮮滿版	1920-01-20	05단	學校組合設立
93790	鮮滿版	1920-01-20	05단	山崎元山憲兵隊長
93791	鮮滿版	1920-01-21	01단	寬嚴宜しきを制せん我に相當の覺悟はあり/在京水野總監の談
93792	鮮滿版	1920-01-21	04단	二次警務機關擴張巡查募集/六月迄に完成
93793	鮮滿版	1920-01-21	04단	中鮮の財界
93794	鮮滿版	1920-01-21	04단	朝濱間新航路/鮮米東京移入の爲

일련번호	판명	간행일	단수	기사명
93795	鮮滿版	1920-01-21	04단	京畿道豫算/五十萬圓の增加
93796	鮮滿版	1920-01-21	05단	朝鮮線滯貨/將十萬噸
93797	鮮滿版	1920-01-21	05단	在鮮巡査慰問
93798	鮮滿版	1920-01-21	05단	東西日報發起人會
93799	鮮滿版	1920-01-21	05단	京城でも遊興稅を/不動産取得稅も
93800	鮮滿版	1920-01-21	05단	溫突の傍で/葬生
93801	鮮滿版	1920-01-22	01단	滿洲輸入穀物/海運補助
93802	鮮滿版	1920-01-22	01단	平元鐵道速成運動熾ん
93803	鮮滿版	1920-01-22	02단	京元線の貨車不足
93804	鮮滿版	1920-01-22	02단	釜山と公會堂近く實行に着手
93805	鮮滿版	1920-01-22	03단	南浦市民大會
93806	鮮滿版	1920-01-22	03단	仁川商議評議員
93807	鮮滿版	1920-01-22	03단	湖銀の帳尻
93808	鮮滿版	1920-01-22	03단	在留宣教師引揚說に就て
93809	鮮滿版	1920-01-22	03단	內鮮人住家の新築激增す
93810	鮮滿版	1920-01-23	01단	釜山昨年の總貿易高/一億五千四百萬圓
93811	鮮滿版	1920-01-23	01단	前年度の輸移出米/全鮮の移出數量
93812	鮮滿版	1920-01-23	01단	東拓移民渡航期
93813	鮮滿版	1920-01-23	01단	光州市民大會
93814	鮮滿版	1920-01-23	01단	電燈會社合併
93815	鮮滿版	1920-01-23	01단	釜山の企業熱
93816	鮮滿版	1920-01-23	02단	釜山の活氣
93817	鮮滿版	1920-01-23	02단	城惠間道路/速成熱漸く高し
93818	鮮滿版	1920-01-23	02단	鳥致院の穀物延取引生る
93819	鮮滿版	1920-01-23	03단	金櫃强奪事件詳報/犯人は陰謀團の一味か/今尚行方不明/危險に瀕せる間、會間の交通
93820	鮮滿版	1920-01-23	04단	穀類初手合
93821	鮮滿版	1920-01-23	04단	蔚山自動車
93822	鮮滿版	1920-01-23	05단	西伯利近況/勳章は骨董品に勳一等が八十圓
93823	鮮滿版	1920-01-23	05단	朝鮮女と養鷄
93824	鮮滿版	1920-01-23	05단	氣の利ざる咸興郵便局
93825	鮮滿版	1920-01-24	01단	新日本主義を全道に宣傳/國民協會活動を開始す/日鮮兩民族共存の爲め
93826	鮮滿版	1920-01-24	02단	北鮮航路能登丸就航に決定
93827	鮮滿版	1920-01-24	02단	迎日灣漁民の漁業制限撤廢嘆願/二百數十名連署して
93828	鮮滿版	1920-01-24	02단	大鎭間輕鐵敷設決議/大邱發展のため

일련번호	판명	간행일	단수	기사명
93829	鮮滿版	1920-01-24	02단	慶北道提出議案/全道蠶業會談へ
93830	鮮滿版	1920-01-24	03단	鮮銀の增資決行/來るべき株主總會に附議
93831	鮮滿版	1920-01-24	03단	小學校增設計劃
93832	鮮滿版	1920-01-24	03단	京城より(流行豫防注射/京城電氣配當/昨年移入蠶種)
93833	鮮滿版	1920-01-24	03단	目明を導く盲目の牧師さん/聖書も讚美歌も點字本て/今度熊本盲人大會を開く
93834	鮮滿版	1920-01-24	04단	群山運輸會社創立/群山大阪間定期航路開始
93835	鮮滿版	1920-01-24	04단	群山米穀取引所總會
93836	鮮滿版	1920-01-24	04단	群山官民合同懇親會
93837	鮮滿版	1920-01-24	05단	北京へ派遣の宣教師代表者/支那宣教師の日本人觀を十分に知りたい/スミス氏は語る
93838	鮮滿版	1920-01-24	05단	京城市內に痘瘡續發/患者は多く妙齡の子女
93839	鮮滿版	1920-01-24	05단	米豆檢查所技手拘引さる/職權を亂用して繩叺の不正賣買
93840	鮮滿版	1920-01-25	01단	朝鮮關稅撤廢運動/存續は政治の威信にも關す商業會議所聯合會の建議
93841	鮮滿版	1920-01-25	01단	昨年の群山港貿易高/前年に比し千七百餘萬圓の增加
93842	鮮滿版	1920-01-25	01단	總督府の驛屯土拂下聞題/總面積十萬七千町步今/後十年間に拂下を結了
93843	鮮滿版	1920-01-25	02단	米穀集散激減
93844	鮮滿版	1920-01-25	02단	貨車配給不足/不滿の聲漸く高し
93845	鮮滿版	1920-01-25	03단	京城より(電話架設狀況/質屋で保險業)
93846	鮮滿版	1920-01-25	03단	朝鮮勞働者は怎麼にして居る(一)/古い開港場堺市で堅實な根城を築く者/流浪の舊態を脫せぬ者
93847	鮮滿版	1920-01-25	04단	光岡農場賣約成立/後繼者は多木氏
93848	鮮滿版	1920-01-25	04단	仁川商會會頭選擧
93849	鮮滿版	1920-01-25	04단	三府代表者會
93850	鮮滿版	1920-01-25	04단	大邱の流感益猖獗/當分終熄の見込みなし
93851	鮮滿版	1920-01-27	01단	平元鐵道速成運動/松井平壤商業會議所會頭談
93852	鮮滿版	1920-01-27	01단	總督府當局辯解の辭/本紙の社說に對して
93853	鮮滿版	1920-01-27	01단	罪は政府にあり/朝鮮關稅撤廢問題/總督府は延期に反對
93854	鮮滿版	1920-01-27	02단	元山埠頭の軍衙敷地移轉/繁榮會で決議
93855	鮮滿版	1920-01-27	02단	昨年中の城津貿易額/旱害で輸移出は減少
93856	鮮滿版	1920-01-27	02단	湖南海南兩銀行合併は鮮人側で拒絕
93857	鮮滿版	1920-01-27	03단	木浦穀物組合設立
93858	鮮滿版	1920-01-27	03단	行惱める群山公會堂建設問題/委員會の不誠意に寄附者憤慨す
93859	鮮滿版	1920-01-27	03단	伊國飛行隊大邱歡迎委員決定

일련번호	판명	간행일	단수	기사명
93860	鮮滿版	1920-01-27	03단	朝鮮勞働者は怎麽にして居る(二)/古い開港場堺市で身軀の丈夫なが取柄怠業けるので能けぬ
93861	鮮滿版	1920-01-27	04단	京城より(大邱地方法院/英國宣教師が)
93862	鮮滿版	1920-01-27	04단	木浦甲種商業設置運動
93863	鮮滿版	1920-01-27	04단	全南實業大會
93864	鮮滿版	1920-01-27	04단	人(時實忠淸南道知事/豫備憲兵大佐神田長平氏)
93865	鮮滿版	1920-01-27	04단	大田驛大改築/陸橋を地下道に改む
93866	鮮滿版	1920-01-27	05단	癩病を癒すため從兄を慘殺して其の生血を飮ます
93867	鮮滿版	1920-01-27	05단	職權を濫用して繩叺の强請販賣/山內技手の犯罪內容
93868	鮮滿版	1920-01-28	01단	絶えず蠢動する不逞鮮人團の實狀/上海假政府と滿洲獨立/文化的假面のものを警戒
93869	鮮滿版	1920-01-28	02단	穀物賣買不振
93870	鮮滿版	1920-01-28	02단	慶北道養豚狀況
93871	鮮滿版	1920-01-28	03단	咸興より
93872	鮮滿版	1920-01-28	03단	京城より(斯文會發會式/女人禁制破る)
93873	鮮滿版	1920-01-28	03단	寺內伯記念碑誕生地へ建設
93874	鮮滿版	1920-01-28	03단	朝鮮勞働者は怎麽にして居る(三)/古い開港場堺市で一錢でも高い處へ轉々と不景氣來には先づ彼等が
93875	鮮滿版	1920-01-28	04단	非常に富んだ愛媛村/功勞者の記念碑建設計劃
93876	鮮滿版	1920-01-29	01단	維納に於ける米國の兒童救濟事業(中央大倉庫より地方倉庫に食糧品を送り込む所)
93877	鮮滿版	1920-01-29	01단	所謂陰謀團も愈よ末路に近づいた資金缺乏で大恐慌/漸次彼等も自覺するであらう/牧山代議士談
93878	鮮滿版	1920-01-29	02단	鎭昌鐵道は怎うなった/齋藤總督の辯明
93879	鮮滿版	1920-01-29	02단	馬山府尹は誰か/任命遲延で當局非難さる
93880	鮮滿版	1920-01-29	03단	現物市場許可問題/裏面に某政黨員の暗中飛躍
93881	鮮滿版	1920-01-29	04단	砲兵會議出席者
93882	鮮滿版	1920-01-29	04단	元東貿易會社設立
93883	鮮滿版	1920-01-29	04단	軍道交通解禁/飛鳳里鎭海市間
93884	鮮滿版	1920-01-29	04단	昌原の拳銃强盜鮮人を射殺して逃走
93885	鮮滿版	1920-01-29	04단	朝鮮人勞働者は怎麽にして居る(四)/古い開港場堺市で仕事によって男よりは女倂し女はお尻が更に輕い
93886	鮮滿版	1920-01-29	05단	馬山の流感益猖獗を極む
93887	鮮滿版	1920-01-29	05단	滿鐵の寄附金/馬山府へ三百圓
93888	鮮滿版	1920-01-30	01단	財界十方瞰/高橋藏相と井上總裁
93889	鮮滿版	1920-01-30	01단	造船界の現在及將來(下)/今岡純一郎

일련번호	판명	간행일	단수	기사명
93890	鮮滿版	1920-01-30	02단	獨銀の銀貨回收(國際伯林廿一日發)/銀價暴騰影響
93891	鮮滿版	1920-01-30	02단	偏重せる爲替政策
93892	鮮滿版	1920-01-30	04단	比島支銀計劃
93893	鮮滿版	1920-01-30	04단	獨逸出荷尠少
93894	鮮滿版	1920-01-30	04단	印度紡績閉鎖
93895	鮮滿版	1920-01-30	04단	銀價暴騰/最高記錄再現(銀價强調/對印爲替)
93896	鮮滿版	1920-01-30	05단	對支借欵密議
93897	鮮滿版	1920-01-30	05단	露穀物大豊作
93898	鮮滿版	1920-01-30	05단	北米運賃引下
93899	鮮滿版	1920-01-30	05단	若濱運賃四圓割
93900	鮮滿版	1920-01-30	05단	京都銀行利上
93901	鮮滿版	1920-01-30	05단	動力値上示達
93902	鮮滿版	1920-01-30	06단	郵船海上新設反對
93903	鮮滿版	1920-01-30	06단	現株設置運動
93904	鮮滿版	1920-01-30	06단	米鐵益輸入難
93905	鮮滿版	1920-01-30	06단	灣糖輸送減少
93906	鮮滿版	1920-01-30	07단	砂糖相場軟弱
93907	鮮滿版	1920-01-30	07단	英國銅價昂騰
93908	鮮滿版	1920-01-30	07단	新酒安値出廻
93909	鮮滿版	1920-01-30	07단	八商業會議所協議
93910	鮮滿版	1920-01-30	07단	玖糖引續昂騰
93911	鮮滿版	1920-01-30	08단	改稅調査委員會
93912	鮮滿版	1920-01-30	08단	智利特派使講演
93913	鮮滿版	1920-01-30	08단	鍼紡工場地交涉
93914	鮮滿版	1920-01-30	08단	會社銀行(尾三農工總會/化學會密合倂/木曾電氣總會)
93915	鮮滿版	1920-01-30	08단	講演生絲/廿八日
93916	鮮滿版	1920-01-31	01단	世界大戰と支那(上)/前司法總長林長民
93917	鮮滿版	1920-01-31	01단	群山商銀計劃
93918	鮮滿版	1920-01-31	01단	教員養成規程改正
93919	鮮滿版	1920-01-31	02단	京城より(議員校長懇談會/吉長線連絡/土耳基煙草/株事務所假設)
93920	鮮滿版	1920-01-31	02단	打續く災厄に細民三千名飢餓に瀕す/旱魃、降雪、流感と散々苦しまされた全北地方/群山の義捐
93921	鮮滿版	1920-01-31	03단	儒教漸く色めく/朝鮮の騷擾は浮薄なる新學の罪なりと叫んで儒生大同團結を策す
93922	鮮滿版	1920-01-31	03단	爆藥漁業團盛んに横行跋扈す/九州中國四國から出掛けて朝鮮海を縱横に荒し廻る/如何して撲滅するか？

1920년 2월 (선만판)

일련번호	판명	간행일	단수	기사명
93923	鮮滿版	1920-02-01	01단	世界大戰と支那(下)/前司法總長林長民
93924	鮮滿版	1920-02-01	01단	九大名物教授訪問記(四)/考古學者として有名な中山醫學博士/福岡附近には何時の時代の研究にも適する史蹟が多い
93925	鮮滿版	1920-02-01	02단	激增せる酒造石高/百五萬八千石
93926	鮮滿版	1920-02-01	03단	九州沖繩の織物業/大島紬の全盛
93927	鮮滿版	1920-02-01	03단	公私着別の撤廢/與論喚起/全國私立學校活躍/貴衆兩院に請願書提出
93928	鮮滿版	1920-02-01	04단	仁川商議會頭當選
93929	鮮滿版	1920-02-01	05단	日鮮人勞働者の債銀比較
93930	鮮滿版	1920-02-01	05단	關門兩港の乘船客と上陸客
93931	鮮滿版	1920-02-03	01단	日本海橫斷航路實現近し/露國義勇艦隊の浦潮、清津、元山、敦賀間定期航海
93932	鮮滿版	1920-02-03	01단	大邱學校組合豫算激增
93933	鮮滿版	1920-02-03	01단	監獄分監建築/安東と金泉に
93934	鮮滿版	1920-02-03	01단	煙草稅令改正
93935	鮮滿版	1920-02-03	01단	大田電氣計劃
93936	鮮滿版	1920-02-03	02단	大邱學校事業
93937	鮮滿版	1920-02-03	02단	石炭人夫賃銀
93938	鮮滿版	1920-02-03	02단	城津牛移出狀況
93939	鮮滿版	1920-02-03	02단	京城より(二警察署新設)
93940	鮮滿版	1920-02-03	02단	城津市民顔色なし/流感、痘瘡、丹毒の大猖獗救護班を組織したが追付かぬ
93941	鮮滿版	1920-02-03	02단	生牛よりも屠肉の方が儲けが良いとて/牛の本場の感興では畫夜を分たず盛んに屠る/前途甚だ憂慮すべしとの說
93942	鮮滿版	1920-02-03	03단	半島茶話(葬生(大征支局長抉定/朝鮮官報敗良/斯文會理事選擧/外人新聞發行許)
93943	鮮滿版	1920-02-03	04단	威嚇の利かぬ水雷艇『鯱丸』
93944	鮮滿版	1920-02-03	04단	瀆職と贈賄/無罪と懲役
93945	鮮滿版	1920-02-03	04단	收賄技手豫審
93946	鮮滿版	1920-02-03	04단	會(宣教師記者懇談會/忠北新年宴會)
93947	鮮滿版	1920-02-04	01단	財界十方瞰/公債募集の行詰り
93948	鮮滿版	1920-02-04	01단	全歐洲救濟の鍵/米國の信用縮小策(四)
93949	鮮滿版	1920-02-04	02단	物價再び逆戻り/本社調査
93950	鮮滿版	1920-02-04	04단	商船紐育直航/一週航路前提
93951	鮮滿版	1920-02-04	04단	商船北米配船
93952	鮮滿版	1920-02-04	04단	在獨英商活躍

일련번호	판명	간행일	단수	기사명
93953	鮮滿版	1920-02-04	04단	近海依然保合
93954	鮮滿版	1920-02-04	05단	北米運賃引下
93955	鮮滿版	1920-02-04	05단	靑島取引所問題
93956	鮮滿版	1920-02-04	05단	電鐵動力問題
93957	鮮滿版	1920-02-04	05단	鑄物罷工落着
93958	鮮滿版	1920-02-04	06단	關西茶業同盟會
93959	鮮滿版	1920-02-04	06단	金物輸入困難/相場引續昂進
93960	鮮滿版	1920-02-04	06단	石油界新傾向
93961	鮮滿版	1920-02-04	06단	工業藥品漸騰
93962	鮮滿版	1920-02-04	06단	大豆俄然反撥
93963	鮮滿版	1920-02-04	07단	瓜哇砂糖暴落
93964	鮮滿版	1920-02-04	07단	肥料倍々不勢
93965	鮮滿版	1920-02-04	07단	取引所聯合會
93966	鮮滿版	1920-02-04	07단	會社銀行(日本兵機總會/日生增資內定)
93967	鮮滿版	1920-02-05	01단	李王職音樂隊復興/スミス博士等斡旋
93968	鮮滿版	1920-02-05	01단	關稅撤廢せば內地側が利益だ/朝鮮總督府當局談
93969	鮮滿版	1920-02-05	01단	英國製手榴彈
93970	鮮滿版	1920-02-05	02단	元山中學新設
93971	鮮滿版	1920-02-05	03단	大邱小學校新設
93972	鮮滿版	1920-02-05	03단	慶北豫算膨脹
93973	鮮滿版	1920-02-05	03단	監理課長更迭
93974	鮮滿版	1920-02-05	04단	京城より(朝鮮興鐵創立/東拓社債發行)
93975	鮮滿版	1920-02-05	04단	殖銀各支店長總辭職か/過重の責任强要と物質的冷遇に憤慨
93976	鮮滿版	1920-02-05	04단	大邱電氣批難/故障頻發に起因
93977	鮮滿版	1920-02-05	04단	大邱午砲設備/九年度より實施
93978	鮮滿版	1920-02-05	04단	公設質屋計劃
93979	鮮滿版	1920-02-06	01단	忠淸南道の試み/施政協議會に就て官僚の通幣を根絶し威嚇施政の時代過ぐ/時實忠南知事談
93980	鮮滿版	1920-02-06	01단	平元鐵道期成運動/裏日本沿岸と提携近く上京委員出發
93981	鮮滿版	1920-02-06	01단	京城の風土病に胃されて/京性にて一記者
93982	鮮滿版	1920-02-06	03단	趣味の小原新知事 哲學を談じ宗教を論じ又俳句に深く所謂解脫悟人の人/知事夫人は松江の出身
93983	鮮滿版	1920-02-06	05단	仁商新會頭好評
93984	鮮滿版	1920-02-06	05단	大邱市場紛議
93985	鮮滿版	1920-02-06	05단	平戶海産增資
93986	鮮滿版	1920-02-06	05단	半島茶話/葬生

일련번호	판명	간행일	단수	기사명
93987	鮮滿版	1920-02-07	01단	學生の排日運動/在山東春風摟
93988	鮮滿版	1920-02-07	03단	煙草値上か/同時に酒稅
93989	鮮滿版	1920-02-07	03단	流感猖獗の大邱聯隊
93990	鮮滿版	1920-02-07	03단	朝鮮に於ける流感死亡一萬/患者の累計十五萬
93991	鮮滿版	1920-02-07	03단	會議所聯合會/平元鐵道問題に就き運動は漸次具體化す
93992	鮮滿版	1920-02-07	03단	京城の風土病に胃されて(二)/京城にて一記者
93993	鮮滿版	1920-02-07	04단	京城現物株公募/發起人持株決定
93994	鮮滿版	1920-02-07	04단	慈惠病院建築/本年は先づ三簡所
93995	鮮滿版	1920-02-07	04단	殖銀債券發行/申込期限は二十日迄
93996	鮮滿版	1920-02-07	04단	蠶業技術官會同
93997	鮮滿版	1920-02-07	05단	伊機歡迎打合
93998	鮮滿版	1920-02-07	05단	半島茶話/葬生
93999	鮮滿版	1920-02-08	01단	ス博士休暇を利用し米國民の誤解を氷解せしむと聲明す/大切な朝鮮は去らぬ
94000	鮮滿版	1920-02-08	01단	高女校移管は結局不成功か
94001	鮮滿版	1920-02-08	01단	新設會社簇生/商業が最高位
94002	鮮滿版	1920-02-08	01단	朝鮮に於ける水利開墾事業/蒙利面槇八萬町步經費豫算三千萬圓
94003	鮮滿版	1920-02-08	02단	伊飛行隊は何日飛來する/喜早飛行中尉の談
94004	鮮滿版	1920-02-08	02단	京城の風土病に胃されて(三)/京城にて一記者
94005	鮮滿版	1920-02-08	03단	新自動車令/權限の大擴張
94006	鮮滿版	1920-02-08	03단	乘車券に變造
94007	鮮滿版	1920-02-08	04단	朝鮮興業披露宴
94008	鮮滿版	1920-02-08	04단	半島茶話
94009	鮮滿版	1920-02-10	01단	總督府後援となり宗敎家を活動せしめん/半井宗敎課長談
94010	鮮滿版	1920-02-10	01단	朝鮮普通學校敎員補充至難/女敎員は一層拂底
94011	鮮滿版	1920-02-10	02단	全鮮商議總會/平元鐵道連成運動
94012	鮮滿版	1920-02-10	02단	住民組合設立/東拓農事指道施設
94013	鮮滿版	1920-02-10	03단	京城府新豫算/前年に比し二割增
94014	鮮滿版	1920-02-10	03단	忠南事務簡捷
94015	鮮滿版	1920-02-10	03단	對言論方針綏和
94016	鮮滿版	1920-02-10	03단	安東電話架設內定
94017	鮮滿版	1920-02-10	03단	大邱農監會議
94018	鮮滿版	1920-02-10	03단	馬山府尹任命
94019	鮮滿版	1920-02-10	03단	陸軍側の見た朝鮮增師問題/國防と移民政策上/無課の策には非す/神村參謀談

일련번호	판명	간행일	단수	기사명
94020	鮮滿版	1920-02-10	04단	公州街の門戸錦江橋の流失/應急修理己に完成
94021	鮮滿版	1920-02-10	04단	公州懇談會生る/内鮮人聯合の偽め
94022	鮮滿版	1920-02-10	04단	旱害救濟寄附
94023	鮮滿版	1920-02-10	05단	鮮人留學生請宴
94024	鮮滿版	1920-02-10	05단	京城より(各學校生徒募集/新聞雜誌期記者請待/興業鐵道披露宴/鮮鐵運輸狀況/京城の魚價)
94025	鮮滿版	1920-02-10	05단	半島茶話/葬生
94026	鮮滿版	1920-02-11	01단	忠南の燕岐叺俄然暴落/姑商の人爲的引下/當局の態度を非難
94027	鮮滿版	1920-02-11	01단	日鮮人の混合教育に就て/柴田學務局長談
94028	鮮滿版	1920-02-11	02단	佛國寺蔚山間輕鐵開通期/遲くも八月中
94029	鮮滿版	1920-02-11	02단	鮮鐵工務刷新/管理制度變更
94030	鮮滿版	1920-02-11	02단	漢城銀行增資/大阪にも支店設置
94031	鮮滿版	1920-02-11	02단	京城現物取引市場内訌/鮮人側の不滿
94032	鮮滿版	1920-02-11	02단	大邱農學校擴張/三箇年繼續事業
94033	鮮滿版	1920-02-11	03단	軍人分會巡視
94034	鮮滿版	1920-02-11	03단	鳥致院驛長榮轉
94035	鮮滿版	1920-02-11	03단	京城より(東拓移民確定/殖鐵社務進步/橫斷航路近況/物價益々騰貴/看護婦生徒募集)
94036	鮮滿版	1920-02-11	03단	半島茶話/葬生
94037	鮮滿版	1920-02-12	01단	東鮮に於ける新設中學位置問題/商工業地の元山より/政治の中心地咸興は好適
94038	鮮滿版	1920-02-12	02단	府立水産試驗場/釜山市民の新設運動
94039	鮮滿版	1920-02-12	02단	京城の風土病に胃されて(四)/京城にて一記者
94040	鮮滿版	1920-02-12	03단	殖産通常總會/純益三十萬圓/增資して行員も株主
94041	鮮滿版	1920-02-12	03단	鮮米出廻圓滑/朝鮮銀行調査
94042	鮮滿版	1920-02-12	04단	蠶業學校新設/慶尚北道新事業
94043	鮮滿版	1920-02-12	04단	大邱に於ける羅東飛行隊歡迎/準備最早完成
94044	鮮滿版	1920-02-12	04단	刷新計劃中の大邱慈惠醫院/醫員看護婦增置
94045	鮮滿版	1920-02-12	05단	半島茶話/葬生
94046	鮮滿版	1920-02-12	05단	京城より(警務機關充實期/强窃盜被害夥多/文廟維持費有望)
94047	鮮滿版	1920-02-13	01단	忠南面長等の叫び『文化政治を實現せよ』/失政の因は實情乖離と修飾報告過信にあり全面長會議召集方申請
94048	鮮滿版	1920-02-13	01단	鮮人學生の一大福音/在群山實業家熊本氏の美擧
94049	鮮滿版	1920-02-13	02단	京城の懇談會/基督者と新聞記者
94050	鮮滿版	1920-02-13	02단	京城の風土病に胃されて(五)/京城にて一記者
94051	鮮滿版	1920-02-13	03단	紀元節の馬山

일련번호	판명	간행일	단수	기사명
94052	鮮滿版	1920-02-13	03단	第二戰隊動靜
94053	鮮滿版	1920-02-13	03단	醫學上より見たる婦人勞働問題(一)/醫學博士原田隆(總論/各論)
94054	鮮滿版	1920-02-13	04단	獨記者來朝
94055	鮮滿版	1920-02-13	05단	半島茶話/葬生
94056	鮮滿版	1920-02-14	01단	九百萬石增收計劃/全資金一億八千餘萬圓篠原總督府農務課長談
94057	鮮滿版	1920-02-14	02단	鐵道從業員講習
94058	鮮滿版	1920-02-14	02단	硯塵
94059	鮮滿版	1920-02-14	02단	鐵道學校生徒募集
94060	鮮滿版	1920-02-14	02단	京城より(營業時間短縮/仁川江華開航/東亞日報許可/森林鐵道總會)
94061	鮮滿版	1920-02-14	03단	鳥致院の支郡人殺/犯人依然不明
94062	鮮滿版	1920-02-14	03단	仁川沖の海戰/記念日と仁川
94063	鮮滿版	1920-02-14	03단	元山小學校の勤續職員表彰/同時に事勤續使丁も
94064	鮮滿版	1920-02-14	04단	羅東間飛行の歡迎準備完成
94065	鮮滿版	1920-02-14	04단	朝鮮の飛行場は何處に新設さる？
94066	鮮滿版	1920-02-14	04단	スケート大會出技者二百名
94067	鮮滿版	1920-02-14	04단	鮮銀被害金返る
94068	鮮滿版	1920-02-15	01단	醫學上より見たる婦人勞働問題(二)/醫學博士原田隆
94069	鮮滿版	1920-02-15	02단	農事企業旺盛/森殖銀勸業課長談
94070	鮮滿版	1920-02-15	02단	鮮人の發起せる/京城現株紛紜
94071	鮮滿版	1920-02-15	02단	朝鮮郵船擴張/增資は多分五六月
94072	鮮滿版	1920-02-15	02단	最近京城商況
94073	鮮滿版	1920-02-15	03단	新舊穀物賣買所合倂
94074	鮮滿版	1920-02-15	03단	公設市場增置
94075	鮮滿版	1920-02-15	03단	東淸沿線の排日/漸次擡頭/害古咨横地生
94076	鮮滿版	1920-02-15	04단	京城より(森林鐵道創立總會/臨時種痘施行日割/鐵道所長會議開催/府協議員會の開催/飛行講演會開催/手形交換時刻短縮)
94077	鮮滿版	1920-02-15	04단	半島茶話/葬生
94078	鮮滿版	1920-02-17	01단	米人の山東布敎(上)/在靑島春風樓
94079	鮮滿版	1920-02-17	02단	逐年發達の私營造林事業/總面積二十萬町步樹數八千四百萬本
94080	鮮滿版	1920-02-17	02단	一月中の朝鮮貿易槪況/輸出額千九百六十萬圓/輸入額二千六十四萬圓
94081	鮮滿版	1920-02-17	03단	平壤と興業鐵道/豫定線の連成要望
94082	鮮滿版	1920-02-17	03단	德壽宮一部拂下
94083	鮮滿版	1920-02-17	03단	京城府の特別所得稅廢止/新年度より實施

일련번호	판명	간행일	단수	기사명
94084	鮮滿版	1920-02-17	03단	殖銀債券賣出
94085	鮮滿版	1920-02-17	03단	京城現物株行惱
94086	鮮滿版	1920-02-17	03단	人(鳥致院驛長着任/英國宣傳師歸國/憲兵隊長の巡視)
94087	鮮滿版	1920-02-17	04단	醫學上より見たる婦人勞働問題(三)/醫學博士原田隆
94088	鮮滿版	1920-02-17	05단	大邱聯隊の流感依然猖獗/死亡者案外少なし
94089	鮮滿版	1920-02-17	05단	半島茶話/葬生
94090	鮮滿版	1920-02-18	01단	米人の山東布教(中)/在靑島春風樓
94091	鮮滿版	1920-02-18	02단	紀元節拜賀式不擧行問題/學務當局者談
94092	鮮滿版	1920-02-18	02단	前途有望の慶北養蜂事業/將來は一産物
94093	鮮滿版	1920-02-18	03단	從來絶望視せし大同江水電計劃/數萬馬力の出願
94094	鮮滿版	1920-02-18	03단	依然牛疫流行/平北咸南兩知事報告
94095	鮮滿版	1920-02-18	03단	龍山分校開設
94096	鮮滿版	1920-02-18	03단	鮮人郡守內地視察
94097	鮮滿版	1920-02-18	03단	平壤と事業熱
94098	鮮滿版	1920-02-18	04단	京城より(興業鐵道本社移轉/朝鮮土地經營成績)
94099	鮮滿版	1920-02-18	04단	鳥致院に於ける殺人事件の飛沫/八方に飛びて意外な獲物？
94100	鮮滿版	1920-02-18	04단	仁川の試み勞働者合宿所/來る四月より開所
94101	鮮滿版	1920-02-18	05단	醫學上より見たる婦人勞働問題(四)/醫學博士原田隆
94102	鮮滿版	1920-02-18	05단	新野球團生る/斯界の驍將を網羅
94103	鮮滿版	1920-02-18	05단	殉職消防手表彰
94104	鮮滿版	1920-02-18	05단	半島茶話/葬生
94105	鮮滿版	1920-02-19	01단	米人の山東布教(下)/在靑島春風樓
94106	鮮滿版	1920-02-19	01단	『新總督の來任は天命に反してゐるので殺害の決心をした』と大瞻にも被告姜宇奎は犯罪動機を陳述す《爆彈事件公判筆記槪要》(一)
94107	鮮滿版	1920-02-19	02단	愈實施に決定の朝鮮學制改正問題/弓削總督府學務課長談
94108	鮮滿版	1920-02-19	04단	略完成せる元山築港/三千噸級の汽船橫着の儘で荷役(埋築/岸壁/荷役場)
94109	鮮滿版	1920-02-19	05단	技術官を優遇せよ/名學士等の叫び
94110	鮮滿版	1920-02-19	05단	儒教優遇問題/總督府學務當局談
94111	鮮滿版	1920-02-19	05단	慶北米實收高/道の調査發表
94112	鮮滿版	1920-02-19	06단	牛疫豫防注射/北鮮は最猖獗
94113	鮮滿版	1920-02-19	06단	巡査合宿所新設
94114	鮮滿版	1920-02-19	06단	半島茶話/葬生
94115	鮮滿版	1920-02-20	01단	水産試驗場位置問題/釜山、元山、仁川の三地/鼎立して暗中に飛躍す

일련번호	판명	간행일	단수	기사명
94116	鮮滿版	1920-02-20	01단	『新總督の來任は天命に反してゐるので殺害の決心をした』と大膽にも被告姜宇奎は犯罪動機を陳述す《爆彈事件公判筆記槪要》(二)
94117	鮮滿版	1920-02-20	02단	朝鮮人にも參政權を與へよ/閔元植氏等の請願要旨
94118	鮮滿版	1920-02-20	03단	鮮米增收計劃/收穫栽培法を各地に實施
94119	鮮滿版	1920-02-20	03단	幼稚院設立計劃/大邱覆審院長夫人奔走
94120	鮮滿版	1920-02-20	04단	中央學林經營難/理事者窮狀を陳情
94121	鮮滿版	1920-02-20	04단	總監夫人は歸るか/無期延期らしい
94122	鮮滿版	1920-02-20	04단	社會事業の審査
94123	鮮滿版	1920-02-20	05단	京城より(運輸聯合會總會/スレート會社出願/朝鮮自動車會社)
94124	鮮滿版	1920-02-20	05단	半島茶話/葬生
94125	鮮滿版	1920-02-21	01단	醫學上より見たる婦人勞働問題(五)/醫學博士原田隆
94126	鮮滿版	1920-02-21	02단	學制改正の急務/次で待遇差別撤廢
94127	鮮滿版	1920-02-21	02단	教員優遇に就て/弓削學務課長談
94128	鮮滿版	1920-02-21	02단	日鮮同根の硏究『同源』創刊に就いて
94129	鮮滿版	1920-02-21	03단	慶北の道路方針/新設期過ぎて改修期
94130	鮮滿版	1920-02-21	03단	現物仲買店權利獲得運動/現物圍對新規開業者
94131	鮮滿版	1920-02-21	04단	釜山公設市場/位置問題が批難の的
94132	鮮滿版	1920-02-21	04단	京釜間電話線增設/工事完成は五月頃
94133	鮮滿版	1920-02-21	04단	在鮮官吏は法科出身者萬能時代
94134	鮮滿版	1920-02-21	04단	釜山公會堂建設/工費は一般の寄附金
94135	鮮滿版	1920-02-21	05단	京城より(第一回同窓會/東拓株主總會)
94136	鮮滿版	1920-02-21	05단	半島茶話/葬生
94137	鮮滿版	1920-02-22	01단	醫學上より見たる婦人勞働問題(六)/醫學博士 原田隆
94138	鮮滿版	1920-02-22	02단	京城高女校問題/服部事務官談
94139	鮮滿版	1920-02-22	02단	『新總督の來任は天命に反してゐるので殺害の決心をした』と大膽にも被告姜宇奎は犯罪動機を陳述す《爆彈事件公判筆記槪要》(三)
94140	鮮滿版	1920-02-22	03단	補助憲兵制實施/現役兵より採用
94141	鮮滿版	1920-02-22	03단	各郡農會設立/慶北の新事業
94142	鮮滿版	1920-02-22	04단	綿蟲驅除布令/慶北道に發生
94143	鮮滿版	1920-02-22	04단	金融機關新設
94144	鮮滿版	1920-02-22	05단	京城より(醫術藥劑師試驗/郡參事諸問會)
94145	鮮滿版	1920-02-22	05단	人(笹倉昇中佐(大邱聯隊附))
94146	鮮滿版	1920-02-22	05단	鮮人の溫情/貧民も樂しき正月

일련번호	판명	간행일	단수	기사명
94147	鮮滿版	1920-02-22	05단	外國宣教師の態度穩健化す/鮮治上喜ぶべき現象/佛教家の奮起を促す
94148	鮮滿版	1920-02-22	06단	學校と赤貧者に私財三萬圓寄附/鮮人の美しき心
94149	鮮滿版	1920-02-22	06단	仁川の祈年祭
94150	鮮滿版	1920-02-24	01단	慶北道の警務機關充實/百餘の駐在所新設
94151	鮮滿版	1920-02-24	01단	恰も等差級數的に不渡手形漸增/仲間取引發達の結果
94152	鮮滿版	1920-02-24	01단	『新總督の來任は天命に反してゐるので殺害の決心をした』と大瞻にも被告姜宇奎は犯罪動機を陳述す《爆彈事件公判筆記槪要》(四)
94153	鮮滿版	1920-02-24	02단	一月中に於ける鮮內荷捌狀況/流感にて滯貨十數萬噸
94154	鮮滿版	1920-02-24	02단	大邱小學校新築
94155	鮮滿版	1920-02-24	02단	代表宣教師歸京
94156	鮮滿版	1920-02-24	03단	農業技術員會義(農事支部/蠶業支部)
94157	鮮滿版	1920-02-24	03단	棉花出廻狀況
94158	鮮滿版	1920-02-24	03단	新政影響諮問
94159	鮮滿版	1920-02-24	04단	刊行物の許可
94160	鮮滿版	1920-02-24	04단	京成より(大弓師初式/犬の流行病/惡疫の猖獗/附加率改正)
94161	鮮滿版	1920-02-24	04단	人(阪出鳴海氏)
94162	鮮滿版	1920-02-24	04단	會合(東亞婦人商會/軍事講話會)
94163	鮮滿版	1920-02-24	04단	露國方面の通貨/西、滿地方にて數百種
94164	鮮滿版	1920-02-24	05단	天然痘蔓延と豫防接種屬行
94165	鮮滿版	1920-02-24	05단	まな鶴捕獲許可
94166	鮮滿版	1920-02-24	05단	乘合自動車運轉
94167	鮮滿版	1920-02-24	05단	半島茶話/葬生
94168	鮮滿版	1920-02-25	01단	異狀の活躍を呈せる大正八年朝鮮經濟槪況/總督府調査發表
94169	鮮滿版	1920-02-25	01단	『新總督の來任は天命に反してゐるので殺害の決心をした』と大瞻にも被告姜宇奎は犯罪動機を陳述す《爆彈事件公判筆記槪要》(五)
94170	鮮滿版	1920-02-25	03단	智識階級の鮮人は自覺/但し獨立は最終の目的邊境脅威の浮説尙歇す
94171	鮮滿版	1920-02-25	03단	牛疫豫防布令/五割以上斃死
94172	鮮滿版	1920-02-25	04단	東拓移民內定/前回同樣一千五十戶
94173	鮮滿版	1920-02-25	04단	米穀出廻減退
94174	鮮滿版	1920-02-25	04단	蠶種品評會
94175	鮮滿版	1920-02-25	05단	全南檢米成績
94176	鮮滿版	1920-02-25	05단	水道擴張請願

일련번호	판명	간행일	단수	기사명
94177	鮮滿版	1920-02-25	05단	青鳥視察團出發靜
94178	鮮滿版	1920-02-25	05단	會(刑事警察講習會/鮮人郡書記講習會)
94179	鮮滿版	1920-02-25	05단	銀行會社(新聞合同成立/食品會社許可/湖南銀行許可/海南銀行不許可)
94180	鮮滿版	1920-02-25	05단	公金二萬圓忠州局員の拐帶/潛伏中警官に踏込まれ/毒藥自殺す
94181	鮮滿版	1920-02-25	06단	忠南鮮民の美擧
94182	鮮滿版	1920-02-25	06단	旱害窮民救助
94183	鮮滿版	1920-02-25	06단	半島茶話/葬生
94184	鮮滿版	1920-02-26	01단	朝鮮齒科醫資格認定の請願採擇
94185	鮮滿版	1920-02-26	01단	平壤工業界の前途と電興會社の事業/伊東電興社支配人談(技術者の連袂辭職/發電能力と消化法)
94186	鮮滿版	1920-02-26	01단	半島茶話/葬生
94187	鮮滿版	1920-02-26	02단	內鮮佛教家提携して鮮人布教に活動
94188	鮮滿版	1920-02-26	02단	荒廢に傾く忠南の造林事業/當局批難の聲と/全鮮斯業大會開催說
94189	鮮滿版	1920-02-26	03단	『新總督の來任は天命に反してゐるので殺害の決心をした』と大瞻にも被告姜宇奎は犯罪動機を陳述す《爆彈事件公判筆記槪要》(六)
94190	鮮滿版	1920-02-26	04단	移民募集成績/約三倍の應募
94191	鮮滿版	1920-02-26	04단	朝鮮學制改正案發表近し
94192	鮮滿版	1920-02-26	04단	利率引上協定
94193	鮮滿版	1920-02-26	04단	僞らざる鮮人思想觀/『表面は穩健だが裏面は一層險惡だ』と/申慶南參與は語る
94194	鮮滿版	1920-02-26	05단	殖銀總會
94195	鮮滿版	1920-02-26	05단	京城會議所豫算
94196	鮮滿版	1920-02-26	05단	人(青年會館總務更迭)
94197	鮮滿版	1920-02-26	06단	硯塵
94198	鮮滿版	1920-02-27	01단	第二回本社市民講座/新歸朝者の講演
94199	鮮滿版	1920-02-27	01단	大邱中學開校準備進捗す
94200	鮮滿版	1920-02-27	01단	大發展の機運に向へる/慶北の機業界
94201	鮮滿版	1920-02-27	02단	二月中旬停滯貨物
94202	鮮滿版	1920-02-27	02단	水電會社設立計劃
94203	鮮滿版	1920-02-27	03단	會合(音樂會開催/青年討論會)
94204	鮮滿版	1920-02-27	03단	陸軍異動
94205	鮮滿版	1920-02-27	03단	辭令
94206	鮮滿版	1920-02-27	03단	無緣塚より朝鮮婦人の死臘現る/發掘者より京大に寄附

일련번호	판명	간행일	단수	기사명
94207	鮮滿版	1920-02-27	04단	憂盧すべき投機熱の流行/此際警戒が必要
94208	鮮滿版	1920-02-27	04단	全鮮の測候所で霧の豫報/來年度より開始
94209	鮮滿版	1920-02-27	04단	消え行く露店/下關の自幕バー
94210	鮮滿版	1920-02-28	01단	草梁と大新洞間道路開鑿
94211	鮮滿版	1920-02-28	01단	貯銀特設問題/不許可の方針
94212	鮮滿版	1920-02-28	01단	大東斯文會/儒教振興宣傳
94213	鮮滿版	1920-02-28	01단	軍營設置運動/公州の躍起
94214	鮮滿版	1920-02-28	02단	朝鮮基地調査
94215	鮮滿版	1920-02-28	02단	金融組合現況
94216	鮮滿版	1920-02-28	02단	京城より(現物株式公募/朝郵增資と拂込/現株地方割當/京畿公負擔/技藝學校展覽會/京城府の戶口調/朝鮮鐵道成績)
94217	鮮滿版	1920-02-28	02단	再度の不都合は假借せぬ/不逞學生取締/榮田學務局長談
94218	鮮滿版	1920-02-28	03단	小作人救濟/奇篤な移民
94219	鮮滿版	1920-02-28	03단	牛疫蔓延
94220	鮮滿版	1920-02-28	03단	公州と陸軍記念日
94221	鮮滿版	1920-02-28	04단	製鐵所同盟罷業
94222	鮮滿版	1920-02-28	04단	長崎縣北松の炭鑛/炭宅の一沂氾元
94223	鮮滿版	1920-02-29	01단	注目す可き東部北滿の水田事業/寗安移住鮮人開發策/在鹿安橫地生
94224	鮮滿版	1920-02-29	02단	二大宗教を善導すべし
94225	鮮滿版	1920-02-29	03단	食鹽消費槪況/一箇年四億斤
94226	鮮滿版	1920-02-29	03단	燕岐郡錦南面學校新設計劃/具體案確立
94227	鮮滿版	1920-02-29	03단	葉煙草豫想量/約三十萬貫
94228	鮮滿版	1920-02-29	03단	應募巡査三千/近く各地に配置
94229	鮮滿版	1920-02-29	04단	英國武官入隊/軍務硏究の爲め
94230	鮮滿版	1920-02-29	04단	朝鮮私鐵懇話會
94231	鮮滿版	1920-02-29	04단	京城支拂日協定
94232	鮮滿版	1920-02-29	04단	重要物價騰貴
94233	鮮滿版	1920-02-29	04단	京畿道優良稻種
94234	鮮滿版	1920-02-29	04단	公州農學校學則改正
94235	鮮滿版	1920-02-29	05단	京城より(天然痘流行/高女收容力/殖銀新株募期)
94236	鮮滿版	1920-02-29	05단	爆彈襲擊を企てた不逞鮮人團/大邱で五名檢擧さる
94237	鮮滿版	1920-02-29	05단	仁川松林里の發掘死蠟に就き/上田醫學士談
94238	鮮滿版	1920-02-29	05단	道巡査と改稱
94239	鮮滿版	1920-02-29	05단	潢銀大邱支店開業
94240	鮮滿版	1920-02-29	06단	半島茶話/京城一記者

1920년 3월 (선만판)

일련번호	판명	간행일	단수	기사명
94241	鮮滿版	1920-03-02	01단	忠南造林事業に就て『冷視せず銳意勸獎す』と松本第一部長談
94242	鮮滿版	1920-03-02	01단	釜山築港完成と倉庫擴張急務
94243	鮮滿版	1920-03-02	01단	旺盛なる大邱の會社熱
94244	鮮滿版	1920-03-02	01단	膨脹せる釜山府の豫算/槪算八十萬圓
94245	鮮滿版	1920-03-02	02단	解散と警務費/國友課長談
94246	鮮滿版	1920-03-02	02단	木材輸送噸數
94247	鮮滿版	1920-03-02	02단	補助憲兵講習開始
94248	鮮滿版	1920-03-02	02단	仁川會議所評議員會
94249	鮮滿版	1920-03-02	02단	司法官典獄會議
94250	鮮滿版	1920-03-02	03단	利率協定は有名無實
94251	鮮滿版	1920-03-02	03단	仁川俱樂部例會
94252	鮮滿版	1920-03-02	03단	銀行會社(鮮滿開拓會社/釜山共同會社/廣元貿易會社/自動車會社/酒造會社/南鮮鼇業/圖書會社)
94253	鮮滿版	1920-03-02	03단	不逞鮮人出沒巡査の劒を盜み良民を脅迫
94254	鮮滿版	1920-03-02	03단	公州の發展と建築界の殷賑
94255	鮮滿版	1920-03-02	03단	新陰謀團檢擧/慶北三新活動
94256	鮮滿版	1920-03-02	04단	巧妙な過軍の宣傳/勞働軍團が我軍隊に撒布した宣傳書/戰慄すべき流說に夢も結べぬ
94257	鮮滿版	1920-03-02	04단	三島氏の披露宴
94258	鮮滿版	1920-03-02	04단	仁川會頭披露宴
94259	鮮滿版	1920-03-02	04단	京城より(刑事講習會/通運同盟會/馬鈴薯種子/中鐵賃金値上/東經討論會)
94260	鮮滿版	1920-03-02	05단	半島茶話/京城一記者
94261	鮮滿版	1920-03-03	01단	靑島邦人の會社熱/之れを善導して對支權利の確保を圖れ/在靑島春風樓
94262	鮮滿版	1920-03-03	02단	議會解散と總督府新事業(殖産/西村局長談/教育/柴田局長談)
94263	鮮滿版	1920-03-03	03단	公金被害取締
94264	鮮滿版	1920-03-03	03단	紀念日を控へた京城/堂々たる示威警戒振り騎馬警官隊に軍隊も出動/恰も戒嚴令を布た態
94265	鮮滿版	1920-03-03	04단	阿片値上の請願
94266	鮮滿版	1920-03-03	04단	內地視察團組織
94267	鮮滿版	1920-03-03	04단	之れが噂の遁入露艦/哀れな商船
94268	鮮滿版	1920-03-03	05단	京城より(執務時間變更/全鮮開業醫數/銀行重役異動/巡遊賃銀改正)
94269	鮮滿版	1920-03-03	05단	住宅經營費/起債提案
94270	鮮滿版	1920-03-03	05단	半島茶話/京城一記者

일련번호	판명	간행일	단수	기사명
94271	鮮滿版	1920-03-04	01단	在來警官の大氣焰/不逞漢檢擧に就て
94272	鮮滿版	1920-03-04	01단	公州就學狀況
94273	鮮滿版	1920-03-04	01단	燃料昂騰調節
94274	鮮滿版	1920-03-04	01단	物價引下計劃
94275	鮮滿版	1920-03-04	01단	武藤山治氏談
94276	鮮滿版	1920-03-04	02단	熟柿臭い統計/一番の酒豪は福岡縣/北九州は清酒、南九州は燒酎/九州八縣の酒類消費量
94277	鮮滿版	1920-03-04	03단	成功したる警官大示威運動
94278	鮮滿版	1920-03-04	03단	鮮人工夫脫走
94279	鮮滿版	1920-03-04	04단	勞働者の懷中から威勢よく飛出す札ビラ/陳列窓から見た今日此頃の福岡
94280	鮮滿版	1920-03-04	04단	記者大會順序/北九州工業視察
94281	鮮滿版	1920-03-04	04단	半島茶話/京城一記者
94282	鮮滿版	1920-03-05	01단	憂慮すべき半島の林業/當局非難の聲高し
94283	鮮滿版	1920-03-05	01단	私設鐵道許可/北鮮開發の氣運
94284	鮮滿版	1920-03-05	01단	朝鮮徵兵檢査/四月一日より
94285	鮮滿版	1920-03-05	01단	元山より
94286	鮮滿版	1920-03-05	02단	仁川會議所豫算
94287	鮮滿版	1920-03-05	02단	殖銀不動産貸附高
94288	鮮滿版	1920-03-05	02단	酒稅事務講習會
94289	鮮滿版	1920-03-05	02단	五日の祝日を無事に越せば最う平穩/一日に萬歲騷ぎを企てたのは依然として耶蘇教系の學生/倂し宣教師は反省した
94290	鮮滿版	1920-03-05	03단	三池炭礦では採炭を『長壁法』に改良/地下千尺の坑底で實地指導/勞働問題の生んだ一現象か
94291	鮮滿版	1920-03-05	04단	松林里の慘殺屍體/犯人嚴探中
94292	鮮滿版	1920-03-05	04단	仁川府新事業/勞働者合宿所/職業紹介兼務
94293	鮮滿版	1920-03-05	05단	驅逐隊の巡航/海軍思想普及の偽め
94294	鮮滿版	1920-03-05	05단	列車に投石/果して何者の行爲か
94295	鮮滿版	1920-03-05	05단	半島茶話/京城一記者
94296	鮮滿版	1920-03-06	01단	榮爵を辭して《入社の辭》/正親町季董
94297	鮮滿版	1920-03-06	02단	哀れな人に溫い家をネルセン夫人の貧民窟訪問/悲慘な物語と救はれた孤兒/目的は淪落の女の救濟
94298	鮮滿版	1920-03-06	03단	會社銀行(元山商業銀行)
94299	鮮滿版	1920-03-06	04단	阪本大尉來邱/所澤京城大飛行準備のため
94300	鮮滿版	1920-03-06	04단	窓口から二千圓/鮮銀大邱支店の盜難
94301	鮮滿版	1920-03-06	04단	半島茶話/京城一記者

일련번호	판명	간행일	단수	기사명
94302	鮮滿版	1920-03-07	01단	鮮鐵併合の經緯/滿鐵でも有難く思はない/總督府も併合は御免蒙る
94303	鮮滿版	1920-03-07	02단	京城より(篠原課長出張/公普校新設/殖銀大異動)
94304	鮮滿版	1920-03-07	02단	半島茶話/京城一記者
94305	鮮滿版	1920-03-07	03단	遊園地の整理(上)/大阪府技師大屋靈城
94306	鮮滿版	1920-03-07	04단	鮮人强盜挌鬪して遁出す
94307	鮮滿版	1920-03-09	01단	騷々しい京城現株/總督の役人が株主/公募成績が二千倍
94308	鮮滿版	1920-03-09	01단	議會解散と朝鮮近海航路/擴張は一頓挫
94309	鮮滿版	1920-03-09	01단	平壤の事業界/新興會社簇生(鮮滿商事株式會社/東亞工商株式會社/株式會社丸京吳服店/平壤連帶倉庫株式會社/平壤電氣■■株式會社/株式會社平壤銀行/極東畜産工業株式會社/西鮮燃料株式會社/平壤證券信託株式會社/平壤興業株式會社)
94310	鮮滿版	1920-03-09	02단	大豆取引閑散/先高見越の爲め
94311	鮮滿版	1920-03-09	02단	産業鐵道起工期/先づ金泉安東間
94312	鮮滿版	1920-03-09	03단	逐年旺盛に向ふ平壤の工業界
94313	鮮滿版	1920-03-09	03단	特派記者團設立
94314	鮮滿版	1920-03-09	03단	客月朝鮮增收
94315	鮮滿版	1920-03-09	03단	石炭輸送狀況
94316	鮮滿版	1920-03-09	04단	勤務演習規程簡捷
94317	鮮滿版	1920-03-09	04단	國境方面の牛疫猖獗/損害甚大
94318	鮮滿版	1920-03-09	04단	家を燒燼し二女は燒死/實母亦發狂
94319	鮮滿版	1920-03-09	04단	南滿中學堂生日本內地旅行/本社をも見學
94320	鮮滿版	1920-03-09	04단	大同江の解氷と驅逐艇隊入港
94321	鮮滿版	1920-03-09	05단	愛國婦人會常務員會
94322	鮮滿版	1920-03-09	05단	京城より(産業鐵道本社設置/總監の茶菓饗應/全鮮の天然痘/京劇臨時總會)
94323	鮮滿版	1920-03-09	05단	半島茶話/京城一記者
94324	鮮滿版	1920-03-10	01단	平壤と教育機關/醫學、工業兩專門學校と甲種商業校の新設が緊要
94325	鮮滿版	1920-03-10	01단	北鮮航路/橘林太郎氏談
94326	鮮滿版	1920-03-10	01단	京城電氣會社水力電氣計劃/北漢江に於て
94327	鮮滿版	1920-03-10	02단	京城最近商況/槪して閑散
94328	鮮滿版	1920-03-10	02단	各學校卒業式
94329	鮮滿版	1920-03-10	02단	大連航路殷賑
94330	鮮滿版	1920-03-10	03단	大本營跡を拜觀して/赤面する成金連
94331	鮮滿版	1920-03-10	03단	陸軍記念日と諸兵聯合演習

일련번호	판명	간행일	단수	기사명
94332	鮮滿版	1920-03-10	04단	半島茶話/京城一記者
94333	鮮滿版	1920-03-10	04단	總選擧大觀(京都府/滋賀縣)
94334	鮮滿版	1920-03-11	01단	鐵道綱より見たる平壤/物資集散の中心
94335	鮮滿版	1920-03-11	01단	昌邱鐵道問題/大邱側の躍起
94336	鮮滿版	1920-03-11	01단	總選擧大觀(福岡縣)
94337	鮮滿版	1920-03-11	02단	馬山金融組合/業務逐次發展
94338	鮮滿版	1920-03-11	02단	鮮內銀行會社數總數四百五社
94339	鮮滿版	1920-03-11	03단	咸興商業學校四月より開校
94340	鮮滿版	1920-03-11	03단	鎭海振興會設立
94341	鮮滿版	1920-03-11	04단	咸南地方費豫算
94342	鮮滿版	1920-03-11	04단	水利土木科新設/咸興農業學校の試み
94343	鮮滿版	1920-03-11	04단	鎭海發展の美名で禁漁區の解放に成功した/漁業會社の非難
94344	鮮滿版	1920-03-11	05단	不正旅客取締
94345	鮮滿版	1920-03-11	05단	驅逐艦の巡航
94346	鮮滿版	1920-03-11	05단	陸軍記念日と馬山
94347	鮮滿版	1920-03-11	05단	半島茶話/京城一記者
94348	鮮滿版	1920-03-12	01단	治外法權の頭腦で鮮人を教育する/培材培花兩校長就職取消は自由意志の穿き違ひから
94349	鮮滿版	1920-03-12	01단	總選擧大觀(福井縣/富山縣)
94350	鮮滿版	1920-03-12	02단	咸鏡南道の牛疫漸次猖獗/斃死約九十頭
94351	鮮滿版	1920-03-12	03단	滿鐵職制改正/商事部を新設
94352	鮮滿版	1920-03-12	03단	城津商事會社成績
94353	鮮滿版	1920-03-12	04단	內地行牛肉特別扱
94354	鮮滿版	1920-03-12	04단	東拓移民渡鮮數
94355	鮮滿版	1920-03-12	04단	流行病に惱む城津/鮮人は割合に罹らない流感、天然痘、腸窒扶斯が終熄して病名不明の熱病や出血病が流行
94356	鮮滿版	1920-03-12	04단	鳥致院忠州間の乘合自動車開始
94357	鮮滿版	1920-03-12	04단	鳥致院の火事
94358	鮮滿版	1920-03-12	04단	人(淨法寺第二十師團長)
94359	鮮滿版	1920-03-12	05단	金融組合計劃進捗
94360	鮮滿版	1920-03-12	05단	殖銀預金成績
94361	鮮滿版	1920-03-12	05단	半島茶話/京城一記者
94362	鮮滿版	1920-03-13	01단	平元鐵道問題の今後/臨時議會に提案如何/委員の運動は遂に要路者も意を動かせしか
94363	鮮滿版	1920-03-13	01단	總選擧大觀(和歌山縣/愛媛縣)
94364	鮮滿版	1920-03-13	02단	群山公會堂愈建設に決定

일련번호	판명	간행일	단수	기사명
94365	鮮滿版	1920-03-13	02단	豆粕需給增加
94366	鮮滿版	1920-03-13	03단	現株批難と平壤
94367	鮮滿版	1920-03-13	04단	京城共進會開催
94368	鮮滿版	1920-03-13	04단	鮮鐵從業員點呼實施
94369	鮮滿版	1920-03-13	04단	店員內地見學
94370	鮮滿版	1920-03-13	04단	會社銀行(京城製紙會社/仁川米豆取引所)
94371	鮮滿版	1920-03-13	05단	來る？來る？漢江畔の汝矣島/待呆けの飛行機觀覽者/日本の飛行機も亦來ぬ
94372	鮮滿版	1920-03-13	06단	半島茶話/京城一記者
94373	鮮滿版	1920-03-14	01단	年限延長の除外例/學制改革案
94374	鮮滿版	1920-03-14	01단	龍山借地人と土地交換問題/反對運動起る
94375	鮮滿版	1920-03-14	01단	最近旺盛の鮮牛移出/昨年は五萬頭
94376	鮮滿版	1920-03-14	02단	北滿方面の東拓資金貸出/大部分は新事業に投資
94377	鮮滿版	1920-03-14	02단	海西銀行設立/海州鮮人の計劃
94378	鮮滿版	1920-03-14	02단	米商組合廓淸/近く役員改選
94379	鮮滿版	1920-03-14	03단	京城高女校入學成績發表期
94380	鮮滿版	1920-03-14	03단	元山商議豫算
94381	鮮滿版	1920-03-14	03단	北鮮航路不振
94382	鮮滿版	1920-03-14	03단	旱害救濟資金貸出
94383	鮮滿版	1920-03-14	03단	募集警官續々渡鮮
94384	鮮滿版	1920-03-14	04단	罌粟栽培不成績
94385	鮮滿版	1920-03-14	04단	會社銀行(朝鮮鑛務會社/森林鐵道本社)
94386	鮮滿版	1920-03-14	04단	人(丸山警務局事務官)
94387	鮮滿版	1920-03-14	04단	强盜事件頻發/海州住民の恐怖
94388	鮮滿版	1920-03-14	04단	半島茶話/京城一記者
94389	鮮滿版	1920-03-16	01단	陸軍航空隊の壯圖/所澤京城間大飛行雜觀/汝矣島着陸場にて一記者
94390	鮮滿版	1920-03-16	01단	總選擧大觀(兵庫縣)
94391	鮮滿版	1920-03-16	03단	秋風嶺の嶮を抔て玄界橫斷の三勇士/四日目で到頭來着した
94392	鮮滿版	1920-03-16	05단	對露貿易上重大問題/荷役賃騰貴
94393	鮮滿版	1920-03-16	05단	二月中に於ける全鮮貿易槪況
94394	鮮滿版	1920-03-16	06단	問題の京城現物/株式割當方法
94395	鮮滿版	1920-03-16	06단	東拓移民償還金槪況
94396	鮮滿版	1920-03-16	06단	群山六戶燒失/人畜の被害なし
94397	鮮滿版	1920-03-16	06단	天然痘稍下火
94398	鮮滿版	1920-03-16	06단	黃海道漸次解警

일련번호	판명	간행일	단수	기사명
94399	鮮滿版	1920-03-16	07단	驅逐艦入港と群山
94400	鮮滿版	1920-03-16	07단	驅逐隊の來港
94401	鮮滿版	1920-03-16	07단	屎尿處分實驗
94402	鮮滿版	1920-03-16	07단	半島茶話/京城一記者
94403	鮮滿版	1920-03-17	01단	千五百萬圓から四百五十萬圓に激減した朝鮮の産金/世界共通の現象ではあるが政府の方針が動かぬ限り金鑛業は衰微する許りだ
94404	鮮滿版	1920-03-17	01단	慶北第三部長講演要旨
94405	鮮滿版	1920-03-17	01단	總選擧大觀(東京市)
94406	鮮滿版	1920-03-17	03단	鮮鐵滯貨狀況/石炭のみ減少
94407	鮮滿版	1920-03-17	04단	京畿道桑田基本調査實施
94408	鮮滿版	1920-03-17	04단	飛行機上より朝鮮の山河/俯瞰した感想(京城一番乘の小關中尉談/基地は非常に美しい/殿軍で入城の田中中尉談/來觀鮮人を墓と思った)
94409	鮮滿版	1920-03-17	05단	薄給で轉職する海州郵便局員/批難の聲起る
94410	鮮滿版	1920-03-17	05단	出勤せぬ校長
94411	鮮滿版	1920-03-17	05단	群山水道涸渇/夜間斷水厲行
94412	鮮滿版	1920-03-17	05단	京畿淸酒品評會/褒賞授與式
94413	鮮滿版	1920-03-17	06단	仁川商業卒業式
94414	鮮滿版	1920-03-17	06단	看護婦生徒募集
94415	鮮滿版	1920-03-17	06단	半島茶話/京城一記者
94416	鮮滿版	1920-03-18	01단	朝鮮官吏增俸問題/動搖對策に臨時手當/某總督府當局談(某消息通の談)
94417	鮮滿版	1920-03-18	01단	木浦商業學校新設決定/女學校も昇格
94418	鮮滿版	1920-03-18	01단	仁川學校組合豫算議定總會/總額七十三萬四千圓
94419	鮮滿版	1920-03-18	01단	大飛行寫眞/(上)報告中の和田中尉(下)伊總領事と同飛行將校
94420	鮮滿版	1920-03-18	02단	黃海道の干潟地開墾事業/前途有望視さる
94421	鮮滿版	1920-03-18	03단	京畿淸酒品評會/審査の概要
94422	鮮滿版	1920-03-18	03단	京城製紙創立
94423	鮮滿版	1920-03-18	04단	汽船會社計劃
94424	鮮滿版	1920-03-18	04단	木浦港貿易額
94425	鮮滿版	1920-03-18	04단	鮮鐵職員家族調査
94426	鮮滿版	1920-03-18	04단	『日本は偉い』飛行機と鮮人學童の感想文
94427	鮮滿版	1920-03-18	05단	到所大持の巡航驅逐艇隊/仁川の歡迎振
94428	鮮滿版	1920-03-18	05단	半島茶話/京城一記者

일련번호	판명	긴행일	단수	기사명
94429	鮮滿版	1920-03-19	01단	新募警官を全道に配置/千人に一人當の警官/丸山總督府事務官談
94430	鮮滿版	1920-03-19	01단	元山府明年度豫算三割強增加
94431	鮮滿版	1920-03-19	01단	總選擧大觀(長崎縣/熊本縣)
94432	鮮滿版	1920-03-19	02단	平銀創立總會/三和銀行を合併
94433	鮮滿版	1920-03-19	03단	咸鏡南道教育施設擴張
94434	鮮滿版	1920-03-19	03단	銀行設立見合/江景と群山
94435	鮮滿版	1920-03-19	04단	全北輕鐵改善/輸送能率增加
94436	鮮滿版	1920-03-19	04단	京城局手形交換高
94437	鮮滿版	1920-03-19	04단	內地人を凌いで優等で卒業する花恥しい鮮人女學生/京都平安女學校の尹英雲孃
94438	鮮滿版	1920-03-19	05단	京城より(橫山直槌氏轉任/善隣商業卒業式/警察自動車到着/下村事務官歸期)
94439	鮮滿版	1920-03-19	05단	東京は厭な所だ/朝鮮に歸りたかった
94440	鮮滿版	1920-03-19	06단	ソ式とサ式勝敗如何/朝鮮ではソ式が好い
94441	鮮滿版	1920-03-19	06단	物議の種京城現株/各地の批難
94442	鮮滿版	1920-03-19	07단	田中中尉の謝意
94443	鮮滿版	1920-03-19	07단	半島茶話/京城一記者
94444	鮮滿版	1920-03-20	01단	大邱府より飛行機に託して本社への來書(難波中尉持參)
94445	鮮滿版	1920-03-20	01단	朝鮮鑛業/將來有望の四大鑛源
94446	鮮滿版	1920-03-20	01단	邊境防備「心配なし」と大野少將語る
94447	鮮滿版	1920-03-20	01단	産鐵測量着手
94448	鮮滿版	1920-03-20	02단	工業傳習所/入學規程改正
94449	鮮滿版	1920-03-20	02단	朝鮮實業俱樂部/財界名士の社交團
94450	鮮滿版	1920-03-20	02단	難波中尉の飛行機に託し水野政務總監より村山本社長への來書
94451	鮮滿版	1920-03-20	03단	牛市停止府令/牛疫猖獗の爲め
94452	鮮滿版	1920-03-20	04단	郵便所新設地
94453	鮮滿版	1920-03-20	04단	黃海道新設學校
94454	鮮滿版	1920-03-20	04단	全鮮肥料貿易額
94455	鮮滿版	1920-03-20	04단	朝鐵運輸狀況
94456	鮮滿版	1920-03-20	04단	會社銀行(食料品會社/殖銀兩支店/韓一銀行新築/實業銀行認可))
94457	鮮滿版	1920-03-20	04단	局員疲勞して電報は滅茶苦茶/薄給から人員缺乏
94458	鮮滿版	1920-03-20	05단	大邱に於る飛行將校の歡迎振り(中央は加藤少尉/北川中尉持參)
94459	鮮滿版	1920-03-20	05단	京城より(京畿道豫算/紐育サン記者/大塚內務局長/京畿優良大豆)

일련번호	판명	간행일	단수	기사명
94460	鮮滿版	1920-03-20	07단	軍用牛肉鑵詰/糧秣廠の試驗
94461	鮮滿版	1920-03-20	07단	女運轉手嚆矢
94462	鮮滿版	1920-03-20	07단	發疹城津を襲ふ
94463	鮮滿版	1920-03-20	07단	半島茶話/京城一記者
94464	鮮滿版	1920-03-21	01단	朝鮮各地の大隊設置運動は無駄/朝鮮軍參謀長大野少將談
94465	鮮滿版	1920-03-21	01단	飛上ったサ式(北川中尉搭乘)
94466	鮮滿版	1920-03-21	01단	納稅成績不良
94467	鮮滿版	1920-03-21	01단	解氷期と城津
94468	鮮滿版	1920-03-21	01단	黃海道に於ける金融組合增設
94469	鮮滿版	1920-03-21	01단	銀行會社(産業鐵道重役會/兩江拓林株公募/倭館金融倉庫設立/京城劇場會社總會)
94470	鮮滿版	1920-03-21	02단	總選擧大觀(岡山縣/鹿兒島縣)
94471	鮮滿版	1920-03-21	03단	新募巡査敎習
94472	鮮滿版	1920-03-21	03단	咸南高原の母子慘殺/犯人は鮮人(郵便所長發見　前日の郵便物が基盡で不審/妻子は寢卷姿 長女は馘首され 兇器は肉切刀/犯人はモヒ泥 後難を覆はん爲めの慘行か)
94473	鮮滿版	1920-03-21	04단	サ式飛行機(北川中尉)を見送る宇都宮司令官一行(京城飛行場にて)
94474	鮮滿版	1920-03-21	05단	武運拙かりし寺元中尉/有川隊長慰撫
94475	鮮滿版	1920-03-21	06단	半島茶話/京城一記者
94476	鮮滿版	1920-03-23	01단	培材女學校外三校の外人校長處分顚末書/柴田學務局長發表
94477	鮮滿版	1920-03-23	01단	總選擧大觀(愛知縣)
94478	鮮滿版	1920-03-23	02단	本春農耕槪況/高見技師談
94479	鮮滿版	1920-03-23	03단	大豆輸送成績/逐年激增す
94480	鮮滿版	1920-03-23	04단	釜山商議改選/激烈に競爭
94481	鮮滿版	1920-03-23	04단	罌粟栽培面績
94482	鮮滿版	1920-03-23	04단	終業年限延長
94483	鮮滿版	1920-03-23	04단	殖鐵起工準備
94484	鮮滿版	1920-03-23	04단	咸南小學校增設
94485	鮮滿版	1920-03-23	04단	咸南敎員養成講習會
94486	鮮滿版	1920-03-23	05단	學校組合會議
94487	鮮滿版	1920-03-23	05단	學務局長東上
94488	鮮滿版	1920-03-23	05단	會社銀行(實銀發起人總會/朝鮮パルプ會社/東拓淸津郡貸出額/朝許畜産會社計劃)
94489	鮮滿版	1920-03-23	05단	卒業式(水原農林學校/京城工業專門/海州農業其他/淑明校卒業式)

일련번호	판명	간행일	단수	기사명
94490	鮮滿版	1920-03-23	05단	群山と京城現株/示威決議失敗
94491	鮮滿版	1920-03-23	06단	光州電燈批難/新會社計劃
94492	鮮滿版	1920-03-23	06단	鮮人內地觀光團
94493	鮮滿版	1920-03-23	06단	半島茶話/京城一記者
94494	鮮滿版	1920-03-24	01단	『無理解の强制は不可』/鮮農指導誘掖に就て時實忠南道知事談
94495	鮮滿版	1920-03-24	01단	鮮鐵貨物輸送/二月中の狀況
94496	鮮滿版	1920-03-24	01단	黃海道主催聯合地主協議會
94497	鮮滿版	1920-03-24	01단	群山九年度豫算/總額十一萬圓
94498	鮮滿版	1920-03-24	02단	朝鮮鐵道國營說/現業員に杞憂
94499	鮮滿版	1920-03-24	02단	豆粕輸送旺盛/昨年は六萬四千餘額
94500	鮮滿版	1920-03-24	02단	殖銀支店長異動
94501	鮮滿版	1920-03-24	03단	京畿製鹽狀況
94502	鮮滿版	1920-03-24	03단	會社銀行(畜産會社設立/京南廣業會社/朝鮮電氣協會/自動車株公募)
94503	鮮滿版	1920-03-24	03단	總選擧大觀(福岡市)
94504	鮮滿版	1920-03-24	04단	京城現株問題/鎭南浦先落着
94505	鮮滿版	1920-03-24	04단	內地視察團組織/忠南の新事業
94506	鮮滿版	1920-03-24	05단	淸州鳥致院間乘合自動車開業
94507	鮮滿版	1920-03-24	05단	鯖江聯隊軍旗祭四月三日擧行
94508	鮮滿版	1920-03-24	05단	驅逐艦の入港
94509	鮮滿版	1920-03-24	05단	半島茶話/京城一記者
94510	鮮滿版	1920-03-25	01단	鮮人開發に多大の效果ありし宗教々育/多少の弊害はある/現在二百八十九校中耶蘇長老派が二百校
94511	鮮滿版	1920-03-25	01단	單級學校教員補充と小學教員待遇問題/弓削總督府學務課長談
94512	鮮滿版	1920-03-25	02단	仁川海州間廢航問題/海州民の運動
94513	鮮滿版	1920-03-25	03단	有望視さるゝ間島豆粕/年産九十萬枚
94514	鮮滿版	1920-03-25	04단	追加豫算編成に就て
94515	鮮滿版	1920-03-25	04단	鳥致院の德島縣人會發展/商事會社計劃
94516	鮮滿版	1920-03-25	04단	慶北教員補充策/臨時教員養成
94517	鮮滿版	1920-03-25	04단	府令改正要望/外國船の橫暴
94518	鮮滿版	1920-03-25	05단	大邱學校組合/議員總改選期
94519	鮮滿版	1920-03-25	05단	黃海道漁獲高
94520	鮮滿版	1920-03-25	05단	水原面事務所新築
94521	鮮滿版	1920-03-25	05단	黃海道の紀念植樹

일련번호	판명	간행일	단수	기사명
94522	鮮滿版	1920-03-25	05단	會社銀行(鳥致院商事會社計劃/東洋杞柳會社/水原商事會社設立許可/京城製紙會社許可/朝鮮工業株式會社)
94523	鮮滿版	1920-03-25	06단	朝鮮航空隊何處へ設置?/候補地は數箇所あり/大野參謀長談
94524	鮮滿版	1920-03-25	06단	淸州市場町/改造問題行惱
94525	鮮滿版	1920-03-25	06단	大邱徵兵檢査
94526	鮮滿版	1920-03-25	06단	京城より(實業銀行披露宴/東拓移民者數/佐々木氏出發)
94527	鮮滿版	1920-03-25	07단	大邱より
94528	鮮滿版	1920-03-25	07단	半島茶話/京城一記者
94529	鮮滿版	1920-03-26	01단	『農村の根底、農民の特長を無視せる俘華生活は農民の爲農村の爲に憂慮す』時實忠南道知事の談
94530	鮮滿版	1920-03-26	02단	忠南鳥致院實業協會設立/基本金は現株
94531	鮮滿版	1920-03-26	02단	學校植林面積/樹數百四十萬
94532	鮮滿版	1920-03-26	02단	緬羊飼育有望
94533	鮮滿版	1920-03-26	02단	朝鮮古史研究會
94534	鮮滿版	1920-03-26	03단	慶山學校組合豫算
94535	鮮滿版	1920-03-26	03단	黃海道記念植林樹數
94536	鮮滿版	1920-03-26	03단	八博士の講演
94537	鮮滿版	1920-03-26	03단	旭開拓增資否決
94538	鮮滿版	1920-03-26	03단	人心を蠱毒せる京城現物割當問題/官吏側は返却するに一決す
94539	鮮滿版	1920-03-26	04단	會社銀行(京城製絲擴張)
94540	鮮滿版	1920-03-26	05단	大邱工藝品評會/目下計劃中
94541	鮮滿版	1920-03-26	05단	京南線實測期
94542	鮮滿版	1920-03-26	05단	大邱より
94543	鮮滿版	1920-03-26	05단	李公家漁區解禁問題で巨濟島漁民三千名連署して總督府に請願
94544	鮮滿版	1920-03-26	06단	半島茶話/京城一記者
94545	鮮滿版	1920-03-27	01단	待遇上の差別撤廢を高唱する技術官の鼻息頗る荒し/當局の二部會壓迫?
94546	鮮滿版	1920-03-27	01단	三月上半期の朝鮮貿易/依然入超
94547	鮮滿版	1920-03-27	01단	黃海道の旱害救濟/大地主の蹶起
94548	鮮滿版	1920-03-27	02단	淸州金融狀況/殖銀支店警戒
94549	鮮滿版	1920-03-27	02단	京畿道の組合金融概況
94550	鮮滿版	1920-03-27	03단	大邱府明年度豫算/十萬圓の膨脹
94551	鮮滿版	1920-03-27	03단	忠淸印刷會社/群小同業合同
94552	鮮滿版	1920-03-27	03단	黃海道畜牛數/旱魃の結果一割減
94553	鮮滿版	1920-03-27	04단	總選擧大觀(島根縣)

일련번호	판명	간행일	단수	기사명
94554	鮮滿版	1920-03-27	04단	鮮滿農林創立/資本一千萬圓
94555	鮮滿版	1920-03-27	04단	忠南淸酒講習會
94556	鮮滿版	1920-03-27	04단	普通學校設立許可
94557	鮮滿版	1920-03-27	04단	會社銀行(釜山丸米運輸設立)
94558	鮮滿版	1920-03-27	04단	黃海道各郡盜難頻發/資産家の危懼
94559	鮮滿版	1920-03-27	05단	鴨綠江の解氷/回轉橋の開通
94560	鮮滿版	1920-03-27	05단	大邱中學校入學試驗發表期
94561	鮮滿版	1920-03-27	05단	大東斯文會懇話
94562	鮮滿版	1920-03-27	05단	女事務員採用
94563	鮮滿版	1920-03-27	06단	鳥致院より
94564	鮮滿版	1920-03-27	07단	半島茶話/京城一記者
94565	鮮滿版	1920-03-28	01단	財界十方瞰/金産額の世界的減少
94566	鮮滿版	1920-03-28	01단	封建時代の遺物/現代的溫情主義(二)/京大講師米田庄太郎
94567	鮮滿版	1920-03-28	02단	大電窮狀の經緯
94568	鮮滿版	1920-03-28	04단	光船愈拂下決定
94569	鮮滿版	1920-03-28	04단	黑龍奢侈品解禁
94570	鮮滿版	1920-03-28	04단	米船損害誇張/擱坐救助拒絶
94571	鮮滿版	1920-03-28	04단	米價調節經過
94572	鮮滿版	1920-03-28	04단	遠洋傭船形勢
94573	鮮滿版	1920-03-28	05단	コール益昂騰
94574	鮮滿版	1920-03-28	05단	紐育客船賃引上
94575	鮮滿版	1920-03-28	05단	倫敦金物續落
94576	鮮滿版	1920-03-28	05단	棉花現在荷高
94577	鮮滿版	1920-03-28	06단	綿絲輸出漸減
94578	鮮滿版	1920-03-28	06단	海上保險合同
94579	鮮滿版	1920-03-28	06단	綿絲關門迫る
94580	鮮滿版	1920-03-28	07단	船管令廢止期
94581	鮮滿版	1920-03-28	07단	電氣銅二磅安
94582	鮮滿版	1920-03-28	07단	第三次船主會
94583	鮮滿版	1920-03-28	07단	棉業投機衰微
94584	鮮滿版	1920-03-28	08단	實業聯合會
94585	鮮滿版	1920-03-28	08단	電銅先高
94586	鮮滿版	1920-03-28	08단	肥料續落
94587	鮮滿版	1920-03-28	09단	國汽近海割込
94588	鮮滿版	1920-03-28	09단	會社銀行(橫濱火災增資/朝日海上改革/濱寺土地創立/阿南土地總會)

일련번호	판명	간행일	단수	기사명
94589	鮮滿版	1920-03-28	09단	橫濱生絲(廿六日)
94590	鮮滿版	1920-03-28	09단	水銀燈
94591	鮮滿版	1920-03-30	01단	將來益多望の朝鮮三南の主要農産物/米/棉花/養蠶/畜牛/慶北某實業家談(米穀 逐年增收/棉花 栽培幼稚/養蠶/畜牛 體格優秀)
94592	鮮滿版	1920-03-30	02단	移出牛檢疫規則改正/繫留期日短縮
94593	鮮滿版	1920-03-30	02단	黃海道米實收高/五十五萬餘石
94594	鮮滿版	1920-03-30	02단	慶南酒類品評會
94595	鮮滿版	1920-03-30	03단	釜山商議戰猛烈
94596	鮮滿版	1920-03-30	03단	朝郵下半期成績/前年に比し不振/配當は一割位か
94597	鮮滿版	1920-03-30	03단	鮮鐵三等客優遇
94598	鮮滿版	1920-03-30	03단	京銀淸州支店二十五日より開業す
94599	鮮滿版	1920-03-30	04단	銀行會社(不二興業增資/全南殖産會社/海東銀行拂込期/東洋食料會社)
94600	鮮滿版	1920-03-30	04단	京城より(總督府記念植樹/優良柔樹普及會)
94601	鮮滿版	1920-03-30	04단	龍頭山公園松樹枯死/樹齡旣に盡く
94602	鮮滿版	1920-03-30	04단	太田繩叺品評會
94603	鮮滿版	1920-03-30	05단	平壤公設市場
94604	鮮滿版	1920-03-30	05단	半島茶話/京城一記者
94605	鮮滿版	1920-03-31	01단	大膨脹せる平壤府豫算/總額約四十萬圓/社會的事業多し
94606	鮮滿版	1920-03-31	01단	柞蠶飼育狀況/六割强減少/原因は旱害
94607	鮮滿版	1920-03-31	01단	釜山蔚山間輕鐵問題再燃/中央鐵道批難
94608	鮮滿版	1920-03-31	02단	釜蔚輕鐵別報
94609	鮮滿版	1920-03-31	02단	仁川商業校改築
94610	鮮滿版	1920-03-31	02단	城津學校豫算
94611	鮮滿版	1920-03-31	02단	森林鐵道專務請宴
94612	鮮滿版	1920-03-31	02단	會社銀行(大邱府會社數/朝鮮皮革增配/朝鮮土地信託/京城銀行配當率)
94613	鮮滿版	1920-03-31	03단	現株の配當を受けた高等官等嚴重訓戒/『廉恥を重んじ貪汚の所爲等』と解釋次第でどうにもなる
94614	鮮滿版	1920-03-31	03단	哀れ深し擾亂の國民/露國大佐の悲話
94615	鮮滿版	1920-03-31	04단	朝鮮の牛疫/血淸液が不足で撲滅が期し難い
94616	鮮滿版	1920-03-31	05단	慶北水産主任贈賄强要事件/豫審終結す
94617	鮮滿版	1920-03-31	05단	天安驛の幽靈貨物事件/從來の惡習慣？
94618	鮮滿版	1920-03-31	06단	大邱監獄の試み/囚人に麻製織
94619	鮮滿版	1920-03-31	06단	半島茶話/京城一記者

1920년 4월 (선만판)

일련번호	판명	간행일	단수	기사명
94620	鮮滿版	1920-04-01	01단	編成を了せる總督府豫算/不成立豫算と略同額
94621	鮮滿版	1920-04-01	01단	躍進せる平壤工業界/生産額激增
94622	鮮滿版	1920-04-01	02단	鳥致院の學校組合豫算
94623	鮮滿版	1920-04-01	02단	約六割增加の慶北明年度豫算/新事業は皆無
94624	鮮滿版	1920-04-01	02단	錦江上流地の造林事業着手
94625	鮮滿版	1920-04-01	02단	學校組合會議/昨年度豫算額七十一萬餘圓
94626	鮮滿版	1920-04-01	03단	忠淸南道の棉花栽培不振
94627	鮮滿版	1920-04-01	03단	大田米穀商組合/延取引を開始
94628	鮮滿版	1920-04-01	03단	京畿道麥作順調
94629	鮮滿版	1920-04-01	03단	大邱驛擴張工事
94630	鮮滿版	1920-04-01	04단	仁商新築設計
94631	鮮滿版	1920-04-01	04단	黃海道改修道路
94632	鮮滿版	1920-04-01	04단	玲瓏玉の如き椒井里の靈泉/東亞鑛泉創設
94633	鮮滿版	1920-04-01	04단	各監獄の擴張/原因は囚人增加
94634	鮮滿版	1920-04-01	05단	ス博士送別會
94635	鮮滿版	1920-04-01	05단	半島茶話/京城一記者
94636	鮮滿版	1920-04-02	01단	釜山築港工事
94637	鮮滿版	1920-04-02	01단	馬山海面埋築事業
94638	鮮滿版	1920-04-02	01단	直營薪炭市場
94639	鮮滿版	1920-04-02	01단	慶南喞酒會
94640	鮮滿版	1920-04-02	01단	日滿露運輸廢止
94641	鮮滿版	1920-04-02	01단	産鐵役員決定
94642	鮮滿版	1920-04-02	01단	京電社員異動
94643	鮮滿版	1920-04-02	02단	馬山學校組合豫算
94644	鮮滿版	1920-04-02	02단	昌興學校許可
94645	鮮滿版	1920-04-02	02단	會社銀行(朝鮮興業物會社/パルプ工業會社/京電島田氏辭任/馬山海産物會社許可)
94646	鮮滿版	1920-04-02	02단	大邱より
94647	鮮滿版	1920-04-02	03단	交換姬怠業で役に立ぬ電話/缺員は民間へ轉業と/お嫁入りをするため
94648	鮮滿版	1920-04-02	04단	公設市場問題
94649	鮮滿版	1920-04-02	04단	旱害窮民救助
94650	鮮滿版	1920-04-02	04단	京畿道記念植樹日
94651	鮮滿版	1920-04-02	05단	京龍質屋大會
94652	鮮滿版	1920-04-02	05단	釜山と自動車
94653	鮮滿版	1920-04-02	05단	半島茶話/京城一記者

일련번호	판명	간행일	단수	기사명
94654	鮮滿版	1920-04-03	01단	多年の懸案笞刑廢止/總督聲明實現
94655	鮮滿版	1920-04-03	01단	大正九年度仁川府豫算/前年の二倍半
94656	鮮滿版	1920-04-03	01단	慶北新計劃/産業團體統一
94657	鮮滿版	1920-04-03	02단	大邱中學入學者/合計九十三名
94658	鮮滿版	1920-04-03	02단	南山の絶頂より京城の街頭を俯瞰して/其處に自然の囁きを聽け
94659	鮮滿版	1920-04-03	03단	大邱物産館改善
94660	鮮滿版	1920-04-03	03단	鮮鐵貨物收入
94661	鮮滿版	1920-04-03	03단	內鮮人聯合協議會
94662	鮮滿版	1920-04-03	04단	京畿莨收納高
94663	鮮滿版	1920-04-03	04단	會社銀行(第一銀行緊縮/京城製紙發起人會/東亞出版資金變更/統營魚撈會社/朝鮮纖維工業所/朝鮮海藻會社)
94664	鮮滿版	1920-04-03	04단	辯護士會紛擾
94665	鮮滿版	1920-04-03	04단	大邱の妓生自宅營業禁止
94666	鮮滿版	1920-04-03	05단	新舊兵の交替
94667	鮮滿版	1920-04-03	05단	片倉氏の美擧
94668	鮮滿版	1920-04-03	05단	咸興より
94669	鮮滿版	1920-04-03	06단	半島茶話/京城一記者
94670	鮮滿版	1920-04-04	01단	積極的理解主義にて産業に文化政策を實現せん/西村總督府殖産局長談
94671	鮮滿版	1920-04-04	01단	運輸不權衡/當局は研究中
94672	鮮滿版	1920-04-04	01단	忠淸北道の就學兒童激增/三面一校制の急務
94673	鮮滿版	1920-04-04	02단	朝郵航路變更/仁海間は自由航
94674	鮮滿版	1920-04-04	02단	咸興學議逐鹿戰/結局官民の競爭
94675	鮮滿版	1920-04-04	03단	龍塘浦貿易額
94676	鮮滿版	1920-04-04	03단	培材培花兩校長決定
94677	鮮滿版	1920-04-04	03단	馬山府九年度豫算
94678	鮮滿版	1920-04-04	03단	銀行會社(大東印刷株式會社/朝鮮製帽合資金會社/朝鮮絹物工業株式會社/東亞燐寸株式會社)
94679	鮮滿版	1920-04-04	04단	全北苦言
94680	鮮滿版	1920-04-04	04단	日本民間飛行研究會/朝鮮支部の提唱で朝鮮飛行學校設立/場所は大邱に確定/教師は山縣豊太郎氏
94681	鮮滿版	1920-04-04	04단	質屋さん騒ぎ立つ/總督府と京城府で公設質屋を計劃す
94682	鮮滿版	1920-04-04	07단	半島茶話/京城一記者
94683	鮮滿版	1920-04-04	07단	鮮人選手東上

일련번호	판명	간행일	단수	기사명
94684	鮮滿版	1920-04-04	07단	京城より(東拓職員淘汰/現株市場開期/滿洲給費生/天道敎徒來京/平壤每日發刊)
94685	鮮滿版	1920-04-06	01단	施政改善の徹底を期する爲め改廢した重要法令改正に就て(上)/水野政務總監談
94686	鮮滿版	1920-04-06	02단	沙里院の都市計劃/己に設計成る
94687	鮮滿版	1920-04-06	02단	漁業稅令其他の廢止に就て/總督府當局談
94688	鮮滿版	1920-04-06	03단	忠北莨耕作段別/耕作人員一萬
94689	鮮滿版	1920-04-06	03단	東拓職制改正と移民/依然京城支店で取ふ扱
94690	鮮滿版	1920-04-06	03단	東拓職員異動
94691	鮮滿版	1920-04-06	03단	內地産業視察團
94692	鮮滿版	1920-04-06	04단	國境警備警官出發
94693	鮮滿版	1920-04-06	04단	京城專門改稱出願
94694	鮮滿版	1920-04-06	04단	水利事業計劃
94695	鮮滿版	1920-04-06	04단	海州學校豫算
94696	鮮滿版	1920-04-06	04단	銀行會社(群山酒造株式會社/朝鮮食料品株式會/豆滿江林業株式會社/東亞出版株式會社)
94697	鮮滿版	1920-04-06	04단	滿鮮巡業の大相撲/六月上旬頃
94698	鮮滿版	1920-04-06	05단	慶北の天然痘/患者累計八百
94699	鮮滿版	1920-04-06	05단	滿日記者拘引/事件は嚴祕
94700	鮮滿版	1920-04-06	05단	不正事件から退會
94701	鮮滿版	1920-04-06	05단	半島茶話/京城一記者
94702	鮮滿版	1920-04-07	01단	施政改善の徹底を期する爲め改廢した重要法令改正に就て(下)/水野政務總監談
94703	鮮滿版	1920-04-07	02단	商議選擧の結果
94704	鮮滿版	1920-04-07	02단	釜山府新起債
94705	鮮滿版	1920-04-07	02단	寫眞通信/木の芽萠ゆ
94706	鮮滿版	1920-04-07	03단	忠南金融組合狀況
94707	鮮滿版	1920-04-07	03단	忠北の棉産額/大部分は自家用
94708	鮮滿版	1920-04-07	04단	米穀賣買開始/大山穀物商組合成立
94709	鮮滿版	1920-04-07	04단	慶北畜牛保險
94710	鮮滿版	1920-04-07	04단	三校の入學生
94711	鮮滿版	1920-04-07	04단	高女卒業生の就職口/世相の變遷は恐い
94712	鮮滿版	1920-04-07	05단	鬱陵島の烏賊漁皆無
94713	鮮滿版	1920-04-07	05단	元山と朝郵航路(釜山浦潮線/雄基門司線/釜山元山線)
94714	鮮滿版	1920-04-07	05단	釜山記念の植樹
94715	鮮滿版	1920-04-07	05단	小學敎圓の縊死/原因は生徒の落第

일련번호	판명	간행일	단수	기사명
94716	鮮滿版	1920-04-07	06단	百萬圓で藝妓の會社を京城に設立/株の應募は旣に超過
94717	鮮滿版	1920-04-07	06단	半島茶話/京城一記者
94718	鮮滿版	1920-04-08	01단	寫眞通信(二)/コグンモ、ハンカチ–
94719	鮮滿版	1920-04-08	01단	慶北の警備機關/巡査駐在所增設
94720	鮮滿版	1920-04-08	01단	忠南の風土は最も鼈業に適當
94721	鮮滿版	1920-04-08	02단	優良小作人其他の內地觀光團
94722	鮮滿版	1920-04-08	02단	金融機關設置
94723	鮮滿版	1920-04-08	02단	大邱より
94724	鮮滿版	1920-04-08	03단	鳥致院より
94725	鮮滿版	1920-04-08	03단	咸興より
94726	鮮滿版	1920-04-08	04단	半島茶話/京城一記者
94727	鮮滿版	1920-04-09	01단	朝鮮銀行大異動/職制改正と同時に行はる
94728	鮮滿版	1920-04-09	01단	第三部長會議
94729	鮮滿版	1920-04-09	01단	京畿道豫算
94730	鮮滿版	1920-04-09	01단	京城手形交換高
94731	鮮滿版	1920-04-09	01단	春に心を唆られて夢現なる交換手達/喚べど叩けど出て吳れず喧嘩の果は『お話中』
94732	鮮滿版	1920-04-09	02단	取引所總會
94733	鮮滿版	1920-04-09	02단	銀行會社(電氣興業現況/平北銀行設立)
94734	鮮滿版	1920-04-09	03단	公設質屋は來月開業/漢城病院跡で繁昌すれば增設する質屋さんには革命來
94735	鮮滿版	1920-04-09	04단	ス博士歸國
94736	鮮滿版	1920-04-09	04단	牛疫稍小康
94737	鮮滿版	1920-04-09	05단	組合教會教師大會
94738	鮮滿版	1920-04-09	05단	煙草の國で卷煙草の飢饉
94739	鮮滿版	1920-04-09	05단	京城より(米國觀光團/聯隊軍旗祭/水利協議會)
94740	鮮滿版	1920-04-09	06단	大邱より
94741	鮮滿版	1920-04-09	06단	半島茶話/京城一記者
94742	鮮滿版	1920-04-10	01단	忠南と農業(上)/時實道知事の演述槪要
94743	鮮滿版	1920-04-10	01단	總選擧大觀(東京市)
94744	鮮滿版	1920-04-10	02단	鄕校財産還附/文廟維持と儒教振興の費用に充つ
94745	鮮滿版	1920-04-10	02단	鎭南浦府豫算
94746	鮮滿版	1920-04-10	02단	海州面豫算
94747	鮮滿版	1920-04-10	02단	勞銀益々騰貴
94748	鮮滿版	1920-04-10	03단	寫眞通信(三)/昌慶苑
94749	鮮滿版	1920-04-10	03단	綿絲布閑散

일련번호	판명	간행일	단수	기사명
94750	鮮滿版	1920-04-10	03단	製肥と鎭南浦
94751	鮮滿版	1920-04-10	04단	月尾島公園の施設
94752	鮮滿版	1920-04-10	05단	仁川の船渠新設
94753	鮮滿版	1920-04-10	05단	警備船の進水/仁川で造られた第一の汽船
94754	鮮滿版	1920-04-10	06단	南浦倉庫起工
94755	鮮滿版	1920-04-10	06단	平南每日新聞
94756	鮮滿版	1920-04-10	06단	京城より(兒島中將巡視/京城日々發刊/洋畵研究會/各道刑事講習)
94757	鮮滿版	1920-04-10	06단	半島茶話/京城一記者
94758	鮮滿版	1920-04-11	01단	忠南と農業(下)/時實道知事の演述概要
94759	鮮滿版	1920-04-11	01단	寫眞通信(四)/チゲ君の畫寢
94760	鮮滿版	1920-04-11	02단	忠南の新事業
94761	鮮滿版	1920-04-11	03단	私鐵補助方針確定
94762	鮮滿版	1920-04-11	03단	朝鮮十九師團/一部豊橋で編成
94763	鮮滿版	1920-04-11	03단	高普設置許可
94764	鮮滿版	1920-04-11	04단	農業學校廢止
94765	鮮滿版	1920-04-11	04단	太田商工學校開校の準備中
94766	鮮滿版	1920-04-11	04단	忠淸蠶業狀況
94767	鮮滿版	1920-04-11	04단	公設質屋はお役所でない
94768	鮮滿版	1920-04-11	04단	京畿管內市場取引高
94769	鮮滿版	1920-04-11	04단	忠北畜牛狀況
94770	鮮滿版	1920-04-11	05단	お伽家庭巡回講演會
94771	鮮滿版	1920-04-11	05단	銀行會社(朝鮮京南上地株式會社/株式會社京城貯蓄銀行/太田皮革會社增資)
94772	鮮滿版	1920-04-11	05단	京城公會堂に簡易食堂/六月上旬出來る
94773	鮮滿版	1920-04-11	06단	鳥忠線起工は四月下旬
94774	鮮滿版	1920-04-11	06단	公設質屋反對運動/鮮人側質屋にも飛火
94775	鮮滿版	1920-04-11	06단	太田物産陳列所の位置
94776	鮮滿版	1920-04-11	06단	勤儉貯蓄の講演
94777	鮮滿版	1920-04-11	06단	京城より(米國實業家入京)
94778	鮮滿版	1920-04-11	07단	半島茶話/京城一記者
94779	鮮滿版	1920-04-13	01단	釜山府豫算/非常の增加高
94780	鮮滿版	1920-04-13	01단	釜山府起債
94781	鮮滿版	1920-04-13	01단	南浦金融逼迫
94782	鮮滿版	1920-04-13	01단	水稻採種
94783	鮮滿版	1920-04-13	01단	太田金融組合成績

일련번호	판명	간행일	단수	기사명
94784	鮮滿版	1920-04-13	01단	寫眞通信(五)/洗濯三昧
94785	鮮滿版	1920-04-13	02단	會社銀行(朝鮮畜産興業募株)
94786	鮮滿版	1920-04-13	02단	忠北の植林計劃
94787	鮮滿版	1920-04-13	02단	放蕩兒を唆かすモグリと取卷連の惡辣さ/態の好い財産の强奪をやる鮮人富豪の口惜し涙は無理からぬ
94788	鮮滿版	1920-04-13	03단	家庭講演に就て(上)/馬公生村上寬
94789	鮮滿版	1920-04-13	05단	南浦大運動會
94790	鮮滿版	1920-04-13	05단	京城より(産鐵測量着手/支那教育家來鮮/京畿市場賣上高/衛生幻燈班出發/慈惠醫院長會談/庶務課長會談)
94791	鮮滿版	1920-04-13	06단	半島茶話/京城一記者
94792	鮮滿版	1920-04-14	01단	私鐵補給問題に就て/和田總督府鐵道部長談
94793	鮮滿版	1920-04-14	01단	官吏增俸解決/新俸給給與案と實質に於いて變る所なし
94794	鮮滿版	1920-04-14	01단	眞人會組織/健全なる思想の宣傳
94795	鮮滿版	1920-04-14	02단	三月貿易內容
94796	鮮滿版	1920-04-14	02단	蠶業學校新設/慶北道尚州に
94797	鮮滿版	1920-04-14	03단	手形交換所/當分鮮銀大邱支店內に設置
94798	鮮滿版	1920-04-14	03단	土木協會總會
94799	鮮滿版	1920-04-14	03단	普通試驗委員任命
94800	鮮滿版	1920-04-14	03단	慶南道廳移轉問題 釜山に移轉の說/晉州では移轉防止同盟會組織
94801	鮮滿版	1920-04-14	03단	京城會議所の代用公會堂竣工近し/約二千名を收容し得ん
94802	鮮滿版	1920-04-14	04단	書記長推薦
94803	鮮滿版	1920-04-14	04단	白井警視辭職
94804	鮮滿版	1920-04-14	04단	會社銀行(全北輕鐵增資/朝郵一割配當/朝郵新船購入/小野田セメント)
94805	鮮滿版	1920-04-14	05단	大邱に妓生學校を鮮人料理屋の改善
94806	鮮滿版	1920-04-14	05단	檄文と脅迫狀を資産家に送った犯人/舊韓國政府時代の宮內府主事
94807	鮮滿版	1920-04-14	05단	花見列車/色々な優待
94808	鮮滿版	1920-04-14	05단	牛疫猖獗/初發以來八百十四頭を算し尚蔓延の兆あり
94809	鮮滿版	1920-04-14	06단	慶北の鮮人教員養成
94810	鮮滿版	1920-04-14	06단	釜山窯業の建策
94811	鮮滿版	1920-04-14	06단	京城より(水野總監設宴/技術官會議/ブ兄弟入京)
94812	鮮滿版	1920-04-14	07단	運動界(朝鮮オリムピック大會)
94813	鮮滿版	1920-04-14	07단	半島茶話/京城一記者
94814	鮮滿版	1920-04-15	01단	朝鮮線の滯貨

일련번호	판명	간행일	단수	기사명
94815	鮮滿版	1920-04-15	01단	道路變更計劃/公州鳥致院間/公州大田間
94816	鮮滿版	1920-04-15	01단	城津の水道問題
94817	鮮滿版	1920-04-15	01단	寫眞通信/南山麓の櫻
94818	鮮滿版	1920-04-15	02단	忠南管內の小作料引上
94819	鮮滿版	1920-04-15	02단	學校設置許可
94820	鮮滿版	1920-04-15	02단	齋藤總督一行
94821	鮮滿版	1920-04-15	02단	簡農廢校認可
94822	鮮滿版	1920-04-15	02단	大道賭博とコソ泥橫行/京城の警官は春眠を貪れるか/裁判所は閑古鳥が鳴く
94823	鮮滿版	1920-04-15	03단	家庭講演に就て(中)馬公生村上寬
94824	鮮滿版	1920-04-15	03단	上旬不渡手形
94825	鮮滿版	1920-04-15	05단	大邱の消防改善/蒸汽喞筒の新調/消防義會組織
94826	鮮滿版	1920-04-15	05단	釜山と自動車
94827	鮮滿版	1920-04-15	06단	京城より(東拓移民來鮮/鮮鐵ホテル槪況/學校組合終了/鐵道大運動會/軍醫部長視察/全道火藥商數/鮮銀委員會)
94828	鮮滿版	1920-04-16	01단	金融組合の善用は地方改良事業の捷徑(上)/井上忠南第二部長談
94829	鮮滿版	1920-04-16	01단	寫眞通信/妓生の春遊
94830	鮮滿版	1920-04-16	02단	學校組合議員選擧に就て
94831	鮮滿版	1920-04-16	03단	家庭講演に就て(下)/馬公生村上寬
94832	鮮滿版	1920-04-16	03단	肥料供給交涉
94833	鮮滿版	1920-04-16	03단	棉作段別減少
94834	鮮滿版	1920-04-16	04단	京畿道人口增加
94835	鮮滿版	1920-04-16	04단	煙草消費量
94836	鮮滿版	1920-04-16	04단	全道火藥庫數
94837	鮮滿版	1920-04-16	05단	乾繭器增加計劃
94838	鮮滿版	1920-04-16	05단	鮮人質屋は應援して吳れぬ
94839	鮮滿版	1920-04-16	05단	城津學校組合九年度豫算
94840	鮮滿版	1920-04-16	06단	會社銀行(海州電氣會社總會)
94841	鮮滿版	1920-04-16	06단	地主會主催の內地觀光
94842	鮮滿版	1920-04-16	06단	大ビルデンダ建設計劃
94843	鮮滿版	1920-04-17	01단	金融組合の善用は地方改良事業の捷徑(中)/井上忠南第二部長談
94844	鮮滿版	1920-04-17	01단	看護婦待遇改善/卜部衛生課長談
94845	鮮滿版	1920-04-17	01단	大邱會議所豫算更正/書記長決定
94846	鮮滿版	1920-04-17	01단	十九師團の交代兵上陸

일련번호	판명	간행일	단수	기사명
94847	鮮滿版	1920-04-17	02단	航空術と自動車運轉
94848	鮮滿版	1920-04-17	02단	夥しい北鮮の船客
94849	鮮滿版	1920-04-17	03단	花の公州/昔ゆかしき百濟の都城
94850	鮮滿版	1920-04-17	03단	半島茶話/京城一記者
94851	鮮滿版	1920-04-17	04단	朝鮮女と夫殺しの大罪(上)/强制結婚から來る惡結果
94852	鮮滿版	1920-04-17	04단	遊牧の民に等しき間島出稼者の風俗
94853	鮮滿版	1920-04-17	04단	外國人も利用する京城公設市場
94854	鮮滿版	1920-04-17	05단	巡回家庭講演會/第一回を釜山に開く(特別講演)
94855	鮮滿版	1920-04-18	01단	鮮滿財界救濟に就て/限外發行收縮延期/總督府財務當局談
94856	鮮滿版	1920-04-18	01단	紅蔘拂下問題/三井物産の獨占に對して鮮人側より割込みを求む
94857	鮮滿版	1920-04-18	01단	鮮人內地視察團の本社見學
94858	鮮滿版	1920-04-18	02단	第三部長會議日程
94859	鮮滿版	1920-04-18	03단	東協支部職員
94860	鮮滿版	1920-04-18	03단	三月京城市況/朝鮮銀行調査(米/綿絲布/粟)
94861	鮮滿版	1920-04-18	03단	公設市場增置さる
94862	鮮滿版	1920-04-18	04단	東拓支店大淘汰
94863	鮮滿版	1920-04-18	04단	鮮人に依りて演ぜられた最初の活動寫眞/朝鮮の目玉松之助は金陶山君
94864	鮮滿版	1920-04-18	04단	軍旗祭擧行
94865	鮮滿版	1920-04-18	04단	牛耳洞の櫻/二十日過見頃ならん
94866	鮮滿版	1920-04-18	04단	躑躅の滿開
94867	鮮滿版	1920-04-18	04단	靑島より
94868	鮮滿版	1920-04-18	06단	京城より(三部長請待宴/東洋協會卒業式/土木協會臨時總會/春季種痘再行/産鐵重役來鮮)
94869	鮮滿版	1920-04-18	06단	半島茶話
94870	鮮滿版	1920-04-20	01단	金融組合の善用は地方改良事業の捷徑(下)/井上忠南第二部長談
94871	鮮滿版	1920-04-20	02단	京城麥作狀況
94872	鮮滿版	1920-04-20	03단	京城金融狀況/二月中に於ける
94873	鮮滿版	1920-04-20	03단	米機業家入城
94874	鮮滿版	1920-04-20	03단	南浦穀物取引
94875	鮮滿版	1920-04-20	03단	平壤より(兵器製造所/セメント會社/平壤信託會社/平壤公會堂/對岸市街地問題/製糖會社/平壤店員運動會/平南每日新聞)
94876	鮮滿版	1920-04-20	04단	東岸商工聯合會
94877	鮮滿版	1920-04-20	05단	鐵道仲仕の同盟罷業

일련번호	판명	간행일	단수	기사명
94878	鮮滿版	1920-04-20	05단	砲兵聯隊の創設紀念祭
94879	鮮滿版	1920-04-20	05단	鎭南浦運動會
94880	鮮滿版	1920-04-20	05단	觀櫻列車開始
94881	鮮滿版	1920-04-21	01단	お伽家庭講演會/多大の感動を與ふ(大邱に於ける盛況)
94882	鮮滿版	1920-04-21	01단	道廳移轉防止晉州市民大會
94883	鮮滿版	1920-04-21	01단	酒造好成績/忠淸南道に於ける
94884	鮮滿版	1920-04-21	02단	地主原種田設置
94885	鮮滿版	1920-04-21	02단	咸興學組議員選擧
94886	鮮滿版	1920-04-21	03단	米豆檢査高
94887	鮮滿版	1920-04-21	03단	釜山の賴母子講大檢擧/金融界大打擊
94888	鮮滿版	1920-04-21	03단	翡翠の鳥形石偶を帝大に寄附す
94889	鮮滿版	1920-04-21	04단	福田增兵衛告訴さる
94890	鮮滿版	1920-04-21	04단	京城より(齋藤總督設宴/驅逐艦員見學/蒙古移住鮮人/牛九百疫頭)
94891	鮮滿版	1920-04-21	04단	本社京城通信部後援お伽歷史畫展覽會/京城府援助各學校長贊助/國民敎育に至大の貢獻おるべし/筆者は大覽を賜はりしことあり
94892	鮮滿版	1920-04-21	05단	半島茶話
94893	鮮滿版	1920-04-22	01단	天地萬物を保育の精神/第三部長會議に於て赤池警務局長の訓示(一、民衆處遇に關すること/二、執務に關すること/三、警察官の紀律に關すること/四、賞罰に關すること/五、犯罪搜査に關すること/六、火藥類取締に關すること/七、衛生狀態改善に關すること/八、傳染病豫防に關すること)
94894	鮮滿版	1920-04-22	01단	語り、聽き、見て(四)/馬公生
94895	鮮滿版	1920-04-22	02단	各道地方費豫算/約九割の激增
94896	鮮滿版	1920-04-22	02단	早害救濟資金
94897	鮮滿版	1920-04-22	02단	滿鮮鑛業視察
94898	鮮滿版	1920-04-22	03단	會社銀行(仁取配當六割/朝鮮信託會社/京城製紙株式會社/朝鮮銀行)
94899	鮮滿版	1920-04-22	03단	京仁線に急行列車を近く運轉させる計劃/實現せば仁川が大いに繁昌すべし
94900	鮮滿版	1920-04-22	04단	殉難校長記念文庫設立
94901	鮮滿版	1920-04-22	05단	京城府營薪炭市場/土地貸與拒絶近く開場せん
94902	鮮滿版	1920-04-22	05단	お伽家庭講演會/金泉に於ける盛況
94903	鮮滿版	1920-04-22	06단	爆彈事件控訴判決/來る二十六日
94904	鮮滿版	1920-04-22	06단	七十一の老人我子を撲殺す
94905	鮮滿版	1920-04-22	06단	京城樂友會/二十四日第一回演奏

일련번호	판명	간행일	단수	기사명
94906	鮮滿版	1920-04-23	01단	語り、聽き、見て(二)/馬公生
94907	鮮滿版	1920-04-23	01단	京畿地方費豫算
94908	鮮滿版	1920-04-23	01단	組合戶別割增徵/昨年に比し八割六分
94909	鮮滿版	1920-04-23	01단	臨時教員養成講習會
94910	鮮滿版	1920-04-23	02단	城津三月貿易
94911	鮮滿版	1920-04-23	02단	學堂教員日本內地見學
94912	鮮滿版	1920-04-23	02단	會社銀行(大同江運會社/鴨綠江電氣株式會社/朝鮮自動車株式會社/東洋畜産興業株式會社)
94913	鮮滿版	1920-04-23	03단	鐵道速成市民大會
94914	鮮滿版	1920-04-23	04단	女の家に忍び込み繼母の隙を窺うて情死/劇藥を嚙み短刀で咽喉を突く
94915	鮮滿版	1920-04-23	04단	朝鮮女と夫殺しの大罪(下)/强制結婚から來る惡結果
94916	鮮滿版	1920-04-23	05단	道廳移轉防止同盟會/委員を特派して運動開始
94917	鮮滿版	1920-04-23	06단	京城より(牛疫現在/割引列車/京畿鑛稅狀況/魚市相場)
94918	鮮滿版	1920-04-24	01단	地方費膨脹と增稅/總督府財務當局談
94919	鮮滿版	1920-04-24	01단	語り、聽き、見て(三)/馬公生
94920	鮮滿版	1920-04-24	02단	恩賜金授産事業/鼈業のみを經營する事となった
94921	鮮滿版	1920-04-24	02단	保安林一部解除
94922	鮮滿版	1920-04-24	03단	料理店取締/規則改正
94923	鮮滿版	1920-04-24	03단	兼二浦市街整理工事
94924	鮮滿版	1920-04-24	04단	道農業技術官會議
94925	鮮滿版	1920-04-24	04단	京城より(中樞院定日會合/漁業處分件數/技術官會議/學校組合認可/家鼈生産額)
94926	鮮滿版	1920-04-24	04단	お伽家庭講演會/大田に於ける大盛況/渡邊面長の開會の挨拶/來聽者川島氏の登壇
94927	鮮滿版	1920-04-25	01단	釜山公立普通學校に於ける朝日講演會の盛況
94928	鮮滿版	1920-04-25	01단	李王世子殿下御成婚奉告祭/朝鮮の舊慣習/豚の犧牲
94929	鮮滿版	1920-04-25	01단	德壽宮拂下取消/歷史的場所保存のため
94930	鮮滿版	1920-04-25	01단	財界惡化防止提議/平壤商議より聯合會へ
94931	鮮滿版	1920-04-25	02단	銀行時間問題
94932	鮮滿版	1920-04-25	02단	會社銀行(電興總會/殖銀會寧支店)
94933	鮮滿版	1920-04-25	03단	鮮鐵運輸成績/荷物減少、乘客激增
94934	鮮滿版	1920-04-25	03단	公設質屋反對運動/意見書を全鮮八千餘の質商に送付
94935	鮮滿版	1920-04-25	03단	お伽家庭講演會/公州には前例無き會合/聽衆場外に溢る/時實道知事其他特に來聽
94936	鮮滿版	1920-04-25	03단	語り、聽き、見て(四)/馬公生

일련번호	판명	간행일	단수	기사명
94937	鮮滿版	1920-04-25	04단	鮮滿視察記者團
94938	鮮滿版	1920-04-25	05단	騷擾事件/豫審終結期
94939	鮮滿版	1920-04-25	05단	大邱の公設市場
94940	鮮滿版	1920-04-25	06단	學校生徒の同盟休校
94941	鮮滿版	1920-04-25	06단	柳兼子女史來鮮
94942	鮮滿版	1920-04-25	06단	京城より(寡納副總裁視察/松室前法相入京/金剛山ホテル開業)
94943	鮮滿版	1920-04-27	01단	私鐵補給/百十五萬圓か
94944	鮮滿版	1920-04-27	01단	京城普通學校擴張內容
94945	鮮滿版	1920-04-27	02단	京畿地方費豫算
94946	鮮滿版	1920-04-27	02단	東拓旱害救濟
94947	鮮滿版	1920-04-27	02단	重要物價趨勢/朝鮮銀行調査
94948	鮮滿版	1920-04-27	03단	憲兵隊長會議
94949	鮮滿版	1920-04-27	03단	組合會議員改選
94950	鮮滿版	1920-04-27	03단	お伽家庭講演會 淸州に於ける大盛況 安藤面長の挨拶 道知事以下道廳官吏多數の來聽/鳥致院に於ける大盛況 兒童の歡喜 竹下面長の挨拶
94951	鮮滿版	1920-04-27	03단	總督府よりも出演/歡迎せるゝ家庭講演會
94952	鮮滿版	1920-04-27	04단	看護婦養成所設置
94953	鮮滿版	1920-04-27	05단	穀物商の運動/財界變動善後策
94954	鮮滿版	1920-04-27	05단	成功を收めし歷史畫展/來觀者五萬
94955	鮮滿版	1920-04-27	05단	炭鑛鐵道と泗浦
94956	鮮滿版	1920-04-27	06단	大邱下水工事
94957	鮮滿版	1920-04-27	06단	城津の惡病終熄
94958	鮮滿版	1920-04-27	06단	海州神社祭典
94959	鮮滿版	1920-04-27	06단	沙里院より
94960	鮮滿版	1920-04-28	01단	朝鮮四月上半貿易槪況
94961	鮮滿版	1920-04-28	01단	金融對策協議/會議所意見
94962	鮮滿版	1920-04-28	01단	會議所經費膨脹/總數二萬二千餘圓
94963	鮮滿版	1920-04-28	02단	米豆檢查所改正
94964	鮮滿版	1920-04-28	02단	保護牛削減
94965	鮮滿版	1920-04-28	02단	果樹組合組織
94966	鮮滿版	1920-04-28	02단	北鮮羅南に高女校設置計劃
94967	鮮滿版	1920-04-28	02단	內地觀光團計劃
94968	鮮滿版	1920-04-28	02단	會社銀行(鮮滿開拓株式會社/溫陽溫泉株式會社)
94969	鮮滿版	1920-04-28	02단	平壤公會堂/今後の維持經營
94970	鮮滿版	1920-04-28	03단	新募警官/各道に配置

일련번호	판명	간행일	단수	기사명
94971	鮮滿版	1920-04-28	03단	在留外人引揚多し
94972	鮮滿版	1920-04-28	03단	語り、聽き、見て(五)/馬公生
94973	鮮滿版	1920-04-28	04단	爭論の末射殺さる/咸北の森林主事
94974	鮮滿版	1920-04-28	04단	無料活動寫眞/衛生思想普及の目的
94975	鮮滿版	1920-04-28	04단	殉難兵士記念碑除幕式
94976	鮮滿版	1920-04-28	05단	慶山修養會
94977	鮮滿版	1920-04-28	05단	京城より(成田技師歸朝/財務主任打合會/文廟修繕決定)
94978	鮮滿版	1920-04-28	05단	鳥致院より
94979	鮮滿版	1920-04-28	06단	人(中山勝之助氏)
94980	鮮滿版	1920-04-28	06단	運動界(朝鮮體育協會主催陸上大競技會)
94981	鮮滿版	1920-04-28	06단	大邱の大運動會
94982	鮮滿版	1920-04-29	01단	王世子殿下の御婚儀/誠に慶賀に堪へない次第末松謙澄子の談
94983	鮮滿版	1920-04-29	01단	內地記者團
94984	鮮滿版	1920-04-29	01단	お伽家庭講演會/水原に於ける大盛況
94985	鮮滿版	1920-04-29	01단	京城婦人の歡び/家庭講演會を待ち託ぶ/衷心の欲求から
94986	鮮滿版	1920-04-29	02단	辭令
94987	鮮滿版	1920-04-29	03단	語り、聽き、見て(六)/馬公生
94988	鮮滿版	1920-04-29	04단	家庭の婦人を本位
94989	鮮滿版	1920-04-29	04단	京城辯護士會總會/內鮮兩派に分離す
94990	鮮滿版	1920-04-29	04단	陸上競技準備進捗
94991	鮮滿版	1920-04-29	05단	腕に舊韓國旗の刺靑/怪しき團員
94992	鮮滿版	1920-04-30	01단	鮮人恩赦の公布に就て/水野政務總監謹話
94993	鮮滿版	1920-04-30	01단	御婚儀は誠に嚴かであった/七十歲の舊女官の感激/電報で御報告
94994	鮮滿版	1920-04-30	01단	臨時戶口調査
94995	鮮滿版	1920-04-30	01단	米豆檢査成績
94996	鮮滿版	1920-04-30	01단	四月上半京城金融狀況
94997	鮮滿版	1920-04-30	02단	鮮鐵運輸成績
94998	鮮滿版	1920-04-30	03단	慈惠院長會議
94999	鮮滿版	1920-04-30	03단	醫師會受驗者別
95000	鮮滿版	1920-04-30	03단	會社銀行(平北銀行設立/不二興業會社)
95001	鮮滿版	1920-04-30	03단	滿鮮土木建築界は一難關に遭遇
95002	鮮滿版	1920-04-30	03단	語り、聽き、見て(七)/馬公生
95003	鮮滿版	1920-04-30	05단	忠南沿岸漁場の賑ひ/朝鮮では安い魚が食へなくなった
95004	鮮滿版	1920-04-30	05단	お伽家庭講演會/京城に於ける第一日の大盛況/總督府學務課長の挨拶/多大の感動

1920년 5월 (선만판)

일련번호	판명	간행일	단수	기사명
95005	鮮滿版	1920-05-01	01단	御慶典に際して/齊藤總督談
95006	鮮滿版	1920-05-01	01단	私鐵材料調節問題/會社代表者協議會
95007	鮮滿版	1920-05-01	01단	府吏員增給
95008	鮮滿版	1920-05-01	01단	監察員設置
95009	鮮滿版	1920-05-01	01단	地株金融問題
95010	鮮滿版	1920-05-01	02단	財界變動の對應策講究
95011	鮮滿版	1920-05-01	02단	米穀取引所/善後策の協議
95012	鮮滿版	1920-05-01	03단	お伽家庭講演會/京城に於ける第二日の盛況
95013	鮮滿版	1920-05-01	03단	釜山築港と祝賀會
95014	鮮滿版	1920-05-01	04단	航空隊設置運動
95015	鮮滿版	1920-05-01	04단	市民運動會/前景氣頗る盛
95016	鮮滿版	1920-05-01	04단	京城より(産鐵重役入京/京檢株失權處分/新警官渡鮮數/産婆看護婦試驗)
95017	鮮滿版	1920-05-02	01단	朝鮮軍人叙位叙勳
95018	鮮滿版	1920-05-02	01단	京株金融解決
95019	鮮滿版	1920-05-02	01단	全北米穀受檢數量
95020	鮮滿版	1920-05-02	01단	大邱重要案件
95021	鮮滿版	1920-05-02	01단	語り、聽き、見て(七)/馬公生
95022	鮮滿版	1920-05-02	02단	鮮人教員の補充/臨時教員養成講習所
95023	鮮滿版	1920-05-02	02단	警察署長會議
95024	鮮滿版	1920-05-02	02단	會社銀行(群山信託會社)
95025	鮮滿版	1920-05-02	02단	大邱の公設市場/六月中旬には開場
95026	鮮滿版	1920-05-02	03단	京城各監獄恩赦出獄數
95027	鮮滿版	1920-05-02	03단	不正講の大檢擧/一面には資金の融通を失ひ破産の向きも少からず
95028	鮮滿版	1920-05-02	04단	咸鏡線開通式
95029	鮮滿版	1920-05-02	04단	鐵道を相手取って損害賠償/機關軍の火の粉から火事
95030	鮮滿版	1920-05-02	05단	元山/最近の市況/沈衰を極む
95031	鮮滿版	1920-05-02	06단	京城より(商議役員會/野村社長人京/豫防令解餘)
95032	鮮滿版	1920-05-02	06단	半島茶話
95033	鮮滿版	1920-05-04	01단	免囚保護事業擴張/鄕津京城地方法院檢事正談
95034	鮮滿版	1920-05-04	01단	爆彈の洗禮に驚いた第三部長達も昨今は自信を生じて來た/朝鮮事情に通ぜしと警務機關充實のため
95035	鮮滿版	1920-05-04	02단	敵國財産/處分に就て
95036	鮮滿版	1920-05-04	02단	京株金融問題/兩者の協定成る
95037	鮮滿版	1920-05-04	03단	教員鮮語試驗

일련번호	판명	간행일	단수	기사명
95038	鮮滿版	1920-05-04	03단	社線收入額換算
95039	鮮滿版	1920-05-04	03단	生田商工課長
95040	鮮滿版	1920-05-04	03단	大邱では未だ財界變動の影響を受けてゐない
95041	鮮滿版	1920-05-04	04단	會社銀行(朝郵株主總會/京株創立總會)
95042	鮮滿版	1920-05-04	04단	鎭南浦の大運動會
95043	鮮滿版	1920-05-04	04단	靑島より(新聞紙/市民會/土地熱)
95044	鮮滿版	1920-05-04	05단	お伽家庭講演會 京城に於ける第二日の大盛況 初日以來熱狂的の歡迎/龍山に於ける講演會の盛況 鐵道從業員の來聽多數
95045	鮮滿版	1920-05-05	01단	朝鮮線貨物價値上/滿鐵京管局發表
95046	鮮滿版	1920-05-05	01단	東拓移民制度改正
95047	鮮滿版	1920-05-05	02단	養蠶組合組織變更
95048	鮮滿版	1920-05-05	03단	鮮人敎員內地視察
95049	鮮滿版	1920-05-05	03단	群山多數の精米工場も休業の止むなき狀態
95050	鮮滿版	1920-05-05	03단	伊國飛行機の來航と歡迎準備/大邱飛行場の整理
95051	鮮滿版	1920-05-05	03단	道廳移轉防止運動
95052	鮮滿版	1920-05-05	04단	辭令
95053	鮮滿版	1920-05-05	04단	安東市民陸上運動會
95054	鮮滿版	1920-05-06	01단	京畿豫算/總額二百十萬九千餘圓(夫役制限/耕地擴張/技術員增加/保護牛整理/公普校擴張)
95055	鮮滿版	1920-05-06	01단	東拓移民/昨年の成績
95056	鮮滿版	1920-05-06	02단	慶北道地方費/前年に比し約八割の大增加
95057	鮮滿版	1920-05-06	02단	蔚山輕鐵の遲延
95058	鮮滿版	1920-05-06	02단	白蔘取引高
95059	鮮滿版	1920-05-06	02단	不渡手形激增
95060	鮮滿版	1920-05-06	03단	女子商業學校開設
95061	鮮滿版	1920-05-06	03단	撫順炭坑の露天掘工事/世界一を以て誇るに足るべしと
95062	鮮滿版	1920-05-06	03단	戶口調査を一齊に/內地の國勢調査施行の當日
95063	鮮滿版	1920-05-06	03단	語り、聽き、見て(九)/馬公生
95064	鮮滿版	1920-05-06	04단	慶北の社會施設
95065	鮮滿版	1920-05-06	04단	間島より
95066	鮮滿版	1920-05-06	06단	京城より(東拓移民移住數/福岡師範生入城/總監午餐會/兒島中將歸京/橫田局長出張)
95067	鮮滿版	1920-05-07	01단	煙草値上問題/當局側の意嚮
95068	鮮滿版	1920-05-07	01단	全鮮輕鐵狀況
95069	鮮滿版	1920-05-07	01단	語り、聽き、見て(十)/馬公生
95070	鮮滿版	1920-05-07	02단	東拓金肥配給額

일련번호	판명	간행일	단수	기사명
95071	鮮滿版	1920-05-07	02단	組合議員の選擧
95072	鮮滿版	1920-05-07	02단	微動計器/釜山測候所に据付の計劃
95073	鮮滿版	1920-05-07	03단	鐵道工場の教育衛生
95074	鮮滿版	1920-05-07	03단	北鮮支局長の拘引
95075	鮮滿版	1920-05-07	03단	築港祝賀準備
95076	鮮滿版	1920-05-07	04단	間島より(つゞき)
95077	鮮滿版	1920-05-07	05단	運動界(忠清南北兩道聯合庭球大會/大田軍優勝)
95078	鮮滿版	1920-05-07	05단	半島茶話
95079	鮮滿版	1920-05-08	01단	政務總監訓示
95080	鮮滿版	1920-05-08	01단	財産評價委員
95081	鮮滿版	1920-05-08	01단	京城金融狀況
95082	鮮滿版	1920-05-08	01단	お伽家庭講演會/仁川、開城、新幕に於ける大盛況
95083	鮮滿版	1920-05-08	03단	京畿春蠶狀況
95084	鮮滿版	1920-05-08	03단	會社銀行(興鐵重役會議/殖銀株拂込成績)
95085	鮮滿版	1920-05-08	03단	宣教師續々歸國/決して世間の取沙汰の様なこどはない
95086	鮮滿版	1920-05-08	04단	大邱の模範町計劃/大都市的建設の前提
95087	鮮滿版	1920-05-08	04단	大邱の天然痘猛烈
95088	鮮滿版	1920-05-08	04단	府內俥賃一定
95089	鮮滿版	1920-05-08	05단	藝娼妓酌婦の數/約三倍に增加
95090	鮮滿版	1920-05-08	05단	五高山岳部員の滿鮮旅行
95091	鮮滿版	1920-05-09	01단	國外居住鮮人の情勢/視察から歸った赤池局長の談
95092	鮮滿版	1920-05-09	01단	水利事業の發達に伴れ資金の需要益急/東拓側の奔走
95093	鮮滿版	1920-05-09	01단	府有植林成績
95094	鮮滿版	1920-05-09	01단	語り、聽き、見て(十一)/馬公生
95095	鮮滿版	1920-05-09	02단	地方講習と朝鮮
95096	鮮滿版	1920-05-09	03단	學校組合議員選擧
95097	鮮滿版	1920-05-09	03단	松山普校認可
95098	鮮滿版	1920-05-09	03단	馬鈴薯配布
95099	鮮滿版	1920-05-09	03단	殖銀貯蓄成績
95100	鮮滿版	1920-05-09	04단	平壤の對岸市街地經營
95101	鮮滿版	1920-05-09	04단	京城より(公設市場賣上高/財務主任會議/政務總監視察/憲兵隊長會議/殖銀理事出張/朝郵支店長會議/仁川商議定欵改正)
95102	鮮滿版	1920-05-09	05단	咸興より
95103	鮮滿版	1920-05-11	01단	笞刑廢止は一視同仁の實現で朝鮮統治上必要の政策
95104	鮮滿版	1920-05-11	01단	學校組合議員の改選
95105	鮮滿版	1920-05-11	01단	東拓旱害救濟

일련번호	판명	간행일	단수	기사명
95106	鮮滿版	1920-05-11	01단	忠南地方費豫算內容(一)/時實忠淸南道知事談
95107	鮮滿版	1920-05-11	02단	平元線豫定線如何/西線說漸く有力
95108	鮮滿版	1920-05-11	03단	語り、聽き、見て(十二)/馬公生
95109	鮮滿版	1920-05-11	03단	京城府協議會員決定
95110	鮮滿版	1920-05-11	03단	京畿製鹽現況
95111	鮮滿版	1920-05-11	04단	新設の公設市場
95112	鮮滿版	1920-05-11	04단	喜雨降る/新幕地方の農民愁眉を開く
95113	鮮滿版	1920-05-11	04단	京城より(興鐵重役會議/米觀光團入京/殖銀會寧支店/穀物商役員會/教育講演會/警官卒業式)
95114	鮮滿版	1920-05-11	05단	大邱より
95115	鮮滿版	1920-05-11	05단	お伽家庭講演會/沙里阮黃州に於ける大盛況
95116	鮮滿版	1920-05-12	01단	恩賜救濟事業/經營方法の槪況(一、公設市場/二、醫師設置/三、公設質屋/四、貧民救濟/五、勞働者救濟/六、無職者收容所/七、公設浴場設置/八、育兒事業)
95117	鮮滿版	1920-05-12	01단	鮮鐵運輸成績
95118	鮮滿版	1920-05-12	01단	宗敎宣布法人許可
95119	鮮滿版	1920-05-12	01단	鮮人郡守內地視察
95120	鮮滿版	1920-05-12	02단	忠南地方費豫算內容(二)/時實忠淸南道知事談
95121	鮮滿版	1920-05-12	03단	建築材料/だけは依然として下らぬ
95122	鮮滿版	1920-05-12	03단	平壤と對岸市街/船橋異方面に理想的建設
95123	鮮滿版	1920-05-12	04단	お伽家庭講演會 兼二浦に於ける大盛況/人物の改造と題して
95124	鮮滿版	1920-05-12	05단	京城より(師團長講宴/慶尙北道洪水/運輸主任會議/桝本氏勞働講演會)
95125	鮮滿版	1920-05-13	01단	忠南道廳移轉說に就て/松本忠南第一部長は語る
95126	鮮滿版	1920-05-13	01단	忠南地方費豫算內容(三)/時實忠淸南道知事談
95127	鮮滿版	1920-05-13	02단	東協改稱/位置變更
95128	鮮滿版	1920-05-13	02단	朝鮮學生大會
95129	鮮滿版	1920-05-13	02단	私營樹苗養成事業狀況
95130	鮮滿版	1920-05-13	03단	語り、聽き、見て(十三)/馬公生
95131	鮮滿版	1920-05-13	04단	平南産繭額
95132	鮮滿版	1920-05-13	04단	慶北の春蠶
95133	鮮滿版	1920-05-13	04단	平壤通關貿易
95134	鮮滿版	1920-05-13	04단	列車增發要望/湖南線各地より
95135	鮮滿版	1920-05-13	05단	新義州の發展/會議所新設內定
95136	鮮滿版	1920-05-13	05단	小包料金改正
95137	鮮滿版	1920-05-13	05단	邦人慘殺事件/支那人の嫌疑者三名捕はる

일련번호	판명	간행일	단수	기사명
95138	鮮滿版	1920-05-13	05단	大邱より
95139	鮮滿版	1920-05-13	06단	海州より
95140	鮮滿版	1920-05-14		缺號
95141	鮮滿版	1920-05-15	01단	四月中朝鮮貿易概況
95142	鮮滿版	1920-05-15	01단	稅關派出所設廢
95143	鮮滿版	1920-05-15	01단	語り、聽き、見て(十四)/馬公生
95144	鮮滿版	1920-05-15	02단	中樞院顧問被免
95145	鮮滿版	1920-05-15	02단	滿鐵事業中止の一聲で將棋倒しの煉瓦會社滿鐵炭界に一種の變調
95146	鮮滿版	1920-05-15	02단	平壤の公設住宅計劃/建坪は十五坪乃至三十坪として/五十戶を建設
95147	鮮滿版	1920-05-15	02단	咸鏡線開通式/咸興驛前に於て擧行
95148	鮮滿版	1920-05-15	04단	お伽家庭講演會/平壤に於ける大盛況/多大の感動と滿足を與ふ
95149	鮮滿版	1920-05-15	05단	國際親和會設立/京城靑年會に於て發會式擧行
95150	鮮滿版	1920-05-15	05단	佛教各派を一丸として/一般鮮人の信仰心を固めたい
95151	鮮滿版	1920-05-15	06단	京城より(太田理事入京/赤十字總會參列/クック社觀光團/鮮銀派出所/豚肉加工品産額)
95152	鮮滿版	1920-05-16	01단	邊境加俸實施されん/國境方面在勤警官に
95153	鮮滿版	1920-05-16	01단	京城勞銀保合
95154	鮮滿版	1920-05-16	01단	仁川仲買增員
95155	鮮滿版	1920-05-16	01단	麻布取引の悶着/引續き支那商と接衝中
95156	鮮滿版	1920-05-16	02단	道公醫講習會
95157	鮮滿版	1920-05-16	02단	醫師合格者
95158	鮮滿版	1920-05-16	02단	修學旅行
95159	鮮滿版	1920-05-16	03단	土木建築業者の恐慌/滿鐵事業中止の影響
95160	鮮滿版	1920-05-16	03단	朝鮮神社地鎭祭二十七日擧行
95161	鮮滿版	1920-05-16	03단	釜山築港起工式十九日擧行
95162	鮮滿版	1920-05-16	04단	手形交換/手續改正
95163	鮮滿版	1920-05-16	04단	小口の破産現はる
95164	鮮滿版	1920-05-16	05단	電氣葬場/兼二浦面營
95165	鮮滿版	1920-05-16	05단	隔離病舍移轉擴張
95166	鮮滿版	1920-05-16	05단	本社見學
95167	鮮滿版	1920-05-18	01단	單級教授講習
95168	鮮滿版	1920-05-18	01단	部長試驗成績
95169	鮮滿版	1920-05-18	01단	組合議員推薦
95170	鮮滿版	1920-05-18	01단	群山商況不振/米穀の出廻り僅少

일련번호	판명	간행일	단수	기사명
95171	鮮滿版	1920-05-18	02단	公普教員講習
95172	鮮滿版	1920-05-18	02단	伊機歡迎の準備
95173	鮮滿版	1920-05-18	03단	朝鮮航海減少と不利不便/海州の死活問題
95174	鮮滿版	1920-05-18	04단	大田學校組合の紊亂/會計役取調べらる/事態容易ならず
95175	鮮滿版	1920-05-18	04단	衛生思想を向上させる爲め活動寫眞の應用/迷信から種痘を忌避/天然痘に關するフ井ルム購入
95176	鮮滿版	1920-05-18	04단	意義ある婦人會設立/家庭講演を機として
95177	鮮滿版	1920-05-18	04단	お伽家庭講演會/鎭南浦に於ける大盛況
95178	鮮滿版	1920-05-18	06단	學事視察團一行の本社見學
95179	鮮滿版	1920-05-18	06단	鮮人地主視察團の來社
95180	鮮滿版	1920-05-19	01단	朝鮮八年度産繭額
95181	鮮滿版	1920-05-19	01단	私鐵補給問題/起算に就て交渉中
95182	鮮滿版	1920-05-19	01단	總督府主催教員講習(鮮人教員講習會/內地人教員講習會/女教員講習會)
95183	鮮滿版	1920-05-19	01단	忠南地方費豫算內容(四)/時實忠淸南道知事談
95184	鮮滿版	1920-05-19	02단	忠南麥作と一般農作況
95185	鮮滿版	1920-05-19	02단	東拓麥作狀況
95186	鮮滿版	1920-05-19	02단	滿洲に於ける赤十字社事業
95187	鮮滿版	1920-05-19	03단	釜山四月貿易
95188	鮮滿版	1920-05-19	03단	組合議員選擧(舊議員再起/新顔候補/形勢觀察中)
95189	鮮滿版	1920-05-19	04단	米産地一帶の打擊
95190	鮮滿版	1920-05-19	05단	土地調査着手
95191	鮮滿版	1920-05-19	05단	朝紡工場近況/小學校の新設
95192	鮮滿版	1920-05-19	05단	京城より(養鷄組合改造/森鐵株主總會/水野總監出發/京銀株拂込期/工勝知事視察/水道主任會議)
95193	鮮滿版	1920-05-20	01단	旅順師範學堂生徒の本社見學(十八日本社露臺に於て撮影)
95194	鮮滿版	1920-05-20	01단	馬山學校組合選擧
95195	鮮滿版	1920-05-20	02단	群山の事業會社
95196	鮮滿版	1920-05-20	02단	京城より(移民保護費/師團長設宴/虎疫豫防通牒/警官實彈射擊/慈惠院長會議)
95197	鮮滿版	1920-05-20	03단	大邱より
95198	鮮滿版	1920-05-20	03단	鳥致院より
95199	鮮滿版	1920-05-20	03단	語り、聽き、見て(十五)/馬公生
95200	鮮滿版	1920-05-20	04단	お伽家庭講演會/定州宜川に於ける大盛況
95201	鮮滿版	1920-05-20	05단	新義州より
95202	鮮滿版	1920-05-21	01단	國境勤務警官優遇/僻鄙手當を增加に決定す

일련번호	판명	간행일	단수	기사명
95203	鮮滿版	1920-05-21	01단	釜山港灣經營に就て/西村殖産局長談
95204	鮮滿版	1920-05-21	01단	忠北九年度豫算に就て/渡邊忠北第一部長談
95205	鮮滿版	1920-05-21	02단	元山咸興間の工事/岡工務所長の報告
95206	鮮滿版	1920-05-21	04단	大田の諸問題(學校組合問題/高等女學校敷地/大邱面擴張問題)
95207	鮮滿版	1920-05-21	05단	釜山築港起工式/市中一般に休業し各種の餘興ありて大脈ひ
95208	鮮滿版	1920-05-21	05단	會寧市街の發展計劃
95209	鮮滿版	1920-05-21	06단	朝鮮醫學會大會
95210	鮮滿版	1920-05-21	06단	海軍記念日
95211	鮮滿版	1920-05-21	06단	牛疫終熄せん
95212	鮮滿版	1920-05-22	01단	豫算外支出
95213	鮮滿版	1920-05-22	01단	東拓總會/議論あらん
95214	鮮滿版	1920-05-22	01단	現株と寄附金
95215	鮮滿版	1920-05-22	01단	國際親和會役員選任
95216	鮮滿版	1920-05-22	02단	水野總監一行
95217	鮮滿版	1920-05-22	02단	朝鮮神社地鎭祭/少女の草刈初式奉仕
95218	鮮滿版	1920-05-22	02단	祖先崇拜と人心統一と結合のため/朝鮮神社奉建の趣旨
95219	鮮滿版	1920-05-22	02단	綿絲布問題解決/愈シンヂケート組織
95220	鮮滿版	1920-05-22	03단	醫師試驗合格者
95221	鮮滿版	1920-05-22	03단	京城神社神職
95222	鮮滿版	1920-05-22	04단	金融逼迫の海州
95223	鮮滿版	1920-05-22	04단	帳場と車夫/車賃貸料の引上から捫着
95224	鮮滿版	1920-05-22	04단	鮮人質店困る
95225	鮮滿版	1920-05-23	01단	學校組合議員選擧(大邱/馬山)
95226	鮮滿版	1920-05-23	01단	任用令改正と朝鮮
95227	鮮滿版	1920-05-23	01단	水利組合低資難
95228	鮮滿版	1920-05-23	01단	語り、聽き、見て(十六)/馬公生
95229	鮮滿版	1920-05-23	02단	煙草耕作資金貸付
95230	鮮滿版	1920-05-23	02단	東拓金肥問題
95231	鮮滿版	1920-05-23	02단	鮮滿線運輸成績
95232	鮮滿版	1920-05-23	02단	東拓支店長會議
95233	鮮滿版	1920-05-23	03단	特命檢閱使一行
95234	鮮滿版	1920-05-23	03단	群山港の鐵道引込線/延長の期近づく/懸案解決の曙光
95235	鮮滿版	1920-05-23	04단	京畿米豆成績
95236	鮮滿版	1920-05-23	04단	金庫出納閉鎖期
95237	鮮滿版	1920-05-23	05단	城惠間の道路問題
95238	鮮滿版	1920-05-23	05단	驅逐艦入港

일련번호	판명	간행일	단수	기사명
95239	鮮滿版	1920-05-23	05단	お伽家庭講演會/新義州に於ける大盛況/熱狂的歡迎/國境方面の警戒/會場の周圍に武裝警官
95240	鮮滿版	1920-05-23	06단	銀行の窓口で四萬五千圓を竊取し直ぐ捕はる
95241	鮮滿版	1920-05-23	06단	京城より(京畿道麥作/會計檢查官/高商運動會/奉天高師生/學務局長歸任/マ氏入城)
95242	鮮滿版	1920-05-25	01단	國境の講演會/新義州に於ける本社家庭講演の盛況
95243	鮮滿版	1920-05-25	01단	學校組合議員選擧(仁川/木浦)
95244	鮮滿版	1920-05-25	01단	城津港貿易
95245	鮮滿版	1920-05-25	02단	京畿罌粟栽培狀況
95246	鮮滿版	1920-05-25	02단	龍井村金融狀況
95247	鮮滿版	1920-05-25	03단	學生大會に出席した女學生を無期停學？/處分につき喧々囂々/夫は假政府の重要人物
95248	鮮滿版	1920-05-25	04단	齋藤總督の歸省展墓
95249	鮮滿版	1920-05-25	04단	お伽家庭講演會/安東公會堂に於ける大盛況
95250	鮮滿版	1920-05-25	04단	牛乳の中に毒を/嫌疑者として繼母引致さる
95251	鮮滿版	1920-05-25	05단	郵便所長の長女虐待事件
95252	鮮滿版	1920-05-26	01단	鮮銀券縮少原因/內地に對する爲替支拂超過額の激增
95253	鮮滿版	1920-05-26	01단	春蠶掃立/著しく減少の模樣
95254	鮮滿版	1920-05-26	01단	語り、聽き、見て(十七)/馬公生
95255	鮮滿版	1920-05-26	02단	公設市場立消か
95256	鮮滿版	1920-05-26	03단	木浦穀物商組合成立
95257	鮮滿版	1920-05-26	03단	木浦商議の請願
95258	鮮滿版	1920-05-26	03단	鮮人有志の教育贊助會組織
95259	鮮滿版	1920-05-26	04단	公州鳥致院間の鐵道速成/公州市民必死となって運動
95260	鮮滿版	1920-05-27	01단	朝鮮航空大隊は大邱か平壤か
95261	鮮滿版	1920-05-27	01단	教育功績者表彰
95262	鮮滿版	1920-05-27	01단	五月朝鮮貿易概況
95263	鮮滿版	1920-05-27	01단	朝鮮線運輸閑散
95264	鮮滿版	1920-05-27	02단	煙草耕作狀況/八年の收量二百七十八萬貫
95265	鮮滿版	1920-05-27	02단	全南棉花生産高
95266	鮮滿版	1920-05-27	02단	忠南の棉作
95267	鮮滿版	1920-05-27	02단	春蠶生育良好
95268	鮮滿版	1920-05-27	03단	會社銀行(京城電氣改制/興鐵株主總會/西鮮殖鐵移轉/大同興業拂込/實銀拂込成績)
95269	鮮滿版	1920-05-27	03단	平壤の暗流/各派の唲み合ひ
95270	鮮滿版	1920-05-27	04단	每年一回大邱に擊劍大會/各警察署より代表劍士出場

일련번호	판명	간행일	단수	기사명
95271	鮮滿版	1920-05-27	04단	京城より(軍司令官歸任/京畿出生狀況/魚業許可狀況/會計講習會)
95272	鮮滿版	1920-05-27	05단	日支親善の失敗/靑島取引所信託會社の一致訓
95273	鮮滿版	1920-05-28	01단	羅馬東京間大飛行/新義州安着(二十三日)/フェラリー中尉/カッパニー兵士/石原府尹/森飛行中尉
95274	鮮滿版	1920-05-28	01단	お伽家庭巡回講演會/遂に咸鏡北道に入らんとす/期日は未定
95275	鮮滿版	1920-05-28	01단	李堈公漁業權問題解決す
95276	鮮滿版	1920-05-28	03단	鮮人教員講習會
95277	鮮滿版	1920-05-29	01단	五月二十七日京城南山漢陽公園敷地にて地鎭祭を執行せる/官幣大社朝鮮神社竣工豫想圖
95278	鮮滿版	1920-05-29	01단	地方費吏員給與改正
95279	鮮滿版	1920-05-29	01단	金融組合狀況
95280	鮮滿版	1920-05-29	01단	語り、聽き、見て(十八)/馬公生
95281	鮮滿版	1920-05-29	02단	種牡牛種付狀況
95282	鮮滿版	1920-05-29	02단	種痘規則改正
95283	鮮滿版	1920-05-29	02단	會社銀行(朝鮮電興總會)
95284	鮮滿版	1920-05-29	03단	組合議員選擧人心得
95285	鮮滿版	1920-05-29	04단	平壤の電燈と電鐵
95286	鮮滿版	1920-05-29	05단	二箇年の間取引停止
95287	鮮滿版	1920-05-29	05단	鮮人女子の討論會
95288	鮮滿版	1920-05-30	01단	大切な溪水
95289	鮮滿版	1920-05-30	01단	京城物價/漸次低落
95290	鮮滿版	1920-05-30	01단	五月中旬鐵道成績
95291	鮮滿版	1920-05-30	01단	語り、聽き、見て(十九)/馬公生
95292	鮮滿版	1920-05-30	02단	亂雜極る警官の服裝を改良して嘲笑の的より救へ
95293	鮮滿版	1920-05-30	04단	砲兵の行軍演習/營口に宿泊
95294	鮮滿版	1920-05-30	04단	機關庫員不意に女を斬る
95295	鮮滿版	1920-05-30	04단	お伽家庭講演會/巡回地方變更
95296	鮮滿版	1920-05-30	04단	九州の會社數

1920년 6월 (선만판)

일련번호	판명	간행일	단수	기사명
95297	鮮滿版	1920-06-01	01단	憧憬の地に到着したる歡喜マ・フ兩中尉交々語る/この寫眞と原稿は本社京城通信部よりマシエロ中尉の飛行機に託送し三十日本社に着したるもの
95298	鮮滿版	1920-06-01	01단	空前の大飛行に託して(大邱より本社へ/府尹より本社長へ)
95299	鮮滿版	1920-06-01	01단	日伊親密の度は此の飛行に依りて一層加はるであらう
95300	鮮滿版	1920-06-01	04단	光州水道/落成の賑ひ
95301	鮮滿版	1920-06-01	04단	煙草販賣狀況
95302	鮮滿版	1920-06-01	04단	半島茶話
95303	鮮滿版	1920-06-01	04단	お伽家庭講演會/元山咸興に於ける大盛況
95304	鮮滿版	1920-06-02		缺號
95305	鮮滿版	1920-06-03	01단	煙草値上に就今林專賣課長談
95306	鮮滿版	1920-06-03	01단	遞信局內異動？
95307	鮮滿版	1920-06-03	01단	持地局長辭職
95308	鮮滿版	1920-06-03	01단	隨時檢閱施行
95309	鮮滿版	1920-06-03	01단	慶北麥收豫想
95310	鮮滿版	1920-06-03	01단	東拓金肥貸付狀況
95311	鮮滿版	1920-06-03	02단	會社銀行(實銀創立總會/京株仲買決定)
95312	鮮滿版	1920-06-03	02단	晉州市民は蘇生の思ひ/現在では道廳移轉の議更に無し陳情委員の報告/大祝賀會
95313	鮮滿版	1920-06-03	02단	代用公會堂竣工近し
95314	鮮滿版	1920-06-03	02단	大邱市外の飛行場/來る七月末まで現在のまゝ存置
95315	鮮滿版	1920-06-03	02단	輕便軌道敷設/鑛石運搬用/大田驛より南東に
95316	鮮滿版	1920-06-03	03단	質屋困る/金融窮迫
95317	鮮滿版	1920-06-03	04단	南鮮物産會社の重役三名拘引せらる
95318	鮮滿版	1920-06-03	04단	櫻桃良好
95319	鮮滿版	1920-06-03	04단	京城より(米國武官見學/安武文書課長)
95320	鮮滿版	1920-06-03	04단	半島茶話
95321	鮮滿版	1920-06-04	01단	湖南鐵道改善期成會/沿線代表者木浦に會合委員を京城に派し運動
95322	鮮滿版	1920-06-04	01단	上海タイムス讚める/朝鮮敎育方針について
95323	鮮滿版	1920-06-04	01단	遞信局長は移入が確實だ
95324	鮮滿版	1920-06-04	02단	工博士經營の延禧專門學校擴張
95325	鮮滿版	1920-06-04	02단	鮮支商善後策/商業會議所調停
95326	鮮滿版	1920-06-04	02단	元山市況
95327	鮮滿版	1920-06-04	03단	勤務演習召集
95328	鮮滿版	1920-06-04	03단	大邱中學校舍新策

일련번호	판명	간행일	단수	기사명
95329	鮮滿版	1920-06-04	03단	間島移住者の苦境/進退兩難に陷る
95330	鮮滿版	1920-06-04	03단	咸鏡線路の椿事/文川、箭灘間橋梁燒失
95331	鮮滿版	1920-06-04	03단	南鮮物産會社重役の横領嫌疑事件/內鮮人重役間の反目から發覺
95332	鮮滿版	1920-06-04	04단	總督府派遣の活動好評
95333	鮮滿版	1920-06-04	05단	又復旱害か/農民悲觀す
95334	鮮滿版	1920-06-04	05단	警察代表劍士の擊劍大會/來る十九日開催
95335	鮮滿版	1920-06-04	05단	半島茶話
95336	鮮滿版	1920-06-05	01단	學校組合議員選擧は罰則の必要を裏書す/運動に萬金を投ずるものあり
95337	鮮滿版	1920-06-05	01단	釜山學校組合選擧/從來に無き大競爭
95338	鮮滿版	1920-06-05	01단	語り、聽き、見て(二一)/馬公生
95339	鮮滿版	1920-06-05	02단	臨時手當支給
95340	鮮滿版	1920-06-05	03단	新遞信局長は私學出身の敏腕家
95341	鮮滿版	1920-06-05	03단	賦課一部改正
95342	鮮滿版	1920-06-05	04단	虎疫豫防通牒
95343	鮮滿版	1920-06-05	04단	鮮內滯貨漸減
95344	鮮滿版	1920-06-05	04단	在鮮教員滿洲へ流れ込む/滿鐵が優遇するため
95345	鮮滿版	1920-06-05	04단	大邱公會堂/本年中には實現の方針
95346	鮮滿版	1920-06-05	04단	公設市場設置/七月下旬開場の豫定
95347	鮮滿版	1920-06-05	05단	新築されたる慶北警察本部
95348	鮮滿版	1920-06-05	05단	同化の言葉から兩班達の間に議論の種
95349	鮮滿版	1920-06-05	06단	總會無效訴訟公判
95350	鮮滿版	1920-06-05	06단	今戸弘七氏建碑
95351	鮮滿版	1920-06-05	06단	半島茶話
95352	鮮滿版	1920-06-06	01단	賠償申告に就て/西村殖産局長談
95353	鮮滿版	1920-06-06	01단	語り、聽き、見て(二二)/馬公生
95354	鮮滿版	1920-06-06	02단	鎭南浦行之會役員決定
95355	鮮滿版	1920-06-06	03단	元山水力增資/元山側と大阪側の論爭
95356	鮮滿版	1920-06-06	03단	鮮鐵委任經營中止？/合倂に失敗したる為めか
95357	鮮滿版	1920-06-06	03단	不渡手形發行
95358	鮮滿版	1920-06-06	03단	滿鐵社員歐米派遣
95359	鮮滿版	1920-06-06	04단	咸興不景氣/鮮人貿易商の破産十數軒
95360	鮮滿版	1920-06-06	05단	元山の議員選擧/婦人二名投票に來り說諭せらる元山初めての選擧違反の噂
95361	鮮滿版	1920-06-06	05단	仁川署長後任

일련번호	판명	긴행일	단수	기사명
95362	鮮滿版	1920-06-06	05단	郵便所增設
95363	鮮滿版	1920-06-06	06단	半島茶話
95364	鮮滿版	1920-06-08	01단	課金等級再審査/富豪連の申立
95365	鮮滿版	1920-06-08	01단	當局の苦しい辯解/京城水道の斷水に就て
95366	鮮滿版	1920-06-08	01단	延禧專門學校同盟休校問題/排日的色彩を認めずたゞ思慮無き行爲
95367	鮮滿版	1920-06-08	02단	教習生の同盟休校
95368	鮮滿版	1920-06-08	02단	南浦組合議員
95369	鮮滿版	1920-06-08	03단	臨時手當の支給で官吏はホクホクもの
95370	鮮滿版	1920-06-08	03단	總督へ無心/學資金を補助ありたしと
95371	鮮滿版	1920-06-08	03단	妓生は自動車に乘れぬ變な事が問題になるもの
95372	鮮滿版	1920-06-08	04단	多大の感動の裡に散會した講演會
95373	鮮滿版	1920-06-08	04단	瀋陽高師學生の本社見學
95374	鮮滿版	1920-06-08	04단	半島茶話
95375	鮮滿版	1920-06-09	01단	瀋陽高等師範學校學生の本社見學(本社露臺にて投影)
95376	鮮滿版	1920-06-09	01단	例の再審問題/頗る市民の注意を惹く/年額六千三百七十圓の負擔
95377	鮮滿版	1920-06-09	01단	語り、聽き、見て(二三)/馬公生
95378	鮮滿版	1920-06-09	03단	金利益々昂騰
95379	鮮滿版	1920-06-09	03단	定期預金減少
95380	鮮滿版	1920-06-09	03단	不逞鮮人婦人獨立陰謀の公判/大邱地方法院に於て開廷/金瑪利亞は懲役五年/其の他は三年の求刑
95381	鮮滿版	1920-06-09	04단	鮮人學校組合組織/明年より實施乎
95382	鮮滿版	1920-06-09	05단	魅せられたる聽衆/喝采堂を搖がす群山の大盛況
95383	鮮滿版	1920-06-09	05단	國民體操研究會/每週水曜と土曜
95384	鮮滿版	1920-06-09	05단	大興電氣工事/九月頃より點燈開始の豫定
95385	鮮滿版	1920-06-09	05단	京城より(日曜校運動/修學旅行隊)
95386	鮮滿版	1920-06-09	06단	半島茶話
95387	鮮滿版	1920-06-10	01단	綿布資金融通に就て/木村朝鮮銀行理事談
95388	鮮滿版	1920-06-10	01단	經濟界變動影響調查
95389	鮮滿版	1920-06-10	01단	東拓農業組合
95390	鮮滿版	1920-06-10	01단	畜産組合豫算
95391	鮮滿版	1920-06-10	01단	不渡手形減少
95392	鮮滿版	1920-06-10	01단	元山商界現況
95393	鮮滿版	1920-06-10	02단	朝鮮鐵道員馘首は約五步か/主として老齡と不良分子
95394	鮮滿版	1920-06-10	02단	專修學校生徒學業を休んで騷ぐ/刑事の學生毆打事件

일련번호	판명	간행일	단수	기사명
95395	鮮滿版	1920-06-10	02단	新婦人團の創立/感激に滿ちて
95396	鮮滿版	1920-06-10	03단	水野總監視察
95397	鮮滿版	1920-06-10	03단	殖鐵起工期
95398	鮮滿版	1920-06-10	04단	半島茶話
95399	鮮滿版	1920-06-10	04단	熱狂的歡迎/二里の途を參會す/裡里講演盛況
95400	鮮滿版	1920-06-10	05단	馬山の一陽來復/南鐵社員歡迎
95401	鮮滿版	1920-06-11	01단	臨時手當に對する雇員傭人の不平は同情するが致方がない/大藏省が承知せぬと總督府では辯解する
95402	鮮滿版	1920-06-11	01단	釜山の米取引狀況
95403	鮮滿版	1920-06-11	01단	縱と橫との生活/因習打破を絶叫す/全州の講演盛況
95404	鮮滿版	1920-06-11	01단	內地視察から歸って第一に與へられた印象は靑々と茂った森林
95405	鮮滿版	1920-06-11	03단	語り、聽き、見て(二四)/馬公生
95406	鮮滿版	1920-06-11	04단	貨物出荷減少
95407	鮮滿版	1920-06-11	04단	不逞鮮人國境を脅す/多數の死傷者を殘して擊退さる
95408	鮮滿版	1920-06-11	04단	爆彈犯人徐相漢(九日紙上記事參照)
95409	鮮滿版	1920-06-11	05단	運動界(北京對天津野球戰)
95410	鮮滿版	1920-06-11	06단	半島茶話
95411	鮮滿版	1920-06-12	01단	學議選擧に檢閱濟の意見發表/それでも總督府攻擊の皮肉が出る騷ぎだった
95412	鮮滿版	1920-06-12	01단	五月朝鮮貿易
95413	鮮滿版	1920-06-12	01단	金融組合狀況/出資金百七十五萬圓
95414	鮮滿版	1920-06-12	01단	取引所設立請願
95415	鮮滿版	1920-06-12	02단	鎭海漁撈會社雙方諒解して協議
95416	鮮滿版	1920-06-12	03단	高麗蔘會社計劃
95417	鮮滿版	1920-06-12	03단	供託所新設
95418	鮮滿版	1920-06-12	03단	養蠶家救濟
95419	鮮滿版	1920-06-12	03단	國勢調査の準備/一府五郡の會議
95420	鮮滿版	1920-06-12	03단	松蛄蟖發生
95421	鮮滿版	1920-06-12	03단	鮮鞋休業/職工三百名困窮
95422	鮮滿版	1920-06-12	04단	瓦製造業者の決議
95423	鮮滿版	1920-06-12	04단	家賃値上に反對
95424	鮮滿版	1920-06-12	04단	固唾を呑む兒童/歡迎日に加はる講演會
95425	鮮滿版	1920-06-12	04단	半島茶話
95426	鮮滿版	1920-06-12	05단	魚類運賃改正
95427	鮮滿版	1920-06-12	05단	妓生花代値上

일련번호	판명	간행일	단수	기사명
95428	鮮滿版	1920-06-13	01단	京城の學校組合議員選擧
95429	鮮滿版	1920-06-13	01단	京城學議選擧結果/大內鐵道候補最高點
95430	鮮滿版	1920-06-13	01단	內鮮人官吏間に差別待遇を爲さず/靑木總督府庶務部長談
95431	鮮滿版	1920-06-13	01단	滿鐵事業資金調達/各地の商業會議所及實業團體聯合會開催
95432	鮮滿版	1920-06-13	02단	新義州學議選擧
95433	鮮滿版	1920-06-13	03단	朝鮮貿易五月中の槪況
95434	鮮滿版	1920-06-13	04단	水利組合と資金難
95435	鮮滿版	1920-06-13	04단	同盟休校事件は外人經營の專賣になった/この弊風は誰が培養した？
95436	鮮滿版	1920-06-13	04단	現株總會無效訴訟は失張り微溫的解決/原被雙方の挨拶に如才なく留男木村鮮銀理事の顔立つ
95437	鮮滿版	1920-06-13	05단	魅せられたる聽衆/空前の良集會/井邑
95438	鮮滿版	1920-06-13	06단	半島茶話
95439	鮮滿版	1920-06-15	01단	內地人同樣に電信電話も利用させたい/赴任に臨んで竹內新任朝鮮遞信局長語る
95440	鮮滿版	1920-06-15	01단	政務總監東上
95441	鮮滿版	1920-06-15	01단	道農會組織
95442	鮮滿版	1920-06-15	01단	異議の申立續出
95443	鮮滿版	1920-06-15	01단	米穀株式會社/資本金五百萬圓、請願人は東京二十二人、大阪二十八名、其他數名
95444	鮮滿版	1920-06-15	02단	元山水電の電燈料値上案
95445	鮮滿版	1920-06-15	03단	代用公會堂引渡式擧行
95446	鮮滿版	1920-06-15	03단	喜雨
95447	鮮滿版	1920-06-15	03단	社金費消事件/有志の奔走で一先づ鎭靜
95448	鮮滿版	1920-06-15	03단	尼港の戰死者中村一等主計の義兄は江田會寧郡守
95449	鮮滿版	1920-06-15	04단	半島茶話
95450	鮮滿版	1920-06-15	04단	醉へるが如き聽衆/益歡迎の度を加ふ/松汀里
95451	鮮滿版	1920-06-15	04단	光州に於ける盛況/靑年團に特別講演
95452	鮮滿版	1920-06-16	01단	金利引上に就て/木村鮮銀理事談
95453	鮮滿版	1920-06-16	01단	本田府尹氣焰/校舍の位置、水道工事、敎員住宅問題
95454	鮮滿版	1920-06-16	01단	語り、聽き、見て(二五)/馬公生
95455	鮮滿版	1920-06-16	02단	群山商議選擧/解散論者の慘敗
95456	鮮滿版	1920-06-16	03단	京城金融狀況
95457	鮮滿版	1920-06-16	04단	釜山埠頭は珍しく寂寥
95458	鮮滿版	1920-06-16	04단	商校設立に二十萬圓寄附
95459	鮮滿版	1920-06-16	04단	虎疫豫防檢便と注射

일련번호	판명	간행일	단수	기사명
95460	鮮滿版	1920-06-16	05단	咸南の牛疫
95461	鮮滿版	1920-06-16	05단	淑女校落成式
95462	鮮滿版	1920-06-16	05단	宣教師監督にウ氏再當選
95463	鮮滿版	1920-06-16	05단	紙幣贋造
95464	鮮滿版	1920-06-16	05단	覆審法院書記の妻の竊盜
95465	鮮滿版	1920-06-16	05단	海州より
95466	鮮滿版	1920-06-16	05단	心の眼を開け/羅州に於ける講演
95467	鮮滿版	1920-06-16	06단	半島茶話
95468	鮮滿版	1920-06-17	01단	釜山築港の現狀/本年度の工程
95469	鮮滿版	1920-06-17	01단	群山學校組合會議員選擧の結果
95470	鮮滿版	1920-06-17	01단	語り、聽き、見て(二六)/馬公生
95471	鮮滿版	1920-06-17	03단	京城新稅實施期
95472	鮮滿版	1920-06-17	03단	各銀行利上期
95473	鮮滿版	1920-06-17	03단	米豆檢査協議
95474	鮮滿版	1920-06-17	03단	病院設置許可
95475	鮮滿版	1920-06-17	04단	ワ宣教師歸國
95476	鮮滿版	1920-06-17	04단	在滿鮮人取締協議か
95477	鮮滿版	1920-06-17	04단	京城の勞銀/漸落の傾向
95478	鮮滿版	1920-06-17	05단	マラリヤ豫防宣傳
95479	鮮滿版	1920-06-17	05단	忽にして滿員/榮山浦の大盛況
95480	鮮滿版	1920-06-17	05단	半島茶話
95481	鮮滿版	1920-06-17	06단	延平島の漁況
95482	鮮滿版	1920-06-17	06단	大邱驛では傭人四名馘首
95483	鮮滿版	1920-06-17	06단	京城より(殖産銀行繭資金/喫茶店食堂成績)
95484	鮮滿版	1920-06-17	06단	咸興より
95485	鮮滿版	1920-06-18	01단	總督府豫算査定形勢/大體總督府要求通りならん
95486	鮮滿版	1920-06-18	01단	釜山最近の貿易/釜山稅關調査
95487	鮮滿版	1920-06-18	01단	馬山港埋築願頻出
95488	鮮滿版	1920-06-18	02단	朝郵航路閑散
95489	鮮滿版	1920-06-18	02단	京龍電話成績
95490	鮮滿版	1920-06-18	02단	聯合婦人會設立に基く打合せの茶話會/京城各派婦人代表者集る
95491	鮮滿版	1920-06-18	03단	咸南警察機關充實
95492	鮮滿版	1920-06-18	03단	地久節奉祝
95493	鮮滿版	1920-06-18	03단	銀行會社(東亞煙草株主總會)
95494	鮮滿版	1920-06-18	03단	京城府內の交通整理

일련번호	판명	간행일	단수	기사명
95495	鮮滿版	1920-06-18	04단	官公立學校でも野球對抗試合を許すと柴田學務局長語る
95496	鮮滿版	1920-06-18	04단	鮮銀利上の影響
95497	鮮滿版	1920-06-18	04단	東亞煙草工場元山に設置
95498	鮮滿版	1920-06-18	05단	半島茶話
95499	鮮滿版	1920-06-19		缺號
95500	鮮滿版	1920-06-20	01단	各道參與官會議/近年になき活氣橫溢
95501	鮮滿版	1920-06-20	01단	課稅率の變更
95502	鮮滿版	1920-06-20	01단	釜山商議の請願
95503	鮮滿版	1920-06-20	01단	語り、聽き、見て(二八)/馬公生
95504	鮮滿版	1920-06-20	02단	銀行利上協定
95505	鮮滿版	1920-06-20	02단	鮮鐵時刻改正七月一日實施
95506	鮮滿版	1920-06-20	03단	黃海道雨降る
95507	鮮滿版	1920-06-20	03단	東萊丸浮揚る
95508	鮮滿版	1920-06-20	03단	京城婦人界の黎明/婦人社會奉仕の第一聲目覺めたる人々の創造
95509	鮮滿版	1920-06-20	04단	湖南沿線に於ける豫定の講演終了/空前の盛況を以て
95510	鮮滿版	1920-06-20	04단	獨立資金を出さねば殺すぞと脅迫
95511	鮮滿版	1920-06-20	05단	半島茶話
95512	鮮滿版	1920-06-22	01단	水利資金行惱か
95513	鮮滿版	1920-06-22	01단	府家屋稅賦課決定
95514	鮮滿版	1920-06-22	01단	木材の價格は低落すまい/諸物價漸落に逆行して
95515	鮮滿版	1920-06-22	01단	海港檢疫施行
95516	鮮滿版	1920-06-22	02단	鮮鐵八年度決濟
95517	鮮滿版	1920-06-22	02단	鮮鐵上旬運輸狀況
95518	鮮滿版	1920-06-22	02단	國境防疫
95519	鮮滿版	1920-06-22	03단	問題の蔚山線/松岡營業課長の實査
95520	鮮滿版	1920-06-22	04단	不正乘客取締/無札乘車五百九十二名其內百五十六名は學生
95521	鮮滿版	1920-06-22	04단	釜麗間の新航路/關釜連絡船と接續
95522	鮮滿版	1920-06-22	04단	南鐵社員歡迎/馬山公園にて開催
95523	鮮滿版	1920-06-22	04단	京城府廳新築
95524	鮮滿版	1920-06-22	04단	妓生の花代値下陳情は嘘だ
95525	鮮滿版	1920-06-22	05단	半島茶話
95526	鮮滿版	1920-06-23	01단	總督政治に順應せば處分校長の復活も可なり/須藤京畿道第一部長談
95527	鮮滿版	1920-06-23	01단	朝鮮敎育發展計劃
95528	鮮滿版	1920-06-23	01단	拂下の驛屯土/一千町步の豫定

일련번호	판명	간행일	단수	기사명
95529	鮮滿版	1920-06-23	01단	仲繼價値の減少/釜山會議所の無頓着を批難
95530	鮮滿版	1920-06-23	01단	語り、聽き、見て(二九)/馬公生
95531	鮮滿版	1920-06-23	02단	水原學議選擧
95532	鮮滿版	1920-06-23	02단	朝郵荷客激減
95533	鮮滿版	1920-06-23	03단	京津野球爭覇戰(五月三十日)
95534	鮮滿版	1920-06-23	03단	定期預金減少
95535	鮮滿版	1920-06-23	04단	領事館の處理
95536	鮮滿版	1920-06-23	04단	釜山中央停車場/古館驛は八月頃開始/釜山繁榮の中心地
95537	鮮滿版	1920-06-23	05단	會社銀行(朝鮮林業會社)
95538	鮮滿版	1920-06-23	05단	代表劒士の劍道大會/優勝旗は奉化署の手に
95539	鮮滿版	1920-06-23	06단	釜山と防疫施設
95540	鮮滿版	1920-06-23	06단	大邱合併相撲
95541	鮮滿版	1920-06-23	06단	半島茶話
95542	鮮滿版	1920-06-24	01단	優しくても力强き覺醒の叫びを聽け感激に充ちて輝く美しき瞳を見よ京城聯合婦人大會/網羅せる智識階級渾然融合す意義ある活動期して待つべし(京口女史の開會辭/在尼港派遣軍司令官へ電報/麻柄女史の所感/講演/市川女史の挨拶)
95543	鮮滿版	1920-06-24	05단	半島茶話
95544	鮮滿版	1920-06-25	01단	新政策を是認さる/總督府豫算は要求通り水野總監の辭職說は無根
95545	鮮滿版	1920-06-25	01단	東拓京城支店昇格消滅/當分保留さる
95546	鮮滿版	1920-06-25	01단	阿片耕作者救濟/阿片賠償金交付に就て
95547	鮮滿版	1920-06-25	02단	驛屯土拂下打合會
95548	鮮滿版	1920-06-25	02단	語り、聽き、見て(三○)/馬公生
95549	鮮滿版	1920-06-25	03단	水利資金委任
95550	鮮滿版	1920-06-25	03단	鮮人參政權運動
95551	鮮滿版	1920-06-25	03단	部長事務官異動
95552	鮮滿版	1920-06-25	04단	文官普通試驗
95553	鮮滿版	1920-06-25	04단	本社を參觀した郡守達哀號を叫ぶ/機敏なる活動に感嘆の餘り
95554	鮮滿版	1920-06-25	05단	釜山窯業近況
95555	鮮滿版	1920-06-25	05단	尼港殉難追悼會/南山東本願寺に於て/弔慰金募集
95556	鮮滿版	1920-06-25	06단	鮮鐵在貨激減/空貨車百臺に及ぶ
95557	鮮滿版	1920-06-25	06단	大邱の午砲
95558	鮮滿版	1920-06-25	06단	地久節家族會
95559	鮮滿版	1920-06-25	06단	半島茶話
95560	鮮滿版	1920-06-26	01단	私設鐵道令制定に就て/和田鐵道部長談

일련번호	판명	간행일	단수	기사명
95561	鮮滿版	1920-06-26	01단	水利事業は中止か/事業資金の調達不能
95562	鮮滿版	1920-06-26	01단	朝鮮貿易/一月以降入超三千三百萬圓
95563	鮮滿版	1920-06-26	01단	鮮鐵荷動狀況
95564	鮮滿版	1920-06-26	02단	全鮮春蠶豫想/八千餘石增收の見込
95565	鮮滿版	1920-06-26	03단	鐵嶺金融狀況
95566	鮮滿版	1920-06-26	03단	佛教靑年創立會
95567	鮮滿版	1920-06-26	03단	靑年會役員改選
95568	鮮滿版	1920-06-26	03단	會社銀行(殖銀臨時總會)
95569	鮮滿版	1920-06-26	03단	下級者を優遇し慰安の途を講じたい
95570	鮮滿版	1920-06-26	04단	防疫の難關は永登浦と仁川/京畿の防疫施設
95571	鮮滿版	1920-06-26	04단	朝紡工事近況/敷地八萬餘坪、總建坪六千五百餘坪、總工費約四十萬圓
95572	鮮滿版	1920-06-26	05단	行旅病者收容と職業紹介所/釜山の二事業/目下研究中
95573	鮮滿版	1920-06-26	05단	京電裝置擴張
95574	鮮滿版	1920-06-26	05단	尼港殉難者追弔
95575	鮮滿版	1920-06-26	05단	梨花學堂傳道隊組織
95576	鮮滿版	1920-06-26	05단	新造船處女航
95577	鮮滿版	1920-06-26	05단	羅南騎兵軍旗祭
95578	鮮滿版	1920-06-26	06단	學藝展覽と敬老會
95579	鮮滿版	1920-06-26	06단	鮮人の禁酒會
95580	鮮滿版	1920-06-26	06단	大邱より
95581	鮮滿版	1920-06-26	06단	半島茶話
95582	鮮滿版	1920-06-27	01단	關東廳の國勢調査/內地では見られぬ獨特のもの
95583	鮮滿版	1920-06-27	01단	兩領事歸任
95584	鮮滿版	1920-06-27	01단	殉難憲兵敍勳
95585	鮮滿版	1920-06-27	01단	東拓の横暴を憤り內鮮人移民結束して會社に抗議を申込まんとす
95586	鮮滿版	1920-06-27	01단	語り、聽き、見て(三一)/馬公生
95587	鮮滿版	1920-06-27	02단	爆彈犯人姜宇奎の近狀
95588	鮮滿版	1920-06-27	03단	京元咸鏡二線/列車發着時間改正
95589	鮮滿版	1920-06-27	03단	運送業者陳情/荷車通行時間の延長を
95590	鮮滿版	1920-06-27	04단	お伽家庭講演會
95591	鮮滿版	1920-06-27	04단	尼港殉難者追弔
95592	鮮滿版	1920-06-27	04단	大邱の果實
95593	鮮滿版	1920-06-27	04단	海州より
95594	鮮滿版	1920-06-27	05단	運動界(滿洲運來征)

일련번호	판명	간행일	단수	기사명
95595	鮮滿版	1920-06-27	05단	半島茶話
95596	鮮滿版	1920-06-29	01단	東洋第一と誇稱する總督府新廳舍定礎式/來る七月十日擧行
95597	鮮滿版	1920-06-29	01단	吏員臨時給與
95598	鮮滿版	1920-06-29	01단	警部講習會開催
95599	鮮滿版	1920-06-29	01단	組合員選擧
95600	鮮滿版	1920-06-29	01단	愛婦評議員囑託
95601	鮮滿版	1920-06-29	01단	海港檢疫の影響/十二時間の停船/漁船は檢疫の設備なき港灣には出入禁止さる
95602	鮮滿版	1920-06-29	02단	株式研究會
95603	鮮滿版	1920-06-29	02단	辭令
95604	鮮滿版	1920-06-29	02단	銀行會社(實銀開業期日/京銀臨時總會)
95605	鮮滿版	1920-06-29	03단	鮮人婦女子に家庭養蠶獎勵
95606	鮮滿版	1920-06-29	03단	三島氏の葬儀
95607	鮮滿版	1920-06-29	03단	半島經濟界の一大損失
95608	鮮滿版	1920-06-29	04단	水道工事準備
95609	鮮滿版	1920-06-29	04단	半島茶話
95610	鮮滿版	1920-06-30	01단	鮮人地主制を實施せん/農事思想涵養/自作農獎勵
95611	鮮滿版	1920-06-30	01단	私設鐵道/最近の狀況
95612	鮮滿版	1920-06-30	01단	馬山地方の挿秧
95613	鮮滿版	1920-06-30	01단	昌原郡春蠶
95614	鮮滿版	1920-06-30	01단	片倉組と土地/土地買收の失敗
95615	鮮滿版	1920-06-30	02단	物價は六分四釐方の下落/京城の重要物價
95616	鮮滿版	1920-06-30	02단	語り、聽き、見て(三二)/馬公生
95617	鮮滿版	1920-06-30	03단	馬山の防疫/檢便と豫防注射
95618	鮮滿版	1920-06-30	03단	尼港殉難追悼會
95619	鮮滿版	1920-06-30	04단	學校組合へ寄附
95620	鮮滿版	1920-06-30	04단	逝ける三島太郎氏
95621	鮮滿版	1920-06-30	04단	大邱より
95622	鮮滿版	1920-06-30	05단	尼港殉難の憲兵/忠淸道管內から出征の三氏
95623	鮮滿版	1920-06-30	06단	半島茶話

1920년 7월 (선만판)

일련번호	판명	간행일	단수	기사명
95624	鮮滿版	1920-07-01	01단	停船檢疫を中止せん/卜部總督府衛生課長談
95625	鮮滿版	1920-07-01	01단	內地財界と釜山/利益は逆に痛手の向きが多い
95626	鮮滿版	1920-07-01	01단	朝郵航路狀況/三十一隻、一萬七千噸/新造船二隻
95627	鮮滿版	1920-07-01	01단	語り、聽き、見て(三三)/馬公生
95628	鮮滿版	1920-07-01	03단	馬山と諸物價/高いとの評判/當業者に反省を促す
95629	鮮滿版	1920-07-01	03단	尼港から哈府へ引返す/朝鮮派遣憲兵の消息
95630	鮮滿版	1920-07-01	03단	藝妓の放火事件/不日公判開廷
95631	鮮滿版	1920-07-01	04단	三島氏追悼會
95632	鮮滿版	1920-07-01	05단	半島茶話
95633	鮮滿版	1920-07-02	01단	新舊兩派に別れて朝鮮佛教の勢力爭ひ/互に虛實を盡して暗鬪す
95634	鮮滿版	1920-07-02	02단	春蠶狀態/供給不足
95635	鮮滿版	1920-07-02	02단	全協事件と李堈公/鄕津檢事正談
95636	鮮滿版	1920-07-02	03단	飮料水缺乏の上に虎疫/鎭南浦祟らる
95637	鮮滿版	1920-07-02	03단	講演會盛況/進永と晉州
95638	鮮滿版	1920-07-02	03단	靈南坂事件の同厄眞繼氏の『岡田滿』
95639	鮮滿版	1920-07-02	04단	海藻事件落着
95640	鮮滿版	1920-07-02	05단	木材商の大打擊
95641	鮮滿版	1920-07-02	05단	尼港殉難追悼/石川少佐の令弟伊藤尉參列
95642	鮮滿版	1920-07-02	05단	大邱の大相撲
95643	鮮滿版	1920-07-02	05단	半島茶話
95644	鮮滿版	1920-07-03	01단	總督府追加豫算內容/臨時議會に提出のもの(第一總說/第二朝鮮總督府特別會計/第三朝鮮醫院及濟生特別會計)
95645	鮮滿版	1920-07-03	01단	語り、聽き、見て(三四)/馬公生
95646	鮮滿版	1920-07-03	03단	新任警視發表
95647	鮮滿版	1920-07-03	03단	電信電話の改善/交換臺增設と交換手增員
95648	鮮滿版	1920-07-03	04단	辭令
95649	鮮滿版	1920-07-03	04단	端和の開墾地/百五十餘町步/今秋より收穫ある見込
95650	鮮滿版	1920-07-03	04단	講演會盛況/二日は特に舊馬山內地人靑年會のため講演
95651	鮮滿版	1920-07-03	05단	不渡手形振出人
95652	鮮滿版	1920-07-03	05단	尼港殉難者追悼
95653	鮮滿版	1920-07-03	05단	淸州の赤痢
95654	鮮滿版	1920-07-03	05단	合併大相撲
95655	鮮滿版	1920-07-04	01단	總ての方面に於て鮮人の產業的進步を物語ってゐる/徐徐開發に努むる積り

일련번호	판명	간행일	단수	기사명
95656	鮮滿版	1920-07-04	02단	特殊財産處理の勅令に就ての對獨逸人債權者等の注意/在東京西村殖産局長談
95657	鮮滿版	1920-07-04	03단	仁川商議決算
95658	鮮滿版	1920-07-04	03단	全鮮青年會の統一/朝鮮聯合青年會設立
95659	鮮滿版	1920-07-04	03단	敷島町遊園地拂下に就て/公平生(寄)
95660	鮮滿版	1920-07-04	04단	虎疫が侵入して來たから一般に自衛豫防に努められたい
95661	鮮滿版	1920-07-04	04단	當分此暑さは續くだらう/昨年よりも暑が嚴しい
95662	鮮滿版	1920-07-04	05단	駄々って慘死/通行の一鮮人
95663	鮮滿版	1920-07-04	05단	半島茶話
95664	鮮滿版	1920-07-06	01단	有賀新殖銀頭取/眞使命を果す決心ですと包み切れぬ微笑 を洩らしながら語る
95665	鮮滿版	1920-07-06	01단	京城高女校の鮮人入學/許してゐるのは特別の事情の者ばかり
95666	鮮滿版	1920-07-06	01단	派遣六個大隊は朝鮮に居据りに內定
95667	鮮滿版	1920-07-06	01단	釜山水産場設置
95668	鮮滿版	1920-07-06	02단	京城食堂十五日開設
95669	鮮滿版	1920-07-06	02단	黃海道廳增築
95670	鮮滿版	1920-07-06	03단	群山地方雨降る/農家愁眉を開く
95671	鮮滿版	1920-07-06	03단	全部の豫定を無事終了/本社巡回講演會/鎭海に於ける盛況/兒童涙を湛へて聽く
95672	鮮滿版	1920-07-06	03단	半島茶話
95673	鮮滿版	1920-07-06	04단	強盜團の襲來
95674	鮮滿版	1920-07-06	04단	海州より
95675	鮮滿版	1920-07-07	01단	大釜山建設の計劃/總工費八千百餘萬圓/其筋の研究調査
95676	鮮滿版	1920-07-07	01단	財界の變調が司法事件にも現れて來た/鄕津京城地方院檢事正談
95677	鮮滿版	1920-07-07	01단	語り、聽き、見て(三五)/馬公生
95678	鮮滿版	1920-07-07	03단	失業鮮人/流說のやうな事實は無いと總督府警務當局は語る
95679	鮮滿版	1920-07-07	03단	朝鮮經濟界の奇現象/銀行資本金の激增
95680	鮮滿版	1920-07-07	04단	觀測所を京城に移轉の議結局は實現か
95681	鮮滿版	1920-07-07	05단	留學生演說會と基督教青年
95682	鮮滿版	1920-07-07	05단	南川の發展/市街計劃
95683	鮮滿版	1920-07-07	05단	道路工事行惱む/鮮人數名が土地買收に應ぜざるため
95684	鮮滿版	1920-07-07	05단	飛行場設定地/龜浦驛の附近
95685	鮮滿版	1920-07-07	06단	米艦ア號/七日仁川拔錨
95686	鮮滿版	1920-07-07	06단	貧民に穀類施與
95687	鮮滿版	1920-07-07	06단	新義州の尼港殉難者追悼會

일련번호	판명	긴행일	단수	기사명
95688	鮮滿版	1920-07-07	06단	飯泉部長夫人逝く
95689	鮮滿版	1920-07-07	06단	半島茶話
95690	鮮滿版	1920-07-08	01단	在滿鮮人取締に就て/新任吉延道尹陶彬氏談
95691	鮮滿版	1920-07-08	01단	鮮鐵運輸狀況
95692	鮮滿版	1920-07-08	01단	武裝鮮人の正體は共産主義者/國權恢復は假面のみ二千名乃至四千名
95693	鮮滿版	1920-07-08	02단	助興稅は必ず營業者より
95694	鮮滿版	1920-07-08	02단	取遺された九名の愛兒/逝ける飯泉秀子夫人
95695	鮮滿版	1920-07-08	03단	一年生休校/京城培材學堂
95696	鮮滿版	1920-07-08	03단	釜山始めての會合/自治の氣に滿ちた花の會/婦人會發會式
95697	鮮滿版	1920-07-08	04단	泥港殉難者追弔
95698	鮮滿版	1920-07-08	04단	群山婦人會
95699	鮮滿版	1920-07-09	01단	醫療機關大擴張/五箇年計劃で慈惠病院十三增設/公醫增員、醫生漸減、醫師自給策/京城醫專を大學に昇格し平壤と大邱に醫專を新設
95700	鮮滿版	1920-07-09	01단	語り、聽き、見て(三六)/馬公生
95701	鮮滿版	1920-07-09	03단	水上警察署設置
95702	鮮滿版	1920-07-09	03단	黃海道徵稅成積不良
95703	鮮滿版	1920-07-09	03단	鮮人東大生巡回講演/一行四名
95704	鮮滿版	1920-07-09	04단	世界語協會を組織して普及に努めたいと
95705	鮮滿版	1920-07-09	04단	京南鐵道/九月頃起工の豫定
95706	鮮滿版	1920-07-09	05단	*本社主催第五回市民講座/市民と私學常識 市立大阪工業研究所長高岡齊氏/未曾有の慘劇 本社記者馬場龍海氏*
95707	鮮滿版	1920-07-09	05단	釜山市內撒水
95708	鮮滿版	1920-07-09	05단	鎭南浦の虎疫/累界二十四名
95709	鮮滿版	1920-07-09	06단	半島茶話
95710	鮮滿版	1920-07-10	01단	朝鮮貴族産米獎勵策を難ず先づ水利事業を起せ/鮮農は大悲觀/當局は樂觀す
95711	鮮滿版	1920-07-10	01단	米作は豊年ならん/篠原總督府農務課長談
95712	鮮滿版	1920-07-10	01단	不景氣の極か/元山の貿易
95713	鮮滿版	1920-07-10	01단	語り、聽き、見て(三七)/馬公生
95714	鮮滿版	1920-07-10	03단	問題の助興稅徵收は結局遊客に轉嫁されん/千葉京畿道第三部長談
95715	鮮滿版	1920-07-10	03단	鮮鐵職員採用手控
95716	鮮滿版	1920-07-10	04단	漁船漁具の充實/水産智識養成
95717	鮮滿版	1920-07-10	04단	水源枯渇の鎭南浦/水道曙光を認む

일련번호	판명	간행일	단수	기사명
95718	鮮滿版	1920-07-10	05단	虎疫豫防線成る/卜部總督府衛生課長談
95719	鮮滿版	1920-07-10	05단	平南線乘降客に强制豫防注射を施行/當局の徹底的防疫方針
95720	鮮滿版	1920-07-10	05단	忠南道第三部廳舍新築
95721	鮮滿版	1920-07-10	05단	半島茶話
95722	鮮滿版	1920-07-10	06단	尼港殉難遺族慰問演藝會
95723	鮮滿版	1920-07-11	01단	獨立騷擾事件公判十二日より鐵道部臨時法廷に開かる/事實審問に二週間を要す
95724	鮮滿版	1920-07-11	01단	米國上院義員團に朝鮮に對する公正な理解を求めんと大々的歡迎會の準備
95725	鮮滿版	1920-07-11	01단	納凉大傳道會
95726	鮮滿版	1920-07-11	02단	朝鮮思想研究會
95727	鮮滿版	1920-07-11	03단	請負業者の窮境/物價低落から明年度の繼續は覺束ない/約八百萬圓の大工事
95728	鮮滿版	1920-07-11	03단	商業會議所へお裁きを求める/財界變動のため取引紛糾が多い
95729	鮮滿版	1920-07-11	03단	京城公會堂は反響が强過ぎて困る
95730	鮮滿版	1920-07-11	03단	喜雨は一變して河川のと增水と被害
95731	鮮滿版	1920-07-11	05단	海州沙里院電話工事/八月末迄には開通せん
95732	鮮滿版	1920-07-11	05단	半島茶話
95733	鮮滿版	1920-07-13	01단	洪水(藁島附近家居浸水)
95734	鮮滿版	1920-07-13	01단	朝鮮貿易
95735	鮮滿版	1920-07-13	01단	客月商況槪要
95736	鮮滿版	1920-07-13	02단	手形交換激減
95737	鮮滿版	1920-07-13	02단	內地講習會(京都帝國大學/東京帝國大學/別府夏李大學(大分縣別府町南尋常高等小學校內)/帝國教育會夏期講習會(帝國教育會議堂))
95738	鮮滿版	1920-07-13	02단	語り、聽き、見て(三八)/馬公生
95739	鮮滿版	1920-07-13	04단	鮮人學生の文化宣傳演說
95740	鮮滿版	1920-07-13	04단	釜山南港修築決定/工費五百四十萬圓/內三百七十八萬圓は總督府補助/百六十二萬圓は釜山府の負擔
95741	鮮滿版	1920-07-13	05단	電氣會社設立に就いて揶着
95742	鮮滿版	1920-07-13	05단	公州の水道敷設/十年度より記工
95743	鮮滿版	1920-07-13	06단	尼港殉難者追悼會/知多日本居留民會主催
95744	鮮滿版	1920-07-13	06단	半島茶話
95745	鮮滿版	1920-07-14	01단	流感法定傳染病とならん/芳賀總督府醫院長談
95746	鮮滿版	1920-07-14	01단	棉花販賣方法決定
95747	鮮滿版	1920-07-14	01단	語り、聽き、見て(三九)/馬公生

일련번호	판명	간행일	단수	기사명
95748	鮮滿版	1920-07-14	02단	朝鮮貿易概況
95749	鮮滿版	1920-07-14	03단	釜山客月貿易/七百十五萬餘圓/前月に比し二百餘萬圓減少
95750	鮮滿版	1920-07-14	03단	上海航路再燃
95751	鮮滿版	1920-07-14	03단	宣教師選定
95752	鮮滿版	1920-07-14	04단	全南棉作付
95753	鮮滿版	1920-07-14	04단	商銀頭取變更
95754	鮮滿版	1920-07-14	04단	傍聽券が五百圓/孫秉熙の公判と混雜/婦人連の多數も見受けた
95755	鮮滿版	1920-07-14	04단	祕密結社國民議會/連累各地にある模樣/欺かれて加入の農民多し
95756	鮮滿版	1920-07-14	05단	會社銀行(京電株主總會)
95757	鮮滿版	1920-07-14	05단	姜の一家/死刑の事から又噂が持上った
95758	鮮滿版	1920-07-14	06단	朝鮮軍經理部建築技手拘引/講負人より收賄
95759	鮮滿版	1920-07-14	06단	鮮人富豪の奇特
95760	鮮滿版	1920-07-14	06단	半島茶話
95761	鮮滿版	1920-07-15	01단	蠹島の水害救助に就て/須藤京畿道第一部長談
95762	鮮滿版	1920-07-15	01단	無職者の救濟/目下の急務如何して善導すべきか
95763	鮮滿版	1920-07-15	01단	語り、聽き、見て(四○)/馬公生
95764	鮮滿版	1920-07-15	02단	在鮮會社銀行
95765	鮮滿版	1920-07-15	03단	全鮮虎疫/患者七十七名
95766	鮮滿版	1920-07-15	03단	騷擾事件に對し公訴不受理申立理由/孫一派の公判廷にて
95767	鮮滿版	1920-07-15	05단	新義州地方の喜雨
95768	鮮滿版	1920-07-15	05단	拘引されたる陸軍建築技手/餘罪ある見込み
95769	鮮滿版	1920-07-15	05단	琵琶會盛況
95770	鮮滿版	1920-07-15	05단	半島茶話
95771	鮮滿版	1920-07-16	01단	水稻作況
95772	鮮滿版	1920-07-16	01단	語り、聽き、見て(四一)/馬公生
95773	鮮滿版	1920-07-16	02단	秋蠶良好ならん
95774	鮮滿版	1920-07-16	02단	森鐵起工期
95775	鮮滿版	1920-07-16	02단	金融組合利率變更
95776	鮮滿版	1920-07-16	02단	工專入學試驗科目改正
95777	鮮滿版	1920-07-16	02단	六月海運狀況
95778	鮮滿版	1920-07-16	03단	浦潮の通貨混亂/在浦潮中山貞雄
95779	鮮滿版	1920-07-16	03단	內地留學生の文化宣傳講演
95780	鮮滿版	1920-07-16	04단	連絡船檢疫改善問題/行惱み狀態/渡鮮旅客の大迷惑
95781	鮮滿版	1920-07-16	05단	單級教授法講習會
95782	鮮滿版	1920-07-16	05단	大邱晉州間道路竣工

일련번호	판명	간행일	단수	기사명
95783	鮮滿版	1920-07-16	05단	大邱の消防設備
95784	鮮滿版	1920-07-16	05단	京城食堂開業
95785	鮮滿版	1920-07-16	06단	京城より(滿鐵巡察員制度/京漢津浦線不通/會計檢査員入京)
95786	鮮滿版	1920-07-16	06단	半島茶話
95787	鮮滿版	1920-07-17	01단	鮮鐵經營逆戻り/滿鐵會社より總督府へ
95788	鮮滿版	1920-07-17	01단	語り、聽き、見て(四二)/馬公生
95789	鮮滿版	1920-07-17	02단	朝鮮運輸依然不況
95790	鮮滿版	1920-07-17	02단	晉州學議選擧無競爭
95791	鮮滿版	1920-07-17	02단	慈惠醫院費通過
95792	鮮滿版	1920-07-17	03단	傳染病委員會
95793	鮮滿版	1920-07-17	03단	駐鮮兵は內地の夫れよりも概して犯罪が少い
95794	鮮滿版	1920-07-17	04단	海東銀行開業
95795	鮮滿版	1920-07-17	04단	國際親和會發會式
95796	鮮滿版	1920-07-17	04단	獨立手段平和か暴動か/騷擾事件公判
95797	鮮滿版	1920-07-17	05단	新義州地方旱魃
95798	鮮滿版	1920-07-17	05단	國語を解する者/京畿道で五萬三千餘名
95799	鮮滿版	1920-07-17	05단	陸軍技手押送
95800	鮮滿版	1920-07-17	05단	晉州の水道工事
95801	鮮滿版	1920-07-17	05단	半島茶話
95802	鮮滿版	1920-07-18	01단	內地留學鮮人の文化促進演說會/善惡兩樣の觀察行はる
95803	鮮滿版	1920-07-18	01단	滿鐵運輸組織變更
95804	鮮滿版	1920-07-18	01단	靑島金融狀況
95805	鮮滿版	1920-07-18	01단	騷擾公判と公訴不受理申立に就て國分檢事長は語る
95806	鮮滿版	1920-07-18	02단	鳥致院より
95807	鮮滿版	1920-07-18	03단	忠南沿海の鮮人漁業/漸次內地式に轉するもの多し
95808	鮮滿版	1920-07-18	03단	釜山の水道/既に給水制限す
95809	鮮滿版	1920-07-18	04단	文化宣傳講演會
95810	鮮滿版	1920-07-18	04단	虎疫九十四名
95811	鮮滿版	1920-07-18	04단	會(群山の夏期講演會)
95812	鮮滿版	1920-07-18	04단	半島茶話
95813	鮮滿版	1920-07-20	01단	鮮人の副領事は郡守の俊秀を選拔せん/制度は頗る結構なれど要は運用の巧拙にあり
95814	鮮滿版	1920-07-20	01단	慶北の新事業/驛屯土の拂下/大邱商業學校設立/九龍浦甘浦港の防波堤築造
95815	鮮滿版	1920-07-20	01단	語り、聽き、見て(四三)/馬公生
95816	鮮滿版	1920-07-20	02단	朝鮮中央衛生會

일련번호	판명	간행일	단수	기사명
95817	鮮滿版	1920-07-20	02단	船舶檢疫屬行
95818	鮮滿版	1920-07-20	03단	早害民救濟
95819	鮮滿版	1920-07-20	03단	急設電話延期
95820	鮮滿版	1920-07-20	03단	咸南水稻作況
95821	鮮滿版	1920-07-20	04단	朝鮮各地を廻る宣傳活動寫眞/總督府が內地で撮影したものを映寫
95822	鮮滿版	1920-07-20	04단	罷業續出/煽動者入込めるか
95823	鮮滿版	1920-07-20	05단	群山の方疫自衛
95824	鮮滿版	1920-07-20	05단	半島茶話
95825	鮮滿版	1920-07-21	01단	鮮人敎育も難事であるまい慈父の心で接せば/長田新京城女子高等普校長談
95826	鮮滿版	1920-07-21	01단	在滿不逞鮮人取締講究
95827	鮮滿版	1920-07-21	01단	京城電氣業績
95828	鮮滿版	1920-07-21	01단	語り、聽き、見て(四四)/馬公生
95829	鮮滿版	1920-07-21	02단	慶北産業資金
95830	鮮滿版	1920-07-21	02단	朝鮮釀造品評會
95831	鮮滿版	1920-07-21	03단	鰕漁盛況
95832	鮮滿版	1920-07-21	03단	群山商議豫算
95833	鮮滿版	1920-07-21	03단	棉作付段別
95834	鮮滿版	1920-07-21	04단	淸津水道問題で市民大會/先づ善後策を講ぜん(決議)
95835	鮮滿版	1920-07-21	04단	禁酒會の影響/酒賣行き激減
95836	鮮滿版	1920-07-21	04단	金剛山の旅客
95837	鮮滿版	1920-07-21	05단	羅南の軍旗祭
95838	鮮滿版	1920-07-21	05단	見學團來鮮(愛知縣敎員視祭/農林學生見學/長崎商校生來城)
95839	鮮滿版	1920-07-21	05단	實銀被露宴
95840	鮮滿版	1920-07-21	05단	運動界(庭球野球試合)
95841	鮮滿版	1920-07-21	05단	半島茶話
95842	鮮滿版	1920-07-22	01단	敎育制度調査會/學制改正問題は行惱み
95843	鮮滿版	1920-07-22	01단	東拓社債/大阪信託引受
95844	鮮滿版	1920-07-22	01단	混亂に陷れる鮮人學生の思想
95845	鮮滿版	1920-07-22	01단	語り、聽き、見て(四三)/馬公生
95846	鮮滿版	1920-07-22	02단	水害の被害と善後策要望
95847	鮮滿版	1920-07-22	03단	郡面長會議
95848	鮮滿版	1920-07-22	03단	滿洲鐵證配當
95849	鮮滿版	1920-07-22	03단	英國大使來鮮
95850	鮮滿版	1920-07-22	03단	市場賣買高

일련번호	판명	간행일	단수	기사명
95851	鮮滿版	1920-07-22	03단	城津貿易大減退
95852	鮮滿版	1920-07-22	04단	傍聽席から觀た獨立運動の被告/中には卑怯な者も居る
95853	鮮滿版	1920-07-22	05단	辯論勃發/佛耶兩系統の團體が組織されて
95854	鮮滿版	1920-07-22	05단	河川氾濫三日に亘る豪雨
95855	鮮滿版	1920-07-22	05단	馬山の虎疫
95856	鮮滿版	1920-07-22	06단	失職者多し/織紐工五百名
95857	鮮滿版	1920-07-22	06단	市民講座開設
95858	鮮滿版	1920-07-22	06단	大邱の土用入
95859	鮮滿版	1920-07-22	06단	日蓮宗巡回講演
95860	鮮滿版	1920-07-22	06단	半島茶話
95861	鮮滿版	1920-07-23	01단	語り、聽き、見て(四六)/馬公生
95862	鮮滿版	1920-07-23	01단	懇話會を解散し鐵道協會を設立す
95863	鮮滿版	1920-07-23	01단	釜山經濟界不況
95864	鮮滿版	1920-07-23	01단	棉花良好/公入札販賣採用
95865	鮮滿版	1920-07-23	02단	煙草耕作奬勵
95866	鮮滿版	1920-07-23	02단	經濟研究機關/釜山に設置されん
95867	鮮滿版	1920-07-23	02단	釜山と學校費
95868	鮮滿版	1920-07-23	03단	辯護士資格附與請願
95869	鮮滿版	1920-07-23	03단	天道敎は立派な宗敎だ/信者に不逞鮮人を出したのは惡いが檢事正鄕津友彌氏談
95870	鮮滿版	1920-07-23	04단	京城電鐵延長
95871	鮮滿版	1920-07-23	04단	要港地帶第二區通行禁止
95872	鮮滿版	1920-07-23	04단	東拓移民縣別
95873	鮮滿版	1920-07-23	04단	第七校の開校
95874	鮮滿版	1920-07-23	05단	露人の財産を勝手に處分する狡猾な日本人を總督府で調査
95875	鮮滿版	1920-07-23	05단	果樹被害尠し/東拓會社所有園
95876	鮮滿版	1920-07-23	05단	日曜學校巡回講演
95877	鮮滿版	1920-07-24	01단	爲替料金遞減さる/來る八月一日より實施
95878	鮮滿版	1920-07-24	01단	朝鮮繭移出激減/內地金融梗塞の影響
95879	鮮滿版	1920-07-24	01단	朝鮮憲兵幹部近く異動發表
95880	鮮滿版	1920-07-24	01단	滿鐵職員異動
95881	鮮滿版	1920-07-24	01단	語り、聽き、見て(四七)/馬公生
95882	鮮滿版	1920-07-24	02단	水道補修工事
95883	鮮滿版	1920-07-24	03단	鎭海の漁撈會社
95884	鮮滿版	1920-07-24	03단	大邱水道破損
95885	鮮滿版	1920-07-24	03단	虎疫豫防の實寫宣傳活動寫眞/鮮人が喜んで注射を受ける

일련번호	판명	간행일	단수	기사명
95886	鮮滿版	1920-07-24	04단	大邱公設市場條例
95887	鮮滿版	1920-07-24	04단	京城より(實銀重役會/朝鮮虎疫狀況/穀物組合總會)
95888	鮮滿版	1920-07-24	04단	會社銀行(三矢酢釀造社)
95889	鮮滿版	1920-07-24	05단	組合費に異議/富豪階級に於て
95890	鮮滿版	1920-07-24	05단	水泳會は中止
95891	鮮滿版	1920-07-24	05단	晉州水道使用料
95892	鮮滿版	1920-07-24	06단	群山の住宅難
95893	鮮滿版	1920-07-24	06단	文化宣傳團招待
95894	鮮滿版	1920-07-24	06단	赤十字社活動
95895	鮮滿版	1920-07-24	06단	兒島中將出發
95896	鮮滿版	1920-07-24	06단	隨習領事着任
95897	鮮滿版	1920-07-24	06단	半島茶話
95898	鮮滿版	1920-07-25	01단	異議申立の否決/今後の成行如何
95899	鮮滿版	1920-07-25	01단	木炭の不足/補給策計劃中
95900	鮮滿版	1920-07-25	01단	墜落したる連湖江鐵橋の應急工事/乘客の現場乘換
95901	鮮滿版	1920-07-25	02단	語り、聽き、見て(四八)/馬公生
95902	鮮滿版	1920-07-25	03단	在京城在鄕軍人
95903	鮮滿版	1920-07-25	03단	*群守の感激 本社を見學して/內地視察一斑の內 大阪朝日新聞社/右六月二十九日起草 忠淸南道舒川郡守 權益采*
95904	鮮滿版	1920-07-27	01단	間島救濟資金/東拓三十萬圓引受
95905	鮮滿版	1920-07-27	01단	取引所は當分許可せぬ/田中總督府商工課長談
95906	鮮滿版	1920-07-27	01단	臨時防疫/費は國庫剩餘金より支出
95907	鮮滿版	1920-07-27	01단	南港修策資金
95908	鮮滿版	1920-07-27	02단	交際手當改正
95909	鮮滿版	1920-07-27	02단	石炭需給の建議案
95910	鮮滿版	1920-07-27	02단	本年の水稻作
95911	鮮滿版	1920-07-27	03단	大邱と平壤で競爭の航空隊と着陸場/臨時議會後に發表
95912	鮮滿版	1920-07-27	03단	公訴受理は適法/水原事件法廷にて松本辯護士の主張
95913	鮮滿版	1920-07-27	03단	安城暴動事件/被告百二十名の公判
95914	鮮滿版	1920-07-27	03단	連絡船賃改正/九月一日より實施
95915	鮮滿版	1920-07-27	04단	南鮮虎疫續發/西鮮は終熄か
95916	鮮滿版	1920-07-27	05단	織物編物は休業狀態
95917	鮮滿版	1920-07-27	05단	會議所評議員の自殺
95918	鮮滿版	1920-07-27	05단	三島氏遺族
95919	鮮滿版	1920-07-27	05단	義捐演奏會
95920	鮮滿版	1920-07-27	05단	半島茶話

일련번호	판명	간행일	단수	기사명
95921	鮮滿版	1920-07-28	01단	道議會、郡評議會は全部選擧制に據る/議員の多數は鮮人
95922	鮮滿版	1920-07-28	01단	釜山當面の大問題/運動委員の入京
95923	鮮滿版	1920-07-28	01단	蠹島水道問題
95924	鮮滿版	1920-07-28	01단	警察界の中堅を造る/覺悟なりと古橋事務官語る
95925	鮮滿版	1920-07-28	01단	龍山治水速成會成る/大水害に刺戟されて
95926	鮮滿版	1920-07-28	03단	耕地家屋流失して鮮人四十名救助を嘆願
95927	鮮滿版	1920-07-28	03단	果樹病害蟲の驅防品評
95928	鮮滿版	1920-07-28	04단	飛蝗の大群/朝鮮に襲來す
95929	鮮滿版	1920-07-28	04단	大邱に於ける虎疫の初發
95930	鮮滿版	1920-07-28	04단	京城より(中鐵不許可/滿洲鐵證成績)
95931	鮮滿版	1920-07-28	04단	半島茶話
95932	鮮滿版	1920-07-29	01단	地方議會の設置を特殊の意味にて歡迎/鮮人議員の態度に興味あり
95933	鮮滿版	1920-07-29	01단	電話電燈改善要求/釜山繁榮會の活動
95934	鮮滿版	1920-07-29	01단	學議選擧結果
95935	鮮滿版	1920-07-29	01단	平鐵南線敷設に就き陳情
95936	鮮滿版	1920-07-29	01단	語り、聽き、見て(四九)/馬公生
95937	鮮滿版	1920-07-29	02단	朝鮮瓦電近況/電燈三萬三千個(十六燭平均、動力三百四十基)
95938	鮮滿版	1920-07-29	03단	平南玄米檢査
95939	鮮滿版	1920-07-29	03단	大邱に勞働組合/愈創設せらる
95940	鮮滿版	1920-07-29	04단	平壤公設浴場
95941	鮮滿版	1920-07-29	04단	强制的に豫防注射を
95942	鮮滿版	1920-07-29	04단	姜宇奎は意氣消沈/相變らず冥想に耽ってゐる
95943	鮮滿版	1920-07-29	05단	海州より
95944	鮮滿版	1920-07-29	05단	京城より(東拓五町步移民)
95945	鮮滿版	1920-07-29	05단	半島茶話
95946	鮮滿版	1920-07-30	01단	阿片密賣取締問題/在支外人の惡罵總督府の辯明
95947	鮮滿版	1920-07-30	01단	朝鮮の最高學府/東洋大學京城分校設置
95948	鮮滿版	1920-07-30	01단	龍山の治水大演說/當局の實査
95949	鮮滿版	1920-07-30	01단	靑島見物(1)/風來坊
95950	鮮滿版	1920-07-30	02단	水害狀況/慶南北甚だし
95951	鮮滿版	1920-07-30	03단	京畿秋蠶狀況
95952	鮮滿版	1920-07-30	03단	銀行會社(東洋杞柳株式會社)
95953	鮮滿版	1920-07-30	03단	京龍間電話交換臺新設/八月一日より實施
95954	鮮滿版	1920-07-30	04단	朝鮮の虎疫患者千名を超ゆ
95955	鮮滿版	1920-07-30	04단	大邱に於ける不逞團

일련번호	판명	간행일	단수	기사명
95956	鮮滿版	1920-07-30	05단	自働電話を破壊して在中の金庫を盜む
95957	鮮滿版	1920-07-30	05단	半島茶話
95958	鮮滿版	1920-07-31	01단	始政十年と功勞表彰/各道を通じて總數百四十一名
95959	鮮滿版	1920-07-31	01단	京畿水害統計
95960	鮮滿版	1920-07-31	01단	裁判官の法服は來る十月一日から/裁判官は私費だが書記のは役所の費用
95961	鮮滿版	1920-07-31	01단	京畿道衛生當局/虎疫と流感に力む
95962	鮮滿版	1920-07-31	01단	靑島見物(2)/風來坊
95963	鮮滿版	1920-07-31	03단	納凉傳道と子供の爲の宗教集會
95964	鮮滿版	1920-07-31	04단	半島茶話

1920년 8월 (선만판)

일련번호	판명	간행일	단수	기사명
95965	鮮滿版	1920-08-01	01단	國勢調査に關聯せる臨時戶口調査の趣旨/靑木總督府庶務部長談
95966	鮮滿版	1920-08-01	01단	電話改善に就て/志賀京城郵便局長談る
95967	鮮滿版	1920-08-01	01단	靑島見物(３)/風來坊
95968	鮮滿版	1920-08-01	02단	書堂の勃興と排日的固陋偏見
95969	鮮滿版	1920-08-01	03단	大淘汰か/朝鮮司法官
95970	鮮滿版	1920-08-01	03단	判事特別任用令
95971	鮮滿版	1920-08-01	04단	南港修築補助
95972	鮮滿版	1920-08-01	04단	製糖原料稅免除
95973	鮮滿版	1920-08-01	04단	釜山商銀と改善
95974	鮮滿版	1920-08-01	05단	鮮鐵保管料低減/荷主の負擔が大いに輕くなる譯
95975	鮮滿版	1920-08-01	05단	平壤は鑛業の中樞地/地下の寶庫/大なる繁榮力
95976	鮮滿版	1920-08-01	06단	新田技師等視察
95977	鮮滿版	1920-08-01	06단	半島茶話
95978	鮮滿版	1920-08-03	01단	制度を改正し地方議會設置/民意暢達のため(道評議會/府協議會/面協議會/學校評議會)
95979	鮮滿版	1920-08-03	01단	靑島見物(４)/風來坊
95980	鮮滿版	1920-08-03	03단	慶北道の水害善後策
95981	鮮滿版	1920-08-03	04단	忠南秋蠶狀況
95982	鮮滿版	1920-08-03	04단	釜山の電話/應急的改善
95983	鮮滿版	1920-08-03	04단	自衛的に防疫
95984	鮮滿版	1920-08-03	05단	半島茶話
95985	鮮滿版	1920-08-04	01단	司法機關擴張/監獄裁判所增設/判檢事の大增員
95986	鮮滿版	1920-08-04	01단	鮮人參政權運動經過/國民協會總務李東雨氏談
95987	鮮滿版	1920-08-04	01단	陸地棉作況
95988	鮮滿版	1920-08-04	02단	大學生視察團一行の講演
95989	鮮滿版	1920-08-04	03단	慶北の水害救濟
95990	鮮滿版	1920-08-04	03단	歸省せる米宣敎師に排日的言動を認めず男振りを上げたスミス博士
95991	鮮滿版	1920-08-04	03단	朝鮮軍兵營完成期は大正十五年とならう/木村朝鮮軍經理部長談
95992	鮮滿版	1920-08-04	05단	鮮人判檢事の退職續出/收入の點から辯護士開業のため
95993	鮮滿版	1920-08-04	05단	半島茶話
95994	鮮滿版	1920-08-05	01단	放縱なる言論の取締/千葉京畿道三部長談
95995	鮮滿版	1920-08-05	01단	鮮人の電話交換手/交換手募集難の對應策で一面鮮人職業婦人造成の獎勵

일련번호	판명	간행일	단수	기사명
95996	鮮滿版	1920-08-05	01단	靑島見物(５)/風來坊
95997	鮮滿版	1920-08-05	03단	大猖獗を極めた馬山の虎疫
95998	鮮滿版	1920-08-05	05단	半島茶話
95999	鮮滿版	1920-08-06	01단	現株市場仲買人決定
96000	鮮滿版	1920-08-06	01단	職工賃銀現況
96001	鮮滿版	1920-08-06	01단	市民大會開催說/公共機關改善要求
96002	鮮滿版	1920-08-06	01단	靑島見物(６)/風來坊
96003	鮮滿版	1920-08-06	02단	乙灘伏水利竣工
96004	鮮滿版	1920-08-06	02단	慶北道の被害
96005	鮮滿版	1920-08-06	03단	會社銀行(中央鐵道會社總會)
96006	鮮滿版	1920-08-06	03단	忠淸自動車運輸會社
96007	鮮滿版	1920-08-06	04단	鮮內虎疫猖獗內地よりも甚だし
96008	鮮滿版	1920-08-06	04단	*馬山の虎疫 郡部は猖獗/貧困者救助*
96009	鮮滿版	1920-08-06	04단	京城より(京城徵稅成績/大學生講演會/種子用大豆粒/水氷漕艇練習/京畿罌粟不作)
96010	鮮滿版	1920-08-06	05단	半島茶話
96011	鮮滿版	1920-08-07	01단	洪水の慘狀/(上)龍山の侵水(下)京城の家屋倒壞
96012	鮮滿版	1920-08-07	01단	論山地方の被害
96013	鮮滿版	1920-08-07	01단	釜山の虎疫
96014	鮮滿版	1920-08-07	01단	仲直りの席で姦夫を斬る
96015	鮮滿版	1920-08-07	01단	半島茶話
96016	鮮滿版	1920-08-07	02단	會社銀行(公州電氣會社設立)
96017	鮮滿版	1920-08-07	02단	靑島見物(７)/風來坊
96018	鮮滿版	1920-08-08	01단	諺文新聞取締に就て/總督府警務當局談
96019	鮮滿版	1920-08-08	01단	朝鮮所得稅令公布
96020	鮮滿版	1920-08-08	01단	水害と恩賜金
96021	鮮滿版	1920-08-08	01단	警察署長會議
96022	鮮滿版	1920-08-08	01단	手數料口錢決定
96023	鮮滿版	1920-08-08	01단	靑島見物(８)/風來坊
96024	鮮滿版	1920-08-08	02단	京城現株營業開始
96025	鮮滿版	1920-08-08	03단	京城洪水の慘狀
96026	鮮滿版	1920-08-08	03단	大邱釜山道路/兩地會議所の請願
96027	鮮滿版	1920-08-08	04단	郡守異動
96028	鮮滿版	1920-08-08	04단	慘憺たる南鮮の水害/矢島總督府事務官談
96029	鮮滿版	1920-08-08	05단	丸山事務官歸京
96030	鮮滿版	1920-08-08	06단	釜山の虎疫/自衛團の活動

일련번호	판명	간행일	단수	기사명
96031	鮮滿版	1920-08-08	06단	半島茶話
96032	鮮滿版	1920-08-10	01단	北鮮國境の苦熱と鬪ひ警備に服する警察官の慰問使一行歸る『醫療の設備が大急務』
96033	鮮滿版	1920-08-10	01단	高等教育を受けた者は巡査に適任でない/不景氣で出戻りが多い
96034	鮮滿版	1920-08-10	01단	京畿秋蠶豫想
96035	鮮滿版	1920-08-10	01단	麥稈眞田試作
96036	鮮滿版	1920-08-10	01단	釜山客月貿易
96037	鮮滿版	1920-08-10	02단	運輸貨物好況
96038	鮮滿版	1920-08-10	02단	慈惠醫院設置
96039	鮮滿版	1920-08-10	03단	正副會頭辭職問題/釋明陳謝で落着
96040	鮮滿版	1920-08-10	03단	虎疫京城に散發/市民一般に豫防注意を要す
96041	鮮滿版	1920-08-10	03단	釜山と附近の道路/朝鮮の玄關たる市の體面上不體裁
96042	鮮滿版	1920-08-10	04단	新司令官着任期
96043	鮮滿版	1920-08-10	04단	鹽澤小將歸東
96044	鮮滿版	1920-08-10	04단	仲買人創立總會
96045	鮮滿版	1920-08-10	04단	虎疫豫防自衛團設置
96046	鮮滿版	1920-08-10	04단	海仁運輸組合/九月初旬より營業開始
96047	鮮滿版	1920-08-10	05단	運動界(明大選手入城)
96048	鮮滿版	1920-08-10	05단	大邱より
96049	鮮滿版	1920-08-10	05단	半島茶話
96050	鮮滿版	1920-08-11	01단	鮮人間に教育熱の昂上は慶ぶべき現象/弓削總督府學務課長談
96051	鮮滿版	1920-08-11	01단	畜産組合法要望
96052	鮮滿版	1920-08-11	01단	大豆作柄狀況
96053	鮮滿版	1920-08-11	01단	靑島見物(９)/風來坊
96054	鮮滿版	1920-08-11	02단	市場許可出願
96055	鮮滿版	1920-08-11	02단	海州電氣工事遲延
96056	鮮滿版	1920-08-11	03단	朝鮮中央鐵道會社の本店移轉に反對/大邱商業會議所の決議
96057	鮮滿版	1920-08-11	03단	商校移轉は無用/現在の狀況は移轉所の騷ぎでない
96058	鮮滿版	1920-08-11	05단	進退兩難/微文高普校經營問題
96059	鮮滿版	1920-08-11	05단	朝鮮の洪水は慘憺/大々的の治水策を根本とする山林調査會を設置したい
96060	鮮滿版	1920-08-11	05단	大邱の防疫
96061	鮮滿版	1920-08-11	05단	鮮人女教師の內地視察
96062	鮮滿版	1920-08-11	06단	半島茶話
96063	鮮滿版	1920-08-12	01단	夏の元山は朝鮮唯一の歡樂境/毎日早朝から深更まで大賑ひ

일련번호	판명	간행일	단수	기사명
96064	鮮滿版	1920-08-12	01단	コレラ豫防の禁厭/門口に靑松葉/悲慘な鮮人の迷信
96065	鮮滿版	1920-08-12	03단	釜山の虎疫
96066	鮮滿版	1920-08-12	03단	鮮人女子の運轉手
96067	鮮滿版	1920-08-12	03단	釜山の名物男/福田增兵衛氏逝く
96068	鮮滿版	1920-08-12	04단	大邱より
96069	鮮滿版	1920-08-12	04단	半島茶話
96070	鮮滿版	1920-08-12	04단	陰謀を授けた英人ショウの事務所/怡隆洋行
96071	鮮滿版	1920-08-13	01단	釜山と取引所問題/釜山土着人の外、三個の競願悉く却下せらる
96072	鮮滿版	1920-08-13	01단	鳥致院警察署移轉敷地問題
96073	鮮滿版	1920-08-13	01단	靑島見物(１０)/風來坊
96074	鮮滿版	1920-08-13	03단	チタ市日本店留民基地に建設された忠魂碑
96075	鮮滿版	1920-08-13	04단	敷地買取交涉
96076	鮮滿版	1920-08-13	04단	水害地視察
96077	鮮滿版	1920-08-14	01단	總督府から東拓へ土地拂下代金を請求す/東拓は都合の好い言譯をする
96078	鮮滿版	1920-08-14	01단	晉州繁榮會役員會と慈惠醫院問題
96079	鮮滿版	1920-08-14	01단	靑島見物(１１)/風來坊
96080	鮮滿版	1920-08-14	02단	七日金融商況(金融/米/大豆/粟/砂糖/綿絲布)
96081	鮮滿版	1920-08-14	04단	七月京城貿易狀況/入超百十一萬二千圓
96082	鮮滿版	1920-08-14	04단	鐵道運輸成績
96083	鮮滿版	1920-08-14	05단	鮮銀券發行高
96084	鮮滿版	1920-08-14	05단	殖銀株主總會
96085	鮮滿版	1920-08-14	05단	慶北の虎疫猖獗 道內の水害以上の慘狀/內鮮人靑年の防疫應援
96086	鮮滿版	1920-08-14	05단	半島茶話
96087	鮮滿版	1920-08-15	01단	國際親和會非難さる/具體的の仕事がない役員に外人を疎外した
96088	鮮滿版	1920-08-15	01단	朝鮮貿易概況/七日中に於ける
96089	鮮滿版	1920-08-15	01단	都市金融組合
96090	鮮滿版	1920-08-15	02단	遼陽金融狀況/鮮銀調査
96091	鮮滿版	1920-08-15	02단	京畿學校組合豫算
96092	鮮滿版	1920-08-15	02단	南港修築期成會組織
96093	鮮滿版	1920-08-15	03단	大隊設置請願
96094	鮮滿版	1920-08-15	03단	東拓災民補助/千六百圓支出
96095	鮮滿版	1920-08-15	03단	聯合畜産品評會
96096	鮮滿版	1920-08-15	03단	郡守異動

일련번호	판명	간행일	단수	기사명
96097	鮮滿版	1920-08-15	04段	防疫標語/生ものを食はないのが一番徹底した方法/芳賀博士談
96098	鮮滿版	1920-08-15	04段	釜山檢疫改善實施/聯絡船客は大助かり
96099	鮮滿版	1920-08-15	04段	必死となって大邱の防疫
96100	鮮滿版	1920-08-15	04段	龍山師團の防疫
96101	鮮滿版	1920-08-15	05段	京畿水道取締/虎疫豫防の爲め
96102	鮮滿版	1920-08-15	05段	水田に害蟲發生/三十五町歩を荒す
96103	鮮滿版	1920-08-15	06段	防水堤築造/工事實現を請願
96104	鮮滿版	1920-08-15	06段	電車路復舊
96105	鮮滿版	1920-08-15	06段	京城より(驛屯土處分令/西村局長歸任/飯泉氏寄附/鮮內巡査募集/棉作組合補助)
96106	鮮滿版	1920-08-15	06段	半島茶話
96107	鮮滿版	1920-08-17	01段	慶南の水害九百萬圓/佐々木道知事談
96108	鮮滿版	1920-08-17	01段	京畿管內被害
96109	鮮滿版	1920-08-17	01段	水原水害區域/收穫見込無き地には蕎麥を蒔付く
96110	鮮滿版	1920-08-17	01段	防疫費用巨額/二百萬圓以上
96111	鮮滿版	1920-08-17	01段	法務兩課長任命
96112	鮮滿版	1920-08-17	01段	米議員歡迎會
96113	鮮滿版	1920-08-17	01段	秋季大演習
96114	鮮滿版	1920-08-17	02段	城津七月貿易
96115	鮮滿版	1920-08-17	02段	現物市場開業
96116	鮮滿版	1920-08-17	02段	朝鮮日報社長更迭
96117	鮮滿版	1920-08-17	02段	森林鐵道事業着々進捗
96118	鮮滿版	1920-08-17	03段	麥酒原料試作/本年は至って良好
96119	鮮滿版	1920-08-17	03段	徒に恐怖の念に驅られず速かに豫防注射を/卜部衛生課長談
96120	鮮滿版	1920-08-17	03段	注射の心得あらば誰にでも應援を頼むと云った京城の虎疫豫防振り
96121	鮮滿版	1920-08-17	04段	群山移出米
96122	鮮滿版	1920-08-17	04段	養蠶組合狀況
96123	鮮滿版	1920-08-17	04段	咸南訓導試驗
96124	鮮滿版	1920-08-17	05段	虎疫發生
96125	鮮滿版	1920-08-17	05段	場所柄だけに種々の噂傳はる/酌婦隣家に放火す
96126	鮮滿版	1920-08-17	05段	陸軍技手の詐欺事件と贈賄
96127	鮮滿版	1920-08-17	05段	京城より(局部長會議/音樂團歸京/天道教地日祭/納涼列車廢止/中學校長來鮮)
96128	鮮滿版	1920-08-17	06段	教習生の防疫應援
96129	鮮滿版	1920-08-17	06段	大邱の消防/舊來の面目一新

일련번호	판명	간행일	단수	기사명
96130	鮮滿版	1920-08-17	06단	半島茶話
96131	鮮滿版	1920-08-18	01단	朝鮮林野の調査/權利關係を確定/調査總府面數二千五百二十一/田中山林課長談
96132	鮮滿版	1920-08-18	01단	靑島見物(１２)/風來坊
96133	鮮滿版	1920-08-18	03단	靑島取引所の信託會社成立
96134	鮮滿版	1920-08-18	04단	咸興地方經濟近況/殖産銀行支店の調査
96135	鮮滿版	1920-08-18	05단	夏期課題帳に對する非難
96136	鮮滿版	1920-08-18	05단	城津地方農作物回復
96137	鮮滿版	1920-08-18	05단	歸鄕して其儘兵士逃走
96138	鮮滿版	1920-08-18	06단	京城魚類相場
96139	鮮滿版	1920-08-18	06단	城津より(面事務所の建築/時間厲行の議/祠官招聘)
96140	鮮滿版	1920-08-18	06단	半島茶話
96141	鮮滿版	1920-08-19	01단	滿鮮講演は到る處盛況を呈した
96142	鮮滿版	1920-08-19	01단	航空隊所在地は大邱でない但し將來に望みがある
96143	鮮滿版	1920-08-19	01단	京城で讀まれる雜誌の種類
96144	鮮滿版	1920-08-19	01단	靑島見物(１３)/風來坊
96145	鮮滿版	1920-08-19	04단	忠南道の虎疫
96146	鮮滿版	1920-08-20	01단	隨分と問題の多き釜山/三問題の請願
96147	鮮滿版	1920-08-20	01단	忠南農況(上)
96148	鮮滿版	1920-08-20	02단	元山の防疫/豫防宣傳の色々成績は良好
96149	鮮滿版	1920-08-20	03단	鎭南浦より
96150	鮮滿版	1920-08-20	03단	靑島見物(１４)/風來坊
96151	鮮滿版	1920-08-20	04단	北九州の勞働者/榮華の夢醒ては只管解雇を懼るゝ而已
96152	鮮滿版	1920-08-21	01단	普校敎員補充至難/半島敎育界の大問題
96153	鮮滿版	1920-08-21	01단	全鮮稻作狀況/全北、平北を除き槪して良好
96154	鮮滿版	1920-08-21	01단	忠南農況(下)
96155	鮮滿版	1920-08-21	02단	靑島見物(１５)/風來坊
96156	鮮滿版	1920-08-21	03단	各種市場許否銓衡
96157	鮮滿版	1920-08-21	03단	總督府豫算
96158	鮮滿版	1920-08-21	03단	學校組合起債
96159	鮮滿版	1920-08-21	04단	敎習所規程
96160	鮮滿版	1920-08-21	04단	全鮮煙草消費額
96161	鮮滿版	1920-08-21	04단	女敎員講習會
96162	鮮滿版	1920-08-21	04단	鮮人敎員講習
96163	鮮滿版	1920-08-21	04단	會社銀行(電興復活か東拓資金貸出/朝鮮興業密議)
96164	鮮滿版	1920-08-21	05단	咸南の防疫/嚴重に注射を

일련번호	판명	간행일	단수	기사명
96165	鮮滿版	1920-08-21	05단	京城水道の大擴張/總督府に申請
96166	鮮滿版	1920-08-21	06단	愈暢氣な身體になったと門司に歸着した/宮田中將語る
96167	鮮滿版	1920-08-21	06단	東拓果樹被害/豫想收穫の三割
96168	鮮滿版	1920-08-21	06단	京城より(宇都宮大將告別/貧民に食料給與/講演會中止命令/總督午餐會)
96169	鮮滿版	1920-08-22	01단	釜山と市區改正
96170	鮮滿版	1920-08-22	01단	府協議員選擧準備/內鮮人選擧有權者二千百六十五名
96171	鮮滿版	1920-08-22	01단	煙草收穫豫想
96172	鮮滿版	1920-08-22	02단	紫雲英作付反別
96173	鮮滿版	1920-08-22	02단	市內各所に無料注射を
96174	鮮滿版	1920-08-22	02단	活動寫眞で衛生思想を
96175	鮮滿版	1920-08-22	02단	海軍で重視した陸上機飛行練習/大村灣岸に飛行練習場
96176	鮮滿版	1920-08-22	02단	靑島見物(１６)/風來坊
96177	鮮滿版	1920-08-24	01단	命知らずの八人組の片割大同江を押渡りて來る/郡守射擊事件/詳報巡査奮鬪して賊一名を逮捕す
96178	鮮滿版	1920-08-24	01단	膠州灣鹽業者の紛擾/鹽倉庫會社成立/鹽業組合內有志等の陳情
96179	鮮滿版	1920-08-24	02단	鳥致院の虎疫警戒
96180	鮮滿版	1920-08-24	02단	交通遮斷と河水使用禁止
96181	鮮滿版	1920-08-24	02단	忠淸南道虎疫
96182	鮮滿版	1920-08-24	03단	靑島官有貸下地整理/市街完成の促進/土地返納を命ずるもあらん
96183	鮮滿版	1920-08-24	03단	靑島見物(１７)/風來坊
96184	鮮滿版	1920-08-24	04단	新米走り
96185	鮮滿版	1920-08-25	01단	濟州島の虎疫猛烈患者四千五百名/哀れな迷信が此悲慘事を招いた/山下全南第三部長談
96186	鮮滿版	1920-08-25	01단	靑島見物(１８)/風來坊
96187	鮮滿版	1920-08-25	02단	六千圓の拐帶犯人/情婦を身請して逃走中捕はる
96188	鮮滿版	1920-08-25	03단	旅客に檢便/安東驛の防疫嚴重
96189	鮮滿版	1920-08-25	03단	隔離病舍建設と鳥致院の援助
96190	鮮滿版	1920-08-25	03단	全鮮虎疫狀況
96191	鮮滿版	1920-08-25	04단	泗浦にコレラ
96192	鮮滿版	1920-08-25	04단	京城魚類相場
96193	鮮滿版	1920-08-25	04단	使命は忘れて居ない/鮮銀に對する批難に就て吉田理事は恁う語った
96194	鮮滿版	1920-08-25	04단	林野調査趣旨
96195	鮮滿版	1920-08-25	04단	夜盜蟲發生

일련번호	판명	간행일	단수	기사명
96196	鮮滿版	1920-08-25	05단	篤行者表彰式
96197	鮮滿版	1920-08-25	05단	檢札鋏使用
96198	鮮滿版	1920-08-25	05단	巡回注射班組織
96199	鮮滿版	1920-08-25	05단	宇都宮大將去る
96200	鮮滿版	1920-08-25	05단	全北輕鐵復舊
96201	鮮滿版	1920-08-25	05단	官立學校長會議
96202	鮮滿版	1920-08-25	06단	京城より(前田司令官披露/漢江船舶檢疫/治水會幹事歷訪/京畿道種牡牛購入/天主教會銀慶式)
96203	鮮滿版	1920-08-25	06단	鮮銀兩派出所引揚
96204	鮮滿版	1920-08-25	06단	會(大邱父兄協同會)
96205	鮮滿版	1920-08-25	06단	半島茶話
96206	鮮滿版	1920-08-26		缺號
96207	鮮滿版	1920-08-27		缺號
96208	鮮滿版	1920-08-28	01단	朝鮮の女は男よりも働くその代わり女の權幕が豪い/鮮人の能率は内地人に比し悪くない
96209	鮮滿版	1920-08-28	01단	全義面の虎疫猖獗
96210	鮮滿版	1920-08-28	01단	教員と軍隊の近接
96211	鮮滿版	1920-08-28	01단	各地より(市營住宅貸與/勞力節減農具/秋蠶狀況/公娼制廢止前提/海水使用解禁)
96212	鮮滿版	1920-08-28	02단	關稅關係制令
96213	鮮滿版	1920-08-28	03단	優良麥種配布
96214	鮮滿版	1920-08-28	03단	農作物被害
96215	鮮滿版	1920-08-28	03단	靑島見物(２１)/風來坊
96216	鮮滿版	1920-08-28	03단	市場休止/兩村の今後/曹達工業
96217	鮮滿版	1920-08-29	01단	珍客入亂れての盛宴(國際親和會主催米國議員歡迎會)/朝 鮮人の技巧を賞める米婦人物々しい警戒と豪雨を他處に
96218	鮮滿版	1920-08-29	01단	自動車の乘客に迄檢疫/虎疫患者一萬四千名に達す/强制的に豫防注射を行ふ
96219	鮮滿版	1920-08-29	01단	噸稅令改正/利便多し
96220	鮮滿版	1920-08-29	03단	造林實行狀況
96221	鮮滿版	1920-08-29	03단	不逞鮮人と警務當局に板挾の鮮商/不都合な者はドシドシ處分する
96222	鮮滿版	1920-08-29	03단	泗浦のコレラ
96223	鮮滿版	1920-08-29	03단	八月上半朝鮮貿易
96224	鮮滿版	1920-08-29	04단	半島茶話
96225	鮮滿版	1920-08-29	04단	靑島見物(２２)/風來坊

일련번호	판명	간행일	단수	기사명
96226	鮮滿版	1920-08-31	01단	土地制度整理完了(上)/水野政務總監談
96227	鮮滿版	1920-08-31	01단	酒稅令改正に就て/水口總督府稅務課長談
96228	鮮滿版	1920-08-31	02단	改正關稅施行法規
96229	鮮滿版	1920-08-31	03단	視察團組織注意
96230	鮮滿版	1920-08-31	03단	舊盆前商況閑散
96231	鮮滿版	1920-08-31	03단	農作物豊穰
96232	鮮滿版	1920-08-31	03단	馬山農作良好
96233	鮮滿版	1920-08-31	03단	校舍建築
96234	鮮滿版	1920-08-31	04단	畜牛品評會
96235	鮮滿版	1920-08-31	04단	七月中の馬山貿易
96236	鮮滿版	1920-08-31	04단	輸出米豆檢査數
96237	鮮滿版	1920-08-31	04단	咸興より
96238	鮮滿版	1920-08-31	04단	朝鮮日報發行停止/丸山警務局事務官談
96239	鮮滿版	1920-08-31	05단	斃牛を喰うて發病す
96240	鮮滿版	1920-08-31	05단	馬山の虎疫絶滅
96241	鮮滿版	1920-08-31	05단	鳥致院より
96242	鮮滿版	1920-08-31	05단	半島茶話

1920년 9월 (선만판)

일련번호	판명	간행일	단수	기사명
96243	鮮滿版	1920-09-01	01단	土地制度整理完了(下)/水野政務總監談
96244	鮮滿版	1920-09-01	01단	鐵道協會と其事業
96245	鮮滿版	1920-09-01	01단	全鮮穀商大會/出席者と新加入者
96246	鮮滿版	1920-09-01	01단	農作物豊穰
96247	鮮滿版	1920-09-01	02단	臨時戶口調査/群山と事務打合會
96248	鮮滿版	1920-09-01	02단	天慶山に立籠りし鮮人團捕はれて十名處刑さる/狂暴極まりなき彼等の犯罪
96249	鮮滿版	1920-09-01	03단	視察團組織注意
96250	鮮滿版	1920-09-01	03단	內地視察團組織
96251	鮮滿版	1920-09-01	03단	元山に虎疫/系統は京城より
96252	鮮滿版	1920-09-01	04단	忠淸南道虎疫
96253	鮮滿版	1920-09-01	04단	知事の首に一萬圓/不逞鮮人が海州方面へ入込んだとの噂で警戒頗る嚴重
96254	鮮滿版	1920-09-01	05단	母娘殺害さる犯人尚捕はれず
96255	鮮滿版	1920-09-01	05단	咸興より(咸南の衛生動員/咸興聯隊の老兵除隊/東旅團長披露)
96256	鮮滿版	1920-09-01	05단	半島茶話
96257	鮮滿版	1920-09-02	01단	朝鮮關稅改正に就て/河內山財務局長談
96258	鮮滿版	1920-09-02	02단	釜山と市區改正/東北海岸にて約百萬圓
96259	鮮滿版	1920-09-02	04단	金は潤澤/思惑屋失敗す
96260	鮮滿版	1920-09-02	04단	鎭海鐵道期成同盟會
96261	鮮滿版	1920-09-02	04단	群山米延取引/一箇年五十萬石
96262	鮮滿版	1920-09-02	04단	米界漸次活況
96263	鮮滿版	1920-09-02	05단	東拓金融と事業
96264	鮮滿版	1920-09-02	05단	檢疫更に嚴重となる/旅客には强制注射もする
96265	鮮滿版	1920-09-02	05단	虎疫で馬山の打擊
96266	鮮滿版	1920-09-02	05단	總督府撮影活動寫眞の映寫に就て/靑木庶務部長談
96267	鮮滿版	1920-09-03	01단	陸接國境制度の改正/新義州稅關支署長寺尾事務官談
96268	鮮滿版	1920-09-03	01단	東拓移民制度改正/移民素質の向上を圖る
96269	鮮滿版	1920-09-03	01단	電興の運命/近く解決せん
96270	鮮滿版	1920-09-03	01단	靑島見物(２４)/風來坊
96271	鮮滿版	1920-09-03	02단	市區改正費補助請願/當局の意響稍動く
96272	鮮滿版	1920-09-03	03단	上水道府營問題
96273	鮮滿版	1920-09-03	03단	慈惠院增設地
96274	鮮滿版	1920-09-03	03단	晉州繁榮會決議/委員の上京
96275	鮮滿版	1920-09-03	04단	大邱懇談會/內鮮有志の提携
96276	鮮滿版	1920-09-03	04단	府面選擧準備

일련번호	판명	간행일	단수	기사명
96277	鮮滿版	1920-09-03	04단	移民表彰調査
96278	鮮滿版	1920-09-03	04단	南朝鮮鐵近狀
96279	鮮滿版	1920-09-03	05단	*彼等陰謀の條々/不逞鮮人の頑迷甚し/仁川沖に島流し*
96280	鮮滿版	1920-09-03	05단	海仁間の運輸開始
96281	鮮滿版	1920-09-03	05단	殖産積金開始
96282	鮮滿版	1920-09-03	06단	新廳舍に移轉
96283	鮮滿版	1920-09-03	06단	半島茶話
96284	鮮滿版	1920-09-04	01단	水野政務總監訓示/於道知事會議席上
96285	鮮滿版	1920-09-04	01단	靑島見物（２５）/風來坊
96286	鮮滿版	1920-09-04	05단	咸南の産業/三田第一部長談
96287	鮮滿版	1920-09-04	05단	晉州地方農作物狀況
96288	鮮滿版	1920-09-04	06단	靑年團體取締/中には不逞集團類似のものあり
96289	鮮滿版	1920-09-04	06단	半島茶話
96290	鮮滿版	1920-09-05	01단	關稅改正に伴ふ施設/河內山總督府財務局長談
96291	鮮滿版	1920-09-05	02단	墓地規則の非難に就て/大塚總督府內務局長談
96292	鮮滿版	1920-09-05	02단	宗教の自有も不可侵ではない/山口總督府高等課長談
96293	鮮滿版	1920-09-05	02단	滿洲穀類運賃低減運動/滿鐵京管局の好意
96294	鮮滿版	1920-09-05	04단	一寸終熄しさうにない/京畿道管內の虎疫
96295	鮮滿版	1920-09-05	04단	供給不足から木炭騰貴/嚴冬の脅威
96296	鮮滿版	1920-09-05	04단	大邱公設市場/一日より開始
96297	鮮滿版	1920-09-05	05단	朝鮮から鼈を京阪神へ輸出
96298	鮮滿版	1920-09-05	05단	滿鐵連絡定期航路
96299	鮮滿版	1920-09-05	05단	靑島日本人會
96300	鮮滿版	1920-09-05	06단	郵便局取扱高
96301	鮮滿版	1920-09-05	06단	松尾氏去る
96302	鮮滿版	1920-09-05	06단	半島茶話
96303	鮮滿版	1920-09-07	01단	木材官給撤廢問題
96304	鮮滿版	1920-09-07	01단	釜山貿易狀況/十年間の成積
96305	鮮滿版	1920-09-07	02단	東拓水利資金
96306	鮮滿版	1920-09-07	03단	鮮鐵營業成積
96307	鮮滿版	1920-09-07	03단	文官側にも波浪/十月前後頃との噂
96308	鮮滿版	1920-09-07	03단	投票用紙決定
96309	鮮滿版	1920-09-07	03단	釜山鎭の學校土地收用
96310	鮮滿版	1920-09-07	04단	第七尋常開校
96311	鮮滿版	1920-09-07	04단	世界日曜學校代表委員銓衡難/經濟上の關係から
96312	鮮滿版	1920-09-07	04단	誂へ向きの水産試驗場/場所は釜山牧の島/敷地二千坪の奇附

일련번호	판명	간행일	단수	기사명
96313	鮮滿版	1920-09-07	04단	京城虎疫狀況
96314	鮮滿版	1920-09-07	04단	海州より(農作物良好/緬羊飼育獎勵)
96315	鮮滿版	1920-09-07	05단	新內科長決定
96316	鮮滿版	1920-09-07	05단	野口氏追悼會
96317	鮮滿版	1920-09-08	01단	鎭海の將來と交通機關/鎭海司令官千阪中將談
96318	鮮滿版	1920-09-08	01단	日本海縱貫鐵道問題に關する意見書の提出
96319	鮮滿版	1920-09-08	02단	靑島の金融界/正隆銀行の進出
96320	鮮滿版	1920-09-08	04단	思想惡化と生命保險
96321	鮮滿版	1920-09-08	04단	總督府の活動寫眞
96322	鮮滿版	1920-09-08	04단	成南の虎疫/蔓延の兆あり
96323	鮮滿版	1920-09-09	01단	川村警保局長時局對應策を語る京義線列車中にて/思想激變と當局の態度/文化政策か武斷政策か/文化促進と鮮人の氣質/對時局策は資本の投下/呂運亨と假政府正體
96324	鮮滿版	1920-09-09	01단	齋藤總督の道知事に對する指示/庶務に關する件 第一 地方廳事務の敏活/土木に關する件 第二 道路の維持竝/第三 河川に關する施設
96325	鮮滿版	1920-09-09	03단	學事視察團/內地と支那
96326	鮮滿版	1920-09-09	03단	言論取締に對する當局の方針一變す/事實報道差支なし
96327	鮮滿版	1920-09-09	04단	靑島航路船の改良/問題最中の船賃値上
96328	鮮滿版	1920-09-09	04단	咸南畑作狀況/大豆も粟も增收
96329	鮮滿版	1920-09-09	04단	不逞鮮人の兇暴/銃殺爆彈官廳に放火
96330	鮮滿版	1920-09-09	05단	南滿醫學總會
96331	鮮滿版	1920-09-09	05단	關釜運絡船食料
96332	鮮滿版	1920-09-10	01단	臨時戶口調查に就て/靑木總督府庶務部長談
96333	鮮滿版	1920-09-10	01단	鹽田擴張/七箇年繼續事業
96334	鮮滿版	1920-09-10	01단	農學校の記念祝賀に卒業生が會社を組織/謝恩館落成式/校長に記念品を
96335	鮮滿版	1920-09-10	01단	齋藤總督の道知事に對する指示(續)/地方行政に關する件 第四 地方行政の刷新(一 事務の整理/二 法令の執行事業の施設/三 地方官公吏の指導督勵)/第五 鄕校財産の處理/第六 面使用料/財務に關する件 第七 稅務に關する技術事務に從事する職員の指導方針/第八 地籍の維持/第九 酒稅の取締/第十 驛屯土の賣拂處分)
96336	鮮滿版	1920-09-10	02단	統一機關設置か/東拓京城支店內に
96337	鮮滿版	1920-09-10	03단	國境の秋を訪れて(一)/俺の眼力と古狸さんが肚の裡/河村警保局長と同乘の事
96338	鮮滿版	1920-09-10	03단	公金十五萬圓を掠奪逃走の犯人/六名の豫審終結

일련번호	판명	간행일	단수	기사명
96339	鮮滿版	1920-09-10	05단	姜俊慶等控訴申立
96340	鮮滿版	1920-09-10	05단	不逞鮮人三名地方法院送り
96341	鮮滿版	1920-09-10	05단	在鮮獨墺人/窮狀を陳情
96342	鮮滿版	1920-09-10	06단	京城より(東亞日報管收稅/水利組合利率改定)
96343	鮮滿版	1920-09-10	06단	半島茶話
96344	鮮滿版	1920-09-11	01단	齋藤總督の道知事に對する指示(續)/産業に關する件 第十一 産米の增殖計劃(一 耕地の基本調査/二 小規模の土地改良事業の調査設計に要する機關の設置/三 土地改良工事費の補助/四 土地改良事業に對する獎勵監督機關の設置/五 米作耕作法の改良に關する獎勵指導機關の設置/六 採種園の設置補助) 第十二 國有未墾地の貸付/第十三 棉作獎勵/第十四 蠶業の獎勵/第十五 畜牛の改良增殖/第十六 營林の監督指導/第十七 賣拂林産物の伐採檢查/第十八 水産業及林業試驗
96345	鮮滿版	1920-09-11	01단	水害復舊費國庫補助申請
96346	鮮滿版	1920-09-11	01단	釜山客月貿易/出入貿易高七百五十餘萬圓
96347	鮮滿版	1920-09-11	01단	朝鮮中鐵募債/來る十八日臨時總會
96348	鮮滿版	1920-09-11	02단	釜山法官更迭
96349	鮮滿版	1920-09-11	02단	教員採用試驗
96350	鮮滿版	1920-09-11	02단	京城助興稅不振
96351	鮮滿版	1920-09-11	02단	煙草豊作/目下盛に收穫中
96352	鮮滿版	1920-09-11	02단	山東の防穀令/省長の排日訓令
96353	鮮滿版	1920-09-11	03단	實業視察團
96354	鮮滿版	1920-09-11	03단	省長の官金費消/追徵銀五萬元
96355	鮮滿版	1920-09-11	04단	國境の秋を訪れて(二)/警宮の總元締だけあって電光石火の活動をした領事館の密議は？
96356	鮮滿版	1920-09-11	05단	京城より(庶務主任會議/入江領事視察/生田氏送別會/岡本警視後任
96357	鮮滿版	1920-09-11	06단	半島茶話
96358	鮮滿版	1920-09-12	01단	新義州官民發奮せば大都市建設を實現せん/道廳移轉確定高普校設置/工業地としての條件具備
96359	鮮滿版	1920-09-12	01단	齋藤總督の道知事に對する指示(續)/學務に關する件 第十九 中等學校の增設/第二十 私立學校の設置/第二十一 學校と外部との連絡/第二十二 教員の養成及其指導獎勵/第二十三 教員の住宅/第二十四 視學機關の擴張/警務に關する件 第二十五 衛生狀態の改善/第二十六 傳染病の豫防/第二十七 衛生思想の普及/遞信に關する件 第二十八 郵便貯金の獎勵/第廿九 命令航路/第三十 水力の利用
96360	鮮滿版	1920-09-12	03단	釜山實業界の大打擊/此儘不況が續かば破産者を出さん

일련번호	판명	간행일	단수	기사명
96361	鮮滿版	1920-09-12	03단	延白郡の虎疫
96362	鮮滿版	1920-09-12	04단	海州より
96363	鮮滿版	1920-09-12	05단	國境の秋を訪れて(三)/獨立運動を助けたショーが二百萬圓の資産は如何にして蓄積されたか
96364	鮮滿版	1920-09-14	01단	平元鐵道線路/折衷線選定の理由/鐵道當局者談
96365	鮮滿版	1920-09-14	01단	慈惠院增設地決定/五箇年繼續事業として十二箇所に增稅さる
96366	鮮滿版	1920-09-14	01단	朝鮮貿易槪況
96367	鮮滿版	1920-09-14	01단	國境の秋を訪れて(四)/齋藤ふみ(ショーの正妻)は娼婦型の女である/日本は厭ひと放言す
96368	鮮滿版	1920-09-14	02단	水利資金狀況
96369	鮮滿版	1920-09-14	03단	釜山と聯合會/提案の研究中
96370	鮮滿版	1920-09-14	03단	興業鐵道解散と拂戾金
96371	鮮滿版	1920-09-14	04단	改正地方制度監察
96372	鮮滿版	1920-09-14	04단	郡守を射殺せる不逞漢等一網打盡
96373	鮮滿版	1920-09-14	05단	滿鮮視察團
96374	鮮滿版	1920-09-14	05단	生田課長外遊
96375	鮮滿版	1920-09-14	05단	朝鮮日報悲境に陷る/禁止解除如何
96376	鮮滿版	1920-09-14	06단	慶北道內浮塵子發生/被害の程度は輕微
96377	鮮滿版	1920-09-14	06단	鳥致院より(郡守會議と表彰式/金融組合講習)
96378	鮮滿版	1920-09-14	06단	運動界(滿鐵老野球團組職)
96379	鮮滿版	1920-09-14	06단	半島茶話
96380	鮮滿版	1920-09-15	01단	學校を中心として耶蘇教の勢力爭ひ/平壤に於ける長老派對監理派の暗鬪激し
96381	鮮滿版	1920-09-15	02단	靑島の米國學校/中學校及ひ大學豫備校設立/基督教各教會の大活動
96382	鮮滿版	1920-09-15	03단	大豆粟作豫想
96383	鮮滿版	1920-09-15	03단	釜山移輸出入
96384	鮮滿版	1920-09-15	04단	忠南農作豫想
96385	鮮滿版	1920-09-15	04단	安東領事視察
96386	鮮滿版	1920-09-15	04단	撫順炭豐富
96387	鮮滿版	1920-09-15	04단	靑島の家屋難/支那人家主の排日的傾向/不動産投資の杜絶
96388	鮮滿版	1920-09-15	05단	釜山の防疫費/總計七萬五千餘圓
96389	鮮滿版	1920-09-15	06단	女生靜穩/騷擾の本場
96390	鮮滿版	1920-09-15	06단	虎疫狀況
96391	鮮滿版	1920-09-15	06단	半島茶話

일련번호	판명	간행일	단수	기사명
96392	鮮滿版	1920-09-16	01단	新地方制度は完全に運用されるか/不徹底だと叫ぶ者あれど大多數は何事か知らない
96393	鮮滿版	1920-09-16	01단	靑島守備隊交代/鐵道沿線の警備は益嚴重にせねばならぬ
96394	鮮滿版	1920-09-16	01단	國境の秋を訪れて(五)/日本人は絶對に入れぬので邸內の祕密は洩れない佛間があるから不思議
96395	鮮滿版	1920-09-16	04단	不逞鮮人團は頑强激烈に抵抗/砲火を交へ宛然戰爭のやう現場から歸った/片山保安課長語る
96396	鮮滿版	1920-09-16	05단	間島方面の近狀は平穩/羨ましき程の粟畑と稻田/國友警務課長歸來談
96397	鮮滿版	1920-09-16	05단	國敎を確立せよと赤池警務局長へ請願
96398	鮮滿版	1920-09-16	05단	半島茶話
96399	鮮滿版	1920-09-17	01단	政界の惑星/宋秉畯子歸京す/今後の行動如何
96400	鮮滿版	1920-09-17	01단	靑島の爲替競爭/朝鮮銀行の活動
96401	鮮滿版	1920-09-17	01단	國境の秋を訪れて(六)/安東縣と新義州は共存共榮の關係にある/人心險惡の影響は朝鮮商人をも苦しむ
96402	鮮滿版	1920-09-17	02단	府尹郡守會議
96403	鮮滿版	1920-09-17	03단	朝鮮釀造品評會
96404	鮮滿版	1920-09-17	03단	咸南農事/獎勵方針の改新
96405	鮮滿版	1920-09-17	04단	殖産積金成績
96406	鮮滿版	1920-09-17	04단	東亞法改新聞
96407	鮮滿版	1920-09-17	05단	篤行者表彰式
96408	鮮滿版	1920-09-17	05단	咸北羅南の鮮銀支店撤廢
96409	鮮滿版	1920-09-17	05단	牛疫終熄/千百餘頭發生し僅か四頭恢復す
96410	鮮滿版	1920-09-17	05단	金泉物産重役の不正事件豫審終結
96411	鮮滿版	1920-09-17	06단	不逞漢擁護の嫌疑者/十三名拘引
96412	鮮滿版	1920-09-17	06단	咸興より
96413	鮮滿版	1920-09-17	06단	半島茶話
96414	鮮滿版	1920-09-18	01단	鮮銀監督權問題/河內山樂三氏談
96415	鮮滿版	1920-09-18	01단	平壤の前途を樂觀す/楠野平壤府尹談
96416	鮮滿版	1920-09-18	01단	提出案の決定
96417	鮮滿版	1920-09-18	01단	忠北收穫豫想
96418	鮮滿版	1920-09-18	01단	靑島航路値上反對/三會社に對抗して別に船を廻す程の大意氣込
96419	鮮滿版	1920-09-18	02단	京畿春繭販賣狀況
96420	鮮滿版	1920-09-18	02단	忠北三郡聯合物産品評會
96421	鮮滿版	1920-09-18	03단	二十萬人の一割が虎疫で死ぬといふ取沙汰/濟州全島に病勢猖獗

일련번호	판명	간행일	단수	기사명
96422	鮮滿版	1920-09-18	03단	首魁を始め强盗兇惡の前科者
96423	鮮滿版	1920-09-18	03단	基督青年會大改革か/日支青年會幹部來鮮
96424	鮮滿版	1920-09-18	04단	不逞團の武器を一般に觀せる
96425	鮮滿版	1920-09-18	05단	安全を圖るため都會地に富豪等の移住
96426	鮮滿版	1920-09-18	05단	小作人を欺く/東拓の社名を利用して
96427	鮮滿版	1920-09-18	05단	大邱驛構內で女の轢死
96428	鮮滿版	1920-09-18	05단	大邱より
96429	鮮滿版	1920-09-19	01단	黃海道開發の使命を帶ぶる/西鮮殖産鐵道工事/沙里院載寧間年末竣工
96430	鮮滿版	1920-09-19	01단	上海銀塊相場
96431	鮮滿版	1920-09-19	01단	電興內部革新
96432	鮮滿版	1920-09-19	01단	教員第三種試驗
96433	鮮滿版	1920-09-19	01단	國境の秋を訪れて(七)/爆彈騷ぎを痛快がるも放火は極端に恐怖す得手勝手な心理狀態
96434	鮮滿版	1920-09-19	02단	黃海道の青年會澤山に出來た
96435	鮮滿版	1920-09-19	02단	派遣軍凱旋/咸興の歡迎準備
96436	鮮滿版	1920-09-19	03단	愛婦功勞者に有功章を
96437	鮮滿版	1920-09-19	03단	紛擾ついた上に上海假政府の脅迫/日曜學校大會に出席の朝鮮人代表五十名
96438	鮮滿版	1920-09-19	04단	上海に朝鮮人學校設立計劃
96439	鮮滿版	1920-09-19	04단	咸興にも不逞漢/興行場に押掛けゆきて亂暴を働く
96440	鮮滿版	1920-09-19	05단	全鮮虎疫患者二萬人を超ゆ
96441	鮮滿版	1920-09-19	05단	黃海道では延白郡最も猖獗
96442	鮮滿版	1920-09-19	05단	*忠南の虎疫/燕岐郡は下火*
96443	鮮滿版	1920-09-19	05단	大邱の午砲/砲据付けの場所選宅中
96444	鮮滿版	1920-09-19	05단	山東野球大會
96445	鮮滿版	1920-09-19	06단	鮮人女教員一行着關
96446	鮮滿版	1920-09-19	06단	晉州より(豐作良好/金融逼迫)
96447	鮮滿版	1920-09-19	06단	半島茶話
96448	鮮滿版	1920-09-21	01단	咸興の上水道
96449	鮮滿版	1920-09-21	01단	補給金增額要請/膨脹せる十年度豫算調節策
96450	鮮滿版	1920-09-21	01단	釜山來年度豫算/組合員の負擔難
96451	鮮滿版	1920-09-21	01단	國境不穩と憲兵制度復活說/前田朝鮮憲兵司令官談
96452	鮮滿版	1920-09-21	03단	拓殖資金需要少し/間島事業界の不振
96453	鮮滿版	1920-09-21	03단	水利資金潤澤/水利事業手控か
96454	鮮滿版	1920-09-21	03단	南浦商議提案

일련번호	판명	간행일	단수	기사명
96455	鮮滿版	1920-09-21	03단	商安兩銀合併條件
96456	鮮滿版	1920-09-21	04단	國勢調査着手
96457	鮮滿版	1920-09-21	04단	鮮人啓發と村落研究/小田內囑託の談
96458	鮮滿版	1920-09-21	05단	靑島航路と新聞記者團
96459	鮮滿版	1920-09-21	06단	きふすゐ給水一時間
96460	鮮滿版	1920-09-21	06단	慶北の表彰者
96461	鮮滿版	1920-09-21	06단	虎疫患者に丸藥を
96462	鮮滿版	1920-09-21	06단	虎疫海州に入る
96463	鮮滿版	1920-09-21	06단	女房殺さる
96464	鮮滿版	1920-09-22	01단	李堈公家漁場問題解決/沿岸漁民にも貸下ぐ
96465	鮮滿版	1920-09-22	01단	兩案の前途/南港修築と市區改正
96466	鮮滿版	1920-09-22	01단	警官給與改正
96467	鮮滿版	1920-09-22	01단	商議聯合大會
96468	鮮滿版	1920-09-22	01단	阿片收納狀況
96469	鮮滿版	1920-09-22	01단	移民身元調査
96470	鮮滿版	1920-09-22	01단	旱害救濟
96471	鮮滿版	1920-09-22	02단	先づ崔麟の審理より孫秉熙外四十七名の公判/辯護士控訴不受理を申立つ
96472	鮮滿版	1920-09-22	02단	黃海道の表彰者
96473	鮮滿版	1920-09-22	02단	蔚山線と鳥致院線工事
96474	鮮滿版	1920-09-22	02단	司令廳舍增築
96475	鮮滿版	1920-09-22	03단	貨車復活運轉
96476	鮮滿版	1920-09-22	03단	農産物品評會
96477	鮮滿版	1920-09-22	03단	全鮮記者會
96478	鮮滿版	1920-09-22	03단	昌慶苑開放/虎皮が下火になったので
96479	鮮滿版	1920-09-22	03단	臨時船舶檢疫所閉鎖
96480	鮮滿版	1920-09-22	04단	ショウ公判期
96481	鮮滿版	1920-09-22	04단	忠北の虎疫
96482	鮮滿版	1920-09-22	04단	鳥致院より(淸州實業協會)
96483	鮮滿版	1920-09-22	04단	海州より(庶務主任打合會/郡守會議/道廳一部增築)
96484	鮮滿版	1920-09-22	04단	父の罪と子の苦しみ/はなえ
96485	鮮滿版	1920-09-22	05단	運動界/野球リーグ戰(京城大會/全鮮大會/京城少年大會)
96486	鮮滿版	1920-09-22	05단	半島茶話
96487	鮮滿版	1920-09-23	01단	不逞鮮人と宣教師暗々裡に關係がある?/中野平南第三部長談
96488	鮮滿版	1920-09-23	01단	秋の行事にふさはしい朝鮮穀物組合聯合會/米の移出では全國第一位の群山にて

일련번호	판명	간행일	단수	기사명
96489	鮮滿版	1920-09-23	01단	靑島取引所仲買人
96490	鮮滿版	1920-09-23	02단	學制改革明年實施
96491	鮮滿版	1920-09-23	02단	國境勤務警官特別手當
96492	鮮滿版	1920-09-23	03단	釜山と傳賣制/釜山煙草制造業は八箇所/産額は徵少
96493	鮮滿版	1920-09-23	03단	又も控訴不受理を問題にして刎ね付けらる/孫秉熙一味の公判
96494	鮮滿版	1920-09-23	04단	本問題はお手軟かに願ひたい/增田貿易に對する鮮銀の態度
96495	鮮滿版	1920-09-23	04단	羅南鏡城間開通/十月一日より
96496	鮮滿版	1920-09-24	01단	全鮮の穀物商は米穀檢査統一を熱望す/法規の改正と檢查員の改良
96497	鮮滿版	1920-09-24	01단	水害の上に豊年は泣面に蜂の態である/李全北知事談
96498	鮮滿版	1920-09-24	01단	途方に暮るゝ靑島日本人會計劃/支離滅裂の改造運動
96499	鮮滿版	1920-09-24	03단	一向に人氣のない新地方制度と選擧/候補者の噂もない
96500	鮮滿版	1920-09-24	04단	元山財界の一問題/三社併合の噂
96501	鮮滿版	1920-09-24	05단	山東博山炭輸出組合
96502	鮮滿版	1920-09-24	05단	慶北收穫豫想
96503	鮮滿版	1920-09-24	05단	拔刀で街路を走る曲者洋物店に飛込み刑事と大挌鬪
96504	鮮滿版	1920-09-24	05단	營口停車場の防疫制限撤廢
96505	鮮滿版	1920-09-25	01단	發展の途上にある群山府の諸問題に就て/港灣浚渫引込線敷設市街地施設/宮館府尹談
96506	鮮滿版	1920-09-25	01단	朝鮮法官異動
96507	鮮滿版	1920-09-25	02단	朝鮮貿易槪況
96508	鮮滿版	1920-09-25	02단	請負金額更正問題
96509	鮮滿版	1920-09-25	03단	不逞鮮人に對して憤慨/浪人押渡りの噂は汗顔の次第/警務長の辭職說は絶對に嘘
96510	鮮滿版	1920-09-25	03단	山鐵沿線憲兵減員/排日熱勃興の兆ある際/尤も機宜に適せる措置
96511	鮮滿版	1920-09-25	03단	大藏省移管後の鮮銀は東京へ移轉か/吉田朝鮮銀行理事談
96512	鮮滿版	1920-09-25	04단	虎疫下火/患者三萬二千
96513	鮮滿版	1920-09-25	05단	田舍大盡の榮華も槿花一・朝の夢となる/豊作は地主の打擊
96514	鮮滿版	1920-09-25	05단	公設市場設置
96515	鮮滿版	1920-09-25	05단	天安驛改築
96516	鮮滿版	1920-09-25	05단	狩獵列車運轉
96517	鮮滿版	1920-09-25	05단	大邱より
96518	鮮滿版	1920-09-25	06단	半島茶話
96519	鮮滿版	1920-09-26	01단	朝鮮司法界の大掃除/橫田氏も可成り凄いとの評
96520	鮮滿版	1920-09-26	01단	馬良將軍を隱れ家に訪ふ(一)

일련번호	판명	간행일	단수	기사명
96521	鮮滿版	1920-09-26	02단	遊民救濟問題
96522	鮮滿版	1920-09-26	02단	豊年で臭い米が出る/群山は寄附金が超る底力のある所だけある
96523	鮮滿版	1920-09-26	03단	石川縣視察團
96524	鮮滿版	1920-09-26	03단	淸津府尹免官
96525	鮮滿版	1920-09-26	04단	日本人土匪と結託し山東鐵道沿線を騷がすと支那紙の捏造振
96526	鮮滿版	1920-09-26	04단	李堈公家所有漁場/解決後又復紛擾す
96527	鮮滿版	1920-09-26	04단	組合金橫領犯人/門司で逮捕
96528	鮮滿版	1920-09-26	04단	半島茶話
96529	鮮滿版	1920-09-28	01단	勸農會の活動と模範農場の好刺戟/全北益山郡の施設
96530	鮮滿版	1920-09-28	01단	警務機關第三次擴張
96531	鮮滿版	1920-09-28	01단	慶北米作豫想
96532	鮮滿版	1920-09-28	01단	馬良將軍を隱れ家に訪ふ(二)
96533	鮮滿版	1920-09-28	02단	李堈公家漁場貸附料に就て
96534	鮮滿版	1920-09-28	03단	靑島鹽業組合/自ら倉庫經營
96535	鮮滿版	1920-09-28	04단	朝鮮線成積
96536	鮮滿版	1920-09-28	04단	會頭辭表撤回
96537	鮮滿版	1920-09-28	04단	龍山治水講演會
96538	鮮滿版	1920-09-28	04단	學生滿洲見學
96539	鮮滿版	1920-09-28	04단	忠北の表彰
96540	鮮滿版	1920-09-28	04단	鳥致院の宿舍割當準備
96541	鮮滿版	1920-09-28	05단	釜山鎭驛移轉
96542	鮮滿版	1920-09-28	05단	狩獵列車時間
96543	鮮滿版	1920-09-28	05단	獨立運動の參加者金德善/新義州で捕はる
96544	鮮滿版	1920-09-28	05단	半島茶話
96545	鮮滿版	1920-09-29	01단	普通校學年延長問題/柴田學務局長談
96546	鮮滿版	1920-09-29	01단	靑島言論界取締/一雜誌發行禁止
96547	鮮滿版	1920-09-29	01단	鮮行の滿蒙活動/滿洲では中央銀行の地位
96548	鮮滿版	1920-09-29	02단	咸南稻作狀況
96549	鮮滿版	1920-09-29	02단	淸州品評會
96550	鮮滿版	1920-09-29	02단	女生徒に新聞に對する智識を授けるといふ事は大切
96551	鮮滿版	1920-09-29	03단	癩病患者救濟運動/エビソン博士の主唱
96552	鮮滿版	1920-09-29	03단	不逞漢月夜の陰謀/數箇所にて爆彈發見
96553	鮮滿版	1920-09-29	03단	馬良將軍を隱れ家に訪ふ(三)
96554	鮮滿版	1920-09-29	04단	內地産業視察

일련번호	판명	간행일	단수	기사명
96555	鮮滿版	1920-09-29	05단	盛に小石を運んで婦女子まで應援した/元山暴動と視察事務官談/海嘯の跡の如き慘狀
96556	鮮滿版	1920-09-29	05단	獨立團員と稱して富豪を脅迫せし惡漢/共謀者數名二名だけ新義州警察署の手に捕はる
96557	鮮滿版	1920-09-29	06단	警戒嚴重
96558	鮮滿版	1920-09-29	06단	半島茶話
96559	鮮滿版	1920-09-30	01단	京城に事が起れば直ぐ元山に動搖を傳へるといふ關係から豫て警戒はしてゐるのだが今回の如き事件を生じて甚だ遺憾
96560	鮮滿版	1920-09-30	02단	警察官の實施教育/各方面見學
96561	鮮滿版	1920-09-30	02단	憲兵增派/缺員補充
96562	鮮滿版	1920-09-30	03단	機動演習擧行
96563	鮮滿版	1920-09-30	03단	黃海道の春鼅
96564	鮮滿版	1920-09-30	03단	膠州灣鹽の新販路/支那商人の活躍
96565	鮮滿版	1920-09-30	04단	元山騷擾の跡
96566	鮮滿版	1920-09-30	04단	慶北の水稻作採種
96567	鮮滿版	1920-09-30	04단	慶南釀造品評會
96568	鮮滿版	1920-09-30	04단	水産業者調査
96569	鮮滿版	1920-09-30	04단	國民大會の一案/山東國民大會宣傳/小學生が選擧監督
96570	鮮滿版	1920-09-30	05단	三郡畜産品評會
96571	鮮滿版	1920-09-30	05단	咸南の緬羊配付
96572	鮮滿版	1920-09-30	05단	府廳舍建築延期
96573	鮮滿版	1920-09-30	05단	李公漁場貸付紛擾

1920년 10월 (선만판)

일련번호	판명	간행일	단수	기사명
96574	鮮滿版	1920-10-01	01단	三面一校の實現近し/本年增設公立普通學校百十餘
96575	鮮滿版	1920-10-01	01단	朝鮮行の檢事長と京都まで同車の緣
96576	鮮滿版	1920-10-01	02단	龍山治水/堤防工事費五十萬圓支出
96577	鮮滿版	1920-10-01	02단	運賃低下を陳情す
96578	鮮滿版	1920-10-01	03단	特急列車廢止/今秋の成績を見て
96579	鮮滿版	1920-10-01	03단	排日暴徒の追悼會/馬良將軍の財産を沒收して經費とす
96580	鮮滿版	1920-10-01	04단	咸北線時刻改正
96581	鮮滿版	1920-10-01	05단	軍資募集と稱し脅迫する處を引捕へらる
96582	鮮滿版	1920-10-01	05단	靑島官吏の電燈料水道料
96583	鮮滿版	1920-10-01	06단	咸南の大豆出品
96584	鮮滿版	1920-10-01	06단	半島茶話
96585	鮮滿版	1920-10-02	01단	內鮮同化策に就て熱涙を搾らんばかりに李圭完氏語る/其の意見の大要
96586	鮮滿版	1920-10-02	02단	齋藤總督訓示/稅關長會議に於て
96587	鮮滿版	1920-10-02	02단	慈惠病院と築港
96588	鮮滿版	1920-10-02	02단	佛國寺蔚山線工事/三千尺隊道が難關
96589	鮮滿版	1920-10-02	03단	女敎員團消息/第一信-京城より下關まで
96590	鮮滿版	1920-10-02	03단	松村部長榮轉
96591	鮮滿版	1920-10-02	04단	朝鮮神社工事進陟
96592	鮮滿版	1920-10-02	04단	中央輕鐵本社の移轉
96593	鮮滿版	1920-10-02	04단	內地學事視察
96594	鮮滿版	1920-10-02	04단	富豪官吏を脅迫す/郡守贊議等の逃支度
96595	鮮滿版	1920-10-02	04단	二重にも三重にも富豪は出金を迫られるので
96596	鮮滿版	1920-10-02	05단	商品陳列館移轉
96597	鮮滿版	1920-10-02	05단	李堈公家漁場貸附契約
96598	鮮滿版	1920-10-02	05단	注射證明無くても動物園博物館の觀覽
96599	鮮滿版	1920-10-02	05단	淸津鏡城線時刻改正
96600	鮮滿版	1920-10-02	05단	郡參事嫌疑/獨立運動援助
96601	鮮滿版	1920-10-02	06단	隱匿された雷管發見/釜山警察署長官舍附近から
96602	鮮滿版	1920-10-02	06단	共謀して手形を僞造
96603	鮮滿版	1920-10-02	06단	大邱より(釜山大邱間道路請願/製絲工場活氣附く絲救濟)
96604	鮮滿版	1920-10-02	06단	半島茶話
96605	鮮滿版	1920-10-03	01단	淑明女學校を學習院風に改める？/總督府は貴族主義だが學校側は平民主義
96606	鮮滿版	1920-10-03	01단	柴田學務局長宣敎師の諒解を求む
96607	鮮滿版	1920-10-03	03단	朝鮮金鑛業の窮境/黑木鑛務課長談

일련번호	판명	간행일	단수	기사명
96608	鮮滿版	1920-10-03	03단	鮮鐵不振/伊藤祕書談
96609	鮮滿版	1920-10-03	03단	水稻作柄概況
96610	鮮滿版	1920-10-03	04단	咸南の畜産界/前途益々有望
96611	鮮滿版	1920-10-03	04단	哈爾賓金券勢力
96612	鮮滿版	1920-10-03	05단	大邱中學校設備問題
96613	鮮滿版	1920-10-03	05단	朝鮮商銀更迭
96614	鮮滿版	1920-10-03	05단	南鮮も油斷はならぬ/新庄慶北第三部長談
96615	鮮滿版	1920-10-03	06단	女教員團消息/第二信-下關より岡山まで
96616	鮮滿版	1920-10-03	06단	總督政治記念日/平穩に過ぐ
96617	鮮滿版	1920-10-03	06단	鮮人交換手は失敗の形/語尾不明と仕事放漫
96618	鮮滿版	1920-10-05	01단	明年度に於ける遞信事業概況/竹內遞信局長談
96619	鮮滿版	1920-10-05	01단	協議會員選擧期
96620	鮮滿版	1920-10-05	01단	郵便局長更迭
96621	鮮滿版	1920-10-05	02단	學事視察團北支那各地へ
96622	鮮滿版	1920-10-05	02단	鮮人親愛義會/在滿鮮人救濟
96623	鮮滿版	1920-10-05	02단	水蓼移出禁止
96624	鮮滿版	1920-10-05	03단	城津築港期成會の活動
96625	鮮滿版	1920-10-05	03단	南鮮物産總會
96626	鮮滿版	1920-10-05	03단	朝鮮海事會
96627	鮮滿版	1920-10-05	03단	駐在所增設
96628	鮮滿版	1920-10-05	03단	鮮人郵便所長採用近く實現すべし
96629	鮮滿版	1920-10-05	03단	一家を殺傷して放火/不逞鮮人團の襲來
96630	鮮滿版	1920-10-05	04단	女教員團消息/第三信-岡山より大阪まで
96631	鮮滿版	1920-10-05	05단	遊廓の眞中に武德殿とはよくよく窮したもの/青島の不景氣風
96632	鮮滿版	1920-10-05	06단	西鮮橫濱航路愈開始さる
96633	鮮滿版	1920-10-05	06단	平壤に大邱會
96634	鮮滿版	1920-10-05	06단	大邱より
96635	鮮滿版	1920-10-06	01단	鮮人に豫防注射
96636	鮮滿版	1920-10-06	01단	城津に於ける面協議員選擧資格に就て
96637	鮮滿版	1920-10-06	01단	知事の隣道視察
96638	鮮滿版	1920-10-06	02단	天魔山は不逞漢の巢/討伐の實行を熱望す
96639	鮮滿版	1920-10-06	02단	公金費消の面長と書記逮捕せらる
96640	鮮滿版	1920-10-06	03단	不安で堪らぬ一漁村/警察署の設置を請願
96641	鮮滿版	1920-10-06	03단	女教員團消息/第四信-大邱より
96642	鮮滿版	1920-10-06	04단	誘惑に陷った巡査/警察署に自首
96643	鮮滿版	1920-10-06	04단	全州より

일련번호	판명	간행일	단수	기사명
96644	鮮滿版	1920-10-07	01단	餘りに閑なから政治運動などに/惰眠を貪るから産業が振はぬ
96645	鮮滿版	1920-10-07	01단	東拓の思惑違ひ籾の賣損ね約六萬石
96646	鮮滿版	1920-10-07	01단	全鮮棉作豫想
96647	鮮滿版	1920-10-07	01단	鮮鐵在貨狀況
96648	鮮滿版	1920-10-07	02단	女教員團消息/第五信-京都
96649	鮮滿版	1920-10-07	03단	馬賊團に襲はれた琿春は材木の市場/我領事館は新市街の最西端
96650	鮮滿版	1920-10-07	03단	旅客檢疫廢止
96651	鮮滿版	1920-10-07	03단	靑島より(アンモニア曹達法)
96652	鮮滿版	1920-10-08	01단	東亞日報對基督教/紛擾圓滿に解決さる
96653	鮮滿版	1920-10-08	01단	新嘗祭獻穀
96654	鮮滿版	1920-10-08	01단	九月南浦貿易
96655	鮮滿版	1920-10-08	01단	前月不渡手形
96656	鮮滿版	1920-10-08	01단	鎭南浦の電鐵問題
96657	鮮滿版	1920-10-08	02단	負袱商が加擔したとの疑ひ時局とは沒交涉
96658	鮮滿版	1920-10-08	02단	稅關出張所の危險/排日鮮人が喇叭を吹いて示威運動/仕事も手に着かない
96659	鮮滿版	1920-10-08	03단	航橋里驛新設
96660	鮮滿版	1920-10-08	03단	慶北農會主催の産業視察團
96661	鮮滿版	1920-10-08	04단	靑島より(アンモニア曹達法(續))
96662	鮮滿版	1920-10-09	01단	司法官へ訓示
96663	鮮滿版	1920-10-09	01단	東拓稻作狀況
96664	鮮滿版	1920-10-09	01단	産業視察團
96665	鮮滿版	1920-10-09	01단	工業會社創立期
96666	鮮滿版	1920-10-09	01단	靑島風聞錄(一)/風來坊
96667	鮮滿版	1920-10-09	02단	龍山鐵道病院醫長連の罷業失敗/事前に計劃が洩れて
96668	鮮滿版	1920-10-09	02단	騷擾後の元山里/內鮮有力者の善後策講究
96669	鮮滿版	1920-10-09	03단	森鐵測量進陟
96670	鮮滿版	1920-10-09	04단	爆彈携帶の怪しき鮮人目下取調中
96671	鮮滿版	1920-10-09	04단	浮浪靑年を勸誘募集して國境の武力侵入を企てた一味徒黨
96672	鮮滿版	1920-10-09	04단	獨立運動を種にジゴマ式の脅迫/悉く酒色の資に供す
96673	鮮滿版	1920-10-09	05단	不逞鮮人追跡
96674	鮮滿版	1920-10-10	01단	銀行の貸出手控は虛說/河內山財務局長談
96675	鮮滿版	1920-10-10	01단	浦潮殆んど金建となる/鮮銀と正金信用增大す
96676	鮮滿版	1920-10-10	01단	內地觀光の感想/鮮人女子教員團長談
96677	鮮滿版	1920-10-10	01단	靑島風聞錄(二)/風來坊

일련번호	판명	간행일	단수	기사명
96678	鮮滿版	1920-10-10	02단	京局課長任命/係は課と改稱
96679	鮮滿版	1920-10-10	03단	京畿道の新任課長藤本氏と吉村氏
96680	鮮滿版	1920-10-10	04단	海路運賃補助
96681	鮮滿版	1920-10-10	04단	憲兵應募多し
96682	鮮滿版	1920-10-10	04단	男教員視察
96683	鮮滿版	1920-10-10	04단	出版物の増加
96684	鮮滿版	1920-10-10	04단	群山と慈惠醫院設置/思想惡化防止の最適方法
96685	鮮滿版	1920-10-10	05단	京城の支那人町
96686	鮮滿版	1920-10-10	06단	浦潮在住の鮮人善導/救療と就職
96687	鮮滿版	1920-10-10	06단	全州に公設質屋設置
96688	鮮滿版	1920-10-12	01단	繼子根性が強くなった內地人の親切は受けぬ輔仁會の學生收容不振
96689	鮮滿版	1920-10-12	01단	全鮮實業大會
96690	鮮滿版	1920-10-12	01단	鮮鐵九月成績
96691	鮮滿版	1920-10-12	01단	靑島風聞錄(三)/風來坊
96692	鮮滿版	1920-10-12	02단	郡守異動
96693	鮮滿版	1920-10-12	03단	郵便局長異動
96694	鮮滿版	1920-10-12	03단	長老派協議
96695	鮮滿版	1920-10-12	03단	丹羽理事用務
96696	鮮滿版	1920-10-12	04단	鮮銀職制改正
96697	鮮滿版	1920-10-12	04단	東拓參事任命
96698	鮮滿版	1920-10-12	04단	白山事務官渡歐
96699	鮮滿版	1920-10-12	04단	鮮銀重役打合會
96700	鮮滿版	1920-10-12	04단	女教員團消息/第六信-奈良、山田
96701	鮮滿版	1920-10-12	04단	澁谷警部の立派な戰死 賊八名を斃した女兒は慘殺され妻女も重傷を負ふ/憲兵急派 琿春と間島へ
96702	鮮滿版	1920-10-12	05단	四名共謀して軍資金を出せと脅迫
96703	鮮滿版	1920-10-12	06단	國境電線改修
96704	鮮滿版	1920-10-12	06단	貨物列車休止
96705	鮮滿版	1920-10-12	06단	視察團の本社見學
96706	鮮滿版	1920-10-13	01단	産業開發のため貯蓄思想の鼓吹/竹內遞信局長談
96707	鮮滿版	1920-10-13	01단	奉天金融不振
96708	鮮滿版	1920-10-13	01단	電信技術員養成所增設/京城の外に釜山と平壤へ
96709	鮮滿版	1920-10-13	01단	靑島風聞錄(四)/風來坊
96710	鮮滿版	1920-10-13	02단	女教員團消息/第七信-靜岡、橫須賀、鎌倉、江の島
96711	鮮滿版	1920-10-13	03단	交換手の待遇改善/家事も教へる

일련번호	판명	간행일	단수	기사명
96712	鮮滿版	1920-10-13	03단	貨物輸送と城津港/淸津廻りに比して速達となる
96713	鮮滿版	1920-10-13	04단	前線の不安は後部の不安/琿春と元山
96714	鮮滿版	1920-10-13	05단	本社見學
96715	鮮滿版	1920-10-13	05단	大邱より
96716	鮮滿版	1920-10-14	01단	海底隧道と關門/大關門港建設の大計劃
96717	鮮滿版	1920-10-14	01단	靑島風聞錄(五)/風來坊
96718	鮮滿版	1920-10-14	02단	女教員團消息/第八信-東京
96719	鮮滿版	1920-10-14	02단	太刀洗飛行場の秋/大演習を前にして忙がはしい航空隊
96720	鮮滿版	1920-10-14	03단	大邱より
96721	鮮滿版	1920-10-14	04단	南洋ダイヤ
96722	鮮滿版	1920-10-15	01단	今度の出兵で不逞鮮人を剿滅せん/由來間島は日本を馬鹿にして居た(太田朝鮮憲兵隊高級副官談)
96723	鮮滿版	1920-10-15	01단	靑島風聞錄(六)/風來坊
96724	鮮滿版	1920-10-15	02단	不逞鮮人に對する當局の態度/積極的に出でん
96725	鮮滿版	1920-10-15	02단	朝鮮金融狀況/依然閑散不況
96726	鮮滿版	1920-10-15	03단	仲買人の融和/近く役員改選
96727	鮮滿版	1920-10-15	03단	女教員團消息/第九信-東京見學(一)
96728	鮮滿版	1920-10-15	03단	優良移民表彰
96729	鮮滿版	1920-10-15	03단	鮮線の在貨
96730	鮮滿版	1920-10-15	04단	面協議員選擧
96731	鮮滿版	1920-10-15	04단	神の命を裁く法はない/天道教一味の公判干與檢事の法治國論
96732	鮮滿版	1920-10-15	05단	畜産品評會
96733	鮮滿版	1920-10-15	05단	龍山種痘日割
96734	鮮滿版	1920-10-15	05단	産銀開業期
96735	鮮滿版	1920-10-15	05단	慶北道の果實
96736	鮮滿版	1920-10-15	05단	孫一派事件/辯論第二日
96737	鮮滿版	1920-10-15	06단	叺入りの爆彈火藥
96738	鮮滿版	1920-10-15	06단	全鮮の虎列拉/終熄に近づく
96739	鮮滿版	1920-10-15	06단	儒生兩班內地視察
96740	鮮滿版	1920-10-15	06단	半島茶話
96741	鮮滿版	1920-10-16	01단	學生大會の活動/最近復活し基礎を固くす
96742	鮮滿版	1920-10-16	01단	國境を窺ふ不逞鮮人團
96743	鮮滿版	1920-10-16	01단	靑島風聞錄(七)/風來坊
96744	鮮滿版	1920-10-16	02단	支那人のために學校擴張
96745	鮮滿版	1920-10-16	03단	前月朝鮮貿易/槪して不況
96746	鮮滿版	1920-10-16	03단	京畿米豆成績

일련번호	판명	간행일	단수	기사명
96747	鮮滿版	1920-10-16	04단	大邱醫專設置か
96748	鮮滿版	1920-10-16	04단	滿鮮商議出席者
96749	鮮滿版	1920-10-16	04단	學制發布記念
96750	鮮滿版	1920-10-16	04단	辭令
96751	鮮滿版	1920-10-16	04단	盲啞生の間に日鮮融化/濟生院盲啞部の近況
96752	鮮滿版	1920-10-16	05단	元露國帝室の名馬五十餘頭で一大牧場開設
96753	鮮滿版	1920-10-16	05단	大邱の鮮人益惡化す/婦人の夜中外出は危險
96754	鮮滿版	1920-10-16	06단	尚一日百五十名の新患者
96755	鮮滿版	1920-10-16	06단	列車時間改正/去十日より實施
96756	鮮滿版	1920-10-16	06단	平壤女高普內地行
96757	鮮滿版	1920-10-16	06단	半島茶話
96758	鮮滿版	1920-10-17	01단	朝鮮穀物貿易組合聯合會/各地の提出議案
96759	鮮滿版	1920-10-17	01단	軍旗授與
96760	鮮滿版	1920-10-17	04단	大邱中學建築着手/總工費六萬九千圓
96761	鮮滿版	1920-10-17	05단	貨客輸送好況
96762	鮮滿版	1920-10-17	05단	警官續々到着
96763	鮮滿版	1920-10-17	05단	實業大會報告
96764	鮮滿版	1920-10-17	05단	爲政者の最も注意を要する點は彼等の一致團結せる事/朝鮮騷擾事件の辯護を終へて歸來の花井法學博士談
96765	鮮滿版	1920-10-17	06단	東拓移民狀況
96766	鮮滿版	1920-10-17	06단	辭令
96767	鮮滿版	1920-10-17	06단	半島茶話
96768	鮮滿版	1920-10-19	01단	緊張した朝鮮の司法界/延滯してゐた事件がサッサと捌けてゆく
96769	鮮滿版	1920-10-19	01단	愈充實した國境內外の警備/是れで不逞鮮人の大掃除
96770	鮮滿版	1920-10-19	01단	靑島風聞錄(八)/風來坊
96771	鮮滿版	1920-10-19	02단	警察官の大淘汰/今後は面目を一新するであらう
96772	鮮滿版	1920-10-19	03단	興鐵臨時總會
96773	鮮滿版	1920-10-19	04단	平電會社增資
96774	鮮滿版	1920-10-19	04단	儒生母國視察
96775	鮮滿版	1920-10-19	04단	京城日日組織變更
96776	鮮滿版	1920-10-19	04단	全鮮虎疫狀況
96777	鮮滿版	1920-10-19	05단	警官隊應戰して鮮人四名を斃す/銃器、彈藥、現金等を押收
96778	鮮滿版	1920-10-19	05단	辭令
96779	鮮滿版	1920-10-19	05단	靑年會/續々解散
96780	鮮滿版	1920-10-19	05단	旅客檢疫廢止

일련번호	판명	간행일	단수	기사명
96781	鮮滿版	1920-10-19	05단	遂安事件公判
96782	鮮滿版	1920-10-19	05단	晉州俱樂部經營
96783	鮮滿版	1920-10-19	06단	金剛山賑ふ
96784	鮮滿版	1920-10-19	06단	京城通信部移轉
96785	鮮滿版	1920-10-19	06단	半島茶話
96786	鮮滿版	1920-10-20	01단	朝鮮兒童の讀物/當局者の努力/忽かせに出來ぬ問題
96787	鮮滿版	1920-10-20	01단	馬山に於ける八大問題
96788	鮮滿版	1920-10-20	01단	靑島風聞錄(九)/風來坊
96789	鮮滿版	1920-10-20	03단	鮮人商業學校設立計劃
96790	鮮滿版	1920-10-20	04단	面長任命と副面長新設
96791	鮮滿版	1920-10-20	04단	馬山米穀市場設置出願
96792	鮮滿版	1920-10-20	04단	陸地棉販賣狀況
96793	鮮滿版	1920-10-20	05단	品評會受賞者
96794	鮮滿版	1920-10-20	05단	山中で射殺された二名の不逞鮮人
96795	鮮滿版	1920-10-20	05단	群山の盛宴
96796	鮮滿版	1920-10-20	05단	日曜學校一行京城視察
96797	鮮滿版	1920-10-20	05단	咸興より(新來出廻る/商業學校に別科特設/教員養成講習會卒業式/第三部長國境巡視/面協議會議員選擧)
96798	鮮滿版	1920-10-20	05단	京城通信部移轉
96799	鮮滿版	1920-10-20	06단	半島茶話
96800	鮮滿版	1920-10-21	01단	支那の誠意が疑はれる薩張り命令が行はれぬ/前田朝鮮憲兵隊司令官談
96801	鮮滿版	1920-10-21	01단	戶口調査完了/近く發表
96802	鮮滿版	1920-10-21	01단	鎭昌鐵道近狀
96803	鮮滿版	1920-10-21	01단	辭令
96804	鮮滿版	1920-10-21	01단	晉州の積立講/他の地方には無き組織
96805	鮮滿版	1920-10-21	02단	感極まって號泣した龍井村の我居留民/堂々たる惡魔軍の組織
96806	鮮滿版	1920-10-21	04단	『復讐』と奇怪なる某國宣教師の行動
96807	鮮滿版	1920-10-21	04단	警戒緩漫と侮って續々內地に入込む不逞鮮人/阪神間で種々の劃策
96808	鮮滿版	1920-10-21	04단	誇大に吹聽/不逞團の策略
96809	鮮滿版	1920-10-21	04단	注射液は毒藥だと不逞の徒が言ひふらす
96810	鮮滿版	1920-10-21	04단	富豪脅迫の不逞團捕はる
96811	鮮滿版	1920-10-21	05단	龍武秋季大會/司令官銘刀寄贈
96812	鮮滿版	1920-10-21	05단	京城の秋祭/二晝夜に亙る歡樂の太路小路/故鄉の山河を偲ぶ祭の笛大鼓練物

일련번호	판명	간행일	단수	기사명
96813	鮮滿版	1920-10-21	06단	京城通信部移轉
96814	鮮滿版	1920-10-21	06단	半島茶話
96815	鮮滿版	1920-10-22	01단	內地人が三千減る/京城戶口調査の結果
96816	鮮滿版	1920-10-22	01단	兩諺文紙の解禁/山口高等課長の談
96817	鮮滿版	1920-10-22	01단	半島財界行詰/鈴木一來氏談
96818	鮮滿版	1920-10-22	01단	憲兵補充難
96819	鮮滿版	1920-10-22	01단	靑島風聞錄(十)/風來坊
96820	鮮滿版	1920-10-22	02단	本年度防疫費
96821	鮮滿版	1920-10-22	02단	電信電話試驗地區改正
96822	鮮滿版	1920-10-22	03단	强盜救國團美名を弄して脅迫
96823	鮮滿版	1920-10-22	03단	南朝鮮鐵道の近狀
96824	鮮滿版	1920-10-22	05단	脅迫に失敗したので近來は親日鮮人利用の手段を講じてゐる不逞團
96825	鮮滿版	1920-10-22	05단	半島の運動熱/善隣商業の新活躍
96826	鮮滿版	1920-10-22	05단	不逞漢四名逮捕
96827	鮮滿版	1920-10-22	05단	選擧有權者
96828	鮮滿版	1920-10-22	05단	半島茶話
96829	鮮滿版	1920-10-22	06단	運動界(兩校運動會)
96830	鮮滿版	1920-10-23	01단	日本人が續々鄭家屯に移住する/移住者の多くは商業と農業
96831	鮮滿版	1920-10-23	01단	漸く情弊打破/李王職制改革
96832	鮮滿版	1920-10-23	01단	全國第六位/京城の入口
96833	鮮滿版	1920-10-23	01단	選擧有權者數
96834	鮮滿版	1920-10-23	01단	京城金融槪況
96835	鮮滿版	1920-10-23	01단	黃海道の金融/東拓の貸出
96836	鮮滿版	1920-10-23	02단	元山大豆狀況
96837	鮮滿版	1920-10-23	02단	朝鮮男敎員團通信(一)
96838	鮮滿版	1920-10-23	03단	朝鮮釀造品評會
96839	鮮滿版	1920-10-23	03단	軍資金を提供せよと拳銃を突付けて脅迫
96840	鮮滿版	1920-10-23	03단	支那人に排日宣傳をする圖々しい不逞團
96841	鮮滿版	1920-10-23	04단	京畿敎員試驗
96842	鮮滿版	1920-10-23	04단	海仁運輸十一月初旬より營業開始
96843	鮮滿版	1920-10-23	04단	又復同盟休校/京城法律專修學校
96844	鮮滿版	1920-10-23	05단	數十名が棍棒を携へ犯罪搜査の刑事を傷く京畿道高陽郡の不逞鮮人
96845	鮮滿版	1920-10-23	05단	彼等の中には表面だけの不逞團もある/これは良民が威喝されて加盟したもの

일련번호	판명	간행일	단수	기사명
96846	鮮滿版	1920-10-23	05단	內地人又殺害さる/憲兵隊討伐す
96847	鮮滿版	1920-10-23	05단	四名の鮮人强盜
96848	鮮滿版	1920-10-23	06단	半島茶話
96849	鮮滿版	1920-10-23	06단	京城通信部移轉
96850	鮮滿版	1920-10-24	01단	三十萬の基督敎徒騷擾後十萬人減る
96851	鮮滿版	1920-10-24	01단	鮮童敎育の女敎員の住宅
96852	鮮滿版	1920-10-24	01단	上海鐵血團の獄裡より九死に一生を得て歸來せる權泰用氏が上海大韓民國政府の內情に就て初めて口を開ける直話
96853	鮮滿版	1920-10-24	03단	殖銀の資金貸出
96854	鮮滿版	1920-10-24	03단	燐寸會社計劃
96855	鮮滿版	1920-10-24	03단	和歌山敎育視察團
96856	鮮滿版	1920-10-24	03단	日曜學校視察團
96857	鮮滿版	1920-10-24	04단	面協議員選擧
96858	鮮滿版	1920-10-24	04단	新義州の戶口
96859	鮮滿版	1920-10-24	04단	親日の鮮人に不穩文書を郵送
96860	鮮滿版	1920-10-24	04단	賊團に襲擊されて死傷/茂山守備隊討伐のため急行
96861	鮮滿版	1920-10-24	05단	全鮮在鄕軍人分會數
96862	鮮滿版	1920-10-24	05단	好壽敦校長交迭
96863	鮮滿版	1920-10-24	05단	蠶業講習修業式
96864	鮮滿版	1920-10-24	06단	安圖縣に馬賊潛入
96865	鮮滿版	1920-10-24	06단	老國山方面の賊團討伐
96866	鮮滿版	1920-10-24	06단	遭難者弔慰
96867	鮮滿版	1920-10-24	06단	尼港殉難者弔慰金
96868	鮮滿版	1920-10-24	06단	京城通信部移轉
96869	鮮滿版	1920-10-24	06단	半島茶話
96870	鮮滿版	1920-10-26	01단	朝鮮最初の選擧/京城府では十九名の名乘
96871	鮮滿版	1920-10-26	01단	鮮人はよく內地人を諒解した/丹羽靑年會幹事談
96872	鮮滿版	1920-10-26	01단	敎育勅語御下付
96873	鮮滿版	1920-10-26	01단	朝鮮師團演習
96874	鮮滿版	1920-10-26	01단	儒林地視察團
96875	鮮滿版	1920-10-26	02단	私鐵協會發會式
96876	鮮滿版	1920-10-26	03단	全鮮蠶絲大會
96877	鮮滿版	1920-10-26	03단	蠶種主任會議
96878	鮮滿版	1920-10-26	03단	上海鐵血團の獄裡より九死に一生を得て歸來せる權泰用氏が上海大韓民國政府の內情に就て初めて口を開ける直話
96879	鮮滿版	1920-10-26	04단	京畿秋蠶狀況

일련번호	판명	간행일	단수	기사명
96880	鮮滿版	1920-10-26	04단	工校成績品陳列會
96881	鮮滿版	1920-10-26	05단	獨立運動に參加せし不逞鮮人三名の取調終了して檢事局へ
96882	鮮滿版	1920-10-26	06단	新發明の廻送船試運轉
96883	鮮滿版	1920-10-26	06단	浦潮鮮人鮮內視察
96884	鮮滿版	1920-10-27	01단	眠れる五億萬圓/朝鮮の官有財産
96885	鮮滿版	1920-10-27	01단	金肥貸付回收難/東拓貸附額三百萬
96886	鮮滿版	1920-10-27	01단	全南の陸地棉
96887	鮮滿版	1920-10-27	01단	所謂伏魔殿/不逞鮮人を多く出したる學校
96888	鮮滿版	1920-10-27	02단	選擧有權者數
96889	鮮滿版	1920-10-27	02단	金泉の戶口數
96890	鮮滿版	1920-10-27	03단	大邱の天長節祝賀/種々の餘興と提燈行列
96891	鮮滿版	1920-10-27	03단	軍馬補充部新設/場所は咸北の未開地一萬二千町步を選定
96892	鮮滿版	1920-10-27	03단	新義州ホテルに爆彈を投げたる嫌疑者/獨立團の書記兼文通部長等
96893	鮮滿版	1920-10-27	04단	晉州電氣に對する非難昂まる
96894	鮮滿版	1920-10-27	05단	群山の戶口調査
96895	鮮滿版	1920-10-27	05단	水色新線開通期
96896	鮮滿版	1920-10-27	05단	群山神社祭典
96897	鮮滿版	1920-10-27	05단	強盜押入る
96898	鮮滿版	1920-10-27	06단	平壤高普生徒內地視察團
96899	鮮滿版	1920-10-27	06단	京中生滿州旅行
96900	鮮滿版	1920-10-27	06단	半島茶話
96901	鮮滿版	1920-10-28	01단	當分駐兵を要せん/彼等不逞の徒は追へば逃げ手を引けば再び出て來る宛然飯上の蠅の樣なもの
96902	鮮滿版	1920-10-28	01단	間島は有望な農業地/鐵道敷設が是非必要
96903	鮮滿版	1920-10-28	01단	*朝鮮穀商大會の決議 實行委員近く京城に集會/大會決議要項*
96904	鮮滿版	1920-10-28	03단	私鐵總會と發會式
96905	鮮滿版	1920-10-28	04단	朝鮮土木總會
96906	鮮滿版	1920-10-28	04단	京中修學旅行
96907	鮮滿版	1920-10-28	04단	日本語を話せば殺される森林地帶の險難路/日々に縮まる賊徒の運命/背囊の中から心細い文句を記した手紙發見
96908	鮮滿版	1920-10-28	04단	勇士の遺骨龍井村に到着/本橋上等兵の最期
96909	鮮滿版	1920-10-28	05단	釀造品評會/褒賞授與式
96910	鮮滿版	1920-10-28	05단	驅逐艦三隻/淸津に入港
96911	鮮滿版	1920-10-28	05단	金泉監獄分監
96912	鮮滿版	1920-10-28	05단	天長節園遊會

일련번호	판명	간행일	단수	기사명
96913	鮮滿版	1920-10-28	06단	晉州の天長節祝賀
96914	鮮滿版	1920-10-28	06단	故橘氏追悼會
96915	鮮滿版	1920-10-28	06단	琿春殉難者追悼
96916	鮮滿版	1920-10-28	06단	金泉射擊大會
96917	鮮滿版	1920-10-28	06단	半島茶話
96918	鮮滿版	1920-10-29	01단	時局ものが減じて普通犯罪が增加した
96919	鮮滿版	1920-10-29	01단	(一)琿春領事館正面玄關燒跡/(二)龍井村車街支那人街/(三)龍井村市街に於て日支兩國兵相對して警戒
96920	鮮滿版	1920-10-29	02단	鮮穀商と大阪當業者協商(協定事項)
96921	鮮滿版	1920-10-29	02단	全北棉花販賣
96922	鮮滿版	1920-10-29	03단	釀造品品評會/褒賞授與式
96923	鮮滿版	1920-10-29	03단	掌議規則發布
96924	鮮滿版	1920-10-29	04단	山東の甜菜糖業(上)/堀宗一氏談
96925	鮮滿版	1920-10-29	04단	慶北新設穀出廻り
96926	鮮滿版	1920-10-29	04단	吉州郡內の不穩狀況
96927	鮮滿版	1920-10-29	04단	不宿の値下運動/學生大會で決議
96928	鮮滿版	1920-10-29	05단	明治神宮鎭座記念スタンプ
96929	鮮滿版	1920-10-29	05단	電話交換手に修養講話を聽かせ作法や活花を敎授
96930	鮮滿版	1920-10-29	05단	列車時間改正
96931	鮮滿版	1920-10-29	06단	回數券發賣
96932	鮮滿版	1920-10-29	06단	本社見學
96933	鮮滿版	1920-10-29	06단	水野總督の近懷
96934	鮮滿版	1920-10-29	06단	半島茶話
96935	鮮滿版	1920-10-30	01단	輸出入制限令撤廢
96936	鮮滿版	1920-10-30	01단	大豆檢査屬行
96937	鮮滿版	1920-10-30	01단	間島討伐
96938	鮮滿版	1920-10-30	02단	犬ころの如うな朝鮮馬でも役に立つ/溝道作業には持って來いだ改良すれば大きくも成る
96939	鮮滿版	1920-10-30	03단	大邱の入口/內地人は減少鮮人は增加
96940	鮮滿版	1920-10-30	03단	鐵道校修業式
96941	鮮滿版	1920-10-30	03단	三井支店長更迭
96942	鮮滿版	1920-10-30	03단	辭令
96943	鮮滿版	1920-10-30	04단	山東の甜菜糖業(下)/堀宗一氏談
96944	鮮滿版	1920-10-30	05단	結核と赤痢が多い朝鮮軍の衛生狀態
96945	鮮滿版	1920-10-30	05단	機關車顚覆し貨車も脫線
96946	鮮滿版	1920-10-30	05단	半島茶話

일련번호	판명	간행일	단수	기사명
96947	鮮滿版	1920-10-31	01단	琿春被害狀況(軍司令部撮影)
96948	鮮滿版	1920-10-31	01단	京畿救恤金配付
96949	鮮滿版	1920-10-31	01단	刑死者に關する府令發布
96950	鮮滿版	1920-10-31	01단	朝鮮移民獎勵
96951	鮮滿版	1920-10-31	02단	朝鮮蠶絲會成立
96952	鮮滿版	1920-10-31	02단	私鐵常務理事決定
96953	鮮滿版	1920-10-31	03단	新募警官成績
96954	鮮滿版	1920-10-31	03단	弗貨換算改正
96955	鮮滿版	1920-10-31	03단	貨物取扱改正
96956	鮮滿版	1920-10-31	03단	咸南米豆檢査要項(玄米/大豆)
96957	鮮滿版	1920-10-31	04단	列車車掌講習
96958	鮮滿版	1920-10-31	04단	淸凉里の拂曉戰/第二十師團機動演習終る
96959	鮮滿版	1920-10-31	04단	支那兵自棄になって商民三百數十名を片端から銃殺す/七站溝裡の大慘劇
96960	鮮滿版	1920-10-31	05단	電信生講習
96961	鮮滿版	1920-10-31	05단	辭令
96962	鮮滿版	1920-10-31	05단	步騎兵の一部寧古塔を經て南進
96963	鮮滿版	1920-10-31	06단	面長面書記出張した儘行方不明/不逞團に投じた形跡あり
96964	鮮滿版	1920-10-31	06단	鎭南浦より(飮料水缺乏/運貨附帶費)
96965	鮮滿版	1920-10-31	06단	半島茶話

1920년 11월 (선만판)

일련번호	판명	간행일	단수	기사명
96966	鮮滿版	1920-11-02	01단	工業的優越なる條件を具備せる慶北
96967	鮮滿版	1920-11-02	01단	水害資金貸出
96968	鮮滿版	1920-11-02	01단	漁業者資金難
96969	鮮滿版	1920-11-02	01단	咸南の移出牛
96970	鮮滿版	1920-11-02	01단	大連の人口
96971	鮮滿版	1920-11-02	02단	李王殿下參拜
96972	鮮滿版	1920-11-02	02단	郵便所設置
96973	鮮滿版	1920-11-02	02단	天長節觀兵式
96974	鮮滿版	1920-11-02	02단	長白山の溪間に露營せる賊徒の大集團を襲擊/最上大尉戰鬪經過を語る
96975	鮮滿版	1920-11-02	03단	營口の天長祝日
96976	鮮滿版	1920-11-02	03단	明治神宮鎭座祭遙拜式
96977	鮮滿版	1920-11-02	03단	故橘氏建碑式
96978	鮮滿版	1920-11-02	03단	列車時刻一部改正
96979	鮮滿版	1920-11-02	05단	馬賊を相手に命を繋ぐ醜業婦/墮落し切った露國の婦人/日本通貨は大持てだ
96980	鮮滿版	1920-11-02	05단	增派憲兵到着
96981	鮮滿版	1920-11-02	05단	半島茶話
96982	鮮滿版	1920-11-03	01단	寒季に向って住むに家もない呆れ果てたる住宅難
96983	鮮滿版	1920-11-03	01단	靑島風聞錄(十一)/風來坊
96984	鮮滿版	1920-11-03	02단	公立普校增設
96985	鮮滿版	1920-11-03	02단	朝鮮貴族禮服改正(皇室令第十一號)
96986	鮮滿版	1920-11-03	03단	棉花取引狀況
96987	鮮滿版	1920-11-03	04단	釀造品品評會/馬山の受賞者
96988	鮮滿版	1920-11-03	04단	平壤市街計劃發表/對岸の廣大なる新市街地域
96989	鮮滿版	1920-11-03	05단	果實品評會/褒賞授與式
96990	鮮滿版	1920-11-03	05단	教員內地視察團
96991	鮮滿版	1920-11-03	05단	放浪して共和政體を夢み琵瑟山腹に密議
96992	鮮滿版	1920-11-03	06단	奧地の地價暴落/鮮人惡化の影響
96993	鮮滿版	1920-11-03	06단	半島茶話
96994	鮮滿版	1920-11-04	01단	逮捕の不逞鮮人
96995	鮮滿版	1920-11-04	01단	滿蒙の出稼鮮人/惡化思想の誘惑が困る
96996	鮮滿版	1920-11-04	01단	基督教の衰退氣運/朝鮮民情を解せぬ牧師さん
96997	鮮滿版	1920-11-04	02단	靑島風聞錄(十二)/風來坊
96998	鮮滿版	1920-11-04	03단	京城府協議員選擧戰
96999	鮮滿版	1920-11-04	03단	馬鎭協議員選擧者數

일련번호	판명	간행일	단수	기사명
97000	鮮滿版	1920-11-04	03단	ナゼ獄中に死な〻かった/保釋になった孫の病氣と天道教徒の反感不平
97001	鮮滿版	1920-11-04	04단	老嶺の戰線に東將軍を訪ふ『冒險小說の主人公になった』/不逞鮮人の討伐は南京蟲の退治と同じだ/五日間だけ我が一個大隊の全滅さ/間島にて新田特派員十一月二日發電
97002	鮮滿版	1920-11-04	04단	乾繭器普及狀況
97003	鮮滿版	1920-11-04	04단	道一部長會議
97004	鮮滿版	1920-11-04	05단	釜山署の爆彈犯人死刑求刑
97005	鮮滿版	1920-11-04	06단	忠州守備隊に赤痢發生
97006	鮮滿版	1920-11-04	06단	半島茶話
97007	鮮滿版	1920-11-05	01단	我出動兵卒に訓諭/敵國又は占領地に於ける行動とは違ふから基の積りで
97008	鮮滿版	1920-11-05	01단	平壤女生徒の本社見學
97009	鮮滿版	1920-11-05	02단	第三次警官募集開始
97010	鮮滿版	1920-11-05	02단	來年度徵兵檢查
97011	鮮滿版	1920-11-05	02단	商品陳列館移轉問題
97012	鮮滿版	1920-11-05	03단	靑島風聞錄(十三)/風來坊
97013	鮮滿版	1920-11-05	03단	對穀資金
97014	鮮滿版	1920-11-05	03단	仁川の人口
97015	鮮滿版	1920-11-05	03단	間島の天長節
97016	鮮滿版	1920-11-05	04단	兼二浦を開港地に
97017	鮮滿版	1920-11-05	04단	朝鮮男教員團通信(靜岡)
97018	鮮滿版	1920-11-05	04단	水雷艇入港/兼二浦官民の歡迎
97019	鮮滿版	1920-11-05	04단	安東內地聯絡/貨物輸送の圓滑を期する爲/來る十五日より實施
97020	鮮滿版	1920-11-05	05단	金瑪利亞/夢より覺めて冷たい獄舍へ
97021	鮮滿版	1920-11-05	05단	城津より
97022	鮮滿版	1920-11-05	05단	晉州より
97023	鮮滿版	1920-11-05	06단	半島茶話
97024	鮮滿版	1920-11-06	01단	鐵道會社の解散は不可/和田鐵道部長談
97025	鮮滿版	1920-11-06	01단	橘氏の追悼會及建碑式
97026	鮮滿版	1920-11-06	02단	龍山治水工事/二箇年繼續事業
97027	鮮滿版	1920-11-06	02단	產鐵解散？/金泉の反對運動
97028	鮮滿版	1920-11-06	03단	監察制發布期
97029	鮮滿版	1920-11-06	03단	衛戍監獄設置
97030	鮮滿版	1920-11-06	03단	民情視察官設置
97031	鮮滿版	1920-11-06	04단	京城府協議員候補者

일련번호	판명	간행일	단수	기사명
97032	鮮滿版	1920-11-06	04단	慶北米收穫豫想
97033	鮮滿版	1920-11-06	04단	江景電燈會社の揚水動力を基礎として大水利組合計劃
97034	鮮滿版	1920-11-06	04단	群山慈惠醫院敷地/群山市民の寄附釀出五萬圓
97035	鮮滿版	1920-11-06	04단	裏面に不逞鮮人/我軍中傷の魂膽
97036	鮮滿版	1920-11-06	05단	朝鮮藥學大會
97037	鮮滿版	1920-11-06	06단	瑞龍寺の山顚に建られた橘氏の碑
97038	鮮滿版	1920-11-06	06단	咸興より
97039	鮮滿版	1920-11-06	06단	半島茶話
97040	鮮滿版	1920-11-07	01단	朝鮮事情の宣傳/總督府に宣傳課新設
97041	鮮滿版	1920-11-07	01단	鐵道會社の解散は不可(續)/和田鐵道部長談
97042	鮮滿版	1920-11-07	01단	軍用假橋/上三峰より豆滿江上を間島へ貨物を運撮するところ
97043	鮮滿版	1920-11-07	03단	府協議員選擧
97044	鮮滿版	1920-11-07	03단	靑島風聞錄(十四)/風來坊
97045	鮮滿版	1920-11-07	04단	朝鮮煙草專賣は愈實施か
97046	鮮滿版	1920-11-07	04단	學制改正內容
97047	鮮滿版	1920-11-07	04단	京畿稻作增收
97048	鮮滿版	1920-11-07	04단	鮮銀異動發表
97049	鮮滿版	1920-11-07	05단	辭令
97050	鮮滿版	1920-11-07	05단	人(矢鍋永三郎氏(總督府理財課長)/淨法寺五郎氏(二十師團場))
97051	鮮滿版	1920-11-07	05단	殘虐な婦人の犯罪が減って離婚訴訟が殖えた
97052	鮮滿版	1920-11-07	05단	半島茶話
97053	鮮滿版	1920-11-07	06단	朝鮮男教員團通信(橫須賀)
97054	鮮滿版	1920-11-09	01단	朝鮮の私立學校/前年に比すれば校數も教員生徒數も減少
97055	鮮滿版	1920-11-09	01단	事務官大增員
97056	鮮滿版	1920-11-09	01단	紅蔘專賣實施
97057	鮮滿版	1920-11-09	01단	上三峰患者療養所/上三峰は圖們輕鐵の終點にして豆滿江を隔て間島龍井村に達する要路なり
97058	鮮滿版	1920-11-09	02단	醫院敷地決定
97059	鮮滿版	1920-11-09	02단	荷物區域改正
97060	鮮滿版	1920-11-09	02단	殖銀職制改正
97061	鮮滿版	1920-11-09	03단	鮮鐵十月成績
97062	鮮滿版	1920-11-09	03단	慶北の人口
97063	鮮滿版	1920-11-09	03단	三井物産/縮小後の經過
97064	鮮滿版	1920-11-09	04단	三井穀肥課廢止
97065	鮮滿版	1920-11-09	04단	辭令

일련번호	판명	간행일	단수	기사명
97066	鮮滿版	1920-11-09	04단	人(藤波義貫氏(總督府通譯官)/今村鞆氏(李王職庶務課長)/大塚當三郎氏(總督府內務局長)/莊鳳四氏(總督府醫院醫官))
97067	鮮滿版	1920-11-09	04단	會(鐵道短歌會)
97068	鮮滿版	1920-11-09	04단	朝鮮男教員團通信(東京の一)
97069	鮮滿版	1920-11-09	04단	米穀運賃値下運動
97070	鮮滿版	1920-11-09	05단	河中の格鬪/二名を斃す
97071	鮮滿版	1920-11-09	05단	三名押入り射殺して逃ぐ
97072	鮮滿版	1920-11-09	05단	秋子島民困窮
97073	鮮滿版	1920-11-09	05단	出動憲兵警官の家庭慰問
97074	鮮滿版	1920-11-09	05단	法廷だより
97075	鮮滿版	1920-11-09	05단	公會堂使用收入
97076	鮮滿版	1920-11-09	06단	最近の魚相場
97077	鮮滿版	1920-11-09	06단	鳥致院より
97078	鮮滿版	1920-11-09	06단	半島茶話
97079	鮮滿版	1920-11-10	01단	協議員の選擧/新義州の形勢/淸州面の狀況候補者選定/馬山に於ける府議逐鹿戰
97080	鮮滿版	1920-11-10	01단	靑島風聞錄(十五)/風來坊
97081	鮮滿版	1920-11-10	02단	朝鮮線の特急列車を奉天まで延長する目下客車の建造最中/列車の軍轉滿鐵京管局の遣繰算段
97082	鮮滿版	1920-11-10	04단	朝鮮男教員團通信(東京の二)
97083	鮮滿版	1920-11-10	05단	來る十七日より北鮮航路開始に決定/北陸汽船株式會社を組織
97084	鮮滿版	1920-11-10	05단	天道敎の動搖/老年派と靑年派に分れて敎主候補者の競爭
97085	鮮滿版	1920-11-10	05단	棉花賣買豫想高
97086	鮮滿版	1920-11-10	05단	本社見學
97087	鮮滿版	1920-11-10	06단	半島茶話
97088	鮮滿版	1920-11-11		缺號
97089	鮮滿版	1920-11-12	01단	京城十年度豫算/百五十萬圓以上か
97090	鮮滿版	1920-11-12	01단	土地改良課新設/殖産局內に一課を增し農務實際的事務を擔當
97091	鮮滿版	1920-11-12	01단	多收穫獎勵/慶北農耕方針
97092	鮮滿版	1920-11-12	01단	預金貸出成績
97093	鮮滿版	1920-11-12	01단	出棉漸次增加
97094	鮮滿版	1920-11-12	02단	京城通關貿易
97095	鮮滿版	1920-11-12	02단	京畿棉作豫想
97096	鮮滿版	1920-11-12	02단	造林業者大會
97097	鮮滿版	1920-11-12	02단	仁川會頭更迭
97098	鮮滿版	1920-11-12	02단	朝鮮男教員團通信(東京の三)

일련번호	판명	간행일	단수	기사명
97099	鮮滿版	1920-11-12	03단	軍隊にも犯罪が多い/脫營兵が最も成績が惡い/死刑は二度あった丈けだ
97100	鮮滿版	1920-11-12	03단	無煙無火の燃料/松信主計正の新研究
97101	鮮滿版	1920-11-12	03단	死の影に脅かされつゝ後繼者といふ大問題に日夜頭を惱ます孫秉熙
97102	鮮滿版	1920-11-12	05단	殖鐵開通期/來月二十日頃
97103	鮮滿版	1920-11-12	05단	中央線の連絡
97104	鮮滿版	1920-11-12	05단	對岸から來た暗殺團員/一名を發見射殺
97105	鮮滿版	1920-11-12	05단	腸窒扶斯に流感に猩紅熱/京城の此頃
97106	鮮滿版	1920-11-12	06단	贊議視察日程
97107	鮮滿版	1920-11-12	06단	本社見學
97108	鮮滿版	1920-11-12	06단	半島茶話
97109	鮮滿版	1920-11-13	01단	協議員の選擧/兼二浦面の狀況
97110	鮮滿版	1920-11-13	01단	教育令改正公布の諭告/朝鮮教育令改正公布に就き齋藤總督は左の諭告を發せり
97111	鮮滿版	1920-11-13	01단	四平商況金融概況
97112	鮮滿版	1920-11-13	01단	靑島風聞錄(十七)/風來坊
97113	鮮滿版	1920-11-13	02단	交通機關不備のため世間に出されぬ寶物/吉州明川の大炭田
97114	鮮滿版	1920-11-13	03단	電興の鹹首
97115	鮮滿版	1920-11-13	04단	假面を被った二名の惡漢/官公吏に退職を强要/資産家には軍用金を出せと脅迫
97116	鮮滿版	1920-11-13	04단	酒瓮の中に幼兒の頭/棄てたのか殺したのか分からぬ
97117	鮮滿版	1920-11-13	04단	最近のニコリスク/多大の人口增加
97118	鮮滿版	1920-11-13	05단	選拔上等兵に憲兵教育を
97119	鮮滿版	1920-11-13	05단	駐屯軍除隊期
97120	鮮滿版	1920-11-13	05단	驅逐艦入港
97121	鮮滿版	1920-11-13	05단	手押輕鐵敷設
97122	鮮滿版	1920-11-13	06단	海州より
97123	鮮滿版	1920-11-13	06단	ヨボと呼ぶ事に就て「半島茶話係御中」として朝鮮金泉木公といふ人より左の投書ありたり
97124	鮮滿版	1920-11-13	06단	半島茶話
97125	鮮滿版	1920-11-14	01단	各地の逐鹿戰 期日切迫と共に混戰を演出(京城府/龍山/釜山/元山/淸津)
97126	鮮滿版	1920-11-14	01단	內地同樣な方針を執る譯ではない/酒を提供するのはいかぬがサイダーなら許す/千葉第三部長の選擧取締
97127	鮮滿版	1920-11-14	01단	十月中金融商況
97128	鮮滿版	1920-11-14	03단	王世子來鮮期

일련번호	판명	간행일	단수	기사명
97129	鮮滿版	1920-11-14	03단	京畿租稅徵績
97130	鮮滿版	1920-11-14	03단	金泉官鹽倉庫
97131	鮮滿版	1920-11-14	03단	我軍事行動の鮮內外に及したる影響
97132	鮮滿版	1920-11-14	03단	朝鮮線の三等客優遇案/客車を改造し寢臺車を附ける
97133	鮮滿版	1920-11-14	04단	中學工事進捗
97134	鮮滿版	1920-11-14	04단	朝鮮時報解散
97135	鮮滿版	1920-11-14	04단	組合評議員選擧
97136	鮮滿版	1920-11-14	04단	鮮銀支店長
97137	鮮滿版	1920-11-14	04단	辭令
97138	鮮滿版	1920-11-14	04단	人(ヨベラ氏(西班牙國伯爵)/鳥居百三氏(二十師團軍醫部長))
97139	鮮滿版	1920-11-14	05단	兩派侍天敎倂合？/宗氏は政界に活躍せん
97140	鮮滿版	1920-11-14	05단	除隊兵の輸送
97141	鮮滿版	1920-11-14	05단	朝鮮師團入營の一年志願兵/これが最初
97142	鮮滿版	1920-11-14	05단	朝鮮婦人夜學
97143	鮮滿版	1920-11-14	05단	私設市場計劃/公設に對抗
97144	鮮滿版	1920-11-14	06단	腸窒扶斯豫防
97145	鮮滿版	1920-11-14	06단	外人團から盜難取締の請願
97146	鮮滿版	1920-11-14	06단	遞送人を襲ひ行囊を奪ふ
97147	鮮滿版	1920-11-14	06단	瀆職巡査判決
97148	鮮滿版	1920-11-14	06단	警察犬廢止
97149	鮮滿版	1920-11-16	01단	*協議員選擧戰/大邱の形勢/平壤の形勢/鎭南浦の形勢/面協議選擧 漸次激甚*
97150	鮮滿版	1920-11-16	02단	十月各地金融狀況/朝鮮銀行調査(長春/開原)
97151	鮮滿版	1920-11-16	02단	第二高女設置
97152	鮮滿版	1920-11-16	03단	記念品贈與
97153	鮮滿版	1920-11-16	03단	間島特派將校
97154	鮮滿版	1920-11-16	03단	橫暴家主の退治策は府營で借家を建設するに限る
97155	鮮滿版	1920-11-16	03단	穀物運賃値下運動/滿鐵側の態度
97156	鮮滿版	1920-11-16	04단	韓一銀行擴張
97157	鮮滿版	1920-11-16	04단	辭令
97158	鮮滿版	1920-11-16	04단	貨物取扱時刻改正
97159	鮮滿版	1920-11-16	04단	日滿族客聯絡
97160	鮮滿版	1920-11-16	05단	侵入して射殺す
97161	鮮滿版	1920-11-16	05단	大邱より
97162	鮮滿版	1920-11-16	05단	人(淨法寺五郎氏(二十師團長)/木原小平氏(鮮銀神戶支店長)/クロージアー氏(米國陸軍中將))

일련번호	판명	간행일	단수	기사명
97163	鮮滿版	1920-11-16	05단	半島茶話
97164	鮮滿版	1920-11-17	01단	二丈餘の大石佛/慶北安東の山奥に
97165	鮮滿版	1920-11-17	01단	横暴地主/取締の通牒
97166	鮮滿版	1920-11-17	01단	軍隊と地方民の賴もしき接近
97167	鮮滿版	1920-11-17	01단	大邱屠獸場では每千日五百斤の牛肉を內地へ
97168	鮮滿版	1920-11-17	01단	水雷艇廻航/龍塘浦の歡迎
97169	鮮滿版	1920-11-17	02단	協議員選擧/大混戰か/鳥致院方面
97170	鮮滿版	1920-11-17	02단	忠淸南道の表彰傳達式
97171	鮮滿版	1920-11-17	03단	高普學校建設費調達難
97172	鮮滿版	1920-11-17	03단	鮮銀券不增
97173	鮮滿版	1920-11-17	03단	淸州郡教育會發會式
97174	鮮滿版	1920-11-17	03단	上旬運輸成績
97175	鮮滿版	1920-11-17	04단	京畿酒稅狀況
97176	鮮滿版	1920-11-17	04단	穀物先物取引
97177	鮮滿版	1920-11-17	04단	十月煙草製造高
97178	鮮滿版	1920-11-17	04단	支那飢饉救濟
97179	鮮滿版	1920-11-17	04단	大邱より
97180	鮮滿版	1920-11-17	05단	運動界(咸興對元山庭球野球戰元山軍全敗)
97181	鮮滿版	1920-11-17	05단	半島茶話
97182	鮮滿版	1920-11-17	05단	海外の都市(街路の怪我人)
97183	鮮滿版	1920-11-18	01단	連日秘密會議/上海僭稱政府の謀議
97184	鮮滿版	1920-11-18	01단	新殿に御移居は來日月上旬頃
97185	鮮滿版	1920-11-18	01단	外國宣教師の態度
97186	鮮滿版	1920-11-18	01단	土木技手自殺/原因不明/覺悟の自殺か
97187	鮮滿版	1920-11-18	01단	窒扶斯流行/檢疫戶口調査を行ふ
97188	鮮滿版	1920-11-18	02단	鮮人牧師陰謀/會員募集中逮捕さる
97189	鮮滿版	1920-11-18	02단	賊十一名逮捕
97190	鮮滿版	1920-11-18	02단	旅客の增加
97191	鮮滿版	1920-11-18	02단	天草の女(上)/彌次郎兵衛
97192	鮮滿版	1920-11-18	03단	聯絡船檢疫
97193	鮮滿版	1920-11-18	03단	協議員選擧/白熱戰に入る鎭南公州面
97194	鮮滿版	1920-11-18	03단	案外平穩か
97195	鮮滿版	1920-11-18	04단	咸興學組管理者後任問題
97196	鮮滿版	1920-11-18	04단	咸南衛生良好
97197	鮮滿版	1920-11-18	04단	新兵入營は十二月十日
97198	鮮滿版	1920-11-18	05단	咸興小學校秋季學藝會

일련번호	판명	간행일	단수	기사명
97199	鮮滿版	1920-11-18	05단	咸商校修學旅行
97200	鮮滿版	1920-11-18	05단	辭令
97201	鮮滿版	1920-11-18	05단	人(ヨベラ氏(西班牙大尉))
97202	鮮滿版	1920-11-18	05단	半島茶話
97203	鮮滿版	1920-11-19	01단	協議員選擧戰/島致院面の形勢/暗澹たる龍山の逐鹿戰/有權者に宣傳/議員候補演說會
97204	鮮滿版	1920-11-19	01단	滿鐵石炭値下問題(上)
97205	鮮滿版	1920-11-19	03단	城津金融狀況
97206	鮮滿版	1920-11-19	03단	罌粟栽培不振
97207	鮮滿版	1920-11-19	04단	琿春より歸還/龍山部隊の一部
97208	鮮滿版	1920-11-19	04단	道一部長會議
97209	鮮滿版	1920-11-19	04단	麥作實收高
97210	鮮滿版	1920-11-19	04단	職を失った悲慘な群が押かける/不景氣と寒さに襲はれて野垂死が弗々出來出した
97211	鮮滿版	1920-11-19	04단	牡丹江の大獲物/洪範圖部下の特務曹長捕はる/安西支隊の活動
97212	鮮滿版	1920-11-19	04단	朝鮮にも幼年監獄が出來る
97213	鮮滿版	1920-11-19	05단	有蓋貨車竣工
97214	鮮滿版	1920-11-19	05단	上級校入學者
97215	鮮滿版	1920-11-19	05단	天道教章
97216	鮮滿版	1920-11-19	05단	辭令
97217	鮮滿版	1920-11-19	05단	鐘路の拘置監は結局撤廢か
97218	鮮滿版	1920-11-19	06단	賣價表を貼付/驛賣子の賣品に
97219	鮮滿版	1920-11-19	06단	楊拌子溝に戰東現る
97220	鮮滿版	1920-11-19	06단	最初の犧牲者遺骨
97221	鮮滿版	1920-11-19	06단	人(服部豊吉氏(京城府事務官)/波多野代議士一行(政友會調査員)/クロー氏(英國商務官)/卜部正一氏(總督府衛生課長)/マリオップ氏(英國海軍大佐))
97222	鮮滿版	1920-11-19	06단	半島茶話
97223	鮮滿版	1920-11-20	01단	協議員選擧戰　鳥致院面の大混戰/俄然大動搖/全州面の形勢/優勢なる人々　公州面の爭奪戰/釜山の候補者
97224	鮮滿版	1920-11-20	02단	秘密の地下室/支那饅頭を腹に詰込み牛車に搖られて龍井村に入る/龍井村にて山室生
97225	鮮滿版	1920-11-20	03단	滿鐵石炭値下問題(下)
97226	鮮滿版	1920-11-20	04단	米出廻少し
97227	鮮滿版	1920-11-20	05단	「此暮の賞與」
97228	鮮滿版	1920-11-20	05단	內地視察團

일련번호	판명	간행일	단수	기사명
97229	鮮滿版	1920-11-20	05단	軍人分會總會
97230	鮮滿版	1920-11-20	06단	母子慘殺/强盜の所爲か
97231	鮮滿版	1920-11-20	06단	愛嬌を振播いて齋藤總督內地に向ふ
97232	鮮滿版	1920-11-20	06단	人(星野少將(浦鹽派遺軍兵站部長)/石塚東拓總裁)
97233	鮮滿版	1920-11-20	06단	會(新田記者歡迎會/公立小學校長會議)
97234	鮮滿版	1920-11-20	06단	半島茶話
97235	鮮滿版	1920-11-21	01단	內鮮人の結婚を獎勵せよ同化の根本政策は是/一鮮人の忌憚ない意見
97236	鮮滿版	1920-11-21	01단	衰退せる朝鮮の鑛業/外人會社も持切れぬ
97237	鮮滿版	1920-11-21	01단	米穀檢查問題/平安南道と黃海道の睨合ひ
97238	鮮滿版	1920-11-21	02단	府協議員選擧/鎭南浦の形勢
97239	鮮滿版	1920-11-21	03단	龍山工場增築/東洋屈指の工場
97240	鮮滿版	1920-11-21	03단	間島財界混亂
97241	鮮滿版	1920-11-21	03단	金泉面副長
97242	鮮滿版	1920-11-21	03단	天草の女(中)/彌次郎兵衛
97243	鮮滿版	1920-11-21	04단	東淸線の不逞鮮人討伐(村田中尉戰死の詳報/安重根一族逮捕/牡丹江の不逞鮮人/沿線一帶の警戒)
97244	鮮滿版	1920-11-21	04단	討伐餘話(一)/朝鮮人の大砲病
97245	鮮滿版	1920-11-21	05단	惡賣藥商退治/取締を嚴にし曖昧品は引上る
97246	鮮滿版	1920-11-21	05단	奇態な熱病/小學校閉鎖す
97247	鮮滿版	1920-11-21	05단	不逞漢逮捕/獨立資金を强請す
97248	鮮滿版	1920-11-21	05단	不埒な長老/獨立資金を集める
97249	鮮滿版	1920-11-21	06단	强盜犯人就縛
97250	鮮滿版	1920-11-21	06단	腸チブス蔓延
97251	鮮滿版	1920-11-21	06단	辭令
97252	鮮滿版	1920-11-21	06단	會(産鐵臨時總會)
97253	鮮滿版	1920-11-21	06단	人(美濃部氏(朝鮮銀行總裁)/水町大佐一行)
97254	鮮滿版	1920-11-21	06단	半島茶話
97255	鮮滿版	1920-11-23	01단	內氣の樣で華々しい朝鮮人の選擧振り/京城府の協議員選擧當日
97256	鮮滿版	1920-11-23	01단	京南鐵道の終點は水東里か長項里か？/群山にとっては將來の大問題
97257	鮮滿版	1920-11-23	03단	長項里實現
97258	鮮滿版	1920-11-23	03단	鳥、淸間鐵道工事進捗/全線開通は來年五月頃か
97259	鮮滿版	1920-11-23	03단	勸業資金貸附一千萬圓に上らん
97260	鮮滿版	1920-11-23	04단	一年志願兵の入營部隊決定

일련번호	판명	간행일	단수	기사명
97261	鮮滿版	1920-11-23	04단	李堈公殿下誘拐公判/元兇誘拐を非認/法廷は物凄くも緊張す
97262	鮮滿版	1920-11-23	04단	『此の暮の賞與』殖産銀行は？
97263	鮮滿版	1920-11-23	05단	殖鐵株主總會
97264	鮮滿版	1920-11-23	05단	朝鮮新聞副社長
97265	鮮滿版	1920-11-23	05단	陸達四三號廢止
97266	鮮滿版	1920-11-23	05단	辭令
97267	鮮滿版	1920-11-23	05단	水雷艇縦覽/海州の大賑ひ
97268	鮮滿版	1920-11-23	06단	ダイナマイト/密賣者逮捕さる
97269	鮮滿版	1920-11-23	06단	失火の罰金
97270	鮮滿版	1920-11-23	06단	會(盛なりし珠算會)
97271	鮮滿版	1920-11-23	06단	半島茶話
97272	鮮滿版	1920-11-24	01단	朝鮮事情委員會組織/宣傳機關統一活動のため(朝鮮情報委員會規程/情報委員)
97273	鮮滿版	1920-11-24	01단	在西伯利鮮人間に親日傾向が顯著になる/自發的に我教科書を主文する
97274	鮮滿版	1920-11-24	01단	府面協議員當選者(仁川府/清州面/新義州府/平壤府/水原面/釜山府)
97275	鮮滿版	1920-11-24	01단	二十日執行の府協議員選擧當日の雜觀
97276	鮮滿版	1920-11-24	03단	儲からぬ鮮鐵を經營する理由【久保滿鐵京管局長談】
97277	鮮滿版	1920-11-24	04단	十一月上半金融/依然閑散狀態
97278	鮮滿版	1920-11-24	04단	穀物現物組合設置審議
97279	鮮滿版	1920-11-24	04단	物産聯合品評會
97280	鮮滿版	1920-11-24	04단	衛生課長後任未定
97281	鮮滿版	1920-11-24	05단	兵器製造所開業式
97282	鮮滿版	1920-11-24	05단	京城の殺人電車が又復少女を轢殺した/本月になってこれで四人目/申譯けないでは濟まされぬ
97283	鮮滿版	1920-11-24	05단	討伐餘話(2)/姿見せぬ鮮兵
97284	鮮滿版	1920-11-24	06단	韓銀支店設置
97285	鮮滿版	1920-11-24	06단	會議所の告訴事件
97286	鮮滿版	1920-11-24	06단	半島茶話
97287	鮮滿版	1920-11-25	01단	宙に迷って居る十七萬貫の葉莨を東亞煙草に賣付の奔走中
97288	鮮滿版	1920-11-25	01단	海州面當選者
97289	鮮滿版	1920-11-25	01단	咸興面當選者
97290	鮮滿版	1920-11-25	01단	兼二浦當選者
97291	鮮滿版	1920-11-25	02단	實銀業務擴張/仁川倉庫買收

일련번호	판명	간행일	단수	기사명
97292	鮮滿版	1920-11-25	02단	中央鐵道鳥致院淸州間線路の一部(丁峰停車場附近一望千里の美田)
97293	鮮滿版	1920-11-25	03단	貨物野積廢止/出荷減少の爲
97294	鮮滿版	1920-11-25	03단	公州電氣會社設立
97295	鮮滿版	1920-11-25	04단	明太漁業資金
97296	鮮滿版	1920-11-25	04단	鮮農等の愚痴
97297	鮮滿版	1920-11-25	04단	桑苗鼈種見込
97298	鮮滿版	1920-11-25	04단	朝鮮貿易概況
97299	鮮滿版	1920-11-25	04단	忠北道の人口
97300	鮮滿版	1920-11-25	04단	新穀出廻多し
97301	鮮滿版	1920-11-25	05단	金泉分監設置
97302	鮮滿版	1920-11-25	05단	討伐餘話(3)/東將軍の爆彈
97303	鮮滿版	1920-11-25	05단	全鮮の貯金高
97304	鮮滿版	1920-11-25	05단	預金漸減
97305	鮮滿版	1920-11-25	05단	築港の引込線
97306	鮮滿版	1920-11-25	05단	獨立軍の交通部長を逮捕/北滿憲兵隊の活動
97307	鮮滿版	1920-11-25	06단	基督教の教誨師も將來は出來やう
97308	鮮滿版	1920-11-25	06단	半島茶話
97309	鮮滿版	1920-11-26	01단	間島撤兵は當分困る/現在の平穩は一時的のものだ/赤池總督府警務局長談
97310	鮮滿版	1920-11-26	01단	全鮮府議選擧成績/鮮人側絶對多數の所あり
97311	鮮滿版	1920-11-26	01단	朝鮮人議員歷訪記(一)/內鮮融和の上に甚大の效果を及ぼす
97312	鮮滿版	1920-11-26	02단	金泉面當選者
97313	鮮滿版	1920-11-26	02단	東拓移民取扱改正
97314	鮮滿版	1920-11-26	02단	金泉分監工事
97315	鮮滿版	1920-11-26	03단	天草の女(下)/彌次郎兵衛
97316	鮮滿版	1920-11-26	03단	大阪府學事視察團
97317	鮮滿版	1920-11-26	03단	釜山丸の初航海/釜山で披露
97318	鮮滿版	1920-11-26	04단	全協一味の續行公判/全協に懲役十年の求刑
97319	鮮滿版	1920-11-26	04단	動力問題解決
97320	鮮滿版	1920-11-26	04단	討伐餘話(四)/全滅又全滅
97321	鮮滿版	1920-11-26	04단	金泉驛に賣店開設
97322	鮮滿版	1920-11-26	05단	半島茶話
97323	鮮滿版	1920-11-27	01단	選擧美談/內地人の當選辭退/群山府內鮮人融和のため
97324	鮮滿版	1920-11-27	01단	咸興衛生會生る/醫事衛生の改善向上
97325	鮮滿版	1920-11-27	01단	協議員招集期

일련번호	판명	간행일	단수	기사명
97326	鮮滿版	1920-11-27	01단	面協議員任命
97327	鮮滿版	1920-11-27	01단	黃海道評議會
97328	鮮滿版	1920-11-27	01단	明年原鹽種狀況
97329	鮮滿版	1920-11-27	01단	朝鮮人議員歷訪記(二)/電燈、水道の府營から衛生施設の改善まで/政治には興味がある
97330	鮮滿版	1920-11-27	02단	鮮線滯貨狀況
97331	鮮滿版	1920-11-27	02단	新穀弗々出廻る/市場俄に活氣付く
97332	鮮滿版	1920-11-27	03단	江原道公立學校教員內地學事視察團(二十五日本社寫眞にて撮影)
97333	鮮滿版	1920-11-27	03단	新民團義捐隊長/其部下と共に咸興署の手に捕はる
97334	鮮滿版	1920-11-27	04단	討伐餘話(五)/支那に遠慮
97335	鮮滿版	1920-11-27	05단	長崎に居宅を構へて智的研究に沒頭せる元オムスク政府法相
97336	鮮滿版	1920-11-27	05단	海州より
97337	鮮滿版	1920-11-27	05단	此暮の賞與/滿鐵は？
97338	鮮滿版	1920-11-27	06단	本社見學
97339	鮮滿版	1920-11-27	06단	半島茶話
97340	鮮滿版	1920-11-28	01단	朝鮮と滿洲禁穀
97341	鮮滿版	1920-11-28	01단	總督府諮問事項/道第一部長會議に於て
97342	鮮滿版	1920-11-28	01단	駐在所權限擴張/警察法を改善して
97343	鮮滿版	1920-11-28	02단	朝鮮線運輸狀況
97344	鮮滿版	1920-11-28	02단	東拓移民決定
97345	鮮滿版	1920-11-28	02단	殖鐵會計檢查
97346	鮮滿版	1920-11-28	02단	朝鮮日報解禁
97347	鮮滿版	1920-11-28	02단	龍山署長更迭
97348	鮮滿版	1920-11-28	02단	憲兵司令官巡視
97349	鮮滿版	1920-11-28	02단	朝鮮時報の解散/朝鮮で一番古い新聞
97350	鮮滿版	1920-11-28	02단	社前に神酒を酌み官吏も實業家も職人も協力して作業に從事/春川在鄕軍人分會の美擧
97351	鮮滿版	1920-11-28	03단	養成所生徒募集
97352	鮮滿版	1920-11-28	03단	討伐餘話(五)/變裝の鮮童
97353	鮮滿版	1920-11-28	04단	電話新線/京釜直通警備と釜山大邱間
97354	鮮滿版	1920-11-28	04단	資本五十萬の阿片密輸團
97355	鮮滿版	1920-11-28	04단	富豪を襲ふ/買收巡査の監視の下に
97356	鮮滿版	1920-11-28	05단	地中海戰死者の碑/日字海軍基地に建立
97357	鮮滿版	1920-11-28	05단	迫間氏の祝宴
97358	鮮滿版	1920-11-28	05단	會(實銀臨時總會)

일련번호	판명	간행일	단수	기사명
97359	鮮滿版	1920-11-28	05단	半島茶話
97360	鮮滿版	1920-11-30	01단	最近の滿鮮事情は遺憾なく解剖された/謎の間島問題は新田記者により/朝鮮經濟眞相は有賀頭取により/統治の根本義は丸山氏によって
97361	鮮滿版	1920-11-30	01단	鮮滿事情講演會の光景
97362	鮮滿版	1920-11-30	04단	動力問題再燃
97363	鮮滿版	1920-11-30	04단	中樞院視察團一行
97364	鮮滿版	1920-11-30	04단	兩校增設計劃
97365	鮮滿版	1920-11-30	05단	大邱商校問題
97366	鮮滿版	1920-11-30	05단	米穀出廻り/相場は相變らず軟弱
97367	鮮滿版	1920-11-30	05단	長白巡警局長/管內鮮人に獨立不能を諭す
97368	鮮滿版	1920-11-30	06단	慶北協議員候補者選擧
97369	鮮滿版	1920-11-30	06단	下村長官旅程
97370	鮮滿版	1920-11-30	06단	海州電氣株拂込
97371	鮮滿版	1920-11-30	06단	釜中の發火演習
97372	鮮滿版	1920-11-30	06단	半島茶話

1920년 12월 (선만판)

일련번호	판명	간행일	단수	기사명
97373	鮮滿版	1920-12-01	01단	朝鮮人議員歷訪記(三)/謙讓な金奎源氏は誠實の一路を進む許りソレに私の總てを投出すといふ
97374	鮮滿版	1920-12-01	01단	京城物價漸落
97375	鮮滿版	1920-12-01	01단	黃海道評議員選擧
97376	鮮滿版	1920-12-01	01단	穀物檢查問題/兩道の葛藤解けて今後は協定施行に決す
97377	鮮滿版	1920-12-01	01단	北鮮航路は有望だがまだ一般に知られてゐないと野村能登丸船長語る
97378	鮮滿版	1920-12-01	02단	討伐餘話(７)/妙な因緣
97379	鮮滿版	1920-12-01	03단	國境警備員家族慰問/愛婦朝鮮本部の活動
97380	鮮滿版	1920-12-01	03단	不逞鮮人三名押入って軍資金を强要
97381	鮮滿版	1920-12-01	03단	五人組の拳銃强盜
97382	鮮滿版	1920-12-01	03단	海州の電燈/物珍らしさに見物/開業は十二月中旬
97383	鮮滿版	1920-12-01	04단	大袈裟な改革意見/鮮人より總督へ
97384	鮮滿版	1920-12-01	05단	銃器彈藥の備付/全州在鄕軍人會
97385	鮮滿版	1920-12-01	05단	植物性餌料とした鰻の方が旨い
97386	鮮滿版	1920-12-01	05단	釜山の匿名組合
97387	鮮滿版	1920-12-01	05단	勞銀漸騰傾向
97388	鮮滿版	1920-12-01	05단	半島茶話
97389	鮮滿版	1920-12-02	01단	朝鮮の經濟/本社主催講演會席上にて有賀殖銀頭取講演
97390	鮮滿版	1920-12-02	03단	國境配備憲兵
97391	鮮滿版	1920-12-02	04단	干潟地開墾調査
97392	鮮滿版	1920-12-02	04단	朝鮮鑛業會
97393	鮮滿版	1920-12-02	04단	大邱の大競馬會/愛馬思想涵養と馬匹改善
97394	鮮滿版	1920-12-02	04단	官公吏資産家に不穩文書を送りしは地方無賴漢の惡戲
97395	鮮滿版	1920-12-02	04단	大極團の一味か牛馬を强奪して悠々對岸に去る
97396	鮮滿版	1920-12-02	05단	穀物組合役員會
97397	鮮滿版	1920-12-02	05단	斯文會役員改選
97398	鮮滿版	1920-12-02	06단	討伐餘話(８)/軍資金六十萬
97399	鮮滿版	1920-12-02	06단	姜宇奎の死體/子女に引渡さる
97400	鮮滿版	1920-12-02	06단	半島茶話
97401	鮮滿版	1920-12-03	01단	朝鮮統治と現下の趨勢/丸山總督府事務官講述
97402	鮮滿版	1920-12-03	01단	吉會線の現狀に就て/今のところ何等具體的の方針は決って居らぬ/新田總督府工務課長談
97403	鮮滿版	1920-12-03	01단	大邱競馬大會(廿八日)
97404	鮮滿版	1920-12-03	02단	鮮人交換手廢止
97405	鮮滿版	1920-12-03	03단	新任鎭海要港部司令官海軍中將山路一善氏

일련번호	판명	간행일	단수	기사명
97406	鮮滿版	1920-12-03	03단	鮮銀利下時期
97407	鮮滿版	1920-12-03	03단	道評議員選擧
97408	鮮滿版	1920-12-03	04단	不逞漢十六名を捕ふ/平南順川警察署の手柄
97409	鮮滿版	1920-12-03	04단	平壤署の手に捕はれた大詐欺師の詳報
97410	鮮滿版	1920-12-03	04단	新任馬公要港部司令官海軍少將谷口尙眞氏
97411	鮮滿版	1920-12-03	05단	金泉面初協議
97412	鮮滿版	1920-12-03	05단	金泉郡の協議員
97413	鮮滿版	1920-12-03	06단	兼二浦の選擧違反/關係の內鮮人續々召喚
97414	鮮滿版	1920-12-03	06단	新線開通期南大門、水色間
97415	鮮滿版	1920-12-03	06단	半島茶話
97416	鮮滿版	1920-12-04	01단	朝鮮統治と現下の趨勢(續)/丸山總督府事務官講述
97417	鮮滿版	1920-12-04	02단	遞信共濟組合
97418	鮮滿版	1920-12-04	03단	新穀出廻る
97419	鮮滿版	1920-12-04	03단	南鮮鐵拂込期
97420	鮮滿版	1920-12-04	03단	川添仁商副會頭
97421	鮮滿版	1920-12-04	04단	辭令
97422	鮮滿版	1920-12-04	04단	憲兵と警官/在鄕憲兵に續々應募/古巢は戀しいもの
97423	鮮滿版	1920-12-04	04단	金泉分監工事着手
97424	鮮滿版	1920-12-04	05단	鮮人所長採用/先づ平壤郵便局管內から
97425	鮮滿版	1920-12-04	05단	活動寫眞巡回講演
97426	鮮滿版	1920-12-04	05단	金泉の電話
97427	鮮滿版	1920-12-04	05단	義妓祠再建/文祿役の插話
97428	鮮滿版	1920-12-04	06단	巢窟を包圍/四名を逮捕
97429	鮮滿版	1920-12-04	06단	不逞團の首領洪、金二名の所在
97430	鮮滿版	1920-12-04	06단	ショーの保釋/裁判の進行には支障を來さない
97431	鮮滿版	1920-12-04	06단	放免五十餘名/萬歲を唱へた連中
97432	鮮滿版	1920-12-04	06단	會(京取重役會)
97433	鮮滿版	1920-12-04	06단	半島茶話
97434	鮮滿版	1920-12-05	01단	翠雲亭の圖書館/往年の貴族會亭子/藥水湧く楊柳の丘
97435	鮮滿版	1920-12-05	02단	府協議懇親會
97436	鮮滿版	1920-12-05	02단	陸軍異動
97437	鮮滿版	1920-12-05	03단	驛屯土使用料
97438	鮮滿版	1920-12-05	03단	愛婦評義推薦
97439	鮮滿版	1920-12-05	03단	北滿のペスト猖獗/露支人の大恐慌
97440	鮮滿版	1920-12-05	03단	今年の冬は暖い日が續く/京城測候所長の談
97441	鮮滿版	1920-12-05	04단	朝鮮人議員歷訪記(四)/お粗末な道路を改善したい

일련번호	판명	간행일	단수	기사명
97442	鮮滿版	1920-12-05	04단	直接供給計劃/遞信局從業員の日用品購買
97443	鮮滿版	1920-12-05	05단	三工場の操業休止/工女二千餘名解傭
97444	鮮滿版	1920-12-05	05단	入營兵と豫防接種
97445	鮮滿版	1920-12-05	05단	明治町戰友會
97446	鮮滿版	1920-12-05	05단	兵士一名戰死
97447	鮮滿版	1920-12-05	05단	半島茶話
97448	鮮滿版	1920-12-07	01단	殖銀が割增金附の勸債專賣權を獲た/此資金を鮮內拓殖資金に使ふ
97449	鮮滿版	1920-12-07	01단	吉會鐵道急設の要/川江滿鐵京管局工務課長談
97450	鮮滿版	1920-12-07	01단	前途有望なる琿春及間島の木材/輸送方法の改善が急務
97451	鮮滿版	1920-12-07	02단	大邱公會堂建設
97452	鮮滿版	1920-12-07	02단	靖國神社へ合祠
97453	鮮滿版	1920-12-07	03단	新組織の下に朝鮮時報發刊
97454	鮮滿版	1920-12-07	03단	珍らしい暖氣で薪炭が賣れぬ
97455	鮮滿版	1920-12-07	03단	元巡査の不逞漢逮捕/同類と共に憲兵の手に
97456	鮮滿版	1920-12-07	04단	豪農を脅迫/怪しき出火
97457	鮮滿版	1920-12-07	04단	朝鮮の補助憲兵平時は普通兵として
97458	鮮滿版	1920-12-07	04단	忠南江景の上水道敷設計劃
97459	鮮滿版	1920-12-07	05단	討伐餘話(９)/隨一の鈍刀
97460	鮮滿版	1920-12-07	06단	郵便物の取集め改善/先づ京城局を第一着に
97461	鮮滿版	1920-12-07	06단	釜山評議員選擧
97462	鮮滿版	1920-12-07	06단	辭令
97463	鮮滿版	1920-12-07	06단	橋本氏出發
97464	鮮滿版	1920-12-07	06단	半島茶話
97465	鮮滿版	1920-12-08	01단	朝鮮戶口調査の結果/總戶數三百二十九萬七千餘/總人ロ一千七百二十六萬餘(道別現住戶口表/現在內地人道別戶口表)
97466	鮮滿版	1920-12-08	01단	遞信局明年度事業/京元間電話架設されん
97467	鮮滿版	1920-12-08	01단	朝鮮醫科大學實現前提として高等學校設置
97468	鮮滿版	1920-12-08	02단	學年延長好績/弓削學務課長談
97469	鮮滿版	1920-12-08	03단	大邱金融界
97470	鮮滿版	1920-12-08	03단	前月末在貨狀況
97471	鮮滿版	1920-12-08	04단	米檢查不成績
97472	鮮滿版	1920-12-08	04단	文化政治の恩惠を施して遣り度いと平松軍參謀は語る
97473	鮮滿版	1920-12-08	04단	大庭朝鮮軍司令官の大將に榮進は既定の事實だ/淨法寺師團長も榮轉か
97474	鮮滿版	1920-12-08	05단	官吏の年末賞與は/率は低いが昨年と略同額

일련번호	판명	간행일	단수	기사명
97475	鮮滿版	1920-12-08	05단	佛教少年教會記念大會
97476	鮮滿版	1920-12-08	06단	組合議員の學事視察
97477	鮮滿版	1920-12-08	06단	母子殺し捕はる
97478	鮮滿版	1920-12-08	06단	賊徒を射殺す獨立團の暗殺隊
97479	鮮滿版	1920-12-08	06단	暗殺隊と應戰/二名を殪す
97480	鮮滿版	1920-12-08	06단	一網打盡
97481	鮮滿版	1920-12-08	06단	釜山遊廓の情死
97482	鮮滿版	1920-12-09	01단	(上)天道教新教會堂/(下)病める孫秉熙の家(記事參照)
97483	鮮滿版	1920-12-09	01단	京城は傳染病の都/衛生的施設と公德心の必要
97484	鮮滿版	1920-12-09	01단	怪傑セミョノフを追ふの記/ウマウマまかれた元山の記者團/暗中自動車の追跡急
97485	鮮滿版	1920-12-09	02단	勞働救濟臨時總會
97486	鮮滿版	1920-12-09	02단	預金貸出漸減
97487	鮮滿版	1920-12-09	03단	南江開鑿事業再燃と電氣事業
97488	鮮滿版	1920-12-09	04단	小學校長會議
97489	鮮滿版	1920-12-09	04단	電車取締規則がないとは驚くべき怠慢振り警告更に效果がない
97490	鮮滿版	1920-12-09	04단	天道教の悲哀/新教會堂は近く落成する
97491	鮮滿版	1920-12-09	05단	前田司令官出張
97492	鮮滿版	1920-12-09	05단	手形取引停止
97493	鮮滿版	1920-12-09	06단	我が軍の施療
97494	鮮滿版	1920-12-09	06단	殖鐵試運轉/營策開始は二十一日の豫定
97495	鮮滿版	1920-12-09	06단	金で射た大獲物で氣焰/國分李王職次官以下
97496	鮮滿版	1920-12-09	06단	半島茶話
97497	鮮滿版	1920-12-10	01단	朝鮮兒童使用の教科書を根本的に改正/小田總督府編輯課長談
97498	鮮滿版	1920-12-10	01단	今日この頃
97499	鮮滿版	1920-12-10	02단	記念植樹成績
97500	鮮滿版	1920-12-10	02단	新聞規則改正
97501	鮮滿版	1920-12-10	03단	奉天金融狀況
97502	鮮滿版	1920-12-10	04단	士官候補試驗
97503	鮮滿版	1920-12-10	04단	蒙古事情講演
97504	鮮滿版	1920-12-10	04단	全協一味の判決/三十七人有罪、一名無罪
97505	鮮滿版	1920-12-10	04단	猩紅熱の流行は氣候が暖かな關係だ/之れが豫防法について
97506	鮮滿版	1920-12-10	04단	公私市場の競爭始まる
97507	鮮滿版	1920-12-10	05단	京大總長來鮮
97508	鮮滿版	1920-12-10	05단	辭令

일련번호	판명	간행일	단수	기사명
97509	鮮滿版	1920-12-10	05단	暗殺團と衝突
97510	鮮滿版	1920-12-10	05단	電話事務員を恥しからぬ女に養成
97511	鮮滿版	1920-12-10	06단	教育資金募集/故卜部衛生課長の遺族に同情して
97512	鮮滿版	1920-12-10	06단	市場行割引
97513	鮮滿版	1920-12-10	06단	龍山元町靑年會
97514	鮮滿版	1920-12-10	06단	侍天敎記念祭
97515	鮮滿版	1920-12-10	06단	半島茶話
97516	鮮滿版	1920-12-11	01단	勞働長家を訪ふ(上)/內鮮、支人三百名が居注
97517	鮮滿版	1920-12-11	01단	海運界不況
97518	鮮滿版	1920-12-11	01단	警備艦入港
97519	鮮滿版	1920-12-11	01단	同人災厄の記(一)/葦生
97520	鮮滿版	1920-12-11	02단	通信收入增加
97521	鮮滿版	1920-12-11	02단	大阪學事視察團
97522	鮮滿版	1920-12-11	02단	金泉面協議員初顔合せ圓滿に協議決定
97523	鮮滿版	1920-12-11	03단	電力恢復せん
97524	鮮滿版	1920-12-11	04단	今日この頃
97525	鮮滿版	1920-12-11	04단	郡廳舍落成式
97526	鮮滿版	1920-12-11	04단	普通學校の火事
97527	鮮滿版	1920-12-11	04단	滿蒙藝觀/貴藝萬
97528	鮮滿版	1920-12-11	05단	半島茶話
97529	鮮滿版	1920-12-12	01단	勞働長屋を訪ふ(下)/貧乏人の子澤山を實際に示して居る
97530	鮮滿版	1920-12-12	01단	取締困難な爆藥漁業/近く檢擧を開始されやう
97531	鮮滿版	1920-12-12	01단	同人災厄の記(２)/葦生
97532	鮮滿版	1920-12-12	02단	歲末資金需要少し
97533	鮮滿版	1920-12-12	03단	京城歲末市況幾分沈滯か
97534	鮮滿版	1920-12-12	04단	米出廻增加す
97535	鮮滿版	1920-12-12	04단	セ將軍一行の瓦斯中毒/安邊驛列事中の椿事
97536	鮮滿版	1920-12-12	04단	景氣は惡い/三越の昨今
97537	鮮滿版	1920-12-12	05단	京取市場總會
97538	鮮滿版	1920-12-12	05단	府事務官更迭
97539	鮮滿版	1920-12-12	05단	馬山府道議員
97540	鮮滿版	1920-12-12	05단	南大門水色間列車直通
97541	鮮滿版	1920-12-12	05단	思想改善宣傳/慶北各地に於ける
97542	鮮滿版	1920-12-12	06단	公金一萬圓拐帶者逮捕
97543	鮮滿版	1920-12-12	06단	新日本主義宣傳
97544	鮮滿版	1920-12-12	06단	金泉の最低氣溫

일련번호	판명	간행일	단수	기사명
97545	鮮滿版	1920-12-12	06단	會(東亞商工總會)
97546	鮮滿版	1920-12-12	06단	人(山口前大海特派員)
97547	鮮滿版	1920-12-12	06단	半島茶話
97548	鮮滿版	1920-12-14	01단	道評議員選擧結果 十日一齊に執行 各道共無事終了(京畿道/慶尙南道/平安南道/黃海道/全羅北道/金泉/慶尙北道/慶尙南道)
97549	鮮滿版	1920-12-14	01단	同人災厄の記(三)/葦生
97550	鮮滿版	1920-12-14	03단	朝鮮の魚類は帝都までも遠征する/輸送法の改善が必要/一箇年の産額八千萬員に達す
97551	鮮滿版	1920-12-14	04단	穀物組合の運命/多分許可
97552	鮮滿版	1920-12-14	04단	鐵道學校竣工
97553	鮮滿版	1920-12-14	04단	李王家御近事(李王殿下御持病/大造殿御移居/李堈公殿下/李鍝公)
97554	鮮滿版	1920-12-14	04단	*盛になった靑林教 基督教を驅逐す*/壇君教の發展
97555	鮮滿版	1920-12-14	05단	滿鐵小荷物運賃改正
97556	鮮滿版	1920-12-14	05단	不埒な巡査と僧侶/巡査は强姦僧侶は殺人
97557	鮮滿版	1920-12-14	05단	體刑を言渡さる/少女を轢殺した運轉手
97558	鮮滿版	1920-12-14	05단	國境の結氷
97559	鮮滿版	1920-12-14	05단	仁川埠頭人夫盟休
97560	鮮滿版	1920-12-14	06단	警部試驗合格者
97561	鮮滿版	1920-12-14	06단	鎭海診療所開設
97562	鮮滿版	1920-12-14	06단	會(模範軍人會/朝鮮印刷總會/海銀臨時總會/支那語研究會)
97563	鮮滿版	1920-12-14	06단	人(出路海軍中將/前田少將/宗重望伯)
97564	鮮滿版	1920-12-14	06단	半島茶話
97565	鮮滿版	1920-12-15	01단	朝鮮線の客車改造/一等車の新施設と三等の徹底的開善が行はれる
97566	鮮滿版	1920-12-15	01단	時刻改正/餘程便利となる
97567	鮮滿版	1920-12-15	01단	手小荷物運賃改正/滿鐵も鐵道省にならって
97568	鮮滿版	1920-12-15	01단	水産試驗場設備進捗/明年三月末に製造部完成
97569	鮮滿版	1920-12-15	02단	電燈改善要求
97570	鮮滿版	1920-12-15	02단	朝鮮煙草專賣方法/內地式とは相違
97571	鮮滿版	1920-12-15	03단	私鐵合同促進
97572	鮮滿版	1920-12-15	03단	大邱避病舍改築
97573	鮮滿版	1920-12-15	03단	小校長會議內谷
97574	鮮滿版	1920-12-15	04단	鎭海の常備艦隊
97575	鮮滿版	1920-12-15	04단	年末の馬鎭金融
97576	鮮滿版	1920-12-15	04단	『朝鮮語辭典』の完成/眞の文化的事業である

일련번호	판명	간행일	단수	기사명
97577	鮮滿版	1920-12-15	04단	瀕死の刑事は二孝子の血で救はれる？/鄕里から來た甥も血を獻け度いと申出る
97578	鮮滿版	1920-12-15	05단	馬山融和會
97579	鮮滿版	1920-12-15	05단	咸安警察署新築
97580	鮮滿版	1920-12-15	05단	憨れな鮮人母子/東京相撲の情
97581	鮮滿版	1920-12-15	06단	海州に電燈が點く
97582	鮮滿版	1920-12-15	06단	半島茶話
97583	鮮滿版	1920-12-16	01단	産業鐵道解散に反對
97584	鮮滿版	1920-12-16	01단	地方官官制發布期
97585	鮮滿版	1920-12-16	01단	朝鮮線の客車改造(前號記事參照)(新造三等車/新造一等車特別室)
97586	鮮滿版	1920-12-16	02단	土地改良補助規定/近く發布されん
97587	鮮滿版	1920-12-16	02단	道議員選擧
97588	鮮滿版	1920-12-16	03단	救濟資金貸與
97589	鮮滿版	1920-12-16	03단	平元線速成運動
97590	鮮滿版	1920-12-16	03단	實科女學校引直し問題
97591	鮮滿版	1920-12-16	04단	黃海道廳は移轉せず
97592	鮮滿版	1920-12-16	04단	京大總長來泉
97593	鮮滿版	1920-12-16	05단	釀造檢査所設置
97594	鮮滿版	1920-12-16	05단	忠南出穀成績
97595	鮮滿版	1920-12-16	05단	村田新衛生課長
97596	鮮滿版	1920-12-16	05단	辭令
97597	鮮滿版	1920-12-16	05단	孝子の血も
97598	鮮滿版	1920-12-16	06단	尹澤榮侯を煽動した？/鎮相翊北京にて日本官憲に逮捕
97599	鮮滿版	1920-12-16	06단	今に天罰が下るぞよ/姜宇奎を死刑にしたので
97600	鮮滿版	1920-12-16	06단	不逞狩二件/鐵山と順川で
97601	鮮滿版	1920-12-16	06단	騷擾犯人捕はる
97602	鮮滿版	1920-12-16	06단	猩紅熱下火
97603	鮮滿版	1920-12-16	06단	南鮮鐵道社員馘首
97604	鮮滿版	1920-12-17	01단	貿易槪況
97605	鮮滿版	1920-12-17	01단	諺文新聞取締/藤原警務局事務官談
97606	鮮滿版	1920-12-17	01단	朝鮮人議員歷訪記(五)/思想惡化は鮮人のみでない/大邱府協議員韓翼東君
97607	鮮滿版	1920-12-17	02단	京取市場問題/總督府當局談
97608	鮮滿版	1920-12-17	03단	大邱府の諸事業
97609	鮮滿版	1920-12-17	03단	土地改良課準備

일련번호	판명	간행일	단수	기사명
97610	鮮滿版	1920-12-17	04단	同人災厄の記(４)/葦生
97611	鮮滿版	1920-12-17	04단	京城風聞錄/純金を捨てる
97612	鮮滿版	1920-12-17	04단	內地視察の狀況を朴重陽氏感淚を流して語る
97613	鮮滿版	1920-12-17	04단	軍資金募集と稱して恐喝せし不良靑年
97614	鮮滿版	1920-12-17	05단	釜山國際館落成
97615	鮮滿版	1920-12-17	06단	不景氣でも泥棒は少い
97616	鮮滿版	1920-12-18	01단	東洋拓殖の滿蒙發展/旣に三千萬圓以上の放資
97617	鮮滿版	1920-12-18	01단	京畿郡部評議員
97618	鮮滿版	1920-12-18	01단	森鐵支線認可
97619	鮮滿版	1920-12-18	01단	十一月中の群山金融經濟狀況
97620	鮮滿版	1920-12-18	02단	立花司令官談
97621	鮮滿版	1920-12-18	02단	平元鐵道問題/元山府民の憤慨/上京委員派遣
97622	鮮滿版	1920-12-18	02단	東亞日報の解散から解雇記者二十名職工二百名
97623	鮮滿版	1920-12-18	03단	小野久太郞氏
97624	鮮滿版	1920-12-18	04단	富豪馬賊に慘殺さる/人質の息子を救はんとして
97625	鮮滿版	1920-12-18	04단	普合團檢擧の端緖
97626	鮮滿版	1920-12-18	04단	坑夫に化けた暗殺團員/平北各地橫行
97627	鮮滿版	1920-12-18	04단	滿蒙藝觀/貴藝萬
97628	鮮滿版	1920-12-18	05단	首の懸賞/暗殺の獎勵法
97629	鮮滿版	1920-12-18	05단	阿片密輸/軍資金に窮して不逞鮮人團
97630	鮮滿版	1920-12-18	05단	拳銃を亂射して遞送夫を襲ふ
97631	鮮滿版	1920-12-18	06단	活字一萬個新聞發行の下準備中を押收
97632	鮮滿版	1920-12-18	06단	半島茶話
97633	鮮滿版	1920-12-19		缺號
97634	鮮滿版	1920-12-21	01단	民心は小康を保って居る/江原、咸南、平北は不良だ
97635	鮮滿版	1920-12-21	01단	仁川取引所から一年に百萬圓を/總督府が新財源を設けて
97636	鮮滿版	1920-12-21	01단	長春財界近況振はず
97637	鮮滿版	1920-12-21	01단	同人災厄の記(６)/葦生
97638	鮮滿版	1920-12-21	03단	東淸江大水利起工
97639	鮮滿版	1920-12-21	03단	全鮮の會社銀行數
97640	鮮滿版	1920-12-21	03단	計劃資本調査
97641	鮮滿版	1920-12-21	04단	朝鮮棉花豊作
97642	鮮滿版	1920-12-21	04단	京城商議評議員會
97643	鮮滿版	1920-12-21	04단	沈海銀專務の罪狀/行金拐帶ではなく李侯の私印盜用だとの噂
97644	鮮滿版	1920-12-21	04단	武器を奪って逃走/駐在所に留置中
97645	鮮滿版	1920-12-21	04단	死刑宣告書が舞込む

일련번호	판명	간행일	단수	기사명
97646	鮮滿版	1920-12-21	04단	狩獵の歸途に賊を射殺す
97647	鮮滿版	1920-12-21	05단	南鮮鐵工事許可
97648	鮮滿版	1920-12-21	05단	咸興商業學校開校式
97649	鮮滿版	1920-12-21	05단	支那敎育視察團
97650	鮮滿版	1920-12-21	05단	辭令
97651	鮮滿版	1920-12-21	05단	計劃された事業が續々中止
97652	鮮滿版	1920-12-21	06단	展望の好い新線
97653	鮮滿版	1920-12-21	06단	鐵道學校落成式
97654	鮮滿版	1920-12-21	06단	試運轉良績
97655	鮮滿版	1920-12-21	06단	半島茶話
97656	鮮滿版	1920-12-22	01단	愈府營住宅建設か/實行すれば十年度に
97657	鮮滿版	1920-12-22	01단	慶南道協議員任命に就て/佐々木知事談
97658	鮮滿版	1920-12-22	01단	朝鮮人議員歷訪記(六)/內鮮人は眞に一致/協力せねばならぬ運命/大邱府協議員 徐丙朝君
97659	鮮滿版	1920-12-22	02단	明年度募集移民
97660	鮮滿版	1920-12-22	02단	女學校增設は又復お流れ
97661	鮮滿版	1920-12-22	02단	崇實學校窮す
97662	鮮滿版	1920-12-22	03단	奉天財界近況(線絲布/麥粉/砂糖/燐寸/石油/海産物/獸皮/穀類)
97663	鮮滿版	1920-12-22	04단	同人災厄の記(7)/葦生
97664	鮮滿版	1920-12-22	04단	道評議員任命
97665	鮮滿版	1920-12-22	04단	龍井村金融狀況
97666	鮮滿版	1920-12-22	05단	京畿煙草狀況
97667	鮮滿版	1920-12-22	05단	京城風聞錄/當局も考へよ
97668	鮮滿版	1920-12-22	05단	骨に喰入った彈丸/これこそ父の命を取ったもの
97669	鮮滿版	1920-12-22	06단	會(京電定時主株總會/愛婦役員會)
97670	鮮滿版	1920-12-22	06단	半島茶話
97671	鮮滿版	1920-12-23	01단	産鐵解散問題/反對側と意見交換/非解散の聲高し
97672	鮮滿版	1920-12-23	01단	道評議員任命
97673	鮮滿版	1920-12-23	01단	評議員任命と悶着
97674	鮮滿版	1920-12-23	02단	米豆檢査好績
97675	鮮滿版	1920-12-23	03단	同人災厄の記(7)/葦生
97676	鮮滿版	1920-12-23	03단	學校組合管理者
97677	鮮滿版	1920-12-23	03단	京城風聞錄/裝甲電話室
97678	鮮滿版	1920-12-23	04단	錦江船橋/二十四日開通式擧行
97679	鮮滿版	1920-12-23	05단	西鮮殖鐵開業/連帶輸送も開始
97680	鮮滿版	1920-12-23	05단	朝鮮館燒失/損害約六萬圓

일련번호	판명	간행일	단수	기사명
97681	鮮滿版	1920-12-23	05단	半島茶話
97682	鮮滿版	1920-12-24	01단	監察官設置と事務官增員
97683	鮮滿版	1920-12-24	01단	教員養成所の入學志願者が多い
97684	鮮滿版	1920-12-24	01단	教育調查員任命
97685	鮮滿版	1920-12-24	01단	鮮人學校評議員
97686	鮮滿版	1920-12-24	01단	平壤夜話(一)/不景氣は外方退け砂糖大根の大豊作
97687	鮮滿版	1920-12-24	02단	十二月上半金融
97688	鮮滿版	1920-12-24	02단	警察署長異動
97689	鮮滿版	1920-12-24	02단	氷上の着陸を試む/會寧京城間の耐寒飛行
97690	鮮滿版	1920-12-24	02단	小學校の教室不足
97691	鮮滿版	1920-12-24	03단	京城風聞錄/四苦八苦
97692	鮮滿版	1920-12-24	04단	龍山部隊凱旋期
97693	鮮滿版	1920-12-24	04단	死體を遺棄して逃走
97694	鮮滿版	1920-12-24	04단	兵舍を燒く
97695	鮮滿版	1920-12-24	04단	放火して逃ぐ
97696	鮮滿版	1920-12-24	05단	大饑饉に在留支那人の義捐
97697	鮮滿版	1920-12-24	05단	怠納者が多い
97698	鮮滿版	1920-12-24	05단	京城の年末
97699	鮮滿版	1920-12-24	05단	半島茶話
97700	鮮滿版	1920-12-25	01단	教育機關擴張實現/高等學校師範學校新設/中學高普各二校增設等
97701	鮮滿版	1920-12-25	01단	平安道評議員
97702	鮮滿版	1920-12-25	01단	黃海道評議員
97703	鮮滿版	1920-12-25	01단	平壤夜話(二)/妓生は自然美の姿/科學文明の自然破壞
97704	鮮滿版	1920-12-25	02단	平壤商議の告訴に對する銀行團の仲裁
97705	鮮滿版	1920-12-25	03단	學校評議會員
97706	鮮滿版	1920-12-25	03단	京城風聞錄/兒童の塵塗れ
97707	鮮滿版	1920-12-25	04단	電車事故が多い電燈が暗い注意しろとお叱り
97708	鮮滿版	1920-12-25	04단	侍天教は依然對立す
97709	鮮滿版	1920-12-25	04단	不逞鮮人間島で赤化運動
97710	鮮滿版	1920-12-25	04단	脫走兵馬賊團に入り活動
97711	鮮滿版	1920-12-25	05단	密陽事件首魁/釜山潛伏中を逮捕
97712	鮮滿版	1920-12-25	05단	金融組合に不逞鮮人一名射殺さる
97713	鮮滿版	1920-12-26	01단	臨時教育調查委員會
97714	鮮滿版	1920-12-26	01단	全鮮商議決議
97715	鮮滿版	1920-12-26	01단	平壤夜話(三)/名物の栗に肉と女/騎兵旅團も來る話

일련번호	판명	간행일	단수	기사명
97716	鮮滿版	1920-12-26	02단	年末貿易槪況
97717	鮮滿版	1920-12-26	02단	殖銀の米穀擔保貸付
97718	鮮滿版	1920-12-26	03단	鮮鐵中旬貨物狀況
97719	鮮滿版	1920-12-26	03단	上海假政府の正體/內容は頗る貧弱なもの
97720	鮮滿版	1920-12-26	04단	金泉砂防工事
97721	鮮滿版	1920-12-26	04단	情報委員囑託
97722	鮮滿版	1920-12-26	04단	逼迫から金塊投賣
97723	鮮滿版	1920-12-26	05단	巡査三名を傷けて不逞鮮人逃走
97724	鮮滿版	1920-12-26	05단	稅金を强奪す
97725	鮮滿版	1920-12-26	05단	若き妻の放火/姦夫姦婦を燒き殺さんと
97726	鮮滿版	1920-12-26	05단	活動寫眞試映
97727	鮮滿版	1920-12-26	05단	半島茶話
97728	鮮滿版	1920-12-28	01단	二百二十萬圓の警務費新豫算/警視や騎馬巡査を殖やす
97729	鮮滿版	1920-12-28	01단	釜山の新事業/大正十年の施設(第一水道の擴張/第二草梁方面市區改正/第三南港修策の運動/第四一千萬圓の策港/第五朝鮮紡織の開業)
97730	鮮滿版	1920-12-28	01단	今日この頃
97731	鮮滿版	1920-12-28	03단	極力府政の爲めに李基疇氏語る
97732	鮮滿版	1920-12-28	03단	滿洲行の貨物發送注意
97733	鮮滿版	1920-12-28	03단	辭令
97734	鮮滿版	1920-12-28	04단	苦學して辯護士に
97735	鮮滿版	1920-12-28	04단	富豪を半殺にし千五百圓を奪ひ逃走
97736	鮮滿版	1920-12-28	04단	間島地方の鮮人脅迫さる
97737	鮮滿版	1920-12-28	04단	鮮人警部射たる
97738	鮮滿版	1920-12-28	05단	布教本部奉佛式
97739	鮮滿版	1920-12-28	05단	滿鮮版
97740	鮮滿版	1920-12-28	05단	半島茶話

아사히신문 외지판(조선판) 기사명 색인

1921년

1921년 1월 (선만판)

일련번호	판명	간행일	단수	기사명
97741	鮮滿版	1921-01-05	01단	朝鮮統治の現在及び將來(上)/朝鮮總督男爵齋藤實(回顧一年/內外多事の秋)
97742	鮮滿版	1921-01-05	01단	金の卵のお話/朝鮮の別名鷄林の起り
97743	鮮滿版	1921-01-05	02단	京城の消防出初式/新年劈頭の壯觀
97744	鮮滿版	1921-01-05	02단	龍山觀兵式
97745	鮮滿版	1921-01-05	04단	兼二浦の新年
97746	鮮滿版	1921-01-05	04단	沙里院の元旦
97747	鮮滿版	1921-01-05	04단	半島茶話
97748	鮮滿版	1921-01-06	01단	朝鮮統治の現在及び將來(下)/朝鮮總督男爵齋藤實(優渥なる二大恩典/本年度の計劃/無限の親愛と同情/官民一般に望む)
97749	鮮滿版	1921-01-06	02단	內鮮人融和に模範を垂れ給ひし李王世子殿下の御近狀/國分李王職次官謹話
97750	鮮滿版	1921-01-06	03단	營口發字號破綻の經過
97751	鮮滿版	1921-01-06	04단	可然御賢察/平元線第二回通牒
97752	鮮滿版	1921-01-06	04단	荒み切った鬱陵島を德で和らげた洪在現氏
97753	鮮滿版	1921-01-06	04단	京城から來て京都に泣く小年
97754	鮮滿版	1921-01-06	04단	半島茶話
97755	鮮滿版	1921-01-07	01단	炭燒長者譚/柳田國男/六
97756	鮮滿版	1921-01-07	02단	排日運動の內幕(下)/シアトル桝居伍六
97757	鮮滿版	1921-01-07	04단	米國の東洋銀行
97758	鮮滿版	1921-01-08	01단	神宮と鷄
97759	鮮滿版	1921-01-08	02단	結婚を自然の流に導け移民の奬勵を充分にし度い/長田京城女子高等普通學校長談
97760	鮮滿版	1921-01-08	02단	お多福と松任の福壽草/鼻(花)の低いが自慢
97761	鮮滿版	1921-01-08	04단	淸津の紛擾/繁榮期成會の決議
97762	鮮滿版	1921-01-08	05단	北鮮日報無休刊
97763	鮮滿版	1921-01-08	05단	滿蒙藝觀/貴藝寓
97764	鮮滿版	1921-01-09		缺號
97765	鮮滿版	1921-01-11	01단	煙草、鹽、人蔘、阿片專賣局愈新設/一千五百萬圓の大豫算/開局は來る四月
97766	鮮滿版	1921-01-11	01단	教育調査會初會議/齋藤總督の挨拶
97767	鮮滿版	1921-01-11	03단	府營住宅問題/實地視察の上具體的に立案
97768	鮮滿版	1921-01-11	03단	教育調查委員會
97769	鮮滿版	1921-01-11	03단	産鐵運動委員東上
97770	鮮滿版	1921-01-11	04단	京電の回答
97771	鮮滿版	1921-01-11	04단	咸興聯隊の凱旋

일련번호	판명	간행일	단수	기사명
97772	鮮滿版	1921-01-11	04단	咸鏡南道に不逞橫行
97773	鮮滿版	1921-01-11	05단	開闢の筆禍
97774	鮮滿版	1921-01-11	05단	人(淨法寺中將(第二十師團長)/小野久太郎)
97775	鮮滿版	1921-01-11	05단	半島茶話
97776	鮮滿版	1921-01-12	01단	大正十年度朝鮮總督府特別會計豫算綱要/第一朝鮮總督府(歲入/歲出)/第二朝鮮醫院及濟生院特別會計(朝鮮醫院及濟生院/朝鮮醫院及濟生院資金部)
97777	鮮滿版	1921-01-12	02단	警務費增加の內容/見るべき新事業なし
97778	鮮滿版	1921-01-12	02단	煙草專賣は大體に於て內地の制度に順應して施行せられん
97779	鮮滿版	1921-01-12	04단	教育調查委員會終了
97780	鮮滿版	1921-01-12	04단	教科書調查會
97781	鮮滿版	1921-01-12	04단	土木協會臨時總會
97782	鮮滿版	1921-01-12	04단	米穀檢查成績
97783	鮮滿版	1921-01-12	05단	京畿地稅收納狀況
97784	鮮滿版	1921-01-12	05단	普合團員二十三名八日檢事局に押送さる
97785	鮮滿版	1921-01-12	05단	不逞橫行頻々
97786	鮮滿版	1921-01-12	05단	大村檢事正
97787	鮮滿版	1921-01-12	05단	勳二等の詐欺
97788	鮮滿版	1921-01-12	06단	教主制を廢す/侍天教の近狀
97789	鮮滿版	1921-01-12	06단	半島茶話
97790	鮮滿版	1921-01-13	01단	教科書調查委員會
97791	鮮滿版	1921-01-13	01단	出版物の取締
97792	鮮滿版	1921-01-13	01단	稻作改良計劃
97793	鮮滿版	1921-01-13	02단	殖銀驛屯土金融/森殖銀勸業課長談
97794	鮮滿版	1921-01-13	02단	會社銀行(鮮銀重役會/殖銀株主總會/京電株主總會)
97795	鮮滿版	1921-01-13	03단	總督邸の新年宴/倭城臺の夜の招宴/木の頭が電燈改障
97796	鮮滿版	1921-01-13	03단	旅客規定改正
97797	鮮滿版	1921-01-13	04단	朝鮮館特設/大分の共進會に
97798	鮮滿版	1921-01-13	04단	放水は眞平/氷結と斷水とは一時に來るから此の點を注意して欲しい
97799	鮮滿版	1921-01-13	05단	半島茶話
97800	鮮滿版	1921-01-14	01단	九州沖繩八縣聯合共進會會場大部分竣成す/各縣の事務開始は二月一日から
97801	鮮滿版	1921-01-14	01단	木材暴落の爲め立木の公賣が成立たない/浦屋廣島小林區署長談
97802	鮮滿版	1921-01-14	01단	久留米市長辭職決定/退職慰勞金三千五百圓

일련번호	판명	간행일	단수	기사명
97803	鮮滿版	1921-01-14	01단	鰊豊漁/但し運輸機關不如意の狀態
97804	鮮滿版	1921-01-14	01단	豪膽な『處女會員』激浪中の遭難船を救ふ/偵の荒くれ男も舌を捲く/近く表彰さる〉『荒綱代處女會』
97805	鮮滿版	1921-01-14	02단	忠南道の農況/米と豆と棉(米/大豆/棉)
97806	鮮滿版	1921-01-14	03단	慶南金融組合
97807	鮮滿版	1921-01-14	04단	雪の西伯利から暖い南を慕うて飛來する/阿久根の野生鷄
97808	鮮滿版	1921-01-14	04단	舊韓貨と通用力
97809	鮮滿版	1921-01-14	04단	殖銀米穀貸出/三百萬圓限度
97810	鮮滿版	1921-01-14	05단	無暗に行使される偽造紙幣/犯人檢擧も近い
97811	鮮滿版	1921-01-14	05단	半島茶話
97812	鮮滿版	1921-01-15	01단	教科書調査委員會/齋藤總督の開會之辭(教科書調査委員會に於ける總督開會の辭)
97813	鮮滿版	1921-01-15	01단	米不賣同盟拒否理由 總督府農務當局談/問題にせぬ東拓の意見
97814	鮮滿版	1921-01-15	03단	名實共に立派な朝鮮大學の實現を望む/內鮮學生を無差別にして
97815	鮮滿版	1921-01-15	04단	舊臘貿易不振/出入共に減少
97816	鮮滿版	1921-01-15	04단	教調會第二回會議
97817	鮮滿版	1921-01-15	04단	客月京城の商況/朝鮮銀行調査
97818	鮮滿版	1921-01-15	05단	朝鮮荷動狀況
97819	鮮滿版	1921-01-15	05단	金融組合設立
97820	鮮滿版	1921-01-15	05단	記者請待會
97821	鮮滿版	1921-01-15	05단	辭令
97822	鮮滿版	1921-01-15	05단	東亞日報の發行停止解禁/千葉第三部長談
97823	鮮滿版	1921-01-15	06단	强盗の置去物は死刑執行狀
97824	鮮滿版	1921-01-15	06단	賊三名を殪す/義州警察の手柄
97825	鮮滿版	1921-01-15	06단	脅迫者逮捕さる
97826	鮮滿版	1921-01-15	06단	半島茶話
97827	鮮滿版	1921-01-16	01단	間島統治の要諦/滿蒙條約を徹底せよ/吉會線を速成すべし/某有力者談
97828	鮮滿版	1921-01-16	01단	産業政策/確立緊要地
97829	鮮滿版	1921-01-16	01단	間島鮮人感謝/憲兵隊の勳勞を
97830	鮮滿版	1921-01-16	02단	旭川堤防修繕
97831	鮮滿版	1921-01-16	02단	天道教靑年會/東京に設置せん
97832	鮮滿版	1921-01-16	02단	京畿納稅成績
97833	鮮滿版	1921-01-16	03단	農事會社解散
97834	鮮滿版	1921-01-16	03단	鮮地會社消長

일련번호	판명	간행일	단수	기사명
97835	鮮滿版	1921-01-16	03단	暖氣と農作物
97836	鮮滿版	1921-01-16	03단	京城普通校增說
97837	鮮滿版	1921-01-16	03단	大正親睦會發展
97838	鮮滿版	1921-01-16	04단	技術員講習會
97839	鮮滿版	1921-01-16	04단	會社銀行(鮮銀成績/京電成績)
97840	鮮滿版	1921-01-16	04단	不逞鮮人の取締りが關門で嚴重になる/爆彈密輸の徑路が判り總督府から政府に抗議した
97841	鮮滿版	1921-01-16	04단	李公擁立事件の花/李信愛の服役振り/謎の兒の父親も判明す
97842	鮮滿版	1921-01-16	05단	猩紅熱に次いて流感襲來/京城市民警戒
97843	鮮滿版	1921-01-16	06단	神社建設/間島鮮人の企
97844	鮮滿版	1921-01-16	06단	辭令
97845	鮮滿版	1921-01-16	06단	會(參謀長晚餐會)
97846	鮮滿版	1921-01-16	06단	半島茶話
97847	鮮滿版	1921-01-18	01단	悲劇頻出/善政の要
97848	鮮滿版	1921-01-18	01단	金塊流入/支那から內地へ
97849	鮮滿版	1921-01-18	01단	勞銀低落
97850	鮮滿版	1921-01-18	02단	教科調查會終了
97851	鮮滿版	1921-01-18	02단	配達料金引上
97852	鮮滿版	1921-01-18	02단	軍司令官巡視
97853	鮮滿版	1921-01-18	02단	强制防疫實施
97854	鮮滿版	1921-01-18	02단	源語を今樣の歌留多會/役人は女房の方が巧い
97855	鮮滿版	1921-01-18	03단	大正親睦會發展
97856	鮮滿版	1921-01-18	04단	納稅不良眞相
97857	鮮滿版	1921-01-18	04단	京城の銀行成績
97858	鮮滿版	1921-01-18	04단	大邱の銀行成績
97859	鮮滿版	1921-01-18	05단	辭令
97860	鮮滿版	1921-01-18	05단	根氣の好い暗殺隊活動/悉く逮捕す
97861	鮮滿版	1921-01-18	05단	時局に依る殺害五十/昨年中の統計
97862	鮮滿版	1921-01-18	05단	賠償請求公判
97863	鮮滿版	1921-01-18	06단	君が代と義太夫/無線電信に感應
97864	鮮滿版	1921-01-18	06단	二萬四千圓橫領
97865	鮮滿版	1921-01-18	06단	城津の猩紅熱
97866	鮮滿版	1921-01-18	06단	半島茶話
97867	鮮滿版	1921-01-19	01단	水道渴望/江景民の運動
97868	鮮滿版	1921-01-19	01단	不逞輩の謠言と農村の不安/某有力者談
97869	鮮滿版	1921-01-19	02단	陳列館擴張中止

일련번호	판명	간행일	단수	기사명
97870	鮮滿版	1921-01-19	02단	技術員補充策
97871	鮮滿版	1921-01-19	02단	地方豫算編成
97872	鮮滿版	1921-01-19	03단	慶南道新事業
97873	鮮滿版	1921-01-19	03단	取引所設置絶望
97874	鮮滿版	1921-01-19	03단	釜山市區改正
97875	鮮滿版	1921-01-19	03단	奉天長春金融
97876	鮮滿版	1921-01-19	04단	海州實業會組織
97877	鮮滿版	1921-01-19	04단	林業技術員會議
97878	鮮滿版	1921-01-19	04단	朝鮮を馬國にする/種馬場を設置し乘馬倶樂部に補助を與へる
97879	鮮滿版	1921-01-19	05단	土地講習生見學
97880	鮮滿版	1921-01-19	05단	步兵學校入學
97881	鮮滿版	1921-01-19	05단	身體檢查施行
97882	鮮滿版	1921-01-19	05단	軍資金を募った權等の罪狀/慶尙北道にて發表
97883	鮮滿版	1921-01-19	06단	平北督軍府內情
97884	鮮滿版	1921-01-19	06단	明治町の火事
97885	鮮滿版	1921-01-19	06단	半島茶話
97886	鮮滿版	1921-01-20	01단	教科書調査會結果　委員會答申及び議案/答申/教科書調査委員會審議案大要/鮮人委員の希望と當局の意向 用語問題と朝鮮歷史
97887	鮮滿版	1921-01-20	03단	電話改善(京龍通話廢止/電話特設豫想/長距離電話/十年度新事業)
97888	鮮滿版	1921-01-20	03단	競爭試驗問題/校長會議議題
97889	鮮滿版	1921-01-20	04단	鑛業界振興策
97890	鮮滿版	1921-01-20	04단	慈惠病院敷地
97891	鮮滿版	1921-01-20	04단	咸北鐵道敷設
97892	鮮滿版	1921-01-20	04단	水産組合提案
97893	鮮滿版	1921-01-20	04단	成苗見込と配附
97894	鮮滿版	1921-01-20	05단	啞者三萬七千盲者七萬/彼等の教育機關は只一つ
97895	鮮滿版	1921-01-20	05단	北滿鼠疫/三國共同防疫
97896	鮮滿版	1921-01-20	05단	不穩童謠を妓生に歌はせて流行させる
97897	鮮滿版	1921-01-20	06단	親日鮮人長白縣で殺さる
97898	鮮滿版	1921-01-20	06단	李成權捕はる
97899	鮮滿版	1921-01-20	06단	不逞漢の取調
97900	鮮滿版	1921-01-20	06단	半島茶話
97901	鮮滿版	1921-01-21	01단	盛に押寄せる社外船/西岸の貨物爭奪戰
97902	鮮滿版	1921-01-21	01단	朝鮮線缺損額

일련번호	판명	간행일	단수	기사명
97903	鮮滿版	1921-01-21	01단	童謠を利用して排日宣傳/取締が困難
97904	鮮滿版	1921-01-21	02단	朝鮮旅客近況
97905	鮮滿版	1921-01-21	02단	吉林市場現狀
97906	鮮滿版	1921-01-21	03단	地方職員待遇令
97907	鮮滿版	1921-01-21	03단	國民協會活動
97908	鮮滿版	1921-01-21	04단	金泉電燈點火
97909	鮮滿版	1921-01-21	04단	一銀支店落成
97910	鮮滿版	1921-01-21	04단	九州朝鮮間大飛行/二月中旬擧行されん/出發點は唐津か福岡
97911	鮮滿版	1921-01-21	04단	僞政府悔い改む 脅迫したものを極刑に處せん/貴族富豪を脅迫する一團
97912	鮮滿版	1921-01-21	04단	江範圖泰城に向ふ
97913	鮮滿版	1921-01-21	04단	暗殺隊を編成/一萬圓の懸賞で
97914	鮮滿版	1921-01-21	05단	京城現物總會
97915	鮮滿版	1921-01-21	05단	京城證券信託
97916	鮮滿版	1921-01-21	05단	釜山水産成績
97917	鮮滿版	1921-01-21	05단	不逞鮮人と衝突
97918	鮮滿版	1921-01-21	06단	軍備團員逮捕
97919	鮮滿版	1921-01-21	06단	不正漁船逸走
97920	鮮滿版	1921-01-21	06단	怪しからぬ敎員
97921	鮮滿版	1921-01-21	06단	半島茶話
97922	鮮滿版	1921-01-22	01단	朝鮮の水道事業/旣設十九箇所新設四箇所
97923	鮮滿版	1921-01-22	01단	市民大會/江景上水道問題
97924	鮮滿版	1921-01-22	01단	京城住宅不足七百戶に及ぶ
97925	鮮滿版	1921-01-22	01단	滿蒙藝觀/貴藝寓
97926	鮮滿版	1921-01-22	02단	朝鮮軍新事業
97927	鮮滿版	1921-01-22	02단	棉作十年計劃
97928	鮮滿版	1921-01-22	02단	朝鮮鑛業大會
97929	鮮滿版	1921-01-22	03단	東拓移民應募
97930	鮮滿版	1921-01-22	03단	總督府出張所
97931	鮮滿版	1921-01-22	03단	國民協會大會
97932	鮮滿版	1921-01-22	04단	李太王三年祭
97933	鮮滿版	1921-01-22	04단	鳥致院より
97934	鮮滿版	1921-01-22	04단	輯安の不逞鮮人團/鮮內に南下せんとし支那兵と衝突して敗走
97935	鮮滿版	1921-01-22	04단	姜宇奎の愛娘が終生侍墓の爲にその墓畔に一生を捧ぐ
97936	鮮滿版	1921-01-22	04단	泣く子も默った白龍と天鬼/今は蒙古の奧地で農屬主と酒屋の番頭

일련번호	판명	간행일	단수	기사명
97937	鮮滿版	1921-01-22	05단	服部事務官退職
97938	鮮滿版	1921-01-22	05단	會社銀行(京電株主總會/信託發起人會/製氷會社創立)
97939	鮮滿版	1921-01-22	05단	不逞團と衝突/拳銃彈丸押收
97940	鮮滿版	1921-01-22	06단	鮮人勞働者/事業界不振と反對に續々渡來する
97941	鮮滿版	1921-01-22	06단	大工賃銀値下
97942	鮮滿版	1921-01-22	06단	人(柴崎鐵吉氏(京城中學校長)/油井佐次氏(勸業模範技師)/柴田善三郎氏(總督府學務局長)/齊藤歆二氏(平壤女子高普校長)/肥田健吉氏(淸津支廳判事))
97943	鮮滿版	1921-01-22	06단	半島茶話
97944	鮮滿版	1921-01-23	01단	官制改正/三部制改稱
97945	鮮滿版	1921-01-23	01단	金融不安/舊歲末決濟不安
97946	鮮滿版	1921-01-23	01단	勸酒歌で日鮮和合の宴/閔元植氏自祝
97947	鮮滿版	1921-01-23	02단	郵便局所增設/鮮人所長採用
97948	鮮滿版	1921-01-23	02단	警察官講習所/內容漸次充實
97949	鮮滿版	1921-01-23	02단	大邱市民大會
97950	鮮滿版	1921-01-23	03단	鮮鐵荷動不振
97951	鮮滿版	1921-01-23	03단	勞働會組織
97952	鮮滿版	1921-01-23	03단	會社銀行(仁取今期配當/漢銀支店長會講)
97953	鮮滿版	1921-01-23	04단	辭令
97954	鮮滿版	1921-01-23	04단	金慾しさの獨立黨員 互に瞞し合ひ/此奴も自稱す 上海假政府と
97955	鮮滿版	1921-01-23	04단	李王世子殿下御歸鮮御日程と李王殿下の御歡び
97956	鮮滿版	1921-01-23	05단	坊門及方圓社名家勝繼碁戰/九十六回(9)
97957	鮮滿版	1921-01-23	05단	賣行の惡い朝鮮兒童畵と教育調査會
97958	鮮滿版	1921-01-23	05단	第十師團の流感/新患者續出す
97959	鮮滿版	1921-01-23	05단	暉眄教徒檢擧
97960	鮮滿版	1921-01-23	06단	スミス氏來らず
97961	鮮滿版	1921-01-23	06단	人(加々屬橙太郎氏)
97962	鮮滿版	1921-01-23	06단	半島茶話
97963	鮮滿版	1921-01-25	01단	儒生懇話會組織/誘導統一の端
97964	鮮滿版	1921-01-25	01단	慈惠醫院敷地/馬山府の運動
97965	鮮滿版	1921-01-25	01단	中旬鮮鐵在貨
97966	鮮滿版	1921-01-25	01단	植民地の歌(上)/滿州の歌/沼波瓊音作歌
97967	鮮滿版	1921-01-25	02단	大庭司令官巡視
97968	鮮滿版	1921-01-25	02단	技術員大學見學
97969	鮮滿版	1921-01-25	02단	辭令

일련번호	판명	간행일	단수	기사명
97970	鮮滿版	1921-01-25	02단	五人黑焦溫突內で
97971	鮮滿版	1921-01-25	03단	高麗も大和も變らぬ人情/扶餘の一佳話
97972	鮮滿版	1921-01-25	04단	坊門及方圓社名家勝繼碁戰/九十六回(１０)
97973	鮮滿版	1921-01-25	04단	支那側警官鼻息荒し
97974	鮮滿版	1921-01-25	04단	密偵と疑ひ射殺
97975	鮮滿版	1921-01-25	04단	咸南の不逞徒
97976	鮮滿版	1921-01-25	05단	北滿鼠疫蔓延
97977	鮮滿版	1921-01-25	05단	半島茶話
97978	鮮滿版	1921-01-26	01단	朝鮮の人口と職業/八割六分が農林牧畜業
97979	鮮滿版	1921-01-26	02단	衛生機關擴張
97980	鮮滿版	1921-01-26	02단	群山慈惠病院/敷地買收問題解決
97981	鮮滿版	1921-01-26	02단	通信傳習所增設
97982	鮮滿版	1921-01-26	02단	奉天教育參觀團
97983	鮮滿版	1921-01-26	03단	十二月城津貿易
97984	鮮滿版	1921-01-26	03단	放火した上慘殺し女を人質として拉し去る/朝鮮馬賊團の跳梁
97985	鮮滿版	1921-01-26	03단	耐寒飛行の着陸地/今年は暖かいから張合がない
97986	鮮滿版	1921-01-26	03단	若い人妻と通じて鮮人に斬殺さる
97987	鮮滿版	1921-01-26	04단	京城上半月金融
97988	鮮滿版	1921-01-26	04단	歸順鮮人動く/間島又不穩
97989	鮮滿版	1921-01-26	04단	坊門及方圓社名家勝繼碁戰/九十六回(１１)
97990	鮮滿版	1921-01-26	05단	茂山に牛疫發生
97991	鮮滿版	1921-01-26	05단	漁大津の鍊初漁
97992	鮮滿版	1921-01-26	05단	半島茶話
97993	鮮滿版	1921-01-27	01단	大阪朝日新聞社を來訪せる奉天教育參觀團
97994	鮮滿版	1921-01-27	01단	朝鮮師團增設か移管か
97995	鮮滿版	1921-01-27	01단	汽車通學/學生乘車取締
97996	鮮滿版	1921-01-27	01단	通關事務開始/全鮮郵便局所にて
97997	鮮滿版	1921-01-27	02단	道參與官改善
97998	鮮滿版	1921-01-27	02단	元山築港進捗
97999	鮮滿版	1921-01-27	02단	金融組合新設
98000	鮮滿版	1921-01-27	03단	東拓移民制改正
98001	鮮滿版	1921-01-27	03단	漁場貸下請願
98002	鮮滿版	1921-01-27	03단	學校議員選擧
98003	鮮滿版	1921-01-27	03단	露支鮮人より成る極東赤化の手配り/支那、朝鮮、東京に宣傳支部を設く
98004	鮮滿版	1921-01-27	03단	不逞鮮人良民殺戮頻々

일련번호	판명	간행일	단수	기사명
98005	鮮滿版	1921-01-27	04단	沙里院の電燈
98006	鮮滿版	1921-01-27	04단	愛婦活動計劃
98007	鮮滿版	1921-01-27	04단	咸南の移出牛
98008	鮮滿版	1921-01-27	04단	開原市況
98009	鮮滿版	1921-01-27	04단	*巨魁射殺さる捜査班の活動/卵を爆彈にして軍資金を掠奪/富豪邸に爆彈*
98010	鮮滿版	1921-01-27	05단	流感警戒/豫防注射施行
98011	鮮滿版	1921-01-27	05단	漂流船に死體
98012	鮮滿版	1921-01-27	05단	支那の僞造紙幣
98013	鮮滿版	1921-01-27	05단	ア氏就任許可
98014	鮮滿版	1921-01-27	05단	朝日名家新碁戰(1)
98015	鮮滿版	1921-01-27	06단	會(道書記講習會/生産品評會/釜山物産組合)
98016	鮮滿版	1921-01-27	06단	半島茶話
98017	鮮滿版	1921-01-28	01단	植林方針/田中山林課長談
98018	鮮滿版	1921-01-28	01단	無線電信計劃
98019	鮮滿版	1921-01-28	01단	植民地の歌(下)/朝鮮の歌/沼波瓊音作歌
98020	鮮滿版	1921-01-28	02단	朝鮮農會改造
98021	鮮滿版	1921-01-28	02단	農校移轉反對
98022	鮮滿版	1921-01-28	03단	檢疫委員手當
98023	鮮滿版	1921-01-28	03단	鎭南浦より(流氷と航海/米檢問題經過/水源涸渴/電力需給契約/集金同盟會)
98024	鮮滿版	1921-01-28	04단	辭令
98025	鮮滿版	1921-01-28	04단	小學休校/猩紅熱激甚
98026	鮮滿版	1921-01-28	04단	匪徒出沒(姜洙萬/劉在奉/逃走者射殺/氷土の格鬪/朴健浦/宣傳者逮捕)
98027	鮮滿版	1921-01-28	05단	朝日名家新碁戰(2)
98028	鮮滿版	1921-01-28	05단	不逞團同志打
98029	鮮滿版	1921-01-28	05단	麻浦の石合戰/警官出動す
98030	鮮滿版	1921-01-28	05단	晉州の自衛團
98031	鮮滿版	1921-01-28	06단	會(信託組合創立委員會/京城學校組合會/漢文大學會/京城仲買入組合會)
98032	鮮滿版	1921-01-28	06단	半島茶話
98033	鮮滿版	1921-01-29	01단	産業政策促進/商議聯合會の計劃
98034	鮮滿版	1921-01-29	01단	畜牛保險計劃/鮮農救濟の一法
98035	鮮滿版	1921-01-29	01단	徒弟學校建設
98036	鮮滿版	1921-01-29	02단	全北農校規模

일련번호	판명	간행일	단수	기사명
98037	鮮滿版	1921-01-29	02단	尙州鹽校設立
98038	鮮滿版	1921-01-29	02단	絲布取引期間
98039	鮮滿版	1921-01-29	02단	上半月貿易高
98040	鮮滿版	1921-01-29	02단	高島師團長出發
98041	鮮滿版	1921-01-29	02단	地方費待遇職員任命に就て/須藤第一部長談
98042	鮮滿版	1921-01-29	03단	全南棉販賣高
98043	鮮滿版	1921-01-29	03단	西間島に馬賊跳梁/糧食を奪ひ人質を取る
98044	鮮滿版	1921-01-29	03단	灘の酒造米に朝鮮米を/不賣同盟の影響
98045	鮮滿版	1921-01-29	04단	蔚山沖の捕鯨
98046	鮮滿版	1921-01-29	04단	元山の鰊漁況
98047	鮮滿版	1921-01-29	04단	淸津白豆市況
98048	鮮滿版	1921-01-29	04단	京畿の巡査試驗
98049	鮮滿版	1921-01-29	04단	朝日名家新碁戰(3)
98050	鮮滿版	1921-01-29	05단	金佐鎭の詩
98051	鮮滿版	1921-01-29	05단	半島茶話
98052	鮮滿版	1921-01-30	01단	犯罪の禍する各道/朝鮮の平穩は未し
98053	鮮滿版	1921-01-30	01단	元山中學開校
98054	鮮滿版	1921-01-30	01단	全北實業校建設
98055	鮮滿版	1921-01-30	01단	セ將軍が再擧するはチタ以西ならん/セ將軍の近狀
98056	鮮滿版	1921-01-30	01단	朝鮮富豪の慈善心/當局が世話せねば駄目
98057	鮮滿版	1921-01-30	02단	鳥致院より
98058	鮮滿版	1921-01-30	03단	今年の冬は寒くならない/氣壓の配置が例年と違ふから
98059	鮮滿版	1921-01-30	03단	脅迫された元面長等/遁出して流浪
98060	鮮滿版	1921-01-30	04단	不穩な帝大生/其筋に狙はる
98061	鮮滿版	1921-01-30	04단	殺して吳れよとの控訴申立
98062	鮮滿版	1921-01-30	04단	自轉車修繕料
98063	鮮滿版	1921-01-30	04단	會(私鐵評議員會/釜山商議評議員會)
98064	鮮滿版	1921-01-30	04단	朝日名家新碁戰(4)
98065	鮮滿版	1921-01-30	05단	人(森勇三郎氏(中央試驗場技師)/大庭二郎氏(朝鮮軍司令官)/佐々木藤太郎氏(慶南道知事))
98066	鮮滿版	1921-01-30	05단	半島茶話

1921년 2월 (선만판)

일련번호	판명	간행일	단수	기사명
98067	鮮滿版	1921-02-01	01단	私設鐵道工事着々進捗(全北輕鐵/中央鐵道/西鮮殖鐵/金剛山電鐵/南鮮鐵道/京南鐵道/森林鐵道/兩江拓林/圖們鐵道)
98068	鮮滿版	1921-02-01	01단	靑島の新聞七題(一)/風來訪
98069	鮮滿版	1921-02-01	02단	鮮米移出激增
98070	鮮滿版	1921-02-01	02단	在鮮宣教師數
98071	鮮滿版	1921-02-01	02단	東拓貸付狀況
98072	鮮滿版	1921-02-01	02단	馬賊萬順等石壘を築き砲を据う/支那官兵持餘す
98073	鮮滿版	1921-02-01	02단	討伐の目的は達せられ金は敦化に、洪は惠山鎭に逃げた/東少將の間島談
98074	鮮滿版	1921-02-01	03단	全南棉花好況
98075	鮮滿版	1921-02-01	04단	急に勃興した婦人團體急に凋落した
98076	鮮滿版	1921-02-01	04단	北鮮間島に活動せる情報局の活動寫眞/支那官民にも歡迎された
98077	鮮滿版	1921-02-01	04단	道ならぬ戀仲の叔父と姪毒藥情死を遂ぐ
98078	鮮滿版	1921-02-01	04단	浮浪人狩京城で斷行
98079	鮮滿版	1921-02-01	04단	不逞團遺亂す
98080	鮮滿版	1921-02-01	05단	朝日名家新碁戰(5)
98081	鮮滿版	1921-02-01	05단	時局標榜强盜
98082	鮮滿版	1921-02-01	05단	不義の兒殺し
98083	鮮滿版	1921-02-01	06단	會(學校組合會議/體育協會理事會/龍山信用組合總會)
98084	鮮滿版	1921-02-01	06단	人(高島中將(第十九師團長)/東少將(步兵第三十七旅團長))
98085	鮮滿版	1921-02-01	06단	半島茶話
98086	鮮滿版	1921-02-02	01단	吉會鐵道敷設問題/再協議開始されん
98087	鮮滿版	1921-02-02	01단	東拓灌漑工事
98088	鮮滿版	1921-02-02	01단	北鮮出穀殷賑
98089	鮮滿版	1921-02-02	01단	米穀資金不振
98090	鮮滿版	1921-02-02	01단	內地視察團組織
98091	鮮滿版	1921-02-02	01단	靑島の新聞七題(二)/風來訪
98092	鮮滿版	1921-02-02	02단	京畿地方賦課額
98093	鮮滿版	1921-02-02	02단	全北尙農聯合會
98094	鮮滿版	1921-02-02	02단	統營の簡易水道
98095	鮮滿版	1921-02-02	02단	愛婦國境慰問
98096	鮮滿版	1921-02-02	03단	會寧經濟界概況
98097	鮮滿版	1921-02-02	03단	局子街官場の肅淸/張延堭鎭守使の切れ味
98098	鮮滿版	1921-02-02	03단	反日の老儒金躍淵悔悟して歸順
98099	鮮滿版	1921-02-02	04단	賦課徵收況狀

일련번호	판명	간행일	단수	기사명
98100	鮮滿版	1921-02-02	04단	海州學校豫算
98101	鮮滿版	1921-02-02	04단	京城避病院建築に着手する
98102	鮮滿版	1921-02-02	05단	朝日名家新碁戰(6)
98103	鮮滿版	1921-02-02	05단	鮮人交換手志願者が殖る
98104	鮮滿版	1921-02-02	06단	文化宣傳運動
98105	鮮滿版	1921-02-02	06단	半島茶話
98106	鮮滿版	1921-02-03	01단	當局接近して外人宣教師態度を改む
98107	鮮滿版	1921-02-03	01단	滿鐵不評
98108	鮮滿版	1921-02-03	02단	鑛業會新活動
98109	鮮滿版	1921-02-03	03단	苦力救濟の要
98110	鮮滿版	1921-02-03	03단	果實品評會計劃
98111	鮮滿版	1921-02-03	03단	鳥致院金融組合
98112	鮮滿版	1921-02-03	03단	浦項鰊豊漁影響
98113	鮮滿版	1921-02-03	04단	道議紛擾問題
98114	鮮滿版	1921-02-03	04단	産鐵解散問題
98115	鮮滿版	1921-02-03	04단	咸興商業增策
98116	鮮滿版	1921-02-03	04단	咸南普校增設
98117	鮮滿版	1921-02-03	04단	清津港貿易額
98118	鮮滿版	1921-02-03	04단	會社銀行(鮮行成績/京電總會)
98119	鮮滿版	1921-02-03	05단	北滿鼠疫益蔓延の兆
98120	鮮滿版	1921-02-03	05단	鮮人巡査の現實敗ず劣ず收賄
98121	鮮滿版	1921-02-03	05단	戰死者の行賞
98122	鮮滿版	1921-02-03	05단	傳道隊組織
98123	鮮滿版	1921-02-03	05단	咸興牛鍋會
98124	鮮滿版	1921-02-03	05단	朝日名家新碁戰(7)
98125	鮮滿版	1921-02-03	06단	會(普校教員講習/東少將の講話/鐘路金融組合/慶南知事招宴/松濤氏追悼金/通運同盟會總會)
98126	鮮滿版	1921-02-03	06단	半島茶話
98127	鮮滿版	1921-02-04	01단	咸南平穩に歸す/永野第三部長談
98128	鮮滿版	1921-02-04	01단	水利事業獎勵
98129	鮮滿版	1921-02-04	01단	咸鏡線完成期
98130	鮮滿版	1921-02-04	01단	靑島の新聞七題(三)/風來訪
98131	鮮滿版	1921-02-04	02단	基本財産處分/兩教徒の紛爭
98132	鮮滿版	1921-02-04	02단	苗浦里開墾計劃
98133	鮮滿版	1921-02-04	02단	晉州新水道完成
98134	鮮滿版	1921-02-04	03단	驛屯土地拂下狀況

일련번호	판명	간행일	단수	기사명
98135	鮮滿版	1921-02-04	03단	橫斷航路新船
98136	鮮滿版	1921-02-04	03단	煙草耕作見込
98137	鮮滿版	1921-02-04	03단	鎭南浦商議豫算
98138	鮮滿版	1921-02-04	03단	新義州より(施政宣傳/知事更迭說/道廳移轉問題)
98139	鮮滿版	1921-02-04	04단	晉州より(市況/而新事業)
98140	鮮滿版	1921-02-04	04단	官僚式だと總督を批難/民間不平の聲
98141	鮮滿版	1921-02-04	04단	行き倒れ年々增加する
98142	鮮滿版	1921-02-04	05단	騷擾犯人無罪/檢事は控訴
98143	鮮滿版	1921-02-04	05단	富豪邸に爆彈
98144	鮮滿版	1921-02-04	05단	宿賃代に阿片塊
98145	鮮滿版	1921-02-04	05단	朝日名家新碁戰(８)
98146	鮮滿版	1921-02-04	06단	贓品を人妻に
98147	鮮滿版	1921-02-04	06단	半島茶話
98148	鮮滿版	1921-02-05	01단	我軍の手に押收された軍政署の陣中日記/不逞團の秩序ある活動振り(庚申七月五日/七月八日/七月二十三日/八月十二日/八月十三日/九月五日)
98149	鮮滿版	1921-02-05	01단	靑島の新聞七題(四)/風來訪
98150	鮮滿版	1921-02-05	02단	布教狀態方法改善の要
98151	鮮滿版	1921-02-05	03단	車稅轉換道稅とせん
98152	鮮滿版	1921-02-05	03단	民籍法審議了
98153	鮮滿版	1921-02-05	04단	京城勞働賃銀
98154	鮮滿版	1921-02-05	04단	資金需用尠し
98155	鮮滿版	1921-02-05	04단	五港の米移出率
98156	鮮滿版	1921-02-05	04단	浦潮の市況沈衰
98157	鮮滿版	1921-02-05	04단	釜山の米價調査
98158	鮮滿版	1921-02-05	04단	不逞團の一味中には男優りの女姓が居る/皆な基督敎に關係がある
98159	鮮滿版	1921-02-05	05단	朝日名家新碁戰(９)
98160	鮮滿版	1921-02-05	05단	鮮銀支配人異動
98161	鮮滿版	1921-02-05	05단	間島煙草栽培
98162	鮮滿版	1921-02-05	05단	平壤の茶話會復一波瀾/總督の巡視は失敗に終った
98163	鮮滿版	1921-02-05	06단	內幕を暴露した血書上申/子を思ふ母心
98164	鮮滿版	1921-02-05	06단	釜山の武道初
98165	鮮滿版	1921-02-05	06단	辭令
98166	鮮滿版	1921-02-05	06단	半島茶話
98167	鮮滿版	1921-02-06	01단	靑島の新聞七題(五)/風來訪

일련번호	판명	간행일	단수	기사명
98168	鮮滿版	1921-02-06	01단	龍山發展策/町總代の陳情/府尹の返答振
98169	鮮滿版	1921-02-06	01단	農家持米放出
98170	鮮滿版	1921-02-06	01단	木材保管料引上
98171	鮮滿版	1921-02-06	01단	手形交換高減少
98172	鮮滿版	1921-02-06	02단	物騷極まる京城府/强盜が無暗に橫行する
98173	鮮滿版	1921-02-06	02단	不逞鮮人面長を射殺/首の懸賞金がほしいと放言して
98174	鮮滿版	1921-02-06	02단	鐵龍等の馬賊團支那討伐隊と戰ひ/死體をすてゝ四散す
98175	鮮滿版	1921-02-06	03단	內地人巡査江陵で慘殺
98176	鮮滿版	1921-02-06	03단	普合團員逮捕
98177	鮮滿版	1921-02-06	03단	馬賊威嚇射擊
98178	鮮滿版	1921-02-06	04단	保民會を襲ひ區長を慘殺す
98179	鮮滿版	1921-02-06	04단	李王殿下新御殿に移御
98180	鮮滿版	1921-02-06	04단	警察に投げた爆彈事件/檢事は死刑主張
98181	鮮滿版	1921-02-06	04단	婚約者慘殺/犯人は許嫁の夫
98182	鮮滿版	1921-02-06	05단	京畿住民にマスクをかけよとの宣傳
98183	鮮滿版	1921-02-06	05단	新聞紙取締り嚴重となる
98184	鮮滿版	1921-02-06	05단	朝日名家新碁戰(１０)
98185	鮮滿版	1921-02-06	06단	京日社長更迭
98186	鮮滿版	1921-02-06	06단	人(齊藤總督歸任/俵孫一氏動靜/法院長巡視/齊藤大佐退京)
98187	鮮滿版	1921-02-06	06단	半島茶話
98188	鮮滿版	1921-02-08	01단	旅客優遇/朝鮮線新施設(特急車延長/鐵道ホテル/和食提供廢止/三等寢臺車)
98189	鮮滿版	1921-02-08	01단	民籍法制定と內地戶籍法
98190	鮮滿版	1921-02-08	01단	各府豫算方針/新事業中止か
98191	鮮滿版	1921-02-08	02단	水利組合起業
98192	鮮滿版	1921-02-08	02단	殖銀債券發行
98193	鮮滿版	1921-02-08	02단	穀物現物取引/殖産局の審査結了
98194	鮮滿版	1921-02-08	02단	西鮮部隊巡視
98195	鮮滿版	1921-02-08	02단	道議問題展開
98196	鮮滿版	1921-02-08	03단	安東分監進捗
98197	鮮滿版	1921-02-08	03단	會社銀行(殖産銀行配當/製函會社總會/中央鐵道總會/京城劇場總會)
98198	鮮滿版	1921-02-08	03단	善政の下に野垂れ死/官報に五六人
98199	鮮滿版	1921-02-08	04단	鼠疫南下の勢 檢疫開始 總督府の手配(汽車檢疫/陸行者檢疫/隔離所)
98200	鮮滿版	1921-02-08	04단	流行性感冒は京釜沿線に蔓延して居る

일련번호	판명	간행일	단수	기사명
98201	鮮滿版	1921-02-08	04단	阿片密賣者鮮人にシテやらる
98202	鮮滿版	1921-02-08	04단	靑龍刀强盜
98203	鮮滿版	1921-02-08	05단	赤行囊竊取者
98204	鮮滿版	1921-02-08	05단	咸北に牛疫發生
98205	鮮滿版	1921-02-08	05단	支部長の取調
98206	鮮滿版	1921-02-08	05단	金次郎圖書館
98207	鮮滿版	1921-02-08	05단	朝日名家新碁戰(１１)
98208	鮮滿版	1921-02-08	05단	會(私立校長會議/靑年講演會/京取仲買總會/電氣協會總會)
98209	鮮滿版	1921-02-08	06단	人(柴山重一氏(教育總監部一課長))
98210	鮮滿版	1921-02-08	06단	半島茶話
98211	鮮滿版	1921-02-09	01단	更に參政權要求/國民協會視察團上京
98212	鮮滿版	1921-02-09	01단	學校組合現狀
98213	鮮滿版	1921-02-09	01단	朝鮮郵貯現狀
98214	鮮滿版	1921-02-09	01단	朝鮮の海軍界依然閑散の姿
98215	鮮滿版	1921-02-09	02단	鮮米在庫豊富/移出警戒を要す
98216	鮮滿版	1921-02-09	02단	鎭南浦築港要望
98217	鮮滿版	1921-02-09	02단	東拓移民申込數
98218	鮮滿版	1921-02-09	02단	學校はドンドン出來るが校長、先生を何うする/女教師は北方に行くを可厭がる
98219	鮮滿版	1921-02-09	03단	咸興上水通水期
98220	鮮滿版	1921-02-09	03단	平壤通信團陳情
98221	鮮滿版	1921-02-09	03단	鳥致院より
98222	鮮滿版	1921-02-09	03단	鮮人傭兵募集/月給十四圓也
98223	鮮滿版	1921-02-09	04단	國境檢疫/醫師警官を他道より求む
98224	鮮滿版	1921-02-09	04단	獸疫蔓延の兆/江上渡涉取締嚴重
98225	鮮滿版	1921-02-09	04단	胡麻化しの多い朝鮮の電氣會社根本的改革を要す
98226	鮮滿版	1921-02-09	04단	海女が株主で海藻會社生る
98227	鮮滿版	1921-02-09	04단	美人投票に署長が檢査役
98228	鮮滿版	1921-02-09	04단	飛行將校渡鮮
98229	鮮滿版	1921-02-09	05단	戰死警官葬儀
98230	鮮滿版	1921-02-09	05단	會(體育協會發展/敎員學術硏會究)
98231	鮮滿版	1921-02-09	05단	坊門及方圓社名家勝繼碁戰/九十七回(1)
98232	鮮滿版	1921-02-09	05단	半島茶話
98233	鮮滿版	1921-02-10	01단	五六百萬圓を以て國境警備大策樹立/大庭司令官滿洲行の使命
98234	鮮滿版	1921-02-10	01단	滿洲の不逞團巢窟/支那官憲取締を嚴にせん
98235	鮮滿版	1921-02-10	01단	道廳移轉問答/請願第一分科會

일련번호	판명	간행일	단수	기사명
98236	鮮滿版	1921-02-10	02단	農事改良會社補助請願內容
98237	鮮滿版	1921-02-10	02단	遞信事務一新
98238	鮮滿版	1921-02-10	03단	鼠疫豫防施設
98239	鮮滿版	1921-02-10	03단	靑島の新聞七題(六)/風來訪
98240	鮮滿版	1921-02-10	04단	米穀運賃激落
98241	鮮滿版	1921-02-10	04단	群山港貿易額
98242	鮮滿版	1921-02-10	04단	道部長異動內定
98243	鮮滿版	1921-02-10	04단	京城舊歲末市況
98244	鮮滿版	1921-02-10	05단	坊門及方圓社名家勝繼碁戰/九十七回(2)
98245	鮮滿版	1921-02-10	05단	流感八千但し終熄近し(龍山の流感)
98246	鮮滿版	1921-02-10	06단	不逞村落祕密結社組織
98247	鮮滿版	1921-02-10	06단	新義州舊正月
98248	鮮滿版	1921-02-10	06단	半島茶話
98249	鮮滿版	1921-02-11	01단	朝鮮の國粹を蒐めた昌德宮の新御殿/朝鮮畵家の大壁畵
98250	鮮滿版	1921-02-11	01단	全北道豫算難/新稅か增徵か
98251	鮮滿版	1921-02-11	01단	朝鮮新聞令內容
98252	鮮滿版	1921-02-11	01단	靑島の新聞七題(七)/風來訪
98253	鮮滿版	1921-02-11	02단	桑樹栽培誘導
98254	鮮滿版	1921-02-11	03단	朝鮮麥作狀況
98255	鮮滿版	1921-02-11	03단	京畿道路計劃
98256	鮮滿版	1921-02-11	04단	釜山港發展策/會議所調査方針
98257	鮮滿版	1921-02-11	04단	京管乘客漸增
98258	鮮滿版	1921-02-11	04단	湖南線の改修
98259	鮮滿版	1921-02-11	04단	鮮銀購買組合
98260	鮮滿版	1921-02-11	05단	坊門及方圓社名家勝繼碁戰/九十七回(3)
98261	鮮滿版	1921-02-11	05단	鍊新販路開拓
98262	鮮滿版	1921-02-11	05단	京城の學童增加
98263	鮮滿版	1921-02-11	05단	電信施設請願
98264	鮮滿版	1921-02-11	06단	日本の監獄を懷ふ鮮人破獄して來る
98265	鮮滿版	1921-02-11	06단	陰謀鮮人捕縛
98266	鮮滿版	1921-02-11	06단	老人の投身
98267	鮮滿版	1921-02-11	06단	會(咸南農技會議)
98268	鮮滿版	1921-02-12	01단	總督縱談　鮮治の近況(逞團の巢窟/鮮人善化の兆/功名爭ひの弊/警官增員の要/總督の東上期)
98269	鮮滿版	1921-02-12	02단	早害救濟資金
98270	鮮滿版	1921-02-12	02단	京城經濟槪況(金融/米/大豆/粟/砂糖/綿絲布)

일련번호	판명	간행일	단수	기사명
98271	鮮滿版	1921-02-12	02단	北滿の虎疫猖獗 東淸線運轉中止/鼠疫南下の勢 滿鮮の豫防/肺ペストで傳染力猛烈/驅鼠厲行
98272	鮮滿版	1921-02-12	03단	辭令
98273	鮮滿版	1921-02-12	04단	總督警衛に逆上氣味/某當局の辯明
98274	鮮滿版	1921-02-12	04단	寢込を襲はれた浦木郡書記遭難詳報
98275	鮮滿版	1921-02-12	05단	時局强盜逮捕/平北警察活動(定州/龍川/龜城/馬山)
98276	鮮滿版	1921-02-12	05단	群山の强盜
98277	鮮滿版	1921-02-12	05단	唄から手入れ
98278	鮮滿版	1921-02-12	05단	坊門及方圓社名家勝繼碁戰/九十七回(4)
98279	鮮滿版	1921-02-12	06단	河東刑事經過
98280	鮮滿版	1921-02-12	06단	半島茶話
98281	鮮滿版	1921-02-13	01단	水利事業資金/東拓と殖産の貸出額
98282	鮮滿版	1921-02-13	01단	新募移民內定
98283	鮮滿版	1921-02-13	01단	社債債券急增
98284	鮮滿版	1921-02-13	01단	平元線は十一年度に計上
98285	鮮滿版	1921-02-13	01단	全州上水道愈本年度に起工
98286	鮮滿版	1921-02-13	01단	平南道豫算難
98287	鮮滿版	1921-02-13	02단	鮮人敎員補充
98288	鮮滿版	1921-02-13	02단	太田學敎組合規約改正/納稅資を格撤廢
98289	鮮滿版	1921-02-13	02단	京城高商改造
98290	鮮滿版	1921-02-13	02단	平南學校增設
98291	鮮滿版	1921-02-13	02단	基督聯合會設置
98292	鮮滿版	1921-02-13	03단	鰊漁最盛期
98293	鮮滿版	1921-02-13	03단	客月朝鮮貿易
98294	鮮滿版	1921-02-13	03단	不徹底なる間島の討伐/撤兵後の協議
98295	鮮滿版	1921-02-13	04단	僭稱政府職員/關根巡査に射殺さる
98296	鮮滿版	1921-02-13	04단	八人組の暴狀
98297	鮮滿版	1921-02-13	04단	强盜逮捕/三人組の片破れ
98298	鮮滿版	1921-02-13	04단	城津の猩紅熱漸く終熄
98299	鮮滿版	1921-02-13	04단	坊門及方圓社名家勝繼碁戰/九十七回(5)
98300	鮮滿版	1921-02-13	05단	牛を掠奪す馬賊長の配下
98301	鮮滿版	1921-02-13	05단	豆腐の値段
98302	鮮滿版	1921-02-13	05단	半島茶話
98303	鮮滿版	1921-02-15	01단	間島問題の解決は咸鏡線の完成/撤兵後の住民の失望
98304	鮮滿版	1921-02-15	01단	沈滯せる滿洲の財界/太田鮮銀理事談
98305	鮮滿版	1921-02-15	01단	慈惠病院爭奪運動猛烈/釜山と馬山

일련번호	판명	간행일	단수	기사명
98306	鮮滿版	1921-02-15	01단	鮮人婦人の頭腦が全然變った/職業婦人志望が激增
98307	鮮滿版	1921-02-15	02단	穩城郡の大水利/工費三十四萬餘圓
98308	鮮滿版	1921-02-15	02단	濱黑鐵道計劃進捗
98309	鮮滿版	1921-02-15	02단	航路延長請願
98310	鮮滿版	1921-02-15	03단	海苔組合新設
98311	鮮滿版	1921-02-15	03단	煙草輸出狀況
98312	鮮滿版	1921-02-15	03단	昨年中の城津貿易
98313	鮮滿版	1921-02-15	03단	*鼠疫の爲に死者四百 北滿の慘狀/聯絡乘車中止*
98314	鮮滿版	1921-02-15	04단	新忠淸北道知事米田甚太郎氏
98315	鮮滿版	1921-02-15	04단	陰曆正月馬山地方は寂寞
98316	鮮滿版	1921-02-15	04단	食堂車と寢臺車/昨今の暖氣で復舊
98317	鮮滿版	1921-02-15	04단	惡性になる猩紅熱/病毒全市に散蔓
98318	鮮滿版	1921-02-15	05단	櫻陽爆彈犯人は無期懲役/檢事抗告す
98319	鮮滿版	1921-02-15	05단	去勢された夫に離婚訴訟は却下
98320	鮮滿版	1921-02-15	05단	城津の賭博檢擧
98321	鮮滿版	1921-02-15	05단	坊門及方圓社名家勝繼碁戰/九十七回(6)
98322	鮮滿版	1921-02-15	06단	會(利酒麴品評會/十年勤續女敎員表彰)
98323	鮮滿版	1921-02-15	06단	半島茶話
98324	鮮滿版	1921-02-16	01단	張作霖の態度一變し/滿洲で日本資本家疎外さる
98325	鮮滿版	1921-02-16	01단	總督の巡視を日鮮外人は何と感じた？(內地人/鮮人/基督敎徒)
98326	鮮滿版	1921-02-16	01단	影を潜めた間島移民/討伐騷きで減少
98327	鮮滿版	1921-02-16	02단	黑龍省に移民
98328	鮮滿版	1921-02-16	02단	淸津築港調査
98329	鮮滿版	1921-02-16	02단	淸津實業協會成る
98330	鮮滿版	1921-02-16	02단	天安電氣事業競願
98331	鮮滿版	1921-02-16	02단	新義州より
98332	鮮滿版	1921-02-16	03단	簾券にして住職を投棄/僧侶の仕業
98333	鮮滿版	1921-02-16	03단	巧妙な僞札
98334	鮮滿版	1921-02-16	04단	紙育から石油がドッサリ來た/石油界色めく
98335	鮮滿版	1921-02-16	04단	老人の外登樓すべからず/靑年風紀紊亂から
98336	鮮滿版	1921-02-16	04단	朝鮮唯一の鮮童幼稚園/李堈公のお子サンも居る
98337	鮮滿版	1921-02-16	04단	危險な哈爾濱/お話にならぬ
98338	鮮滿版	1921-02-16	05단	英陽の斷髮實行/陋習打破の端
98339	鮮滿版	1921-02-16	05단	亂暴な郡守面長憤慨す
98340	鮮滿版	1921-02-16	05단	獨立團員逮捕
98341	鮮滿版	1921-02-16	05단	坊門及方圓社名家勝繼碁戰/九十七回(7)

일련번호	판명	간행일	단수	기사명
98342	鮮滿版	1921-02-16	06단	直通列車に書籍
98343	鮮滿版	1921-02-16	06단	銀製品値下
98344	鮮滿版	1921-02-16	06단	半島茶話
98345	鮮滿版	1921-02-17	01단	間島では三教混戰/天道、基督、佛教
98346	鮮滿版	1921-02-17	01단	朝鮮酒造趨勢
98347	鮮滿版	1921-02-17	01단	上旬鮮鐵在貨
98348	鮮滿版	1921-02-17	01단	慶南道議會議題
98349	鮮滿版	1921-02-17	01단	朴黃海道知事略歷
98350	鮮滿版	1921-02-17	02단	群山の米界
98351	鮮滿版	1921-02-17	02단	辭令
98352	鮮滿版	1921-02-17	02단	米實業團に對し過去十年の虐政を吹込むといふ例の夢
98353	鮮滿版	1921-02-17	02단	鮮銀券僞造犯人と露國の怪美人と變裝憲兵隊の活動
98354	鮮滿版	1921-02-17	03단	釜山教員表彰
98355	鮮滿版	1921-02-17	04단	排日巨頭米國に歸る
98356	鮮滿版	1921-02-17	04단	肺ペスト哈市で喰止む
98357	鮮滿版	1921-02-17	04단	妻も叔母も不逞の徒/行方不明の元騎兵中尉
98358	鮮滿版	1921-02-17	04단	白晝に星/城津の奇現象
98359	鮮滿版	1921-02-17	04단	僞政府の名で
98360	鮮滿版	1921-02-17	05단	坊門及方圓社名家勝繼碁戰/九十七回(8)
98361	鮮滿版	1921-02-17	05단	拳銃彈藥押收
98362	鮮滿版	1921-02-17	05단	釜山の家賃問題
98363	鮮滿版	1921-02-17	05단	會(淸津實業協會)
98364	鮮滿版	1921-02-17	06단	人(中村興資平氏(鮮銀技師)/松田義雄氏(鮮銀文書部長)/天野政太氏(朝鮮軍高級參謀)/金融理事長更迭)
98365	鮮滿版	1921-02-17	06단	半島茶話
98366	鮮滿版	1921-02-18	01단	更に司法機關擴張/支廳を獨立せしめん
98367	鮮滿版	1921-02-18	01단	憲兵增員/國境の監視
98368	鮮滿版	1921-02-18	01단	高校見合/豫算面より削除
98369	鮮滿版	1921-02-18	01단	佛教振興の要
98370	鮮滿版	1921-02-18	01단	父に會へず冥府に逝く富美子サン
98371	鮮滿版	1921-02-18	02단	留學生の歸趨
98372	鮮滿版	1921-02-18	02단	朝鮮生産能力
98373	鮮滿版	1921-02-18	03단	京畿農務課設置
98374	鮮滿版	1921-02-18	03단	咸南の副業調査
98375	鮮滿版	1921-02-18	03단	延取期間延長
98376	鮮滿版	1921-02-18	03단	牧の島聯絡船

일련번호	판명	간행일	단수	기사명
98377	鮮滿版	1921-02-18	04단	平壤より
98378	鮮滿版	1921-02-18	04단	煙草會社買收方法/小會社に片手落だと陳情
98379	鮮滿版	1921-02-18	05단	辭令
98380	鮮滿版	1921-02-18	05단	虐政を叫んだ宣川のマ氏/伊達囑託の話
98381	鮮滿版	1921-02-18	06단	天津に獨立團を組織せんとす
98382	鮮滿版	1921-02-18	06단	不逞團と衝突四名を逮捕
98383	鮮滿版	1921-02-18	06단	因緣付の學校が頓に面目一新
98384	鮮滿版	1921-02-18	06단	人(渡邊中將(砲兵監)/石村敎授(京城高等商業))
98385	鮮滿版	1921-02-18	06단	半島茶話
98386	鮮滿版	1921-02-19	01단	文化政治の效驗/鮮人も警官に懐いて來た
98387	鮮滿版	1921-02-19	01단	商業敎育/吾孫子校長談
98388	鮮滿版	1921-02-19	01단	京南線の價値/終點驛問題
98389	鮮滿版	1921-02-19	03단	土地基本調査
98390	鮮滿版	1921-02-19	04단	地方敎化事業
98391	鮮滿版	1921-02-19	04단	大邱法院新築
98392	鮮滿版	1921-02-19	04단	屠牛場府營問題
98393	鮮滿版	1921-02-19	04단	咸北牛疫狀況
98394	鮮滿版	1921-02-19	05단	大邱府營業稅率
98395	鮮滿版	1921-02-19	05단	學校議員補選
98396	鮮滿版	1921-02-19	05단	咸興米豆出廻
98397	鮮滿版	1921-02-19	05단	人事相談所大邱警察署に
98398	鮮滿版	1921-02-19	06단	鮮人にも此義人
98399	鮮滿版	1921-02-19	06단	取消申込
98400	鮮滿版	1921-02-19	06단	會(京管驛長會議)
98401	鮮滿版	1921-02-19	06단	半島茶話
98402	鮮滿版	1921-02-20	01단	全國防疫會議/朝鮮に開催
98403	鮮滿版	1921-02-20	01단	地金買入/三千六百萬圓
98404	鮮滿版	1921-02-20	01단	水産試驗場牧の島に建設
98405	鮮滿版	1921-02-20	01단	養蠶成績收繭八分增加
98406	鮮滿版	1921-02-20	01단	警備船增設/漁業者保護
98407	鮮滿版	1921-02-20	02단	慶南の鱈漁業近年にない不漁
98408	鮮滿版	1921-02-20	02단	鮮銀券漸減す
98409	鮮滿版	1921-02-20	02단	中學校長の希望
98410	鮮滿版	1921-02-20	02단	屠場買收問題
98411	鮮滿版	1921-02-20	02단	殖銀株主總會

일련번호	판명	간행일	단수	기사명
98412	鮮滿版	1921-02-20	02단	間島現狀(暖氣と解氷/穀物の暴落/强盜橫行す/支那官憲/警察署開設/密書押收/不逞輩畫助)
98413	鮮滿版	1921-02-20	04단	昌德宮の阿只姬日の出小學に御入學
98414	鮮滿版	1921-02-20	05단	物價値下協議
98415	鮮滿版	1921-02-20	05단	金鼎錫捕はる
98416	鮮滿版	1921-02-20	05단	鼎大實も逮捕
98417	鮮滿版	1921-02-20	05단	會(京城劇場總會/教育研究會/朝紡株主總會/中鐵株主總會)
98418	鮮滿版	1921-02-20	05단	半島茶話
98419	鮮滿版	1921-02-22	01단	不逞輩安動/一月中二百餘件
98420	鮮滿版	1921-02-22	01단	閔元植君地下に暝する日/齋藤總督談
98421	鮮滿版	1921-02-22	01단	徵兵檢查日割
98422	鮮滿版	1921-02-22	01단	大邱操業復舊
98423	鮮滿版	1921-02-22	01단	仁川商校長內定
98424	鮮滿版	1921-02-22	01단	須磨艦釜山入港
98425	鮮滿版	1921-02-22	01단	釜山學校費決定
98426	鮮滿版	1921-02-22	02단	教員試驗合格
98427	鮮滿版	1921-02-22	02단	齋藤總督巡視
98428	鮮滿版	1921-02-22	02단	頭目戰東鎭中華を斬首して城外に梟首/琿春襲擊馬賊團の最期
98429	鮮滿版	1921-02-22	03단	辭令
98430	鮮滿版	1921-02-22	03단	給與不足で支兵凍死/責任隊長銃殺
98431	鮮滿版	1921-02-22	04단	不逞團の捲土重來/金佐鎭その他の一味
98432	鮮滿版	1921-02-22	04단	光復團員六十九名逮捕
98433	鮮滿版	1921-02-22	04단	孫秉熙肺患に苦しむ
98434	鮮滿版	1921-02-22	04단	停車檢疫長春で開始
98435	鮮滿版	1921-02-22	05단	文鶴彬一派ジゴマ式に跳梁
98436	鮮滿版	1921-02-22	05단	全州の天然痘豫防接種班組織
98437	鮮滿版	1921-02-22	05단	死に行く人/戀と貧と耽溺の爲
98438	鮮滿版	1921-02-22	05단	巡查に爆彈
98439	鮮滿版	1921-02-22	05단	外人校の盟休
98440	鮮滿版	1921-02-22	05단	會寧で飛行研究
98441	鮮滿版	1921-02-22	05단	間島實況寫眞
98442	鮮滿版	1921-02-22	06단	戰沒者招魂祭
98443	鮮滿版	1921-02-22	06단	時報訴訟公判
98444	鮮滿版	1921-02-22	06단	人(大野豊四少將(朝鮮軍隊謀長)/久保要藏氏(滿鐵京管局長))
98445	鮮滿版	1921-02-22	06단	半島茶話
98446	鮮滿版	1921-02-23	01단	朝鮮の社會事業/總督府積極方針を執らん

일련번호	판명	간행일	단수	기사명
98447	鮮滿版	1921-02-23	01단	同化事業/鮮外に及ばん
98448	鮮滿版	1921-02-23	01단	漁業政策/當局積極方針
98449	鮮滿版	1921-02-23	02단	煙草專賣實施方針
98450	鮮滿版	1921-02-23	02단	法官異動當分は多し
98451	鮮滿版	1921-02-23	02단	海藻採取紛議
98452	鮮滿版	1921-02-23	03단	泛漁農民請願
98453	鮮滿版	1921-02-23	03단	調査會設置採擇
98454	鮮滿版	1921-02-23	03단	工政會支部設立
98455	鮮滿版	1921-02-23	03단	全南山林會組織
98456	鮮滿版	1921-02-23	03단	慶山警察所移築
98457	鮮滿版	1921-02-23	03단	教育功勞表彰
98458	鮮滿版	1921-02-23	04단	實科女學昇格
98459	鮮滿版	1921-02-23	04단	教育支會組織
98460	鮮滿版	1921-02-23	04단	水産支場計
98461	鮮滿版	1921-02-23	04단	京城の失業者五千/處女も奉公に出る
98462	鮮滿版	1921-02-23	05단	朝日新碁戰(1)
98463	鮮滿版	1921-02-23	05단	晉州面新事業
98464	鮮滿版	1921-02-23	05단	釜山水産物産額
98465	鮮滿版	1921-02-23	05단	傳染病除けの活動寫眞/鮮人衛生思想普及
98466	鮮滿版	1921-02-23	06단	七四聯隊招魂祭
98467	鮮滿版	1921-02-23	06단	半島茶話
98468	鮮滿版	1921-02-24	01단	東拓滿洲に進出せん/鮮地の配給地處分濟み
98469	鮮滿版	1921-02-24	01단	煙草工場賠償價格/工場主の不平
98470	鮮滿版	1921-02-24	01단	水産學校牧の島に設置
98471	鮮滿版	1921-02-24	01단	莨耕作は有望
98472	鮮滿版	1921-02-24	02단	大豆取引復活
98473	鮮滿版	1921-02-24	02단	金融依然閑散
98474	鮮滿版	1921-02-24	02단	警察協會組織
98475	鮮滿版	1921-02-24	02단	平北道被害數(强盜頻々)
98476	鮮滿版	1921-02-24	03단	東亞經濟會宣傳
98477	鮮滿版	1921-02-24	03단	乘車取扱改正
98478	鮮滿版	1921-02-24	03단	京畿道品評會
98479	鮮滿版	1921-02-24	03단	村落金融組合
98480	鮮滿版	1921-02-24	03단	金明濬氏就任
98481	鮮滿版	1921-02-24	03단	頹れ行く朝鮮の書堂と當局の方針
98482	鮮滿版	1921-02-24	04단	朝鮮のお寺/心細い有樣

일련번호	판명	간행일	단수	기사명
98483	鮮滿版	1921-02-24	04단	又復敎員不足/內地へ逃出す先生
98484	鮮滿版	1921-02-24	05단	京城の世界語/朝鮮人ばかりの研究
98485	鮮滿版	1921-02-24	05단	戰死者招魂祭
98486	鮮滿版	1921-02-24	05단	會(金融組合理事會/普校校長會議/檢查官會議/英畵家展覽會)
98487	鮮滿版	1921-02-24	05단	朝日新碁戰(2)
98488	鮮滿版	1921-02-24	06단	人(佐藤部長着任/大庭將軍歸京)
98489	鮮滿版	1921-02-24	06단	半島茶話
98490	鮮滿版	1921-02-25	01단	在滿鮮人に農事改良指導
98491	鮮滿版	1921-02-25	01단	水産會計劃/各漁場に郡水會
98492	鮮滿版	1921-02-25	01단	朝鮮貿易依然不振
98493	鮮滿版	1921-02-25	01단	物價低落/勞銀も低下す
98494	鮮滿版	1921-02-25	02단	黃色煙草獎勵
98495	鮮滿版	1921-02-25	02단	羅南師團招魂祭
98496	鮮滿版	1921-02-25	02단	東拓安東派出所
98497	鮮滿版	1921-02-25	02단	建築協會金融部
98498	鮮滿版	1921-02-25	02단	私校敎員視察
98499	鮮滿版	1921-02-25	02단	平北が宣傳する火災豫防「火事はその身の不注意から」
98500	鮮滿版	1921-02-25	03단	マ氏愈歸國
98501	鮮滿版	1921-02-25	03단	學校職員異動
98502	鮮滿版	1921-02-25	03단	鐵道界の發明/復線器と犬釘拔器
98503	鮮滿版	1921-02-25	04단	暴利を貪ると處分をする
98504	鮮滿版	1921-02-25	04단	人事相談所京城では駄目
98505	鮮滿版	1921-02-25	04단	鷲口瘡蔓延す
98506	鮮滿版	1921-02-25	05단	朝日新碁戰(3)
98507	鮮滿版	1921-02-25	05단	北滿鼠疫減退
98508	鮮滿版	1921-02-25	05단	白米施與
98509	鮮滿版	1921-02-25	05단	京城見物錄(崔某の位牌/畏みて申す/太陽樣の申し子/乘馬不時着陸/支兵辭職頻々/情死警戒船)
98510	鮮滿版	1921-02-25	06단	半島茶話
98511	鮮滿版	1921-02-26	01단	黃海道新事業
98512	鮮滿版	1921-02-26	01단	大邱法衙移轉
98513	鮮滿版	1921-02-26	01단	大邱社會事業
98514	鮮滿版	1921-02-26	01단	磯野事務官談
98515	鮮滿版	1921-02-26	02단	物價引下運動
98516	鮮滿版	1921-02-26	02단	物價低落趨勢
98517	鮮滿版	1921-02-26	02단	六道俵米品評會

일련번호	판명	간행일	단수	기사명
98518	鮮滿版	1921-02-26	02단	小賣商信用組合
98519	鮮滿版	1921-02-26	03단	大邱精米輸移出
98520	鮮滿版	1921-02-26	03단	海州給水改善
98521	鮮滿版	1921-02-26	03단	甜菜作付擴張
98522	鮮滿版	1921-02-26	03단	開城に發見せる莊景公墓所/一族より墓誌銘還附の請願
98523	鮮滿版	1921-02-26	04단	借家人團體家賃引上に反對
98524	鮮滿版	1921-02-26	04단	海雲臺溫泉
98525	鮮滿版	1921-02-26	04단	海州軍人分會
98526	鮮滿版	1921-02-26	04단	朝日新碁戰(4)
98527	鮮滿版	1921-02-26	05단	人(末光源蔵氏)
98528	鮮滿版	1921-02-26	05단	京城見聞錄
98529	鮮滿版	1921-02-26	05단	半島茶話
98530	鮮滿版	1921-02-27	01단	支那側の間島警備/張巡閲使の密電內容
98531	鮮滿版	1921-02-27	01단	植林保護に關する建議
98532	鮮滿版	1921-02-27	01단	釜山膨脹/行政區劃擴張
98533	鮮滿版	1921-02-27	01단	社會事業開始/大谷派の活動
98534	鮮滿版	1921-02-27	01단	間島行賞標準
98535	鮮滿版	1921-02-27	01단	警部補配置
98536	鮮滿版	1921-02-27	01단	警察協會設立
98537	鮮滿版	1921-02-27	02단	水産試驗支場
98538	鮮滿版	1921-02-27	02단	鮮鐵中旬在貨
98539	鮮滿版	1921-02-27	02단	釜山學校組合費
98540	鮮滿版	1921-02-27	02단	昨年米豆檢查高
98541	鮮滿版	1921-02-27	02단	城津一月貿易
98542	鮮滿版	1921-02-27	02단	歸順者油斷ならず
98543	鮮滿版	1921-02-27	03단	不正勤誘嚴重取締らん
98544	鮮滿版	1921-02-27	03단	馬賊鐵龍現る/秋皮溝附近を荒す
98545	鮮滿版	1921-02-27	03단	時局標榜强盜
98546	鮮滿版	1921-02-27	03단	爆藥密賣檢擧
98547	鮮滿版	1921-02-27	04단	硬球使用決議
98548	鮮滿版	1921-02-27	04단	荷主の奸手段
98549	鮮滿版	1921-02-27	04단	荷拔事件公判
98550	鮮滿版	1921-02-27	04단	朝日新碁戰(5)
98551	鮮滿版	1921-02-27	05단	列車中で出産
98552	鮮滿版	1921-02-27	05단	京城見聞錄(軍資金成金)
98553	鮮滿版	1921-02-27	05단	半島茶話

1921년 3월 (선만판)

일련번호	판명	간행일	단수	기사명
98554	鮮滿版	1921-03-01	01단	國境警備/警官大增員
98555	鮮滿版	1921-03-01	01단	間島開發/東拓の放資
98556	鮮滿版	1921-03-01	01단	清津築港/工費三百萬圓
98557	鮮滿版	1921-03-01	01단	朝鮮輕鐵補給/總督府當局談
98558	鮮滿版	1921-03-01	02단	衛生課長招集
98559	鮮滿版	1921-03-01	02단	防疫部活動せん
98560	鮮滿版	1921-03-01	02단	東亞煙草作戰
98561	鮮滿版	1921-03-01	02단	雄基開港準備
98562	鮮滿版	1921-03-01	02단	大邱專賣支局
98563	鮮滿版	1921-03-01	02단	羅南公園改造
98564	鮮滿版	1921-03-01	03단	魚市場移轉問題
98565	鮮滿版	1921-03-01	03단	屠牛場府營反對
98566	鮮滿版	1921-03-01	03단	李王殿下へ人蔘獻上の競爭/閔子が俑を作った
98567	鮮滿版	1921-03-01	03단	南滿東邊に神出鬼沒する怪傑長好江の素情/彼は安圖を屠り長白を襲ふ
98568	鮮滿版	1921-03-01	04단	東拓支店長異動
98569	鮮滿版	1921-03-01	04단	川上理事來城
98570	鮮滿版	1921-03-01	04단	警備電話開通
98571	鮮滿版	1921-03-01	04단	鮮郵船舶就航
98572	鮮滿版	1921-03-01	04단	慶北春蠶豫想
98573	鮮滿版	1921-03-01	05단	何東邊道尹/惠山鎭に向ふ
98574	鮮滿版	1921-03-01	05단	慶北道天然痘/七郡に蔓延す
98575	鮮滿版	1921-03-01	05단	遊廓存置請願
98576	鮮滿版	1921-03-01	05단	荷拔事件判決期
98577	鮮滿版	1921-03-01	05단	朝日新碁戰(6)
98578	鮮滿版	1921-03-01	06단	千田警視逝去
98579	鮮滿版	1921-03-01	06단	臨時祈禱祭
98580	鮮滿版	1921-03-01	06단	人(河村靜水氏(大邱覆審法院檢事)/岩井長三郎氏(總督府技師)/加納岩次郎氏(京城郵便局長)/マックユー氏(美國宣教師))
98581	鮮滿版	1921-03-01	06단	半島茶話
98582	鮮滿版	1921-03-02	01단	本店銀行は資金難/支店銀行ば預金超過
98583	鮮滿版	1921-03-02	01단	鎭南浦築港/請願の內容
98584	鮮滿版	1921-03-02	01단	移入貿易不振/木浦會議所の調査
98585	鮮滿版	1921-03-02	01단	戶口調査進捗
98586	鮮滿版	1921-03-02	01단	醫務官增置
98587	鮮滿版	1921-03-02	02단	憲兵副官會議

일련번호	판명	간행일	단수	기사명
98588	鮮滿版	1921-03-02	02단	李氏人望有り
98589	鮮滿版	1921-03-02	02단	全州市區改正
98590	鮮滿版	1921-03-02	03단	北鮮兩港寄港
98591	鮮滿版	1921-03-02	03단	産鐵解散未し
98592	鮮滿版	1921-03-02	03단	南鮮俵米品評會
98593	鮮滿版	1921-03-02	03단	辯護會合同機運
98594	鮮滿版	1921-03-02	04단	官煙全州支局
98595	鮮滿版	1921-03-02	04단	南鮮鐵道測量
98596	鮮滿版	1921-03-02	04단	京城郵便局長
98597	鮮滿版	1921-03-02	04단	三國の匪徒集合し/撤兵後の間島を襲はん
98598	鮮滿版	1921-03-02	04단	馬賊優勢 張巡閲使は買收交涉中/將校斥候 全滅眞相
98599	鮮滿版	1921-03-02	04단	生徒掃除休止/猩紅熱警戒
98600	鮮滿版	1921-03-02	05단	金泉面賦課率
98601	鮮滿版	1921-03-02	05단	辭令
98602	鮮滿版	1921-03-02	05단	北滿鼠疫狀況
98603	鮮滿版	1921-03-02	05단	李光洙神經衰弱
98604	鮮滿版	1921-03-02	05단	朝日新碁戰(７)
98605	鮮滿版	1921-03-02	06단	贋札、詐欺、脅喝
98606	鮮滿版	1921-03-02	06단	家庭慰問活寫
98607	鮮滿版	1921-03-02	06단	半島茶話
98608	鮮滿版	1921-03-03	01단	鮮人會/鮮外地に組織
98609	鮮滿版	1921-03-03	01단	醫療機關/擴張計劃
98610	鮮滿版	1921-03-03	01단	釜山府豫算額
98611	鮮滿版	1921-03-03	01단	釜山警察署改築
98612	鮮滿版	1921-03-03	01단	水原農校不振
98613	鮮滿版	1921-03-03	02단	米穀檢査成績
98614	鮮滿版	1921-03-03	02단	海苔の大不作
98615	鮮滿版	1921-03-03	02단	牛皮輸出不振
98616	鮮滿版	1921-03-03	02단	靑山氏辯護士開業
98617	鮮滿版	1921-03-03	02단	櫂永禧氏辭職
98618	鮮滿版	1921-03-03	02단	朝鮮普通學校母國視察團/大阪朝日新聞大廣間にて
98619	鮮滿版	1921-03-03	03단	新義州より(監獄移轉)
98620	鮮滿版	1921-03-03	03단	騷擾記念日を慮って柴田學務局長が學生達に訓示を發した/學生諸子に告ぐ/三月一日各地無事平穩
98621	鮮滿版	1921-03-03	04단	乃公は官情視察官/民情視察官と提携して行る/時實總督府監察官談

일련번호	판명	간행일	단수	기사명
98622	鮮滿版	1921-03-03	04단	難治の黃海に知事となった 朴氏の意中/朴知事着任
98623	鮮滿版	1921-03-03	05단	朝日新碁戰(8)
98624	鮮滿版	1921-03-03	05단	臆病な巡査/任地を逃げ出す
98625	鮮滿版	1921-03-03	05단	拷問の上射殺
98626	鮮滿版	1921-03-03	05단	平壤商議紛擾
98627	鮮滿版	1921-03-03	06단	千田氏葬儀
98628	鮮滿版	1921-03-03	06단	半島茶話
98629	鮮滿版	1921-03-04	01단	東拓事業/川上理事談
98630	鮮滿版	1921-03-04	01단	京城戶口
98631	鮮滿版	1921-03-04	01단	納稅の橫着者/局部的に在り
98632	鮮滿版	1921-03-04	01단	磯野夫人曰く/朝鮮には先輩や友人が多い
98633	鮮滿版	1921-03-04	02단	鐵道運輸閑散/減收對策硏究
98634	鮮滿版	1921-03-04	02단	肓啞敎育獎勵
98635	鮮滿版	1921-03-04	02단	濟世院孤兒部擴張
98636	鮮滿版	1921-03-04	02단	産鐵復活至難
98637	鮮滿版	1921-03-04	03단	某國公使館附武官日本軍の行動調査 間島で密偵を使って精密な地圖まで手に入れた/安武部隊 洪範圖隊と合して跳梁せん/歸順四千六百/僞政府間島慰問
98638	鮮滿版	1921-03-04	04단	釜山府の新稅
98639	鮮滿版	1921-03-04	04단	活動寫眞會社
98640	鮮滿版	1921-03-04	04단	辭令
98641	鮮滿版	1921-03-04	04단	學生も自覺して來た妄動すれば出世の妨げ 千葉京畿道警察部長談/浮浪漢狩
98642	鮮滿版	1921-03-04	05단	朝日新碁戰(9)
98643	鮮滿版	1921-03-04	05단	栗谷先生/遺物散逸せん
98644	鮮滿版	1921-03-04	06단	釜山の麥酒戰
98645	鮮滿版	1921-03-04	06단	半島茶話
98646	鮮滿版	1921-03-05	01단	建築中の朝鮮館
98647	鮮滿版	1921-03-05	01단	驛屯土不評事情
98648	鮮滿版	1921-03-05	01단	平山銅店鑛業中止と城津の影響
98649	鮮滿版	1921-03-05	02단	輕鐵不振の困/建設の不完全に在り
98650	鮮滿版	1921-03-05	02단	極東時局ニ問題 セ將軍再起運\動 浦潮撤兵と居留民/浦潮 中山貞雄/セ將軍再起運動/浦潮撤兵と居留民
98651	鮮滿版	1921-03-05	03단	城津學校組合豫算難/入學生徒激增で
98652	鮮滿版	1921-03-05	04단	釜山府宴席消費稅/當業者は反對
98653	鮮滿版	1921-03-05	04단	釜山徵兵檢查日割

일련번호	판명	간행일	단수	기사명
98654	鮮滿版	1921-03-05	04단	慶南庶務主任會議
98655	鮮滿版	1921-03-05	05단	朝日新碁戰(１０)
98656	鮮滿版	1921-03-05	05단	公設にする旅館と下宿屋/晉州面の計劃
98657	鮮滿版	1921-03-05	05단	獨立團員の蠻行/良民を射殺す
98658	鮮滿版	1921-03-05	06단	不逞團と戰鬪
98659	鮮滿版	1921-03-05	06단	盟休解決/醫專學生復校す
98660	鮮滿版	1921-03-05	06단	二人組強盗現る/大金を强奪して逃走
98661	鮮滿版	1921-03-05	06단	晉州常設市場改造
98662	鮮滿版	1921-03-05	06단	猩紅熱再發
98663	鮮滿版	1921-03-05	06단	人(新舊金泉郡長)
98664	鮮滿版	1921-03-06	01단	言論尊重と新聞雜誌に就て/當局の方針
98665	鮮滿版	1921-03-06	01단	近く開校する中等學校/各校長に事務囑託
98666	鮮滿版	1921-03-06	01단	群山港改修基本調査/委員を伏木に派遣
98667	鮮滿版	1921-03-06	01단	共産制度の裏面
98668	鮮滿版	1921-03-06	02단	間島に新施設/總督府は農事方面に努力
98669	鮮滿版	1921-03-06	02단	間島關稅輕減慰問/當局も諒解
98670	鮮滿版	1921-03-06	02단	滿鐵車輛製作數
98671	鮮滿版	1921-03-06	03단	殖鐵延長工事
98672	鮮滿版	1921-03-06	03단	容春鮮民會の決議/委員を當局に派遣せん
98673	鮮滿版	1921-03-06	03단	衛生課長會議延期
98674	鮮滿版	1921-03-06	03단	故李太王祈廟の御儀/故閔妃も共に來る三十、三十一兩日御執行(委員會組織/古例に依る行列/四功臣の併祀)
98675	鮮滿版	1921-03-06	04단	水害復舊放資狀況
98676	鮮滿版	1921-03-06	04단	京畿道新豫算
98677	鮮滿版	1921-03-06	04단	光州學校組合豫算
98678	鮮滿版	1921-03-06	04단	光州面の新事業
98679	鮮滿版	1921-03-06	04단	長城郡廳舍移轉か
98680	鮮滿版	1921-03-06	04단	警官配屬
98681	鮮滿版	1921-03-06	04단	氣づかはれる今夏の上水/秋田水道課長聞く/『保證は出來ぬ』
98682	鮮滿版	1921-03-06	05단	朝日新碁戰(１１)
98683	鮮滿版	1921-03-06	05단	宗敎界內訌す/基督敎もカラ駄目
98684	鮮滿版	1921-03-06	05단	强盗出沒/犯人二名逮捕
98685	鮮滿版	1921-03-06	05단	不逞鮮人を殪す
98686	鮮滿版	1921-03-06	05단	內地人分布狀況
98687	鮮滿版	1921-03-06	05단	公金を拐帶
98688	鮮滿版	1921-03-06	06단	御平安祈願/群山

일련번호	판명	간행일	단수	기사명
98689	鮮滿版	1921-03-06	06단	人(本町警察署長更任)
98690	鮮滿版	1921-03-06	06단	半島茶話
98691	鮮滿版	1921-03-08	01단	鮮人民心の動搖に擧げられた三つの原因/警務當局の觀察
98692	鮮滿版	1921-03-08	01단	元山教育機關/漸く充實の緒に就く
98693	鮮滿版	1921-03-08	01단	大田水電問題/愈東拓に許可か
98694	鮮滿版	1921-03-08	02단	京城二月下半金融
98695	鮮滿版	1921-03-08	02단	米資融通に就て/中村殖銀理事談
98696	鮮滿版	1921-03-08	02단	銀塊前途悲觀
98697	鮮滿版	1921-03-08	02단	虎疫豫防策
98698	鮮滿版	1921-03-08	03단	道評議員會(全羅北道/慶尙南道/京畿道)
98699	鮮滿版	1921-03-08	03단	元山より
98700	鮮滿版	1921-03-08	03단	忠南金融組合好成績
98701	鮮滿版	1921-03-08	04단	蠶種生募集不成績
98702	鮮滿版	1921-03-08	04단	淸州運輸倉庫創立
98703	鮮滿版	1921-03-08	04단	愛婦役員囑託
98704	鮮滿版	1921-03-08	04단	辭令
98705	鮮滿版	1921-03-08	04단	本屋騷ぐ/教科書元費捌制で當局の遺方が判らぬ
98706	鮮滿版	1921-03-08	04단	火に焙ると現はれる/宣傳の不穩文書を待った三名の怪鮮人釜山で逮捕
98707	鮮滿版	1921-03-08	04단	馬賊跳梁/鐵龍指揮の大部隊支那出兵せん
98708	鮮滿版	1921-03-08	04단	應援警官出動/黃海道地方へ
98709	鮮滿版	1921-03-08	04단	絶食して殉死/二十一日目に落命
98710	鮮滿版	1921-03-08	05단	竊盜嫌疑事件は無罪
98711	鮮滿版	1921-03-08	05단	坊門及方圓社名家勝繼碁戰/九十九回(1)
98712	鮮滿版	1921-03-08	06단	會(故龜山知事追悼會/釜山法曹會)
98713	鮮滿版	1921-03-08	06단	人(兩部長巡視)
98714	鮮滿版	1921-03-08	06단	半島茶話
98715	鮮滿版	1921-03-09	01단	間島撤兵延期/請願委員上京
98716	鮮滿版	1921-03-09	01단	請願採擇/辯護士資格附與江景水道敷設
98717	鮮滿版	1921-03-09	01단	小農民行詰る/金融梗塞で買手の無い棉花を抱へて
98718	鮮滿版	1921-03-09	01단	恐ろしい罪を犯して鮮內に流れ込む非國民/一年間に一千名彼等に纏る哀話の一齣
98719	鮮滿版	1921-03-09	02단	砂糖關稅は當分現狀維持
98720	鮮滿版	1921-03-09	02단	南鮮鐵道第一期線/松行里光州間明年四月開通
98721	鮮滿版	1921-03-09	02단	群山府新豫算/府民負擔輕減
98722	鮮滿版	1921-03-09	02단	全南警察廳舍新築

일련번호	판명	간행일	단수	기사명
98723	鮮滿版	1921-03-09	03단	鮮內在監人員
98724	鮮滿版	1921-03-09	03단	晉州より
98725	鮮滿版	1921-03-09	03단	群山警察署新築計劃
98726	鮮滿版	1921-03-09	03단	大邱夜學校計劃協議
98727	鮮滿版	1921-03-09	04단	巡査募集好成績
98728	鮮滿版	1921-03-09	04단	群山米穀賣買高
98729	鮮滿版	1921-03-09	04단	鎭壓に向った警官隊暴民に襲はれて逃出す/小倉槐山署長等休職の裏面
98730	鮮滿版	1921-03-09	04단	釜山沿岸の鰊豊漁/漁業者活氣づく
98731	鮮滿版	1921-03-09	04단	能登丸航路變更/元山まで延長
98732	鮮滿版	1921-03-09	04단	家賃値上解決/家主其非を覺る
98733	鮮滿版	1921-03-09	05단	米資貸出僅少
98734	鮮滿版	1921-03-09	05단	貨物輸送狀況
98735	鮮滿版	1921-03-09	05단	卒業式日割
98736	鮮滿版	1921-03-09	05단	成田守備隊檢閱
98737	鮮滿版	1921-03-09	05단	五十七名逮捕/馬賊張の部下
98738	鮮滿版	1921-03-09	05단	住民を殺し廻る注淸縣の不逞團
98739	鮮滿版	1921-03-09	06단	羅南公設市場開場
98740	鮮滿版	1921-03-09	06단	會(群山商議評議員會/齋藤判事就任被露/實業校長會/釜山穀物商組合總會)
98741	鮮滿版	1921-03-09	06단	人(勝浦平壤郵便局長/高島第十九師團長)
98742	鮮滿版	1921-03-09	06단	半島茶話
98743	鮮滿版	1921-03-10	01단	支那側の謝罪で解決/新嘉坡鎭事件
98744	鮮滿版	1921-03-10	01단	正米市場/近く許可
98745	鮮滿版	1921-03-10	01단	吉州鮮人の發奮/高等普通學校を建設
98746	鮮滿版	1921-03-10	01단	全州面長後任難
98747	鮮滿版	1921-03-10	01단	寫眞研究大會當選(廣島の部/高松の部/福岡の部)
98748	鮮滿版	1921-03-10	02단	間島在住鮮人請願後援會組織
98749	鮮滿版	1921-03-10	02단	大同江架橋問題/平壤市民大會の決議
98750	鮮滿版	1921-03-10	03단	永井議員逃出す無能の聲高き/大邱商業會議所
98751	鮮滿版	1921-03-10	03단	道評議員會(忠淸南道/忠淸北道/慶尙北道)
98752	鮮滿版	1921-03-10	03단	鴨綠江對岸の不逞團又復擡頭/多數の武器を擁して活動の準備中(軍備團/光復團/興業團/大震團/大極團)
98753	鮮滿版	1921-03-10	04단	京城府協議會
98754	鮮滿版	1921-03-10	04단	至急電話抽籤
98755	鮮滿版	1921-03-10	04단	大同靑年會解散

일련번호	판명	간행일	단수	기사명
98756	鮮滿版	1921-03-10	04단	高師生見學
98757	鮮滿版	1921-03-10	04단	上水の配給が倍になる/釜山民助かる
98758	鮮滿版	1921-03-10	04단	故鄕を後に流れ出た鮮人
98759	鮮滿版	1921-03-10	05단	坊門及方圓社名家勝繼碁戰/九十九回(2)
98760	鮮滿版	1921-03-10	05단	癡人の夢/忍術と妖術を利用して獨立運動
98761	鮮滿版	1921-03-10	05단	强盜巨魁捕縛/兇器多數押收
98762	鮮滿版	1921-03-10	05단	區長の公金拐帶
98763	鮮滿版	1921-03-10	05단	不穩文書取締
98764	鮮滿版	1921-03-10	05단	九州沖繩聯合共進會視察團
98765	鮮滿版	1921-03-10	05단	朝鮮と間島の實況映寫
98766	鮮滿版	1921-03-10	06단	驅逐隊入泊
98767	鮮滿版	1921-03-10	06단	會(郵便局所長會/平壤局長會/靑州軍人會射擊會)
98768	鮮滿版	1921-03-10	06단	人(新田留次郞氏(總督府技師)/島崎孝彥氏(同上))
98769	鮮滿版	1921-03-10	06단	半島茶話
98770	鮮滿版	1921-03-11	01단	東拓が氣兼する滿洲發展/撤兵は眞平
98771	鮮滿版	1921-03-11	01단	咸鏡線愈十年度に起工/城津を中心に西方より
98772	鮮滿版	1921-03-11	01단	國有未開墾地/利用手續改正
98773	鮮滿版	1921-03-11	02단	痘瘡增加趨勢/種痘獎勵方針
98774	鮮滿版	1921-03-11	02단	元山敎育界覺醒
98775	鮮滿版	1921-03-11	02단	釜山製鹽狀況
98776	鮮滿版	1921-03-11	02단	全鮮各學校卒業式日割
98777	鮮滿版	1921-03-11	03단	釜山利下實行
98778	鮮滿版	1921-03-11	03단	窒扶斯、猩紅熱、流感に次いで今度は天然痘/流行病が襲來して防疫當局が息も吐けない
98779	鮮滿版	1921-03-11	03단	外人を空賴みにした不逞鮮人漸く覺り/朝鮮も大體鎭靜に歸した
98780	鮮滿版	1921-03-11	04단	金組利下未し
98781	鮮滿版	1921-03-11	04단	朝鮮現在銀行
98782	鮮滿版	1921-03-11	04단	組合銀行成績
98783	鮮滿版	1921-03-11	04단	資金集散槪況
98784	鮮滿版	1921-03-11	05단	僭稱外交部長/支那に出でん
98785	鮮滿版	1921-03-11	05단	殘虐な暗殺團/一家族を油で燒殺す
98786	鮮滿版	1921-03-11	05단	基督敎靑年會/出來るか何うか
98787	鮮滿版	1921-03-11	05단	坊門及方圓社名家勝繼碁戰/九十九回(3)
98788	鮮滿版	1921-03-11	06단	大君丸沈沒
98789	鮮滿版	1921-03-11	06단	校友會雜誌發刊

일련번호	판명	간행일	단수	기사명
98790	鮮滿版	1921-03-11	06단	半島茶話
98791	鮮滿版	1921-03-12	01단	全鮮に於ける內地人の分布狀態/總督府の調査結果
98792	鮮滿版	1921-03-12	01단	朝鮮私鐵補助法案(朝鮮私設鐵道補助法案/樺太地方鐵道補助法案)
98793	鮮滿版	1921-03-12	03단	明治四十一年法律第三十五號中改正法律案
98794	鮮滿版	1921-03-12	03단	京城府豫算案/澤田事務官談
98795	鮮滿版	1921-03-12	03단	京城二月商況/朝鮮銀行調査(米/砂糖/大豆/粟)
98796	鮮滿版	1921-03-12	03단	一旦鎭靜したと見えた對岸の不逞鮮人團/各所に新結社を組織して捲土重來せんづ形勢
98797	鮮滿版	1921-03-12	04단	郡衙移轉反對
98798	鮮滿版	1921-03-12	04단	吉州學校要望
98799	鮮滿版	1921-03-12	04단	炭礦線運轉變更
98800	鮮滿版	1921-03-12	04단	辭令
98801	鮮滿版	1921-03-12	05단	朝鮮で豫選競技大會/內鮮體育協會の提携
98802	鮮滿版	1921-03-12	05단	信仰の自由に慊れて鳳山郡長老派の信徒/宣教師と離れて儒教教會組織
98803	鮮滿版	1921-03-12	05단	半島茶話
98804	鮮滿版	1921-03-12	05단	坊門及方圓社名家勝繼碁戰/九十九回(4)
98805	鮮滿版	1921-03-13	01단	間島近狀/住民は撤兵反對
98806	鮮滿版	1921-03-13	01단	貿易槪況/輸移入依然不振
98807	鮮滿版	1921-03-13	01단	衛生新機關計劃/研究會と衛生會
98808	鮮滿版	1921-03-13	02단	見學歡迎協議
98809	鮮滿版	1921-03-13	02단	在奉鮮人救濟
98810	鮮滿版	1921-03-13	02단	水産組合豫算額
98811	鮮滿版	1921-03-13	02단	大邱會議所非難
98812	鮮滿版	1921-03-13	03단	慶北驛屯土拂下
98813	鮮滿版	1921-03-13	03단	工氏醫學に努力
98814	鮮滿版	1921-03-13	03단	獸疫假檢疫所
98815	鮮滿版	1921-03-13	03단	咸北評議員會
98816	鮮滿版	1921-03-13	03단	淸津府新財源
98817	鮮滿版	1921-03-13	03단	鶴城學組議員
98818	鮮滿版	1921-03-13	03단	金堤學組議員
98819	鮮滿版	1921-03-13	03단	九龍浦の活況
98820	鮮滿版	1921-03-13	04단	湯地知事の御自慢話/知事で支那の出張は稀有松井派の幹部は謝罪した
98821	鮮滿版	1921-03-13	04단	米大豆の不況

일련번호	판명	간행일	단수	기사명
98822	鮮滿版	1921-03-13	04단	平北警察/匪徒掃蕩に着手
98823	鮮滿版	1921-03-13	04단	女子聽講生/京城醫專許可せん
98824	鮮滿版	1921-03-13	05단	公設市場成績
98825	鮮滿版	1921-03-13	05단	坊門及方圓社名家勝繼碁戰/九十九回(5)
98826	鮮滿版	1921-03-13	06단	潭陽の兒殺し
98827	鮮滿版	1921-03-13	06단	間島新報發行
98828	鮮滿版	1921-03-13	06단	半島茶話
98829	鮮滿版	1921-03-15	01단	京城以北の大掃蕩/豫算の餘剩で以て斷行
98830	鮮滿版	1921-03-15	01단	對支要求/居留民の決議
98831	鮮滿版	1921-03-15	01단	宗務院設置/鮮人宗務統一
98832	鮮滿版	1921-03-15	01단	京畿豫算/二百十五萬餘圓
98833	鮮滿版	1921-03-15	01단	鮮語獎勵手當
98834	鮮滿版	1921-03-15	02단	京木電話開通期
98835	鮮滿版	1921-03-15	02단	大邱學組豫算案
98836	鮮滿版	1921-03-15	03단	各學校卒業式日割
98837	鮮滿版	1921-03-15	03단	西井里郵便所
98838	鮮滿版	1921-03-15	03단	オリムピック選手豫選競技/四月十七日訓練院廣場で其他の規程が決った
98839	鮮滿版	1921-03-15	03단	長老派に反旗を翻す/自由教會是認か
98840	鮮滿版	1921-03-15	04단	郵便局廢止
98841	鮮滿版	1921-03-15	04단	清津漁獲激減
98842	鮮滿版	1921-03-15	04단	會社銀行(殖銀幹部異動/實銀龍山進出/證券信託創立/鮮銀倫敦支店/釜山瓦電總會)
98843	鮮滿版	1921-03-15	05단	鐵龍現はれ/人質三名拉去
98844	鮮滿版	1921-03-15	05단	不法警官/私憤を以て良民を不逞呼はり
98845	鮮滿版	1921-03-15	05단	不逞鮮人溺沒
98846	鮮滿版	1921-03-15	05단	坊門及方圓社名家勝繼碁戰/九十九回(6)
98847	鮮滿版	1921-03-15	06단	巡査を狙擊
98848	鮮滿版	1921-03-15	06단	無心の手紙舞込む
98849	鮮滿版	1921-03-15	06단	半島茶話
98850	鮮滿版	1921-03-16	01단	鮮人參政要求採擇/衆議院請願第一分科會
98851	鮮滿版	1921-03-16	01단	地方豫算諮問機關 道評議員會の機能發揮/鮮人議員良し 渡邊第一課長談
98852	鮮滿版	1921-03-16	01단	日支官憲協定の結果/朝鮮軍出動權確認/對岸各保甲に對する訓令
98853	鮮滿版	1921-03-16	01단	母國在留人の惡化/警視廳總督府の協力取締

일련번호	판명	간행일	단수	기사명
98854	鮮滿版	1921-03-16	03단	鮮米改良效果/母國販路擴張
98855	鮮滿版	1921-03-16	03단	煙草製造工場/淸州に新設か
98856	鮮滿版	1921-03-16	03단	慶北道陳列館/賴慶館利用策
98857	鮮滿版	1921-03-16	03단	靑年團體近狀
98858	鮮滿版	1921-03-16	04단	明東校復興頓挫
98859	鮮滿版	1921-03-16	04단	平澤市場運動
98860	鮮滿版	1921-03-16	04단	朝鮮荷動狀況
98861	鮮滿版	1921-03-16	04단	朝鮮醫師試驗
98862	鮮滿版	1921-03-16	04단	高島師團長東上
98863	鮮滿版	1921-03-16	05단	聯合靑年會總會
98864	鮮滿版	1921-03-16	05단	慶南の慈惠醫院
98865	鮮滿版	1921-03-16	05단	ビゲロウ氏渡鮮
98866	鮮滿版	1921-03-16	05단	鳥致院驛擴張
98867	鮮滿版	1921-03-16	05단	內地の資金朝鮮に轉換/人氣幾分挽回 借入希望者增加
98868	鮮滿版	1921-03-16	05단	坊門及方圓社名家勝繼碁戰/九十九回(7)
98869	鮮滿版	1921-03-16	06단	半島茶話
98870	鮮滿版	1921-03-17	01단	驛屯土拂下勤誘/殖銀資金融通
98871	鮮滿版	1921-03-17	01단	忠北豫算大要/大島理事官談
98872	鮮滿版	1921-03-17	01단	中央鐵道工程
98873	鮮滿版	1921-03-17	01단	淸津魚市場爭奪
98874	鮮滿版	1921-03-17	01단	元山咸興(一)/總督巡視の跡
98875	鮮滿版	1921-03-17	02단	小學校建築補助
98876	鮮滿版	1921-03-17	02단	新義州豫算額
98877	鮮滿版	1921-03-17	02단	新義州學校費
98878	鮮滿版	1921-03-17	02단	淸津の增稅熱
98879	鮮滿版	1921-03-17	03단	海州敎育狀態
98880	鮮滿版	1921-03-17	03단	公州敎育事業
98881	鮮滿版	1921-03-17	03단	大邱物價低落
98882	鮮滿版	1921-03-17	04단	大邱釀造豫想
98883	鮮滿版	1921-03-17	04단	釜山連絡貨物
98884	鮮滿版	1921-03-17	04단	任地が北鮮と聞いて警官が逃腰になる/當局は鎭靜宣傳に汲々
98885	鮮滿版	1921-03-17	05단	坊門及方圓社名家勝繼碁戰/九十九回(8)
98886	鮮滿版	1921-03-17	05단	共立倉庫發展
98887	鮮滿版	1921-03-17	05단	淸州運輸組織
98888	鮮滿版	1921-03-17	05단	掏摸が殖えた

일련번호	판명	간행일	단수	기사명
98889	鮮滿版	1921-03-17	06단	定山金融組合
98890	鮮滿版	1921-03-17	06단	半島茶話
98891	鮮滿版	1921-03-18	01단	張鎭守使の建議/東拓開拓對抗策
98892	鮮滿版	1921-03-18	01단	慶北道建議案/商業校設置と港灣修築
98893	鮮滿版	1921-03-18	01단	全南道豫算案
98894	鮮滿版	1921-03-18	01단	元山咸興(二)/口說上手の人
98895	鮮滿版	1921-03-18	02단	御用黨軍資金
98896	鮮滿版	1921-03-18	02단	醫術試驗日割
98897	鮮滿版	1921-03-18	02단	出穀は一段落
98898	鮮滿版	1921-03-18	03단	群山信用組合成立
98899	鮮滿版	1921-03-18	03단	大邱慈惠院增築
98900	鮮滿版	1921-03-18	03단	大邱府豫算案
98901	鮮滿版	1921-03-18	04단	元山學組豫算
98902	鮮滿版	1921-03-18	04단	內地無賴漢買收され/上海假政府の手先となる
98903	鮮滿版	1921-03-18	04단	兒子反覆/支那官憲不信
98904	鮮滿版	1921-03-18	05단	坊門及方圓社名家勝繼碁戰/九十九回(９)
98905	鮮滿版	1921-03-18	05단	高局長辭表提出
98906	鮮滿版	1921-03-18	05단	勞銀昂る/昨年よりも六ポイント三六
98907	鮮滿版	1921-03-18	06단	半島茶話
98908	鮮滿版	1921-03-18	06단	人(矢橋良周氏(京城日報司事)/視察員來鮮)
98909	鮮滿版	1921-03-19	01단	內地議員不眞面目 鮮人議員却って眞劍/地方豫算編成 渡邊課長談/京畿道評議會 議事日程/各道評議會期
98910	鮮滿版	1921-03-19	01단	元山咸興(三)/右側安全の標
98911	鮮滿版	1921-03-19	02단	國境警備/內輪揉めか
98912	鮮滿版	1921-03-19	03단	諺文調査の要/綴字法調査會
98913	鮮滿版	1921-03-19	03단	學務局長の挨拶
98914	鮮滿版	1921-03-19	04단	*長好江支兵を却く 增援隊鴨綠江上流に急派/潛伏中の不逞鮮人團/獨立團員逮捕/平北平靜ならず/何道尹長白に向ふ*
98915	鮮滿版	1921-03-19	05단	坊門及方圓社名家勝繼碁戰/九十九回(１０)
98916	鮮滿版	1921-03-19	06단	憲兵補優遇で鮮人憲兵喜ぶ
98917	鮮滿版	1921-03-19	06단	半島茶話
98918	鮮滿版	1921-03-20	01단	小作窮迫對策調査
98919	鮮滿版	1921-03-20	01단	地方吏員增殖
98920	鮮滿版	1921-03-20	01단	貨物取締屬行
98921	鮮滿版	1921-03-20	01단	水道事務打合
98922	鮮滿版	1921-03-20	01단	資金集散狀況

일련번호	판명	간행일	단수	기사명
98923	鮮滿版	1921-03-20	01단	京畿道の評議會/讀會は何故朗讀せぬといふ自治練習議員
98924	鮮滿版	1921-03-20	02단	會議所聯合會
98925	鮮滿版	1921-03-20	02단	取引規程改正議
98926	鮮滿版	1921-03-20	02단	鷺梁津發展著し
98927	鮮滿版	1921-03-20	02단	元山府豫算額
98928	鮮滿版	1921-03-20	02단	中等教授業料
98929	鮮滿版	1921-03-20	02단	米國に留學生
98930	鮮滿版	1921-03-20	02단	金泉郡學校費
98931	鮮滿版	1921-03-20	03단	學組議員改選
98932	鮮滿版	1921-03-20	03단	大邱中學募生
98933	鮮滿版	1921-03-20	03단	水産組合役員
98934	鮮滿版	1921-03-20	03단	群山港移出米
98935	鮮滿版	1921-03-20	04단	城津二月貿易
98936	鮮滿版	1921-03-20	04단	暗殺隊員の用ふる符牒/兵隊が虎で巡査が豚だ
98937	鮮滿版	1921-03-20	04단	支兵亂暴最後に謝罪
98938	鮮滿版	1921-03-20	05단	坊門及方圓社名家勝繼碁戰/九十九回(１１)
98939	鮮滿版	1921-03-20	05단	物價と勞銀/近年の騰落
98940	鮮滿版	1921-03-20	05단	山火事豫防/宣傳ビラ配布
98941	鮮滿版	1921-03-20	05단	通信競技大會
98942	鮮滿版	1921-03-20	05단	淸州囚人惡化
98943	鮮滿版	1921-03-20	06단	金泉の火事
98944	鮮滿版	1921-03-20	06단	釜山の競馬會
98945	鮮滿版	1921-03-20	06단	半島茶話
98946	鮮滿版	1921-03-22	01단	日本警官の越境/東邊道尹の警戒命令
98947	鮮滿版	1921-03-22	01단	郵便記念日/朝鮮は催物無し
98948	鮮滿版	1921-03-22	01단	朝鮮災害復舊費/追加豫算に計上
98949	鮮滿版	1921-03-22	01단	鐵道緊急事業
98950	鮮滿版	1921-03-22	01단	元山咸興(四)/城川江の平野
98951	鮮滿版	1921-03-22	02단	獸骨輸入便法
98952	鮮滿版	1921-03-22	02단	平北評議員會
98953	鮮滿版	1921-03-22	03단	京城失業者數
98954	鮮滿版	1921-03-22	03단	資金集散狀況
98955	鮮滿版	1921-03-22	03단	全州各校卒業式
98956	鮮滿版	1921-03-22	04단	尙州農産學校
98957	鮮滿版	1921-03-22	04단	城津種痘屬行
98958	鮮滿版	1921-03-22	04단	驛屯土競賣

일련번호	판명	간행일	단수	기사명
98959	鮮滿版	1921-03-22	04단	郵便所新設
98960	鮮滿版	1921-03-22	04단	忠南內地視察團
98961	鮮滿版	1921-03-22	04단	晉州面豫算額
98962	鮮滿版	1921-03-22	04단	全南出棉總量
98963	鮮滿版	1921-03-22	04단	鮮人三名/極東議員に當選
98964	鮮滿版	1921-03-22	05단	坊門及方圓社名家勝繼碁戰/九十九回(１２)
98965	鮮滿版	1921-03-22	05단	肺ペスト更に盛返す
98966	鮮滿版	1921-03-22	05단	良民と不逞團/入亂れて爭鬪
98967	鮮滿版	1921-03-22	05단	金禎燮南下す
98968	鮮滿版	1921-03-22	05단	光州放火頻々
98969	鮮滿版	1921-03-22	05단	大邱通信競技
98970	鮮滿版	1921-03-22	06단	大邱神社改築
98971	鮮滿版	1921-03-22	06단	人(村田廣一氏(下關水上署長)/湯地幸平氏(福井縣知事))
98972	鮮滿版	1921-03-22	06단	半島茶話
98973	鮮滿版	1921-03-23		缺號
98974	鮮滿版	1921-03-24	01단	道評議會に議決權附與/總督認可權撤廢
98975	鮮滿版	1921-03-24	01단	特急延長/一等寢臺車連結
98976	鮮滿版	1921-03-24	01단	小包關稅手續/簡略とならん
98977	鮮滿版	1921-03-24	01단	元山咸興(六)/知事の內職話
98978	鮮滿版	1921-03-24	02단	大庭司令官來全
98979	鮮滿版	1921-03-24	02단	郵便局に自動車
98980	鮮滿版	1921-03-24	02단	元山住宅建設會
98981	鮮滿版	1921-03-24	02단	京畿內地視察
98982	鮮滿版	1921-03-24	02단	京城師範學校
98983	鮮滿版	1921-03-24	02단	海州學祖議員
98984	鮮滿版	1921-03-24	03단	圖們輕鐵計劃
98985	鮮滿版	1921-03-24	03단	開城蔘業資金
98986	鮮滿版	1921-03-24	03단	大邱模範店員
98987	鮮滿版	1921-03-24	04단	共進會視察團
98988	鮮滿版	1921-03-24	04단	私立中央改造
98989	鮮滿版	1921-03-24	04단	黃海納稅成績
98990	鮮滿版	1921-03-24	04단	元山大豆移出
98991	鮮滿版	1921-03-24	04단	間島の支那巡警無辜の鮮人を虐む/日本官憲より嚴重抗議
98992	鮮滿版	1921-03-24	05단	朝日新碁戰
98993	鮮滿版	1921-03-24	05단	煙草收納豫想
98994	鮮滿版	1921-03-24	05단	郵便局で斬髮/四月早々開始

일련번호	판명	간행일	단수	기사명
98995	鮮滿版	1921-03-24	05단	防疫活動寫眞
98996	鮮滿版	1921-03-24	06단	釜山港で殺人
98997	鮮滿版	1921-03-24	06단	半島茶話
98998	鮮滿版	1921-03-25	01단	對人信用恢復未し
98999	鮮滿版	1921-03-25	01단	貿易不振/出入共大減退
99000	鮮滿版	1921-03-25	01단	産業調査/委員銓衡如何
99001	鮮滿版	1921-03-25	01단	元山咸興(七)/勤儉力行の範
99002	鮮滿版	1921-03-25	02단	勸業課長召集
99003	鮮滿版	1921-03-25	02단	京城學組豫算
99004	鮮滿版	1921-03-25	03단	平元線速成同盟
99005	鮮滿版	1921-03-25	03단	關係書類は僕等の鞄に在るよ/大塚滿鐵祕書の辯明振り
99006	鮮滿版	1921-03-25	04단	京城府衛生事業
99007	鮮滿版	1921-03-25	04단	南朝鮮線變更
99008	鮮滿版	1921-03-25	04단	京城信託總會
99009	鮮滿版	1921-03-25	05단	坊門及方圓社名家勝繼碁戰/百回(１)
99010	鮮滿版	1921-03-25	05단	工事が始まらんとする 時支那勞働者が入込み/勞銀が下るだらう
99011	鮮滿版	1921-03-25	05단	半島茶話
99012	鮮滿版	1921-03-26	01단	全鮮商議産業調査會/設立の請願
99013	鮮滿版	1921-03-26	01단	關稅据置/撤廢は明年か
99014	鮮滿版	1921-03-26	01단	元山咸興(八)/相互排斥思想
99015	鮮滿版	1921-03-26	02단	鮮滿直通電話/工費四十萬圓
99016	鮮滿版	1921-03-26	02단	貯銀法改正と銀行界の影響/鮮銀當局者談
99017	鮮滿版	1921-03-26	02단	遞信監督制度
99018	鮮滿版	1921-03-26	03단	咸北豫算總額
99019	鮮滿版	1921-03-26	03단	全北道廳新築
99020	鮮滿版	1921-03-26	03단	海女紛擾解決す
99021	鮮滿版	1921-03-26	04단	監理派の傳道
99022	鮮滿版	1921-03-26	04단	晋州旅舍建築
99023	鮮滿版	1921-03-26	04단	全州面長決定
99024	鮮滿版	1921-03-26	04단	鮮銀職員異動
99025	鮮滿版	1921-03-26	04단	晋州公會堂建設
99026	鮮滿版	1921-03-26	04단	忠南自動車統一
99027	鮮滿版	1921-03-26	05단	坊門及方圓社名家勝繼碁戰/百回(２)
99028	鮮滿版	1921-03-26	05단	京城より(學校長會議/朝鮮語試驗/鮮人視察團)
99029	鮮滿版	1921-03-26	05단	辭令

일련번호	판명	간행일	단수	기사명
99030	鮮滿版	1921-03-26	05단	北滿鼠疫哈市が中心
99031	鮮滿版	1921-03-26	05단	閔妃位牌昌德宮に移安
99032	鮮滿版	1921-03-26	05단	天道教覺醒し信徒の言を容る
99033	鮮滿版	1921-03-26	06단	人(前田昇氏(朝鮮憲兵隊司令官)/何厚埼氏(東邊道尹))
99034	鮮滿版	1921-03-26	06단	半島茶話
99035	鮮滿版	1921-03-27	01단	漁業者の要望せる水産施設/岡崎水産課長談
99036	鮮滿版	1921-03-27	01단	遞信改善/着手せる事項
99037	鮮滿版	1921-03-27	01단	元山咸興(九)/警務官に對す
99038	鮮滿版	1921-03-27	02단	忠清豫算大綱
99039	鮮滿版	1921-03-27	02단	京城府小學生
99040	鮮滿版	1921-03-27	02단	妃殿下とお睦まじき李王殿下の御近狀/拊廟の式典を控へて御孝道
99041	鮮滿版	1921-03-27	03단	東拓の積出米
99042	鮮滿版	1921-03-27	03단	開鱈の改善策
99043	鮮滿版	1921-03-27	04단	九州沖繩共進會の朝鮮館
99044	鮮滿版	1921-03-27	04단	鞍馬で海軍見學する 知識階級の大集團 愉快に鎭海に着、京城に向ふ/釜山の歡迎計劃
99045	鮮滿版	1921-03-27	05단	奇特な少年/知事から表彰
99046	鮮滿版	1921-03-27	05단	坊門及方圓社名家勝繼碁戰/百回(３)
99047	鮮滿版	1921-03-27	06단	半島茶話
99048	鮮滿版	1921-03-29	01단	鮮人三十萬の衷情/日支共に依賴し得ず/日本當局に決斷を望む
99049	鮮滿版	1921-03-29	01단	元山咸興(十)/赴任者の氣分
99050	鮮滿版	1921-03-29	02단	支兵增派/間島に集中
99051	鮮滿版	1921-03-29	02단	防疫會議/四月下旬開會
99052	鮮滿版	1921-03-29	02단	手數料引上げ/仁取仲買請願
99053	鮮滿版	1921-03-29	03단	鮮鐵通關手續
99054	鮮滿版	1921-03-29	03단	靑島は不景氣で馘首された者が四百名/其七八分は內地へ歸る
99055	鮮滿版	1921-03-29	03단	豫選競技會參加資格/職業競技者は參加を許さず
99056	鮮滿版	1921-03-29	04단	聯合商議決議
99057	鮮滿版	1921-03-29	04단	航空司令謝狀
99058	鮮滿版	1921-03-29	05단	坊門及方圓社名家勝繼碁戰/百回(４)
99059	鮮滿版	1921-03-29	05단	車馬徵發で間島米商/困惑甚し
99060	鮮滿版	1921-03-29	05단	巡警罷業/增給要求で
99061	鮮滿版	1921-03-29	05단	海港檢疫/三等客に對し
99062	鮮滿版	1921-03-29	06단	中學生自殺
99063	鮮滿版	1921-03-29	06단	半島茶話

일련번호	판명	간행일	단수	기사명
99064	鮮滿版	1921-03-30	01단	京畿戸稅引上反對/佐藤部長弱る
99065	鮮滿版	1921-03-30	01단	煙草元賣捌/旣特權尊重
99066	鮮滿版	1921-03-30	01단	朝鮮移入稅/据置事情
99067	鮮滿版	1921-03-30	01단	北鮮商工聯合會/元山に開催
99068	鮮滿版	1921-03-30	02단	京南鐵道變更/沿道地主の陳情
99069	鮮滿版	1921-03-30	02단	支人敎化至難
99070	鮮滿版	1921-03-30	02단	郵便局所整理
99071	鮮滿版	1921-03-30	02단	鎭南商議改選
99072	鮮滿版	1921-03-30	02단	九龍築港請願
99073	鮮滿版	1921-03-30	03단	大邱の收入證紙
99074	鮮滿版	1921-03-30	03단	農學校移轉問題
99075	鮮滿版	1921-03-30	03단	載寧高普校新設
99076	鮮滿版	1921-03-30	03단	延禧校敎授招聘
99077	鮮滿版	1921-03-30	03단	能登丸元山寄港
99078	鮮滿版	1921-03-30	04단	兼二浦入港船
99079	鮮滿版	1921-03-30	04단	浦潮渡航激增
99080	鮮滿版	1921-03-30	04단	群山學組豫算
99081	鮮滿版	1921-03-30	04단	お行儀の惡いお客サン/場所柄も辨へず醜態百出
99082	鮮滿版	1921-03-30	04단	馬賊團/對岸で荒廻る
99083	鮮滿版	1921-03-30	04단	在鄕警察官會/大邱に組織
99084	鮮滿版	1921-03-30	05단	咸興學組豫算
99085	鮮滿版	1921-03-30	05단	泰和女子館
99086	鮮滿版	1921-03-30	05단	間島粟動く
99087	鮮滿版	1921-03-30	05단	吉長連絡中止/鼠疫豫防の爲
99088	鮮滿版	1921-03-30	05단	實父に脅迫狀を送った放蕩兒
99089	鮮滿版	1921-03-30	05단	赤行囊の金/途中で紛失
99090	鮮滿版	1921-03-30	06단	流行病も下火
99091	鮮滿版	1921-03-30	06단	靑年の燒死
99092	鮮滿版	1921-03-30	06단	半島茶話
99093	鮮滿版	1921-03-31	01단	鮮人向學熱昂上す 之に對應する施設如何/女性の割七割 敎員を志望す
99094	鮮滿版	1921-03-31	01단	內訌と左前で苦しむ僭稱政府
99095	鮮滿版	1921-03-31	02단	朝鮮開發の道路綱/五千九百餘里
99096	鮮滿版	1921-03-31	03단	産業調査/分科制か
99097	鮮滿版	1921-03-31	03단	敎育調査會五月京城に
99098	鮮滿版	1921-03-31	03단	電話擴張計劃/普及現勢比較

일련번호	판명	간행일	단수	기사명
99099	鮮滿版	1921-03-31	04단	間島の農業/鮮人支配せん
99100	鮮滿版	1921-03-31	04단	京畿土木事業
99101	鮮滿版	1921-03-31	04단	製煙工場內定
99102	鮮滿版	1921-03-31	04단	金融組合增設
99103	鮮滿版	1921-03-31	04단	牡牛移出激增
99104	鮮滿版	1921-03-31	05단	定州の瑞穗農場
99105	鮮滿版	1921-03-31	05단	群山米の聲價
99106	鮮滿版	1921-03-31	05단	會社銀行(東洋汽船總會/活動寫眞會社/商銀臨時總會/殖銀店長會議/水利資金支出)
99107	鮮滿版	1921-03-31	06단	龍山の婦姦團/孝昌園に出沒
99108	鮮滿版	1921-03-31	06단	警部女を擊つ
99109	鮮滿版	1921-03-31	06단	鮮人樵夫殺さる
99110	鮮滿版	1921-03-31	06단	半島茶話

1921년 4월 (선만판)

일련번호	판명	간행일	단수	기사명
99111	鮮滿版	1921-04-01	01단	朝鮮山林保護政策實現の端啓かる/田中山林課長談
99112	鮮滿版	1921-04-01	01단	獵官の爲め團體簇生/某有力者談
99113	鮮滿版	1921-04-01	01단	本日より撤廢さるゝ臨時靑島防備隊
99114	鮮滿版	1921-04-01	03단	活寫宣傳も結構だが融合の秘策は日鮮結婚獎勵
99115	鮮滿版	1921-04-01	03단	湖南線の改修/運轉時間短縮
99116	鮮滿版	1921-04-01	04단	電氣需用現況
99117	鮮滿版	1921-04-01	04단	鍊漁業者窮境
99118	鮮滿版	1921-04-01	04단	豫算剩餘で旅費討伐/總督府の泰平樂
99119	鮮滿版	1921-04-01	05단	鮮人自殺/年に二百五十
99120	鮮滿版	1921-04-01	06단	人(鮮滿視察團)
99121	鮮滿版	1921-04-01	06단	半島茶話
99122	鮮滿版	1921-04-02	01단	道路政策/實施方針變更
99123	鮮滿版	1921-04-02	01단	郡守觀光人選
99124	鮮滿版	1921-04-02	01단	國民協會長問題
99125	鮮滿版	1921-04-02	01단	卅日夕上京した儒生卓泰潤氏
99126	鮮滿版	1921-04-02	02단	忠北歲計內容
99127	鮮滿版	1921-04-02	03단	咸北道新事業
99128	鮮滿版	1921-04-02	03단	木浦に浮棧橋
99129	鮮滿版	1921-04-02	03단	釜山學議激昂す
99130	鮮滿版	1921-04-02	04단	煙草專賣局長
99131	鮮滿版	1921-04-02	04단	上院議員渡鮮
99132	鮮滿版	1921-04-02	04단	撤兵に不安を抱き引揚げた者/鮮人旣に七百餘名
99133	鮮滿版	1921-04-02	04단	犯罪特徵/未知者連累し骨肉も相侵す
99134	鮮滿版	1921-04-02	05단	侍天敎の運動
99135	鮮滿版	1921-04-02	05단	錦南郵便所
99136	鮮滿版	1921-04-02	05단	郵便局廢止
99137	鮮滿版	1921-04-02	05단	木浦店員表彰
99138	鮮滿版	1921-04-02	05단	戰跡視察團
99139	鮮滿版	1921-04-02	05단	城律學議補選
99140	鮮滿版	1921-04-02	05단	辭令
99141	鮮滿版	1921-04-02	06단	九大集會部の朝鮮旅行團出發/來る九日歸來の豫定
99142	鮮滿版	1921-04-02	06단	一夜に出火/五箇所から
99143	鮮滿版	1921-04-02	06단	人(淨法寺五郞氏(第二十師團長)/有田溫三氏(前代議士))
99144	鮮滿版	1921-04-02	06단	半島茶話
99145	鮮滿版	1921-04-03	01단	派遣軍間島より撤退/警備機關設置の要/總督府當局張巡閱使と交涉

일련번호	판명	간행일	단수	기사명
99146	鮮滿版	1921-04-03	01단	在滿鮮人保護方針/時に應じ物資を供給し鮮人醫師を派遣せん
99147	鮮滿版	1921-04-03	01단	産業調査と保險會社/西村殖産局長談
99148	鮮滿版	1921-04-03	01단	朝鮮の古蹟(上)/文學博士濱田靑陵
99149	鮮滿版	1921-04-03	02단	新院教會問題/半井宗教課長談
99150	鮮滿版	1921-04-03	03단	多收穫の現狀
99151	鮮滿版	1921-04-03	04단	教官海外留學/新補步兵第七十五聯隊附村松新一郎氏
99152	鮮滿版	1921-04-03	04단	辭令
99153	鮮滿版	1921-04-03	04단	會社銀行(朝鮮工業設立/森鐵狹軌決定)
99154	鮮滿版	1921-04-03	05단	官兵と交戰/馬賊と見紛ふ
99155	鮮滿版	1921-04-03	05단	釜山爆彈犯人更に死刑言渡
99156	鮮滿版	1921-04-03	05단	鐵龍の脅迫狀輯安縣で荒れる
99157	鮮滿版	1921-04-03	05단	巡査部長の詐欺/指環三個を失敬
99158	鮮滿版	1921-04-03	06단	排日教授歸る
99159	鮮滿版	1921-04-03	06단	半島茶話
99160	鮮滿版	1921-04-05	01단	內鮮共學の前提として新舊思想の調和/水野政務總監訓示
99161	鮮滿版	1921-04-05	01단	專賣局官制/管掌と本支局
99162	鮮滿版	1921-04-05	01단	大田都市計劃
99163	鮮滿版	1921-04-05	01단	朝鮮の古蹟(下)/文學博士濱田靑陵
99164	鮮滿版	1921-04-05	02단	大邱府の新施設
99165	鮮滿版	1921-04-05	02단	新義州社會施設
99166	鮮滿版	1921-04-05	02단	鎭南商議當選者
99167	鮮滿版	1921-04-05	02단	光州面新事業
99168	鮮滿版	1921-04-05	03단	畜産觀光團
99169	鮮滿版	1921-04-05	03단	咸興商校試驗
99170	鮮滿版	1921-04-05	03단	辭令
99171	鮮滿版	1921-04-05	04단	昨秋新建の平壤公會堂/床板が動搖して危險千萬
99172	鮮滿版	1921-04-05	04단	對岸牛疫猖獗
99173	鮮滿版	1921-04-05	04단	旭町の火事/不知火旅館全燒す
99174	鮮滿版	1921-04-05	05단	製紙職工陰謀
99175	鮮滿版	1921-04-05	05단	兼二浦神社新築
99176	鮮滿版	1921-04-05	05단	咸興の記念植樹
99177	鮮滿版	1921-04-05	05단	不逞漢紙幣僞造
99178	鮮滿版	1921-04-05	06단	晉州神社祭典
99179	鮮滿版	1921-04-05	06단	半島茶話
99180	鮮滿版	1921-04-06	01단	煙草官營の顚末とその將來に對する施設/水野政務總監談
99181	鮮滿版	1921-04-06	01단	專賣局首腦任命

일련번호	판명	간행일	단수	기사명
99182	鮮滿版	1921-04-06	01단	蠶業學校創立
99183	鮮滿版	1921-04-06	01단	大邱公會堂建設
99184	鮮滿版	1921-04-06	01단	京城資金集散
99185	鮮滿版	1921-04-06	02단	取引所稅實施期
99186	鮮滿版	1921-04-06	02단	新義州商校開校/校長決定
99187	鮮滿版	1921-04-06	02단	不渡手形漸減す
99188	鮮滿版	1921-04-06	02단	高商校長辭職
99189	鮮滿版	1921-04-06	02단	大邱專賣支局
99190	鮮滿版	1921-04-06	03단	新義州靑年會
99191	鮮滿版	1921-04-06	03단	晉州農校移轉
99192	鮮滿版	1921-04-06	03단	慶南敎員養成
99193	鮮滿版	1921-04-06	03단	鮮銀支店改築
99194	鮮滿版	1921-04-06	03단	新義州學校費
99195	鮮滿版	1921-04-06	03단	中央學校昇格
99196	鮮滿版	1921-04-06	03단	書畫協會振興
99197	鮮滿版	1921-04-06	04단	辭令
99198	鮮滿版	1921-04-06	04단	會社銀行(殖産貸出資金/仁取株主總會)
99199	鮮滿版	1921-04-06	04단	電話姬の抱く若き悲しみ/機械にあらじ
99200	鮮滿版	1921-04-06	04단	苦力の檢疫/支那官憲は嫌ふ
99201	鮮滿版	1921-04-06	05단	妓生に敎育/大邱で向上計劃
99202	鮮滿版	1921-04-06	05단	人格尊重と理解ある服從/谷村七七聯隊長談
99203	鮮滿版	1921-04-06	05단	間島電線切斷不逞團の所爲か
99204	鮮滿版	1921-04-06	06단	頭道溝の大火/領事館隣家から發火
99205	鮮滿版	1921-04-06	06단	仁取判決言渡/來廿一日と定る
99206	鮮滿版	1921-04-06	06단	鮮人罷業運動
99207	鮮滿版	1921-04-06	06단	平壤敎化講演會
99208	鮮滿版	1921-04-06	06단	半島茶話
99209	鮮滿版	1921-04-07	01단	在外獨立團に手入れか/上海僭稱政府の政體
99210	鮮滿版	1921-04-07	01단	編成振良き地方豫算/總督府査了期
99211	鮮滿版	1921-04-07	01단	再興機運の朝鮮鑛業/黑木鑛務課長談
99212	鮮滿版	1921-04-07	01단	京城普通校擴張計劃/起債三十萬圓
99213	鮮滿版	1921-04-07	02단	全南道新事業
99214	鮮滿版	1921-04-07	02단	正米市場制限
99215	鮮滿版	1921-04-07	02단	取引所稅課率
99216	鮮滿版	1921-04-07	02단	黃海道農産物
99217	鮮滿版	1921-04-07	02단	平壤商況金融

일련번호	판명	간행일	단수	기사명
99218	鮮滿版	1921-04-07	03단	大邱看護婦取締
99219	鮮滿版	1921-04-07	03단	釜山府當局陳辯
99220	鮮滿版	1921-04-07	03단	鎭南浦果實豊作
99221	鮮滿版	1921-04-07	03단	兼二浦學組豫算
99222	鮮滿版	1921-04-07	04단	黃海苗木配附
99223	鮮滿版	1921-04-07	04단	延平島の漁期
99224	鮮滿版	1921-04-07	04단	朝鮮女の性の目覺/因襲の絆を斷切らでは置かじ
99225	鮮滿版	1921-04-07	04단	北滿鼠疫と毒死頻出/手數料目當で毒藥投入說
99226	鮮滿版	1921-04-07	04단	李王殿下誕辰祝儀十一日に擧行
99227	鮮滿版	1921-04-07	05단	周防氏赴任
99228	鮮滿版	1921-04-07	05단	會社銀行(奉天信託救濟/朝鮮皮革總會/殖鐵株主總會)
99229	鮮滿版	1921-04-07	05단	畜類移動停止
99230	鮮滿版	1921-04-07	05단	不義から犯罪
99231	鮮滿版	1921-04-07	05단	釜山競馬大會
99232	鮮滿版	1921-04-07	06단	釜山記念植樹
99233	鮮滿版	1921-04-07	06단	全州神社祭典
99234	鮮滿版	1921-04-07	06단	不屆者の自殺
99235	鮮滿版	1921-04-07	06단	不逞教徒處分
99236	鮮滿版	1921-04-07	06단	會(防疫打合會/兼二浦金融組合)
99237	鮮滿版	1921-04-07	06단	半島茶話
99238	鮮滿版	1921-04-08	01단	八白萬圓に上る鮮軍豫算/本年度新事業
99239	鮮滿版	1921-04-08	01단	結核患者/各道現在數
99240	鮮滿版	1921-04-08	01단	大平壤(上)/時機尚早か
99241	鮮滿版	1921-04-08	02단	對支賣込手段外人式に據らん
99242	鮮滿版	1921-04-08	02단	佐々木知事榮轉說
99243	鮮滿版	1921-04-08	02단	京城學組施設
99244	鮮滿版	1921-04-08	03단	資金移動概況
99245	鮮滿版	1921-04-08	03단	高女授業料引上
99246	鮮滿版	1921-04-08	03단	教員養成所好績
99247	鮮滿版	1921-04-08	04단	土木協會總會
99248	鮮滿版	1921-04-08	04단	郵便所開設
99249	鮮滿版	1921-04-08	04단	京城神學院
99250	鮮滿版	1921-04-08	04단	黃海金融成績
99251	鮮滿版	1921-04-08	04단	晉州積立講
99252	鮮滿版	1921-04-08	04단	續々建られる京城の家屋/住宅難も緩和
99253	鮮滿版	1921-04-08	05단	暗殺團員七名が潛入

일련번호	판명	간행일	단수	기사명
99254	鮮滿版	1921-04-08	05단	邦人を誣ふ毒藥撒布問題
99255	鮮滿版	1921-04-08	05단	平壤店員運動會
99256	鮮滿版	1921-04-08	06단	龜岩橋燒失す
99257	鮮滿版	1921-04-08	06단	內地種の强盜
99258	鮮滿版	1921-04-08	06단	畸形兒絞殺
99259	鮮滿版	1921-04-08	06단	人(小笠原長幹伯(陸軍省勅參))
99260	鮮滿版	1921-04-08	06단	半島茶話
99261	鮮滿版	1921-04-09	01단	葉煙草/賠償價格改正
99262	鮮滿版	1921-04-09	01단	民心緩和/篠田平南知事談
99263	鮮滿版	1921-04-09	01단	大平壤(中)/時期尚早か
99264	鮮滿版	1921-04-09	02단	齋藤總督歸任/巡視と知事召集
99265	鮮滿版	1921-04-09	02단	學費戶別課率
99266	鮮滿版	1921-04-09	02단	全南移民不平
99267	鮮滿版	1921-04-09	03단	內鮮婦人會提携
99268	鮮滿版	1921-04-09	03단	水野總監視察
99269	鮮滿版	1921-04-09	04단	府吏稅務見學
99270	鮮滿版	1921-04-09	04단	全州專賣支局
99271	鮮滿版	1921-04-09	04단	北滿からの鼠疫危險で南行列車客に檢診/新義州での防疫施設
99272	鮮滿版	1921-04-09	04단	東沿岸警備の水雷戰隊元山に來る
99273	鮮滿版	1921-04-09	05단	町村事務見學
99274	鮮滿版	1921-04-09	05단	宣傳雜誌配附
99275	鮮滿版	1921-04-09	05단	武器を埋めて不逞鮮人掘出す
99276	鮮滿版	1921-04-09	05단	東都に留學の女學生取調べらる
99277	鮮滿版	1921-04-09	06단	豪農に復も脅喝
99278	鮮滿版	1921-04-09	06단	咸興の市民大會
99279	鮮滿版	1921-04-09	06단	人(大野豊四小將(朝鮮軍參謀長)/島安次郎氏(滿鐵理事)/赤池濃氏(總督府警務局長))
99280	鮮滿版	1921-04-09	06단	半島茶話
99281	鮮滿版	1921-04-10	01단	朝鮮産業の政策第二階梯に入らんとす/水野總監訓示要旨
99282	鮮滿版	1921-04-10	01단	鐵道事業/咸鏡線延長工程
99283	鮮滿版	1921-04-10	01단	平南教育施設全鮮第一位
99284	鮮滿版	1921-04-10	01단	大平壤(下)/時期尚早か
99285	鮮滿版	1921-04-10	02단	鮮鐵運轉時刻近く改正されん
99286	鮮滿版	1921-04-10	03단	納稅觀念向上/水口稅務課長談
99287	鮮滿版	1921-04-10	04단	官房三課新設
99288	鮮滿版	1921-04-10	04단	平南道車輛稅

일련번호	판명	간행일	단수	기사명
99289	鮮滿版	1921-04-10	04단	平壤區劃協議
99290	鮮滿版	1921-04-10	04단	新機關車着鮮
99291	鮮滿版	1921-04-10	04단	運輸依然不振
99292	鮮滿版	1921-04-10	04단	大邱共同洗濯所
99293	鮮滿版	1921-04-10	04단	社會事業協議
99294	鮮滿版	1921-04-10	05단	益沃水利組合
99295	鮮滿版	1921-04-10	05단	慶山普校增築
99296	鮮滿版	1921-04-10	05단	金泉預金貸出
99297	鮮滿版	1921-04-10	05단	今泉官鹽貯藏
99298	鮮滿版	1921-04-10	05단	辭令
99299	鮮滿版	1921-04-10	05단	農家活氣付き綿布類賣行き良し
99300	鮮滿版	1921-04-10	05단	流込む鮮人を堰止めて吳れ/福岡縣から朝鮮總督府へ
99301	鮮滿版	1921-04-10	06단	宣傳活動到着
99302	鮮滿版	1921-04-10	06단	矢橋氏講演
99303	鮮滿版	1921-04-10	06단	人(湯地幸平氏(福井縣知事)/柴田善三郎氏(總督府學務局長)/松井房治郎氏(釜山稅關長)/前田昇氏(朝鮮憲兵司令官)/大塚常三郎氏(總督府內務局長))
99304	鮮滿版	1921-04-10	06단	半島茶話
99305	鮮滿版	1921-04-12	01단	平南の試みる社會施設/平井內務部長談
99306	鮮滿版	1921-04-12	01단	朝鮮貿易依然不振
99307	鮮滿版	1921-04-12	02단	京城金融商況/朝鮮銀行調査(金融/商況)
99308	鮮滿版	1921-04-12	02단	咸興聯隊擴張
99309	鮮滿版	1921-04-12	03단	龍山師團完成
99310	鮮滿版	1921-04-12	03단	農校位置決定す
99311	鮮滿版	1921-04-12	03단	大邱徵兵成績
99312	鮮滿版	1921-04-12	03단	咸興徵兵成績
99313	鮮滿版	1921-04-12	03단	咸興の向學熱
99314	鮮滿版	1921-04-12	04단	辭令
99315	鮮滿版	1921-04-12	04단	兩切煙草値上されん
99316	鮮滿版	1921-04-12	04단	アブク金で藝妓を抱ふ
99317	鮮滿版	1921-04-12	04단	珍な結婚/六十路で相手は年若
99318	鮮滿版	1921-04-12	05단	此親にして此子
99319	鮮滿版	1921-04-12	05단	日蓮記念講演
99320	鮮滿版	1921-04-12	05단	大邱の競馬大會
99321	鮮滿版	1921-04-12	05단	獨立資金で檢擧
99322	鮮滿版	1921-04-12	06단	海州神社祭例

일련번호	판명	간행일	단수	기사명
99323	鮮滿版	1921-04-12	06단	オール軍捷つ
99324	鮮滿版	1921-04-12	06단	會(土木課長會議/植銀支店長會議)
99325	鮮滿版	1921-04-12	06단	半島茶話
99326	鮮滿版	1921-04-13	01단	間島警察官は交代/引揚警察官は行賞されん
99327	鮮滿版	1921-04-13	01단	衛生課の五大事業/計劃の歩を進む
99328	鮮滿版	1921-04-13	01단	慶南慈惠病院/本院は釜山分院は馬山に決定
99329	鮮滿版	1921-04-13	01단	商議級別選擧/鮮人側反對決議
99330	鮮滿版	1921-04-13	02단	東拓移民狀況
99331	鮮滿版	1921-04-13	02단	私鐵補助規則
99332	鮮滿版	1921-04-13	02단	朝鮮森林鐵道
99333	鮮滿版	1921-04-13	03단	京春電鐵實現
99334	鮮滿版	1921-04-13	03단	鷲丸の溯航力
99335	鮮滿版	1921-04-13	03단	釜山と米の集散
99336	鮮滿版	1921-04-13	03단	宗務院設置見合
99337	鮮滿版	1921-04-13	04단	女學校增築問題
99338	鮮滿版	1921-04-13	04단	鎮南浦商議役員
99339	鮮滿版	1921-04-13	04단	船許軌道敷設
99340	鮮滿版	1921-04-13	04단	大邱商補學校
99341	鮮滿版	1921-04-13	04단	新義州高普校
99342	鮮滿版	1921-04-13	04단	大規模の阿片密賣連累者擴大せん
99343	鮮滿版	1921-04-13	05단	問題となった平壤公會堂/其筋で調査か
99344	鮮滿版	1921-04-13	05단	平南知事鮮人牧師請待
99345	鮮滿版	1921-04-13	06단	大邱穀物市場不正事件眞相
99346	鮮滿版	1921-04-13	06단	死刑から無罪證據不十分で
99347	鮮滿版	1921-04-13	06단	釜山日曜教會
99348	鮮滿版	1921-04-13	06단	半島茶話
99349	鮮滿版	1921-04-14	01단	憲兵は一時殘留か/支那軍警では間島心許無し
99350	鮮滿版	1921-04-14	01단	江原の利原/木材と水力
99351	鮮滿版	1921-04-14	01단	東拓貸出/五百三十餘萬圓
99352	鮮滿版	1921-04-14	01단	鮮人心理變化/朴平安南道參與官談
99353	鮮滿版	1921-04-14	03단	國民協會大會/正副會長選擧
99354	鮮滿版	1921-04-14	03단	客月吉林商況
99355	鮮滿版	1921-04-14	04단	平壤濫水の弊/給水の制限か
99356	鮮滿版	1921-04-14	04단	露國領事館の秘密老夫人の家出は何故?/入代って座った怪美人の素性
99357	鮮滿版	1921-04-14	05단	江原物産陳利館

일련번호	판명	간행일	단수	기사명
99358	鮮滿版	1921-04-14	05단	證券信託役員
99359	鮮滿版	1921-04-14	05단	騷擾の首魁が死刑宣告に異議の申立
99360	鮮滿版	1921-04-14	06단	日淸役昔物語/石坂中將談
99361	鮮滿版	1921-04-14	06단	娼妓慰安觀劇
99362	鮮滿版	1921-04-14	06단	人(大澤會計檢查官/竹內遞信局長)
99363	鮮滿版	1921-04-14	06단	半島茶話
99364	鮮滿版	1921-04-15	01단	全道一齊に施政方針の大宣傳/情報委員の小手調
99365	鮮滿版	1921-04-15	01단	石器時代に米作の一例/扶餘の燒米に就て
99366	鮮滿版	1921-04-15	01단	西鮮より
99367	鮮滿版	1921-04-15	02단	鮮人女性敎育/高女門戶開放急務
99368	鮮滿版	1921-04-15	02단	折角の拂下も/土地兼併の愼
99369	鮮滿版	1921-04-15	03단	京城會議所會員資格改正議
99370	鮮滿版	1921-04-15	03단	京春間の惡道
99371	鮮滿版	1921-04-15	04단	奉天客月金融/朝鮮銀行調査
99372	鮮滿版	1921-04-15	04단	李太王の建碑運動/儒生や大極敎徒の上書頻々/中挾みで苦しむ李王職
99373	鮮滿版	1921-04-15	04단	南大門驛改築されん/百五十萬圓で三箇年事業
99374	鮮滿版	1921-04-15	05단	東拓貸附手控
99375	鮮滿版	1921-04-15	05단	京畿道屠獸頭數
99376	鮮滿版	1921-04-15	05단	辭令
99377	鮮滿版	1921-04-15	05단	朝鮮古樂復興
99378	鮮滿版	1921-04-15	06단	警官諸會/二十五日開催
99379	鮮滿版	1921-04-15	06단	鎭南浦水源增水
99380	鮮滿版	1921-04-15	06단	咸北警官演習
99381	鮮滿版	1921-04-15	06단	半島茶話
99382	鮮滿版	1921-04-16	01단	時勢逆行の譏/會議所資格問題
99383	鮮滿版	1921-04-16	01단	平壤下水工程/第三期着工期
99384	鮮滿版	1921-04-16	01단	慶北農會事業
99385	鮮滿版	1921-04-16	01단	春川に隱れる戀の犧牲(一)/平佐大尉の情婦
99386	鮮滿版	1921-04-16	02단	鴛口瘡檢病調査
99387	鮮滿版	1921-04-16	02단	平壤有隣會講演
99388	鮮滿版	1921-04-16	02단	京城の空に砂塵掩ふ 蒙古沙漠より吹送って來た/平北一帶に及び屋上黃色となる/鎭南浦に降る 行人マスクを用ふるに至った
99389	鮮滿版	1921-04-16	03단	國際親和會支部
99390	鮮滿版	1921-04-16	03단	齋藤校長着任
99391	鮮滿版	1921-04-16	03단	獨立團匪徒寬甸に集中/越江の形勢

일련번호	판명	간행일	단수	기사명
99392	鮮滿版	1921-04-16	04단	煙草買收で鮮人怒り事務所で暴行
99393	鮮滿版	1921-04-16	04단	巡査射たる/拳銃携帶の鮮人に
99394	鮮滿版	1921-04-16	04단	老爺映畫に感激
99395	鮮滿版	1921-04-16	05단	迷信者の相談
99396	鮮滿版	1921-04-16	05단	大邱神社祭典
99397	鮮滿版	1921-04-16	05단	人(中野平南警察部長/箱田平南道知事)
99398	鮮滿版	1921-04-16	05단	半島茶話
99399	鮮滿版	1921-04-17	01단	二十一日から實施される朝鮮取引所稅令/取引課稅と類似業取締
99400	鮮滿版	1921-04-17	01단	知事招集/廿二日より會議
99401	鮮滿版	1921-04-17	01단	米穀市場本月中に認可
99402	鮮滿版	1921-04-17	01단	國民協會分裂/新團體の宣言
99403	鮮滿版	1921-04-17	02단	銀相場引上策/藤井直一氏談
99404	鮮滿版	1921-04-17	02단	京畿蠶業補助
99405	鮮滿版	1921-04-17	02단	內地視察團/共進會視察團
99406	鮮滿版	1921-04-17	03단	新義州苦力檢疫
99407	鮮滿版	1921-04-17	03단	平壤の新設飛行場四十二萬坪の地均らし等/工事は十月頃竣工
99408	鮮滿版	1921-04-17	03단	穴居の不逞鮮人五十一名一網打盡/更に百廿三名逮捕して起訴
99409	鮮滿版	1921-04-17	04단	釜山と慈惠病院
99410	鮮滿版	1921-04-17	04단	仁取手數料問題
99411	鮮滿版	1921-04-17	04단	證券擔保貸出高
99412	鮮滿版	1921-04-17	04단	漢江普校認可
99413	鮮滿版	1921-04-17	04단	馬賊出沒慘虐を極む/李鐸の配下　三名逮捕さる/長好江の義弟自殺を圖る/不逞鮮人と搭團
99414	鮮滿版	1921-04-17	05단	大規模な土地買収/土地會社組織
99415	鮮滿版	1921-04-17	05단	天然痘全南に猖獗
99416	鮮滿版	1921-04-17	05단	梁の妻/子供を連れ來る
99417	鮮滿版	1921-04-17	06단	車夫の服装が統一される
99418	鮮滿版	1921-04-17	06단	兩聯隊軍旗祭
99419	鮮滿版	1921-04-17	06단	不正業者逮捕
99420	鮮滿版	1921-04-17	06단	會(全鮮料理室大會/遠乘會)
99421	鮮滿版	1921-04-17	06단	人(大鹿大將(朝鮮軍司令官)/東洋觀光團)
99422	鮮滿版	1921-04-17	06단	半島茶話
99423	鮮滿版	1921-04-19	01단	沿海州及び滿洲に策動する不逞團の所在
99424	鮮滿版	1921-04-19	01단	不逞鮮人在外の者に困る/齋藤總警談
99425	鮮滿版	1921-04-19	01단	城律電燈公營

일련번호	판명	간행일	단수	기사명
99426	鮮滿版	1921-04-19	02단	元賣捌設置運動
99427	鮮滿版	1921-04-19	02단	同昌共樂を説く施政周知の大宣傳/宛然野鼠狩出の狀
99428	鮮滿版	1921-04-19	03단	宣敎師減員反對
99429	鮮滿版	1921-04-19	03단	東拓大田支店
99430	鮮滿版	1921-04-19	03단	優良面長視察
99431	鮮滿版	1921-04-19	03단	公立普校認可
99432	鮮滿版	1921-04-19	04단	捕獲馬賊引渡さる
99433	鮮滿版	1921-04-19	05단	鐵拳團/不良朝鮮學生
99434	鮮滿版	1921-04-19	05단	嫌疑者捕はる奉天の慘殺犯人
99435	鮮滿版	1921-04-19	05단	告訴事件解決か
99436	鮮滿版	1921-04-19	05단	見學團出發す
99437	鮮滿版	1921-04-19	05단	大田大隊軍旗祭
99438	鮮滿版	1921-04-19	06단	人形に似た珍石
99439	鮮滿版	1921-04-19	06단	賠償請求公判
99440	鮮滿版	1921-04-19	06단	釜山の花見
99441	鮮滿版	1921-04-19	06단	半島茶話
99442	鮮滿版	1921-04-20	01단	撤兵後の國境警備/支那軍監視
99443	鮮滿版	1921-04-20	01단	配給さる救濟資金/個人に分配せず
99444	鮮滿版	1921-04-20	01단	敎員住宅各道で建築
99445	鮮滿版	1921-04-20	01단	國語解得鮮人三パーセント
99446	鮮滿版	1921-04-20	01단	平壤の公園洋式設計不評
99447	鮮滿版	1921-04-20	02단	平壤府豫算/楠野平壤府尹談
99448	鮮滿版	1921-04-20	02단	各道內地視察團(全羅南道主催/平安北道主催/京畿揚平主催/京畿驪州主催/慶尙北道主催)
99449	鮮滿版	1921-04-20	02단	學堂繁昌の眞相
99450	鮮滿版	1921-04-20	02단	城津慈惠病院敷地
99451	鮮滿版	1921-04-20	03단	慶北道屠獸數
99452	鮮滿版	1921-04-20	03단	九州共進會で評判の良いワングル細工/田中商工課長歸來談
99453	鮮滿版	1921-04-20	04단	商工會社新築
99454	鮮滿版	1921-04-20	04단	大邱通關貨物
99455	鮮滿版	1921-04-20	04단	辭令
99456	鮮滿版	1921-04-20	04단	會社銀行(朝郵株主總會/活動創立總會)
99457	鮮滿版	1921-04-20	04단	平壤公會堂は動搖するが危險でないと
99458	鮮滿版	1921-04-20	05단	一泊三錢/平壤の宿泊所
99459	鮮滿版	1921-04-20	05단	北滿鼠疫/松花江で檢疫
99460	鮮滿版	1921-04-20	05단	『三砲殺』不逞鮮人團宣傳

일련번호	판명	간행일	단수	기사명
99461	鮮滿版	1921-04-20	05단	兒童運動場大漢門に設置
99462	鮮滿版	1921-04-20	05단	阿片密賣犯人妻は內地人
99463	鮮滿版	1921-04-20	06단	韓國辭令僞造
99464	鮮滿版	1921-04-20	06단	女學生は無罪か
99465	鮮滿版	1921-04-20	06단	運動界(鮮銀運動會/殖銀運動界/郵便局運動會)
99466	鮮滿版	1921-04-20	06단	人(邊渡秀雄氏/豊田久雄氏)
99467	鮮滿版	1921-04-20	06단	半島茶話
99468	鮮滿版	1921-04-21	01단	在外鮮人保護施設/各地に事務官屬官分派
99469	鮮滿版	1921-04-21	01단	*自覺に基く鮮人向學 松村學務課長談/學校增設急務 崔田平南道知事談*
99470	鮮滿版	1921-04-21	01단	春川に隱れる戀の犧牲/平佐大尉の情婦
99471	鮮滿版	1921-04-21	02단	憲兵隊長召集
99472	鮮滿版	1921-04-21	02단	京城府表彰式
99473	鮮滿版	1921-04-21	02단	釜山慈惠院計劃
99474	鮮滿版	1921-04-21	02단	金融組合總會(釜山/大田)
99475	鮮滿版	1921-04-21	03단	北倉里郵便所
99476	鮮滿版	1921-04-21	03단	鴨綠流域視察
99477	鮮滿版	1921-04-21	03단	辭令
99478	鮮滿版	1921-04-21	03단	對岸不安/王福山襲來
99479	鮮滿版	1921-04-21	04단	李鐸の配下/孔在享の罪狀
99480	鮮滿版	1921-04-21	04단	施政宣傳(平壤/釜山/金泉/大田)
99481	鮮滿版	1921-04-21	06단	李吉求逸走す
99482	鮮滿版	1921-04-21	06단	朝鮮人勝つ
99483	鮮滿版	1921-04-21	06단	會社銀行(京城信託開業/産銀創立難産)
99484	鮮滿版	1921-04-21	06단	人(田中國重少將(參謀本部課長)/本場貞一郎(鮮銀總務課長))
99485	鮮滿版	1921-04-21	06단	半島茶話
99486	鮮滿版	1921-04-22	01단	*航空隊と交通施設/鐵橋架說*
99487	鮮滿版	1921-04-22	01단	金融機關設立/救濟金の使途
99488	鮮滿版	1921-04-22	01단	預金貸出增加/京城組合銀行
99489	鮮滿版	1921-04-22	02단	留學志望增加
99490	鮮滿版	1921-04-22	02단	鮮人內地移動
99491	鮮滿版	1921-04-22	02단	耕地買受資金
99492	鮮滿版	1921-04-22	02단	全道金組現況
99493	鮮滿版	1921-04-22	03단	東拓兩支店廢址
99494	鮮滿版	1921-04-22	03단	憲兵候補生登用
99495	鮮滿版	1921-04-22	03단	親和會發展方針

일련번호	판명	간행일	단수	기사명
99496	鮮滿版	1921-04-22	03단	三月中群山貿易
99497	鮮滿版	1921-04-22	03단	長崎縣朝鮮漁業
99498	鮮滿版	1921-04-22	04단	面長視察地區
99499	鮮滿版	1921-04-22	04단	病院公費紛擾
99500	鮮滿版	1921-04-22	04단	間道の不逞鮮人團/武器を手に入れんと黑河に北進
99501	鮮滿版	1921-04-22	04단	不逞鮮人駐在所を襲ふ
99502	鮮滿版	1921-04-22	04단	平壤の水道擴張の要あり
99503	鮮滿版	1921-04-22	05단	江景電氣安定
99504	鮮滿版	1921-04-22	05단	雜誌「朝鮮」刷新
99505	鮮滿版	1921-04-22	05단	東亞經濟會改稱
99506	鮮滿版	1921-04-22	05단	李王の御近狀
99507	鮮滿版	1921-04-22	05단	鞍子服裝取締
99508	鮮滿版	1921-04-22	06단	浦潮學生來城
99509	鮮滿版	1921-04-22	06단	大田住家缺乏
99510	鮮滿版	1921-04-22	06단	不正局長逮捕
99511	鮮滿版	1921-04-22	06단	人(本村雄次郎氏(鮮銀監事)/陽地幸平氏(福井縣知事)/齋藤寬氏(朝鮮總監)/時永浦三氏(總督府事務官))
99512	鮮滿版	1921-04-22	06단	半島茶話
99513	鮮滿版	1921-04-23	01단	內外共に先づ鎭靜/獨立夢想派も手が出ない
99514	鮮滿版	1921-04-23	01단	間島に始った金融戰/東拓打擊甚大
99515	鮮滿版	1921-04-23	01단	人心緊張の要/朴黃海道知事談
99516	鮮滿版	1921-04-23	02단	朝鮮教育調查會/五月二日開會
99517	鮮滿版	1921-04-23	02단	慶北漁港修築/明年より着工
99518	鮮滿版	1921-04-23	02단	所得稅令改正
99519	鮮滿版	1921-04-23	02단	羅津灣に測量隊
99520	鮮滿版	1921-04-23	03단	商業校開校期
99521	鮮滿版	1921-04-23	03단	咸興學事視察
99522	鮮滿版	1921-04-23	03단	群山商況
99523	鮮滿版	1921-04-23	03단	湯鎭守使の私曲 良民に冤罪を被せて脅迫/隊長を殺害の計劃 給料の貰へぬ琿春の支那兵
99524	鮮滿版	1921-04-23	04단	城律三月貿易
99525	鮮滿版	1921-04-23	04단	咸興より
99526	鮮滿版	1921-04-23	04단	晉州公會堂敷地
99527	鮮滿版	1921-04-23	04단	競馬大會/臨時列車曾發
99528	鮮滿版	1921-04-23	04단	切手の無い城津郵便局
99529	鮮滿版	1921-04-23	05단	お礼博士來城/宿は純朝鮮式

일련번호	판명	간행일	단수	기사명
99530	鮮滿版	1921-04-23	05단	不逞鮮人團/馬賊に襲はる
99531	鮮滿版	1921-04-23	05단	二巡査の奮鬪/不逞鮮人抵抗
99532	鮮滿版	1921-04-23	05단	不逞隊長捕はる
99533	鮮滿版	1921-04-23	05단	林業職工盟休
99534	鮮滿版	1921-04-23	06단	新義州に着陸場
99535	鮮滿版	1921-04-23	06단	ペストで逃仕度
99536	鮮滿版	1921-04-23	06단	全州副面長拘引
99537	鮮滿版	1921-04-23	06단	貨物列車脱線
99538	鮮滿版	1921-04-23	06단	人(池松時和氏(大阪府知事)/長尾半氏(鐵道省理事))
99539	鮮滿版	1921-04-23	06단	半島茶話
99540	鮮滿版	1921-04-24	01단	憲兵引揚 原隊に歸屬/交替
99541	鮮滿版	1921-04-24	01단	四月上半貿易/入超十三萬圓
99542	鮮滿版	1921-04-24	01단	衛戍病院長召集
99543	鮮滿版	1921-04-24	01단	朝鮮山林會設立
99544	鮮滿版	1921-04-24	01단	春宵雜題(1)/一割高の書籍
99545	鮮滿版	1921-04-24	02단	敎調委員依囑
99546	鮮滿版	1921-04-24	02단	所得稅令改正要點
99547	鮮滿版	1921-04-24	02단	南鮮鐵道着工
99548	鮮滿版	1921-04-24	02단	中等校長異動
99549	鮮滿版	1921-04-24	03단	陸軍辭令
99550	鮮滿版	1921-04-24	03단	警察會議列席者
99551	鮮滿版	1921-04-24	03단	慶北公組負擔割
99552	鮮滿版	1921-04-24	04단	全州慈惠院移築
99553	鮮滿版	1921-04-24	04단	警備船配置さる
99554	鮮滿版	1921-04-24	04단	淸津陸上設備
99555	鮮滿版	1921-04-24	04단	殖銀支店移轉
99556	鮮滿版	1921-04-24	04단	普專基礎確立
99557	鮮滿版	1921-04-24	04단	元山より
99558	鮮滿版	1921-04-24	05단	對岸住民不安甚し/馬賊の襲來頻々として熄まず
99559	鮮滿版	1921-04-24	05단	判決言渡/仁取不正事件
99560	鮮滿版	1921-04-24	05단	離婚訴訟の多い朝鮮女性/其裏の暗黑面
99561	鮮滿版	1921-04-24	06단	半島茶話
99562	鮮滿版	1921-04-26	01단	鮮人救濟會/滿洲に組織
99563	鮮滿版	1921-04-26	01단	馬山都市計劃
99564	鮮滿版	1921-04-26	01단	輯安公署移轉
99565	鮮滿版	1921-04-26	01단	近海荷物爭奪

일련번호	판명	간행일	단수	기사명
99566	鮮滿版	1921-04-26	01단	京城商況閑散
99567	鮮滿版	1921-04-26	01단	春宵難題(２)/所謂提唱語
99568	鮮滿版	1921-04-26	02단	中旬運輸狀況
99569	鮮滿版	1921-04-26	02단	慶北金融狀況
99570	鮮滿版	1921-04-26	02단	東拓支店長異動
99571	鮮滿版	1921-04-26	03단	官民戰跡見學
99572	鮮滿版	1921-04-26	03단	日鮮人を害せぬから大目に見て呉れと馬賊から日本官憲に申込/楊國臣 瑪古塔で逮捕/首魁を梟首 暴れ狂ふ馬賊
99573	鮮滿版	1921-04-26	04단	南鐵工事入札
99574	鮮滿版	1921-04-26	04단	馬山金組總會
99575	鮮滿版	1921-04-26	04단	民協評議員會
99576	鮮滿版	1921-04-26	04단	辭令
99577	鮮滿版	1921-04-26	05단	怪米人在滿鮮人に投資
99578	鮮滿版	1921-04-26	05단	長春疑獄十三名起訴
99579	鮮滿版	1921-04-26	05단	列車の顚覆を圖る不逞鮮人か
99580	鮮滿版	1921-04-26	05단	不逞鮮人を匿す米宣教師處罰
99581	鮮滿版	1921-04-26	06단	豺十一頭生捕
99582	鮮滿版	1921-04-26	06단	大邱競馬大會
99583	鮮滿版	1921-04-26	06단	人(渡邊勝三郎氏(長崎縣知事)/天野六郎氏(陸軍少佐))
99584	鮮滿版	1921-04-26	06단	半島茶話
99585	鮮滿版	1921-04-27	01단	施政有終の美を濟せ/水野政務總監訓示要旨
99586	鮮滿版	1921-04-27	01단	師範敎育機關整備/學校官制規則公布の趣旨
99587	鮮滿版	1921-04-27	01단	春宵難題(３)/平靜を破る者
99588	鮮滿版	1921-04-27	02단	檢定試驗規程公布
99589	鮮滿版	1921-04-27	03단	女高普技藝科有名無實の態
99590	鮮滿版	1921-04-27	03단	鎭海線工事/長福山隧道
99591	鮮滿版	1921-04-27	04단	大邱府戶口數
99592	鮮滿版	1921-04-27	04단	大邱公市成績
99593	鮮滿版	1921-04-27	04단	朝鮮の排日熱を煽らうと哈爾賓で秘密會議/ブラゴエから武器密輸計劃
99594	鮮滿版	1921-04-27	04단	獨立運動を策す婦人團體檢擧さる
99595	鮮滿版	1921-04-27	05단	平壤信託會社
99596	鮮滿版	1921-04-27	05단	平南の匪賊邊境に遁竄す
99597	鮮滿版	1921-04-27	05단	學校殖林視察
99598	鮮滿版	1921-04-27	06단	大邱競馬成績
99599	鮮滿版	1921-04-27	06단	軍港見學

일련번호	판명	간행일	단수	기사명
99600	鮮滿版	1921-04-27	06단	花の全州
99601	鮮滿版	1921-04-27	06단	半島茶話
99602	鮮滿版	1921-04-28	01단	優良警官を養成せよ/齋藤總督の指示要領
99603	鮮滿版	1921-04-28	01단	水利工事/補助總額增額
99604	鮮滿版	1921-04-28	01단	平壤道路/改量計劃
99605	鮮滿版	1921-04-28	01단	春宵難題(４)/學校敎師の萬引
99606	鮮滿版	1921-04-28	02단	自動車取締法改正されん
99607	鮮滿版	1921-04-28	02단	大同江架橋愈よ着工近し
99608	鮮滿版	1921-04-28	02단	ス博士の朝鮮觀
99609	鮮滿版	1921-04-28	03단	平壤革新會不平
99610	鮮滿版	1921-04-28	03단	衛生展覽會計劃
99611	鮮滿版	1921-04-28	04단	手形取引停止
99612	鮮滿版	1921-04-28	04단	敎科書不足三十萬/增刷の出來るのは二箇月後
99613	鮮滿版	1921-04-28	04단	長好江日本を怨む
99614	鮮滿版	1921-04-28	04단	馬賊覘ふ當豪の子弟を/彈藥を强奪せん
99615	鮮滿版	1921-04-28	05단	鎭海學組豫算
99616	鮮滿版	1921-04-28	05단	窒扶斯釜山高女に發生
99617	鮮滿版	1921-04-28	05단	『大に遣る』關東民政長官たるべき田中氏の抱負
99618	鮮滿版	1921-04-28	05단	手形支拂訴訟/殖銀對鮮人
99619	鮮滿版	1921-04-28	06단	採石場火藥爆發
99620	鮮滿版	1921-04-28	06단	半島茶話
99621	鮮滿版	1921-04-29	01단	鮮軍諸給與增額さる/在勤加俸特別手當施費
99622	鮮滿版	1921-04-29	01단	滿洲東邊の支那官憲更迭頻々
99623	鮮滿版	1921-04-29	01단	新商埠/濟寧狀況
99624	鮮滿版	1921-04-29	01단	春宵難題(五)/貧乏車力の話
99625	鮮滿版	1921-04-29	02단	鯨漁解禁/本年より實施
99626	鮮滿版	1921-04-29	02단	水産試驗所/本年度事業
99627	鮮滿版	1921-04-29	03단	木材運賃輕減請願
99628	鮮滿版	1921-04-29	03단	國境荷扱改善
99629	鮮滿版	1921-04-29	03단	平壤會議所答申
99630	鮮滿版	1921-04-29	04단	三菱製鐵所近況
99631	鮮滿版	1921-04-29	04단	殖産積金增加
99632	鮮滿版	1921-04-29	04단	李東輝上海に復活し衰滅の假政府を改革せん
99633	鮮滿版	1921-04-29	05단	賃金追徵特典
99634	鮮滿版	1921-04-29	05단	釜山學議憤慨
99635	鮮滿版	1921-04-29	05단	光州電氣獨立

일련번호	판명	간행일	단수	기사명
99636	鮮滿版	1921-04-29	05단	京城の水足らなくなった
99637	鮮滿版	1921-04-29	05단	朝鮮民族藝術研究/九皇畵伯談
99638	鮮滿版	1921-04-29	06단	蠅買上大盛況
99639	鮮滿版	1921-04-29	06단	會(朝鮮維民會/商工振興會/苦生救濟會/蘇峰氏歡迎會)
99640	鮮滿版	1921-04-29	06단	人(森淸右衛門氏(東京有馬組社長)/全羅南道面吏員)
99641	鮮滿版	1921-04-29	06단	半島茶話
99642	鮮滿版	1921-04-30	01단	施政宣傳に對して鮮人は何う感じたか/人民と官吏とで大分遠ふ
99643	鮮滿版	1921-04-30	02단	煙草官營と善後方針
99644	鮮滿版	1921-04-30	02단	京城收入證紙/五月より實施
99645	鮮滿版	1921-04-30	02단	鮮人視察團/長崎を訪ふ
99646	鮮滿版	1921-04-30	02단	長官會議列席者
99647	鮮滿版	1921-04-30	02단	陸軍大學旅行團
99648	鮮滿版	1921-04-30	02단	鮮人勞働者保護
99649	鮮滿版	1921-04-30	03단	海員採用試驗
99650	鮮滿版	1921-04-30	03단	鮮人辯護士會
99651	鮮滿版	1921-04-30	03단	蘇峰氏談片
99652	鮮滿版	1921-04-30	03단	餘り好況で蠅買上値下
99653	鮮滿版	1921-04-30	04단	三頭目/灣口山に立籠る
99654	鮮滿版	1921-04-30	04단	鮮人歸還/支那官憲引上策
99655	鮮滿版	1921-04-30	04단	佛敎界の內訌/兩住の勢力爭
99656	鮮滿版	1921-04-30	04단	平壤に喜雨降る
99657	鮮滿版	1921-04-30	05단	不逞內地人追放
99658	鮮滿版	1921-04-30	05단	學組會議復流會
99659	鮮滿版	1921-04-30	05단	麥畑で相撲取る
99660	鮮滿版	1921-04-30	05단	孫秉熙の病狀
99661	鮮滿版	1921-04-30	05단	半島茶話

1921년 5월 (선만판)

일련번호	판명	간행일	단수	기사명
99662	鮮滿版	1921-05-01	01단	中樞院職員任命
99663	鮮滿版	1921-05-01	01단	穀物市場審議/田中商工課長談
99664	鮮滿版	1921-05-01	01단	警察協會/朝鮮で生れた警官擁護怨嗟のみで惠澤はない
99665	鮮滿版	1921-05-01	02단	兩警察部長母國を見學
99666	鮮滿版	1921-05-01	02단	京城卸想傷漸落
99667	鮮滿版	1921-05-01	02단	司法官試補採用
99668	鮮滿版	1921-05-01	02단	大邱醫專の前提
99669	鮮滿版	1921-05-01	03단	西鮮牛移出增加
99670	鮮滿版	1921-05-01	03단	篤農家內地視察
99671	鮮滿版	1921-05-01	04단	支人子弟教育
99672	鮮滿版	1921-05-01	04단	基督教靑年會
99673	鮮滿版	1921-05-01	04단	岐阜縣視察團
99674	鮮滿版	1921-05-01	04단	上水移管/平壤では擴張してからの希望
99675	鮮滿版	1921-05-01	04단	再三の値下で府廳威信失墜
99676	鮮滿版	1921-05-01	05단	馬賊の首實檢/巡査を罵る
99677	鮮滿版	1921-05-01	05단	現金正札主義/平壤で實行
99678	鮮滿版	1921-05-01	05단	大邱車賃統一
99679	鮮滿版	1921-05-01	05단	平壤に活動常設
99680	鮮滿版	1921-05-01	05단	朴貞植起訴猶豫
99681	鮮滿版	1921-05-01	06단	嫉妬で本夫殺し
99682	鮮滿版	1921-05-01	06단	半島茶話
99683	鮮滿版	1921-05-03	01단	民心は靜穩に歸せるも時世の變化測る可らず/齊藤總督の警務部長に對する訓示要旨
99684	鮮滿版	1921-05-03	01단	朝鮮舊慣制度調査/委員會設置と規程發表
99685	鮮滿版	1921-05-03	01단	學校不足 志願者多し/落伍者の救濟 書堂勃興せん
99686	鮮滿版	1921-05-03	02단	朝鮮と大阪と産業的交渉/農業萬能/調査機關
99687	鮮滿版	1921-05-03	03단	金建餘儀無し/美濃部總裁談
99688	鮮滿版	1921-05-03	04단	全國中學校長/奉天に會合せん
99689	鮮滿版	1921-05-03	04단	郵便局長招集
99690	鮮滿版	1921-05-03	04단	天然痘喰止む/防疫の手緩めじ
99691	鮮滿版	1921-05-03	04단	人民と接觸する土木吏は淸廉身を持せよ/水野政務總監の訓示要領
99692	鮮滿版	1921-05-03	04단	支那警官/匪徒に加擔
99693	鮮滿版	1921-05-03	04단	長興の不逞漢/搒鬪して逮捕
99694	鮮滿版	1921-05-03	05단	南鮮鐵道起工式
99695	鮮滿版	1921-05-03	05단	全南共進會請願

일련번호	판명	간행일	단수	기사명
99696	鮮滿版	1921-05-03	05단	元山檢診施行
99697	鮮滿版	1921-05-03	06단	溫泉藝妓解散
99698	鮮滿版	1921-05-03	06단	會社銀行(平壤南金融組合/平壤電氣總會)
99699	鮮滿版	1921-05-03	06단	人(全羅北道知事李輪縞氏/篠田平安南道知事/畜産視察團)
99700	鮮滿版	1921-05-03	06단	半島茶話
99701	鮮滿版	1921-05-04	01단	內地募集の警官不良/見込無き者は處分されん
99702	鮮滿版	1921-05-04	01단	清津海陸連絡設備/市民大會決議
99703	鮮滿版	1921-05-04	01단	引揚憲兵出帆
99704	鮮滿版	1921-05-04	01단	撤兵後の間島(經濟界沈滯/派遣軍引揚/日支官憲)
99705	鮮滿版	1921-05-04	02단	保留鑛山有望
99706	鮮滿版	1921-05-04	02단	朝鮮の獻穀者
99707	鮮滿版	1921-05-04	02단	大同江水運利用
99708	鮮滿版	1921-05-04	03단	商議賦課金苛重
99709	鮮滿版	1921-05-04	03단	生徒作品展覽會
99710	鮮滿版	1921-05-04	03단	旣婚婦人夜學校
99711	鮮滿版	1921-05-04	03단	國民共進會發展
99712	鮮滿版	1921-05-04	03단	黃海穀物好成績
99713	鮮滿版	1921-05-04	04단	京城日報社長
99714	鮮滿版	1921-05-04	04단	運送組合解散
99715	鮮滿版	1921-05-04	04단	金組役員紛擾
99716	鮮滿版	1921-05-04	04단	晉州金組總會
99717	鮮滿版	1921-05-04	04단	金泉商業夜學
99718	鮮滿版	1921-05-04	04단	會寧學議非難
99719	鮮滿版	1921-05-04	05단	黃海時局犯罪
99720	鮮滿版	1921-05-04	05단	平南畜産成績
99721	鮮滿版	1921-05-04	05단	釜山商銀總會
99722	鮮滿版	1921-05-04	05단	三奇面駐在所
99723	鮮滿版	1921-05-04	05단	建築界が色めいて來た
99724	鮮滿版	1921-05-04	05단	不逞鮮人の強奪/兇器を携へ脅迫
99725	鮮滿版	1921-05-04	06단	産婆サン怒る
99726	鮮滿版	1921-05-04	06단	告訴事件解決す
99727	鮮滿版	1921-05-04	06단	半島茶話
99728	鮮滿版	1921-05-05	01단	假政府分裂の一端/不平の一味相携へて渡米
99729	鮮滿版	1921-05-05	01단	間島支那人警官增派に反對して撤法の請願
99730	鮮滿版	1921-05-05	01단	法官改革/能率增進
99731	鮮滿版	1921-05-05	01단	中樞院會議/六日より開議

일련번호	판명	간행일	단수	기사명
99732	鮮滿版	1921-05-05	01단	水力電氣事業/中川遞信技師談
99733	鮮滿版	1921-05-05	02단	病的の份智教/當局は撲滅方針
99734	鮮滿版	1921-05-05	02단	釜山學組會議/本田府尹陳謝
99735	鮮滿版	1921-05-05	03단	忠淸麥作良好
99736	鮮滿版	1921-05-05	03단	南鮮海草利用
99737	鮮滿版	1921-05-05	03단	老黑山に匪徒集中 討伐に向った官兵が丸められる/支那官憲 間島鮮人壓迫
99738	鮮滿版	1921-05-05	03단	不逞人の獄中生活/女は頑固だ
99739	鮮滿版	1921-05-05	04단	京仁煙草消費額
99740	鮮滿版	1921-05-05	04단	鳥致院普校增築
99741	鮮滿版	1921-05-05	04단	鳥致院金組開始
99742	鮮滿版	1921-05-05	04단	鐘路金組成績
99743	鮮滿版	1921-05-05	05단	海州で陰謀暴露/知識階級檢擧
99744	鮮滿版	1921-05-05	05단	和文に親む鮮人の中に文學熱勃興
99745	鮮滿版	1921-05-05	05단	宣傳映寫技師と說明者が足りない
99746	鮮滿版	1921-05-05	06단	平北寄附强制
99747	鮮滿版	1921-05-05	06단	時報訴訟事件
99748	鮮滿版	1921-05-05	06단	本社參觀
99749	鮮滿版	1921-05-05	06단	半島茶話
99750	鮮滿版	1921-05-06	01단	地方豫算認可遲る/豫算施行權地方委任の要
99751	鮮滿版	1921-05-06	01단	增加する刊行出願/當局認可方針
99752	鮮滿版	1921-05-06	01단	西鮮より
99753	鮮滿版	1921-05-06	02단	平壤商議缺員/補選執行か
99754	鮮滿版	1921-05-06	03단	貫通制動機/混合車に取付
99755	鮮滿版	1921-05-06	03단	取引取締官人選
99756	鮮滿版	1921-05-06	03단	荷動依然不振
99757	鮮滿版	1921-05-06	04단	警察會議列席者
99758	鮮滿版	1921-05-06	04단	慶北道春蠶狀況
99759	鮮滿版	1921-05-06	04단	粗製濫造と云はれた巡査にも三種ある/劣等なのは內地からの新米で憲兵上りが一番良い
99760	鮮滿版	1921-05-06	05단	侍天敎靑年會
99761	鮮滿版	1921-05-06	05단	手形取引停止
99762	鮮滿版	1921-05-06	05단	群山開港記念
99763	鮮滿版	1921-05-06	05단	撤兵と共に不逞團/間島に擡頭
99764	鮮滿版	1921-05-06	06단	釜山局員慰安會
99765	鮮滿版	1921-05-06	06단	釜山武道場設立

일련번호	판명	긴행일	단수	기사명
99766	鮮滿版	1921-05-06	06단	本社參觀
99767	鮮滿版	1921-05-06	06단	人(田中國重少將(參謀本部二部長)/大塚常三郎氏(總督府內務局長)/本村雄次氏(朝鮮銀行理事)/寺澤嗇叡氏)
99768	鮮滿版	1921-05-06	06단	半島茶話
99769	鮮滿版	1921-05-07	01단	本社露臺上の朝鮮內地視察團
99770	鮮滿版	1921-05-07	01단	移管された兵器製造所/八百屋式作業
99771	鮮滿版	1921-05-07	02단	今日の朝鮮は思想の轉換期/丸山參事官談
99772	鮮滿版	1921-05-07	02단	布教活動の機/當局援助意向
99773	鮮滿版	1921-05-07	03단	朝鮮産業調査會/七月頃組織か
99774	鮮滿版	1921-05-07	03단	貸預共に減少/京城組合銀行
99775	鮮滿版	1921-05-07	04단	京城學童增加
99776	鮮滿版	1921-05-07	04단	麥作成績良好
99777	鮮滿版	1921-05-07	04단	平北守備隊配置
99778	鮮滿版	1921-05-07	04단	巨船鎮南浦入港
99779	鮮滿版	1921-05-07	04단	鮮銀支配人異動
99780	鮮滿版	1921-05-07	04단	水雷艇溯航
99781	鮮滿版	1921-05-07	04단	高普校認可難
99782	鮮滿版	1921-05-07	05단	咸南畜産視察
99783	鮮滿版	1921-05-07	05단	新義州に道廳移轉/十一日地鎮祭
99784	鮮滿版	1921-05-07	05단	銃殺馬賊の腹を割いて/肝臟を取り出す
99785	鮮滿版	1921-05-07	05단	馬賊殘虐/住民恐怖す
99786	鮮滿版	1921-05-07	05단	浦潮鼠疫/蔓延の形勢
99787	鮮滿版	1921-05-07	06단	放火强奪鮮人逮捕
99788	鮮滿版	1921-05-07	06단	咸南競馬參加
99789	鮮滿版	1921-05-07	06단	鎮南浦運動會
99790	鮮滿版	1921-05-07	06단	半島茶話
99791	鮮滿版	1921-05-07	06단	人(嘉納德三郎氏(鮮銀副總裁)/貴志彌次郎氏(奉天陸軍特務機關))
99792	鮮滿版	1921-05-08	01단	先づ生活の安定を與ふるが鮮人救濟の先決/入江領事鮮人の爲めに語る
99793	鮮滿版	1921-05-08	01단	朝鮮教育制度要項/調査會で小修正の上可決
99794	鮮滿版	1921-05-08	01단	引越しと決った撫順市街
99795	鮮滿版	1921-05-08	03단	狀師向上/橫田法務局長談
99796	鮮滿版	1921-05-08	03단	西鮮の企業/片岡大阪府産業技師談
99797	鮮滿版	1921-05-08	04단	茂山嶺迂廻線/工費四十萬圓
99798	鮮滿版	1921-05-08	04단	慶北農作概況
99799	鮮滿版	1921-05-08	04단	地方改良班活動

일련번호	판명	간행일	단수	기사명
99800	鮮滿版	1921-05-08	05단	本社見學
99801	鮮滿版	1921-05-08	05단	兒童相談所を何故利用せぬ/楠野府尹の慨嘆
99802	鮮滿版	1921-05-08	05단	平壤慈惠病院/擴張の必要迫る
99803	鮮滿版	1921-05-08	05단	勞銀は下らない/民間工事手控
99804	鮮滿版	1921-05-08	06단	圖們の花見列車
99805	鮮滿版	1921-05-08	06단	組合書記の拐帶
99806	鮮滿版	1921-05-08	06단	半島茶話
99807	鮮滿版	1921-05-08	06단	人(石村保三郎氏(京城高商教授))
99808	鮮滿版	1921-05-10	01단	母國學制に倣ふた朝鮮の新教育制度/教育調査會の答申內容/三上直參曰く
99809	鮮滿版	1921-05-10	01단	中樞院改造の意義/中樞院會議に於ける齋藤總督の訓示
99810	鮮滿版	1921-05-10	01단	兵器支廠/平壤に移轉か
99811	鮮滿版	1921-05-10	01단	短期取引開始
99812	鮮滿版	1921-05-10	02단	京城府追加豫算
99813	鮮滿版	1921-05-10	02단	平安金組聯合會
99814	鮮滿版	1921-05-10	02단	京城府調査部
99815	鮮滿版	1921-05-10	02단	府尹郡守會議
99816	鮮滿版	1921-05-10	03단	革命から今日まで/露國を遁れ波期印度を經て命幸々京城に來た/元副領事夫婦
99817	鮮滿版	1921-05-10	03단	古武士の面影を見せた頭目雙龍の最期/部下の三十名も刑場の露となる
99818	鮮滿版	1921-05-10	04단	辭令
99819	鮮滿版	1921-05-10	05단	俄分限の怪露人は紙幣僞造者
99820	鮮滿版	1921-05-10	05단	咸南不穩の兆/警察部の活動
99821	鮮滿版	1921-05-10	05단	金珍淑の兄/珍煥の氣焰
99822	鮮滿版	1921-05-10	06단	李中將初登廳
99823	鮮滿版	1921-05-10	06단	本社見學
99824	鮮滿版	1921-05-10	06단	會(西鮮殖鐵總會/朝鮮山林總會/布本商組合)
99825	鮮滿版	1921-05-10	06단	半島茶話
99826	鮮滿版	1921-05-11	01단	潛稱政府內訌眞相/李の小策露見が原因
99827	鮮滿版	1921-05-11	01단	教育機關充實過程/法令制定より大學設置
99828	鮮滿版	1921-05-11	01단	平壤住宅經營と民間側の計劃
99829	鮮滿版	1921-05-11	02단	參議選任非難
99830	鮮滿版	1921-05-11	03단	女判任官登用
99831	鮮滿版	1921-05-11	03단	警備電話計劃
99832	鮮滿版	1921-05-11	03단	水道移管問題

일련번호	판명	간행일	단수	기사명
99833	鮮滿版	1921-05-11	03단	京城高女敷地
99834	鮮滿版	1921-05-11	03단	平壤府の答申
99835	鮮滿版	1921-05-11	03단	大邱に交換所
99836	鮮滿版	1921-05-11	04단	朝鮮農務禊組織
99837	鮮滿版	1921-05-11	04단	築港期成會活動
99838	鮮滿版	1921-05-11	04단	釜山水上署長
99839	鮮滿版	1921-05-11	04단	城津學費豫算
99840	鮮滿版	1921-05-11	04단	城津金組成績
99841	鮮滿版	1921-05-11	04단	通信傳習生試驗
99842	鮮滿版	1921-05-11	04단	辭令
99843	鮮滿版	1921-05-11	05단	朝鮮壯丁/內地より華美
99844	鮮滿版	1921-05-11	05단	鼠小僧事件/被害二十萬圓
99845	鮮滿版	1921-05-11	05단	郡守を脅迫す
99846	鮮滿版	1921-05-11	05단	耶蘇教兩派確執
99847	鮮滿版	1921-05-11	06단	金德照捕はる
99848	鮮滿版	1921-05-11	06단	人(阿只姫(京城日出小學生)/フルトニーン、ビゲヒー氏(米國著作家)/大庭二郎大將(朝鮮軍司令官))
99849	鮮滿版	1921-05-11	06단	釜山/松島海水浴
99850	鮮滿版	1921-05-11	06단	半島茶話
99851	鮮滿版	1921-05-12	01단	大演習場/南鮮に設置
99852	鮮滿版	1921-05-12	01단	幼年監獄/三箇所に設置
99853	鮮滿版	1921-05-12	01단	平壤鑛業所擴張/水谷所長談
99854	鮮滿版	1921-05-12	01단	朝鮮社會事業
99855	鮮滿版	1921-05-12	01단	朝鮮新開令制定
99856	鮮滿版	1921-05-12	02단	衛生技師配置
99857	鮮滿版	1921-05-12	02단	基教聯合失敗
99858	鮮滿版	1921-05-12	02단	東拓肥料貸付高
99859	鮮滿版	1921-05-12	02단	馬山都市委員會
99860	鮮滿版	1921-05-12	02단	咸明會解散す
99861	鮮滿版	1921-05-12	02단	法院支廳擴張
99862	鮮滿版	1921-05-12	03단	專賣支所敷地
99863	鮮滿版	1921-05-12	03단	平南振興會
99864	鮮滿版	1921-05-12	03단	途中下車驛
99865	鮮滿版	1921-05-12	03단	大田繁榮會
99866	鮮滿版	1921-05-12	03단	高興普校竣工
99867	鮮滿版	1921-05-12	03단	釜山學談內地行

일련번호	판명	간행일	단수	기사명
99868	鮮滿版	1921-05-12	03단	辭令
99869	鮮滿版	1921-05-12	03단	不軌を圖る婦人團體/成川署の活動
99870	鮮滿版	1921-05-12	04단	圖太い女/安敬信の素性
99871	鮮滿版	1921-05-12	04단	鎭海の祝典/開市十年記念
99872	鮮滿版	1921-05-12	04단	廿三萬圓事件/益擴大の兆
99873	鮮滿版	1921-05-12	05단	靈山婦人會組織
99874	鮮滿版	1921-05-12	05단	時報事件延期
99875	鮮滿版	1921-05-12	05단	咸興健診强制
99876	鮮滿版	1921-05-12	05단	平壤府慰安會
99877	鮮滿版	1921-05-12	05단	大邱の太子忌
99878	鮮滿版	1921-05-12	05단	拳銃で威嚇す
99879	鮮滿版	1921-05-12	06단	人(水野錬太郎氏(總督府政務總監)/鈴木一來氏(東拓京城支店長)/山本悌二郎氏(代護士))
99880	鮮滿版	1921-05-12	06단	高勾鹿の遺跡に學校組合林
99881	鮮滿版	1921-05-12	06단	半島茶話
99882	鮮滿版	1921-05-13	01단	間島居留民更に不安/支那軍引揚
99883	鮮滿版	1921-05-13	01단	兼二浦商人の購買組合/阻止運動
99884	鮮滿版	1921-05-13	02단	祕密結社壞滅/安藤警察部長談
99885	鮮滿版	1921-05-13	02단	南鮮鐵道工事/西村支配人談
99886	鮮滿版	1921-05-13	02단	平南振興會決議
99887	鮮滿版	1921-05-13	03단	普通江改修問題
99888	鮮滿版	1921-05-13	03단	ヂストマ調査
99889	鮮滿版	1921-05-13	03단	鎭昌鐵道着工
99890	鮮滿版	1921-05-13	04단	電興送電工事
99891	鮮滿版	1921-05-13	04단	京城金融商況
99892	鮮滿版	1921-05-13	04단	産婆看護婦試驗
99893	鮮滿版	1921-05-13	04단	東拓支店長會議
99894	鮮滿版	1921-05-13	04단	釜山虎眼撲滅策
99895	鮮滿版	1921-05-13	05단	釜山金融救濟會
99896	鮮滿版	1921-05-13	05단	貨物中間運轉
99897	鮮滿版	1921-05-13	05단	平南道大豆作
99898	鮮滿版	1921-05-13	05단	會社銀行(東拓配當/殖鐵配當/朝鮮皮革配當)
99899	鮮滿版	1921-05-13	05단	産褥で捕る/獨立運動中に男の種を宿す
99900	鮮滿版	1921-05-13	06단	米人渡鮮/近頃滅切多い
99901	鮮滿版	1921-05-13	06단	秋本捕縛
99902	鮮滿版	1921-05-13	06단	矢島女史來る

일련번호	판명	간행일	단수	기사명
99903	鮮滿版	1921-05-13	06단	諭告文僞造詐欺
99904	鮮滿版	1921-05-13	06단	忠淸庭球大會
99905	鮮滿版	1921-05-13	06단	佛敎講演會
99906	鮮滿版	1921-05-13	06단	不孝子取調べ
99907	鮮滿版	1921-05-13	07단	本社見學
99908	鮮滿版	1921-05-13	07단	人(木塚常三郎氏(總督府內務局長)/フワサット氏(米國富豪))
99909	鮮滿版	1921-05-13	07단	忠淸より
99910	鮮滿版	1921-05-13	07단	半島茶話
99911	鮮滿版	1921-05-14	01단	露臺上の郡守一行
99912	鮮滿版	1921-05-14	01단	在滿鮮人の社會施設/大塚內務局長の出張目的
99913	鮮滿版	1921-05-14	01단	煙草元賣捌/設置並指定(京城支局直轄/全州支局直轄/大邱支局直轄/平壤支局直轄)
99914	鮮滿版	1921-05-14	02단	勞銀低落
99915	鮮滿版	1921-05-14	02단	應募者多し/敎員と巡査
99916	鮮滿版	1921-05-14	03단	取引監督實施
99917	鮮滿版	1921-05-14	03단	種痘施行の要
99918	鮮滿版	1921-05-14	03단	反三菱熱の崇
99919	鮮滿版	1921-05-14	04단	農業者減少す
99920	鮮滿版	1921-05-14	04단	平壤金融狀況
99921	鮮滿版	1921-05-14	04단	平壤手形交換高
99922	鮮滿版	1921-05-14	04단	朝鮮の大本敎檢擧/太乙敎徒多數を逮捕/嘘八百の五遁の術で信者組合
99923	鮮滿版	1921-05-14	05단	鳥致院警察新築
99924	鮮滿版	1921-05-14	05단	浦項警察署位置
99925	鮮滿版	1921-05-14	05단	慶北自動車道
99926	鮮滿版	1921-05-14	05단	京城金物鈍狀
99927	鮮滿版	1921-05-14	05단	鳥致院の穀物
99928	鮮滿版	1921-05-14	05단	狂犬豫防/一齊に實施
99929	鮮滿版	1921-05-14	06단	質屋閑散/勞働者工面良し
99930	鮮滿版	1921-05-14	06단	辭令
99931	鮮滿版	1921-05-14	06단	人(山本直次郎氏(遞信局事務官)/時實秋穂氏(總督府監察官)/米倉淸族氏(工學博士))
99932	鮮滿版	1921-05-14	06단	半島茶話
99933	鮮滿版	1921-05-15	01단	平壤の都市計劃/楠野平壤府尹談
99934	鮮滿版	1921-05-15	01단	建設中の平壤航空隊/工事進渉す
99935	鮮滿版	1921-05-15	01단	捕はれし安敬信

일련번호	판명	간행일	단수	기사명
99936	鮮滿版	1921-05-15	02단	正米市場/六箇所に內定
99937	鮮滿版	1921-05-15	02단	鐵道速成運動/大邱商議役員會
99938	鮮滿版	1921-05-15	03단	靑年會館募金/不如意の形勢
99939	鮮滿版	1921-05-15	03단	財務部長招集
99940	鮮滿版	1921-05-15	03단	淸州上水起工
99941	鮮滿版	1921-05-15	03단	全南地主會議
99942	鮮滿版	1921-05-15	03단	京城在庫現在
99943	鮮滿版	1921-05-15	03단	淸州學議再選擧
99944	鮮滿版	1921-05-15	04단	京城公職者視察
99945	鮮滿版	1921-05-15	04단	攻制學校擴張
99946	鮮滿版	1921-05-15	04단	仁川新報發刊
99947	鮮滿版	1921-05-15	04단	軍隊組織の不逞團/六十七名逮捕
99948	鮮滿版	1921-05-15	04단	列車顚覆を企てた犯人/交戰して逮捕
99949	鮮滿版	1921-05-15	04단	獨立靑年團/逮捕さる
99950	鮮滿版	1921-05-15	05단	趙猛善死す/獨立團に大打擊
99951	鮮滿版	1921-05-15	05단	李王兩殿下/活動寫眞御覽
99952	鮮滿版	1921-05-15	05단	鮮人神經質/ビラの圖案に憤慨
99953	鮮滿版	1921-05-15	05단	菜食となったビ氏
99954	鮮滿版	1921-05-15	06단	龍山の娛樂機關
99955	鮮滿版	1921-05-15	06단	安武氏賠償判決
99956	鮮滿版	1921-05-15	06단	本社見學
99957	鮮滿版	1921-05-15	06단	人(齊藤實氏(朝鮮總督)/寺尾亨氏(法學博士)/邊時鵬氏(平南中和郡守))
99958	鮮滿版	1921-05-15	06단	半島茶話
99959	鮮滿版	1921-05-17	01단	傳染病調査/委員會設置/傳染病頻發
99960	鮮滿版	1921-05-17	01단	二十師團完成/侍從武官渡鮮
99961	鮮滿版	1921-05-17	01단	鮮軍法官招集
99962	鮮滿版	1921-05-17	01단	李王職の御機嫌伺ひに新聞電報を差押へた/總督府の血迷ひ沙汰
99963	鮮滿版	1921-05-17	02단	南鮮麥作良好
99964	鮮滿版	1921-05-17	02단	釜山米豆移出
99965	鮮滿版	1921-05-17	02단	南浦市況活躍
99966	鮮滿版	1921-05-17	02단	平壤女子普校增設
99967	鮮滿版	1921-05-17	03단	篤農家懇談會
99968	鮮滿版	1921-05-17	03단	大邱商業夜學
99969	鮮滿版	1921-05-17	04단	金泉普校增築

일련번호	판명	간행일	단수	기사명
99970	鮮滿版	1921-05-17	04단	五百萬圓を投じて新村に理想鄕建設/エビソン博士の計劃
99971	鮮滿版	1921-05-17	04단	姦通事件から拷問事件檢察官が被告となり法官と警官とが角突き合ふ/兩警官處刑
99972	鮮滿版	1921-05-17	05단	鳥致院乘降客
99973	鮮滿版	1921-05-17	05단	釜山納稅狀況
99974	鮮滿版	1921-05-17	06단	失業者の放火か/兼二浦校の火災
99975	鮮滿版	1921-05-17	07단	銃創で絶命
99976	鮮滿版	1921-05-17	07단	平北道廳地鎭祭
99977	鮮滿版	1921-05-17	07단	本社見學
99978	鮮滿版	1921-05-17	07단	晉州/鮎の好漁場
99979	鮮滿版	1921-05-17	07단	半島茶話
99980	鮮滿版	1921-05-18	01단	工費三百萬圓で大同江の架橋計劃/鴨綠江鐵橋と同一樣式
99981	鮮滿版	1921-05-18	01단	林野調査事務/專任屬官常設
99982	鮮滿版	1921-05-18	01단	客月鐵嶺金融/朝鮮銀行調査
99983	鮮滿版	1921-05-18	01단	大田都市計劃
99984	鮮滿版	1921-05-18	01단	電力調査要目
99985	鮮滿版	1921-05-18	02단	平壤貿易減退
99986	鮮滿版	1921-05-18	02단	釜山勞働賃銀
99987	鮮滿版	1921-05-18	03단	大田慈惠院敷地
99988	鮮滿版	1921-05-18	03단	電興の南浦送電
99989	鮮滿版	1921-05-18	03단	海州衛生施設
99990	鮮滿版	1921-05-18	03단	江景商業昇格
99991	鮮滿版	1921-05-18	03단	大邱商議辭任
99992	鮮滿版	1921-05-18	03단	赤城里郵便所
99993	鮮滿版	1921-05-18	03단	蝟島の石首魚
99994	鮮滿版	1921-05-18	04단	繩叭生産狀況
99995	鮮滿版	1921-05-18	04단	海州農校新築
99996	鮮滿版	1921-05-18	04단	墓地を暴く/排日竊盜の鮮人
99997	鮮滿版	1921-05-18	04단	大本敎信者/朝鮮に四千名
99998	鮮滿版	1921-05-18	04단	內地女よりも朝鮮女が怜悧
99999	鮮滿版	1921-05-18	05단	支那官兵敗る
100000	鮮滿版	1921-05-18	05단	警官に非難の聲
100001	鮮滿版	1921-05-18	05단	遭難漁夫救はる
100002	鮮滿版	1921-05-18	05단	記者團捷つ
100003	鮮滿版	1921-05-18	05단	理髮業大會
100004	鮮滿版	1921-05-18	06단	鮮民招宴

일련번호	판명	간행일	단수	기사명
100005	鮮滿版	1921-05-18	06단	ぼたん
100006	鮮滿版	1921-05-18	06단	本社見學
100007	鮮滿版	1921-05-18	06단	溫陽溫泉新溫井發見
100008	鮮滿版	1921-05-18	06단	半島茶話
100009	鮮滿版	1921-05-19	01단	旅順學堂修學旅行團
100010	鮮滿版	1921-05-19	01단	山林試驗場/設置の階梯
100011	鮮滿版	1921-05-19	01단	沙里院市街整理/工費四十五萬圓
100012	鮮滿版	1921-05-19	02단	南浦穀物市場/設置願再提出
100013	鮮滿版	1921-05-19	02단	小學校員充實
100014	鮮滿版	1921-05-19	02단	大邱法衙規模
100015	鮮滿版	1921-05-19	03단	中鐵工事資金
100016	鮮滿版	1921-05-19	03단	海州市區改正議
100017	鮮滿版	1921-05-19	03단	鳥致院工事勃興
100018	鮮滿版	1921-05-19	03단	軌道自動車計劃
100019	鮮滿版	1921-05-19	04단	晉州慈惠院敷地
100020	鮮滿版	1921-05-19	04단	慶北道麥作狀況
100021	鮮滿版	1921-05-19	04단	忠南郡守會議
100022	鮮滿版	1921-05-19	04단	淸津埋築計劃
100023	鮮滿版	1921-05-19	04단	警察部長の談片を捏造呼はりする局長サン/御自身の訓示をお忘れか
100024	鮮滿版	1921-05-19	05단	海州高普計劃
100025	鮮滿版	1921-05-19	05단	燒失校舍新築
100026	鮮滿版	1921-05-19	05단	製紙組合組織
100027	鮮滿版	1921-05-19	05단	東萊溫泉劇場
100028	鮮滿版	1921-05-19	06단	靑年會手を引く
100029	鮮滿版	1921-05-19	06단	金泉郵便改善
100030	鮮滿版	1921-05-19	06단	小井里三千年の藤
100031	鮮滿版	1921-05-19	06단	半島茶話
100032	鮮滿版	1921-05-20	01단	鮮外鮮人身許調査/鮮內民心安定の一方策
100033	鮮滿版	1921-05-20	01단	鮮人支那に歸化多く/疑惑の眼光る
100034	鮮滿版	1921-05-20	01단	騎兵旅團/咸北に設置か
100035	鮮滿版	1921-05-20	01단	鳥公交通機關/軌道自動車計劃
100036	鮮滿版	1921-05-20	01단	平壤附近に無烟炭/五億噸埋藏
100037	鮮滿版	1921-05-20	02단	慈惠院新設箇所
100038	鮮滿版	1921-05-20	02단	興業取締改正
100039	鮮滿版	1921-05-20	02단	鳥致院有志訪問

일련번호	판명	간행일	단수	기사명
100040	鮮滿版	1921-05-20	03단	兼二浦の紛擾
100041	鮮滿版	1921-05-20	03단	淸津監獄擴築
100042	鮮滿版	1921-05-20	04단	水利資金貸出
100043	鮮滿版	1921-05-20	04단	延白水利事業
100044	鮮滿版	1921-05-20	04단	晉州堤防工事
100045	鮮滿版	1921-05-20	04단	日支軍警が縺れる間に乘ずる匪賊團/間島在住人の不安休まず
100046	鮮滿版	1921-05-20	04단	祕密結社首魁逮捕さる
100047	鮮滿版	1921-05-20	05단	萬浦埋立工事
100048	鮮滿版	1921-05-20	05단	淸津の向學心
100049	鮮滿版	1921-05-20	05단	金泉小學工事
100050	鮮滿版	1921-05-20	05단	客月淸津漁獲
100051	鮮滿版	1921-05-20	05단	朝鮮火藥總會
100052	鮮滿版	1921-05-20	05단	大邱で石器發掘
100053	鮮滿版	1921-05-20	05단	鮮人農夫罷業
100054	鮮滿版	1921-05-20	05단	羅南橋改築
100055	鮮滿版	1921-05-20	06단	人(美濃部後吉(鮮銀總裁)/渡邊茂治氏(東拓馬山出張所長)/永山孝道氏(東拓間島出張所長))
100056	鮮滿版	1921-05-20	06단	水をお大切に
100057	鮮滿版	1921-05-20	06단	半島茶話
100058	鮮滿版	1921-05-21	01단	專賣局大邱支局/規模と生産力
100059	鮮滿版	1921-05-21	01단	地方官廳/定員增加
100060	鮮滿版	1921-05-21	01단	聾啞救濟/收容機關擴張
100061	鮮滿版	1921-05-21	01단	釜山で開いた全鮮理髮業大會
100062	鮮滿版	1921-05-21	02단	分掌局長招集
100063	鮮滿版	1921-05-21	02단	列車時刻改正
100064	鮮滿版	1921-05-21	02단	關稅附小包數
100065	鮮滿版	1921-05-21	02단	東拓會社耕地
100066	鮮滿版	1921-05-21	02단	京城夏季講習會
100067	鮮滿版	1921-05-21	02단	淸州上水起工式
100068	鮮滿版	1921-05-21	03단	會議所定欸變更
100069	鮮滿版	1921-05-21	03단	繩叺又復昂勝す
100070	鮮滿版	1921-05-21	03단	赭禿山を靑色化せん/成績によっては土地も與へる/岡崎山林課長談
100071	鮮滿版	1921-05-21	04단	北村氏辭職
100072	鮮滿版	1921-05-21	04단	殖銀貨附不振
100073	鮮滿版	1921-05-21	04단	鳥致院金融界

일련번호	판명	간행일	단수	기사명
100074	鮮滿版	1921-05-21	04단	興進會發會式
100075	鮮滿版	1921-05-21	04단	建築組合改造
100076	鮮滿版	1921-05-21	05단	同盟休校/南鮮で頻發
100077	鮮滿版	1921-05-21	05단	耶蘇再生と稱する鮮人
100078	鮮滿版	1921-05-21	05단	怪力の惡漢/捕繩を捻切る
100079	鮮滿版	1921-05-21	05단	憲兵補射殺さる/不逞鮮人團の爲
100080	鮮滿版	1921-05-21	05단	蠅と水の用心
100081	鮮滿版	1921-05-21	06단	少年少女燒死
100082	鮮滿版	1921-05-21	06단	三水の不逞鮮人
100083	鮮滿版	1921-05-21	06단	不品行な巡査
100084	鮮滿版	1921-05-21	06단	本社見學
100085	鮮滿版	1921-05-21	06단	人(西村元氏(大藏省主計局長)/大塚常三郎氏(總督府內務部長)/橫田五郎氏(總督府法務部長))
100086	鮮滿版	1921-05-21	06단	半島茶話
100087	鮮滿版	1921-05-22	01단	治安警察から行政警察へ/一轉機の時
100088	鮮滿版	1921-05-22	01단	鮮鐵事業/景氣回復後の事
100089	鮮滿版	1921-05-22	01단	同光會の京城支部創設
100090	鮮滿版	1921-05-22	02단	京畿車輛稅內容
100091	鮮滿版	1921-05-22	03단	淸州都市計劃
100092	鮮滿版	1921-05-22	03단	道廳移轉問題
100093	鮮滿版	1921-05-22	03단	通信地圖作製
100094	鮮滿版	1921-05-22	03단	金組聯合會理事長
100095	鮮滿版	1921-05-22	03단	江景自動車鐵道
100096	鮮滿版	1921-05-22	04단	湖南線時間短縮
100097	鮮滿版	1921-05-22	04단	全州上水道設計
100098	鮮滿版	1921-05-22	04단	平壤公會堂問題
100099	鮮滿版	1921-05-22	04단	長老派學校計劃
100100	鮮滿版	1921-05-22	05단	醫師試驗合格者
100101	鮮滿版	1921-05-22	05단	安東監獄工事
100102	鮮滿版	1921-05-22	05단	大田高女新築
100103	鮮滿版	1921-05-22	05단	沃川學議選擧
100104	鮮滿版	1921-05-22	05단	飛蝗蟲豫防策
100105	鮮滿版	1921-05-22	05단	忠北巡査採用
100106	鮮滿版	1921-05-22	05단	辭令
100107	鮮滿版	1921-05-22	05단	會社銀行(中鐵社債發行/酸素會社行悩)
100108	鮮滿版	1921-05-22	06단	電話料値上實行

일련번호	판명	간행일	단수	기사명
100109	鮮滿版	1921-05-22	06단	昂まって來た鮮人讀書慾と其筋の取締
100110	鮮滿版	1921-05-22	06단	半島茶話
100111	鮮滿版	1921-05-24	01단	稅關設置/雄基に決定
100112	鮮滿版	1921-05-24	01단	春鼈掃立 四十萬三千餘枚/平南良好
100113	鮮滿版	1921-05-24	01단	郵便物遞送/時刻改正實施
100114	鮮滿版	1921-05-24	01단	五月上半貿易/入超二百萬圓
100115	鮮滿版	1921-05-24	01단	物價低落趨勢/朝鮮銀行調査
100116	鮮滿版	1921-05-24	02단	農事實行事項/大邱篤農家相談會
100117	鮮滿版	1921-05-24	02단	間島情報機關
100118	鮮滿版	1921-05-24	02단	檢事充實方針
100119	鮮滿版	1921-05-24	02단	淨法寺師團長檢閲
100120	鮮滿版	1921-05-24	02단	全鮮貸預金高
100121	鮮滿版	1921-05-24	02단	籾擔保貸付高
100122	鮮滿版	1921-05-24	03단	黃海道警官異動
100123	鮮滿版	1921-05-24	03단	馬島に燈臺建設
100124	鮮滿版	1921-05-24	03단	鴨綠江水路調査
100125	鮮滿版	1921-05-24	03단	平南金融聯合會
100126	鮮滿版	1921-05-24	04단	鑛業會講話會
100127	鮮滿版	1921-05-24	04단	海州水道移管
100128	鮮滿版	1921-05-24	04단	釜山學議補選
100129	鮮滿版	1921-05-24	04단	中鐵工事進捗
100130	鮮滿版	1921-05-24	04단	産業鐵道總會
100131	鮮滿版	1921-05-24	04단	大邱組內視賀
100132	鮮滿版	1921-05-24	04단	女生徒に改良服/平壤小學の試み
100133	鮮滿版	1921-05-24	04단	土地賣買ジリ高模樣
100134	鮮滿版	1921-05-24	05단	豚コレラ/平南に發生
100135	鮮滿版	1921-05-24	05단	電車賃共通/龍山民の要求
100136	鮮滿版	1921-05-24	05단	矢島女史歸る/滿鮮巡遊から
100137	鮮滿版	1921-05-24	06단	冷哨長戰死す
100138	鮮滿版	1921-05-24	06단	財務當局に脅迫
100139	鮮滿版	1921-05-24	06단	半島茶話
100140	鮮滿版	1921-05-25	01단	公衆無線/木浦局利用か
100141	鮮滿版	1921-05-25	01단	京城市況
100142	鮮滿版	1921-05-25	01단	朝鮮にも起る農業勞働問題/慶北農會長演稅要旨
100143	鮮滿版	1921-05-25	02단	全州の住宅難/五十戶急造計劃
100144	鮮滿版	1921-05-25	02단	敬神教育資料を全國の小學校へ送る

일련번호	판명	간행일	단수	기사명
100145	鮮滿版	1921-05-25	02단	土地口入師跋扈
100146	鮮滿版	1921-05-25	02단	宗教團體勃興
100147	鮮滿版	1921-05-25	03단	朝鮮産業發達史編纂
100148	鮮滿版	1921-05-25	03단	面長留任運動
100149	鮮滿版	1921-05-25	03단	平南道路改修
100150	鮮滿版	1921-05-25	03단	平南植林の要
100151	鮮滿版	1921-05-25	04단	麻布取引盛況
100152	鮮滿版	1921-05-25	04단	渡獨する田中氏
100153	鮮滿版	1921-05-25	04단	救濟資金同收
100154	鮮滿版	1921-05-25	04단	平南土地改良
100155	鮮滿版	1921-05-25	04단	結婚時期に皆取られる/電話交換手
100156	鮮滿版	1921-05-25	05단	急行料金/滿鐵で實施
100157	鮮滿版	1921-05-25	05단	鯖豊漁/一尾一錢三四厘
100158	鮮滿版	1921-05-25	05단	活動せる兩婦人團體/互に特色あり
100159	鮮滿版	1921-05-25	06단	大邱の高齢者
100160	鮮滿版	1921-05-25	06단	平北警察招魂祭
100161	鮮滿版	1921-05-25	06단	岡村氏慶事
100162	鮮滿版	1921-05-25	06단	半島茶話
100163	鮮滿版	1921-05-26	01단	請願電話設置方針
100164	鮮滿版	1921-05-26	01단	大同江水原に植林奬勵の要
100165	鮮滿版	1921-05-26	01단	王仁の先輩太乙教の祕密結社(一)/京城にてＴＡ生/朝鮮の大本教
100166	鮮滿版	1921-05-26	02단	憲兵隊長會議
100167	鮮滿版	1921-05-26	02단	載寧開廳式(郡廳/警察署)
100168	鮮滿版	1921-05-26	02단	基督布教機關
100169	鮮滿版	1921-05-26	03단	旅券遲延事情
100170	鮮滿版	1921-05-26	03단	中鐵延長線工事
100171	鮮滿版	1921-05-26	04단	忠北金組聯合會
100172	鮮滿版	1921-05-26	04단	醫師試驗合格者
100173	鮮滿版	1921-05-26	04단	京畿道觀光團
100174	鮮滿版	1921-05-26	04단	平安金組成績
100175	鮮滿版	1921-05-26	04단	朝鮮起業諒解
100176	鮮滿版	1921-05-26	05단	新溪郵便所
100177	鮮滿版	1921-05-26	05단	鳥淸有志懇談
100178	鮮滿版	1921-05-26	05단	淸州小學起工
100179	鮮滿版	1921-05-26	05단	問題になる旅券檢査/外事當局の辯

일련번호	판명	간행일	단수	기사명
100180	鮮滿版	1921-05-26	05단	慶北虎疫豫防
100181	鮮滿版	1921-05-26	05단	警部收賄事件
100182	鮮滿版	1921-05-26	06단	時事新聞再刊
100183	鮮滿版	1921-05-26	06단	轉轍手慘死
100184	鮮滿版	1921-05-26	06단	禮山軍勝つ
100185	鮮滿版	1921-05-26	06단	取消申込
100186	鮮滿版	1921-05-26	06단	人(金谷範三氏(參謀本部一課長)/和田駿氏(靑島鐵道業務課長)/川江秀維氏(滿鐵京管局課長))
100187	鮮滿版	1921-05-26	06단	半島茶話
100188	鮮滿版	1921-05-27	01단	巡查選拔/間島に向ふ
100189	鮮滿版	1921-05-27	01단	京城動力/水電の外無し
100190	鮮滿版	1921-05-27	01단	鮮鐵中旬減收
100191	鮮滿版	1921-05-27	01단	大邱土木建築組合
100192	鮮滿版	1921-05-27	01단	王仁の先輩太乙教の祕密結社(二)/京城にてＴＡ生/切支丹のうは手
100193	鮮滿版	1921-05-27	02단	釜山學議候補
100194	鮮滿版	1921-05-27	02단	平壤技師歡迎
100195	鮮滿版	1921-05-27	02단	群山懇話會
100196	鮮滿版	1921-05-27	02단	群山小學校落成
100197	鮮滿版	1921-05-27	03단	群山高女開校式
100198	鮮滿版	1921-05-27	03단	辭令
100199	鮮滿版	1921-05-27	03단	繁茂期に乘ずる馬賊/鴨綠江對岸に支那兵一萬/但し討伐もせず逃亡兵續出
100200	鮮滿版	1921-05-27	04단	世子殿下/御歸鮮延期
100201	鮮滿版	1921-05-27	04단	倉庫到潰死傷
100202	鮮滿版	1921-05-27	05단	城津の淫賣屋
100203	鮮滿版	1921-05-27	05단	洋灰會社運動會
100204	鮮滿版	1921-05-27	05단	寄附强制無根か
100205	鮮滿版	1921-05-27	05단	北境で鮮人慘死
100206	鮮滿版	1921-05-27	06단	不正講事件公判
100207	鮮滿版	1921-05-27	06단	面長俸給橫領
100208	鮮滿版	1921-05-27	06단	人(上野英三郎(農學博士)/松永武吉氏(總督府外事課長)/工藤英一氏(京畿道知事))
100209	鮮滿版	1921-05-27	06단	半島茶話
100210	鮮滿版	1921-05-28	01단	稅關支署/兩地に設置
100211	鮮滿版	1921-05-28	01단	國道改修/本年度工事

일련번호	판명	간행일	단수	기사명
100212	鮮滿版	1921-05-28	01단	移民熱勃興/拓殖協會覺醒
100213	鮮滿版	1921-05-28	01단	平壤航空隊/六分通り出來
100214	鮮滿版	1921-05-28	01단	王仁の先輩太乙敎の祕密結社(三)/京城にてＴＡ生/坐して千里を觀る
100215	鮮滿版	1921-05-28	02단	城津電燈事業/會社にて經營
100216	鮮滿版	1921-05-28	02단	次期の會頭は？/平壤不民の話題
100217	鮮滿版	1921-05-28	03단	咸北鐵道運動
100218	鮮滿版	1921-05-28	04단	岩崎男一行北上
100219	鮮滿版	1921-05-28	04단	公州喞筒演習
100220	鮮滿版	1921-05-28	04단	不逞の巨魁金璋圭/捕はるゝ迄
100221	鮮滿版	1921-05-28	05단	鎭海要港/海軍記念日
100222	鮮滿版	1921-05-28	05단	咸北道廳/廿九日移廳式
100223	鮮滿版	1921-05-28	05단	因人壓死事件/監督者處罰か
100224	鮮滿版	1921-05-28	05단	眞言宗管長來兼
100225	鮮滿版	1921-05-28	06단	成川豪農の篤志
100226	鮮滿版	1921-05-28	06단	阿片吸飮者檢擧
100227	鮮滿版	1921-05-28	06단	內鮮人船中の挌鬪
100228	鮮滿版	1921-05-28	06단	半島茶話
100229	鮮滿版	1921-05-29	01단	新設さるゝ水産試驗場/郡水産課長談
100230	鮮滿版	1921-05-29	01단	私學廢校/出願頻々
100231	鮮滿版	1921-05-29	01단	大邱煙草元賣捌/會社組織成る
100232	鮮滿版	1921-05-29	01단	侍從武官巡視
100233	鮮滿版	1921-05-29	02단	全鮮電話擴張/二千五百卅個
100234	鮮滿版	1921-05-29	02단	硝子琺瑯硏究所附設
100235	鮮滿版	1921-05-29	02단	開墾助成緩漫
100236	鮮滿版	1921-05-29	02단	書堂處置如何
100237	鮮滿版	1921-05-29	03단	平壤戶口增加
100238	鮮滿版	1921-05-29	03단	釜山戶別稅問題
100239	鮮滿版	1921-05-29	03단	平安の優良棉種
100240	鮮滿版	1921-05-29	03단	忠北春蠶掃立數
100241	鮮滿版	1921-05-29	04단	學議補選終了
100242	鮮滿版	1921-05-29	04단	鳥致院建築界
100243	鮮滿版	1921-05-29	04단	航空隊請待宴
100244	鮮滿版	1921-05-29	04단	全北水産會社
100245	鮮滿版	1921-05-29	04단	平壤府の繁華街/南門通より靜海門に移る
100246	鮮滿版	1921-05-29	05단	沿海州發の船舶檢疫/鼠疫の豫防の爲

일련번호	판명	간행일	단수	기사명
100247	鮮滿版	1921-05-29	05단	時局標榜の泥棒共が南下する
100248	鮮滿版	1921-05-29	05단	平壤住宅組合
100249	鮮滿版	1921-05-29	05단	崇實中學不穩
100250	鮮滿版	1921-05-29	06단	釜山でも蠅買上
100251	鮮滿版	1921-05-29	06단	婦人農事視察團
100252	鮮滿版	1921-05-29	06단	燕岐神社再建
100253	鮮滿版	1921-05-29	06단	半島茶話
100254	鮮滿版	1921-05-31	01단	救護の急を要する滿洲奧地の朝鮮人 大塚內務部長歸任談/着手すべき教育衛生 書堂設置と囑託醫配置
100255	鮮滿版	1921-05-31	01단	勃興せる工業熱を善導せん
100256	鮮滿版	1921-05-31	01단	鮮語獎勵手當支給規則
100257	鮮滿版	1921-05-31	02단	洛東流域/砂防造林工程
100258	鮮滿版	1921-05-31	02단	大同江浚渫基本調査
100259	鮮滿版	1921-05-31	03단	新義州勞働者/救濟請願決議
100260	鮮滿版	1921-05-31	03단	孟氏復活せん
100261	鮮滿版	1921-05-31	03단	電車直通工事
100262	鮮滿版	1921-05-31	03단	殖銀貸出利率
100263	鮮滿版	1921-05-31	03단	平壤商況金融
100264	鮮滿版	1921-05-31	04단	憲兵分遺所新設
100265	鮮滿版	1921-05-31	04단	地方行政講習會
100266	鮮滿版	1921-05-31	04단	大役に依り改修
100267	鮮滿版	1921-05-31	04단	學議補選結果
100268	鮮滿版	1921-05-31	04단	危險圈內に入った朝鮮/肺ペスト防疫
100269	鮮滿版	1921-05-31	05단	劉成德捕はる/冒險團全滅
100270	鮮滿版	1921-05-31	05단	不逞人五十名/一齊に逮捕(暗殺隊橫行/脅迫放火/射殺さる)
100271	鮮滿版	1921-05-31	05단	仁取瀆職事件/六月一日公判
100272	鮮滿版	1921-05-31	05단	琿春支兵不穩
100273	鮮滿版	1921-05-31	06단	豚コレラ防止
100274	鮮滿版	1921-05-31	06단	七七聯隊軍旗祭
100275	鮮滿版	1921-05-31	06단	本社見學
100276	鮮滿版	1921-05-31	06단	辭令
100277	鮮滿版	1921-05-31	06단	運動界(少年野球戰/上海行選手)
100278	鮮滿版	1921-05-31	06단	人(松野正夫氏(滿鐵京管局員)/鈴木一來氏(東拓京城支店長))
100279	鮮滿版	1921-05-31	06단	半島茶話

1921년 6월 (선만판)

일련번호	판명	간행일	단수	기사명
100280	鮮滿版	1921-06-01	01단	北京釜山間直通列車/支那側躊躇す
100281	鮮滿版	1921-06-01	01단	架橋工事と平壤の將來/本間技師談
100282	鮮滿版	1921-06-01	01단	灌漑二萬町步の水利事業/平南で計劃
100283	鮮滿版	1921-06-01	02단	咸北知事更迭せん
100284	鮮滿版	1921-06-01	02단	京城師範開校/赤木校長談
100285	鮮滿版	1921-06-01	03단	鮮人表書不完全
100286	鮮滿版	1921-06-01	03단	公園と交換局
100287	鮮滿版	1921-06-01	03단	海事技術官補充
100288	鮮滿版	1921-06-01	03단	忠北警察會議
100289	鮮滿版	1921-06-01	03단	清津貿易額
100290	鮮滿版	1921-06-01	04단	上三峰貿易額
100291	鮮滿版	1921-06-01	04단	浦潮鰊輸入
100292	鮮滿版	1921-06-01	04단	豆滿村稍活況
100293	鮮滿版	1921-06-01	04단	大興電氣發電機
100294	鮮滿版	1921-06-01	04단	動物園に珍客到來(三歲のお虎孃が印度から/ベリカン夫婦もアフリカから/猿公の新入り 毎日大騷動/鶴の赤チャン溺死豫防/河馬夫人の惡組氣味/豹夫人のお産可愛い雄豹/お目出度續き丹頂鶴も雁)
100295	鮮滿版	1921-06-01	05단	志賀博士奇禍/自動車と電車の衝突で重傷
100296	鮮滿版	1921-06-01	05단	開成學校盟休/米人經營の中等學校
100297	鮮滿版	1921-06-01	05단	咸北道廳移轉/二十九日午前十一時より羅南新築道廳にて落成移轉式を擧ぐ
100298	鮮滿版	1921-06-01	05단	平南豚コレラ
100299	鮮滿版	1921-06-01	05단	不逞婦人局送
100300	鮮滿版	1921-06-01	06단	大邱で東京相撲
100301	鮮滿版	1921-06-01	06단	小學聯合運動會
100302	鮮滿版	1921-06-01	06단	感心な鮮人青年
100303	鮮滿版	1921-06-01	06단	清津の鼠買上
100304	鮮滿版	1921-06-01	06단	半島茶話
100305	鮮滿版	1921-06-02	01단	在滿鮮人に學資支給/教育普及方針
100306	鮮滿版	1921-06-02	01단	警官整理/不良者驅逐
100307	鮮滿版	1921-06-02	01단	鮮人內地渡航/昨年迄に三萬餘
100308	鮮滿版	1921-06-02	01단	王仁の先輩太乙敎の祕密結社(四)/京城にてＴＡ生/日本製の砂糖を食ふな
100309	鮮滿版	1921-06-02	02단	植林思想旺盛/平井內務部長談
100310	鮮滿版	1921-06-02	02단	水利事業勃興/貯水池計劃(平原郡/江西郡)

일련번호	판명	간행일	단수	기사명
100311	鮮滿版	1921-06-02	03단	鐵橋管理方針/楠野府尹談
100312	鮮滿版	1921-06-02	04단	中等校長歡迎
100313	鮮滿版	1921-06-02	04단	實科教員講習
100314	鮮滿版	1921-06-02	04단	新機關車組立
100315	鮮滿版	1921-06-02	04단	平壤の外人村
100316	鮮滿版	1921-06-02	05단	京畿新繭狀況
100317	鮮滿版	1921-06-02	05단	平壤支店金塊購入高
100318	鮮滿版	1921-06-02	05단	警官駐在所新設
100319	鮮滿版	1921-06-02	05단	電話增設加入者
100320	鮮滿版	1921-06-02	05단	黃海麥作狀況
100321	鮮滿版	1921-06-02	05단	城津貿易額
100322	鮮滿版	1921-06-02	05단	延平島不成績
100323	鮮滿版	1921-06-02	06단	大田麥作良好
100324	鮮滿版	1921-06-02	06단	朝鮮の野球界
100325	鮮滿版	1921-06-02	06단	半島茶話
100326	鮮滿版	1921-06-03	01단	全鮮各都市の家賃平壤が一番高い
100327	鮮滿版	1921-06-03	01단	滿鮮直通電話/實現日時を要す
100328	鮮滿版	1921-06-03	01단	郵便自動車遞送
100329	鮮滿版	1921-06-03	02단	稅關出張員增加
100330	鮮滿版	1921-06-03	02단	大邱交換所設置申請
100331	鮮滿版	1921-06-03	02단	海州住宅難協議
100332	鮮滿版	1921-06-03	03단	城津自動車開業
100333	鮮滿版	1921-06-03	03단	國際親和會組會
100334	鮮滿版	1921-06-03	03단	女敎員硏究團
100335	鮮滿版	1921-06-03	03단	論山水利施設
100336	鮮滿版	1921-06-03	03단	淸津出穀高
100337	鮮滿版	1921-06-03	03단	朝鮮火藥創立
100338	鮮滿版	1921-06-03	03단	琿春を襲った馬賊團/北滿に於る行動
100339	鮮滿版	1921-06-03	04단	鮮內に蔓った陰謀團も狩盡された
100340	鮮滿版	1921-06-03	05단	不逞牧師拘引取調
100341	鮮滿版	1921-06-03	05단	活動辯士/試驗實施されん
100342	鮮滿版	1921-06-03	05단	平南衛生宣傳
100343	鮮滿版	1921-06-03	06단	鯖漁から船合戰
100344	鮮滿版	1921-06-03	06단	世話人不正判決
100345	鮮滿版	1921-06-03	06단	驛倉庫火事
100346	鮮滿版	1921-06-03	06단	人(眞鍋金也氏(總督府技手)/大庭二郎氏(朝鮮軍司令官))

일련번호	판명	간행일	단수	기사명
100347	鮮滿版	1921-06-03	06단	半島茶話
100348	鮮滿版	1921-06-04	01단	頓に目醒しい西洋の工業/西村殖産局長談
100349	鮮滿版	1921-06-04	02단	平壤公會堂/府營とならん
100350	鮮滿版	1921-06-04	03단	靑林敎の內粉/解決の緒に着く
100351	鮮滿版	1921-06-04	03단	平南農務課新設
100352	鮮滿版	1921-06-04	04단	平壤賦課金未納
100353	鮮滿版	1921-06-04	04단	國民協會活動
100354	鮮滿版	1921-06-04	04단	平壤商議決算
100355	鮮滿版	1921-06-04	04단	頭の固まって居ない朝鮮女性の手引が肝要/赤池警務局長談
100356	鮮滿版	1921-06-04	04단	回收熱に浮された支那の實體
100357	鮮滿版	1921-06-04	05단	釜山屠場問題
100358	鮮滿版	1921-06-04	05단	大田より
100359	鮮滿版	1921-06-04	06단	啓聖學校では夏季休暇發表
100360	鮮滿版	1921-06-04	06단	群山の衛生デー
100361	鮮滿版	1921-06-04	06단	半島茶話
100362	鮮滿版	1921-06-05	01단	*教職者を向上せしむべく夏季に開く講習會 母國より知名の學者を招き最新の知識と學問を授けん(朝鮮美術講習/國語敎授講習/朝鮮事情講習/軍級敎授講習/鮮人訓導講習)*
100363	鮮滿版	1921-06-05	01단	水利事業で收穫が倍增する朝鮮耕地
100364	鮮滿版	1921-06-05	02단	製煙計劃/京城支局は三十億本生産
100365	鮮滿版	1921-06-05	02단	關東廳/官制改正公布
100366	鮮滿版	1921-06-05	03단	內地視察目的/篠田知事談
100367	鮮滿版	1921-06-05	03단	判官登用試驗
100368	鮮滿版	1921-06-05	03단	城津市民大會
100369	鮮滿版	1921-06-05	03단	煉瓦運賃割引
100370	鮮滿版	1921-06-05	04단	京城組合銀行業績
100371	鮮滿版	1921-06-05	04단	鐵道避病舍廢止
100372	鮮滿版	1921-06-05	04단	新第三十九旅團長林田一郎氏
100373	鮮滿版	1921-06-05	04단	大橋大佐轉任
100374	鮮滿版	1921-06-05	04단	入場券發賣驛
100375	鮮滿版	1921-06-05	04단	京城不渡手形
100376	鮮滿版	1921-06-05	04단	建具會社創立
100377	鮮滿版	1921-06-05	04단	辭令
100378	鮮滿版	1921-06-05	04단	心元無い東支南線/日本の手で經營する必要がある
100379	鮮滿版	1921-06-05	05단	京城醫專/內鮮學生紛擾
100380	鮮滿版	1921-06-05	05단	逮捕六十中に遞送人殺し

일련번호	판명	간행일	단수	기사명
100381	鮮滿版	1921-06-05	05단	本夫を撲殺す/姦夫姦婦共謀し
100382	鮮滿版	1921-06-05	06단	學生宣傳計劃
100383	鮮滿版	1921-06-05	06단	ローズガーデン
100384	鮮滿版	1921-06-05	06단	注意人物檢擧
100385	鮮滿版	1921-06-05	06단	不逞鮮人逃走
100386	鮮滿版	1921-06-05	06단	時事新聞發刊
100387	鮮滿版	1921-06-05	06단	人(水野鍊太郎氏(政務總監)/渡邊爲太郎氏(侍從武官)/丸山鶴吉氏(總督府事務官)/竹內友次郎氏(遞信局長))
100388	鮮滿版	1921-06-05	06단	半島茶話
100389	鮮滿版	1921-06-07	01단	電話增設/主要地割當數
100390	鮮滿版	1921-06-07	01단	匪徒檢擧方針/佐伯課長談
100391	鮮滿版	1921-06-07	01단	琿春を襲った馬賊團(承前)/北滿に於る行動
100392	鮮滿版	1921-06-07	02단	全鮮家畜總數/牛百四十萬頭
100393	鮮滿版	1921-06-07	02단	卷煙草整理
100394	鮮滿版	1921-06-07	02단	琿春事件材料蒐集
100395	鮮滿版	1921-06-07	02단	鮮鐵運輸減少
100396	鮮滿版	1921-06-07	02단	民間貸附金利
100397	鮮滿版	1921-06-07	03단	間島事件情報會
100398	鮮滿版	1921-06-07	03단	江景の治水計劃
100399	鮮滿版	1921-06-07	03단	德壽宮の諸宮殿/有意義に役立られん
100400	鮮滿版	1921-06-07	04단	藥劑師學說合格
100401	鮮滿版	1921-06-07	04단	珠算進級試驗
100402	鮮滿版	1921-06-07	04단	大邱府嶺南會
100403	鮮滿版	1921-06-07	04단	辭令
100404	鮮滿版	1921-06-07	05단	日本語を學ぶ李王妃殿下/御進境著し
100405	鮮滿版	1921-06-07	05단	妓生演藝で避病舍建設
100406	鮮滿版	1921-06-07	05단	李鍝公留學期/明春とならん
100407	鮮滿版	1921-06-07	05단	金剛山探勝と途中下車驛追加
100408	鮮滿版	1921-06-07	05단	安敦厚取調
100409	鮮滿版	1921-06-07	06단	福田技師に戒告
100410	鮮滿版	1921-06-07	06단	石炭商の詐欺
100411	鮮滿版	1921-06-07	06단	竊盜兵脫出
100412	鮮滿版	1921-06-07	06단	人(大橋常三郎(憲兵大佐)/下田歌子氏(愛國婦人會長)/乾正彦氏(法學博士))
100413	鮮滿版	1921-06-07	06단	半島茶話
100414	鮮滿版	1921-06-08	01단	工業に目醒めた朝鮮人士/婦女子も進んで參加する

일련번호	판명	간행일	단수	기사명
100415	鮮滿版	1921-06-08	01단	平北の新首府新義州/都市施設に汲々
100416	鮮滿版	1921-06-08	01단	水野總監巡視
100417	鮮滿版	1921-06-08	01단	東拓移民現況
100418	鮮滿版	1921-06-08	02단	*平南麥作豫想/晉州地方豐作*
100419	鮮滿版	1921-06-08	02단	平南水運復活
100420	鮮滿版	1921-06-08	02단	朝鮮大豆好況
100421	鮮滿版	1921-06-08	03단	平壤通關貿易
100422	鮮滿版	1921-06-08	03단	總督兼二浦視察
100423	鮮滿版	1921-06-08	03단	山路司令官巡視
100424	鮮滿版	1921-06-08	03단	平壤公會堂問題
100425	鮮滿版	1921-06-08	03단	平壤電話交換局
100426	鮮滿版	1921-06-08	04단	晉州公會堂起工
100427	鮮滿版	1921-06-08	04단	忠南原蠶種狀況
100428	鮮滿版	1921-06-08	04단	籾殻支那に輸出
100429	鮮滿版	1921-06-08	04단	渡邊侍從武官
100430	鮮滿版	1921-06-08	04단	堤防に播種
100431	鮮滿版	1921-06-08	04단	淸州分會役員
100432	鮮滿版	1921-06-08	04단	太乙敎徒一齊に檢擧
100433	鮮滿版	1921-06-08	05단	*拳銃携帶の匪徒 林野調査員を脅迫す/富豪を脅迫*
100434	鮮滿版	1921-06-08	05단	東京大相撲
100435	鮮滿版	1921-06-08	06단	鮮人學生の善行
100436	鮮滿版	1921-06-08	06단	七七聯隊軍旗祭
100437	鮮滿版	1921-06-08	06단	驛夫の災難
100438	鮮滿版	1921-06-08	06단	正誤申込
100439	鮮滿版	1921-06-08	06단	半島茶話
100440	鮮滿版	1921-06-09	01단	産業調査委員會規程/委員會組織と開會場所
100441	鮮滿版	1921-06-09	01단	間島で宣敎師と鮮人信者が反目
100442	鮮滿版	1921-06-09	01단	産鐵解散に反對の聲旺盛/申請書取下げられん
100443	鮮滿版	1921-06-09	01단	鮮人視察機關/下關に設置
100444	鮮滿版	1921-06-09	01단	大邱專賣支局/新敷地を買收
100445	鮮滿版	1921-06-09	02단	山林會發會式
100446	鮮滿版	1921-06-09	02단	李氏辭表內情
100447	鮮滿版	1921-06-09	02단	移民申込戶數
100448	鮮滿版	1921-06-09	02단	平南漁業宣傳
100449	鮮滿版	1921-06-09	03단	平壤對支貿易
100450	鮮滿版	1921-06-09	03단	地金買收激增

일련번호	판명	간행일	단수	기사명
100451	鮮滿版	1921-06-09	04단	尚州に電話架設
100452	鮮滿版	1921-06-09	04단	大邱避病舍移築
100453	鮮滿版	1921-06-09	04단	總監巡視旅程
100454	鮮滿版	1921-06-09	04단	慶南署長會議
100455	鮮滿版	1921-06-09	04단	府尹郡守會議
100456	鮮滿版	1921-06-09	04단	平南金肥勸奬
100457	鮮滿版	1921-06-09	04단	臘子製造改善
100458	鮮滿版	1921-06-09	04단	高普講義錄
100459	鮮滿版	1921-06-09	05단	鎭海電話申込
100460	鮮滿版	1921-06-09	05단	釜山煙草會社
100461	鮮滿版	1921-06-09	05단	全道種牛狀況
100462	鮮滿版	1921-06-09	05단	京畿視察團歸京
100463	鮮滿版	1921-06-09	05단	煙草專賣で商標が變る/事實上の値上か
100464	鮮滿版	1921-06-09	05단	直營にせば儲かる鮮鐵
100465	鮮滿版	1921-06-09	06단	不穩文書配付
100466	鮮滿版	1921-06-09	06단	關門の馬熱
100467	鮮滿版	1921-06-09	06단	半島茶話
100468	鮮滿版	1921-06-10	01단	金建で辭職所か/反對者も漸次諒解する/山縣關東長官談
100469	鮮滿版	1921-06-10	01단	朝鮮本位の煙草配給/品切防止方針
100470	鮮滿版	1921-06-10	01단	釜山て計劃の土地坪割稅/市街整理の一新財源
100471	鮮滿版	1921-06-10	02단	トルコ煙草/朝鮮で栽培
100472	鮮滿版	1921-06-10	02단	鮮人巡査改善/千葉警察部長談
100473	鮮滿版	1921-06-10	03단	羅津築港不可/清津人の反對
100474	鮮滿版	1921-06-10	03단	石炭低溫乾餾/米倉博士の計劃
100475	鮮滿版	1921-06-10	03단	殖銀貸出條件
100476	鮮滿版	1921-06-10	04단	平壤貿易內容
100477	鮮滿版	1921-06-10	04단	沃川懇和會組織
100478	鮮滿版	1921-06-10	04단	總督視察變更
100479	鮮滿版	1921-06-10	04단	報沃間自動車
100480	鮮滿版	1921-06-10	04단	行之會役員
100481	鮮滿版	1921-06-10	04단	殖銀貯蓄預金
100482	鮮滿版	1921-06-10	04단	運輸倉庫重役
100483	鮮滿版	1921-06-10	05단	价川警察落成式
100484	鮮滿版	1921-06-10	05단	大同郡地主會
100485	鮮滿版	1921-06-10	05단	清州書記補充
100486	鮮滿版	1921-06-10	05단	辭令

일련번호	판명	간행일	단수	기사명
100487	鮮滿版	1921-06-10	05단	大同江で姬鱒の養殖/正林技手談
100488	鮮滿版	1921-06-10	06단	南大門派出所
100489	鮮滿版	1921-06-10	06단	疑問の實子殺
100490	鮮滿版	1921-06-10	06단	敎會獻堂式
100491	鮮滿版	1921-06-10	06단	半島茶話
100492	鮮滿版	1921-06-11	01단	僞政府活動を企圖し/王派自說を固守して反抗す
100493	鮮滿版	1921-06-11	01단	在滿鮮人救濟方針/新方面に回轉
100494	鮮滿版	1921-06-11	01단	覺醒せんとする支那現狀/內ケ崎敎授談
100495	鮮滿版	1921-06-11	02단	道勢展覽會/平南に創設
100496	鮮滿版	1921-06-11	03단	南鮮の農業と西鮮の鑛産物/西野主計局長談
100497	鮮滿版	1921-06-11	03단	大庭軍司令官/國境方面視察
100498	鮮滿版	1921-06-11	03단	*齋藤總督巡視/沙里院*
100499	鮮滿版	1921-06-11	03단	財務部長招集
100500	鮮滿版	1921-06-11	04단	待遇職員增置
100501	鮮滿版	1921-06-11	04단	鐵道扱平壤貿易
100502	鮮滿版	1921-06-11	04단	鳥致院金融
100503	鮮滿版	1921-06-11	04단	京城日報披露
100504	鮮滿版	1921-06-11	04단	釜山あさひ共同
100505	鮮滿版	1921-06-11	04단	時局標榜の强盜團/玆暫く止ない
100506	鮮滿版	1921-06-11	05단	鯖の豐漁で漁夫處置に困る
100507	鮮滿版	1921-06-11	05단	輿論を起した平壤の家賃/家主に對する非難
100508	鮮滿版	1921-06-11	06단	不逞長老檢擧
100509	鮮滿版	1921-06-11	06단	大橋渡橋式
100510	鮮滿版	1921-06-11	06단	移入酒商表彰
100511	鮮滿版	1921-06-11	06단	人(前田少將(朝鮮憲兵司令官)/仁川商業敎論)
100512	鮮滿版	1921-06-11	06단	半島茶話
100513	鮮滿版	1921-06-12	01단	大儲けした東亞煙草/利益處分如何
100514	鮮滿版	1921-06-12	01단	私鐵現狀/弓削鐵道部長談
100515	鮮滿版	1921-06-12	02단	郵便所改築案/組合設立計劃
100516	鮮滿版	1921-06-12	02단	中等敎員不足/朝鮮のみに非ず
100517	鮮滿版	1921-06-12	02단	電力供給範圍/兩電間に協定
100518	鮮滿版	1921-06-12	02단	定州より
100519	鮮滿版	1921-06-12	03단	憲兵司令官巡視日割
100520	鮮滿版	1921-06-12	03단	猛獸の荒出す時季/虎が現はれた、豹が人を喰った
100521	鮮滿版	1921-06-12	04단	京城府戶別割
100522	鮮滿版	1921-06-12	04단	忠州繁榮會組織

일련번호	판명	간행일	단수	기사명
100523	鮮滿版	1921-06-12	04단	列車區間休止
100524	鮮滿版	1921-06-12	04단	侍從武官巡檢
100525	鮮滿版	1921-06-12	04단	大邱中學落成式
100526	鮮滿版	1921-06-12	04단	打込まれた三角標是で鮮人は頭が上らぬとの迷信
100527	鮮滿版	1921-06-12	05단	失業三千に達し京城府で市民生活調査
100528	鮮滿版	1921-06-12	05단	總監視察を機會に郡衙移轉の陳情
100529	鮮滿版	1921-06-12	05단	大邱の時の宣傳
100530	鮮滿版	1921-06-12	05단	臨時列車運轉/學童游泳練習の爲
100531	鮮滿版	1921-06-12	06단	華獄入山繫爭
100532	鮮滿版	1921-06-12	06단	平壤公設理髮所
100533	鮮滿版	1921-06-12	06단	人(坂本釤之助氏(日本赤十字社長)/野村一郎氏(臺灣總督府支技師)/淨法寺第二十師團長)
100534	鮮滿版	1921-06-12	06단	半島茶話
100535	鮮滿版	1921-06-14	01단	唐津築港計劃
100536	鮮滿版	1921-06-14	01단	廿師管下點呼
100537	鮮滿版	1921-06-14	01단	分掌局長會議
100538	鮮滿版	1921-06-14	01단	産鐵資金借人
100539	鮮滿版	1921-06-14	01단	森鐵着工行惱
100540	鮮滿版	1921-06-14	01단	釜山貨物移動
100541	鮮滿版	1921-06-14	02단	教員講習會科目
100542	鮮滿版	1921-06-14	02단	新村停車場開始
100543	鮮滿版	1921-06-14	02단	運輸連絡驛追加
100544	鮮滿版	1921-06-14	02단	府當局に非難
100545	鮮滿版	1921-06-14	02단	製煙分場引繼
100546	鮮滿版	1921-06-14	02단	慶銀支店引受
100547	鮮滿版	1921-06-14	02단	辭令
100548	鮮滿版	1921-06-14	02단	近來にない御機嫌で總督の西鮮巡視
100549	鮮滿版	1921-06-14	03단	延吉を襲ひ/父の仇に報ひんと云ふ平龍
100550	鮮滿版	1921-06-14	03단	獨逸商人上海に活躍
100551	鮮滿版	1921-06-14	04단	鮮童は弱い/健康を改善せよ
100552	鮮滿版	1921-06-14	04단	赤痢發生/水原守備隊に
100553	鮮滿版	1921-06-14	04단	展覽會に出す南大門の寫眞が思ふやうに撮れぬ
100554	鮮滿版	1921-06-14	04단	不逞鮮人出沒(民會襲擊/資金强奪/銃で射殺/富豪脅迫/拳銃發射)
100555	鮮滿版	1921-06-14	05단	三十本山覺醒/社會施設計劃
100556	鮮滿版	1921-06-14	05단	全北强盜出沒
100557	鮮滿版	1921-06-14	05단	禹利見捕はる

일련번호	판명	간행일	단수	기사명
100558	鮮滿版	1921-06-14	05단	脱監囚捕はる
100559	鮮滿版	1921-06-14	06단	妻の妹と心中
100560	鮮滿版	1921-06-14	06단	鮮友矯風會組織
100561	鮮滿版	1921-06-14	06단	黃銹病發生
100562	鮮滿版	1921-06-14	06단	變な手紙
100563	鮮滿版	1921-06-14	06단	人(澤田監察官一行五名)
100564	鮮滿版	1921-06-14	06단	半島茶話
100565	鮮滿版	1921-06-15	01단	善政を宣傳すべき筈の下級官吏が不平を抱き/總督政治を呪ひ散らす
100566	鮮滿版	1921-06-15	01단	去月廿八日執行の平北警官招魂祭(上は祭場、下は假裝行列)
100567	鮮滿版	1921-06-15	02단	鳥灘浚渫/遡江の道開く
100568	鮮滿版	1921-06-15	03단	各種事業現在
100569	鮮滿版	1921-06-15	03단	兩銀合併交涉
100570	鮮滿版	1921-06-15	04단	慶尚南道一斑(一)(位置及び地勢/氣候/管區/人口/民心の傾向)
100571	鮮滿版	1921-06-15	04단	五月中釜山金融
100572	鮮滿版	1921-06-15	04단	頭蓋骨の紛失から逐に感情問題惹起/京城醫專の內鮮人反目
100573	鮮滿版	1921-06-15	04단	不景氣來の質屋と競賣/商人の苦肉策
100574	鮮滿版	1921-06-15	05단	豊漁と製氷打撃
100575	鮮滿版	1921-06-15	05단	安敬信に死刑言渡し
100576	鮮滿版	1921-06-15	06단	半島茶話
100577	鮮滿版	1921-06-16	01단	內地觀光に就て/青木庶務部長談
100578	鮮滿版	1921-06-16	01단	朝鮮春繭豫想/一萬石增收
100579	鮮滿版	1921-06-16	01단	黃海道廳動かず/海州住民安堵
100580	鮮滿版	1921-06-16	01단	慶尚南道一斑(二)(弊風の矯正美俗の助長/勤儉貯蓄奬勵/民力の消長/公共團體、道地方費)
100581	鮮滿版	1921-06-16	02단	平壤の金地金/頓に移出激增
100582	鮮滿版	1921-06-16	02단	産業調査會期
100583	鮮滿版	1921-06-16	02단	鮮鐵荷動增加
100584	鮮滿版	1921-06-16	03단	京取委員長辭任
100585	鮮滿版	1921-06-16	03단	釜山中學校長
100586	鮮滿版	1921-06-16	03단	大邱製絲組合
100587	鮮滿版	1921-06-16	03단	內地語に熟せられた李王妃殿下/李世子御成婚御禮の爲王殿下に隨從東上されん
100588	鮮滿版	1921-06-16	03단	對岸に跳梁する馬賊團/四十四團隊、一萬二千餘
100589	鮮滿版	1921-06-16	04단	郡守七名を馘首した/朴黃海島知事
100590	鮮滿版	1921-06-16	05단	危い迷信/放火の煽動

일련번호	판명	간행일	단수	기사명
100591	鮮滿版	1921-06-16	05단	妖牧師の面皮/引剝がれて逃出す
100592	鮮滿版	1921-06-16	05단	輯安縣の馬賊
100593	鮮滿版	1921-06-16	06단	釜山の交通宣傳
100594	鮮滿版	1921-06-16	06단	故三島氏法要
100595	鮮滿版	1921-06-16	06단	釜山の相撲
100596	鮮滿版	1921-06-16	06단	强盜團逮捕
100597	鮮滿版	1921-06-16	06단	本社見學
100598	鮮滿版	1921-06-16	06단	半島茶話
100599	鮮滿版	1921-06-17	01단	漸次多くなった鮮人の通信機關利用/齋藤總督の郵便局長に對する訓示
100600	鮮滿版	1921-06-17	01단	鮮人監視の爲內地主要地に專任官配置
100601	鮮滿版	1921-06-17	01단	京畿道女敎員硏究團員
100602	鮮滿版	1921-06-17	02단	新敎育令/明年より實施
100603	鮮滿版	1921-06-17	02단	鹽田擴張/今村專賣課長談
100604	鮮滿版	1921-06-17	03단	小學敎員優遇/奏任待遇實施
100605	鮮滿版	1921-06-17	03단	龍山防水協議
100606	鮮滿版	1921-06-17	03단	上旬鮮鐵業績
100607	鮮滿版	1921-06-17	04단	新義州電話增設
100608	鮮滿版	1921-06-17	04단	海州に高普建設
100609	鮮滿版	1921-06-17	04단	鮮銀行員配置
100610	鮮滿版	1921-06-17	04단	各工場では樂觀/奉天煉瓦工場の苦力罷工
100611	鮮滿版	1921-06-17	04단	理髮値下/次は料理店
100612	鮮滿版	1921-06-17	04단	小學生徒/皆齒が惡い
100613	鮮滿版	1921-06-17	05단	軍司令部副官
100614	鮮滿版	1921-06-17	05단	現株仲買軋轢
100615	鮮滿版	1921-06-17	05단	釜山運輸槪況
100616	鮮滿版	1921-06-17	05단	馬賊來の噂/人心恟々の琿春
100617	鮮滿版	1921-06-17	06단	*平壤衛生宣傳/鎭南浦府*
100618	鮮滿版	1921-06-17	06단	平壤上水物議
100619	鮮滿版	1921-06-17	06단	人(岩崎少將(三十九旅團長)/嘉納德三郎氏(鮮銀副總裁)/水野練太郎氏(政務總監))
100620	鮮滿版	1921-06-17	06단	半島茶話
100621	鮮滿版	1921-06-18	01단	鮮內郵便所廓淸されん/竹內遞信局長談
100622	鮮滿版	1921-06-18	01단	麥作豫想增收見込
100623	鮮滿版	1921-06-18	01단	公會堂移管可決/平壤會議所評議員會
100624	鮮滿版	1921-06-18	02단	京畿府尹郡守招集

일련번호	판명	간행일	단수	기사명
100625	鮮滿版	1921-06-18	02단	海港檢疫實施
100626	鮮滿版	1921-06-18	02단	基督教長老派年會
100627	鮮滿版	1921-06-18	02단	平壤機械輸入
100628	鮮滿版	1921-06-18	02단	京畿道署長招集
100629	鮮滿版	1921-06-18	02단	大邱納凉展覽會
100630	鮮滿版	1921-06-18	02단	運輸打合會議
100631	鮮滿版	1921-06-18	03단	鮮銀支店擴張
100632	鮮滿版	1921-06-18	03단	辭令
100633	鮮滿版	1921-06-18	03단	警官の淘汰も行ってるが巡査の求濟も急務だ/赤池警務局長談
100634	鮮滿版	1921-06-18	04단	曖昧茶屋に警風吹かん
100635	鮮滿版	1921-06-18	04단	對岸馬賊/頻々劫掠す
100636	鮮滿版	1921-06-18	05단	內秀小學盟休/訓導の傲慢から
100637	鮮滿版	1921-06-18	05단	武裝せる不逞團/元面長を襲ふ
100638	鮮滿版	1921-06-18	05단	全北道救育會/乞食救濟計劃
100639	鮮滿版	1921-06-18	06단	十九師團點呼
100640	鮮滿版	1921-06-18	06단	漢口通り戶番割
100641	鮮滿版	1921-06-18	06단	氷庫行定期券
100642	鮮滿版	1921-06-18	06단	投身者救助
100643	鮮滿版	1921-06-18	06단	半島茶話
100644	鮮滿版	1921-06-19	01단	春繭豫想(平安南道/平安北道/忠淸南道/黃海道/全州郡)/養蠶改良誘導/慶北販賣方法/乾繭器現在數/順川郡養蠶宣傳
100645	鮮滿版	1921-06-19	02단	總督訓示/財務部長會議に於ける
100646	鮮滿版	1921-06-19	03단	平壤上水道夜間給水停止/擴張工事如何
100647	鮮滿版	1921-06-19	03단	着手されんとする大京城の建設/總面積二、五方里を有する現市勢の二倍に擴大されん
100648	鮮滿版	1921-06-19	03단	都市施設の五項目 片岡安博士談/龍山改造 某有力者談
100649	鮮滿版	1921-06-19	04단	橫山提理招宴
100650	鮮滿版	1921-06-19	05단	米國から渡來した鑛業界の權威者達/撫順や鞍山やを調査する
100651	鮮滿版	1921-06-19	05단	朝鮮に廣島村建設/廣島人の發展
100652	鮮滿版	1921-06-19	05단	豫防注射(慶南沿岸住民/全羅北道)
100653	鮮滿版	1921-06-19	06단	東京相撲
100654	鮮滿版	1921-06-19	06단	各地雜信(阪本釤之助氏(日本赤十字社副社長)/北條時敬氏(宮中頭間官)/篠田平安南道知事)
100655	鮮滿版	1921-06-19	06단	半島茶話
100656	鮮滿版	1921-06-21	01단	朝鮮教會/獨立の機未し
100657	鮮滿版	1921-06-21	01단	東亞煙草/對支發展如何

일련번호	판명	간행일	단수	기사명
100658	鮮滿版	1921-06-21	01단	西鮮の干瀉地/平井內務部長談
100659	鮮滿版	1921-06-21	02단	浦潮憲兵隊交替
100660	鮮滿版	1921-06-21	02단	平元街道復舊
100661	鮮滿版	1921-06-21	02단	東拓放資狀況
100662	鮮滿版	1921-06-21	02단	京城組合銀行帳尻
100663	鮮滿版	1921-06-21	02단	平壤經濟狀況
100664	鮮滿版	1921-06-21	02단	南鮮俵米品評會
100665	鮮滿版	1921-06-21	03단	安順道路竣工
100666	鮮滿版	1921-06-21	03단	鎭南浦貿易額
100667	鮮滿版	1921-06-21	03단	京株現取總會
100668	鮮滿版	1921-06-21	03단	鳥致院より
100669	鮮滿版	1921-06-21	03단	海州實業役員
100670	鮮滿版	1921-06-21	04단	吹いたり外したり平井の陳辯振
100671	鮮滿版	1921-06-21	04단	馬賊跳梁/保甲局襲擊さる
100672	鮮滿版	1921-06-21	05단	警官生徒見學
100673	鮮滿版	1921-06-21	05단	虎疫死者遺骨
100674	鮮滿版	1921-06-21	05단	獨立野團檢擧
100675	鮮滿版	1921-06-21	05단	新義州水量減少
100676	鮮滿版	1921-06-21	05단	通俗閱覽室計劃
100677	鮮滿版	1921-06-21	06단	鎭南浦時間厲行
100678	鮮滿版	1921-06-21	06단	釜山着陸地檢分
100679	鮮滿版	1921-06-21	06단	三島氏藏書入札
100680	鮮滿版	1921-06-21	06단	拳銃携帶の匪賊
100681	鮮滿版	1921-06-21	06단	半島茶話
100682	鮮滿版	1921-06-22	01단	飛行機製作場/鎭海要港に設置
100683	鮮滿版	1921-06-22	01단	專賣實施と除外列
100684	鮮滿版	1921-06-22	01단	府郡事務檢閱/松澤平南理事官談
100685	鮮滿版	1921-06-22	01단	慶尚南道一斑(三)/公共團體(府)
100686	鮮滿版	1921-06-22	02단	自動車令制定
100687	鮮滿版	1921-06-22	02단	林野臺帳司掌
100688	鮮滿版	1921-06-22	02단	南浦築港運動
100689	鮮滿版	1921-06-22	02단	鎭海參謀長更迭
100690	鮮滿版	1921-06-22	02단	平南鮮語講習會
100691	鮮滿版	1921-06-22	03단	黃海水利事業熱
100692	鮮滿版	1921-06-22	03단	兩銀合併行惱む

일련번호	판명	간행일	단수	기사명
100693	鮮滿版	1921-06-22	03단	龍山商業同盟休校 平等昇級入學權を要求/授業を拒む 京城府女學生/傳播力の强い學校騷動 松村學務課長談
100694	鮮滿版	1921-06-22	04단	南鮮鐵道本店
100695	鮮滿版	1921-06-22	04단	慶銀支店廢止
100696	鮮滿版	1921-06-22	05단	對岸の馬賊/輯安縣民不安
100697	鮮滿版	1921-06-22	05단	不逞團を追擊
100698	鮮滿版	1921-06-22	05단	平北牛疫發生
100699	鮮滿版	1921-06-22	06단	浦漸鼠疫終熄
100700	鮮滿版	1921-06-22	06단	滿洲の野球戰
100701	鮮滿版	1921-06-22	06단	不逞鮮人處分
100702	鮮滿版	1921-06-22	06단	サンパン轉覆
100703	鮮滿版	1921-06-22	06단	人(國分象太郎氏(李王職次官)/橫田五郎氏(庶務局長)/橫山中將(大阪砲兵工廠提理))
100704	鮮滿版	1921-06-22	06단	半島茶話
100705	鮮滿版	1921-06-23	01단	教育では臺灣の方が朝鮮よりも先輩
100706	鮮滿版	1921-06-23	01단	兩銀合倂問題/雙方の申分
100707	鮮滿版	1921-06-23	01단	慶尙南道一斑(四)/公共團體(水利組合)
100708	鮮滿版	1921-06-23	02단	煙草耕地整理
100709	鮮滿版	1921-06-23	02단	鳥川改修計劃
100710	鮮滿版	1921-06-23	02단	平壤小學校改築
100711	鮮滿版	1921-06-23	03단	變更線反對運動
100712	鮮滿版	1921-06-23	04단	忠南道署長招集
100713	鮮滿版	1921-06-23	04단	雄基稅關支署長
100714	鮮滿版	1921-06-23	04단	慶南醸造品評會
100715	鮮滿版	1921-06-23	04단	繭生産保護の要
100716	鮮滿版	1921-06-23	04단	渡邊侍從武官
100717	鮮滿版	1921-06-23	04단	平南林野貸付
100718	鮮滿版	1921-06-23	04단	北鮮鯖豊漁
100719	鮮滿版	1921-06-23	04단	忠南金組成績
100720	鮮滿版	1921-06-23	05단	會寧より
100721	鮮滿版	1921-06-23	05단	論山酒造增資
100722	鮮滿版	1921-06-23	05단	納稅から例の流言蜚語
100723	鮮滿版	1921-06-23	05단	琿春の邦商が百草溝で遭難
100724	鮮滿版	1921-06-23	06단	三菱社宅火事
100725	鮮滿版	1921-06-23	06단	鳥致院警察署
100726	鮮滿版	1921-06-23	06단	船橋分解

일련번호	판명	간행일	단수	기사명
100727	鮮滿版	1921-06-23	06단	鐵道軍優勝
100728	鮮滿版	1921-06-23	06단	半島茶話
100729	鮮滿版	1921-06-24	01단	請願に據る通信施設/擴張內容 (一、施設事項/二、請願者自格/三、請願者の負擔/四、其他)
100730	鮮滿版	1921-06-24	01단	齋藤總督清津港巡視
100731	鮮滿版	1921-06-24	01단	農業戶口
100732	鮮滿版	1921-06-24	01단	水道移管問題/平壤府側の意嚮
100733	鮮滿版	1921-06-24	02단	咸北模範農里
100734	鮮滿版	1921-06-24	02단	現株隣地買收問題
100735	鮮滿版	1921-06-24	02단	母國の事物を見學して感激した江陵視察團/實力の充實に努力しやう
100736	鮮滿版	1921-06-24	03단	六月上半貿易
100737	鮮滿版	1921-06-24	03단	辭令
100738	鮮滿版	1921-06-24	04단	世子殿下新御別莊/お手入れ方針
100739	鮮滿版	1921-06-24	04단	支那兵を捕虜とし馬賊引揚ぐ/富豪を拉致
100740	鮮滿版	1921-06-24	04단	舊露皇室の馬四十餘頭で/牧場開設計劃
100741	鮮滿版	1921-06-24	04단	李王妃殿下/收繭式親裁
100742	鮮滿版	1921-06-24	05단	平壤公會堂/機能を發揮せん
100743	鮮滿版	1921-06-24	05단	宴席消費稅/釜山に實施
100744	鮮滿版	1921-06-24	05단	李鍝公留學期
100745	鮮滿版	1921-06-24	05단	外鮮教徒軋轢
100746	鮮滿版	1921-06-24	05단	列車に氷備付
100747	鮮滿版	1921-06-24	06단	西氷庫水泳練習
100748	鮮滿版	1921-06-24	06단	平北の不逞鮮人
100749	鮮滿版	1921-06-24	06단	京城短歌會
100750	鮮滿版	1921-06-24	06단	半島茶話
100751	鮮滿版	1921-06-25	01단	會寧巡視/齋藤總督一行
100752	鮮滿版	1921-06-25	01단	幼年囚教化政策
100753	鮮滿版	1921-06-25	01단	光復團の岩窟と印刷機と檢擧警官
100754	鮮滿版	1921-06-25	02단	專賣局出張所(京城支局管內/全州支局管內/平壤支局管內)
100755	鮮滿版	1921-06-25	02단	電話開設着工
100756	鮮滿版	1921-06-25	02단	郵便所賞與金
100757	鮮滿版	1921-06-25	02단	鮮馬移出增加
100758	鮮滿版	1921-06-25	03단	慶尚南道一斑(五)(教育/實業學校施設/私立學校及書堂)/社寺及宗教)
100759	鮮滿版	1921-06-25	04단	咸南警察部長更迭

일련번호	판명	간행일	단수	기사명
100760	鮮滿版	1921-06-25	04단	仁川稅團長たるべき水野淸氏
100761	鮮滿版	1921-06-25	04단	*咸南春繭豫想/尙州*
100762	鮮滿版	1921-06-25	04단	海州市區改正
100763	鮮滿版	1921-06-25	05단	金剛山郵便分室
100764	鮮滿版	1921-06-25	05단	雄基に蟹罐詰
100765	鮮滿版	1921-06-25	05단	科學實驗の犧牲者/校葬にて執行
100766	鮮滿版	1921-06-25	05단	境外の不逞團/京城に入込む
100767	鮮滿版	1921-06-25	06단	組合幹部取調
100768	鮮滿版	1921-06-25	06단	全州の蠅驅除
100769	鮮滿版	1921-06-25	06단	三菱製鐵賞與
100770	鮮滿版	1921-06-25	06단	半島茶話
100771	鮮滿版	1921-06-26	01단	豫算編成難から新稅に目を着けて居る/河內山財務局長談
100772	鮮滿版	1921-06-26	01단	治安警察から文化警察へ/新庄警察部長談
100773	鮮滿版	1921-06-26	01단	慶尙南道一斑(六)(神道/佛教/基督教)
100774	鮮滿版	1921-06-26	02단	木材官給反對/木材業者結束
100775	鮮滿版	1921-06-26	02단	內務局長代理
100776	鮮滿版	1921-06-26	03단	二十師團點呼執行官
100777	鮮滿版	1921-06-26	03단	醫師試驗基期日
100778	鮮滿版	1921-06-26	03단	齒科醫師試驗
100779	鮮滿版	1921-06-26	03단	南大門派出所問題
100780	鮮滿版	1921-06-26	03단	京城市中商况(金物類/化粧類/吳服類)
100781	鮮滿版	1921-06-26	04단	中旬鮮鐵業績
100782	鮮滿版	1921-06-26	04단	江景商業開校式
100783	鮮滿版	1921-06-26	04단	明吉二郡の炭田
100784	鮮滿版	1921-06-26	04단	忠南校長會議
100785	鮮滿版	1921-06-26	04단	谷山開墾計劃
100786	鮮滿版	1921-06-26	04단	海州高普計劃
100787	鮮滿版	1921-06-26	05단	平安記念植樹
100788	鮮滿版	1921-06-26	05단	穀物組合組織
100789	鮮滿版	1921-06-26	05단	南浦電氣總會
100790	鮮滿版	1921-06-26	05단	出納に衝る者は妻帶者が良い
100791	鮮滿版	1921-06-26	05단	就職難から罷校/平壤農業學校
100792	鮮滿版	1921-06-26	06단	支那兵持餘す/不逞鮮人團
100793	鮮滿版	1921-06-26	06단	巡査を狙擊す
100794	鮮滿版	1921-06-26	06단	盲人慰安會
100795	鮮滿版	1921-06-26	06단	鮮文新報休刊

일련번호	판명	간행일	단수	기사명
100796	鮮滿版	1921-06-26	06단	半島茶話
100797	鮮滿版	1921-06-28	01단	代表部落選定調査/一、經濟上代表部落(二ケ所)/二、社會上の代表部落(三箇所)/三、歷史上の代表部落(一箇所)/四、內地人關係の部落(二箇所)/五、外國人關係の部落(一箇所))
100798	鮮滿版	1921-06-28	01단	資金需要/旺盛の兆
100799	鮮滿版	1921-06-28	01단	稅吏を淘汰し/專賣局に轉屬
100800	鮮滿版	1921-06-28	01단	文官普通試驗
100801	鮮滿版	1921-06-28	01단	平壤航空隊工程
100802	鮮滿版	1921-06-28	02단	産鐵事業着手
100803	鮮滿版	1921-06-28	02단	家庭工産展覽會
100804	鮮滿版	1921-06-28	02단	專賣局平壤支局
100805	鮮滿版	1921-06-28	02단	平壤繫船希望地
100806	鮮滿版	1921-06-28	02단	共同販賣制反對
100807	鮮滿版	1921-06-28	02단	全北電話開設
100808	鮮滿版	1921-06-28	02단	大邱教育會設立
100809	鮮滿版	1921-06-28	03단	咸南移出牛數
100810	鮮滿版	1921-06-28	03단	松尾氏葬儀
100811	鮮滿版	1921-06-28	03단	辭令
100812	鮮滿版	1921-06-28	03단	留學生の文化宣傳/秘密裡に行はん
100813	鮮滿版	1921-06-28	04단	不逞團檢擧頻々(揚平郡/大同郡/价川郡/德川郡/江東郡/中和面/江西郡)
100814	鮮滿版	1921-06-28	04단	孫王德/豪家を襲ふ
100815	鮮滿版	1921-06-28	04단	善隣商校/停學處分通知
100816	鮮滿版	1921-06-28	05단	平井茂に懲役十五年/檢事の求刑
100817	鮮滿版	1921-06-28	05단	大韓青年團罪狀
100818	鮮滿版	1921-06-28	06단	列車檢疫廢止
100819	鮮滿版	1921-06-28	06단	刑事が僞札
100820	鮮滿版	1921-06-28	06단	新義州驛爆彈
100821	鮮滿版	1921-06-28	06단	回數乘車券
100822	鮮滿版	1921-06-28	06단	警察署落成式
100823	鮮滿版	1921-06-28	06단	苦力宿舍燒失
100824	鮮滿版	1921-06-28	06단	人(大野農氏(軍參謀長)/大庭二郎氏(軍司令官)/佐藤昌介氏(東北帝大總長)/美濃部俊吉氏(鮮銀總裁))
100825	鮮滿版	1921-06-28	06단	半島茶話
100826	鮮滿版	1921-06-29	01단	平壤に共進會/開崔の機運
100827	鮮滿版	1921-06-29	01단	平南漁業有望/郡水産課長談

일련번호	판명	간행일	단수	기사명
100828	鮮滿版	1921-06-29	01단	商船航路復活/平壤會議所の希望
100829	鮮滿版	1921-06-29	01단	指定面長大會
100830	鮮滿版	1921-06-29	02단	煙草製産順位
100831	鮮滿版	1921-06-29	02단	鎭東築港未し
100832	鮮滿版	1921-06-29	02단	咸南財務部長更迭
100833	鮮滿版	1921-06-29	02단	航空隊上水計劃
100834	鮮滿版	1921-06-29	02단	道勢展覽區域
100835	鮮滿版	1921-06-29	03단	平壤撒水設備費
100836	鮮滿版	1921-06-29	03단	更正出願書申達
100837	鮮滿版	1921-06-29	03단	黃海農校改築
100838	鮮滿版	1921-06-29	03단	鳥致院より
100839	鮮滿版	1921-06-29	04단	侍從武官去來
100840	鮮滿版	1921-06-29	04단	平壤に師團以上の物/金が無いから計上せぬ
100841	鮮滿版	1921-06-29	04단	尹家の財産橫領を企てた秘密書類竊取犯人
100842	鮮滿版	1921-06-29	04단	精神病的な朝鮮女性/復校を希ふ女學生が多い
100843	鮮滿版	1921-06-29	05단	馬山經濟狀況
100844	鮮滿版	1921-06-29	05단	不逞鮮人來襲/鴨綠江岸警戒
100845	鮮滿版	1921-06-29	05단	稅關軍優勝す
100846	鮮滿版	1921-06-29	06단	龍巖浦漁況
100847	鮮滿版	1921-06-29	06단	光州電燈故障
100848	鮮滿版	1921-06-29	06단	半島茶話
100849	鮮滿版	1921-06-30	01단	朝鮮の司法官定年制は身分保障を確實にす/驗て檢事にも適用されん
100850	鮮滿版	1921-06-30	01단	平元鐵道/速成運動
100851	鮮滿版	1921-06-30	01단	南鮮插秧好績/北鮮旱害の兆
100852	鮮滿版	1921-06-30	01단	*灌漑施工急務 增收三倍の見込/雨量稀少*
100853	鮮滿版	1921-06-30	01단	慶尙南道一斑(七)(土木/道路の改修)
100854	鮮滿版	1921-06-30	02단	咸北養殖の要/巡回傳習會設立
100855	鮮滿版	1921-06-30	03단	國民協會內訌/金會長の言明
100856	鮮滿版	1921-06-30	04단	出港稅規則改正
100857	鮮滿版	1921-06-30	04단	黃海道課長異動
100858	鮮滿版	1921-06-30	04단	産鐵解散派持株
100859	鮮滿版	1921-06-30	04단	安州農校新築
100860	鮮滿版	1921-06-30	04단	全北果實有望
100861	鮮滿版	1921-06-30	04단	自動車遞送
100862	鮮滿版	1921-06-30	04단	金泉煙草倉庫

일련번호	판명	간행일	단수	기사명
100863	鮮滿版	1921-06-30	04단	通信社長後任
100864	鮮滿版	1921-06-30	04단	全州高普開校式
100865	鮮滿版	1921-06-30	05단	光成中學/同盟休校
100866	鮮滿版	1921-06-30	05단	道廳雇員 獨立團に加擔/警察部雇逃走
100867	鮮滿版	1921-06-30	05단	對岸鮮民/報恩を申出づ
100868	鮮滿版	1921-06-30	05단	金泉水害/一家四人浚はる
100869	鮮滿版	1921-06-30	06단	穿山甲の威嚇/輯安縣知事驚愕
100870	鮮滿版	1921-06-30	06단	府吏不眞面目
100871	鮮滿版	1921-06-30	06단	人(齋藤實氏(朝鮮總督)/前田昇氏(朝鮮憲兵司令官)/淨法寺五郎氏(二十師團長)/オートウエー氏(英國貴族))
100872	鮮滿版	1921-06-30	06단	半島茶話

1921년 7월 (선만판)

일련번호	판명	간행일	단수	기사명
100873	鮮滿版	1921-07-01		缺號
100874	鮮滿版	1921-07-02	01단	平壤の繫船場には普通江附近が最も有望
100875	鮮滿版	1921-07-02	01단	間島財界不振/當分轉換の見込なし/最近間島より歸來せる京城實業家某氏は語る
100876	鮮滿版	1921-07-02	01단	優勝した龍山善隣商業庭球選手/朝鮮體育協會主催京城中等學校庭球大會に本社寄贈の優勝旗を受く
100877	鮮滿版	1921-07-02	02단	九龍浦港に築港設備/明年度に着手されん
100878	鮮滿版	1921-07-02	02단	鎭南浦振興策
100879	鮮滿版	1921-07-02	03단	黃海道の水産/全勸業課長談/黃海道の水産事業の現狀及び其發展策につき全黃海道勸業課長は語る(平壤)
100880	鮮滿版	1921-07-02	04단	水産界發展策/井川勸業課長談/井川平南勸業課長は平安南道に於て將來最も有望なる水産事業の發展策につき語る(平壤)
100881	鮮滿版	1921-07-02	04단	海東銀行の內紛/二重役辭表提出
100882	鮮滿版	1921-07-02	04단	大邱手形交換所組合に加入す
100883	鮮滿版	1921-07-02	04단	藥製品製産減少
100884	鮮滿版	1921-07-02	04단	釜山學校組合豫算
100885	鮮滿版	1921-07-02	05단	籾摺業勃興
100886	鮮滿版	1921-07-02	05단	杞柳生産發展
100887	鮮滿版	1921-07-02	05단	辭令
100888	鮮滿版	1921-07-02	05단	支那人は愛すべき國民/日本人は學ばねばならぬ/阪本貴族院議員談
100889	鮮滿版	1921-07-02	05단	京城電話加入激增
100890	鮮滿版	1921-07-02	06단	大同江架橋材料/弗々揃ふ
100891	鮮滿版	1921-07-02	06단	培材學堂除外の決議/野球暴行事件
100892	鮮滿版	1921-07-02	06단	廳員の稅金橫領/滯納者を脅迫す
100893	鮮滿版	1921-07-02	06단	南大門派出所落成
100894	鮮滿版	1921-07-02	06단	會(忠南米穀檢査員會議)
100895	鮮滿版	1921-07-03	01단	市區改正實施で面目改める平壤市街/先づ第一着手に停車場から稅關前まで幅員十間の大道路を築造
100896	鮮滿版	1921-07-03	01단	朝鮮産米改良策
100897	鮮滿版	1921-07-03	01단	民籍を誤魔化して選手になった兄を摘發/負けた口惜しさに弟から培材學堂野球騷動の發端
100898	鮮滿版	1921-07-03	03단	協議の主題は小作人保護獎勵/鈴木東拓支店長歸來談
100899	鮮滿版	1921-07-03	03단	朝鮮紙維持策
100900	鮮滿版	1921-07-03	04단	平元鐵道速成運動/當局はウソと云ふまい
100901	鮮滿版	1921-07-03	04단	輯安縣に馬賊跳梁/頭目は長江好、穿山甲人質二十餘名を拉去す

일련번호	판명	간행일	단수	기사명
100902	鮮滿版	1921-07-03	05단	平壤排水工事延期
100903	鮮滿版	1921-07-03	05단	新村驛開設
100904	鮮滿版	1921-07-03	05단	平南簡閱點呼日割
100905	鮮滿版	1921-07-03	05단	平南地方改良班新計劃
100906	鮮滿版	1921-07-03	05단	雄基港開港式/十五日盛大に擧行
100907	鮮滿版	1921-07-03	05단	不夜城を現す大邱納凉品評會/來る二十五日開催
100908	鮮滿版	1921-07-03	06단	大金携帶の技手慘殺さる/不逞鮮人の所爲?
100909	鮮滿版	1921-07-03	06단	印紙盜難事件迷宮に入る
100910	鮮滿版	1921-07-03	06단	停退學生復校/京城醫專紛擾解決
100911	鮮滿版	1921-07-03	06단	兼二浦の喜雨/農民愁眉を開く
100912	鮮滿版	1921-07-03	06단	理事拘引さる
100913	鮮滿版	1921-07-03	06단	人(松田三菱製鐵所長)
100914	鮮滿版	1921-07-05	01단	全鮮野球大會前記/悉く新進氣銳の球團榮ある優勝旗は誰の手に?參加校既に六校を算す/釜山の各チーム既に猛練習を始む
100915	鮮滿版	1921-07-05	01단	不穩氣分漲る/國境方面の近情依然不逞團跋扈/國境方面を視察して歸任したる前田朝鮮憲兵隊司令官は語る
100916	鮮滿版	1921-07-05	01단	窮した上海假政府/紙幣僞造を企む
100917	鮮滿版	1921-07-05	02단	鎭南浦築港速成運動
100918	鮮滿版	1921-07-05	02단	城津市場設置請願
100919	鮮滿版	1921-07-05	03단	鮮外移住の鮮人/近來益增加
100920	鮮滿版	1921-07-05	03단	平南棉花栽培好況
100921	鮮滿版	1921-07-05	03단	咸興春繭相場
100922	鮮滿版	1921-07-05	04단	咸北商工聯合會生る/三市有志の提携
100923	鮮滿版	1921-07-05	04단	平壤專賣支局事業擴張
100924	鮮滿版	1921-07-05	04단	判事登用試驗合格者
100925	鮮滿版	1921-07-05	04단	鎭南浦府協議會
100926	鮮滿版	1921-07-05	04단	東興郵便局開設
100927	鮮滿版	1921-07-05	05단	繪畫と模型を出陣
100928	鮮滿版	1921-07-05	05단	尙州局電話交換事務開始
100929	鮮滿版	1921-07-05	05단	辭令
100930	鮮滿版	1921-07-05	05단	會社銀行(森鐵總會/京取總會/東拓新理事/東拓貨出高)
100931	鮮滿版	1921-07-05	05단	京城永樂町に公園が出來る/總督府に請願中
100932	鮮滿版	1921-07-05	05단	紙幣僞造鮮人團逮捕さる
100933	鮮滿版	1921-07-05	06단	盟休生首魁を退學
100934	鮮滿版	1921-07-05	06단	政治犯被告護送

일련번호	판명	간행일	단수	기사명
100935	鮮滿版	1921-07-05	06단	店員の橫領
100936	鮮滿版	1921-07-05	06단	兼二浦の東京相撲
100937	鮮滿版	1921-07-05	06단	妓生の美擧
100938	鮮滿版	1921-07-05	06단	人(咸興小學校長決定/犬塚海軍少將)
100939	鮮滿版	1921-07-06	01단	全鮮野球大會前記/好球兒は早くも熱狂當日の臻るを待つ/出場選手注意事項發表
100940	鮮滿版	1921-07-06	01단	鎭南浦上水道豫算
100941	鮮滿版	1921-07-06	01단	慶南に自動車トラスト/目下協議中
100942	鮮滿版	1921-07-06	01단	初夏の國境へ山と水と人(一)/葦上生
100943	鮮滿版	1921-07-06	02단	南鐵期成同盟會成る/鎭東面南鮮人蹶起
100944	鮮滿版	1921-07-06	03단	咸北鐵道と城津築港速成は急務/請願委員上京
100945	鮮滿版	1921-07-06	04단	煙草耕作不免許/成川地方の影響
100946	鮮滿版	1921-07-06	04단	森鐵の誓約不履行
100947	鮮滿版	1921-07-06	04단	大邱手形交換狀況
100948	鮮滿版	1921-07-06	05단	鮮鐵在貨噸數
100949	鮮滿版	1921-07-06	05단	馬山地方の揷秧
100950	鮮滿版	1921-07-06	05단	國境視察團組織
100951	鮮滿版	1921-07-06	05단	尙州慈惠院設置決議
100952	鮮滿版	1921-07-06	05단	油斷のならぬ傳染病季節/一番怖いのはコレラ
100953	鮮滿版	1921-07-06	05단	平壤公會堂は愈府で經營
100954	鮮滿版	1921-07-06	06단	攻防基本演習と艦砲射擊
100955	鮮滿版	1921-07-06	06단	美人入水す高麗丸の二等船客
100956	鮮滿版	1921-07-06	06단	少女を救ふた二生徒へ賞與
100957	鮮滿版	1921-07-06	06단	在鄕軍人表彰
100958	鮮滿版	1921-07-06	06단	會(全州地主懇談會)
100959	鮮滿版	1921-07-07	01단	總督來年道豫算は大斧鉞を加へる/前年度より二三割方增加/新規事業の餘地なし
100960	鮮滿版	1921-07-07	01단	初夏の國境へ山と水と人(二)/葦上生
100961	鮮滿版	1921-07-07	02단	遞信局管理課長會議のお土産談
100962	鮮滿版	1921-07-07	02단	江景上水道豫算/愈本年度に計上
100963	鮮滿版	1921-07-07	03단	乾田灌漑と平南水利事業
100964	鮮滿版	1921-07-07	04단	惡疫流行と平壤/佐藤平南衛生課長談
100965	鮮滿版	1921-07-07	04단	大邱金融界不振
100966	鮮滿版	1921-07-07	04단	鳥致院より
100967	鮮滿版	1921-07-07	05단	鎭海融通組合解散
100968	鮮滿版	1921-07-07	05단	北面水利組合成立

일련번호	판명	간행일	단수	기사명
100969	鮮滿版	1921-07-07	05단	會社銀行(東洋畜産缺損善後策)
100970	鮮滿版	1921-07-07	05단	堂々たる軍裝/莫迦に出來ぬ不逞團我軍も驚く
100971	鮮滿版	1921-07-07	05단	南鮮方面のペスト警戒
100972	鮮滿版	1921-07-07	06단	慶南醸造品評會/今秋馬山に開催
100973	鮮滿版	1921-07-07	06단	高い煙草を喫まねばならぬ/新義州地方民は恐慌
100974	鮮滿版	1921-07-07	06단	大川の鮎漁/本年は早く解禁
100975	鮮滿版	1921-07-07	06단	江景商業開校式
100976	鮮滿版	1921-07-07	06단	會(大邱夏季講習會)
100977	鮮滿版	1921-07-07	06단	人(水野政務總監/林田少將(新任平壤三十九旅團長)/山田弘倫氏(朝鮮軍警部長)/佐藤作郎氏(京管局運通課員))
100978	鮮滿版	1921-07-08	01단	大發展の首途にある平壤/市區改正の齎す利益
100979	鮮滿版	1921-07-08	01단	初夏の國境へ山と水と人(三)/葦上生
100980	鮮滿版	1921-07-08	02단	平壤府は明年度から新税設定/戸別税宴席税
100981	鮮滿版	1921-07-08	02단	統營港の二大事業實施/水道敷設と郵便局改善
100982	鮮滿版	1921-07-08	03단	平元鐵道と鎭南浦築港/水野總監談
100983	鮮滿版	1921-07-08	04단	滿鮮商業會所聯合會/九月下旬平壤に開催
100984	鮮滿版	1921-07-08	04단	京城金融狀況
100985	鮮滿版	1921-07-08	04단	龍塘浦の干拓事業
100986	鮮滿版	1921-07-08	05단	甘川護岸工事入札
100987	鮮滿版	1921-07-08	05단	京城手形交換成績
100988	鮮滿版	1921-07-08	05단	會長は知事
100989	鮮滿版	1921-07-08	05단	婚姻に必要な手續
100990	鮮滿版	1921-07-08	05단	社會事業の經營に山口當照氏を招聘/楠野平壤府尹は語る
100991	鮮滿版	1921-07-08	06단	平壤市街に電車を走らせ
100992	鮮滿版	1921-07-08	06단	支那官憲にゴマを摺る上海假政府のお勞め
100993	鮮滿版	1921-07-08	06단	盲人感激に咽ぶ
100994	鮮滿版	1921-07-08	06단	沃川演武場建設
100995	鮮滿版	1921-07-08	06단	會(平南衛生講習會)
100996	鮮滿版	1921-07-09	01단	地方官官制制定判任官增置
100997	鮮滿版	1921-07-09	01단	麥作狀況(京畿道/黃海道/平南道/平北道/咸南道/江原道/忠北道/全北道/慶北道/全南道/慶南道)
100998	鮮滿版	1921-07-09	01단	初夏の國境へ山と水と人(四)/葦上生
100999	鮮滿版	1921-07-09	02단	平元鐵道速成運動/樂觀を許さず
101000	鮮滿版	1921-07-09	02단	大庭司令官巡視
101001	鮮滿版	1921-07-09	03단	産業委員銓衡
101002	鮮滿版	1921-07-09	03단	單級教授法講習

일련번호	판명	간행일	단수	기사명
101003	鮮滿版	1921-07-09	03단	盲啞協會組織
101004	鮮滿版	1921-07-09	03단	忠南沿海の漁業發展せん
101005	鮮滿版	1921-07-09	04단	商業資金不動
101006	鮮滿版	1921-07-09	04단	全羅棉作概況
101007	鮮滿版	1921-07-09	05단	慶南府尹郡守會議
101008	鮮滿版	1921-07-09	05단	南鮮鐵道比較線調査
101009	鮮滿版	1921-07-09	05단	金泉分監開監式
101010	鮮滿版	1921-07-09	05단	商業銀行決算
101011	鮮滿版	1921-07-09	05단	製紙會社合倂
101012	鮮滿版	1921-07-09	05단	鮮支共謀のモヒ密賣/犯人六名檢擧
101013	鮮滿版	1921-07-09	05단	僭稱郡廳住民に賦金
101014	鮮滿版	1921-07-09	06단	支那兵の服装で不逞人潛行す
101015	鮮滿版	1921-07-09	06단	英國極東艦隊來月中旬鎭海に入港
101016	鮮滿版	1921-07-09	06단	釜山夜店復活
101017	鮮滿版	1921-07-09	06단	全州豫防注射
101018	鮮滿版	1921-07-10	01단	軍司令官檢閱
101019	鮮滿版	1921-07-10	01단	騎兵軍旗拜受
101020	鮮滿版	1921-07-10	01단	平南畜牛政策
101021	鮮滿版	1921-07-10	01단	平南道鑛産額
101022	鮮滿版	1921-07-10	01단	平壤商況金融
101023	鮮滿版	1921-07-10	01단	初夏の國境へ山と水と人(五)/葦上生
101024	鮮滿版	1921-07-10	02단	釜山貨物移動
101025	鮮滿版	1921-07-10	02단	私學教員充實策
101026	鮮滿版	1921-07-10	03단	甘川護岸工事
101027	鮮滿版	1921-07-10	03단	全州尙武會
101028	鮮滿版	1921-07-10	03단	釜山船客乘降
101029	鮮滿版	1921-07-10	03단	當局の壓迫下に力强く根を張った野球界/折も折本社後援の野球大會が一段と刺戟を與へた
101030	鮮滿版	1921-07-10	04단	會社銀行(朝鮮商業銀行/韓一銀行/朝鮮實業銀行/韓成銀行)
101031	鮮滿版	1921-07-10	05단	尼市附近の鮮人學校/日本教科書採用
101032	鮮滿版	1921-07-10	05단	獄吏不正說は免職の怨みから
101033	鮮滿版	1921-07-10	05단	雄基開港祝賀七月十五日擧行
101034	鮮滿版	1921-07-10	06단	注意人物が氷屋の主人
101035	鮮滿版	1921-07-10	06단	平壤安全デー
101036	鮮滿版	1921-07-10	06단	露國教員通過
101037	鮮滿版	1921-07-10	06단	平井一味の判決

일련번호	판명	간행일	단수	기사명
101038	鮮滿版	1921-07-10	06단	北鮮庭球大會
101039	鮮滿版	1921-07-10	06단	牛疫發生
101040	鮮滿版	1921-07-12	01단	東拓の移民獎勵新制度創設
101041	鮮滿版	1921-07-12	01단	新開港の雄基/軍馬補充部工程浦潮線汽船寄港
101042	鮮滿版	1921-07-12	01단	社會事業講習/各地開催日割
101043	鮮滿版	1921-07-12	01단	防疫會議終了
101044	鮮滿版	1921-07-12	01단	知事留任運動
101045	鮮滿版	1921-07-12	02단	三市と治水計劃
101046	鮮滿版	1921-07-12	02단	住宅資金融通
101047	鮮滿版	1921-07-12	02단	黃海麥作良好
101048	鮮滿版	1921-07-12	02단	京城移輸出入
101049	鮮滿版	1921-07-12	02단	忠淸南道棉作況
101050	鮮滿版	1921-07-12	02단	黃海道畜牛移出
101051	鮮滿版	1921-07-12	03단	忠南春繭取引
101052	鮮滿版	1921-07-12	03단	平北記念植樹
101053	鮮滿版	1921-07-12	03단	早大學生視察
101054	鮮滿版	1921-07-12	03단	釜山金融狀況
101055	鮮滿版	1921-07-12	03단	人口が殖える一方で大邱ではイクラ家を建ても追つ付かない/京城の住宅難は責任殖銀に在り
101056	鮮滿版	1921-07-12	04단	城津商況金融
101057	鮮滿版	1921-07-12	04단	木下博士講演
101058	鮮滿版	1921-07-12	04단	辭令
101059	鮮滿版	1921-07-12	05단	保安課から値下勸告/理髮屋ばかり應ぜぬ態度
101060	鮮滿版	1921-07-12	05단	鮮人大擧支那人を襲ふ
101061	鮮滿版	1921-07-12	06단	珍妙な牛産る
101062	鮮滿版	1921-07-12	06단	少年乘馬俱樂部
101063	鮮滿版	1921-07-12	06단	智禮面小學校紛擾
101064	鮮滿版	1921-07-12	06단	洛東江增水
101065	鮮滿版	1921-07-12	06단	釜山生徒水泳
101066	鮮滿版	1921-07-12	06단	全州赤痢發生
101067	鮮滿版	1921-07-12	06단	人(山口鹿太郎氏(新任京城憲兵隊長)/川上常郎(東拓理事)/堀田信直氏(陸軍小將))
101068	鮮滿版	1921-07-13	01단	歲入減と公債打切りで豫算編成愈よ至難/補助金全廢と地方稅增徵で難關を切拔けるか
101069	鮮滿版	1921-07-13	01단	初夏の國境へ山と水と人(六)/葦上生
101070	鮮滿版	1921-07-13	02단	地方から陳情續出/當局頗る惱む

일련번호	판명	간행일	단수	기사명
101071	鮮滿版	1921-07-13	02단	鮮鐵移管近く決定/咸鏡線完成方針/東上中なりし滿鐵京管局久保局長は八日夜歸任したるが同氏の歸來談に曰く(龍山)
101072	鮮滿版	1921-07-13	03단	平元鐵道/速成陳情書提出
101073	鮮滿版	1921-07-13	03단	內地も朝鮮も徑庭は無い/篠田知事歸任談
101074	鮮滿版	1921-07-13	04단	大興電氣故障/光州市民激昻
101075	鮮滿版	1921-07-13	04단	理髮賃値下げせねば値上認可を取消さう/千葉警察部長の聲明
101076	鮮滿版	1921-07-13	05단	臨時職員增置
101077	鮮滿版	1921-07-13	05단	鮮人産業大會
101078	鮮滿版	1921-07-13	05단	資金集散槪算
101079	鮮滿版	1921-07-13	05단	釜山客月貿易
101080	鮮滿版	1921-07-13	05단	向學熱の裏に輕薄を含む 張視察官談 總督府民情視察官張憲植氏は最近に於ける氏の視察に關する感想を述べて曰く/獨立を口にせぬ 松澤理事官談 平安南道松澤理事官は平原郡に於ける地方改良宣傳を終り六日歸任したるが同理事官は語る(平壤)
101081	鮮滿版	1921-07-13	06단	洛東江氾濫し巡査も溺死す/南江增水
101082	鮮滿版	1921-07-13	06단	釜山の不良少年
101083	鮮滿版	1921-07-13	06단	御肖像で暴利
101084	鮮滿版	1921-07-13	06단	人(伊藤利三郎氏(産鐵重役)/川上常郎氏(東拓理事)/赤池警務局長)
101085	鮮滿版	1921-07-14	01단	總督府より低利資金を供給し住宅難を緩和せん
101086	鮮滿版	1921-07-14	01단	間島の通信機關支那に讓渡
101087	鮮滿版	1921-07-14	01단	鎭南浦上水計劃年度割決定
101088	鮮滿版	1921-07-14	01단	初夏の國境へ山と水と人(七)/葦上生
101089	鮮滿版	1921-07-14	02단	寄附金で公普學校新設/嚴平南道理事官談
101090	鮮滿版	1921-07-14	02단	光州市民大會/電燈經營決議
101091	鮮滿版	1921-07-14	02단	愛婦會員增加
101092	鮮滿版	1921-07-14	03단	會員資格引上
101093	鮮滿版	1921-07-14	03단	南浦寄港可能
101094	鮮滿版	1921-07-14	03단	勞働賃銀高低
101095	鮮滿版	1921-07-14	04단	忠南挿秧良好/三群旱害の兆
101096	鮮滿版	1921-07-14	04단	野球大會前記/好球兒緊張し互にメンバーの探り合ひ/京龍二中の練習振り
101097	鮮滿版	1921-07-14	04단	悩し氣な山口憲隊長/靑島では敎育なども阿片のお蔭でやって居ると云ふ
101098	鮮滿版	1921-07-14	05단	公會堂府營實行
101099	鮮滿版	1921-07-14	05단	南浦送電工程

일련번호	판명	간행일	단수	기사명
101100	鮮滿版	1921-07-14	06단	間島で支那官兵鮮人を射殺す/馬賊に投す/馬賊以上の暴
101101	鮮滿版	1921-07-14	06단	黃海道の官員さんに桑を植付させた
101102	鮮滿版	1921-07-14	06단	京城府乞食狩
101103	鮮滿版	1921-07-14	06단	全南交通杜絶
101104	鮮滿版	1921-07-14	07단	有價證券と投資と賣買機關 萬人に歡迎さる理想的の大阪證券交換所 何人にも便利で且安全に利用が出來る/世界の粹を拔いた現物營業 看よ最新文明の施設經營/益々好評の公債格付賣買/賣買の註文に就て(株式現物賣買/對組合員取引/健實の賣買法/顧客本位の營業/通信設備完全/格付賣買法/一般顧客取引)
101105	鮮滿版	1921-07-15	01단	拓殖社員大更迭近し
101106	鮮滿版	1921-07-15	01단	內鮮結婚八十五組
101107	鮮滿版	1921-07-15	01단	共進會熱平壤に再燃
101108	鮮滿版	1921-07-15	01단	東宮御歸朝祝賀/釜山敎育會の催し
101109	鮮滿版	1921-07-15	01단	初夏の國境へ山と水と人(八)/葦上生
101110	鮮滿版	1921-07-15	02단	私設鐵道窮境/使用人の不安
101111	鮮滿版	1921-07-15	02단	客月京城金融商況/朝鮮銀行調査(米/大豆/粟/綿絲/砂糖)
101112	鮮滿版	1921-07-15	03단	警部補に手當
101113	鮮滿版	1921-07-15	03단	郵便貯金現在
101114	鮮滿版	1921-07-15	04단	鮮鐵貨物移動
101115	鮮滿版	1921-07-15	04단	鴨綠江材出荷
101116	鮮滿版	1921-07-15	04단	鮮銀銀爲替開始
101117	鮮滿版	1921-07-15	05단	釜山鎭市場移築
101118	鮮滿版	1921-07-15	05단	製絲傳習會
101119	鮮滿版	1921-07-15	05단	山銀支店設置
101120	鮮滿版	1921-07-15	05단	柞蠶絲狀況
101121	鮮滿版	1921-07-15	05단	辭令
101122	鮮滿版	1921-07-15	05단	大邱納凉展覽會/廿五日より開催
101123	鮮滿版	1921-07-15	06단	老黑山に獨立團本部
101124	鮮滿版	1921-07-15	06단	鮮人內地密航/發見されて說諭
101125	鮮滿版	1921-07-15	06단	井上支局長講演
101126	鮮滿版	1921-07-16	01단	本社玄關口に立つ朝鮮女敎師
101127	鮮滿版	1921-07-16	01단	監察機關運用の現狀/民情視察機關機能を發揮せず
101128	鮮滿版	1921-07-16	01단	初夏の國境へ山と水と人(九)/葦上生
101129	鮮滿版	1921-07-16	02단	大豆から機械油/東拓の對滿事業
101130	鮮滿版	1921-07-16	03단	海運依然不振/各地回航の前途

일련번호	판명	간행일	단수	기사명
101131	鮮滿版	1921-07-16	03단	東拓職員異動
101132	鮮滿版	1921-07-16	04단	平南旱害の兆
101133	鮮滿版	1921-07-16	04단	南浦築港問題
101134	鮮滿版	1921-07-16	04단	尙州金山試掘
101135	鮮滿版	1921-07-16	05단	平南棉作現狀
101136	鮮滿版	1921-07-16	05단	南浦分會表彰
101137	鮮滿版	1921-07-16	05단	永樂町改修の請願
101138	鮮滿版	1921-07-16	06단	良家の子弟で團兵を組織す
101139	鮮滿版	1921-07-16	06단	新義州給水制限
101140	鮮滿版	1921-07-16	06단	新義州に劇場
101141	鮮滿版	1921-07-16	06단	鮮人に入浴獎勵
101142	鮮滿版	1921-07-16	06단	康津郡の復讎騷
101143	鮮滿版	1921-07-17	01단	大庭軍司令官一行平壤航空隊を視察す
101144	鮮滿版	1921-07-17	01단	平壤が要求する高等教育機關施設 最初に設置さるゝは高商か高工か、而して醫專は如何/高等商業學校/高等工業學校/醫專問題
101145	鮮滿版	1921-07-17	01단	初夏の國境へ山と水と人(十)/葦上生
101146	鮮滿版	1921-07-17	03단	平壤驛增築/改築は先の事
101147	鮮滿版	1921-07-17	03단	鮮鐵缺損補塡/從業員沙汰の外無し
101148	鮮滿版	1921-07-17	04단	平南治水調査
101149	鮮滿版	1921-07-17	04단	平壤電話增設
101150	鮮滿版	1921-07-17	04단	釜山病院新築
101151	鮮滿版	1921-07-17	04단	釜山授業料了解
101152	鮮滿版	1921-07-17	05단	大邱より
101153	鮮滿版	1921-07-17	05단	鳥致院金融
101154	鮮滿版	1921-07-17	05단	會(國民協會平南支部/林田旅團長披露宴)
101155	鮮滿版	1921-07-17	06단	流行るとなるとヒガラ目の眞似もする/此間或る會合の席上京城高等女學校に愛婦を通學させてゐる某氏は斯陇事を語ってゐる(京城)
101156	鮮滿版	1921-07-17	06단	鳥致院家賃高し
101157	鮮滿版	1921-07-19	01단	野球大會前記 四中等校の猛練習/氣で勝たん京城中學强チーム/猛者揃ひの仁川商業メンバー/上達した龍山中學締ったチーム/歷史の古い釜山商業メンバー
101158	鮮滿版	1921-07-19	03단	大鉞を揮った豫算會議は一時中止 復活豫算要求は文書を似てせん/地方補助 咸鏡兩道の外は緊縮方針
101159	鮮滿版	1921-07-19	05단	間島在住鮮人/朝鮮視察日程
101160	鮮滿版	1921-07-19	05단	遞信局員增置

일련번호	판명	간행일	단수	기사명
101161	鮮滿版	1921-07-19	05단	郵便所長會組織
101162	鮮滿版	1921-07-19	05단	東拓異動續報
101163	鮮滿版	1921-07-19	05단	金山剛探勝自動車
101164	鮮滿版	1921-07-19	06단	軍旗拜戴式
101165	鮮滿版	1921-07-19	06단	教員大會と割引券
101166	鮮滿版	1921-07-19	06단	自動押印機備付
101167	鮮滿版	1921-07-19	06단	釜山夏期講習會
101168	鮮滿版	1921-07-19	06단	會社銀行(鮮銀總會/殖銀總會)
101169	鮮滿版	1921-07-19	06단	理髮業者覺る/次は洗濯業か
101170	鮮滿版	1921-07-19	06단	電車賃統一/八月一日實施
101171	鮮滿版	1921-07-19	06단	浴場寄贈
101172	鮮滿版	1921-07-20	01단	電鐵敷設/新義州安東縣間
101173	鮮滿版	1921-07-20	01단	私鐵合倂は至難/川上理事談
101174	鮮滿版	1921-07-20	01단	南浦築港問題と製鍊所復活
101175	鮮滿版	1921-07-20	01단	寧古塔方面の鮮人の生活/寧古塔城にて(上)/構地生(一、戸口/二、職業別/三、衣食住/四、教育)
101176	鮮滿版	1921-07-20	02단	鮮鐵移管問題
101177	鮮滿版	1921-07-20	02단	東亞煙草配當
101178	鮮滿版	1921-07-20	03단	平南財務主任會
101179	鮮滿版	1921-07-20	03단	金泉分監開廳式
101180	鮮滿版	1921-07-20	04단	安東驛運賃引下
101181	鮮滿版	1921-07-20	04단	釜山に製肥會社
101182	鮮滿版	1921-07-20	04단	船橋里郵便所
101183	鮮滿版	1921-07-20	04단	安東縣木材界
101184	鮮滿版	1921-07-20	04단	製紙操業期
101185	鮮滿版	1921-07-20	04단	釜山武德殿/寄附金で建設
101186	鮮滿版	1921-07-20	05단	*獨立萬歲の碑/不穩唱歌教授/金相萬捕はる/二名射殺さる*
101187	鮮滿版	1921-07-20	05단	汽車に怖ぬ鮮人
101188	鮮滿版	1921-07-20	05단	河野師戰跡巡禮
101189	鮮滿版	1921-07-20	06단	洛東江減水す
101190	鮮滿版	1921-07-20	06단	海水浴場開き
101191	鮮滿版	1921-07-20	06단	罌粟密培取締
101192	鮮滿版	1921-07-20	06단	辭令
101193	鮮滿版	1921-07-20	06단	半島茶話

일련번호	판명	간행일	단수	기사명
101194	鮮滿版	1921-07-21	01단	改造さるゝ新義州 道廳移築 監獄移轉 泥地埋築住宅難緩和 市街整理/道廳建築促進/監獄敷地交換/住宅難緩和策/市街整理遂行
101195	鮮滿版	1921-07-21	01단	寧古塔方面の鮮人の生活/寧古塔にて(下)/構地生(五、支那官民の對鮮人態度/六、鮮人の對支官民態度/七、不逞鮮人の去來/八、水田狀況/九、鮮人に投資者及額/十、支那大官の水田開發計劃/十一、進退兩離の眞摯なる鮮農)
101196	鮮滿版	1921-07-21	02단	水道移管協議
101197	鮮滿版	1921-07-21	02단	繭資貸出打切
101198	鮮滿版	1921-07-21	02단	平壤經濟近況
101199	鮮滿版	1921-07-21	03단	京城組合銀行帳尻/京城組合銀行七月十五日現在の帳尻左の如し(京城)
101200	鮮滿版	1921-07-21	03단	鮮銀重役會議地
101201	鮮滿版	1921-07-21	03단	南浦に新起重機
101202	鮮滿版	1921-07-21	04단	龍山騎兵第二十八聯隊聯隊旗授與式
101203	鮮滿版	1921-07-21	04단	兩地電話開通
101204	鮮滿版	1921-07-21	04단	運賃引下陳情
101205	鮮滿版	1921-07-21	04단	國民協會支部
101206	鮮滿版	1921-07-21	04단	東亞煙草支店長
101207	鮮滿版	1921-07-21	05단	辭令
101208	鮮滿版	1921-07-21	05단	秋刀魚手摑み産卵期で押寄す
101209	鮮滿版	1921-07-21	06단	乘越取扱變更
101210	鮮滿版	1921-07-21	06단	三千圓當籤者
101211	鮮滿版	1921-07-21	06단	牛肉非購買同盟
101212	鮮滿版	1921-07-21	06단	半島茶話
101213	鮮滿版	1921-07-22	01단	慶北の警察ポスター
101214	鮮滿版	1921-07-22	01단	奧地鮮人の救濟策/東拓先づ其衝に當らん
101215	鮮滿版	1921-07-22	01단	間島より琿春へ(一)/葦上生
101216	鮮滿版	1921-07-22	02단	兩道知事辭職して部長級に異動
101217	鮮滿版	1921-07-22	03단	本年稻作作付四分減
101218	鮮滿版	1921-07-22	03단	平壤道路整理/江岸と聯絡保持
101219	鮮滿版	1921-07-22	04단	直通電線架設/京城安東縣間
101220	鮮滿版	1921-07-22	04단	鴨綠水路調査
101221	鮮滿版	1921-07-22	04단	咸南夏期講習會
101222	鮮滿版	1921-07-22	04단	木材界前途樂觀
101223	鮮滿版	1921-07-22	04단	東村集配事務

일련번호	판명	간행일	단수	기사명
101224	鮮滿版	1921-07-22	04단	鮟鱇漁業發展
101225	鮮滿版	1921-07-22	05단	出浦開墾會社
101226	鮮滿版	1921-07-22	05단	李王殿下妃殿下共に頗る御健勝/李王殿下及び李王妃殿下の御近狀に就て近侍の一員は語る(京城)(朝鮮軍參謀長安滿欽一少將)
101227	鮮滿版	1921-07-22	05단	城津人事相談所
101228	鮮滿版	1921-07-22	06단	全州の林間敎授
101229	鮮滿版	1921-07-22	06단	京城日日組織變
101230	鮮滿版	1921-07-22	06단	半島茶話
101231	鮮滿版	1921-07-23	01단	朝鮮と太平洋會議/又復特使騷が起るか/こんな事を氣にせねばならぬ處に日本の弱味がある/朝鮮の經濟講演會を終へて二十一日朝下關經由歸東した小川鄕太郎は博士語る(門司)
101232	鮮滿版	1921-07-23	01단	住宅難で貸家建築增加の傾向
101233	鮮滿版	1921-07-23	01단	二十師團機動演習地/新幕を中心に實施
101234	鮮滿版	1921-07-23	01단	間島より琿春へ(二)/葦上生
101235	鮮滿版	1921-07-23	02단	敎化巡回講演
101236	鮮滿版	1921-07-23	02단	仁取仲買增加
101237	鮮滿版	1921-07-23	02단	京城物價騰落
101238	鮮滿版	1921-07-23	03단	涼展豫算決定
101239	鮮滿版	1921-07-23	03단	陸軍異動
101240	鮮滿版	1921-07-23	04단	金泉急設電話
101241	鮮滿版	1921-07-23	04단	北京落した尹澤榮候鄕土を戀ふ
101242	鮮滿版	1921-07-23	05단	防疫手段に努力したから今年は傳染病も少なからう/朝鮮に於ける目下の衛生狀態に就て總督府警務附衛生當局は語る(京城)
101243	鮮滿版	1921-07-23	05단	安滿少將嘗て平壤に居た
101244	鮮滿版	1921-07-23	05단	京城勞銀下る
101245	鮮滿版	1921-07-23	06단	鮮魚拔取發覺
101246	鮮滿版	1921-07-23	06단	鮮人職工罷工
101247	鮮滿版	1921-07-23	06단	大邱グラウンド新設
101248	鮮滿版	1921-07-23	06단	半島茶話
101249	鮮滿版	1921-07-24	01단	滿鐵は營利會社ではあるが算盤一點張ではいかぬ對支政策を旨くやらねばならぬ/早川滿鐵社長の抱負
101250	鮮滿版	1921-07-24	01단	間島より琿春へ(三)/葦上生
101251	鮮滿版	1921-07-24	02단	平南生産九百八十萬圓
101252	鮮滿版	1921-07-24	02단	東宮御歸朝と記念切手發賣
101253	鮮滿版	1921-07-24	02단	航空隊工事進捗/飛行開始は年末

일련번호	판명	간행일	단수	기사명
101254	鮮滿版	1921-07-24	02단	小荷物助役設置
101255	鮮滿版	1921-07-24	03단	平南水利調査
101256	鮮滿版	1921-07-24	03단	陸軍異動續報
101257	鮮滿版	1921-07-24	04단	上田十九師團長曰く『部下の統御は困難だが、不逞鮮人の開發には面白い地だ』
101258	鮮滿版	1921-07-24	04단	李王職取調打切り/李源昇收賄事件の一端
101259	鮮滿版	1921-07-24	04단	膏雨來る西鮮地方に
101260	鮮滿版	1921-07-24	05단	釜山署搜査課
101261	鮮滿版	1921-07-24	05단	金泉小學工程
101262	鮮滿版	1921-07-24	05단	不逞鮮人逮捕
101263	鮮滿版	1921-07-24	05단	鮮支人間軋轢
101264	鮮滿版	1921-07-24	06단	納凉傳道講演會
101265	鮮滿版	1921-07-24	06단	購買組合に反對
101266	鮮滿版	1921-07-24	06단	見學基金貯積
101267	鮮滿版	1921-07-24	06단	半島茶話
101268	鮮滿版	1921-07-26	01단	一擧兩得の判事停年制/八月中に發布/過般閣議に於て決定したる朝鮮總督府判事の停年制は未だ發布實施せられざるが右に就き總督府法務當局の一員は語る
101269	鮮滿版	1921-07-26	01단	內鮮實業家懇談會京城に開催
101270	鮮滿版	1921-07-26	01단	太田改造/諸事業計劃
101271	鮮滿版	1921-07-26	01단	平元線運動/松井會頭上京
101272	鮮滿版	1921-07-26	02단	武官着發
101273	鮮滿版	1921-07-26	02단	平壤共進會は鐵橋開通後か/平壤に於ける共進會熱は近時再然の模樣にて氣勢大に掲れるが右に就き井川平南理事官は語る(平壤)
101274	鮮滿版	1921-07-26	02단	大邱市街整理/上京委員出發
101275	鮮滿版	1921-07-26	02단	慶南學事狀況/阿部視學官談
101276	鮮滿版	1921-07-26	03단	藥價引下決議
101277	鮮滿版	1921-07-26	03단	鮮鐵貨物移動
101278	鮮滿版	1921-07-26	03단	客月銀行帳尻
101279	鮮滿版	1921-07-26	03단	社會事業講習會
101280	鮮滿版	1921-07-26	03단	技術員諺文修得
101281	鮮滿版	1921-07-26	04단	晉州面經營住宅
101282	鮮滿版	1921-07-26	04단	賦課金問題解決
101283	鮮滿版	1921-07-26	04단	南浦府民負擔額
101284	鮮滿版	1921-07-26	04단	大同銀行と改稱

일련번호	판명	간행일	단수	기사명
101285	鮮滿版	1921-07-26	04단	松山氏水利計劃
101286	鮮滿版	1921-07-26	05단	肺病患者收容
101287	鮮滿版	1921-07-26	05단	全泉分監開設
101288	鮮滿版	1921-07-26	05단	鑵詰會社計劃
101289	鮮滿版	1921-07-26	05단	豆粕不況
101290	鮮滿版	1921-07-26	05단	辭令(京城)
101291	鮮滿版	1921-07-26	05단	到着港で船舶檢疫/上海虎疫防止
101292	鮮滿版	1921-07-26	05단	天機奉伺/總督總監より
101293	鮮滿版	1921-07-26	06단	切手類三萬圓/竊取の犯人/釜山郵便局から平壤局送もの赤行囊紛失事件は釜山局に關係なき事判明した
101294	鮮滿版	1921-07-26	06단	豺退治を始む
101295	鮮滿版	1921-07-26	06단	白頭登山計劃
101296	鮮滿版	1921-07-26	06단	半島茶話
101297	鮮滿版	1921-07-26	06단	人(掛井鮮銀理事)
101298	鮮滿版	1921-07-27	01단	鮮鐵問題/早川滿鐵社長談/早川滿鐵新社長は二十二日平壤驛通過後大連に向ひたるが鮮鐵委任經營に就て語る(平壤)
101299	鮮滿版	1921-07-27	01단	國庫補助有望/平壤街路改良
101300	鮮滿版	1921-07-27	01단	大邱府營住宅五十戸建設
101301	鮮滿版	1921-07-27	02단	間島より琿春へ(四)/葦上生
101302	鮮滿版	1921-07-27	02단	海州市區改正/明年年着工
101303	鮮滿版	1921-07-27	02단	咸北の內地人/一萬五千人
101304	鮮滿版	1921-07-27	03단	朝鮮馬の特徵
101305	鮮滿版	1921-07-27	03단	平南複線要望/鎭南浦商業會議所では商業開發に伴ふ貨物增加の租岩に襲み平南線複線の希望を有して居るが其要旨は左の通りである(鎭南浦)
101306	鮮滿版	1921-07-27	03단	振替口座漸增
101307	鮮滿版	1921-07-27	04단	全羅山林會發會式
101308	鮮滿版	1921-07-27	04단	大連商議改選
101309	鮮滿版	1921-07-27	04단	公會堂寄附擔當
101310	鮮滿版	1921-07-27	04단	瑞典に分監設置
101311	鮮滿版	1921-07-27	04단	海州慈惠院移轉
101312	鮮滿版	1921-07-27	04단	收納所を奪はる
101313	鮮滿版	1921-07-27	05단	安岳中學要望
101314	鮮滿版	1921-07-27	05단	平壤牛活況
101315	鮮滿版	1921-07-27	05단	氷庫會社計劃
101316	鮮滿版	1921-07-27	05단	東省實業重役

일련번호	판명	간행일	단수	기사명
101317	鮮滿版	1921-07-27	05단	咸興憲兵隊長更迭
101318	鮮滿版	1921-07-27	05단	京城自動車數/外人は自分で運轉する
101319	鮮滿版	1921-07-27	05단	羅南の猖紅熱/小學校閉鎖す
101320	鮮滿版	1921-07-27	05단	ドラゴン軍大捷
101321	鮮滿版	1921-07-27	06단	上水節約宣傳
101322	鮮滿版	1921-07-27	06단	半島茶話
101323	鮮滿版	1921-07-28	01단	竣功せんとする咸鏡南道物産陣列所
101324	鮮滿版	1921-07-28	01단	慶南道廳移轉反對/晉州に大會計劃
101325	鮮滿版	1921-07-28	01단	忠南米穀檢査/松本內務部長談
101326	鮮滿版	1921-07-28	01단	間島より琿春へ(五)/葦上生
101327	鮮滿版	1921-07-28	02단	干潟地利用策
101328	鮮滿版	1921-07-28	03단	警官朝鮮視察
101329	鮮滿版	1921-07-28	04단	咸南の教育現勢
101330	鮮滿版	1921-07-28	04단	釜山水上署新築
101331	鮮滿版	1921-07-28	04단	トロール船建造
101332	鮮滿版	1921-07-28	05단	巡査部長試驗
101333	鮮滿版	1921-07-28	05단	優勝した釜商選手釜山に凱旋
101334	鮮滿版	1921-07-28	05단	ド軍又復捷つ
101335	鮮滿版	1921-07-28	05단	半島茶話
101336	鮮滿版	1921-07-29	01단	全鮮中等學校野球大會實況(第一回/第二回/第三回/第四回/第五回/第六回/第七回/第八回/第九回)
101337	鮮滿版	1921-07-29	01단	朝鮮有史以來の野球爭覇戰 龍山原頭戰端は開かる 見よ莊嚴なる入場式に四十の健兒の颯爽たる風姿 漢陽の覇と龍頭山下の鎭漢江河畔の雄と南海の剛/劈頭の一大接戰 九A對五で釜軍勝つ 綿々不盡の恨漢陽の覇/悲壯なる奮戰も仁商六A龍中五にて漢江河畔の剛遂に利あらず(第一回/第二回/第三回/第四回/第五回/第六回/第七回/第八回/第九回)
101338	鮮滿版	1921-07-29	05단	京中と龍中へ
101339	鮮滿版	1921-07-29	06단	半島茶話
101340	鮮滿版	1921-07-30	01단	龍頭山下の驍勇釜商遂に優勝す 强打猛襲宛然無人の境を行く如く觀衆唯醉ひ應援團は歡喜に泣けりあゝ輝く覇者の矜誇よ/釜商十七A仁商四大スコアにて仁軍慘敗す/歡呼の裡に優勝旗を受けた釜商軍/慰勞茶話會(第一回/第二回/第三回/第四回/第五回/第六回/第七回/第八回/第九回)
101341	鮮滿版	1921-07-30	03단	朝鮮中等校野球大會評/松島生(京城中學對釜山商業/龍山中學對仁川商業/釜山商業對仁川商業/四チームを通じて評すれば)
101342	鮮滿版	1921-07-30	04단	鴨綠上流に機船遡航/成績頗る良し

일련번호	판명	간행일	단수	기사명
101343	鮮滿版	1921-07-30	05단	日支共同防疫決定/共同防疫所を安東縣に設置
101344	鮮滿版	1921-07-30	05단	朝鮮産業調會査成立期と議案整理
101345	鮮滿版	1921-07-30	05단	內務局分課改稱(地方課/社會課)
101346	鮮滿版	1921-07-30	06단	寢臺料拂戻し
101347	鮮滿版	1921-07-30	06단	實科教員講習會
101348	鮮滿版	1921-07-30	06단	通信優秀者入所(行政科/技術科)
101349	鮮滿版	1921-07-30	06단	大邱銀行支店
101350	鮮滿版	1921-07-30	06단	辭令
101351	鮮滿版	1921-07-31	01단	二三十年前からは朝鮮の外觀は一變した/間島在住鮮人の母國觀
101352	鮮滿版	1921-07-31	01단	利下順應/銀行界の態度
101353	鮮滿版	1921-07-31	01단	會議所聯合會平壤に開催
101354	鮮滿版	1921-07-31	01단	間島より琿春へ(六)/葦上生
101355	鮮滿版	1921-07-31	02단	穀物貿易大會/十一月十二日
101356	鮮滿版	1921-07-31	03단	仁海命令航路
101357	鮮滿版	1921-07-31	03단	平壤電鐵計劃
101358	鮮滿版	1921-07-31	03단	新義州船舶檢疫
101359	鮮滿版	1921-07-31	04단	教員講習會
101360	鮮滿版	1921-07-31	04단	回數乘車券
101361	鮮滿版	1921-07-31	04단	釜山地方稻作
101362	鮮滿版	1921-07-31	04단	大邱會議所會頭
101363	鮮滿版	1921-07-31	04단	厚昌に侵入した武裝鮮人團の襲擊/我搜索隊全滅す
101364	鮮滿版	1921-07-31	05단	慶南銀行重役
101365	鮮滿版	1921-07-31	05단	窯業會社披露
101366	鮮滿版	1921-07-31	05단	辭令
101367	鮮滿版	1921-07-31	05단	印紙竊取/嫌疑者逮捕
101368	鮮滿版	1921-07-31	06단	娼妓傷害事件
101369	鮮滿版	1921-07-31	06단	半島茶話

1921년 8월 (선만판)

일련번호	판명	간행일	단수	기사명
101370	鮮滿版	1921-08-02	01단	大連神社の滿鐵首腦(左早川滿鐵社長、右松關理事)
101371	鮮滿版	1921-08-02	01단	補給金二千萬圓に增額の要求を爲さん
101372	鮮滿版	1921-08-02	01단	民情視察鮮外に延長
101373	鮮滿版	1921-08-02	01단	駐在官赴任
101374	鮮滿版	1921-08-02	01단	間島より琿春へ(七)/葦上生
101375	鮮滿版	1921-08-02	02단	龍山の電話架設料金引上/電話統一の前提
101376	鮮滿版	1921-08-02	03단	濟世院の在任を周知せしめん
101377	鮮滿版	1921-08-02	03단	朝鮮植物目錄完成/森教諭の研究
101378	鮮滿版	1921-08-02	04단	中等校移管問題
101379	鮮滿版	1921-08-02	04단	多獅島築港運動
101380	鮮滿版	1921-08-02	04단	全州住宅不足數
101381	鮮滿版	1921-08-02	04단	會寧國境貿易額
101382	鮮滿版	1921-08-02	04단	鮮米又復逆移入
101383	鮮滿版	1921-08-02	05단	軍醫依託生
101384	鮮滿版	1921-08-02	05단	燕岐叭天丼値
101385	鮮滿版	1921-08-02	05단	平壤銀行決算
101386	鮮滿版	1921-08-02	05단	朝鮮信託總會
101387	鮮滿版	1921-08-02	05단	瑞氣逎繁榮策/憲兵隊敷地活用
101388	鮮滿版	1921-08-02	05단	看護婦憤慨し連袂休業した
101389	鮮滿版	1921-08-02	05단	南浦豫防注射
101390	鮮滿版	1921-08-02	06단	鐵橋上の曲者
101391	鮮滿版	1921-08-02	06단	貘雲山郡に荒る
101392	鮮滿版	1921-08-02	06단	鴨綠江川開き
101393	鮮滿版	1921-08-02	06단	半島茶話
101394	鮮滿版	1921-08-03	01단	太平洋會議に對して鮮人は大した熱を持たない
101395	鮮滿版	1921-08-03	01단	東拓事業南洋に伸展
101396	鮮滿版	1921-08-03	01단	大會の代りに陳情委員上京
101397	鮮滿版	1921-08-03	01단	京管車輛增加
101398	鮮滿版	1921-08-03	01단	間島より琿春へ(八)/葦上生
101399	鮮滿版	1921-08-03	02단	漢江水電許否
101400	鮮滿版	1921-08-03	02단	平壤水道府營方針
101401	鮮滿版	1921-08-03	03단	平壤體育協會紛擾
101402	鮮滿版	1921-08-03	04단	海運界夏枯期
101403	鮮滿版	1921-08-03	04단	酒造用麥高値
101404	鮮滿版	1921-08-03	04단	仁川會議所役員
101405	鮮滿版	1921-08-03	04단	海州高普校決定

일련번호	판명	간행일	단수	기사명
101406	鮮滿版	1921-08-03	05단	時事新聞再刊難
101407	鮮滿版	1921-08-03	05단	安州灌漑事業
101408	鮮滿版	1921-08-03	05단	裡理近況
101409	鮮滿版	1921-08-03	05단	世子妃殿下御慶事期/二十日頃か
101410	鮮滿版	1921-08-03	05단	託兒所も出來る/淸津宗敎家の奮發
101411	鮮滿版	1921-08-03	06단	十時間後蘇生
101412	鮮滿版	1921-08-03	06단	武器携帶で脅迫
101413	鮮滿版	1921-08-03	06단	人(掛井鮮銀理事(大阪支店長)/杉村逸棲氏(大阪法院檢事正)/木村重行氏(朝鮮軍經理部長)/小村光政氏(警務局事務官))
101414	鮮滿版	1921-08-03	06단	半島茶話
101415	鮮滿版	1921-08-04	01단	一日擧行された大阪警察署主催の右側通行宣傳隊の出發實況
101416	鮮滿版	1921-08-04	01단	間島に金融組合新設/無資産階級に資金供給
101417	鮮滿版	1921-08-04	01단	東拓も活動せん出張所落成す
101418	鮮滿版	1921-08-04	01단	監察制度地方の非違を摘發するが能ぢゃない
101419	鮮滿版	1921-08-04	02단	間島より琿春へ(九)/葦上生
101420	鮮滿版	1921-08-04	03단	齋藤總督上京期/九月上旬と決す
101421	鮮滿版	1921-08-04	04단	船舶檢疫/便法に更改
101422	鮮滿版	1921-08-04	04단	朝鮮稻作/慨ね豊年の見込
101423	鮮滿版	1921-08-04	04단	南鐵變更線期成/大會の決議文
101424	鮮滿版	1921-08-04	05단	米種改良方策(平原郡垾種田設置)
101425	鮮滿版	1921-08-04	05단	陳列場移築問題
101426	鮮滿版	1921-08-04	05단	新機の到着を待って航空隊の朝鮮飛行/秋冷の候に決行されん
101427	鮮滿版	1921-08-04	05단	兼二浦で警察大活動
101428	鮮滿版	1921-08-04	05단	佛水兵の亂暴
101429	鮮滿版	1921-08-04	05단	德津の蓮
101430	鮮滿版	1921-08-04	06단	半島茶話
101431	鮮滿版	1921-08-05	01단	晉州民安堵す/道廳移轉せず
101432	鮮滿版	1921-08-05	01단	忠北道農作況/小島技師談
101433	鮮滿版	1921-08-05	01단	京南線開通期
101434	鮮滿版	1921-08-05	01단	黃海道佛敎大會
101435	鮮滿版	1921-08-05	01단	間島より琿春へ(十)/葦上生
101436	鮮滿版	1921-08-05	02단	釜山火葬場府營
101437	鮮滿版	1921-08-05	02단	淸州實業協會
101438	鮮滿版	1921-08-05	02단	東拓社宅新築
101439	鮮滿版	1921-08-05	02단	平沼博士來泉
101440	鮮滿版	1921-08-05	02단	忠淸道の土木技手/賄賂を取り官金を詐取し贅澤な生活をした

일련번호	판명	간행일	단수	기사명
101441	鮮滿版	1921-08-05	03단	全州憲兵分隊長
101442	鮮滿版	1921-08-05	03단	岡山縣敎育視察團
101443	鮮滿版	1921-08-05	04단	我童嚴笑渡鮮/京城劇場開き
101444	鮮滿版	1921-08-05	04단	ス傳士再來せん
101445	鮮滿版	1921-08-05	04단	召喚取調續行
101446	鮮滿版	1921-08-05	04단	全州の射場開
101447	鮮滿版	1921-08-05	05단	野球大會餘話(鮮人チーム/大中生の心事)
101448	鮮滿版	1921-08-05	05단	半島茶話
101449	鮮滿版	1921-08-06	01단	電話施設の現狀では朝鮮に豫約制實施は當局に希望はあるも實現困難
101450	鮮滿版	1921-08-06	01단	間島住民に資金供給/金融組合と東拓出張所
101451	鮮滿版	1921-08-06	01단	間島より琿春へ(十一)/葦上生
101452	鮮滿版	1921-08-06	02단	産鐵改造總會/十五日東京で
101453	鮮滿版	1921-08-06	02단	南鐵變更線期成大會詳報
101454	鮮滿版	1921-08-06	03단	京城木材商況
101455	鮮滿版	1921-08-06	04단	鮮鐵荷動狀況
101456	鮮滿版	1921-08-06	04단	住宅問題委員會
101457	鮮滿版	1921-08-06	04단	米宣敎師歸任
101458	鮮滿版	1921-08-06	05단	高女增築工事
101459	鮮滿版	1921-08-06	05단	西鮮苹果減收
101460	鮮滿版	1921-08-06	05단	海州の不逞團豫審決定す
101461	鮮滿版	1921-08-06	06단	宋秉畯伯退院
101462	鮮滿版	1921-08-06	06단	馬山の海祭り
101463	鮮滿版	1921-08-06	06단	英艦隊來らず
101464	鮮滿版	1921-08-06	06단	半島茶話
101465	鮮滿版	1921-08-07	01단	棉花共同販賣制全南で撤廢運動
101466	鮮滿版	1921-08-07	01단	釜山穀物取引/二萬餘叺減少
101467	鮮滿版	1921-08-07	01단	鴨綠江材の勁敵米國材なり
101468	鮮滿版	1921-08-07	01단	間島より琿春へ(一二)/葦上生
101469	鮮滿版	1921-08-07	02단	貸出利下未し
101470	鮮滿版	1921-08-07	02단	社會敎化講習
101471	鮮滿版	1921-08-07	02단	基督信徒復活
101472	鮮滿版	1921-08-07	02단	大田戶口增加
101473	鮮滿版	1921-08-07	03단	明川の新炭田
101474	鮮滿版	1921-08-07	03단	厄介なる漢川江
101475	鮮滿版	1921-08-07	04단	元山より

일련번호	판명	간행일	단수	기사명
101476	鮮滿版	1921-08-07	04단	華美と質素の對照/早川夫人安東着の挿話
101477	鮮滿版	1921-08-07	05단	柞蠶絲況
101478	鮮滿版	1921-08-07	05단	滿商銀行支店
101479	鮮滿版	1921-08-07	05단	質屋閑散/例年の如し
101480	鮮滿版	1921-08-07	06단	郡長不正無根
101481	鮮滿版	1921-08-07	06단	慶北の鼻疽病
101482	鮮滿版	1921-08-07	06단	慶州の共同浴場
101483	鮮滿版	1921-08-07	06단	半島茶話
101484	鮮滿版	1921-08-09	01단	水道移管/明年度實施
101485	鮮滿版	1921-08-09	01단	平壤電鐵/府營說如可
101486	鮮滿版	1921-08-09	01단	外國宣教師に日本語の必要
101487	鮮滿版	1921-08-09	01단	特殊輸入煙草/特許手續要領
101488	鮮滿版	1921-08-09	01단	申全北道知事
101489	鮮滿版	1921-08-09	02단	三道防疫會議/本月中旬開催
101490	鮮滿版	1921-08-09	02단	平南道勢展覽會/內容充實方針
101491	鮮滿版	1921-08-09	02단	守備隊には緊張味を缺く/林田平壤旅團長曰く
101492	鮮滿版	1921-08-09	02단	山林課出張所
101493	鮮滿版	1921-08-09	03단	諸兵聯合演習
101494	鮮滿版	1921-08-09	03단	大邱預金利下
101495	鮮滿版	1921-08-09	03단	森林主事特任改正
101496	鮮滿版	1921-08-09	03단	江景面區域擴張
101497	鮮滿版	1921-08-09	03단	林田旅團長巡視
101498	鮮滿版	1921-08-09	03단	慶南銀行頭取
101499	鮮滿版	1921-08-09	03단	警官通譯試驗
101500	鮮滿版	1921-08-09	04단	黃海道佛教團
101501	鮮滿版	1921-08-09	04단	侵入した武裝不逞團/從來のものとは違ふやうだ
101502	鮮滿版	1921-08-09	04단	逃げた全瑪利亞/何處までも逮捕せんと河村檢事云ふ
101503	鮮滿版	1921-08-09	04단	兩聯隊野球對抗試合/八月下旬擧行
101504	鮮滿版	1921-08-09	05단	辭令
101505	鮮滿版	1921-08-09	05단	白頭山登山隊/八月八一出發
101506	鮮滿版	1921-08-09	05단	鎭南浦に浸水
101507	鮮滿版	1921-08-09	05단	釜山市場の奉祝
101508	鮮滿版	1921-08-09	05단	鮮人少年を殺す
101509	鮮滿版	1921-08-09	06단	救濟演藝成績
101510	鮮滿版	1921-08-09	06단	人(安滿欽一少將(新任朝鮮軍參謀長)/柴田善三郎氏(總督府學務局長)棚橋源太郎氏(東京博物館長)/今村千枝子)

일련번호	판명	간행일	단수	기사명
101511	鮮滿版	1921-08-09	06단	半島茶話
101512	鮮滿版	1921-08-10		缺號
101513	鮮滿版	1921-08-11	01단	大連商業選手
101514	鮮滿版	1921-08-11	01단	平壤街路改修國庫補助/運動效果あり
101515	鮮滿版	1921-08-11	01단	療病院馬山に設置か
101516	鮮滿版	1921-08-11	01단	間島より琿春へ(一四)/琿春事件/葦上生
101517	鮮滿版	1921-08-11	02단	海水浴場繫爭/元山府と英人
101518	鮮滿版	1921-08-11	04단	平壤に商業校(篠田知事上京用件)
101519	鮮滿版	1921-08-11	04단	*展覽會協贊會組織/附設事業*
101520	鮮滿版	1921-08-11	05단	客月釜山貿易
101521	鮮滿版	1921-08-11	05단	清進埋築頓挫
101522	鮮滿版	1921-08-11	05단	晉州堤防工事
101523	鮮滿版	1921-08-11	05단	咸南鯖節試賣
101524	鮮滿版	1921-08-11	05단	檢事が求刑すると郡守殺しの被告等/總立ちとなって騷立てた
101525	鮮滿版	1921-08-11	05단	平壤の共同宿泊所/十一月から開始
101526	鮮滿版	1921-08-11	06단	鳥致院米集散
101527	鮮滿版	1921-08-11	06단	大田苹果輸出
101528	鮮滿版	1921-08-11	06단	全北警部補試驗
101529	鮮滿版	1921-08-11	06단	馬女高女增築
101530	鮮滿版	1921-08-11	06단	火藥銃砲會社
101531	鮮滿版	1921-08-11	06단	澤蟹稻を荒す
101532	鮮滿版	1921-08-12		缺號
101533	鮮滿版	1921-08-13	01단	京城に獨領事館/再設に內定
101534	鮮滿版	1921-08-13	01단	鮮人保護事務官配置
101535	鮮滿版	1921-08-13	01단	社會事業協會新設計劃
101536	鮮滿版	1921-08-13	01단	道草を食ひつゝ(一)/羅南にて/葦上生
101537	鮮滿版	1921-08-13	02단	間島の向學熱/教育機關設置
101538	鮮滿版	1921-08-13	02단	朝鮮郵便貯金/一千九百萬圓
101539	鮮滿版	1921-08-13	02단	共進會の楷梯/平壤の展覽會
101540	鮮滿版	1921-08-13	03단	船橋里市街計劃/平井內務部長談
101541	鮮滿版	1921-08-13	03단	上京委員歸晉/道廳移轉せず
101542	鮮滿版	1921-08-13	04단	拂下競願問題/更に軍人會の申分
101543	鮮滿版	1921-08-13	04단	平壤諸工事工程
101544	鮮滿版	1921-08-13	04단	儒城溫泉繁榮策
101545	鮮滿版	1921-08-13	04단	鮮米釜山に逆移
101546	鮮滿版	1921-08-13	05단	扶殖農園事業

일련번호	판명	간행일	단수	기사명
101547	鮮滿版	1921-08-13	05단	十錢銀貨僞造
101548	鮮滿版	1921-08-13	05단	元山劇場杮葺落
101549	鮮滿版	1921-08-13	05단	不正商人の取締
101550	鮮滿版	1921-08-13	05단	廣梁灣の大潮
101551	鮮滿版	1921-08-13	05단	我童と嚴笑
101552	鮮滿版	1921-08-13	06단	半島茶話
101553	鮮滿版	1921-08-14	01단	物價昂騰/特種資金の需要多し
101554	鮮滿版	1921-08-14	01단	森林伐採有望
101555	鮮滿版	1921-08-14	01단	日曜學校に主力を傾注
101556	鮮滿版	1921-08-14	01단	道草を食ひつゝ(二)/雨の港にて/葦上生
101557	鮮滿版	1921-08-14	02단	資金集散槪算
101558	鮮滿版	1921-08-14	02단	來年度新建築
101559	鮮滿版	1921-08-14	02단	私設橋梁移管
101560	鮮滿版	1921-08-14	03단	豆粕市況
101561	鮮滿版	1921-08-14	03단	住宅建築
101562	鮮滿版	1921-08-14	03단	大邱都市計劃
101563	鮮滿版	1921-08-14	03단	電話事務開始
101564	鮮滿版	1921-08-14	03단	平壤の貧困兒童/妓生もある
101565	鮮滿版	1921-08-14	04단	九仁江材木公司を襲ふ
101566	鮮滿版	1921-08-14	04단	安東の水害/被害夥し
101567	鮮滿版	1921-08-14	05단	慘殺された邦人の死體/四年を經て引渡さる
101568	鮮滿版	1921-08-14	05단	人心動搖/不逞團の侵入で
101569	鮮滿版	1921-08-14	06단	不逞鮮人蠢動
101570	鮮滿版	1921-08-14	06단	未練男の刃傷/法延で妻を斬る
101571	鮮滿版	1921-08-14	06단	半島茶話
101572	鮮滿版	1921-08-16		缺號
101573	鮮滿版	1921-08-17	01단	本社主催全國中等學校野球大會/龍中軍を擊破す/大連商業軍の美事な武者振り健鬪更に岡中軍と見ゆ
101574	鮮滿版	1921-08-17	02단	本年度新事業は着々進工す/澤村理事官談
101575	鮮滿版	1921-08-17	03단	商業學校設置/近く具體化せん
101576	鮮滿版	1921-08-17	03단	平壤水道問題/知事歸來談
101577	鮮滿版	1921-08-17	04단	簡易水道良好/平安南道石陽里方面
101578	鮮滿版	1921-08-17	04단	京城金融狀況(米穀/綿布/大豆/砂糖/粟類)
101579	鮮滿版	1921-08-17	04단	大田水電問題
101580	鮮滿版	1921-08-17	05단	全鮮辯護士大會
101581	鮮滿版	1921-08-17	05단	大田高女敷地反對

일련번호	판명	긴행일	단수	기사명
101582	鮮滿版	1921-08-17	05단	學校組合費賦課
101583	鮮滿版	1921-08-17	05단	電信技術官增置
101584	鮮滿版	1921-08-17	05단	鮮鐵在貨高
101585	鮮滿版	1921-08-17	05단	電話申込受附
101586	鮮滿版	1921-08-17	05단	大川氏を召喚
101587	鮮滿版	1921-08-17	05단	排日黨首領/大同署に捕はる
101588	鮮滿版	1921-08-17	05단	玄海入水者の死體發見す
101589	鮮滿版	1921-08-17	06단	電柱廣告不可
101590	鮮滿版	1921-08-17	06단	天道教の諮問機關
101591	鮮滿版	1921-08-17	06단	會(警察衛生打合會)
101592	鮮滿版	1921-08-17	06단	半島茶話
101593	鮮滿版	1921-08-18	01단	本社主催全國中等學校野球大會/一擧九點を奪ひ/大連軍再び凱歌を揚ぐ/十六Ａ對七/岡中軍破る
101594	鮮滿版	1921-08-18	01단	善戰健鬪も甲斐なく/釜山軍遂に敗れ/和中軍をして名を成さしむ
101595	鮮滿版	1921-08-18	03단	學制改正/內地の制度に順應する方針
101596	鮮滿版	1921-08-18	03단	商業資金活況
101597	鮮滿版	1921-08-18	03단	道草を食ひつゝ(三)/港灣の話/葦上生
101598	鮮滿版	1921-08-18	04단	機業講習所擴張
101599	鮮滿版	1921-08-18	04단	警察部異動の噂/單なる風說か
101600	鮮滿版	1921-08-18	05단	統營煎子盛況
101601	鮮滿版	1921-08-18	05단	水利事業勃興
101602	鮮滿版	1921-08-18	05단	安州農校復舊
101603	鮮滿版	1921-08-18	05단	栗植栽獎勵
101604	鮮滿版	1921-08-18	05단	電車信號所增設
101605	鮮滿版	1921-08-18	05단	辭令
101606	鮮滿版	1921-08-18	05단	馬賊團兵粮を集む
101607	鮮滿版	1921-08-18	06단	御歸朝奉祝
101608	鮮滿版	1921-08-18	06단	半島茶話
101609	鮮滿版	1921-08-19	01단	本社主催全國中等學校野球大會/健鬪遂に利あらず大連商業軍惜しくも敗退す
101610	鮮滿版	1921-08-19	01단	教員、教科書の不足
101611	鮮滿版	1921-08-19	01단	移入貨物表檢印問題/領事を非難
101612	鮮滿版	1921-08-19	02단	稅務獨立と其影響
101613	鮮滿版	1921-08-19	02단	大韓軍政署隱匿の手榴彈
101614	鮮滿版	1921-08-19	03단	平壤水道府營/來年度より實現
101615	鮮滿版	1921-08-19	04단	商校實現至難/篠田道知事談

일련번호	판명	간행일	단수	기사명
101616	鮮滿版	1921-08-19	04단	哈市經濟近況
101617	鮮滿版	1921-08-19	04단	平安南道の植林
101618	鮮滿版	1921-08-19	04단	教育雜事
101619	鮮滿版	1921-08-19	04단	東拓所有林地
101620	鮮滿版	1921-08-19	04단	統營通信
101621	鮮滿版	1921-08-19	05단	衛生會規定改正
101622	鮮滿版	1921-08-19	05단	大邱納凉會/好成績で閉了
101623	鮮滿版	1921-08-19	05단	蠅の驅除督勵
101624	鮮滿版	1921-08-19	05단	航空隊の上棟式
101625	鮮滿版	1921-08-19	05단	石油撒布有效/近く第二回を執行
101626	鮮滿版	1921-08-19	06단	運動界(平壤實業軍捷つ)
101627	鮮滿版	1921-08-19	06단	射場開き
101628	鮮滿版	1921-08-19	06단	半島茶話
101629	鮮滿版	1921-08-20	01단	內鮮人通婚法は朝鮮人を根柢から改造せんとする一手段だと云ふ各方面とも惣して好評
101630	鮮滿版	1921-08-20	01단	道草を食ひつゝ(四)/法學違ひ/葦上生
101631	鮮滿版	1921-08-20	02단	元山淸津間の定期船實現近し
101632	鮮滿版	1921-08-20	03단	取締方針協議/華盛頓會議と鮮人
101633	鮮滿版	1921-08-20	03단	朝鮮米代用廢止反對
101634	鮮滿版	1921-08-20	04단	朝鮮軍隊て初めて組織された平壤聯隊野球團
101635	鮮滿版	1921-08-20	04단	法規整理委員會
101636	鮮滿版	1921-08-20	04단	判檢事增員/金泉支廳の擴充
101637	鮮滿版	1921-08-20	04단	森林鐵道會社專務來鮮
101638	鮮滿版	1921-08-20	05단	朝鮮産業總會
101639	鮮滿版	1921-08-20	05단	七月貿易狀況
101640	鮮滿版	1921-08-20	05단	辭令
101641	鮮滿版	1921-08-20	05단	東宮御歸朝奉祝準備
101642	鮮滿版	1921-08-20	06단	不注意な校醫
101643	鮮滿版	1921-08-20	06단	賊二名逮捕
101644	鮮滿版	1921-08-20	06단	蠅驅除良好
101645	鮮滿版	1921-08-20	06단	運動界(大田軍敗る)
101646	鮮滿版	1921-08-20	06단	會(松井博士の講演會/家族慰問會)
101647	鮮滿版	1921-08-20	06단	半島茶話
101648	鮮滿版	1921-08-21	01단	鮮人憤慨/奇怪なる米國の態度に對し
101649	鮮滿版	1921-08-21	01단	新米走り內地へ移出
101650	鮮滿版	1921-08-21	01단	耕地金融狀況/賣買價格は內地より遙に低廉

일련번호	판명	간행일	단수	기사명
101651	鮮滿版	1921-08-21	01단	道草を食ひつゝ(五)/お退屈さま/葦上生
101652	鮮滿版	1921-08-21	02단	外人の社會施設/善惡兩方面
101653	鮮滿版	1921-08-21	02단	産米改良方法/赤米除法か第一
101654	鮮滿版	1921-08-21	03단	平壤の上水道/現在及び將來
101655	鮮滿版	1921-08-21	04단	寧咸道路改修
101656	鮮滿版	1921-08-21	04단	平壤道農作物(粟/茶/甘藷)
101657	鮮滿版	1921-08-21	05단	平壤住宅建築
101658	鮮滿版	1921-08-21	05단	城津水道有望
101659	鮮滿版	1921-08-21	05단	釜山金融狀況
101660	鮮滿版	1921-08-21	06단	東拓間島に發展
101661	鮮滿版	1921-08-21	06단	教員住宅建設
101662	鮮滿版	1921-08-21	06단	七月中銀行帳尻
101663	鮮滿版	1921-08-21	06단	眞瓜の代りに飴果物の値段も高い
101664	鮮滿版	1921-08-21	06단	病床から鴨綠江節 獨立黨員に對する赤誠/警官の武勇
101665	鮮滿版	1921-08-23	01단	低資を融通して住宅難を緩和せん 矢島社會課長の言明/京城府營住宅建築明年度百戶
101666	鮮滿版	1921-08-23	01단	平壤電鐵/第一期計劃
101667	鮮滿版	1921-08-23	01단	貸出激增/京城組合銀行
101668	鮮滿版	1921-08-23	01단	新全北知事/抱負の一端
101669	鮮滿版	1921-08-23	02단	忠北社會教化/村落懇談會組織
101670	鮮滿版	1921-08-23	02단	長城行政機關/驛附近に集中
101671	鮮滿版	1921-08-23	02단	教員鮮語講習
101672	鮮滿版	1921-08-23	03단	鮮銀職制改正
101673	鮮滿版	1921-08-23	03단	鮮銀職員異動
101674	鮮滿版	1921-08-23	03단	平壤産院計劃
101675	鮮滿版	1921-08-23	03단	平壤航空隊工程
101676	鮮滿版	1921-08-23	04단	浦項直通航路
101677	鮮滿版	1921-08-23	04단	會議所聯合會準備(朝鮮聯合會提出議案/滿鮮商議聯合會提出議案)
101678	鮮滿版	1921-08-23	04단	殖産鐵道工程
101679	鮮滿版	1921-08-23	04단	苗浦開墾事業
101680	鮮滿版	1921-08-23	04단	八月上半貿易
101681	鮮滿版	1921-08-23	04단	棉花技手打合會
101682	鮮滿版	1921-08-23	04단	鮮銀支配人後任
101683	鮮滿版	1921-08-23	04단	海州農校祝賀
101684	鮮滿版	1921-08-23	05단	晉州稻作回復

일련번호	판명	간행일	단수	기사명
101685	鮮滿版	1921-08-23	05단	李王妃兩殿下より參らせる贈品と獻上品/美術品製作所で謹製した
101686	鮮滿版	1921-08-23	05단	東宮御歸朝京城奉迎/催物決定す
101687	鮮滿版	1921-08-23	05단	印紙竊取共犯
101688	鮮滿版	1921-08-23	05단	消防隊練習納會
101689	鮮滿版	1921-08-23	05단	出場チーム歸釜
101690	鮮滿版	1921-08-23	06단	李氏東拓囑託
101691	鮮滿版	1921-08-23	06단	旱害記念碑
101692	鮮滿版	1921-08-23	06단	人(中西鮮銀大阪支配人/川上東拓理事)
101693	鮮滿版	1921-08-23	06단	半島茶話
101694	鮮滿版	1921-08-24	01단	平壤航空隊では十八日大隊本部で上棟式を擧げた/(上)會場の正面(下)工事中の大隊本部
101695	鮮滿版	1921-08-24	01단	高等敎育機關施設/醫科大學と高等學校新設
101696	鮮滿版	1921-08-24	01단	鮮米代用廢止問題/府當局の意見
101697	鮮滿版	1921-08-24	01단	農蠶學校現況
101698	鮮滿版	1921-08-24	02단	國境軍隊狀況/林田旅團長談
101699	鮮滿版	1921-08-24	03단	西鮮經濟狀況
101700	鮮滿版	1921-08-24	03단	殖産銀行成績(勸業金融/商業金融/預金債券/貯蓄預金)
101701	鮮滿版	1921-08-24	04단	南浦海底線敷設
101702	鮮滿版	1921-08-24	04단	通學と列車時刻
101703	鮮滿版	1921-08-24	04단	展覽會出品點數
101704	鮮滿版	1921-08-24	04단	大邱物價昂騰
101705	鮮滿版	1921-08-24	04단	若木學校設立
101706	鮮滿版	1921-08-24	04단	天然淸凉飮料
101707	鮮滿版	1921-08-24	05단	朴氏の裔/島津藩の士分
101708	鮮滿版	1921-08-24	05단	巡査表彰さる
101709	鮮滿版	1921-08-24	05단	江界署員活動
101710	鮮滿版	1921-08-24	05단	大邱子供の遊場
101711	鮮滿版	1921-08-24	06단	布敎所屋根墜つ
101712	鮮滿版	1921-08-24	06단	會社銀行(殖産銀行總會/信託發起人會)
101713	鮮滿版	1921-08-24	06단	出版物(朝鮮案內/朝鮮公論)
101714	鮮滿版	1921-08-24	06단	半島茶話
101715	鮮滿版	1921-08-25		缺號
101716	鮮滿版	1921-08-26	01단	太平洋會議に藉口する/僞政府一味の弄策/李承晩米國で駄法螺を吹く
101717	鮮滿版	1921-08-26	01단	大邱煙草工場/改築計劃

일련번호	판명	간행일	단수	기사명
101718	鮮滿版	1921-08-26	01단	水利事業勃興/助成金足らず
101719	鮮滿版	1921-08-26	01단	忠南陸棉作況/菱本道技師談
101720	鮮滿版	1921-08-26	01단	碧潼地方近狀
101721	鮮滿版	1921-08-26	02단	鮮鐵貨物增加
101722	鮮滿版	1921-08-26	02단	平壤土地寄附問題
101723	鮮滿版	1921-08-26	03단	八月上半金融
101724	鮮滿版	1921-08-26	03단	陳列場移轉問題
101725	鮮滿版	1921-08-26	03단	平壤輸移出米
101726	鮮滿版	1921-08-26	03단	慶北棉作狀況
101727	鮮滿版	1921-08-26	04단	群山商議移轉
101728	鮮滿版	1921-08-26	04단	殖産銀行理事
101729	鮮滿版	1921-08-26	04단	東宮殿下御歸朝の日朝鮮での奉祝方針/國旗掲揚と記念押印(元山/全州)
101730	鮮滿版	1921-08-26	05단	辭令
101731	鮮滿版	1921-08-26	05단	會社銀行(兩銀支店計劃/天然氷庫設立)
101732	鮮滿版	1921-08-26	05단	金貸倒し秋元の罪狀
101733	鮮滿版	1921-08-26	06단	平壤の傳染病
101734	鮮滿版	1921-08-26	06단	悲慘な迷信
101735	鮮滿版	1921-08-26	06단	半島茶話
101736	鮮滿版	1921-08-27	01단	平安南道工産額二千萬圓
101737	鮮滿版	1921-08-27	01단	安東縣電鐵計劃/十二年度に着工
101738	鮮滿版	1921-08-27	01단	住宅拂底/京城最も甚し
101739	鮮滿版	1921-08-27	01단	南江利用水力電氣計劃
101740	鮮滿版	1921-08-27	02단	東宮御歸朝各地祝賀計劃(晉州/大田)
101741	鮮滿版	1921-08-27	02단	國境の惡道/林田旅團長談
101742	鮮滿版	1921-08-27	03단	鮮人留學生/將來警戒の要
101743	鮮滿版	1921-08-27	03단	營業權利料額/東亞煙草に交付
101744	鮮滿版	1921-08-27	03단	龍山電話交換局/明年度早々開始
101745	鮮滿版	1921-08-27	03단	全鮮辯護士大會/京城に開催
101746	鮮滿版	1921-08-27	03단	慶北小作爭議/秋收後が警戒時
101747	鮮滿版	1921-08-27	04단	電力供給解決
101748	鮮滿版	1921-08-27	04단	平南産牛狀況
101749	鮮滿版	1921-08-27	04단	慶甘道路改築
101750	鮮滿版	1921-08-27	04단	統營と鎭東線
101751	鮮滿版	1921-08-27	04단	金組活動機運
101752	鮮滿版	1921-08-27	05단	平南甛菜産額

일련번호	판명	간행일	단수	기사명
101753	鮮滿版	1921-08-27	05단	聯合演習終る
101754	鮮滿版	1921-08-27	05단	平壤の中心三角地に美建築建造
101755	鮮滿版	1921-08-27	06단	傳染病本年成績良し
101756	鮮滿版	1921-08-27	06단	南鮮武道大會/大田に開催議
101757	鮮滿版	1921-08-27	06단	水飴工場火事
101758	鮮滿版	1921-08-27	06단	半島茶話
101759	鮮滿版	1921-08-28	01단	先づ四大都市から朝鮮に近代的建設實現せん
101760	鮮滿版	1921-08-28	01단	鮮人の保護と取締/丸山警務局事務官談
101761	鮮滿版	1921-08-28	01단	國境監視任務/釜山稅關長談
101762	鮮滿版	1921-08-28	01단	新舊府尹/齋藤氏と吉松氏
101763	鮮滿版	1921-08-28	03단	重要物産品評會/永川に開催
101764	鮮滿版	1921-08-28	03단	德川灌漑事業/孔郡守談
101765	鮮滿版	1921-08-28	04단	電車改善期成/同盟會組織さる
101766	鮮滿版	1921-08-28	04단	繩叭業者大會
101767	鮮滿版	1921-08-28	04단	獻穀粟作況
101768	鮮滿版	1921-08-28	04단	咸山幼稚園計劃
101769	鮮滿版	1921-08-28	05단	安東木材界沈靜
101770	鮮滿版	1921-08-28	05단	地方宣傳講演
101771	鮮滿版	1921-08-28	05단	咸南夏秋鼇況
101772	鮮滿版	1921-08-28	05단	バハイ教の女傳道師「朝日」は懷しい友と仰る
101773	鮮滿版	1921-08-28	05단	安東縣藝酌婦家政教授好績
101774	鮮滿版	1921-08-28	05단	阿片の密輸入
101775	鮮滿版	1921-08-28	06단	鮮人住宅難救濟/草梁で市民大會
101776	鮮滿版	1921-08-28	06단	半島茶話
101777	鮮滿版	1921-08-30	01단	二萬五千八百六十四人
101778	鮮滿版	1921-08-30	01단	朝鮮にも都市計劃/府令制定準備
101779	鮮滿版	1921-08-30	01단	東宮御歸朝各地奉祝計劃(平壤/海州/兼二浦/全州/大田)
101780	鮮滿版	1921-08-30	01단	長白山登山記(一)/河村生
101781	鮮滿版	1921-08-30	02단	鴨綠江上流地方九分作以上
101782	鮮滿版	1921-08-30	03단	朝鮮軍諸演習(架橋演習/實彈射擊/巨砲射擊演習/長途騎乘行車)
101783	鮮滿版	1921-08-30	04단	貨車に三等客
101784	鮮滿版	1921-08-30	04단	平壤急設電話
101785	鮮滿版	1921-08-30	04단	順天の渡橋式
101786	鮮滿版	1921-08-30	04단	滿洲視察團
101787	鮮滿版	1921-08-30	05단	大田面副長
101788	鮮滿版	1921-08-30	05단	お尋ね者海州で逮捕

일련번호	판명	간행일	단수	기사명
101789	鮮滿版	1921-08-30	05단	臨時觀月列車
101790	鮮滿版	1921-08-30	05단	會寧聯隊軍旗祭
101791	鮮滿版	1921-08-30	05단	會寧の秋祭り
101792	鮮滿版	1921-08-30	06단	長白登山講演
101793	鮮滿版	1921-08-30	06단	半島茶話
101794	鮮滿版	1921-08-31	01단	稻作豫想/南鮮は良く北鮮は不良
101795	鮮滿版	1921-08-31	01단	私設鐵道敷設工事
101796	鮮滿版	1921-08-31	01단	長白山登山記(二)/河村生
101797	鮮滿版	1921-08-31	02단	急設電話/申請者戶別調査
101798	鮮滿版	1921-08-31	02단	實科敎育補助
101799	鮮滿版	1921-08-31	03단	府營住宅熱望
101800	鮮滿版	1921-08-31	04단	元山商議改選期
101801	鮮滿版	1921-08-31	04단	驛長小異動
101802	鮮滿版	1921-08-31	04단	元山高女移轉
101803	鮮滿版	1921-08-31	04단	慈惠醫院改築
101804	鮮滿版	1921-08-31	05단	松坡小學認可
101805	鮮滿版	1921-08-31	05단	藝備日々支局
101806	鮮滿版	1921-08-31	05단	辭令
101807	鮮滿版	1921-08-31	05단	傷害事件/滅切殖えた
101808	鮮滿版	1921-08-31	05단	國境脫稅/驛長監吏連累
101809	鮮滿版	1921-08-31	06단	半島茶話

1921년 9월 (선만판)

일련번호	판명	간행일	단수	기사명
101810	鮮滿版	1921-09-01	01단	朝鮮は平靜か惡化か/眞相を母國に宣傳せよ
101811	鮮滿版	1921-09-01	01단	大同江域の大理石層/持腐れの態
101812	鮮滿版	1921-09-01	01단	長白山登山記(三)/河村生
101813	鮮滿版	1921-09-01	02단	咸鏡南北聯絡線延長工事豫定
101814	鮮滿版	1921-09-01	03단	東拓南洋開拓/上田氏出張
101815	鮮滿版	1921-09-01	04단	金組融通擴張
101816	鮮滿版	1921-09-01	04단	淺野典獄逝去
101817	鮮滿版	1921-09-01	04단	警察官が橫暴だ/司法關係者は憤慨する
101818	鮮滿版	1921-09-01	05단	全州川氾濫し輕鐵運轉不能
101819	鮮滿版	1921-09-01	05단	早天に喜雨
101820	鮮滿版	1921-09-01	05단	安邊牛疫發生
101821	鮮滿版	1921-09-01	05단	取消
101822	鮮滿版	1921-09-01	06단	半島茶話
101823	鮮滿版	1921-09-02	01단	法務局新事業計劃/司法機關漸次充實す
101824	鮮滿版	1921-09-02	01단	郵便局員慰安修養施設/巡回文庫/運動と休養室/局醫囑託
101825	鮮滿版	1921-09-02	01단	牛疫豫防(平南/咸南)
101826	鮮滿版	1921-09-02	02단	東宮御歸朝/各地祝賀計劃(釜山/咸興)
101827	鮮滿版	1921-09-02	02단	晉州住宅狀況
101828	鮮滿版	1921-09-02	03단	大邱住宅資金
101829	鮮滿版	1921-09-02	03단	晉州郵便遲延
101830	鮮滿版	1921-09-02	03단	大田電話架設
101831	鮮滿版	1921-09-02	04단	大邱商業會頭
101832	鮮滿版	1921-09-02	04단	羽生判事逝去
101833	鮮滿版	1921-09-02	04단	辭令
101834	鮮滿版	1921-09-02	04단	警官が拷問したと鮮人の訴へ/告訴狀の內容 殺人、不法逮捕、監禁、傷害瀆職罪
101835	鮮滿版	1921-09-02	05단	迷信から死體遺棄
101836	鮮滿版	1921-09-02	05단	支那官兵馬賊に投降
101837	鮮滿版	1921-09-02	06단	草梁遊廓移轉延期
101838	鮮滿版	1921-09-02	06단	ポストの下に金
101839	鮮滿版	1921-09-02	06단	釜山驛前繁榮會
101840	鮮滿版	1921-09-02	06단	半島茶話
101841	鮮滿版	1921-09-03	01단	鮮銀大邱支店
101842	鮮滿版	1921-09-03	01단	東宮御歸朝/各地の奉祝(統營/光州)
101843	鮮滿版	1921-09-03	01단	長白山登山記(四)/河村生
101844	鮮滿版	1921-09-03	02단	慶北秋繭豫想高

일련번호	판명	간행일	단수	기사명
101845	鮮滿版	1921-09-03	03단	大邱に氷庫建設
101846	鮮滿版	1921-09-03	03단	江景火葬場新設
101847	鮮滿版	1921-09-03	04단	慶北産調囑託
101848	鮮滿版	1921-09-03	04단	高等産業講話
101849	鮮滿版	1921-09-03	04단	大田學議改選
101850	鮮滿版	1921-09-03	04단	論山運輸組
101851	鮮滿版	1921-09-03	05단	半島茶話
101852	鮮滿版	1921-09-04	01단	多獅島築港/期成同盟會創立
101853	鮮滿版	1921-09-04	01단	長白山登山記(五)/河村生
101854	鮮滿版	1921-09-04	02단	事態益々紛糾/公園拂下問題
101855	鮮滿版	1921-09-04	02단	統營近況(稅關監視所決定/農漁民の喜び)
101856	鮮滿版	1921-09-04	02단	勞働共濟會支部
101857	鮮滿版	1921-09-04	03단	慶北大豆減收か
101858	鮮滿版	1921-09-04	03단	淸津築港運動
101859	鮮滿版	1921-09-04	03단	大邱電話架設
101860	鮮滿版	1921-09-04	04단	教育品展覽會
101861	鮮滿版	1921-09-04	04단	凄慘な當時の實況/馬賊の裝甲列車襲擊詳報/壯烈なる我兵の奮戰
101862	鮮滿版	1921-09-04	04단	咸北の民を嬉しがらせた水野總監の如才無さ
101863	鮮滿版	1921-09-04	05단	慶州養蜂園
101864	鮮滿版	1921-09-04	06단	城津の祝賀會
101865	鮮滿版	1921-09-04	06단	危險な渡船
101866	鮮滿版	1921-09-04	06단	郵便物紛失
101867	鮮滿版	1921-09-04	06단	半島茶話
101868	鮮滿版	1921-09-06	01단	南大門驛改築計劃
101869	鮮滿版	1921-09-06	01단	平壤上水起債で改修
101870	鮮滿版	1921-09-06	01단	夏秋蠶增收見込
101871	鮮滿版	1921-09-06	01단	農業大會/朝鮮農會改造
101872	鮮滿版	1921-09-06	01단	移出入郵便數
101873	鮮滿版	1921-09-06	01단	婦人會の活動
101874	鮮滿版	1921-09-06	02단	平壤産院計劃
101875	鮮滿版	1921-09-06	02단	拂下競願形勢
101876	鮮滿版	1921-09-06	02단	黃海製叺獎勵
101877	鮮滿版	1921-09-06	02단	平南衛生講習會
101878	鮮滿版	1921-09-06	02단	鎭南浦上水現狀
101879	鮮滿版	1921-09-06	03단	黑山島に燈臺

일련번호	판명	간행일	단수	기사명
101880	鮮滿版	1921-09-06	03단	神社建設許可
101881	鮮滿版	1921-09-06	03단	鴨綠江の流筏
101882	鮮滿版	1921-09-06	03단	平壤電氣現狀
101883	鮮滿版	1921-09-06	03단	元山高女校長
101884	鮮滿版	1921-09-06	03단	朝鮮の稻作は先づ樂觀/篠原農務課長の觀測
101885	鮮滿版	1921-09-06	04단	産調委員囑託
101886	鮮滿版	1921-09-06	04단	兼二浦面長
101887	鮮滿版	1921-09-06	04단	辭令
101888	鮮滿版	1921-09-06	04단	小公園/平壤に設置
101889	鮮滿版	1921-09-06	05단	平南道內の文化施設をフ井ルムに收む
101890	鮮滿版	1921-09-06	05단	金の死因は心臟麻痺と判明
101891	鮮滿版	1921-09-06	05단	巡査惡事露見
101892	鮮滿版	1921-09-06	06단	天道敎區長檢擧
101893	鮮滿版	1921-09-06	06단	記念切手賣行
101894	鮮滿版	1921-09-06	06단	本夫殺し死刑
101895	鮮滿版	1921-09-06	06단	人夫の大喧嘩
101896	鮮滿版	1921-09-06	06단	半島茶話
101897	鮮滿版	1921-09-07	01단	都市住宅難の現狀之が原因と緩和施設
101898	鮮滿版	1921-09-07	01단	國境道路敷設計劃
101899	鮮滿版	1921-09-07	01단	都市建設調査方針
101900	鮮滿版	1921-09-07	01단	龍塘浦埋立/吉村內務部長談
101901	鮮滿版	1921-09-07	02단	平壤上水擴張內容
101902	鮮滿版	1921-09-07	02단	電氣供給協定
101903	鮮滿版	1921-09-07	03단	重砲大隊增築
101904	鮮滿版	1921-09-07	03단	平南農作豫想(栗作/大豆作/在來棉)
101905	鮮滿版	1921-09-07	03단	黃海植桑奬勵
101906	鮮滿版	1921-09-07	03단	舊盆前の慶南
101907	鮮滿版	1921-09-07	03단	論山に電話新設
101908	鮮滿版	1921-09-07	04단	慶南釀造品評會
101909	鮮滿版	1921-09-07	04단	公園拂下問題
101910	鮮滿版	1921-09-07	04단	入場券發賣驛
101911	鮮滿版	1921-09-07	04단	平壤の祝賀會
101912	鮮滿版	1921-09-07	04단	俄に激增した朝鮮人の內地渡來/不良分子には其筋でも警戒
101913	鮮滿版	1921-09-07	04단	本社のグラヒックを奉安した/釜山の東宮御歸朝記念お伽會
101914	鮮滿版	1921-09-07	04단	久保田面長失政の跡意外に亂脈
101915	鮮滿版	1921-09-07	05단	松岡面長着任

일련번호	판명	간행일	단수	기사명
101916	鮮滿版	1921-09-07	05단	裡里小學增築
101917	鮮滿版	1921-09-07	05단	統營小賣組合
101918	鮮滿版	1921-09-07	05단	統營煎子近況
101919	鮮滿版	1921-09-07	05단	辭令
101920	鮮滿版	1921-09-07	06단	女傳道師朝鮮にやって來るだらう
101921	鮮滿版	1921-09-07	06단	不逞鮮人團侵入の機を窺ふ
101922	鮮滿版	1921-09-07	06단	半島茶話
101923	鮮滿版	1921-09-08	01단	朝鮮産業調査委員/初會期は十五日より五日間(內地側(二十一名)/朝鮮側(二十一名)/臨時委員/幹事)
101924	鮮滿版	1921-09-08	01단	在外鮮人七十八萬餘
101925	鮮滿版	1921-09-08	01단	航空第六大隊獨立移轉期/來る十一月
101926	鮮滿版	1921-09-08	01단	山陰北鮮航路補助要求運動
101927	鮮滿版	1921-09-08	02단	兩道甛菜作況
101928	鮮滿版	1921-09-08	02단	本土滿鮮連絡飛行 太刀洗から一氣に京城へ/釜山通過は二十二三日頃
101929	鮮滿版	1921-09-08	02단	長白山登山記(六)/河村生
101930	鮮滿版	1921-09-08	04단	琿春に馬賊迫り來り/特使を以て靴一千足を要求
101931	鮮滿版	1921-09-08	04단	妓生が廢業して內地に留學
101932	鮮滿版	1921-09-08	06단	半島茶話
101933	鮮滿版	1921-09-09	01단	民間の意見を尊重して産業政策を樹立せん/朝鮮産業調査會の使命
101934	鮮滿版	1921-09-09	01단	實業家懇話會/廿日より三日間
101935	鮮滿版	1921-09-09	01단	釜山穀物取引
101936	鮮滿版	1921-09-09	01단	京城の東宮御歸朝奉祝
101937	鮮滿版	1921-09-09	02단	釜山社會課問題
101938	鮮滿版	1921-09-09	03단	平壤會議所建築
101939	鮮滿版	1921-09-09	03단	小麥包裝と麻袋
101940	鮮滿版	1921-09-09	04단	鮮銀行員異動
101941	鮮滿版	1921-09-09	04단	慈惠院表彰式
101942	鮮滿版	1921-09-09	04단	沃川警察改築
101943	鮮滿版	1921-09-09	04단	公州電燈開業
101944	鮮滿版	1921-09-09	04단	淸州農校記念
101945	鮮滿版	1921-09-09	04단	咸南粟大豆作
101946	鮮滿版	1921-09-09	05단	定州稻作減收
101947	鮮滿版	1921-09-09	05단	公用を帶ぶ領事館員/馬賊に襲はれて慘死
101948	鮮滿版	1921-09-09	05단	對岸で侵入の機を窺ふ/不逞鮮人團の所在と形勢

일련번호	판명	간행일	단수	기사명
101949	鮮滿版	1921-09-09	05단	蒙古引揚の奉天兵士/日本驛員に凌辱を加ふ
101950	鮮滿版	1921-09-09	05단	賴母子講競落の有樣
101951	鮮滿版	1921-09-09	06단	拷問事件/境檢事正語る
101952	鮮滿版	1921-09-09	06단	獨立團加擔者歸國して捕はる
101953	鮮滿版	1921-09-09	07단	*咸南牛疫小康/影響甚し*
101954	鮮滿版	1921-09-09	07단	大田廉賣所開設
101955	鮮滿版	1921-09-09	07단	半島茶話
101956	鮮滿版	1921-09-10	01단	*ロックフエラー氏朝鮮にも投資するか/口氏の爲人は富豪の鑑だ*
101957	鮮滿版	1921-09-10	01단	大邱に教會堂/ス氏活動せん
101958	鮮滿版	1921-09-10	01단	産鐵愈よ着工
101959	鮮滿版	1921-09-10	01단	産金出廻漸增
101960	鮮滿版	1921-09-10	01단	西鮮地方勞銀
101961	鮮滿版	1921-09-10	02단	平壤金融狀況
101962	鮮滿版	1921-09-10	02단	平壤穀物相場
101963	鮮滿版	1921-09-10	02단	光州に中學要望
101964	鮮滿版	1921-09-10	03단	光州郡廳移轉議
101965	鮮滿版	1921-09-10	03단	營林廠材價引上
101966	鮮滿版	1921-09-10	03단	勝湖里發展趨勢
101967	鮮滿版	1921-09-10	03단	威化小學認可
101968	鮮滿版	1921-09-10	03단	小野田洋灰成績
101969	鮮滿版	1921-09-10	03단	辭令
101970	鮮滿版	1921-09-10	04단	白洲に立つ朝鮮婦人/態度男子に優る
101971	鮮滿版	1921-09-10	04단	平壤で借家爭議/家主から家賃倍增の通告
101972	鮮滿版	1921-09-10	05단	全南警察部より正誤を申込む/警官拷問事件として人目を惹いた記事に就き全羅南道警察部より左の如く正誤を申込んで來た/全南箞第四〇一九號/大正十年九月五日/全羅南道警察印/大販朝日新聞社御中(新聞記事訂正に關する件/事件の發端/告訴の事實/犯罪事實の有無)
101973	鮮滿版	1921-09-10	05단	學生デーに反對
101974	鮮滿版	1921-09-10	06단	玄武門保存計劃
101975	鮮滿版	1921-09-10	06단	明完壁氏表彰式
101976	鮮滿版	1921-09-10	06단	郡廳控所崩壞
101977	鮮滿版	1921-09-10	06단	人(川村竹治郎氏(拓殖局長)/ジヨンヘイスハンモンド(前パナマ太平洋博覽會總裁米國鑛山技師)
101978	鮮滿版	1921-09-10	06단	半島茶話

일련번호	판명	간행일	단수	기사명
101979	鮮滿版	1921-09-11	01단	間島撤兵後の推移(一)/京城井上收
101980	鮮滿版	1921-09-11	02단	靑島では新稅賦課/阿片收入が激減したので
101981	鮮滿版	1921-09-11	02단	山地帶に米作が可能
101982	鮮滿版	1921-09-11	02단	平壤校舍不足/增築財源如可
101983	鮮滿版	1921-09-11	03단	牛檢疫に批難
101984	鮮滿版	1921-09-11	03단	金融組合增設
101985	鮮滿版	1921-09-11	04단	南浦電氣需要量
101986	鮮滿版	1921-09-11	04단	永川水電計劃
101987	鮮滿版	1921-09-11	04단	*基督教宣教師大會 京城で十六日から一週間開催/日本人教會*
101988	鮮滿版	1921-09-11	04단	馬賊鐵龍/官兵を破る
101989	鮮滿版	1921-09-11	04단	大虎現はれ鮮人を嚙殺す
101990	鮮滿版	1921-09-11	05단	咸南蠶種檢査
101991	鮮滿版	1921-09-11	05단	大田學議改選
101992	鮮滿版	1921-09-11	05단	釜山貨物狀況
101993	鮮滿版	1921-09-11	05단	辭令
101994	鮮滿版	1921-09-11	06단	下田歌子女史/朝鮮巡回日程
101995	鮮滿版	1921-09-11	06단	女汽船から投身
101996	鮮滿版	1921-09-11	06단	韓相契氏の美事
101997	鮮滿版	1921-09-11	06단	半島茶話
101998	鮮滿版	1921-09-13	01단	間島撤兵後の推移(二)/京城井上收
101999	鮮滿版	1921-09-13	01단	*煙草の種類が殖える 金口煙草も朝鮮で造らう/煙草製造現狀 西田事務官談*
102000	鮮滿版	1921-09-13	02단	平壤電鐵私營か公營か
102001	鮮滿版	1921-09-13	03단	間島は平年作
102002	鮮滿版	1921-09-13	03단	京城客月商況
102003	鮮滿版	1921-09-13	04단	釜山客月貿易
102004	鮮滿版	1921-09-13	04단	平壤都市研究會
102005	鮮滿版	1921-09-13	04단	試驗場支所要望
102006	鮮滿版	1921-09-13	04단	釜山協議議題
102007	鮮滿版	1921-09-13	04단	瓦電供給擴張
102008	鮮滿版	1921-09-13	05단	全州農校移築
102009	鮮滿版	1921-09-13	05단	全州敎育會
102010	鮮滿版	1921-09-13	05단	德川郡儒林會
102011	鮮滿版	1921-09-13	05단	保證金引上
102012	鮮滿版	1921-09-13	05단	仁商特別議員
102013	鮮滿版	1921-09-13	05단	全北棉花收穫

일련번호	판명	간행일	단수	기사명
102014	鮮滿版	1921-09-13	05단	全北秋蠶況
102015	鮮滿版	1921-09-13	05단	東拓支店移轉
102016	鮮滿版	1921-09-13	05단	辭令
102017	鮮滿版	1921-09-13	05단	日曜學校聯合大會/十一月一日擧行
102018	鮮滿版	1921-09-13	06단	京城府住宅不足と家賃の高さ
102019	鮮滿版	1921-09-13	06단	着陸準備/渡邊大尉滯留
102020	鮮滿版	1921-09-13	06단	半島茶話
102021	鮮滿版	1921-09-14	01단	間島撤兵後の推移(三)/京城井上收
102022	鮮滿版	1921-09-14	01단	釜山行淸物桶の中から(上)/靑山生
102023	鮮滿版	1921-09-14	02단	尼崎汽船北鮮經營/海運界活況
102024	鮮滿版	1921-09-14	02단	客月京城金融/朝鮮銀行調査
102025	鮮滿版	1921-09-14	03단	齋藤總督巡視
102026	鮮滿版	1921-09-14	03단	拂下競願取下
102027	鮮滿版	1921-09-14	04단	天圖鐵道有望
102028	鮮滿版	1921-09-14	04단	旅團對抗演習
102029	鮮滿版	1921-09-14	04단	大同江で鱒試養
102030	鮮滿版	1921-09-14	05단	平壤天然氷取締
102031	鮮滿版	1921-09-14	05단	築港運動で上京
102032	鮮滿版	1921-09-14	05단	鮮人校長任命
102033	鮮滿版	1921-09-14	05단	釜山煙草賣行
102034	鮮滿版	1921-09-14	06단	穀物信託重役
102035	鮮滿版	1921-09-14	06단	選擧法に依る小學級長選擧
102036	鮮滿版	1921-09-14	06단	警官の猛獸狩り
102037	鮮滿版	1921-09-14	06단	論山の彌勒祭
102038	鮮滿版	1921-09-14	06단	人(大原胤夫氏/山本大田面副長)
102039	鮮滿版	1921-09-14	06단	半島茶話
102040	鮮滿版	1921-09-15	01단	間島撤兵後の推移(四)/京城井上收
102041	鮮滿版	1921-09-15	02단	鮮滿通信/聯絡の楷梯
102042	鮮滿版	1921-09-15	02단	鐵道工場擴張計劃
102043	鮮滿版	1921-09-15	03단	基敎布敎現狀/內外人の優劣
102044	鮮滿版	1921-09-15	03단	煙草專賣制改善
102045	鮮滿版	1921-09-15	03단	小麥包裝問題
102046	鮮滿版	1921-09-15	04단	新法院長着任
102047	鮮滿版	1921-09-15	04단	湖南線改善期
102048	鮮滿版	1921-09-15	04단	血を吐く思ひの未亡人 我夫牛丸の死因は遺書の中に明記しありと訴ふ/朝鮮へ自ら進んで行って悲劇

일련번호	판명	간행일	단수	기사명
102049	鮮滿版	1921-09-15	05단	郵便自動車
102050	鮮滿版	1921-09-15	05단	大田新米走り
102051	鮮滿版	1921-09-15	05단	三好氏住宅計劃
102052	鮮滿版	1921-09-15	05단	辭令
102053	鮮滿版	1921-09-15	05단	初めて我國の僧籍に列した鮮人/錦の法衣を着飾って歸鮮の途に就いた崔政鏞
102054	鮮滿版	1921-09-15	06단	大田の秋祭り
102055	鮮滿版	1921-09-15	06단	半島茶話
102056	鮮滿版	1921-09-15	06단	人(ハモンド氏(太平洋博覽會總裁)/原田金之祐氏(朝鮮産業調査委員))
102057	鮮滿版	1921-09-16	01단	間島撤兵後の推移(五)/京城井上收
102058	鮮滿版	1921-09-16	01단	釜山行雨の東萊溫泉(中)/靑山生
102059	鮮滿版	1921-09-16	03단	朝鮮の産業政策は朝鮮人本位とせよ/鮮人側産業大會の建議
102060	鮮滿版	1921-09-16	03단	地方通信競技
102061	鮮滿版	1921-09-16	03단	農家改善策/産調に附議せん
102062	鮮滿版	1921-09-16	04단	貨物移動增加
102063	鮮滿版	1921-09-16	04단	鮮銀買入金塊
102064	鮮滿版	1921-09-16	04단	參列者汽車割引
102065	鮮滿版	1921-09-16	05단	爆彈騷は彼等の術策/嚴戒裡に歸任した齋藤總督
102066	鮮滿版	1921-09-16	05단	全北淸酒品評會
102067	鮮滿版	1921-09-16	05단	航空隊に衛兵
102068	鮮滿版	1921-09-16	05단	經濟院講演會
102069	鮮滿版	1921-09-16	05단	城東里郵便所
102070	鮮滿版	1921-09-16	05단	辭令
102071	鮮滿版	1921-09-16	06단	支那兵/採木事業に妨害
102072	鮮滿版	1921-09-16	06단	半島茶話
102073	鮮滿版	1921-09-17	01단	間島撤兵後の推移(六)/京城井上收
102074	鮮滿版	1921-09-17	02단	補給金增額問題は大藏省で擊退の氣勢を見せた
102075	鮮滿版	1921-09-17	03단	魚族調査實施の要
102076	鮮滿版	1921-09-17	04단	仁取增資要望
102077	鮮滿版	1921-09-17	04단	上旬運輸成績
102078	鮮滿版	1921-09-17	04단	木材運賃低減
102079	鮮滿版	1921-09-17	04단	間島金融狀況
102080	鮮滿版	1921-09-17	05단	府有志住宅組合
102081	鮮滿版	1921-09-17	05단	七七隊攻防演習
102082	鮮滿版	1921-09-17	05단	黃海道稻作況

일련번호	판명	간행일	단수	기사명
102083	鮮滿版	1921-09-17	05단	全州煙草組合
102084	鮮滿版	1921-09-17	05단	大豆初出廻り
102085	鮮滿版	1921-09-17	05단	咸興より
102086	鮮滿版	1921-09-17	06단	黄海道牛疫豫防
102087	鮮滿版	1921-09-17	06단	外人醫師に脅迫
102088	鮮滿版	1921-09-17	06단	藤本病院長
102089	鮮滿版	1921-09-17	06단	半島茶話
102090	鮮滿版	1921-09-18	01단	間島撤兵後の推移(七)/京城井上收
102091	鮮滿版	1921-09-18	02단	官設産調に對して民設産調を設けよとの輿論西鮮に起る
102092	鮮滿版	1921-09-18	02단	平壤府の新稅/第一に戶別稅
102093	鮮滿版	1921-09-18	03단	浦項航路運動
102094	鮮滿版	1921-09-18	04단	自動車取締細則
102095	鮮滿版	1921-09-18	04단	客月大邱貿易
102096	鮮滿版	1921-09-18	04단	大邱は儒者の巣窟/儒者連は不逞の徒に與せぬ/宇野帝大教授談
102097	鮮滿版	1921-09-18	04단	不逞團平壤に迫る/射殺又は逮捕
102098	鮮滿版	1921-09-18	04단	琿春脅さる馬賊襲來の報
102099	鮮滿版	1921-09-18	05단	清津港貿易額
102100	鮮滿版	1921-09-18	05단	對岸視察團
102101	鮮滿版	1921-09-18	05단	鳥致院新米
102102	鮮滿版	1921-09-18	05단	渡滿飛行準備成る
102103	鮮滿版	1921-09-18	06단	嫉妬で殺傷し自殺未遂て捕はる
102104	鮮滿版	1921-09-18	06단	巡査熊を刺止む
102105	鮮滿版	1921-09-18	06단	拷問致死判決
102106	鮮滿版	1921-09-18	06단	半島茶話
102107	鮮滿版	1921-09-20	01단	産業調査會(總督府第二會議室にて開會)
102108	鮮滿版	1921-09-20	01단	遞信囑託醫配置
102109	鮮滿版	1921-09-20	01단	特殊車扱實施
102110	鮮滿版	1921-09-20	01단	瑞氣山讓渡の要
102111	鮮滿版	1921-09-20	02단	平壤歳入捻出
102112	鮮滿版	1921-09-20	02단	全南實業大會
102113	鮮滿版	1921-09-20	02단	京管鐵道醫招集
102114	鮮滿版	1921-09-20	02단	上田視學官辭職
102115	鮮滿版	1921-09-20	02단	各社航雄基寄航
102116	鮮滿版	1921-09-20	03단	商議聯合會提案
102117	鮮滿版	1921-09-20	03단	慶南道稻平年作
102118	鮮滿版	1921-09-20	03단	海州面營住宅

일련번호	판명	간행일	단수	기사명
102119	鮮滿版	1921-09-20	03단	沃錦道路陳情
102120	鮮滿版	1921-09-20	03단	大田廉賣所
102121	鮮滿版	1921-09-20	03단	全州電話抽籤
102122	鮮滿版	1921-09-20	04단	釜山局多忙
102123	鮮滿版	1921-09-20	04단	大邱經濟狀況
102124	鮮滿版	1921-09-20	04단	慶北果實移出
102125	鮮滿版	1921-09-20	04단	太刀洗から長春へ半島を縱斷する四機 廿六日京城に着陸/操縱者京城で講演/準備委員入來/豫備機來らん
102126	鮮滿版	1921-09-20	04단	平壤警戒嚴重
102127	鮮滿版	1921-09-20	04단	大邱大競馬會
102128	鮮滿版	1921-09-20	05단	釜山金組落成
102129	鮮滿版	1921-09-20	05단	地主會視察團
102130	鮮滿版	1921-09-20	05단	元山商議改選
102131	鮮滿版	1921-09-20	05단	大邱通信競技
102132	鮮滿版	1921-09-20	06단	淸津埠頭で鰹漁
102133	鮮滿版	1921-09-20	06단	豺小兒を咬殺す
102134	鮮滿版	1921-09-20	06단	黃海道の鳥獵
102135	鮮滿版	1921-09-20	06단	巖笑一座
102136	鮮滿版	1921-09-20	06단	半島茶話
102137	鮮滿版	1921-09-21	01단	總督府の住宅難緩和策 官舍增設に一變す 低利融通は遲馳と氣付いた/殖銀から低資貸出 森貸付課長談/殖銀貸出利下
102138	鮮滿版	1921-09-21	01단	今回の准專門學校は當分內地同樣の特權は得られぬ/松村學務課長談
102139	鮮滿版	1921-09-21	01단	滿鐵の鮮鐵經營方針改善と建設とを着々斷行せん/咸鏡南線着工
102140	鮮滿版	1921-09-21	01단	釜山行吽哆敎の眞相(下)/靑山生
102141	鮮滿版	1921-09-21	03단	南鮮六道俵米品評會/出品四百點
102142	鮮滿版	1921-09-21	04단	體操科講習會
102143	鮮滿版	1921-09-21	04단	平壤傳染病院/明放せよとの奧論
102144	鮮滿版	1921-09-21	05단	民間樹苗養成
102145	鮮滿版	1921-09-21	05단	京城組合銀行帳尻
102146	鮮滿版	1921-09-21	05단	陽德祝賀會
102147	鮮滿版	1921-09-21	05단	上田氏留學
102148	鮮滿版	1921-09-21	05단	安東より(市內電話架設/洞制廢止/畜産品評會)
102149	鮮滿版	1921-09-21	05단	週刊經濟雜誌
102150	鮮滿版	1921-09-21	05단	光復團員大檢擧斷行

일련번호	판명	간행일	단수	기사명
102151	鮮滿版	1921-09-21	06단	國境勤務の郵便局員に蓄音機配布
102152	鮮滿版	1921-09-21	06단	飛機操縱者に記念金牌贈呈
102153	鮮滿版	1921-09-21	06단	上海の虎疫
102154	鮮滿版	1921-09-21	06단	半島茶話
102155	鮮滿版	1921-09-22	01단	風雅な歌人の團欒/淸香園の全鮮短歌大會
102156	鮮滿版	1921-09-22	01단	朝鮮各鐵道の收益對比
102157	鮮滿版	1921-09-22	03단	靠山空しく死してセ將軍の企圖亦敗る
102158	鮮滿版	1921-09-22	04단	沃川の諸機關/驛前に集中か
102159	鮮滿版	1921-09-22	04단	馬山病院買收
102160	鮮滿版	1921-09-22	05단	中鐵延長線工程
102161	鮮滿版	1921-09-22	05단	鎭昌鐵道着工
102162	鮮滿版	1921-09-22	05단	廣梁灣鹽田擴張
102163	鮮滿版	1921-09-22	05단	慶北實業懇話會
102164	鮮滿版	1921-09-22	06단	江上の支那船轉覆して救はる
102165	鮮滿版	1921-09-22	06단	高村巡査死す
102166	鮮滿版	1921-09-22	06단	半島茶話
102167	鮮滿版	1921-09-23	01단	槪ね日本人は癩病に眞箇の理解がない/齋藤總督の書簡の一節
102168	鮮滿版	1921-09-23	01단	軍馬補充部土地買收完了
102169	鮮滿版	1921-09-23	01단	淸津に會議所設置申請準備
102170	鮮滿版	1921-09-23	01단	馬賊の正體(一)/K生
102171	鮮滿版	1921-09-23	02단	平壤電鐵問題
102172	鮮滿版	1921-09-23	03단	平南小學趨勢
102173	鮮滿版	1921-09-23	04단	汽車割引請願
102174	鮮滿版	1921-09-23	04단	郵便物區分改正
102175	鮮滿版	1921-09-23	04단	女教員內地視察
102176	鮮滿版	1921-09-23	04단	全南儒林團視察
102177	鮮滿版	1921-09-23	04단	社會敎化展覽會
102178	鮮滿版	1921-09-23	04단	慶北實業家提案
102179	鮮滿版	1921-09-23	04단	棉花現品販賣制
102180	鮮滿版	1921-09-23	05단	福原社長召喚
102181	鮮滿版	1921-09-23	05단	水産業打合會
102182	鮮滿版	1921-09-23	05단	求禮普校開校
102183	鮮滿版	1921-09-23	05단	咸北石炭不振
102184	鮮滿版	1921-09-23	05단	全南棉作不良
102185	鮮滿版	1921-09-23	05단	女學生は爆彈事件に影響を受けない
102186	鮮滿版	1921-09-23	06단	渡滿飛行機大邱通過時

일련번호	판명	간행일	단수	기사명
102187	鮮滿版	1921-09-23	06단	尹氏取下げず名譽毀損の訴を
102188	鮮滿版	1921-09-23	06단	誤って射殺さる上等兵の奇禍
102189	鮮滿版	1921-09-23	06단	茂山のチブス
102190	鮮滿版	1921-09-23	06단	半島茶話
102191	鮮滿版	1921-09-24	01단	十月十五日より開催する滿鮮會議所聯合會に內地會議所も參加す
102192	鮮滿版	1921-09-24	01단	朝鮮會議所聯合會/平壤に開催
102193	鮮滿版	1921-09-24	01단	家庭工業展覽會/十一月一日開催
102194	鮮滿版	1921-09-24	01단	天華洋行支店朝鮮に蔓る
102195	鮮滿版	1921-09-24	01단	馬賊の正體(二)/K生
102196	鮮滿版	1921-09-24	02단	西鮮地方商況
102197	鮮滿版	1921-09-24	02단	遞信傳習生養成
102198	鮮滿版	1921-09-24	02단	都市研究會組織
102199	鮮滿版	1921-09-24	03단	明川炭鑛の概況(地理/港灣/鐵道/鑛區所在地/鑛區及鑛量/明川炭の前途/坑夫勞金/博士の說)
102200	鮮滿版	1921-09-24	03단	多獅島築港採納
102201	鮮滿版	1921-09-24	03단	西鮮在來棉生産
102202	鮮滿版	1921-09-24	04단	長城郡衙建築
102203	鮮滿版	1921-09-24	04단	殖鐵沙里院驛
102204	鮮滿版	1921-09-24	04단	全南の盲啞數
102205	鮮滿版	1921-09-24	04단	半島茶話
102206	鮮滿版	1921-09-25	01단	朝鮮産業計劃要項 産業調査會の決議/朝鮮産業に關する計劃要項(第一、農業に關する件/第二、林業に關する件/第三、水産業に關する件/第四、工業に關する件/第五、鑛業に關する件/第六、燃料及動力に關する件/第七、産業資金に關する件/第八、海運施設に關する件/第九、鐵道施設に關する件/第十、道路、港灣河川に關する件)/附帶決議(農業に關する件/林業に關する件/水産業に關する件/商業全般に共通する件)
102207	鮮滿版	1921-09-25	03단	水野總督宣敎師に希望
102208	鮮滿版	1921-09-25	03단	鴨綠江日支共同測量
102209	鮮滿版	1921-09-25	04단	東萊交通改善期成同盟組織
102210	鮮滿版	1921-09-25	04단	口博士朝鮮視察
102211	鮮滿版	1921-09-25	04단	全鮮の大空に飛行機が翔け廻る時期/航空第六大隊の移動近し/服部大尉談
102212	鮮滿版	1921-09-25	05단	敷物包裝改善
102213	鮮滿版	1921-09-25	05단	辭令

일련번호	판명	간행일	단수	기사명
102214	鮮滿版	1921-09-25	05단	拷問事件丹羽理事調査
102215	鮮滿版	1921-09-25	05단	不逞團山林中で密議
102216	鮮滿版	1921-09-25	05단	堰堤に反對で農民大擧陳情
102217	鮮滿版	1921-09-25	06단	七人組捕はる
102218	鮮滿版	1921-09-25	06단	人(有川少將(航空學校長)/岩井技師(土木部建築課長)/佐々木慶南道知事)
102219	鮮滿版	1921-09-25	06단	半島茶話
102220	鮮滿版	1921-09-27	01단	朝鮮中央衛生會組織さる/地方病及傳染病の根本研究開始
102221	鮮滿版	1921-09-27	01단	專任視學各道に增置
102222	鮮滿版	1921-09-27	01단	會衆敎會新傳道機關組織
102223	鮮滿版	1921-09-27	01단	馬賊の正體(三)/K生
102224	鮮滿版	1921-09-27	02단	平壤戶口增加著し
102225	鮮滿版	1921-09-27	02단	軍司令官巡視
102226	鮮滿版	1921-09-27	02단	實業家意見整理
102227	鮮滿版	1921-09-27	03단	大同架橋工程
102228	鮮滿版	1921-09-27	03단	農林學校決定
102229	鮮滿版	1921-09-27	03단	第二高女新築
102230	鮮滿版	1921-09-27	03단	鮮郵運賃引下
102231	鮮滿版	1921-09-27	04단	京城勞銀低落
102232	鮮滿版	1921-09-27	04단	京城物價騰貴
102233	鮮滿版	1921-09-27	04단	鮮鐵貨物減少
102234	鮮滿版	1921-09-27	04단	馬山協贊會成立/審査員決定
102235	鮮滿版	1921-09-27	04단	群山八月中貿易
102236	鮮滿版	1921-09-27	05단	公州に高普校
102237	鮮滿版	1921-09-27	05단	第二金組設立
102238	鮮滿版	1921-09-27	05단	梨津洞郵便局
102239	鮮滿版	1921-09-27	05단	郵便所移轉
102240	鮮滿版	1921-09-27	05단	榮山浦商工會役員
102241	鮮滿版	1921-09-27	05단	李王世子三殿下御渡鮮期/妃殿下台臨
102242	鮮滿版	1921-09-27	05단	牛疫猖獗で牛價暴落 農民自發的に豫防に努力す/家畜市場停止
102243	鮮滿版	1921-09-27	06단	小學校運動會
102244	鮮滿版	1921-09-27	06단	忠淸庭球大會
102245	鮮滿版	1921-09-27	06단	苹果害蟲發生
102246	鮮滿版	1921-09-27	06단	人(井上八重二氏)
102247	鮮滿版	1921-09-27	06단	半島茶話
102248	鮮滿版	1921-09-28	01단	バルコニーの學事視察團

일련번호	판명	간행일	단수	기사명
102249	鮮滿版	1921-09-28	01단	*師範學校增設計劃 北は平壤、南は大邱に/進路開發 柴田學務局長談*
102250	鮮滿版	1921-09-28	01단	敎員住宅/京城に建設
102251	鮮滿版	1921-09-28	01단	*平壤傳染病現狀/豫防協議*
102252	鮮滿版	1921-09-28	01단	馬賊の正體(四)/K生
102253	鮮滿版	1921-09-28	03단	平南牛疫豫防
102254	鮮滿版	1921-09-28	04단	長監兩派聯合會
102255	鮮滿版	1921-09-28	04단	監理派年次會
102256	鮮滿版	1921-09-28	04단	鮮銀平壤支店
102257	鮮滿版	1921-09-28	04단	忠南の稻作
102258	鮮滿版	1921-09-28	05단	南浦繰綿再開
102259	鮮滿版	1921-09-28	05단	群山金融狀況
102260	鮮滿版	1921-09-28	05단	西鮮地方民心善化/岡本檢事正談
102261	鮮滿版	1921-09-28	06단	鮮人仲仕賃金引上運動
102262	鮮滿版	1921-09-28	06단	半島茶話
102263	鮮滿版	1921-09-29	01단	內地人の中等學校概ね充實す/松村學務課長談
102264	鮮滿版	1921-09-29	01단	南鮮物産共進會開期は來年か
102265	鮮滿版	1921-09-29	01단	*全南稻作豫想 二百十五萬餘石/慶尙南北*
102266	鮮滿版	1921-09-29	01단	山東見物(1)/風來坊
102267	鮮滿版	1921-09-29	02단	警官聖書研究
102268	鮮滿版	1921-09-29	02단	殖銀行員異動
102269	鮮滿版	1921-09-29	02단	北支學事視察團
102270	鮮滿版	1921-09-29	02단	公州高普校問題
102271	鮮滿版	1921-09-29	03단	新義州燒酎密輸
102272	鮮滿版	1921-09-29	04단	釜山武德館敷地
102273	鮮滿版	1921-09-29	04단	臨時列車運轉
102274	鮮滿版	1921-09-29	04단	長城獎農會
102275	鮮滿版	1921-09-29	04단	咸興より
102276	鮮滿版	1921-09-29	04단	勞農政治下に呻吟する西伯利住民の慘狀/此世からなる餓鬼道の苛責
102277	鮮滿版	1921-09-29	05단	お伽家庭巡回講演會/十月上旬より開始
102278	鮮滿版	1921-09-29	06단	兩船主に要償/東洋海保の訴
102279	鮮滿版	1921-09-29	06단	下田女史來田
102280	鮮滿版	1921-09-29	06단	人(上林敬次郎氏/石塚英藏氏/柴田善三郎氏)
102281	鮮滿版	1921-09-29	06단	半島茶話
102282	鮮滿版	1921-09-30	01단	東拓の大田水力着工躊躇不可

일련번호	판명	간행일	단수	기사명
102283	鮮滿版	1921-09-30	01단	鎭昌線着工で鎭海復活の態
102284	鮮滿版	1921-09-30	01단	鮮人所長好績
102285	鮮滿版	1921-09-30	01단	山東見物(2)/風來坊
102286	鮮滿版	1921-09-30	02단	全南各面豫算
102287	鮮滿版	1921-09-30	02단	平壤職業紹介
102288	鮮滿版	1921-09-30	02단	光州活氣を呈す
102289	鮮滿版	1921-09-30	02단	全南釀造品評會
102290	鮮滿版	1921-09-30	02단	麻袋問題落着か
102291	鮮滿版	1921-09-30	03단	神學校新事業
102292	鮮滿版	1921-09-30	03단	平和博出品
102293	鮮滿版	1921-09-30	03단	醫師と云ふ五分の四が危險な醫生
102294	鮮滿版	1921-09-30	04단	祖國を逐はれて異國に教鞭を執るレニン、トロッキーは惡人だと口を極めて痛罵す/ボルヂレッフ博士
102295	鮮滿版	1921-09-30	04단	教員神宮參拜
102296	鮮滿版	1921-09-30	04단	加藤神社に朝鮮館建設
102297	鮮滿版	1921-09-30	05단	拵らへた歌/全鮮短歌會にて
102298	鮮滿版	1921-09-30	05단	お伽家庭巡回講演會/十月上旬より開始

1921년 10월 (선만판)

일련번호	판명	간행일	단수	기사명
102299	鮮滿版	1921-10-01	01단	東拓明年度新開墾地/二箇所で工費百十萬圓
102300	鮮滿版	1921-10-01	01단	感化院收容方針
102301	鮮滿版	1921-10-01	01단	中央衛生會開期
102302	鮮滿版	1921-10-01	01단	京管巡廻文庫
102303	鮮滿版	1921-10-01	01단	英國艦隊來航
102304	鮮滿版	1921-10-01	01단	山東見物(３)/風來方
102305	鮮滿版	1921-10-01	02단	朝鮮農會役員
102306	鮮滿版	1921-10-01	02단	久保理事重任
102307	鮮滿版	1921-10-01	02단	孫郡守不信任
102308	鮮滿版	1921-10-01	02단	戶山校派遣將校
102309	鮮滿版	1921-10-01	02단	浦項漁業懇談會
102310	鮮滿版	1921-10-01	02단	新連絡船の命名
102311	鮮滿版	1921-10-01	02단	將校勤務演習
102312	鮮滿版	1921-10-01	03단	彌助里郵便所
102313	鮮滿版	1921-10-01	03단	榮州學組議員
102314	鮮滿版	1921-10-01	03단	大興電氣檢查
102315	鮮滿版	1921-10-01	03단	釜山水稻作況
102316	鮮滿版	1921-10-01	03단	中村檢事長巡視
102317	鮮滿版	1921-10-01	03단	商校修學旅行
102318	鮮滿版	1921-10-01	04단	大邱煙草賣上
102319	鮮滿版	1921-10-01	04단	辭令
102320	鮮滿版	1921-10-01	04단	鮮人學生講演團同胞に多大の感動を與へた
102321	鮮滿版	1921-10-01	04단	山東野球大會榮冠は山鐵軍に(第一戰　山鐵十一實業八/ヤング十五A乙卯十/中學十二遞信四/淄川二十二A錦屛七/一勝者戰山鐵九A中學三/ヤング十七淄川十六/優勝戰山鐵十八ヤング一)
102322	鮮滿版	1921-10-01	05단	全鮮競馬大會
102323	鮮滿版	1921-10-01	06단	三等客車增結
102324	鮮滿版	1921-10-01	06단	咸南衛生展覽會
102325	鮮滿版	1921-10-01	06단	全南忠魂碑祭典
102326	鮮滿版	1921-10-01	06단	光州神社祭典
102327	鮮滿版	1921-10-01	06단	『赤土』發刊
102328	鮮滿版	1921-10-01	06단	半島茶話
102329	鮮滿版	1921-10-02	01단	東宮御渡歐活寫京城で野外公開/觀衆雲集して感激したが小搖もせず靜肅であった
102330	鮮滿版	1921-10-02	01단	平吾は平吉と詐稱し京城にゴロついて居る中/宇都宮前軍司令官をユスリ金をせしめて行った

일련번호	판명	간행일	단수	기사명
102331	鮮滿版	1921-10-02	01단	山東見物(４)/風來方
102332	鮮滿版	1921-10-02	02단	淸州の看護婦怠業して要求
102333	鮮滿版	1921-10-02	03단	尹顯振病死す
102334	鮮滿版	1921-10-02	03단	警官殺し逮捕
102335	鮮滿版	1921-10-02	03단	無情な盲琴師
102336	鮮滿版	1921-10-02	04단	釜山の黃砂
102337	鮮滿版	1921-10-02	04단	大田中學運動會
102338	鮮滿版	1921-10-02	04단	施政宣傳效果/松澤理事官談
102339	鮮滿版	1921-10-02	04단	平南學校增設
102340	鮮滿版	1921-10-02	05단	自動車軌道計劃
102341	鮮滿版	1921-10-02	05단	平壤商議評議員會
102342	鮮滿版	1921-10-02	05단	忠南高普校位置
102343	鮮滿版	1921-10-02	06단	阪路改良工事
102344	鮮滿版	1921-10-02	06단	江景面擴張
102345	鮮滿版	1921-10-02	06단	金組定欵變更(金泉)
102346	鮮滿版	1921-10-02	06단	學組議員增加
102347	鮮滿版	1921-10-02	06단	金泉警察新築
102348	鮮滿版	1921-10-02	06단	大田電話遲延
102349	鮮滿版	1921-10-02	06단	半島茶話
102350	鮮滿版	1921-10-04	01단	各商業會議所提案/朝鮮聯合會/滿鮮聯合會(京城商業會議所提出/鎭南浦商業會議所提出/仁川商業會議所提出/大邱商業會議所提出/方策/釜山商業會議所提出/安東商業會議所提出/長崎商業會議所提出/平壤商業會議所提出)
102351	鮮滿版	1921-10-04	01단	地方官異動近し
102352	鮮滿版	1921-10-04	01단	大同江架橋起工式/使用電力
102353	鮮滿版	1921-10-04	02단	穀物市場設置認可
102354	鮮滿版	1921-10-04	02단	大豆と粟/前年と大差無し
102355	鮮滿版	1921-10-04	02단	傳染患者激增/病室擴張急務
102356	鮮滿版	1921-10-04	03단	太平洋會議に鮮人動搖せじ/嚴理事官談
102357	鮮滿版	1921-10-04	03단	家庭工産展覽會
102358	鮮滿版	1921-10-04	04단	齋藤總督一行
102359	鮮滿版	1921-10-04	04단	藥學會大會
102360	鮮滿版	1921-10-04	04단	遞信職工敎習
102361	鮮滿版	1921-10-04	04단	草梁列車區新設
102362	鮮滿版	1921-10-04	04단	日本海上の賑ひ
102363	鮮滿版	1921-10-04	04단	辯護士大會出席

일련번호	판명	간행일	단수	기사명
102364	鮮滿版	1921-10-04	04단	大同銀行認可
102365	鮮滿版	1921-10-04	05단	東宮御外遊活動寫眞/五千の觀衆歡喜
102366	鮮滿版	1921-10-04	05단	鮮人暗鬪/新聞社を襲ふ
102367	鮮滿版	1921-10-04	05단	家屋賣買相場昂騰す
102368	鮮滿版	1921-10-04	05단	武裝せる不逞團對岸に壓迫さる
102369	鮮滿版	1921-10-04	06단	不逞化せる醫生/鄕里で捕はる
102370	鮮滿版	1921-10-04	06단	義州訪問中止
102371	鮮滿版	1921-10-04	06단	仁川の猩紅熱
102372	鮮滿版	1921-10-04	06단	釜山陶器會社燒く
102373	鮮滿版	1921-10-04	06단	半島茶話
102374	鮮滿版	1921-10-05	01단	醫事機關擴張方針/慈惠院長會議に於ける水野政務總督の訓示
102375	鮮滿版	1921-10-05	01단	全國中學校長京城で歡迎計劃
102376	鮮滿版	1921-10-05	01단	內地留學熱平壤に勃興
102377	鮮滿版	1921-10-05	01단	全州專賣支局/職工向上施設
102378	鮮滿版	1921-10-05	01단	山東見物(五)/風來方
102379	鮮滿版	1921-10-05	02단	工事課長招集
102380	鮮滿版	1921-10-05	02단	振替貯金增加
102381	鮮滿版	1921-10-05	02단	平壤死産多し
102382	鮮滿版	1921-10-05	03단	全羅米收豫想/全北/全南(播種以來の生育狀況/被害の有無/收穫豫想高)
102383	鮮滿版	1921-10-05	04단	豊基人蔘改善
102384	鮮滿版	1921-10-05	04단	準備成れる長春飛行機格納庫
102385	鮮滿版	1921-10-05	04단	忠南高普校問題
102386	鮮滿版	1921-10-05	05단	咸鐵一部竣成
102387	鮮滿版	1921-10-05	05단	平壤狂犬豫防
102388	鮮滿版	1921-10-05	05단	總監弔電發送
102389	鮮滿版	1921-10-05	05단	吉川氏硏究物
102390	鮮滿版	1921-10-05	05단	全州協議員補選
102391	鮮滿版	1921-10-05	05단	大邱商況
102392	鮮滿版	1921-10-05	06단	南鮮武道大會大田で開催
102393	鮮滿版	1921-10-05	06단	釜山不時着陸地
102394	鮮滿版	1921-10-05	06단	釜山右側通行宣傳
102395	鮮滿版	1921-10-05	06단	全州體育大會
102396	鮮滿版	1921-10-05	06단	全州神社秋祭
102397	鮮滿版	1921-10-05	06단	警察署落成式
102398	鮮滿版	1921-10-05	06단	半島茶話

일련번호	판명	간행일	단수	기사명
102399	鮮滿版	1921-10-06	01단	京城に於る東宮御渡歐活寫の盛況/京城劇場の婦人請待會(上)/同小學生請待會(下)
102400	鮮滿版	1921-10-06	01단	調査會で問題となった朝鮮産業博覽會/明年度には開催か
102401	鮮滿版	1921-10-06	01단	傳染病調査會新設
102402	鮮滿版	1921-10-06	01단	*東拓開展 間島に出張所/對滿方策/移民應募*
102403	鮮滿版	1921-10-06	01단	山東見物(6)/風來方
102404	鮮滿版	1921-10-06	04단	ウッド總督を更に請待せん
102405	鮮滿版	1921-10-06	04단	安東分監工程囚人耕作計劃
102406	鮮滿版	1921-10-06	04단	齒科醫師會創立
102407	鮮滿版	1921-10-06	04단	京城府諸學校
102408	鮮滿版	1921-10-06	04단	京城手形交換高
102409	鮮滿版	1921-10-06	04단	元山商業改選結果
102410	鮮滿版	1921-10-06	05단	仁川でも歡迎された東宮御渡歐活動寫眞
102411	鮮滿版	1921-10-06	05단	咸南國境は鎭靜したが警戒の手は少しも緩めない
102412	鮮滿版	1921-10-06	05단	漢江神社祭典
102413	鮮滿版	1921-10-06	05단	城津神社例祭
102414	鮮滿版	1921-10-06	06단	産鐵重役決定
102415	鮮滿版	1921-10-06	06단	東亞日報重役
102416	鮮滿版	1921-10-06	06단	穀物市場再開
102417	鮮滿版	1921-10-06	06단	半島茶話
102418	鮮滿版	1921-10-07	01단	日支飛行に成功せる樋口中尉/四日午後二時十分京城汝矣島に着陸して飛行經過を報告す
102419	鮮滿版	1921-10-07	01단	愛婦總會王妃殿下台臨
102420	鮮滿版	1921-10-07	01단	平壤小兒死亡者類別
102421	鮮滿版	1921-10-07	01단	淸州戶口增加/土木工事現狀
102422	鮮滿版	1921-10-07	02단	東拓間島出張所/勸業資金現在
102423	鮮滿版	1921-10-07	02단	古蹟調査課新設
102424	鮮滿版	1921-10-07	02단	牛羊運搬停止
102425	鮮滿版	1921-10-07	02단	面書記養成策/大島理事官談
102426	鮮滿版	1921-10-07	02단	高女入學豫想
102427	鮮滿版	1921-10-07	03단	家工博に批難
102428	鮮滿版	1921-10-07	03단	南鮮實業大會
102429	鮮滿版	1921-10-07	03단	安東縣石炭況
102430	鮮滿版	1921-10-07	03단	山東見物(7)/風來方
102431	鮮滿版	1921-10-07	04단	朝鮮郵船配當
102432	鮮滿版	1921-10-07	04단	統營水道期成會

일련번호	판명	간행일	단수	기사명
102433	鮮滿版	1921-10-07	04단	親和會支部發會
102434	鮮滿版	1921-10-07	04단	軍人會射擊會
102435	鮮滿版	1921-10-07	05단	兩中尉の技倆を內外人共に賞嘆す 兩機の整然たる着陸振り/――○號愈よ解體 藤岡少尉の嘆
102436	鮮滿版	1921-10-07	05단	布教所落成式
102437	鮮滿版	1921-10-07	05단	踏切で二人轢死
102438	鮮滿版	1921-10-07	05단	出版界(最近植民地問題研究/朝鮮(九月號)/警務彙報(九月號)/滿鮮碪橫評論(第五號)/朝鮮公論(十月號)/事業と投資(二十號)/赤土(一ノ四)
102439	鮮滿版	1921-10-07	06단	半島茶話
102440	鮮滿版	1921-10-08	01단	第百十號と藤岡中尉/四日午後五時四十分大邱步兵第八十聯隊の營庭に不時着陸したが六日解體して轉送する事となった
102441	鮮滿版	1921-10-08	01단	鮮人學校の入學生/學制の改正に依って明年は減退するかも知れぬ
102442	鮮滿版	1921-10-08	01단	千葉警察部長渡歐期決定す
102443	鮮滿版	1921-10-08	01단	都市地圖作製
102444	鮮滿版	1921-10-08	01단	山東見物(8)/風來方
102445	鮮滿版	1921-10-08	02단	殖産鐵道開通
102446	鮮滿版	1921-10-08	02단	大邱小學校改築案
102447	鮮滿版	1921-10-08	03단	小島の岩窟に住む怪鮮人と不良少年
102448	鮮滿版	1921-10-08	03단	鮮郵に要償訴訟
102449	鮮滿版	1921-10-08	04단	鎭鐵工事入札
102450	鮮滿版	1921-10-08	04단	辭令
102451	鮮滿版	1921-10-08	04단	寧古塔(上)/金演
102452	鮮滿版	1921-10-08	05단	光成高等普通學校/寄附金十萬圓を投じて建設し今回落成したもので監理波の經營するものである
102453	鮮滿版	1921-10-09	01단	今田、中林兩飛行中尉/吉松京城府尹より花綸を受く
102454	鮮滿版	1921-10-09	01단	寧古塔(下)/金演
102455	鮮滿版	1921-10-09	01단	山東見物(9)/風來方
102456	鮮滿版	1921-10-09	03단	『廷曆寺さん』と綽名とれた世界的昆蟲學者/陋屋に自炊し乍ら博士論文を書いた年齒僅に三十歲獨立實踐の好鼇/大分縣臼杵町出身丸毛博士
102457	鮮滿版	1921-10-09	06단	半島茶話
102458	鮮滿版	1921-10-11	01단	新義州の兩飛行中尉歡迎/(1)今田中尉伊藤司令に經過報告(2)樋口、今田兩中尉に對し錦鐵府尹歡迎辭を述ぶ(3)着陸場の歡迎會
102459	鮮滿版	1921-10-11	01단	南鮮虎疫豫防施設(京城衛生狀況)

일련번호	판명	간행일	단수	기사명
102460	鮮滿版	1921-10-11	01단	方魚津築港/技師の調査
102461	鮮滿版	1921-10-11	02단	水産組合聯合品評會/長箭港に開催
102462	鮮滿版	1921-10-11	02단	警察部長後任(兼務警察部長)
102463	鮮滿版	1921-10-11	02단	愛婦有功章授與
102464	鮮滿版	1921-10-11	03단	蒸汽暖房施設
102465	鮮滿版	1921-10-11	03단	釜山九月貿易
102466	鮮滿版	1921-10-11	03단	夥しい貴重品が出た/慶州の古墳を發掘したら
102467	鮮滿版	1921-10-11	04단	晉州積立組合
102468	鮮滿版	1921-10-11	04단	電話增設竣工
102469	鮮滿版	1921-10-11	04단	陸軍異動
102470	鮮滿版	1921-10-11	05단	在奉邦人/御平癒の祈願
102471	鮮滿版	1921-10-11	05단	民國紙幣僞造/檢事の求刑
102472	鮮滿版	1921-10-11	05단	朝日講演會統營で組織
102473	鮮滿版	1921-10-11	06단	中江鎭結氷(初霜)
102474	鮮滿版	1921-10-11	06단	全鮮庭球大會
102475	鮮滿版	1921-10-11	06단	中江鎭署の手柄
102476	鮮滿版	1921-10-11	06단	フンチ敎徒裁判
102477	鮮滿版	1921-10-11	06단	本社見學
102478	鮮滿版	1921-10-11	06단	會(實業校長會/畜産主任會)
102479	鮮滿版	1921-10-11	06단	半島茶話
102480	鮮滿版	1921-10-12	01단	日支飛行と支那航空界/民國航空署參事徐祖善氏談
102481	鮮滿版	1921-10-12	01단	民設産業振興會設置の提案
102482	鮮滿版	1921-10-12	01단	電報特殊料金/撤廢要請理由
102483	鮮滿版	1921-10-12	01단	山東見物(１０)/風來方
102484	鮮滿版	1921-10-12	02단	受驗過勞調査
102485	鮮滿版	1921-10-12	03단	慶南稻作豊穰
102486	鮮滿版	1921-10-12	03단	組合銀行帳尻
102487	鮮滿版	1921-10-12	03단	殖銀貸出利下
102488	鮮滿版	1921-10-12	03단	殖銀産金買入
102489	鮮滿版	1921-10-12	03단	醫師試驗合格者(開業負狀授與/第一部合格者/第二部合格者)
102490	鮮滿版	1921-10-12	04단	工産展閉會式
102491	鮮滿版	1921-10-12	04단	咸興より
102492	鮮滿版	1921-10-12	04단	釜山消防演習
102493	鮮滿版	1921-10-12	04단	沃川小學竣成
102494	鮮滿版	1921-10-12	04단	巡査面長等四名を殺す/不逞鮮人の兇暴
102495	鮮滿版	1921-10-12	04단	演習期に人馬蝟集せん

일련번호	판명	간행일	단수	기사명
102496	鮮滿版	1921-10-12	04단	良靑年士官精神に異狀
102497	鮮滿版	1921-10-12	05단	鯨の時期來る/今年は豊漁か
102498	鮮滿版	1921-10-12	05단	平南牛疫豫防(黃海道)
102499	鮮滿版	1921-10-12	06단	崔仁範捕はる
102500	鮮滿版	1921-10-12	06단	晉州の運動界
102501	鮮滿版	1921-10-12	06단	半島茶話
102502	鮮滿版	1921-10-13		缺號
102503	鮮滿版	1921-10-14	01단	長春に着いた兩飛行中尉/(上)先着の随口中尉(下)歡迎會、正面河合大將、右随口中尉、左今田中尉
102504	鮮滿版	1921-10-14	01단	私設鐵道各線開通期(佛國寺蔚山線/鳥致院淸州線/載寧信州線/天安溫陽線)
102505	鮮滿版	1921-10-14	01단	兩慈惠院開始
102506	鮮滿版	1921-10-14	01단	大邱商議改選
102507	鮮滿版	1921-10-14	01단	京城質屋狀況
102508	鮮滿版	1921-10-14	02단	平壤經濟狀況
102509	鮮滿版	1921-10-14	02단	山東見物(１１)/風來方
102510	鮮滿版	1921-10-14	03단	面吏員事務實習
102511	鮮滿版	1921-10-14	03단	俵米品評會打合
102512	鮮滿版	1921-10-14	04단	新義州小學改築
102513	鮮滿版	1921-10-14	04단	公設市場賣上高
102514	鮮滿版	1921-10-14	04단	城津船溜浚渫
102515	鮮滿版	1921-10-14	04단	城津慈惠病院
102516	鮮滿版	1921-10-14	04단	自動車ポンプ
102517	鮮滿版	1921-10-14	05단	郵便所移轉
102518	鮮滿版	1921-10-14	05단	釜山の戰時稅
102519	鮮滿版	1921-10-14	05단	女子技藝學校
102520	鮮滿版	1921-10-14	05단	お伽家庭講演會/大連の第二日
102521	鮮滿版	1921-10-14	05단	朝鮮も左側通行近く實施せん
102522	鮮滿版	1921-10-14	06단	佛教中學生徒同盟休校す
102523	鮮滿版	1921-10-14	06단	會(內務部長會議/地方改良講習會/普校聯合展覽會)
102524	鮮滿版	1921-10-14	06단	半島茶話
102525	鮮滿版	1921-10-15	01단	日滿飛行最終日/奉天で随口中尉は有川航空學校長及何田統裁官等に經過報告す
102526	鮮滿版	1921-10-15	01단	南浦と平壤築港計劃/原土木部長談(鎭南浦築港/平壤の築港)
102527	鮮滿版	1921-10-15	01단	山東見物(１０)/風來方
102528	鮮滿版	1921-10-15	02단	朝鮮會議所聯合會/平壤の第二日

일련번호	판명	간행일	단수	기사명
102529	鮮滿版	1921-10-15	03단	北滿農作/頓に見直す
102530	鮮滿版	1921-10-15	03단	出貨趨勢/鮮鐵漸く繁忙
102531	鮮滿版	1921-10-15	04단	中鐵開通祝賀/鳥致院で擧行
102532	鮮滿版	1921-10-15	05단	水電に反對運動
102533	鮮滿版	1921-10-15	05단	京城府模型移送
102534	鮮滿版	1921-10-15	05단	京畿米豆檢査高
102535	鮮滿版	1921-10-15	05단	釜山監獄現狀
102536	鮮滿版	1921-10-15	05단	慶北果物移出
102537	鮮滿版	1921-10-15	05단	釜山鮮魚市況
102538	鮮滿版	1921-10-15	06단	鳥致院經濟界
102539	鮮滿版	1921-10-15	06단	釜山船舶檢疫/長崎虎疫の爲め
102540	鮮滿版	1921-10-15	06단	釜山時間厲行標語
102541	鮮滿版	1921-10-15	06단	半島茶話
102542	鮮滿版	1921-10-16	01단	大同江人道鐵橋起工式/(上)餘興の相撲(下)式場裝師
102543	鮮滿版	1921-10-16	01단	平元鐵道聯合期成會平壤に開かん
102544	鮮滿版	1921-10-16	01단	旅客運輸是れ亦活況
102545	鮮滿版	1921-10-16	01단	山東見物(1 3)/風來方
102546	鮮滿版	1921-10-16	02단	上海爲替相場/變調の原因
102547	鮮滿版	1921-10-16	03단	平南道勢展覽會
102548	鮮滿版	1921-10-16	04단	咸北の大麻栽培
102549	鮮滿版	1921-10-16	04단	道路改修測量
102550	鮮滿版	1921-10-16	04단	天安より
102551	鮮滿版	1921-10-16	05단	奉天騎兵/馬賊討伐
102552	鮮滿版	1921-10-16	05단	不逞面長有罪と決す
102553	鮮滿版	1921-10-16	05단	ゼブラン醫專同盟休校
102554	鮮滿版	1921-10-16	05단	藝術協會組織
102555	鮮滿版	1921-10-16	06단	花田中佐講演
102556	鮮滿版	1921-10-16	06단	技藝校音樂會
102557	鮮滿版	1921-10-16	06단	大田の初霜
102558	鮮滿版	1921-10-16	06단	會計係收賄
102559	鮮滿版	1921-10-16	06단	人(大島義昌氏(陸軍大將)/早川千吉郎氏(滿鐵社長)/安武直夫氏(總督府事務官)/有賀光豊氏(殖銀頭取)/嘉納德五郎氏(鮮銀副總裁)
102560	鮮滿版	1921-10-16	06단	半島茶話
102561	鮮滿版	1921-10-18	01단	全鮮商議聯合會/論戰に火花を散らす(第一日/第二日)

일련번호	판명	간행일	단수	기사명
102562	鮮滿版	1921-10-18	03단	太鼓と煙火の音からお祭氣分が湧いて素晴らしい賑を呈した 秋晴の日の京城神社大祭/始めて神輿の渡御を見た 靑島神社大祭/群山の秋祭
102563	鮮滿版	1921-10-18	04단	遞信局課長會二十一日開會
102564	鮮滿版	1921-10-18	04단	辯護士有志大會の決議
102565	鮮滿版	1921-10-18	04단	本社提供御渡歐映畫全鮮で公開
102566	鮮滿版	1921-10-18	04단	旅順の盛況到る所歡呼湧く 本社主催巡回講演會/婦人會設立の機運動く
102567	鮮滿版	1921-10-18	06단	列車に蒸氣暖房裝置/湖南線の改善
102568	鮮滿版	1921-10-18	06단	猛虎を射止む/會寧城山にて
102569	鮮滿版	1921-10-18	06단	大同館燒く
102570	鮮滿版	1921-10-18	06단	冷ゆ
102571	鮮滿版	1921-10-18	06단	金泉衛生展覽會
102572	鮮滿版	1921-10-18	06단	人(水野練太郎氏(政務總官)/齋藤實氏(總督)/河內山樂三氏(總督府財務局長)/吉田節太郞氏(鮮銀理事)/仁川海事出張所長
102573	鮮滿版	1921-10-19	01단	朝鮮司法界/諸富事務官談(司法事件激增/司法官充員/明年の新事業)
102574	鮮滿版	1921-10-19	01단	全鮮酒造聯合大會
102575	鮮滿版	1921-10-19	01단	國民協會講演隊
102576	鮮滿版	1921-10-19	01단	全鮮商議聯合會(第三日)
102577	鮮滿版	1921-10-19	02단	群山前月貿易
102578	鮮滿版	1921-10-19	02단	英艦隊來る/市民大會を開いて 祕密歡迎の不可を叫ぶ
102579	鮮滿版	1921-10-19	02단	裡里開市十周年記念祝典
102580	鮮滿版	1921-10-19	02단	勞働者宿泊所成績
102581	鮮滿版	1921-10-19	03단	檢疫始まる/釜山特に嚴し
102582	鮮滿版	1921-10-19	03단	煎子に虎菌を培養する/姬野技師の研究
102583	鮮滿版	1921-10-19	03단	大邱神社秋季祭
102584	鮮滿版	1921-10-19	04단	京城の猖紅熱警戒を要す/龍山終熄近し
102585	鮮滿版	1921-10-19	04단	暴虐を極めた不逞團/桃源面の慘禍
102586	鮮滿版	1921-10-19	04단	脅迫狀を送った不逞漢/再び起訴さる
102587	鮮滿版	1921-10-19	04단	列車衝突して二輛粉碎す
102588	鮮滿版	1921-10-19	05단	本社見學
102589	鮮滿版	1921-10-19	05단	地主團來鮮
102590	鮮滿版	1921-10-19	05단	半島茶話
102591	鮮滿版	1921-10-20	01단	火花を散らす大論戰/內鮮滿の各代表を網羅した滿鮮商議聯合會經過(開會式/本會議/第二日/第三日)

일련번호	판명	간행일	단수	기사명
102592	鮮滿版	1921-10-20	03단	清津築港期成市民大會/上京委員と呼應して運動に努む
102593	鮮滿版	1921-10-20	04단	雜信(清津/晉州/馬鎭/會寧/咸興)
102594	鮮滿版	1921-10-20	04단	鏡城朱乙間開業
102595	鮮滿版	1921-10-20	04단	成績品陳列
102596	鮮滿版	1921-10-20	04단	人(京城記者團)
102597	鮮滿版	1921-10-20	04단	半島茶話
102598	鮮滿版	1921-10-20	05단	山東見物(１４)/風來方
102599	鮮滿版	1921-10-21	01단	補給金要求難し/中央當局の意向は五百萬圓天引の千五百萬圓止りらしい/上京中の河内山財務局長談
102600	鮮滿版	1921-10-21	01단	教育機關擴張と教員補充難/增設校特に甚し
102601	鮮滿版	1921-10-21	01단	慈惠醫院新設/近く起工
102602	鮮滿版	1921-10-21	01단	中樞院會議十一月中旬か
102603	鮮滿版	1921-10-21	01단	總督の訓示/道內務部長會議
102604	鮮滿版	1921-10-21	01단	安東産業共進會取止め
102605	鮮滿版	1921-10-21	02단	司法官異動近し
102606	鮮滿版	1921-10-21	02단	柞蠶組合組織
102607	鮮滿版	1921-10-21	02단	勤續社員表彰
102608	鮮滿版	1921-10-21	02단	山東見物(１５)/風來方
102609	鮮滿版	1921-10-21	03단	群山期米活況
102610	鮮滿版	1921-10-21	03단	日曜學校大會
102611	鮮滿版	1921-10-21	03단	平元鐵道期成の叫び/偕樂館に開かれた市民大會
102612	鮮滿版	1921-10-21	04단	觀兵式擧行/龍山練兵場にて
102613	鮮滿版	1921-10-21	04단	完全燃燒法曙光見ゆ/工業家の驚嘆
102614	鮮滿版	1921-10-21	04단	不逞團侵入して擊退さる/警官隊の奮鬪
102615	鮮滿版	1921-10-21	04단	殺して海に沈む/漁夫の喧嘩/犯人釜山で逮捕
102616	鮮滿版	1921-10-21	05단	眞性虎疫/釜山入港の發動機船員
102617	鮮滿版	1921-10-21	05단	自動車遞送
102618	鮮滿版	1921-10-21	05단	運動界(平壤のリーグ戰優勝者/野球はライオン庭球は朝鮮銀行)
102619	鮮滿版	1921-10-21	05단	人(滿鐵社長早川千吉郎氏)
102620	鮮滿版	1921-10-21	06단	半島茶話
102621	鮮滿版	1921-10-22	01단	滿洲の農作二割增收豫想
102622	鮮滿版	1921-10-22	01단	鹽三億萬斤を得べく總督府の鹽田大增加計劃
102623	鮮滿版	1921-10-22	01단	人蔘豊作
102624	鮮滿版	1921-10-22	01단	靑年團事業勸獎
102625	鮮滿版	1921-10-22	01단	山東見物(１６)/風來方
102626	鮮滿版	1921-10-22	02단	於之屯水利調印纏る

일련번호	판명	간행일	단수	기사명
102627	鮮滿版	1921-10-22	02단	要求はよいが態度が惡るい/盟休頻發に對する當局の感想
102628	鮮滿版	1921-10-22	02단	拓殖協會と東拓提携緊要なり
102629	鮮滿版	1921-10-22	02단	大邱前月貿易
102630	鮮滿版	1921-10-22	03단	安東雜穀品薄
102631	鮮滿版	1921-10-22	03단	安東沿線煙草作
102632	鮮滿版	1921-10-22	04단	三郡棉花品評會
102633	鮮滿版	1921-10-22	04단	清津貿易額
102634	鮮滿版	1921-10-22	04단	開凌豆相場
102635	鮮滿版	1921-10-22	04단	儒林內地視察
102636	鮮滿版	1921-10-22	04단	全北輕鐵總會
102637	鮮滿版	1921-10-22	04단	發掘した古器物を慶州に保存せよ(慶州/古蹟/激勵)
102638	鮮滿版	1921-10-22	05단	本社蒐集大戰ポスター/更に滿洲各地に展觀
102639	鮮滿版	1921-10-22	05단	家政拙劣からどん底へ/平壤の細民調査
102640	鮮滿版	1921-10-22	06단	大東同志會記念祝賀
102641	鮮滿版	1921-10-22	06단	釜山行
102642	鮮滿版	1921-10-22	06단	半島茶話
102643	鮮滿版	1921-10-23		缺號
102644	鮮滿版	1921-10-25	01단	大連のポスター展覽會(市役所ビルディング三階)
102645	鮮滿版	1921-10-25	01단	滿鐵の鮮鐵經營方針/早川滿鐵社長談
102646	鮮滿版	1921-10-25	01단	舊龍山下水工事補助指令と施行認可
102647	鮮滿版	1921-10-25	02단	盟休善後の爲め校長會議開催
102648	鮮滿版	1921-10-25	02단	山東見物(１８)/風來方
102649	鮮滿版	1921-10-25	03단	晉州住宅計劃
102650	鮮滿版	1921-10-25	03단	十月上半貿易
102651	鮮滿版	1921-10-25	03단	大邱商議改選期
102652	鮮滿版	1921-10-25	03단	殖産鐵道開通式
102653	鮮滿版	1921-10-25	04단	晩春隧道貫通す
102654	鮮滿版	1921-10-25	04단	公州上水道工事
102655	鮮滿版	1921-10-25	04단	晉州公會堂坪數
102656	鮮滿版	1921-10-25	04단	時事紙無期休刊
102657	鮮滿版	1921-10-25	04단	儒城小學開設
102658	鮮滿版	1921-10-25	04단	貨物場擴張
102659	鮮滿版	1921-10-25	04단	金組貸附擴張
102660	鮮滿版	1921-10-25	04단	有隣會總會
102661	鮮滿版	1921-10-25	05단	穀物市場認可期
102662	鮮滿版	1921-10-25	05단	井邑學組議員

일련번호	판명	간행일	단수	기사명
102663	鮮滿版	1921-10-25	05단	平壤信託配當
102664	鮮滿版	1921-10-25	05단	三南銀行落成
102665	鮮滿版	1921-10-25	05단	辭令
102666	鮮滿版	1921-10-25	05단	*撫順に於る講演會 聽衆醉へる如し/奉天*
102667	鮮滿版	1921-10-25	06단	世子殿下御歸鮮見合
102668	鮮滿版	1921-10-25	06단	德惠姬御見學
102669	鮮滿版	1921-10-25	06단	半島茶話
102670	鮮滿版	1921-10-26	01단	儒林視察團本社見學
102671	鮮滿版	1921-10-26	01단	安東驛通關手續便法問題
102672	鮮滿版	1921-10-26	01단	山東見物（１９）/風來方
102673	鮮滿版	1921-10-26	03단	平元鐵道曙光見め
102674	鮮滿版	1921-10-26	03단	營口檢疫解除
102675	鮮滿版	1921-10-26	04단	京城物價昂騰
102676	鮮滿版	1921-10-26	04단	鎭昌鐵道起工式
102677	鮮滿版	1921-10-26	04단	晉州白菜作況
102678	鮮滿版	1921-10-26	04단	大田電話架設
102679	鮮滿版	1921-10-26	04단	殖銀支店長更迭
102680	鮮滿版	1921-10-26	04단	*機動演習白兵戰開始/機動演習と平壤地方民*
102681	鮮滿版	1921-10-26	05단	大邱競馬大會
102682	鮮滿版	1921-10-26	06단	*早川社長のお伴/社長披露會*
102683	鮮滿版	1921-10-26	06단	藏山の紅葉
102684	鮮滿版	1921-10-26	06단	平壤武道大會
102685	鮮滿版	1921-10-26	06단	半島茶話
102686	鮮滿版	1921-10-27	01단	內鮮人共學實施は實業學校以上である/松村學務課長談
102687	鮮滿版	1921-10-27	01단	普通學校で習ふ漢字數/千字位に制限さるゝか
102688	鮮滿版	1921-10-27	01단	關稅收入本年增收見込
102689	鮮滿版	1921-10-27	02단	湖南線荷動狀況/群山頓に活況
102690	鮮滿版	1921-10-27	02단	山東見物（２０）/風來方
102691	鮮滿版	1921-10-27	04단	靑島浦潮航路/釜山寄港計劃
102692	鮮滿版	1921-10-27	04단	農産品評會好績
102693	鮮滿版	1921-10-27	04단	中央鐵道開通式
102694	鮮滿版	1921-10-27	04단	群山米穀信託配當
102695	鮮滿版	1921-10-27	05단	滿洲巡回講演終り村上講師北京に向ふ
102696	鮮滿版	1921-10-27	05단	古代その儘の穴居生活/現に城津市中に存在する
102697	鮮滿版	1921-10-27	05단	釜中運動會
102698	鮮滿版	1921-10-27	05단	商專運動會

일련번호	판명	간행일	단수	기사명
102699	鮮滿版	1921-10-27	05단	半島茶話
102700	鮮滿版	1921-10-28	01단	國境に勤務する警察官に對する施設/赤池警務局長談
102701	鮮滿版	1921-10-28	01단	*專賣局長靑木氏の抱負/總督府事務官異動*
102702	鮮滿版	1921-10-28	01단	山東見物（２１）/風來方
102703	鮮滿版	1921-10-28	03단	勞銀と物價共に昂騰す
102704	鮮滿版	1921-10-28	03단	天長節祝日(新義州/海州/大邱)
102705	鮮滿版	1921-10-28	04단	鐵道速成懇請
102706	鮮滿版	1921-10-28	04단	中旬鮮鐵運輸
102707	鮮滿版	1921-10-28	04단	銀行社宅竣工期
102708	鮮滿版	1921-10-28	04단	新線聯帶輸送
102709	鮮滿版	1921-10-28	05단	現株紛擾解決
102710	鮮滿版	1921-10-28	05단	米豆檢查打合
102711	鮮滿版	1921-10-28	05단	新設電信竣工
102712	鮮滿版	1921-10-28	05단	應召出願注意
102713	鮮滿版	1921-10-28	05단	蠶絲學會設置
102714	鮮滿版	1921-10-28	05단	私立敎員出發
102715	鮮滿版	1921-10-28	05단	左側通行一日から實施
102716	鮮滿版	1921-10-28	06단	初雪降る/城津奧地に
102717	鮮滿版	1921-10-28	06단	演習中の騎兵列車に刎飛さる
102718	鮮滿版	1921-10-28	06단	九龍浦鯖豊漁
102719	鮮滿版	1921-10-28	06단	不正工事事件
102720	鮮滿版	1921-10-28	06단	家族慰安會
102721	鮮滿版	1921-10-28	06단	半島茶話
102722	鮮滿版	1921-10-29	01단	ウ軍蒙古侵入眞相/最高革命裁判所に於るウランゲル將軍の陳述
102723	鮮滿版	1921-10-29	01단	山東見物（２２）/風來方
102724	鮮滿版	1921-10-29	02단	總監挨拶/衛生會議にて
102725	鮮滿版	1921-10-29	02단	元山市民大會/鐵道速成運動
102726	鮮滿版	1921-10-29	03단	平壤商議改選十二月一日執行
102727	鮮滿版	1921-10-29	04단	溫突煙突調査
102728	鮮滿版	1921-10-29	04단	營林廠流筏量
102729	鮮滿版	1921-10-29	04단	平壤經濟狀況
102730	鮮滿版	1921-10-29	04단	大邱莨作減收
102731	鮮滿版	1921-10-29	04단	丹羽幹事長渡米
102732	鮮滿版	1921-10-29	05단	全北敎員表彰
102733	鮮滿版	1921-10-29	05단	中鐵開通祝賀

일련번호	판명	간행일	단수	기사명
102734	鮮滿版	1921-10-29	05단	穀物組合增築
102735	鮮滿版	1921-10-29	05단	辭令
102736	鮮滿版	1921-10-29	05단	左側通行は十二月から/總督府の失態
102737	鮮滿版	1921-10-29	06단	金佐鎭/興凱北方に在り
102738	鮮滿版	1921-10-29	06단	平壤近くに牛疫
102739	鮮滿版	1921-10-29	06단	尹元錫逮捕さる
102740	鮮滿版	1921-10-29	06단	會(米豆鑑定打合/獸疫豫防打合)
102741	鮮滿版	1921-10-29	06단	半島茶話
102742	鮮滿版	1921-10-30	01단	普通教育の教育科存廢問題
102743	鮮滿版	1921-10-30	01단	大邱市民大會/運動場問題で
102744	鮮滿版	1921-10-30	01단	住宅難調査/鈴木東拓支店長談
102745	鮮滿版	1921-10-30	01단	山東見物(２３)/風來方
102746	鮮滿版	1921-10-30	02단	官廳のお仕事/某有力者談
102747	鮮滿版	1921-10-30	02단	森林鐵道問題/起業遲廷事情
102748	鮮滿版	1921-10-30	03단	陶道尹歸任す
102749	鮮滿版	1921-10-30	03단	南鮮俵米品評會
102750	鮮滿版	1921-10-30	04단	慶北麥作收穫
102751	鮮滿版	1921-10-30	04단	慶北孤兒救濟會
102752	鮮滿版	1921-10-30	04단	水産試驗場事務
102753	鮮滿版	1921-10-30	04단	ス博士講演
102754	鮮滿版	1921-10-30	05단	辭令
102755	鮮滿版	1921-10-30	05단	東宮御渡歐活動寫眞平壤の盛況
102756	鮮滿版	1921-10-30	05단	質屋は閑だ/勞働者は困らぬ
102757	鮮滿版	1921-10-30	06단	裡里運送人夫値上要求で罷業
102758	鮮滿版	1921-10-30	06단	面書記橫領事件
102759	鮮滿版	1921-10-30	06단	半島茶話

1921년 11월 (선만판)

일련번호	판명	간행일	단수	기사명
102760	鮮滿版	1921-11-01	01단	在京都朝鮮婦人代表金朴春女史
102761	鮮滿版	1921-11-01	01단	渡船停止/平壤の警戒
102762	鮮滿版	1921-11-01	01단	完全燃燒機效果/杉本大尉談
102763	鮮滿版	1921-11-01	01단	鮮銀職員異動
102764	鮮滿版	1921-11-01	01단	俵米品評準備
102765	鮮滿版	1921-11-01	02단	釜山正米漸騰
102766	鮮滿版	1921-11-01	02단	機動演習終る
102767	鮮滿版	1921-11-01	02단	ホテル協會總會
102768	鮮滿版	1921-11-01	03단	清津郵便自動車/物産陳列場問題
102769	鮮滿版	1921-11-01	03단	勅語謄本下付
102770	鮮滿版	1921-11-01	03단	山東見物(２１)/風來坊
102771	鮮滿版	1921-11-01	04단	馬山の拜賀式
102772	鮮滿版	1921-11-01	04단	佛國領事感謝
102773	鮮滿版	1921-11-01	04단	學議總辭職
102774	鮮滿版	1921-11-01	04단	北寄貝復活す
102775	鮮滿版	1921-11-01	04단	米檢講習會
102776	鮮滿版	1921-11-01	04단	各地だより(釜山より/大邱より/大田より)
102777	鮮滿版	1921-11-01	05단	殖銀金庫の床板に大穴を明けた賊がある
102778	鮮滿版	1921-11-01	05단	不逞鮮人處刑
102779	鮮滿版	1921-11-01	06단	手形僞造判決
102780	鮮滿版	1921-11-01	06단	平壤の初氷
102781	鮮滿版	1921-11-01	06단	半島茶話
102782	鮮滿版	1921-11-02	01단	內鮮婚姻届出無し
102783	鮮滿版	1921-11-02	01단	都市研究協議/實行方法の內容
102784	鮮滿版	1921-11-02	01단	平壤商業學校問題捗らず
102785	鮮滿版	1921-11-02	01단	山東見物(２５)/風來坊
102786	鮮滿版	1921-11-02	02단	朝鮮貿易好調/朝鮮郵船營業成績
102787	鮮滿版	1921-11-02	03단	兩湖拓林鐵道/結局解散か
102788	鮮滿版	1921-11-02	03단	平壤商議定數
102789	鮮滿版	1921-11-02	03단	漁獲物輸送難
102790	鮮滿版	1921-11-02	04단	松井會頭聲明/退職に先ちて
102791	鮮滿版	1921-11-02	04단	鮮線輸送狀況
102792	鮮滿版	1921-11-02	04단	南浦築港浚渫
102793	鮮滿版	1921-11-02	05단	煙草密輸嚴罰
102794	鮮滿版	1921-11-02	05단	賦課金滯納者
102795	鮮滿版	1921-11-02	05단	土地事務講習

일련번호	판명	간행일	단수	기사명
102796	鮮滿版	1921-11-02	05단	咸興の天長節祝日/觀兵式と饗宴
102797	鮮滿版	1921-11-02	05단	愈開館した咸南物産陳列館
102798	鮮滿版	1921-11-02	06단	建築中止が續出する/賃金の昂騰から
102799	鮮滿版	1921-11-02	06단	牛の流感
102800	鮮滿版	1921-11-02	06단	半島茶話
102801	鮮滿版	1921-11-03	01단	京城商議戰/新人出馬せん
102802	鮮滿版	1921-11-03	01단	東滿鑛山問題解決近し
102803	鮮滿版	1921-11-03	01단	免囚保護組合組織計劃
102804	鮮滿版	1921-11-03	01단	電燈値下要求/京城商工會から
102805	鮮滿版	1921-11-03	02단	教科書用の模範人物調査
102806	鮮滿版	1921-11-03	02단	ス博士の講演
102807	鮮滿版	1921-11-03	02단	平壤航空隊轉營打合
102808	鮮滿版	1921-11-03	02단	好況に向った鴨綠江材
102809	鮮滿版	1921-11-03	03단	柞蠶出廻增加
102810	鮮滿版	1921-11-03	03단	尙州電話開通期
102811	鮮滿版	1921-11-03	03단	甜菜栽培增加
102812	鮮滿版	1921-11-03	03단	朝鮮郵船決算
102813	鮮滿版	1921-11-03	03단	勤續警官敍勳
102814	鮮滿版	1921-11-03	04단	世界一の病院船/珍らしい牛乳の製造/堀軍醫中佐の土産談
102815	鮮滿版	1921-11-03	04단	不逞漢の蠢動/露領へ資金募集に出蒐ける
102816	鮮滿版	1921-11-03	04단	僞電で大盡振る兵士/廣島で捕はる
102817	鮮滿版	1921-11-03	05단	自殺
102818	鮮滿版	1921-11-03	05단	運動界(西鮮野球大會優勝)
102819	鮮滿版	1921-11-03	05단	人(重信總督府事務官/有賀殖産銀行頭取/圖村産鐵社長/福氷善右衛門氏)
102820	鮮滿版	1921-11-03	05단	半島茶話
102821	鮮滿版	1921-11-03	05단	山東見物(２６)/風來坊
102822	鮮滿版	1921-11-04	01단	産業方策/殖産當局談
102823	鮮滿版	1921-11-04	01단	鎭昌鐵道起工式四日擧行
102824	鮮滿版	1921-11-04	01단	東邊中學廢止說
102825	鮮滿版	1921-11-04	02단	市場設置請願
102826	鮮滿版	1921-11-04	02단	現住人口
102827	鮮滿版	1921-11-04	03단	筏流し/本ものゝ鴨綠江節を傳へる成金筏夫
102828	鮮滿版	1921-11-04	03단	陸軍異動(新補航空第六大隊長/益田中佐)
102829	鮮滿版	1921-11-04	03단	辭令(京城)
102830	鮮滿版	1921-11-04	04단	不逞漢は一掃した/平南警部長談

일련번호	판명	간행일	단수	기사명
102831	鮮滿版	1921-11-04	04단	交通巡査の帶劍/短劍を用ふる
102832	鮮滿版	1921-11-04	04단	儲けた苦力と不景氣な勞働者
102833	鮮滿版	1921-11-04	05단	少女の感電から消燈騷ぎ
102834	鮮滿版	1921-11-04	05단	腦病から自殺
102835	鮮滿版	1921-11-04	05단	列車の遺失品
102836	鮮滿版	1921-11-04	05단	半島茶話
102837	鮮滿版	1921-11-04	05단	山東見物(２７)/風來坊
102838	鮮滿版	1921-11-05	01단	値下の理由全然無し商工會の內迫に對し京電當局辯ず
102839	鮮滿版	1921-11-05	01단	府營長屋/本月中に竣成
102840	鮮滿版	1921-11-05	01단	天道敎に波瀾起る/敎主の事から
102841	鮮滿版	1921-11-05	01단	山東見物(２８)/風來坊
102842	鮮滿版	1921-11-05	02단	齋藤總督獻上品
102843	鮮滿版	1921-11-05	02단	流感豫防注射
102844	鮮滿版	1921-11-05	02단	助役檢定試驗
102845	鮮滿版	1921-11-05	02단	鮮鐵線路審査
102846	鮮滿版	1921-11-05	02단	櫻神社移轉問題
102847	鮮滿版	1921-11-05	03단	東津江水利計劃
102848	鮮滿版	1921-11-05	03단	『靑島毎日』發刊
102849	鮮滿版	1921-11-05	03단	人見理事視察
102850	鮮滿版	1921-11-05	04단	郵便所廢止
102851	鮮滿版	1921-11-05	04단	同志會記念式
102852	鮮滿版	1921-11-05	04단	高普校記念式
102853	鮮滿版	1921-11-05	04단	死傷の絶えぬ京城の『殺人電車』/會社は反省の色なく當局また冷淡を極む府民當路者の態度を憤る
102854	鮮滿版	1921-11-05	05단	本社蒐集『ポスター展』滿洲を一巡し終って朝鮮に入る/五六兩日平壤に開く/御渡歐映畫公開 觀衆の感謝到る新盛況
102855	鮮滿版	1921-11-05	05단	釜山の接客案者慰安會
102856	鮮滿版	1921-11-05	05단	辭令
102857	鮮滿版	1921-11-05	05단	死傷者を出す鐵橋の作業中
102858	鮮滿版	1921-11-05	06단	金泉に雪降る/昨年より一箇月早い
102859	鮮滿版	1921-11-05	06단	爆彈犯人逮捕
102860	鮮滿版	1921-11-05	06단	人夫賃銀解決
102861	鮮滿版	1921-11-05	06단	半島茶話
102862	鮮滿版	1921-11-06	01단	産業鐵道近況/岡村社長談
102863	鮮滿版	1921-11-06	01단	農林學校位置
102864	鮮滿版	1921-11-06	01단	聯合所長會議

일련번호	판명	간행일	단수	기사명
102865	鮮滿版	1921-11-06	01단	京城組合銀行帳尻
102866	鮮滿版	1921-11-06	02단	通信傳習生養成
102867	鮮滿版	1921-11-06	02단	辭令
102868	鮮滿版	1921-11-06	02단	各地だより(釜山より/新義州より)
102869	鮮滿版	1921-11-06	02단	山東見物(２９)/風來坊
102870	鮮滿版	1921-11-06	03단	朝鮮工夫殉職/架橋棒事追報
102871	鮮滿版	1921-11-06	03단	新義州ポスター展
102872	鮮滿版	1921-11-06	03단	平壤の初雪
102873	鮮滿版	1921-11-06	03단	鐵橋上の捕物
102874	鮮滿版	1921-11-06	04단	豪農襲はる
102875	鮮滿版	1921-11-06	04단	空架電鐵公判
102876	鮮滿版	1921-11-06	04단	懇論して赦免
102877	鮮滿版	1921-11-06	04단	本社見學
102878	鮮滿版	1921-11-06	04단	南鮮の秋(一)/木賊曹子
102879	鮮滿版	1921-11-06	06단	半島茶話
102880	鮮滿版	1921-11-08	01단	平元鐵道敷設は豫算計上が心配だが/極力交涉しやうと總監の言明
102881	鮮滿版	1921-11-08	01단	聯合物産品評會/永川に開催
102882	鮮滿版	1921-11-08	01단	大邱市民大會/公園問題決議(宣言/決議)
102883	鮮滿版	1921-11-08	01단	山東見物(３０)/風來坊
102884	鮮滿版	1921-11-08	02단	京畿水稻作況
102885	鮮滿版	1921-11-08	02단	東拓貸出增加
102886	鮮滿版	1921-11-08	02단	別納郵便物取扱
102887	鮮滿版	1921-11-08	02단	海事課長任命
102888	鮮滿版	1921-11-08	02단	金泉國民體操
102889	鮮滿版	1921-11-08	03단	仁川取引所決算
102890	鮮滿版	1921-11-08	03단	金泉國語夜學會
102891	鮮滿版	1921-11-08	03단	辭令
102892	鮮滿版	1921-11-08	03단	腸窒扶斯豫防の爲め/野菜販賣者の檢便を行ふ
102893	鮮滿版	1921-11-08	04단	燒殺された保線兵/體面を汚さず
102894	鮮滿版	1921-11-08	04단	東宮活動寫眞/鎭南浦の盛況
102895	鮮滿版	1921-11-08	04단	排日派の出獄
102896	鮮滿版	1921-11-08	04단	釜山高女記念式
102897	鮮滿版	1921-11-08	05단	大邱の初雪
102898	鮮滿版	1921-11-08	05단	南鮮の秋(二)/木賊曹子
102899	鮮滿版	1921-11-08	06단	半島茶話

일련번호	판명	간행일	단수	기사명
102900	鮮滿版	1921-11-09	01단	運輸改善要望に對して久保京管局長の回答要領
102901	鮮滿版	1921-11-09	01단	航空六大隊活動時期十二月中旬か
102902	鮮滿版	1921-11-09	01단	鐵道速成要望/商議聯合會に提出
102903	鮮滿版	1921-11-09	01단	金泉發展の端/商工團體組織
102904	鮮滿版	1921-11-09	02단	京城豫算編成
102905	鮮滿版	1921-11-09	03단	平壤商議競爭
102906	鮮滿版	1921-11-09	03단	鮮鐵客月成績
102907	鮮滿版	1921-11-09	03단	平壤通關貿易
102908	鮮滿版	1921-11-09	03단	慶北米作減收
102909	鮮滿版	1921-11-09	03단	平安青年會不振
102910	鮮滿版	1921-11-09	04단	新聞紙に對する知識を兒童に吹込む文部當局の心遺
102911	鮮滿版	1921-11-09	04단	電話交換手/京城を除いて他は殆ど充實
102912	鮮滿版	1921-11-09	04단	ポスター展平壤の盛況
102913	鮮滿版	1921-11-09	04단	釜山牛疫終熄
102914	鮮滿版	1921-11-09	04단	ク氏歸來
102915	鮮滿版	1921-11-09	04단	見學
102916	鮮滿版	1921-11-09	05단	鎭南浦倉庫統一
102917	鮮滿版	1921-11-09	05단	大田實業協會長
102918	鮮滿版	1921-11-09	05단	南鮮の秋(三)/木賊曹子
102919	鮮滿版	1921-11-09	06단	半島茶話
102920	鮮滿版	1921-11-10	01단	內閣が更迭するも治鮮方針は動かない/總督府當局の言明
102921	鮮滿版	1921-11-10	01단	鮮銀移管唱道の裏面に正金が第三者の尻を叩いた？
102922	鮮滿版	1921-11-10	01단	細民の因/平壤相談所調査
102923	鮮滿版	1921-11-10	01단	*平壤經濟狀況/四平街經濟界*
102924	鮮滿版	1921-11-10	02단	安東縣石炭況
102925	鮮滿版	1921-11-10	02단	鎭南浦の穀物
102926	鮮滿版	1921-11-10	02단	農林産品評會
102927	鮮滿版	1921-11-10	02단	各地だより(安東より/晉州より)
102928	鮮滿版	1921-11-10	03단	本紙に取消を申込んだ人權蹂躪事件公判/檢事は警官の暴狀を痛擊す
102929	鮮滿版	1921-11-10	03단	北京の國際辯護士大會で婦人が氣焰を揚げた/太田資助氏談
102930	鮮滿版	1921-11-10	04단	釜山でお伽講演とポスター展
102931	鮮滿版	1921-11-10	04단	全州破獄七囚人脫監
102932	鮮滿版	1921-11-10	05단	運動界(南鮮劍道大會/釜山庭球戰)
102933	鮮滿版	1921-11-10	05단	南鮮の秋(四)/木賊曹子
102934	鮮滿版	1921-11-10	06단	半島茶話

일련번호	판명	간행일	단수	기사명
102935	鮮滿版	1921-11-11	01단	釜山長春間急行列車/實施は財界恢復後か
102936	鮮滿版	1921-11-11	01단	南鮮六道俵米品評會 大邱の協贊事業/穀物商大會/協贊會組織
102937	鮮滿版	1921-11-11	01단	四面水産品評會
102938	鮮滿版	1921-11-11	01단	山東見物(３１)/風來坊
102939	鮮滿版	1921-11-11	02단	黄海農民困らず
102940	鮮滿版	1921-11-11	02단	南浦道議補選(京畿道警察部長/白上佑吉氏/忠淸北道警察部長/久留島新司氏)
102941	鮮滿版	1921-11-11	02단	各地だより(大邱より/會寧より)
102942	鮮滿版	1921-11-11	03단	京城でも歡迎された大戰ポスター展覽會 活動寫眞は湖南線を南下す/京城の巡回講演 滿堂醉ふが如し
102943	鮮滿版	1921-11-11	04단	故原敬氏追悼會
102944	鮮滿版	1921-11-11	04단	内地女の縊死
102945	鮮滿版	1921-11-11	04단	南鮮の秋(五)/木賊夢子
102946	鮮滿版	1921-11-11	06단	半島茶話
102947	鮮滿版	1921-11-12	01단	補給金增額の要求/閣議の結果絶望となる
102948	鮮滿版	1921-11-12	01단	朝鮮人の生活費/近來向上したがマダマダである
102949	鮮滿版	1921-11-12	01단	平壤電鐵/府營調査進陟
102950	鮮滿版	1921-11-12	01단	小作制度改善/金泉郡加賭全廢
102951	鮮滿版	1921-11-12	02단	平南豫算編成
102952	鮮滿版	1921-11-12	02단	平壤水道批難
102953	鮮滿版	1921-11-12	02단	大邱商議競爭
102954	鮮滿版	1921-11-12	03단	客月釜山貿易
102955	鮮滿版	1921-11-12	03단	木炭商況
102956	鮮滿版	1921-11-12	04단	各地だより(大田より/鳥致院より)
102957	鮮滿版	1921-11-12	04단	辭令
102958	鮮滿版	1921-11-12	04단	朝鮮人の出版物/穏健となった
102959	鮮滿版	1921-11-12	04단	京元線運轉時刻十分間早まる
102960	鮮滿版	1921-11-12	05단	嚴冬でも飛ぶ/益田大隊長談
102961	鮮滿版	1921-11-12	05단	全鮮通信競技
102962	鮮滿版	1921-11-12	05단	南鮮の秋(六)/木賊夢子
102963	鮮滿版	1921-11-12	06단	半島茶話
102964	鮮滿版	1921-11-13	01단	補給金要求を削減され産業政策に大打擊/西村殖産局長談
102965	鮮滿版	1921-11-13	01단	私鐵建設現狀
102966	鮮滿版	1921-11-13	01단	朝鮮行石炭量
102967	鮮滿版	1921-11-13	01단	客月釜山運輸(貨物/旅客)
102968	鮮滿版	1921-11-13	02단	大邱商議形勢

일련번호	판명	간행일	단수	기사명
102969	鮮滿版	1921-11-13	02단	各地だより(海州より/清津より/大田より)
102970	鮮滿版	1921-11-13	03단	京城でも歡迎されたポスター展覽會 釜山と大邱で開催する/釜山準備成る/香椎會頭盡力/釜山巡回講演
102971	鮮滿版	1921-11-13	04단	全鮮の雪(海州/裡里/全州)
102972	鮮滿版	1921-11-13	05단	不逞鮮人/取調開始
102973	鮮滿版	1921-11-13	05단	珠算競技大會
102974	鮮滿版	1921-11-13	05단	原敬氏追悼會
102975	鮮滿版	1921-11-13	05단	南鮮の秋(七)/木賊曹子
102976	鮮滿版	1921-11-13	06단	半島茶話
102977	鮮滿版	1921-11-15	01단	朝鮮穀物商聯合大會 提出議案/篤農家表彰
102978	鮮滿版	1921-11-15	02단	混載車扱/京營局で實施
102979	鮮滿版	1921-11-15	02단	咸北線延長と郵便物の速達
102980	鮮滿版	1921-11-15	02단	客月城津經濟界
102981	鮮滿版	1921-11-15	02단	山東見物(３２)/風來坊
102982	鮮滿版	1921-11-15	03단	公職者視察團
102983	鮮滿版	1921-11-15	03단	電信取扱所
102984	鮮滿版	1921-11-15	03단	郵便局廢止
102985	鮮滿版	1921-11-15	03단	辭令
102986	鮮滿版	1921-11-15	03단	各地だより(晉州より/釜山より)
102987	鮮滿版	1921-11-15	04단	米人醫師軍警と語らひ/鮮農を虐む
102988	鮮滿版	1921-11-15	05단	東宮御渡歐活動寫眞/裡里の盛況
102989	鮮滿版	1921-11-15	05단	不逞團/搜査班の宿所を燒拂ふ
102990	鮮滿版	1921-11-15	05단	皇室へ果物獻上
102991	鮮滿版	1921-11-15	06단	平壤南大門通/全燒六戶
102992	鮮滿版	1921-11-15	06단	原氏追悼會
102993	鮮滿版	1921-11-15	06단	會(各道畜産會議/會計課長會議)
102994	鮮滿版	1921-11-15	06단	半島茶話
102995	鮮滿版	1921-11-16	01단	來年度の教育施設/大學豫科新設と普通學校增設/松村學務課長談
102996	鮮滿版	1921-11-16	01단	村上本社講師の講演(釜山家庭講演會の盛況)
102997	鮮滿版	1921-11-16	02단	僭稱政府の所謂閣員/形式丈整ふ
102998	鮮滿版	1921-11-16	02단	穀物市場一道一場主義/田中商工課長談
102999	鮮滿版	1921-11-16	03단	俵米品評/褒賞授與式
103000	鮮滿版	1921-11-16	03단	平壤水道改善
103001	鮮滿版	1921-11-16	03단	京城府信徒數
103002	鮮滿版	1921-11-16	03단	京城金融狀況

일련번호	판명	간행일	단수	기사명
103003	鮮滿版	1921-11-16	04단	中央鐵道好績
103004	鮮滿版	1921-11-16	04단	産鐵開通式
103005	鮮滿版	1921-11-16	04단	辯護士大會
103006	鮮滿版	1921-11-16	04단	新義州貿易額
103007	鮮滿版	1921-11-16	04단	東拓支店耕地
103008	鮮滿版	1921-11-16	04단	各地だより(馬山より/大邱より/鳥致院より/兼二浦より/安東縣より)
103009	鮮滿版	1921-11-16	05단	今後の傳染病/感冒に注意せよ
103010	鮮滿版	1921-11-16	06단	馬賊部隊長白縣を脅かす
103011	鮮滿版	1921-11-16	06단	城津の鯖大魚
103012	鮮滿版	1921-11-16	06단	半島茶話
103013	鮮滿版	1921-11-17	01단	內鮮共學實施順序/柴田學務課長談
103014	鮮滿版	1921-11-17	01단	住宅難救濟手段
103015	鮮滿版	1921-11-17	01단	山東見物(３３)/風來坊
103016	鮮滿版	1921-11-17	02단	離婚訴訟/殖える一方
103017	鮮滿版	1921-11-17	03단	鮮鐵上旬成績
103018	鮮滿版	1921-11-17	03단	大邱商議改選
103019	鮮滿版	1921-11-17	03단	東拓職員異動
103020	鮮滿版	1921-11-17	04단	穀物大會提案續報
103021	鮮滿版	1921-11-17	04단	日本の宿代は高い/引下げやうとホテル協會の相談
103022	鮮滿版	1921-11-17	04단	お節介なショウ/新聞王に刎ねらる
103023	鮮滿版	1921-11-17	05단	南鐵松光間工事
103024	鮮滿版	1921-11-17	05단	大同酒造品評會
103025	鮮滿版	1921-11-17	05단	ポスター展釜山で開催
103026	鮮滿版	1921-11-17	05단	音樂隊後援/ス博士の奔走
103027	鮮滿版	1921-11-17	06단	南鮮競馬大會
103028	鮮滿版	1921-11-17	06단	陶器職工盟休
103029	鮮滿版	1921-11-17	06단	釜山體育研究會
103030	鮮滿版	1921-11-17	06단	本社見學
103031	鮮滿版	1921-11-17	06단	半島茶話
103032	鮮滿版	1921-11-18	01단	補給金增額絶望で豫算の編成換をする 新規事業も削られる 林司計課長談/豫科設置は延期せず 學務當局の言明
103033	鮮滿版	1921-11-18	01단	鮮米を母國に宣傳/朝鮮穀物大會の決議
103034	鮮滿版	1921-11-18	01단	物々しい平南の警戒振り/併し日曜學校大會も無事だった
103035	鮮滿版	1921-11-18	01단	山東見物(３４)/風來坊
103036	鮮滿版	1921-11-18	04단	平壤電鐵府營斷行/協議員會贊成

일련번호	판명	간행일	단수	기사명
103037	鮮滿版	1921-11-18	04단	勞働者數/二萬四百餘
103038	鮮滿版	1921-11-18	04단	仁川客月貿易
103039	鮮滿版	1921-11-18	05단	秋李種痘不良
103040	鮮滿版	1921-11-18	05단	途中下車驛
103041	鮮滿版	1921-11-18	05단	釜山信託進陟
103042	鮮滿版	1921-11-18	05단	各地だより(釜山より/群山より/江原より/安東縣より)
103043	鮮滿版	1921-11-18	06단	捜査班/不逞團と交戰
103044	鮮滿版	1921-11-18	06단	馬賊の首が道傍にゴロゴロ
103045	鮮滿版	1921-11-18	06단	半島茶話
103046	鮮滿版	1921-11-19	01단	內鮮水産協會設立/明春京城で發會式擧行
103047	鮮滿版	1921-11-19	01단	地方監察效果あり/時實監察官談
103048	鮮滿版	1921-11-19	01단	平壤航空大隊 殘工事工程/平壤との交通
103049	鮮滿版	1921-11-19	01단	釜山幼稚園で開いたポスター展の盛況
103050	鮮滿版	1921-11-19	02단	日曜學校大會/每年一回開催
103051	鮮滿版	1921-11-19	02단	實業校長會議
103052	鮮滿版	1921-11-19	02단	安東縣銀界不振
103053	鮮滿版	1921-11-19	03단	豆粕積取打切り
103054	鮮滿版	1921-11-19	03단	平南棉作現狀
103055	鮮滿版	1921-11-19	03단	京畿米豆檢査
103056	鮮滿版	1921-11-19	03단	全北米收遲延
103057	鮮滿版	1921-11-19	04단	海苔改良組合
103058	鮮滿版	1921-11-19	04단	古墳密集地は慶州博物館を新設さるゝか/小田古跡調査課長談
103059	鮮滿版	1921-11-19	04단	鮮內不逞團聯絡し 不穩文書を鮮地に撒布/不逞輩は釜山に無し/加々尾警視談
103060	鮮滿版	1921-11-19	04단	狙擊を屈せず巡査追跡 逮捕を賴み昏倒/不逞團と衝突
103061	鮮滿版	1921-11-19	05단	年賀郵便/取扱方改正
103062	鮮滿版	1921-11-19	06단	運送業者無罪
103063	鮮滿版	1921-11-19	06단	妓樓で自殺
103064	鮮滿版	1921-11-19	06단	若女房自害
103065	鮮滿版	1921-11-19	06단	人(岩潮健三郎氏(事業と投資社長)/中野芳氏(三井京城支店長)/村上隆吉氏(農商務水産局長))
103066	鮮滿版	1921-11-19	06단	半島茶話
103067	鮮滿版	1921-11-20	01단	豫算不足九百萬圓 補塡は困難ぢゃない 新事業も斷行する 河內山財務局長談/衛生部新設されん/總督鞭撻平元鐵道速成
103068	鮮滿版	1921-11-20	01단	山東見物(３５)/風來坊

일련번호	판명	간행일	단수	기사명
103069	鮮滿版	1921-11-20	02단	過激派の內鮮攪亂策/之に對する警戒は備って居る/赤地警務局長談
103070	鮮滿版	1921-11-20	03단	滿鮮特急列車/滿鐵本社の回答
103071	鮮滿版	1921-11-20	04단	警官に對する宣教師の不平
103072	鮮滿版	1921-11-20	04단	平壤聯隊入營兵
103073	鮮滿版	1921-11-20	04단	多木氏全南開拓
103074	鮮滿版	1921-11-20	04단	成縣知事敍勳
103075	鮮滿版	1921-11-20	05단	杞柳傳習生
103076	鮮滿版	1921-11-20	05단	辭令
103077	鮮滿版	1921-11-20	05단	各地だより(釜山より/全州より)
103078	鮮滿版	1921-11-20	05단	日本商人に注意せよ/孫督軍の密電
103079	鮮滿版	1921-11-20	05단	長白不安/長好江の殘黨の脅威
103080	鮮滿版	1921-11-20	05단	朝鮮の鰆/特産物となるだらう
103081	鮮滿版	1921-11-20	06단	麗水痲疹流行/學校休業す
103082	鮮滿版	1921-11-20	06단	爆藥を持て歸鮮
103083	鮮滿版	1921-11-20	06단	人(水野練太郎氏(朝鮮政務總監)/河內山樂三氏(同財務局長)/齊藤實氏(朝鮮總督))
103084	鮮滿版	1921-11-20	06단	半島茶話
103085	鮮滿版	1921-11-22	01단	上海閘北貧民窟大火の慘狀/(1)燒失前の貧民窟(2)及(3)罹災民の避難
103086	鮮滿版	1921-11-22	01단	自動車運轉/平壤と新義州
103087	鮮滿版	1921-11-22	01단	大邱公園問題/大野總監に陳情
103088	鮮滿版	1921-11-22	01단	平壤商議選擧/中野警察部長談
103089	鮮滿版	1921-11-22	01단	平壤電鐵可能
103090	鮮滿版	1921-11-22	02단	平南土地改良
103091	鮮滿版	1921-11-22	02단	郵便局長異動
103092	鮮滿版	1921-11-22	02단	靑邱俱樂部申合
103093	鮮滿版	1921-11-22	03단	安東商議會頭
103094	鮮滿版	1921-11-22	03단	各地だより(安東縣より/全州より)
103095	鮮滿版	1921-11-22	04단	鯖の漁期で不正漁業/警戒船の巡航
103096	鮮滿版	1921-11-22	04단	東宮御渡歐活動寫眞 各地で大盛況/大邱のポスター展
103097	鮮滿版	1921-11-22	05단	駐在所へ爆彈を投ず/巡査一名負傷
103098	鮮滿版	1921-11-22	05단	東邊の馬賊團/官兵に破らる
103099	鮮滿版	1921-11-22	05단	釜山取締嚴重
103100	鮮滿版	1921-11-22	05단	新義州の火事
103101	鮮滿版	1921-11-22	05단	破獄囚捕はる

일련번호	판명	간행일	단수	기사명
103102	鮮滿版	1921-11-22	06단	人(前田少將(朝鮮憲兵司令官)/久保要藏氏/(滿鐵京管局長)/大庭二良氏(朝鮮軍司令官)/坪井彌五郎氏)
103103	鮮滿版	1921-11-22	06단	半島茶話
103104	鮮滿版	1921-11-23	01단	軍縮の結果餘力を文化施設に轉換せん/有賀殖銀頭取談
103105	鮮滿版	1921-11-23	01단	警務は豫定事業を斷行/赤池警務局長談
103106	鮮滿版	1921-11-23	01단	宣敎師問題は雙方の誤解/赤池警務局長談
103107	鮮滿版	1921-11-23	01단	電信電話新線起工來春開通
103108	鮮滿版	1921-11-23	01단	平壤電鐵府營計劃/算定の基礎
103109	鮮滿版	1921-11-23	02단	國境雜題(一)/半島子
103110	鮮滿版	1921-11-23	03단	醫生の許可方針/限地制の要
103111	鮮滿版	1921-11-23	04단	京仁線時間變更の請願
103112	鮮滿版	1921-11-23	04단	城津市民活動/築港問題で
103113	鮮滿版	1921-11-23	04단	平南米種改善
103114	鮮滿版	1921-11-23	05단	鮮銀地金買入
103115	鮮滿版	1921-11-23	05단	忠州延長線起工
103116	鮮滿版	1921-11-23	05단	朝鮮佛教大會
103117	鮮滿版	1921-11-23	05단	鮮銀用度課長
103118	鮮滿版	1921-11-23	05단	東拓職員異動
103119	鮮滿版	1921-11-23	05단	國際親和會
103120	鮮滿版	1921-11-23	05단	セメント容器
103121	鮮滿版	1921-11-23	05단	各地だより(晉州より/鳥致院より)
103122	鮮滿版	1921-11-23	06단	辭令
103123	鮮滿版	1921-11-23	06단	半島茶話
103124	鮮滿版	1921-11-24	01단	豫算組換/手廻し良し
103125	鮮滿版	1921-11-24	01단	製氷取締/嚴重となる
103126	鮮滿版	1921-11-24	01단	トロール漁船/制限撤廢し/村上局長談
103127	鮮滿版	1921-11-24	01단	國境雜題(二)/半島子
103128	鮮滿版	1921-11-24	02단	經濟狀況/總督府調査
103129	鮮滿版	1921-11-24	03단	琿春の防衛隊/半減となる
103130	鮮滿版	1921-11-24	03단	京城商議定員改正
103131	鮮滿版	1921-11-24	03단	私立校經營難
103132	鮮滿版	1921-11-24	04단	鮮人共同墓地
103133	鮮滿版	1921-11-24	04단	平南桑園獎勵
103134	鮮滿版	1921-11-24	04단	京城組合銀行帳尻
103135	鮮滿版	1921-11-24	04단	元良哈越え
103136	鮮滿版	1921-11-24	04단	咸北高普校內定

일련번호	판명	간행일	단수	기사명
103137	鮮滿版	1921-11-24	04단	牧の島新町名
103138	鮮滿版	1921-11-24	04단	釜山鮮魚市況
103139	鮮滿版	1921-11-24	05단	各地だより(釜山より/清津より)
103140	鮮滿版	1921-11-24	05단	役人連のボーナス/今年は少々多い
103141	鮮滿版	1921-11-24	06단	國境電信妨害
103142	鮮滿版	1921-11-24	06단	會(人夫慰安會/郵便局長會議/畜産協會發會式)
103143	鮮滿版	1921-11-24	06단	人(吉田鮮銀理事/米國記者團/ゾルフ駐日獨逸大使)
103144	鮮滿版	1921-11-24	06단	半島茶話
103145	鮮滿版	1921-11-25	01단	朝鮮に憲兵の要否/警務機關の現狀如何(憲兵重用論/憲兵無用論)
103146	鮮滿版	1921-11-25	01단	內鮮聯絡無線局/來年三月開始
103147	鮮滿版	1921-11-25	01단	東京駐在官派遣/在留鮮人取締
103148	鮮滿版	1921-11-25	01단	平元線速成で平壤有志者會合
103149	鮮滿版	1921-11-25	01단	國境雜題(三)/半島子
103150	鮮滿版	1921-11-25	02단	落成せる平壤公立第二女子普通學校
103151	鮮滿版	1921-11-25	03단	釜山新築家屋旣に四百餘戶
103152	鮮滿版	1921-11-25	03단	無艦札漁業取締
103153	鮮滿版	1921-11-25	03단	平南耕牛補充策
103154	鮮滿版	1921-11-25	04단	井邑商事組合
103155	鮮滿版	1921-11-25	04단	平壤穀物檢査
103156	鮮滿版	1921-11-25	04단	朝鮮の社會施設にロックフェラー氏手を染めるか
103157	鮮滿版	1921-11-25	04단	間島の牧羊(上)/橫地生
103158	鮮滿版	1921-11-25	05단	日支美術展覽會/支那畵會研究會で開催
103159	鮮滿版	1921-11-25	05단	各地だより(金泉より/大田より)
103160	鮮滿版	1921-11-25	06단	半島茶話
103161	鮮滿版	1921-11-26	01단	朝鮮の煙草專賣近況/靑木專賣局長談(民製煙草の投賣/朝鮮茛の販路/口附需要激增/全葉喫煙廢止)
103162	鮮滿版	1921-11-26	01단	陸軍所有地移管決議/營口市民大會
103163	鮮滿版	1921-11-26	01단	平壤府事業多端/豫算膨脹せん
103164	鮮滿版	1921-11-26	01단	國境雜題(四)/半島子
103165	鮮滿版	1921-11-26	02단	平壤府廳改築/執務規程改正議
103166	鮮滿版	1921-11-26	03단	平元鐵道運動
103167	鮮滿版	1921-11-26	04단	城津寄港問題
103168	鮮滿版	1921-11-26	04단	萬頃江改修請願(萬頃江河身整理工事急施に關する請願)
103169	鮮滿版	1921-11-26	04단	年賀郵便吸收策
103170	鮮滿版	1921-11-26	04단	方魚津景氣返る

일련번호	판명	간행일	단수	기사명
103171	鮮滿版	1921-11-26	05단	平壤記者俱樂部
103172	鮮滿版	1921-11-26	05단	忠南諸品評會
103173	鮮滿版	1921-11-26	05단	各地だより(群山より/鳥致院より/會寧より)
103174	鮮滿版	1921-11-26	06단	內地の文化に感奮した視察團/印刷會社設立
103175	鮮滿版	1921-11-26	06단	東宮御外遊活寫
103176	鮮滿版	1921-11-26	06단	人(田中守寬氏(京城日報記者))
103177	鮮滿版	1921-11-26	06단	半島茶話
103178	鮮滿版	1921-11-27	01단	慶州の新發掘品上/文學博士濱田靑陵(一、絶大の發見/二、發見の古墳/三、金冠と飾帶)
103179	鮮滿版	1921-11-27	01단	支那に於ける歐米の教育施設/日本も之に倣ふ必要がある/中學校長會議加者談)
103180	鮮滿版	1921-11-27	02단	平壤商議/候補者顔觸
103181	鮮滿版	1921-11-27	03단	國境雜題(五)/半島子
103182	鮮滿版	1921-11-27	04단	出穀旺盛で臨時列車運轉
103183	鮮滿版	1921-11-27	05단	柞蠶絲煽動高
103184	鮮滿版	1921-11-27	05단	眞か疑か＝重罪犯人/『レニンの輩下にあって我軍に反抗した』と豪語
103185	鮮滿版	1921-11-27	05단	間島の牧羊(下)/橫地生
103186	鮮滿版	1921-11-29	01단	東宮御攝政に就いて恐懼にたえず/水野政務總監謹談
103187	鮮滿版	1921-11-29	01단	軍縮から産業資金化/海運界には寧ろ樂觀材料/松崎朝鮮郵船專務談
103188	鮮滿版	1921-11-29	01단	學生輕佻憂惧すべし 水野總監訓示/普通校長會議
103189	鮮滿版	1921-11-29	01단	郵貯現狀/鮮人に獎勵の要
103190	鮮滿版	1921-11-29	02단	京城物價/前年より昂騰
103191	鮮滿版	1921-11-29	02단	上京委員滿足/平元鐵道問題
103192	鮮滿版	1921-11-29	03단	水路測量打切
103193	鮮滿版	1921-11-29	03단	監獄監督官招集
103194	鮮滿版	1921-11-29	03단	補助憲兵演習
103195	鮮滿版	1921-11-29	03단	森鐵咸鐵買收
103196	鮮滿版	1921-11-29	03단	殖銀勸業資金
103197	鮮滿版	1921-11-29	03단	慶南衛生展覽會
103198	鮮滿版	1921-11-29	03단	安東免囚保護會
103199	鮮滿版	1921-11-29	04단	南滿木炭移出
103200	鮮滿版	1921-11-29	04단	中鐵延長工事
103201	鮮滿版	1921-11-29	04단	産業鐵道決算
103202	鮮滿版	1921-11-29	04단	商銀職員異動

일련번호	판명	간행일	단수	기사명
103203	鮮滿版	1921-11-29	04단	漢銀支店新築
103204	鮮滿版	1921-11-29	04단	牙山品評會
103205	鮮滿版	1921-11-29	04단	辭令
103206	鮮滿版	1921-11-29	04단	會(事務部技會/水産會議/製品檢査會議)
103207	鮮滿版	1921-11-29	05단	各地だより(釜山より/新義州より)
103208	鮮滿版	1921-11-29	05단	平壤航空隊初飛行/三木少尉操縱
103209	鮮滿版	1921-11-29	05단	左側通行屬行/大邱の宣傳計劃
103210	鮮滿版	1921-11-29	06단	*不逞團と衝突/三名を癏す*
103211	鮮滿版	1921-11-29	06단	大邱警官招魂祭
103212	鮮滿版	1921-11-29	06단	半島茶話
103213	鮮滿版	1921-11-30	01단	漁業振興の一楷梯/先づ魚價調査を行はん
103214	鮮滿版	1921-11-30	01단	産金衰頹/原因は物價高と不逞鮮人の跋扈
103215	鮮滿版	1921-11-30	01단	慶州の新發掘品中/文學博士濱田靑陵(四、玉蟲の羽の獎飾/五、玻璃器と翡翠の曲玉/六、漆器と織物/七、遺物の年代)
103216	鮮滿版	1921-11-30	03단	土地で行詰る/東拓移民事業
103217	鮮滿版	1921-11-30	03단	平壤に商業校明年度に新設
103218	鮮滿版	1921-11-30	04단	京城商議改選十二月一日執行
103219	鮮滿版	1921-11-30	04단	雄基通關區域
103220	鮮滿版	1921-11-30	04단	釜山に東拓支店
103221	鮮滿版	1921-11-30	04단	仁川圖書館決定
103222	鮮滿版	1921-11-30	04단	平南農産收穫率
103223	鮮滿版	1921-11-30	05단	酒類受賞者
103224	鮮滿版	1921-11-30	05단	安東縣柞蠶況
103225	鮮滿版	1921-11-30	05단	大田電氣擴張
103226	鮮滿版	1921-11-30	05단	辭令
103227	鮮滿版	1921-11-30	05단	各地だより(安東縣より/馬山より)
103228	鮮滿版	1921-11-30	05단	釜山左側宣傳
103229	鮮滿版	1921-11-30	06단	牧の島町名の由來
103230	鮮滿版	1921-11-30	06단	鴨綠江冬籠準備
103231	鮮滿版	1921-11-30	06단	會(天氷臨時總會/氷倉株主總會)
103232	鮮滿版	1921-11-30	06단	半島茶話

1921년 12월 (선만판)

일련번호	판명	간행일	단수	기사명
103233	鮮滿版	1921-12-01	01단	歲入不足の補塡は地稅と酒稅の增徵か
103234	鮮滿版	1921-12-01	01단	平壤上水擴張順序
103235	鮮滿版	1921-12-01	01단	慶州の新發掘品下/文學博士濱田靑陵(八、他地方發見品との比較/九、慶州の博物館)
103236	鮮滿版	1921-12-01	02단	平壤商議副會頭/選擧方法問題
103237	鮮滿版	1921-12-01	03단	各地だより(安東縣より/鳥致院より)
103238	鮮滿版	1921-12-01	03단	十三疊も敷かれる煙筒を備へた謎の巨艦『陸奧』/「發艦になったら艦に殉ずる」と艤裝兵員の悲壯な話
103239	鮮滿版	1921-12-01	04단	十年昔の學び童が慈み深い恩師の臨終へ/僅かの金も夫れは美しい心の結晶世俗に染まぬ純な溫情
103240	鮮滿版	1921-12-01	04단	雜言三昧(一)/木賊曹子
103241	鮮滿版	1921-12-01	06단	半島茶話
103242	鮮滿版	1921-12-02	01단	編成替の豫算には新事業の復活追加もある
103243	鮮滿版	1921-12-02	01단	平壤府の三大事業總督府認む/篠田知事談
103244	鮮滿版	1921-12-02	01단	慶州遺物陳列館明年着工に決す
103245	鮮滿版	1921-12-02	02단	政治問題を口にす可からず
103246	鮮滿版	1921-12-02	02단	豆類特定運賃一日より低減
103247	鮮滿版	1921-12-02	02단	兩局電話開始
103248	鮮滿版	1921-12-02	03단	木浦の新事業
103249	鮮滿版	1921-12-02	03단	東拓釜山支店
103250	鮮滿版	1921-12-02	03단	貨物自動車運轉
103251	鮮滿版	1921-12-02	03단	東亞煙草株主會
103252	鮮滿版	1921-12-02	03단	全州繁榮協議
103253	鮮滿版	1921-12-02	03단	北鮮沿岸豊漁
103254	鮮滿版	1921-12-02	03단	咸南米豆檢査
103255	鮮滿版	1921-12-02	04단	朝鮮紡績始業
103256	鮮滿版	1921-12-02	04단	一日から改った全鮮一齊の左側通行/京城の初日は好成績
103257	鮮滿版	1921-12-02	04단	朝鮮教科書の資料にポスター展の材料を取入れたい/蘆田編輯官談
103258	鮮滿版	1921-12-02	04단	一箇月の火災損害六十萬圓
103259	鮮滿版	1921-12-02	04단	*朝鮮へも不穩文書各隊に送致/女だてらに獨立運動に狂奔*
103260	鮮滿版	1921-12-02	05단	大山商事增築
103261	鮮滿版	1921-12-02	05단	本田氏表彰さる
103262	鮮滿版	1921-12-02	06단	小學生徒鐵砲自殺
103263	鮮滿版	1921-12-02	06단	平壤の空で服部大尉の妙技
103264	鮮滿版	1921-12-02	06단	辭令

일련번호	판명	간행일	단수	기사명
103265	鮮滿版	1921-12-02	06단	人(吉松憲郎氏(京城府尹)/森直次郎氏(遞信省計理課長)/竹內友次郎氏(遞信局長))
103266	鮮滿版	1921-12-02	06단	半島茶話
103267	鮮滿版	1921-12-03	01단	*削減を加へられた鮮鐵建設改良豫算 新事業の按配如何/南大門驛假驛竣成*
103268	鮮滿版	1921-12-03	01단	米穀資金需要旺盛/野田審查課長談
103269	鮮滿版	1921-12-03	02단	變態現象
103270	鮮滿版	1921-12-03	02단	實業敎育/水野總監訓示
103271	鮮滿版	1921-12-03	03단	京城上水府營に決す
103272	鮮滿版	1921-12-03	03단	電燈値下一日より實行
103273	鮮滿版	1921-12-03	03단	移民不振/募集改良の要
103274	鮮滿版	1921-12-03	04단	全北道廳竣成/全州の祝賀會
103275	鮮滿版	1921-12-03	04단	衛生思想宣傳
103276	鮮滿版	1921-12-03	04단	商議選擧制問題
103277	鮮滿版	1921-12-03	05단	松汀電話開始
103278	鮮滿版	1921-12-03	05단	自動車遞送
103279	鮮滿版	1921-12-03	05단	銅店學組廢止
103280	鮮滿版	1921-12-03	05단	南洋興發中堅
103281	鮮滿版	1921-12-03	05단	支那官憲脅かされ/溫言を以て馬賊を却く
103282	鮮滿版	1921-12-03	05단	仁川の賞與最高は府廳
103283	鮮滿版	1921-12-03	05단	仁取事件判決
103284	鮮滿版	1921-12-03	05단	津田氏逝去
103285	鮮滿版	1921-12-03	05단	會(天氷販賣會社/氷倉株主總會)
103286	鮮滿版	1921-12-03	06단	咸興金融狀況
103287	鮮滿版	1921-12-03	06단	半島茶話
103288	鮮滿版	1921-12-04	01단	西村殖産局長の言明
103289	鮮滿版	1921-12-04	01단	自治體に警察權の一部を/總督府少壯連と府尹間の輿論
103290	鮮滿版	1921-12-04	01단	書堂改善/先づ普通校敎科書使用
103291	鮮滿版	1921-12-04	01단	*免れぬ恐慌來 中村殖銀理事談/金融界緊縮 鮮銀券發行高*
103292	鮮滿版	1921-12-04	02단	支那財界逼迫の極
103293	鮮滿版	1921-12-04	02단	出貨活況/貸物列車增發
103294	鮮滿版	1921-12-04	03단	辯護士試驗制朝鮮に實施
103295	鮮滿版	1921-12-04	03단	在鮮憲兵異動
103296	鮮滿版	1921-12-04	03단	平壤電力調查
103297	鮮滿版	1921-12-04	04단	南浦築港運動
103298	鮮滿版	1921-12-04	04단	運動費に窮した留學生鮮人勞働者の膏血を絞る/村上唯吉氏談

일련번호	판명	간행일	단수	기사명
103299	鮮滿版	1921-12-04	04단	全北左側宣傳
103300	鮮滿版	1921-12-04	05단	仁川戸口增加
103301	鮮滿版	1921-12-04	05단	不渡手形增加
103302	鮮滿版	1921-12-04	05단	辭令
103303	鮮滿版	1921-12-04	05단	雜言三昧(二)/木賊曹子
103304	鮮滿版	1921-12-06	01단	水産金融の手段は漁業組合を組織するに在る/有賀殖産頭取談
103305	鮮滿版	1921-12-06	01단	京城商議改票結果(平壤商議當選)
103306	鮮滿版	1921-12-06	03단	鮮銀券發行高
103307	鮮滿版	1921-12-06	03단	鴨綠江材移出難
103308	鮮滿版	1921-12-06	03단	憲兵尉官異動
103309	鮮滿版	1921-12-06	03단	七七隊兵出帆
103310	鮮滿版	1921-12-06	04단	各地だより(大邱より/釜山より)
103311	鮮滿版	1921-12-06	04단	鴨綠江岸に城壁築造/夫役問題起る
103312	鮮滿版	1921-12-06	04단	牛馬車輓罷業
103313	鮮滿版	1921-12-06	04단	登記書記收賄
103314	鮮滿版	1921-12-06	05단	文書課員兎狩
103315	鮮滿版	1921-12-06	05단	雜言三昧(三)/木賊曹子
103316	鮮滿版	1921-12-06	06단	半島茶話
103317	鮮滿版	1921-12-07	01단	穀物市場許可順序
103318	鮮滿版	1921-12-07	01단	平壤の新事業/陳列場移轉問題
103319	鮮滿版	1921-12-07	01단	鮮婦人向學熱/公立高女入學
103320	鮮滿版	1921-12-07	02단	平壤稅令改正
103321	鮮滿版	1921-12-07	02단	晉州市區改正
103322	鮮滿版	1921-12-07	02단	大邱府新事業
103323	鮮滿版	1921-12-07	02단	京城組合銀行帳尻
103324	鮮滿版	1921-12-07	03단	平壤通關貿易
103325	鮮滿版	1921-12-07	03단	馬山商校行惱み
103326	鮮滿版	1921-12-07	03단	新義州水道不評
103327	鮮滿版	1921-12-07	03단	慶北驛屯土拂下
103328	鮮滿版	1921-12-07	03단	澤崎課長踏査
103329	鮮滿版	1921-12-07	04단	甜菜製糖開始
103330	鮮滿版	1921-12-07	04단	酒造組合役員
103331	鮮滿版	1921-12-07	04단	各地だより(咸興より/馬山より/全州より)
103332	鮮滿版	1921-12-07	04단	空相場釜山で檢擧
103333	鮮滿版	1921-12-07	05단	*無賴漢の果/假政府員となる/對案から脅威*
103334	鮮滿版	1921-12-07	05단	公務妨害者

일련번호	판명	간행일	단수	기사명
103335	鮮滿版	1921-12-07	06단	下端近況
103336	鮮滿版	1921-12-07	06단	半島茶話
103337	鮮滿版	1921-12-08	01단	警備費は多くない/水野政務總監談(警備問題/憲兵の減員/鮮銀移管問題/余の入閣說)
103338	鮮滿版	1921-12-08	01단	木材界需要旺盛/野手營林廠長談(花山木材拂下)
103339	鮮滿版	1921-12-08	01단	西鮮の鑛業界軍縮の聲で畏縮/井川理事官談
103340	鮮滿版	1921-12-08	02단	鮮鐵貨物增加/米穀出廻
103341	鮮滿版	1921-12-08	03단	鮮棉取引制度
103342	鮮滿版	1921-12-08	04단	獻上する朝鮮煙草/謹製には此程に念を入れる/靑木專賣局長談
103343	鮮滿版	1921-12-08	04단	朝鮮の人心安定？/本年の事件數
103344	鮮滿版	1921-12-08	04단	駐在所を不逞團の蹂躪する儘にした
103345	鮮滿版	1921-12-08	05단	京城自由勞働者
103346	鮮滿版	1921-12-08	05단	忠州電話開始
103347	鮮滿版	1921-12-08	05단	社稷洞に公園設置
103348	鮮滿版	1921-12-08	06단	東宮渡歐活寫/錦山の盛況
103349	鮮滿版	1921-12-08	06단	京城圖書館/李法學士設立
103350	鮮滿版	1921-12-08	06단	貴族連訴訟取下
103351	鮮滿版	1921-12-08	06단	釜山中學競走
103352	鮮滿版	1921-12-08	06단	半島茶話
103353	鮮滿版	1921-12-09	01단	暴動勃發の想定で補助憲兵の大演習/訓練院方面に追詰めて首尾よく鎭壓した
103354	鮮滿版	1921-12-09	03단	滿洲の中央銀行設立問題/嘉納鮮銀副總裁談
103355	鮮滿版	1921-12-09	04단	新入兵で釜山大賑ひ
103356	鮮滿版	1921-12-09	04단	新所長排斥で勸學所の教員連が連袂辭職
103357	鮮滿版	1921-12-09	04단	出貨旺盛/海運界活況
103358	鮮滿版	1921-12-09	05단	醫生規則改正/限地制實施
103359	鮮滿版	1921-12-09	05단	駐京獨逸名譽領事
103360	鮮滿版	1921-12-09	05단	東拓移民方針
103361	鮮滿版	1921-12-09	06단	金泉穀市殷盛
103362	鮮滿版	1921-12-09	06단	豫備馬拂下許可
103363	鮮滿版	1921-12-09	06단	水原金融狀況
103364	鮮滿版	1921-12-09	06단	釜山交換高
103365	鮮滿版	1921-12-09	06단	金泉急設電話
103366	鮮滿版	1921-12-09	06단	産業鐵道減資
103367	鮮滿版	1921-12-09	06단	前田司令官
103368	鮮滿版	1921-12-09	06단	辭令

일련번호	판명	간행일	단수	기사명
103369	鮮滿版	1921-12-10	01단	沿海州に蠢動する不逞鮮人の二系統/邦人の共鳴するものもある
103370	鮮滿版	1921-12-10	01단	朝鮮の水産は有望だのに見るべき施設の無いは遺憾/村上水産局長談
103371	鮮滿版	1921-12-10	01단	産業方面の貸出は拒まぬ/櫻井殖銀理事談
103372	鮮滿版	1921-12-10	01단	佐藤軍醫大佐/新任鎭海要港軍醫長
103373	鮮滿版	1921-12-10	01단	大邱廉賣所十五日から開業
103374	鮮滿版	1921-12-10	02단	繰綿會社結合反對運動起る
103375	鮮滿版	1921-12-10	03단	電氣値下內容
103376	鮮滿版	1921-12-10	03단	通學臨時列車
103377	鮮滿版	1921-12-10	03단	京城金融狀況
103378	鮮滿版	1921-12-10	03단	慶北米作減收
103379	鮮滿版	1921-12-10	04단	京仁間貨車增結
103380	鮮滿版	1921-12-10	04단	種牡牛制度改正
103381	鮮滿版	1921-12-10	04단	小兒伴れの婦人連/慶州で夜學校通ひ
103382	鮮滿版	1921-12-10	04단	年賀郵便十五日より受付
103383	鮮滿版	1921-12-10	05단	辭令
103384	鮮滿版	1921-12-10	05단	支那人强盜團/邦人殺害後報
103385	鮮滿版	1921-12-10	06단	半島茶話
103386	鮮滿版	1921-12-11	01단	地方議會を公開せよ/平壤記者團の奮起
103387	鮮滿版	1921-12-11	01단	內鮮電線修理工事
103388	鮮滿版	1921-12-11	01단	企業資本增加趨勢
103389	鮮滿版	1921-12-11	01단	地方經濟潤澤の一證
103390	鮮滿版	1921-12-11	02단	平壤金融界
103391	鮮滿版	1921-12-11	02단	遞送自動車今後も擴張方針
103392	鮮滿版	1921-12-11	02단	南浦築港緊切/鳥越副會頭談
103393	鮮滿版	1921-12-11	03단	人蔘生産高/本年は十五萬斤
103394	鮮滿版	1921-12-11	03단	京城府新事業
103395	鮮滿版	1921-12-11	03단	平南土木工費
103396	鮮滿版	1921-12-11	04단	釜山起債使途
103397	鮮滿版	1921-12-11	04단	平北道の被害
103398	鮮滿版	1921-12-11	04단	全北道廳移轉
103399	鮮滿版	1921-12-11	04단	鎭海復活氣勢
103400	鮮滿版	1921-12-11	04단	新義州普校改築
103401	鮮滿版	1921-12-11	04단	株主總會出席者
103402	鮮滿版	1921-12-11	04단	驛長異動

일련번호	판명	간행일	단수	기사명
103403	鮮滿版	1921-12-11	05단	辭令
103404	鮮滿版	1921-12-11	05단	朝鮮婦人の文藝熱/永田高普校長談
103405	鮮滿版	1921-12-11	06단	入營日に飛行
103406	鮮滿版	1921-12-11	06단	御平癒祈禱會
103407	鮮滿版	1921-12-11	06단	全州の大賣出
103408	鮮滿版	1921-12-11	06단	半島茶話
103409	鮮滿版	1921-12-13	01단	來年度から朝鮮教育令改正修學年限延長實施/內鮮共學普及の時期次代朝鮮人に待たん小田編輯課長談
103410	鮮滿版	1921-12-13	01단	平壤電鐵府營有利/委員の調査結果
103411	鮮滿版	1921-12-13	01단	平壤上水改良/楠野府尹談
103412	鮮滿版	1921-12-13	02단	初等教育熱平南に勃興
103413	鮮滿版	1921-12-13	03단	京城商議役員/會頭は美濃部氏
103414	鮮滿版	1921-12-13	03단	平南公課輕し
103415	鮮滿版	1921-12-13	03단	平南學事統計
103416	鮮滿版	1921-12-13	03단	朝鮮鑛業界不振
103417	鮮滿版	1921-12-13	04단	全鮮郵貯增加
103418	鮮滿版	1921-12-13	04단	手形交換減少
103419	鮮滿版	1921-12-13	04단	資金集散槪算
103420	鮮滿版	1921-12-13	04단	金泉免囚保護會
103421	鮮滿版	1921-12-13	04단	群山公會堂管理
103422	鮮滿版	1921-12-13	04단	地方改良宣傳
103423	鮮滿版	1921-12-13	05단	金泉分監工事
103424	鮮滿版	1921-12-13	05단	金泉校展覽會
103425	鮮滿版	1921-12-13	05단	毛皮を賣って宣傳費に/チタ政府の計劃
103426	鮮滿版	1921-12-13	05단	適齡者/出願注意
103427	鮮滿版	1921-12-13	05단	大邱の藥市/振興方策企圖
103428	鮮滿版	1921-12-13	06단	知事令孃婚儀
103429	鮮滿版	1921-12-13	06단	半島茶話
103430	鮮滿版	1921-12-14	01단	法務局の新施設は爲すべき事が澤山ある/横田法務局長談
103431	鮮滿版	1921-12-14	01단	平北の東北境/勝原事務官談
103432	鮮滿版	1921-12-14	01단	平壤商議役員選擧(平壤會議所會頭福島莊平氏/同副會頭在間行太氏)
103433	鮮滿版	1921-12-14	01단	漢城夜話(一)/銳太
103434	鮮滿版	1921-12-14	03단	大同江架橋工程
103435	鮮滿版	1921-12-14	03단	間島電線增設
103436	鮮滿版	1921-12-14	04단	釜山貿易槪況

일련번호	판명	간행일	단수	기사명
103437	鮮滿版	1921-12-14	04단	大邱年末金融
103438	鮮滿版	1921-12-14	05단	本町署長更迭
103439	鮮滿版	1921-12-14	05단	兩巡查表彰
103440	鮮滿版	1921-12-14	05단	金泉驛運輸況
103441	鮮滿版	1921-12-14	05단	萩野氏逝く
103442	鮮滿版	1921-12-14	05단	里民襲擊/專賣局出張所を
103443	鮮滿版	1921-12-14	05단	ピーコン賣出/十五日から
103444	鮮滿版	1921-12-14	06단	偽造十錢紙幣/連累者檢擧
103445	鮮滿版	1921-12-14	06단	二機同時に飛ぶ
103446	鮮滿版	1921-12-14	06단	半島茶話
103447	鮮滿版	1921-12-15	01단	棉花購買トラスト/當局は何うとも出來ない/篠原農務課長談
103448	鮮滿版	1921-12-15	01단	歳末金融/東拓貸出
103449	鮮滿版	1921-12-15	02단	施工と定った築港と道路/甘浦民目的貫徹
103450	鮮滿版	1921-12-15	02단	期待さるべき平壤の前途/時實監察官談
103451	鮮滿版	1921-12-15	03단	地方行政講習
103452	鮮滿版	1921-12-15	03단	隔離病舍移管
103453	鮮滿版	1921-12-15	03단	京城勞銀引下
103454	鮮滿版	1921-12-15	03단	滿洲特産出廻
103455	鮮滿版	1921-12-15	03단	米品輸入旺盛
103456	鮮滿版	1921-12-15	04단	釜山輸送狀況
103457	鮮滿版	1921-12-15	04단	新義州に會議所
103458	鮮滿版	1921-12-15	04단	鎭南浦水道問題
103459	鮮滿版	1921-12-15	05단	大田廉賣所開始
103460	鮮滿版	1921-12-15	05단	釜山消防機關充實
103461	鮮滿版	1921-12-15	05단	京城客月魚取引
103462	鮮滿版	1921-12-15	05단	大邱米穀出廻り
103463	鮮滿版	1921-12-15	06단	論山電話開通
103464	鮮滿版	1921-12-15	06단	支那領事抗議/共同便所問題
103465	鮮滿版	1921-12-15	06단	半島茶話
103466	鮮滿版	1921-12-16	01단	爆彈用意時代の逆轉だ/山遺代議士談
103467	鮮滿版	1921-12-16	01단	各地金融(平壤/釜山/大邱)
103468	鮮滿版	1921-12-16	01단	漢城夜話(二)/銳太
103469	鮮滿版	1921-12-16	02단	投票燒棄問題平壤に起る/三氏辭表提出
103470	鮮滿版	1921-12-16	03단	平南酒造發展/平壤で品評會開催
103471	鮮滿版	1921-12-16	04단	東萊郵便所設置
103472	鮮滿版	1921-12-16	04단	南浦道議補選

일련번호	판명	간행일	단수	기사명
103473	鮮滿版	1921-12-16	04단	西鮮田作改良
103474	鮮滿版	1921-12-16	04단	金泉分監近況
103475	鮮滿版	1921-12-16	05단	京城府內の勞働者/軍縮の影響如何と府で調査
103476	鮮滿版	1921-12-16	05단	對岸の不逞團/小群團で蠢動
103477	鮮滿版	1921-12-16	06단	遭難朝鮮漁夫英船に救はる
103478	鮮滿版	1921-12-16	06단	半島茶話
103479	鮮滿版	1921-12-17	01단	在外鮮人/七十八萬餘
103480	鮮滿版	1921-12-17	01단	元淸聯絡/朝鮮郵船配船
103481	鮮滿版	1921-12-17	01단	間島に輕鐵明春着工內定
103482	鮮滿版	1921-12-17	01단	工業試驗場平壤に設置
103483	鮮滿版	1921-12-17	01단	平壤公設市場批難の聲あり
103484	鮮滿版	1921-12-17	02단	無盡會社勃興
103485	鮮滿版	1921-12-17	02단	投票燒棄問題
103486	鮮滿版	1921-12-17	02단	小麥包裝問題
103487	鮮滿版	1921-12-17	03단	京城電話抽籤
103488	鮮滿版	1921-12-17	03단	兩慈惠院落成
103489	鮮滿版	1921-12-17	03단	仁川勤續者調査
103490	鮮滿版	1921-12-17	03단	沙里院の發展
103491	鮮滿版	1921-12-17	03단	咸興より
103492	鮮滿版	1921-12-17	03단	辭令
103493	鮮滿版	1921-12-17	04단	京城郵便局臨時增員/學生は採らず
103494	鮮滿版	1921-12-17	04단	一種の新聞熱/忠州の一現象
103495	鮮滿版	1921-12-17	04단	美味な貝が麗水で採れる
103496	鮮滿版	1921-12-17	04단	辭令僞造事件/豫審終結す
103497	鮮滿版	1921-12-17	05단	新義州署の捕者
103498	鮮滿版	1921-12-17	05단	不逞鮮人潰走す
103499	鮮滿版	1921-12-17	05단	關東唯一の運輸機關/牛馬車夫の爭議
103500	鮮滿版	1921-12-17	06단	半島茶話
103501	鮮滿版	1921-12-18	01단	中和の衛生塔
103502	鮮滿版	1921-12-18	01단	宣教師の窮狀/社會施設に邦人の援助を仰ぐ
103503	鮮滿版	1921-12-18	01단	浦項市民大會 中鐵運輸問題/決意二項
103504	鮮滿版	1921-12-18	02단	電鐵府營で電力統一促進
103505	鮮滿版	1921-12-18	02단	哈爾賓經濟界
103506	鮮滿版	1921-12-18	02단	東拓煙草收納
103507	鮮滿版	1921-12-18	03단	亞麻試作成績
103508	鮮滿版	1921-12-18	03단	大邱貿易增加

일련번호	판명	간행일	단수	기사명
103509	鮮滿版	1921-12-18	04단	慶北醫生現狀
103510	鮮滿版	1921-12-18	04단	平壤貸座敷業稅
103511	鮮滿版	1921-12-18	04단	順天丸就航決定
103512	鮮滿版	1921-12-18	05단	辭令
103513	鮮滿版	1921-12-18	05단	朝鮮の兒童研究心が少い
103514	鮮滿版	1921-12-18	05단	京城神社奉告祭
103515	鮮滿版	1921-12-18	05단	釜山の義士會
103516	鮮滿版	1921-12-18	05단	鮮人訓導自殺
103517	鮮滿版	1921-12-20	01단	鮮臺教育令/樞府の形勢
103518	鮮滿版	1921-12-20	01단	女教員會京城で組織さる
103519	鮮滿版	1921-12-20	01단	商議內紛/古莊氏辭任す(鮮人側決意/決意)
103520	鮮滿版	1921-12-20	02단	京畿事務分掌規定改正さる
103521	鮮滿版	1921-12-20	02단	京春電鐵敷設/補給金交付運動
103522	鮮滿版	1921-12-20	02단	平壤商議協議會/投票燒棄問題
103523	鮮滿版	1921-12-20	03단	平壤航空大隊開廳式は明春
103524	鮮滿版	1921-12-20	03단	荷爲替決濟/本年も不圓滑
103525	鮮滿版	1921-12-20	03단	總督歸任期
103526	鮮滿版	1921-12-20	04단	京畿米豆檢査
103527	鮮滿版	1921-12-20	04단	法院支廳事務改正
103528	鮮滿版	1921-12-20	04단	車船聯絡券發賣
103529	鮮滿版	1921-12-20	04단	沙里院電燈計劃
103530	鮮滿版	1921-12-20	04단	長い奴隷生活から救はれて十七年振りに朝鮮へ歸る
103531	鮮滿版	1921-12-20	04단	不逞團の殘虐の手から遁れ歸った富豪鮮人の實話
103532	鮮滿版	1921-12-20	05단	火保發起人會
103533	鮮滿版	1921-12-20	05단	榮山浦下車驛
103534	鮮滿版	1921-12-20	05단	辭令
103535	鮮滿版	1921-12-20	06단	不正執達吏檢擧
103536	鮮滿版	1921-12-20	06단	御平癒祈願祭
103537	鮮滿版	1921-12-20	06단	平壤武道納會
103538	鮮滿版	1921-12-20	06단	夢想農夫取調
103539	鮮滿版	1921-12-20	06단	半島茶話
103540	鮮滿版	1921-12-21	01단	協議會公開問題/當分不可能
103541	鮮滿版	1921-12-21	01단	汚物搬出/京城府の計劃
103542	鮮滿版	1921-12-21	01단	長老派教會/全羅に活動せん
103543	鮮滿版	1921-12-21	01단	反感を招いた/古莊氏辭任理由書
103544	鮮滿版	1921-12-21	02단	水上署新築移轉/海水利用の新消防案

일련번호	판명	간행일	단수	기사명
103545	鮮滿版	1921-12-21	02단	棉花栽培補助
103546	鮮滿版	1921-12-21	02단	大邱客月商況
103547	鮮滿版	1921-12-21	03단	不渡手形減少
103548	鮮滿版	1921-12-21	03단	平南技術員會議
103549	鮮滿版	1921-12-21	03단	瑞氣山貸下問題
103550	鮮滿版	1921-12-21	03단	晉州高普校計劃
103551	鮮滿版	1921-12-21	04단	高橋氏學校計劃
103552	鮮滿版	1921-12-21	04단	米檢査嚴重の祟り
103553	鮮滿版	1921-12-21	04단	晉州電氣非難
103554	鮮滿版	1921-12-21	05단	素人下宿が京城に多い/下宿業者の陳情
103555	鮮滿版	1921-12-21	05단	新博士たる池上院長/乳腺の專攻家(新醫學博士池上五郎氏)
103556	鮮滿版	1921-12-21	06단	釜山署非常召集
103557	鮮滿版	1921-12-21	06단	水田軍曹慘死す
103558	鮮滿版	1921-12-21	06단	半島茶話
103559	鮮滿版	1921-12-22	01단	*鮮鐵輸送成績良好/殖産鐵道現況*
103560	鮮滿版	1921-12-22	01단	府視學/設置問題起る
103561	鮮滿版	1921-12-22	01단	京城三面觀/文化を經濟と內鮮融和(上)
103562	鮮滿版	1921-12-22	02단	基教宣教師窮境に陷る徑路/自覺の機至る
103563	鮮滿版	1921-12-22	03단	振興調査會明春設立されん
103564	鮮滿版	1921-12-22	03단	巡回施療好績/太田衛生課長談
103565	鮮滿版	1921-12-22	04단	金泉雜觀(一)/漢城迂子
103566	鮮滿版	1921-12-22	04단	平壤魚市場一箇所增設
103567	鮮滿版	1921-12-22	05단	公州鳥致院間軌道敷設計劃
103568	鮮滿版	1921-12-22	05단	釜山電燈値下
103569	鮮滿版	1921-12-22	05단	京城貨物在高
103570	鮮滿版	1921-12-22	06단	釜山は好景氣/米の出盛り
103571	鮮滿版	1921-12-22	06단	冬期耐寒飛行平壤で行はれる
103572	鮮滿版	1921-12-22	06단	忠南歲晩賣出し
103573	鮮滿版	1921-12-23	01단	兌換券統一問題は朝鮮では實施困難だ
103574	鮮滿版	1921-12-23	01단	在外鮮人救濟/矢島課長浦潮行
103575	鮮滿版	1921-12-23	01단	咸興鐵道讓渡/森林鐵道に
103576	鮮滿版	1921-12-23	01단	訓練院長屋借入申込者
103577	鮮滿版	1921-12-23	01단	京城三面觀/文化と經濟と內鮮融和(中)
103578	鮮滿版	1921-12-23	02단	佐々木知事休職説/後任問題
103579	鮮滿版	1921-12-23	03단	*南浦二大問題/給水速成陳情*
103580	鮮滿版	1921-12-23	04단	金融漸く逼迫/本年の米作

일련번호	판명	간행일	단수	가사명
103581	鮮滿版	1921-12-23	04단	朝鮮海運活況
103582	鮮滿版	1921-12-23	04단	邦人の妾町/ブラゴ工に出現
103583	鮮滿版	1921-12-23	04단	晉州年末氣分
103584	鮮滿版	1921-12-23	05단	菓子商召喚
103585	鮮滿版	1921-12-23	05단	半島茶話
103586	鮮滿版	1921-12-24	01단	貿易大勢に現はれた朝鮮産業發達の一證據/河內山財務局長談
103587	鮮滿版	1921-12-24	01단	高普校配置方針/柴田學務局長談/中等教員補充
103588	鮮滿版	1921-12-24	01단	軍馬貸與/馬事思想普及
103589	鮮滿版	1921-12-24	02단	棉花トラスト反對/代表者の陳情
103590	鮮滿版	1921-12-24	02단	京城穀物市場認可さる
103591	鮮滿版	1921-12-24	02단	平壤通關貿易昨年より減退
103592	鮮滿版	1921-12-24	02단	間島通過稅問題
103593	鮮滿版	1921-12-24	03단	出路司令官巡視/北鮮巡視
103594	鮮滿版	1921-12-24	03단	南鮮鐵線路附議
103595	鮮滿版	1921-12-24	03단	論山電話開始
103596	鮮滿版	1921-12-24	03단	燐寸工場閉鎖
103597	鮮滿版	1921-12-24	03단	行政見學團
103598	鮮滿版	1921-12-24	04단	東拓支店披露
103599	鮮滿版	1921-12-24	04단	萩野氏葬儀
103600	鮮滿版	1921-12-24	04단	朝鮮に渡る不良漁夫/尾道署員談
103601	鮮滿版	1921-12-24	04단	女裝の三人義拳團と連絡
103602	鮮滿版	1921-12-24	05단	襲はれた住民/內通の嫌疑で全部引致さる
103603	鮮滿版	1921-12-24	05단	水銀中毒で一家全滅した
103604	鮮滿版	1921-12-24	05단	半島茶話
103605	鮮滿版	1921-12-25	01단	水産協會附議事項
103606	鮮滿版	1921-12-25	01단	穀物移出玆許一頓挫
103607	鮮滿版	1921-12-25	01단	國境通信機關更に充實方針
103608	鮮滿版	1921-12-25	01단	電鐵府營問題/平井內務部長談
103609	鮮滿版	1921-12-25	01단	京城三面觀/文化と經濟と內鮮融和(下)
103610	鮮滿版	1921-12-25	02단	爲替貯金受拂
103611	鮮滿版	1921-12-25	02단	南浦水道補助問題
103612	鮮滿版	1921-12-25	02단	忠北陸地棉收穫
103613	鮮滿版	1921-12-25	03단	鮮銀重役會期
103614	鮮滿版	1921-12-25	03단	辯護士會延期
103615	鮮滿版	1921-12-25	03단	高女冬期休業
103616	鮮滿版	1921-12-25	03단	淸津の水揚高

일련번호	판명	간행일	단수	기사명
103617	鮮滿版	1921-12-25	03단	役員認可申請
103618	鮮滿版	1921-12-25	04단	歳末市況(京城/釜山/馬山/清津)
103619	鮮滿版	1921-12-25	05단	半島茶話
103620	鮮滿版	1921-12-27	01단	國境の憲兵を減じて警官六百名を增派/補給金增加額の使途
103621	鮮滿版	1921-12-27	01단	共産黨の宣傳手段先づ在滿鮮人に手を染めん/赤池警務局長談/偵察隊の調査
103622	鮮滿版	1921-12-27	01단	浦潮方面の教育狀況/山崎事務官談
103623	鮮滿版	1921-12-27	02단	京城自治問題/都市研究調査
103624	鮮滿版	1921-12-27	02단	京城學組豫算明年は膨脹せん
103625	鮮滿版	1921-12-27	03단	古莊氏解任建議/調査委員設置(建議書)
103626	鮮滿版	1921-12-27	03단	早川社長回答/運輸改善要求に對し
103627	鮮滿版	1921-12-27	04단	大邱私設廉賣所
103628	鮮滿版	1921-12-27	04단	全羅品評會計劃
103629	鮮滿版	1921-12-27	04단	光州市場移轉
103630	鮮滿版	1921-12-27	04단	統營築地開放
103631	鮮滿版	1921-12-27	05단	大田電燈讓渡
103632	鮮滿版	1921-12-27	05단	中村部長受章
103633	鮮滿版	1921-12-27	05단	巡査が强盜
103634	鮮滿版	1921-12-27	05단	洲岬丸進水式
103635	鮮滿版	1921-12-27	05단	半島茶話
103636	鮮滿版	1921-12-28	01단	府尹會議/要望の聲
103637	鮮滿版	1921-12-28	01단	府稅負擔/最高は仁川
103638	鮮滿版	1921-12-28	01단	兩切高級品專賣局から押賣
103639	鮮滿版	1921-12-28	01단	金泉雜觀(二)/漢城迁子
103640	鮮滿版	1921-12-28	02단	東拓移民應募/不況から規模改正か
103641	鮮滿版	1921-12-28	02단	魚市場營業權/淸津府民の手に歸す(慶南知事を辭して東亞勸業事務たるべき佐々木蘇太郎氏)
103642	鮮滿版	1921-12-28	03단	土地調査遲延
103643	鮮滿版	1921-12-28	03단	勞農露國の海運
103644	鮮滿版	1921-12-28	04단	隔離舍補助申請
103645	鮮滿版	1921-12-28	04단	平南豆作改善
103646	鮮滿版	1921-12-28	04단	南浦水道問題
103647	鮮滿版	1921-12-28	04단	釜山生魚市況
103648	鮮滿版	1921-12-28	05단	大邱府吏自殺
103649	鮮滿版	1921-12-28	05단	半島茶話

색인범례 · 색인

朝日新聞 外地版(鮮滿版) 기사명 색인 제2권 1920.1.~1921.12.
색 인 범 례

1. 본 색인은 朝日新聞 外地版 鮮滿版 1920.01~1921.12의 기사명을 대상으로 하였다.

2. 인명, 조직명, 기관명, 정책 산업, 문화, 사회 등 당시의 시대상과 '제국 일본의 식민통치 현황'
   을 나타낸다고 판단한 단어를 색인어로 선정하였다.

3. 인명에는 ()로 직위를 병기하였다.

   예) 木下(博士)

4. 색인의 한자는 정자로 배열되어 있으며, 원문에 등장한 한자 또한 데이터베이스에 정자로 입력
   하였다. 단 일본식 이체자는 원문대로 입력하였다.

5. 배열은 한글 초성의 오름차순으로 하였다.

6. 히라가나와 가타카나 음을 한글 초성 오름차순으로 하였다.

7. 본 색인은 해당 단어가 포함된 기사의 일련번호를 표기하였다.

8. 동의어인 경우 아래와 같이 병기하여 일련번호를 추출하였다.

   예) 'アメリカ · 米国'

색인에 들어갈 어휘를 선정하는 과정에서 아래 표에 나와 있는 어휘들을 모두 입력해서 검색했으
나 해당 어휘들은 본 권 기사명에는 없었다.

改訂	農機具	大日本	林梅花	母子保健決戰生活相談所	防諜	砂糖消費稅
開井驛	農談會	大日本體育會	淋病, りん病	母子保健生活相談所	芳澤	斯波義將
改組	農林會社	大田工業	臨濟禪師	模型機	排球	沙河鎭
芥川賞	農民鍊成	大田商議所	笠野	模型機大會	配給米	辭護士
學資給與生	農民會社	貸切自動車	立正工業	牧島象二	配給所	思惑師
居昌	農繁	碓井忠平		木本倉二	配給制	社會事業團體
健康診斷	農繁期	大詔奉戴		牧野成定	配給座談會	社會主義
乾繭場	農本會	大衆		木曜特輯	配給指導委員會	辞令
健馬報國運動	農産物責任額,	大津少年飛行兵學校		木材生産責任制,	俳壇	山家城大總長
健民	農産物責任額	大川周明		木材生産責任制	排米	山家総長
健民健兵	農商工部	待避		木材研究所	配屬將校	産繭增産,
健民館	農商局	待避所		木材統制方針	配電會社	産繭增産
健民修鍊所	農商務省	待避壕		木造船	背後地	山梨半造
健民施設	農商行政	待避訓練		木村謹治	白金、金銀の回收	山梨(總督)
健民運動	農業軍團	大黑西松		木村秀政	白頭山營林署	山本洋一
健兵	農業技術修鍊	盜掘		木村毅	白頭山節	山陽
健兵教育	農業技術員講習	都督府		木浦高女	百姓	産業戰士,
健保	農業實踐員鍊成	道立醫院		木浦女子商業實修所	百日咳	産業戰士
建設技術動員本部	農業增産本部,	圖們江		木浦放送局	百貨店	産業組合
乞食大將	農業增産本部	掉尾		木浦普通海員養成所	煩	山陰貯銀
鑓	農業推進隊	賭博團		苗代督勵週間	繁榮促進策	山椒
見舞	農地	渡邊幾治郎		武功勳章	筏橋	山県伊三郎
繭絲	農地開發	都市改良畫報		無等山	珤瑯鐵器	殺菌劑
決潰	農地課長會議	都市視察記		無尾翼機	壁新聞	殺到
決裂	農地交換	稻熱病		武士道	變改	薩田
結成	農地等管理令	陶磁器		無線通信	辨當	森岡逸造
缺食	農地營團	道政		務安	兵勞援護會	森耕二郎
決戰	農村對策委員會	搗精業		無煙炭	兵營見學	三浪津
決戰教育	農閑期	度支部		無醫村	兵營生活	三菱鑛山
決戰商道座談會	雷鳴	桃太郎		無醫村醫療講習會	丙種	杉山
決戰生活	腦溢血	陶土		無茶	保健婦	森莊三郎
決戰生活相談所	腦脊髓膜炎	渡航制度		舞台藝術	保健所	三中井百貨店
決戰詩抄	漏電	獨身者		默禱	保健修鍊所	三千浦
決戰食	樓主	毒瓦斯		文科	保健綜合病院	三浦梅園
決戰貯蓄	能及狂言考	獨逸文化研究所		文房具統制會社	補缺	商家
決戰造林運動	能樂堂	讀者		文部省	報國	商工局
決戰措置	泥炭	獨學者		文部省推薦圖書	報道班	相談役
決戰下宗敎対策		突貫運動		文部省推薦映畫	報道部	常磐線
決戰行政		東京工大		文部省推薦映畫	報道戰	商船校
結核檢診		東京新聞社		音盤文相賞	普成學校	商勢
結核模範學校		東京陸軍幼年校		文相	保育所	商業仕奉隊運動
結核追放		東久邇宮妃		文展	報奬金	商業査察
結核追放委員會		東萊電車折返運轉		文化交驛	普通考試, 普試	桑葉
結婚相談所		棟梁		文化團體	普通海員養成所	桑原八司(咸鏡北道長官)
結婚式		動脈注射		文化人	覆面	商議所
京畿道滑空訓練所		東宝		文化展	服部靜夫	傷痍軍
慶南決戰經濟實踐會		凍死者		物資交換所	福井式農法	傷痍勇士
慶南鑛山聯盟		銅山		物資配給	福井信立	相場
慶南農務課		東洋語專		物資輸送	福井英一郎	常置
慶南商報隊		東洋葉莨		物資統制	服制	常會
慶南貯蓄協議會		東洋畫			福川藤右衛門	生理變調
慶南總力聯盟		動員實施要網			本居宣長	生産決戰,
京大圖書館		同情金				生産決戰
敬禮		東條				
経理						

警防團		東郷		米供出	本田安次	生産配給,
警報		東郷平八郎		未端行政刷新	奉納圍碁會	生産配給
景福宮		同化政策		米談	奉德鐘	生産戰線,
京釜線		豆債券		美術館	縫糸	生産戰線
慶北農報靑年隊		痘禍		米廉賣	奉仕精神	生産增强,
慶北道總力聯盟		燈管競技		米英	奉賛會	生産增强
慶北線		登錄稅		米英擊滅總蹶起	鳳凰城	生産責任制,
慶北宗敎團體戰時報		登錄制		運動	釜關	生産責任制
國聯盟		登龍門		米屋	釜關聯絡船	生田葵山
慶北海洋訓練道場		藤原吉子		米雜穀	不斷草	生必物資配給
京城經專		藤原咲平		尾佐竹猛	不動明王	機構
京城軍事援護授産所		藤澤威雄		米增産	部落民	生擴推進會
京城武官府		藤澤桓夫		美風	浮浪癩	生活覺書
京城師團		燈火管制		民間信仰	浮浪者	生活救済
京城演藝界				民曆, 民曆	俘虜	生活難
京城護國神社				民事訴訟	專門學校	生活相談所
景陽池				民俗	富士	生活用品
敬語運動				民心善導	釜山國技館	生活向上
競演				民心善導打合會	釜山劇場	西瓜
耕牛確保				民謠	釜山南電	西歐
輕油				民族運動	釜山東別院	緒方知三郎
經濟警察				蜜蠟	釜山武官府	瑞山
經濟警察相談所				密輸取締り	富山保	西洋畫
經濟協會				密植戰術	釜山府配給課	敍任
耕地開拓				密釀	釜山府營旅客	西藏
京春鐵道, 京春線				密陽郡	案内所	書評
慶興					釜山府特別工	釋迦佛
鶏ペスト					作隊	釋王寺
鶏卵					釜山府會	石垣
佳作					釜山仕奉隊皆	石井柏亭
脚本					勤運動	石川理紀之助
改葬					釜山商議選擧	石炭消費規正
鶏林譜					釜山西部靑年	石炭戰
鶏林週記					學校	石炭節約熱管
啓上					釜山運動場	理期間
係長					釜山音樂報國	石灰岩
屆出					團	鮮南銀行
計畫					釜山二中	鮮内食糧事情
藁工品					釜山日婦	鮮滿スケッチ
高級料亭非常措置對					釜山地方法院	善尾島
策					釜山遞信吏員	船舶航行禁止
高農					養成所	區域
高嶋米峰					釜山通信	船腹
高等工校					釜山學校着護	先生志願者
高等女學校					婦鍊成會	船員感謝運動
高等法院					釜山學徒兵	船員援護運動
高良武久					釜山海軍武官	船員座談會
古物商					府	鮮展
高飛門					浮石寺	宣傳工作
考査					不安	跣足
高砂					扶安	仙台
固城					富安風生	扇風機
高松宮					扶餘神宮	屑繭
孤兒院					富源	鱈子
高額所得者貯蓄組合					府尹郡守署長	聖駕

雇傭					會議	城大第三次探檢隊
高專					婦人部隊	成瀬仁蔵
高宗					婦人運動	星州
雇主					釜鐵	城津放送局
古川					釜遞局	世界の噂
古川兼秀					北極	稅關檢査
高村光太郎					北陸線	洗面器
古賀					北畠親房	稅務署
古海(中將)					北青	稅引上げ
谷口吉郎					北海道	稅制改正
谷口文夫					体力令	細胞學
谷崎潤一郎					体錬料	蛸
穀商大會					分議	疎開
滑空機					分村	疎開強化要綱
空家					不法行爲取締り	疎開者
攻撃					佛像	小磯
恐犬病					佛心會	小磯國昭
工科系					崩落	少年兵
空軍					比島奉仕團	少年兵志願者
共同增資					比島進出	身體檢査
公立中					沸騰	少年戰車校
空母					蓖麻	少年通信兵學校
工務官					非常措置	小鹿島
公務員					飛行兵	小溜池事業
貢物紙						召募
公民						消防署
公民館						消費自肅
共民學校						消費組合
共產分子, 共產分子						小説
共成會						小兒痲痺
空襲						燒夷彈
空襲警報						小竹無二庵
工業朝鮮樹立						蔬菜
工業化						速藤元男
公演						損金
共榮圈						松江鑛業實習學校
空屋						松江吉行
工員養成所						送球
公認						松根油增産推進會
工作機械						松根油增産推進會
工作兵						送金
工作兵徵募檢査						松毛蟲
公葬						松本醫專
工場巡り						松前治策
工場化						松川
供出						松炭
空俵回收						松炭油
空閑地						松平
課稅率						手旗通信
科學技術						水道料金
科學技術審議會						
科學技術者登錄						
科學審議會						
科學者						
官公署						

救國學生軍					食糧增産責任制
救急隊					殖民地
救急箱					殖産課/殖産課
救急藥					食肉
九德山					食肉配給組合
久里浜/久里濱					新刊
駒林榮太郎					新刊紹介
區役所					新經済體制
拘引狀					神國
購入券制度					新記錄
駒井卓					新羅
救濟院					神武天皇祭
九州アルプス					臣民
九州文學					神父
救護隊					身分證明
救護委員					身分證明書
國立蠶業專門學校					新潟
國文學					神仙爐
國民歌					新映画評
國民軍					新入學童募集
國民勤勞報國協力令					新天地
國民讀本					新灘津
國民登錄					神風
國民服					神風特攻隊
國民座右銘					室鳩巢
國民徵用解說					實馬檢査
國民總力					実踐商業學校
國民特攻隊					深堀佐市
國民學校, 國民校					審査委員會
國民學校令					
國防獻金					
國防會館					
國防訓練場					
國寶					
國史					
國士					
國稅					
國語講習					
國語劇脚本					
國語力查察					
國語普及					
國語常用					
國語常用運動					
國語生活					
國語運動					
國語全解運動					
國語指導者講習會					
國葬					
國際密輸團					
國際聯盟, 國際連盟					
國債					
國債貯金					
國策					
國策協力					
國策協力機關					

局鐵					
國鉄, 國鐵					
國澤(警務部長)					
國土					
國土計畫					
國土防衞					
國華					
國會					
軍國					
軍隊式教化					
軍樂隊					
軍馬祈願祭					
郡民					
軍事保護院					
軍事扶助料					
軍需					
軍需鑛物生産責任制,					
軍需鑛物生産責任制					
軍需産業, 軍需産業					
軍需生産美術展					
軍需生産責任制,					
軍需生産責任制					
軍需品					
軍需會社					
軍需會社法					
軍用機					
軍用機資金					
軍用機献納					
軍援金品					
軍人援護の强調運動					
軍人援護會					
軍陣					
軍票					
堀內敬三					
宮崎高農					
宮本武藏					
宮田重雄					
勸農					
勸農記念日					
權限委讓					
權化					
蕨					
蕨狩					
貴司山治					
規制					
劇團					
根據地					
勤勞					
近藤賴已					
近藤儀一					
勤勞可能人員調査					
勤勞規範					
勤勞動員					
勤勞動員援護會					
勤勞動員指導本部					

勤勞動員趣旨徹底運動					
勤勞報國隊					
勤勞報國運動,					
勤報運動					
勤勞顯功章					
勤勞協力令					
勤報隊					
根平武雄					
金光敎					
金府尹					
錦山邑					
金屬					
金屬學會					
金屬回收					
禁輸					
金融類献納大運動					
金融相合					
金一封					
今井邦子					
今井田清徳					
禁止令					
琴湖					
給仕					
急逝					
給食					
祁家堡					
機甲部隊					
機甲訓練					
機械化					
機械化國防協會					
機構改革					
記念公園					
技能手當					
技能者登錄					
綺堂賞					
機動部隊					
機甲訓練					
機械化					
機械化國防協會					
機構改革					
記念公園					
技能手當					
技能者登錄					
綺堂賞					
機動部隊					
記錄					
杞柳					
忌明					
基本金					
寄附					
寄附金					
氣象					
氣象訓練					
妓生					
妓生劵番					

寄生虫					
汽船					
期成會					
技術					
技術官					
技術員					
企業					
企業備整					
企業整備					
企業整備委員會					
企業整備協議會					
企業許可指定事業					
紀元節					
祈願祭					
記者					
記者連					
基點					
寄贈, 奇贈					
汽車					
起債					
寄託					
寄港地					
吉田章信					
金納					
金密輸犯					
金玉均					
金幽影					
金子準二					
金海					

ㅇ	ㅈ	ㅊ	ㅋ	ㅌ	ㅍ	ㅎ
アヴロ/ランカスタ	ジフテリア	チャーチル	カーバイド	タガログ語	パゴダ公園,	ハイク
あかつき	ジャワ開田地	チョコリ	カタパルト	タクシー	パゴダ塔公園	ハインケル一七
アセチレン	自給自足	チョコレート	カフェ	タンニン	パリ	七
アッサム	自動車交通事業	チンピラ	カメラ	トラック	ピクニック	ハリウッド
あの旗を撃て	紫式部	ッサーシュミッ	キニーネ	トロール漁業	ピサの斜塔	ハルビン
アパート	自然科學協會	ト一〇九G	キモノ風	卓球	プール	ハワイ
アラカン/阿羅漢	自然観察	つるな	クラブ	濁酒	フォッケ,	ひかり
アルコール	資源	借家實態調査	ケーブルカー	炭鑛事故	ウルフ一九〇	フランクフルト
アルバム	資源開発	嵯峨	コヴェル	探偵	ペニシリン	フランス
アルミ製品	資源調査	茶碗	コーヒー	湯浅倉平	ポーツマス	ホーカー,　タイ
イタリー/伊太利	磁鉄	札幌	コンサート	泰國	釟	フーン
イタリヤ	自爆	參戦記念日	コンマーシヤル	台灣, 台湾	波薐草	下岡忠治
インチキ	残滓	昌慶宮	コンモンウェル	太陽熱	罷免	夏繭
ウィストランド/	蠶繭	倉茂	ス	土幕民	派遣隊	下痢
ホワールウィンド	蠶事業	創氏	ブーメラン	土砂崩れ	播種祭	荷物運送制度
うどん	潜水艦	創氏改名	コンロ	土砂崩潰	坂西志保	下飯坂元
ウラニウム	雜誌難	倉知		土耳其	板垣朝鮮軍司	荷役能率向上
オートジャイロ	雜貨	採掘		土人	令官	夏蠶
オートバイ	張鼓峰事件	債券抱合せ		土佐人會	版畫	河竹繁俊
オナモミ	長谷川(總督)	菜園普及		土地熱	平松昌根	學校工作品展
オリンピック	長谷川正道	責任制		土地調査局	平壤高女	學校農園
ユンケルス八八	葬具屋	處女列車		土地測量	平壤西門高女	學徒
わかさぎ	長壽	處遇感謝		土着心	廢品	學徒勤勞隊
雅樂	長承浦	叺増産, 叺増産		土俵	蒲公英	學徒動員
阿部信行	醬油	天宮		統監	葡萄	學徒動員非常措
亜細亜/アジア・	壯丁檢査	川崎		統監府	鮑漁	置
アヂア	壯丁會	千島		通勤	浦項劇場	學徒防火員
亞細亞鑛山	掌篇決戰科學	川島四郎		痛棒	爆撃	學徒兵壯行會
雅樂	奬學資金	天覽		通信局	爆撃機	學徒義勇隊
雅樂隊	奬學會	川瀬		通信隊	暴利令	學徒志願兵,,
兒玉	壯行會	川柳會		通信士	瓢箪	學志兵
児玉秀雄	在勤手當	川上飛行中尉		統制	標柱	學徒軍錬成會
樂壇	財團	川石		統制販賣	風紀取締り	學童疎開
惡德業者	斎藤瀏	天日鹽		退去	避難旅行	學童助員
握飯	齋藤茂吉	淺田常三郎		堆肥	避暑客	鶴獵
樂士	齋藤製絲	遷座		闘牛大會	必勝歌	學務行政
案内所	財政	淺川(馬政長官)		特幹		學兵出陣
案山	財政難	天聽地説		特高		學兵, 學徒兵
岩崎榮	楮	天台宗		特攻隊		學士院賞,
巌南	低空攻撃	天皇		特攻精神		學士院授賞
闇取引	杵島炭鑛	鐵脚		特急列車		學用品
愛國班	低物價	鐵鋼		特別甲幹生		學園
愛國債券	貯水量	鉄鋼課		特別錬成		學園だより
愛林週間	貯蓄講演	鐵鑛		特別裁判制度		學園工場化
愛馬週間	貯蓄券	鐵道局, 鉄道局		特別措置要領		學位授與
愛婦協議會	貯蓄戰	鐵道連帶		特定郵便局聯合會		韓相龍
愛煙家	貯蓄推進員座談會	鉄道荷物事故,				漢藥
野口遵	赤ちゃん	鐵道荷物事故				韓聯盟
野々村芥曳	赤ん坊査査會	鐵奉				寒波
野草	適格者台帳	鐵原				割讓
若葉	敵機	尖兵				咸元線
藥草	積立金	青年倶樂部				艦載機
養鷄	赤色	青年隊				咸興神社
糧穀生産高調査	荻田	青年夜學				合同告別式

永沼	電波高度計	蹴球			享樂街
靈岩	電波技術	畜産增産,			享樂面停止
靈岩郡	電話連絡	畜産增産			香奠
榮養	節句	畜牛增殖			鄕土工藝
寧越	竊盜團	春窮期			鄕土傳說
英才敎育	竊盜犯	春陽			虛川江
令旨	節米	春日潜庵			献金
映畫の夕	節水	春川放送局			献納歌
映畫啓發協會/映畫啓発協會	絶緣狀	出動隊			献納運動
映畫公社	折疊み	出版會推薦圖書			献納, 献納
映畫館/映畫館	折檻	忠靈塔			憲法
映畫班	証券	贅澤品			憲兵派遣所
映畫巡回	定期乘車券	醉狂			献詠和歌
藝妓會社	町內會	就勞			献翼運動
藝能	淨瑠璃	就學率			献血
豫算府會	精米所	齒科講習所			顯彰會
藝術的鍊成	情報課	薙刀			血淸學
藝術座	征服	勅使			協成神學校
豫習	整備業種	勅任官			螢光燈
五龍背	整備要綱	親善外交			刑務所
五洲	井上友一郎	沈沒船			壕
奧村五百子記念館	挺身	寢台車			護國
沃溝	挺身隊				護國神社
鱷魚	精鍊所				虎軍
溫泉入場稅	井邑郡				呼倫貝爾州
窪川	征戰				虎病
玩具	情操敎育				湖西銀行
莞島	停止令				戶籍整備
浣腸	淨土宗				濠洲
完州	廷坪島				混食
王督軍	町會				混雜緩和策
往米	町會長會議				弘報板
王子製紙	製パン				洪原
倭館親和會	制空部隊				花嫁
倭城台	濟南				畵家
外交戰	製陶				和歌集
外國語	製陶經營				花嫁訓練
外國語學校	製陶工場				華僑
外蒙古	齊東野人				華僑中學校
外米	齊藤賢道				火口調査
外邦	製鍊所				和蘭
外邦圖	製絲場				花柳病
外事局	第二棧橋				貨物自動車分列式
外地商工經濟會	製紙工場				貨物車
要塞	製紙業				畵伯
龍頭警防團	製出				華北
龍頭山神社	製炭				和順
容疑者	製糖				火野葦平
雨宮綾夫	彫刻				火葬料金
牛豚	彫刻家				火田
優等生	鳥居忠恕述(總督府通譯官)				貨車時間短縮運動
優良兒	早起淸掃運動				貨車停留時間短縮運動
郵送禁製品	遭難實記				
	造林推進班				

優秀勤勞隊表彰	操棉工場				和布
優秀壯丁輩出	調査整備				化學工業
牛市場	朝鮮決戰非常措置				歡農會
憂鬱	要網				滑空
宇垣一成/宇垣 (總督)	朝鮮經鐵				滑空場
	朝鮮鑛業振興				皇國
右翼	朝鮮軍兵器部				皇軍
郵貯强調運動	朝鮮軍兵務部				皇軍慰問團
郵政	朝鮮軍報道部				黃金
齲齒	朝鮮貴族訪問記				黃金館
旭日	朝鮮劇場				皇都守護翼壯挺
旭日昇天旗	朝鮮農村所				身隊
雲雀	朝鮮大陸直通列車				皇道儒學
運通相	朝鮮道中記				皇民
熊谷	朝鮮木材				皇民鍊成
雄辯	朝鮮文學				皇民化
熊本幼年校	朝鮮物資活用協會				皇兵
元寇	朝鮮民事令				皇楯隊
遠藤柳作	朝鮮放送協會				皇恩
遠藤元男	朝鮮事情紹介運動				皇帝
遠藤政務總監/遠	朝鮮寫眞感光材料				黃津
藤總監·遠藤總監	統組				荒天
遠藤鐵夫	朝鮮商工經濟會				荒川秀俊
原州	朝鮮商船學校				荒鷲
猿之助	造船所				皇土護持
越國家聯盟	朝鮮送出勤勞者鍊				皇后
慰靈祭	成所				會と崔
慰勞會	朝鮮水産業會,				會計局, 会計局
慰問公演	朝鮮水産業會				栃木
慰問金	朝鮮食糧營團				會社令
慰問金徵集	朝鮮神宮				回收運動
慰問袋	朝鮮醫師會				繪葉書
慰問文	朝鮮離宮				橫綱
慰問演藝大會	朝鮮人蔘				橫光利一
慰安所	朝鮮製油				橫斷鐵道
僞紙幣	朝鮮製鐵				橫濱
爲替取扱	朝鮮體力令				橫山白虹
委囑	朝鮮總督府情報課				橫井小楠
韋駄天	朝鮮特別豫算				橫穴式
韋駄天街道	朝鮮學徒動員基準				後藤新平
有價證券業	朝鮮弘報挺身隊				厚生
劉家河	朝鮮化				厚生學會
柔劍道	朝鮮厚生學會				厚生協會
油鑛	朝鮮興行等取締規				訓導志願者
有吉忠一	則				訓導陣
柔道	朝日歌壇				訓練所
油桐	朝日俳壇				揮發油
幽靈人口	朝窒				徽章
幽靈退治	租借				休憩所
儒生團體	組合貯金				休息所
有栖川宮學術獎勵金	組合統合				休學
勵金	宗敎敎育				恤兵
有栖川宮厚生資金	宗敎報國會				凶作
金	宗敎會				黑船
遺兒	宗團				黑鉛

遺兒部隊	縱談橫議					黑字
乳幼兒	種豚					興南
乳幼兒審査	縱覽所					興亞
有田燒	鍾路					希臘
遺傳學	鐘紡					
有閑邸宅	種蒔					
有恒會	種羊場					
遺骸	鐘鑄					
遊休敎室	種貝					
肉攻隊	佐久間象山					
陸軍看護婦	座談會					
陸軍經理學校	佐藤堅司					
陸軍美術展	佐藤信淵					
陸軍航士校	左翼					
育兒展覽會	佐佐木信綱					
育英會	佐々木申二					
潤滑油	酒類小賣商組合					
戎衣	主婦					
恩賜授産	主婦日記					
銀翼	周旋屋					
銀鐵鑛	住友					
銀回收	駐箚					
乙女軍屬	竹內式部					
音盤文化賞	駿馬					
飮食店	中江藤樹					
飮食店營業時間	重慶					
短縮	中繼地					
邑營	重工業					
應徵士	中國軍需監理部					
應徵者	中國新聞協會					
醫療講習會開催	中國靑少年團總檢					
醫療團	閱大會					
医療令	中根東里					
医療班	中等入試					
義務	中等入學考査					
義務敎育	重石					
医生制度	重石熱					
義損金	中央農業修練道場					
義捐	中野友禮					
義勇軍	重油					
義勇隊	中支					
醫者	重爆擊機					
理工	中學問題					
離宮	卽死					
二宮(東拓移民課長)	增減					
	曾根荒助, 曾禰荒助					
伊達政宗	蒸氣發動機					
利得稅	增米					
伊藤博文/伊藤(統監)	增米事業					
	增産突擊運動,					
二百十日	增産突擊運動					
伊勢	增産, 増産					
二審制	芝居					
李完用	支那苦力					
李載完(候邸)	支那事變					

罹災者	指導綱領					
利川	指導者講習					
益濟寮	指導者鍊成所					
翼贊	地方局					
翼賛會	地方自治					
人口政策	知事賞					
人口調査	紙上工作展					
人口準備調査	地上兵器					
印度國民	池上四郎					
印度兵	志願學徒					
人力車	地主團					
人事局	地主移民					
認識	地主組合					
人造湖	紙芝居					
籾種	地震					
印紙令	地測					
日光鑛山視察記	地下水					
日基	指揮者					
日獨協會	稷山					
日連宗	職業能力申告令					
日滿交易會議	珍島					
日滿食糧自給協議會	進辰馬					
日本刀	鎭川					
日本民族	盡忠信念昂揚					
日本式大量生産,	進學					
日本式大量生産	進學職業指導					
日本語講座	鎭海警備府					
日本移動演劇聯盟	鎭海中					
日本精神	鎭海中學開設					
日本精神昂揚古典講座	鎭海海軍					
日本出版社推薦圖書	集荷責任制					
日本出版會推薦圖書	執行猶豫者					
日本海橫斷計劃	徵兵勞務援護會					
日婦	徵兵制					
日常生活七訓	徵兵制一周年記念式					
日鮮鑛業	徵兵後援事業部					
一升	徵用					
日映社	徵用令					
日曜返上						
日曜子供欄						
日伊協會						
一人一匙						
日章旗, 日の丸						
日赤						
日赤朝鮮本部病院						
一齊增産命令						
日韓倂合						
日華新聞人交驩晚餐會						
林檎						

任那 姙産婦, 姙産婦 林業增産, 林業增産 臨戰 臨海學校 入選 入選者 入試 入試方法變更要 領 入試要綱 入植計畫 入營應召者 入營通知書 入亭稅, 入亭稅 立候補					

색인

	ㄱ								
歌	93769	93833	94363	96855	97067	97854	97896	97946	97966
	98019	100412	100749	101186	101593	101994	102155	102297	
架橋 (大同江架橋)	98749	99607	99980	100281	100890	101782	102227	102352	102870
	103434								
嘉納德三郎 (鮮銀副總裁)	99791	100619	102559	103354					
加藤神社	102296								
家屋	95513	95926	96011	96387	99252	102367	103151		
家屋稅	95513								
家賃	95423	98362	98523	98732	100326	100507	101156	101971	102018
家庭	94770	94788	94823	94831	94854	94881	94902	94926	94935
	94950	94951	94984	94985	94988	95004	95012	95044	95082
	95115	95123	95148	95176	95177	95200	95239	95242	95249
	95274	95295	95303	95590	95605	97073	98606	100803	102193
	102277	102298	102357	102520	102996				
家庭工業展覽會	102193								
暇政府·假政府 (上海假政府)	93868	95247	96323	96437	97719	97954	98902	99632	99728
	100916	100992	103333						
家族調査	94425								
佳話	97971								
各道	94756	94895	94970	95500	95958	97548	98052	98909	99239
	99444	99448	102221	102993					
各地だより· 各地より (코너기사)	93703	93769	94118	94228	94441	94464	95134	95431	95755
	95821	96211	96621	96758	97125	97150	97541	97626	98620
	99468	100654	101042	101130	101740	101779	101826	101842	102638
	102776	102868	102927	102941	102956	102969	102986	103008	103042
	103077	103094	103096	103121	103139	103159	103173	103207	103227
	103237	103310	103331	103467					
懇談會 (宣教師記者 懇談會、 地主懇談會、 實業家懇談會、 村落懇談會、 漁業懇談會)	93736	93919	93946	94021	94049	96275	99967	100958	101269
	101669	102309							
間島	97827	94513	94852	95065	95076	95329	95904	96396	96452
	96701	96722	96902	96937	97001	97015	97042	97057	97153
	97240	97309	97360	97450	97709	97736	97827	97829	97843
	97988	98043	98073	98076	98161	98294	98303	98326	98345
	98412	98441	98530	98534	98555	98597	98637	98668	98669

	98715	98748	98765	98805	98827	98991	99050	99059	99086
	99099	99145	99203	99326	99349	99514	99704	99729	99737
	99763	99882	100045	100055	100117	100188	100397	100441	100875
	101086	101100	101159	101215	101234	101250	101301	101326	101351
	101354	101374	101398	101416	101419	101435	101450	101451	101468
	101516	101537	101660	101979	101998	102001	102021	102040	102057
	102073	102079	102090	102402	102422	103157	103185	103435	103481
	103592								
干潟地 (干潟地開墾調査)	94420	97391	101327						
看護婦	94035	94044	94414	94844	94952	95016	99218	99892	101388
	102332								
感冒	98200	103009							
監囚	100558								
甘藷	101656								
監察 (監察官·監察員)	95008	96371	97028	97682	98621	99931	100563	101127	101418
	103047	103450							
監察制度	97028	101418							
甘浦	95814	103449							
感化院	102300								
江景	93703	94434	97033	97458	97867	97923	98716	99503	99990
	100095	100398	100782	100962	100975	101496	101846	102344	
強盜	93884	94306	94387	95673	96422	96822	96847	96897	97230
	97249	97381	97823	98081	98172	98202	98275	98276	98297
	98412	98475	98545	98660	98684	98761	99257	100505	100556
	100596	103384	103633						
強盜團	95673	100505	100596	103384					
岡山	94470	96615	96630	101442					
講習	94057	94178	94247	94259	94288	94485	94555	94756	94909
	95022	95095	95156	95167	95171	95182	95271	95276	95598
	95737	95781	96161	96162	96377	96797	96863	96957	96960
	97838	97879	97948	98015	98125	100066	100265	100313	100362
	100541	100690	100976	100995	101002	101042	101167	101221	101279
	101347	101359	101470	101598	101671	101877	102142	102523	102775
	102795	103451							
講習所	95022	97948	101598						
講習會	94178	94259	94288	94485	94555	94909	95156	95182	95271
	95276	95598	95737	95781	96161	96797	97838	98015	100066
	100265	100362	100541	100690	100976	100995	101167	101221	101279
	101347	101359	101877	102142	102523	102775			
講演	93912	93915	94076	94198	94404	94536	94770	94776	94788
	94823	94831	94854	94881	94902	94926	94927	94935	94950
	94951	94984	94985	95004	95012	95044	95082	95113	95115

	95123	95124	95148	95176	95177	95200	95239	95242	95249
	95274	95295	95303	95372	95399	95403	95424	95451	95466
	95509	95542	95590	95637	95650	95671	95703	95779	95809
	95811	95859	95876	95988	96009	96141	96168	96537	97361
	97389	97425	97503	98208	99207	99302	99319	99387	99905
	101057	101125	101231	101235	101264	101646	101770	101792	102068
	102125	102277	102298	102320	102472	102520	102555	102566	102575
	102666	102695	102753	102806	102930	102942	102970	102996	
姜宇奎	94106	94116	94139	94152	94169	94189	95587	95942	97399
	97599	97935							
江原 江原道	97332	97634	99350	99357	100997	103042			
强奪	93819	94787	97395	97724	98660	99614	99724	99787	100554
凱歌	101593								
開墾 開墾事業	94002	94420	95649	97391	98132	98772	100235	100785	101225
	101679	102299							
改良	94290	94828	94843	94870	95292	96327	96344	96938	97090
	97586	97609	97792	98236	98490	98854	99799	100132	100154
	100644	100896	100905	101080	101299	101424	101653	102343	102523
	103057	103090	103267	103273	103411	103422	103473		
開發	94223	94283	94510	95655	96429	96706	98555	99095	101195
	101257	101305	102249						
凱旋	96435	97692	97771	101333					
改善	93775	94435	94659	94685	94702	94805	94825	94844	94893
	95321	95647	95780	95933	95966	95973	95982	96001	96098
	96359	96711	97324	97329	97342	97393	97441	97450	97460
	97541	97550	97569	97887	97997	98150	98520	99036	99042
	99628	100029	100457	100472	100551	100981	101765	102044	102047
	102061	102139	102209	102212	102383	102567	102900	102950	103000
	103113	103290	103626	103645					
開城	95082	98522	98985						
改修	94129	94631	96703	98258	98666	99115	99887	100149	100211
	100266	100709	100853	101137	101514	101655	101869	102549	103168
開業醫	94268								
改正	93785	93918	93934	94107	94126	94160	94191	94234	94268
	94351	94448	94517	94592	94685	94689	94702	94727	94922
	94963	95046	95101	95136	95162	95226	95278	95282	95341
	95426	95505	95588	95776	95842	95908	95914	95978	96169
	96219	96227	96228	96257	96258	96267	96268	96271	96290
	96371	96465	96466	96496	96580	96599	96696	96755	96821
	96930	96954	96955	96978	96985	97046	97059	97060	97110
	97158	97313	97497	97500	97555	97566	97567	97729	97796
	97874	97944	98000	98288	98477	98589	98772	98793	98925
	99016	99261	99285	99369	99518	99546	99606	100016	100038
	100063	100113	100365	100762	100856	100895	100978	101302	101495

	101595	101621	101672	102174	102441	103061	103130	103165	103320
	103321	103358	103380	103409	103520	103527	103640		
開鑿	94210	97487							
開拓	94252	94537	94968	98261	98891	101814	103073		
价川	100483	100813							
開催	94076	94188	94203	94367	95334	95431	95522	95598	96001
	98402	99067	99378	100907	100972	100983	101042	101122	101269
	101353	101489	101745	101756	101763	101987	102191	102192	102193
	102392	102400	102461	102647	102881	102970	103025	103050	103158
	103470								
改築	93865	94609	96515	97572	98611	98970	99193	99373	100054
	100515	100710	100837	101146	101717	101749	101803	101868	101942
	102446	102512	103165	103400					
改稱	94238	94693	95127	96678	97944	99505	101284	101345	
開通	94028	94559	95028	95147	95731	96495	96895	97102	97258
	97414	97678	98570	98720	98834	101203	101273	101433	102445
	102504	102531	102652	102693	102733	102810	103004	103107	103463
改廢	94685	94702							
居留民	95743	98650	98830	99882					
健康	100551								
建碑	93725	95350	96977	97025	99372				
建碑運動 李太王の建碑運動	99372								
建碑式	96977	97025							
建設	93776	93858	93873	93875	94134	94364	94842	95086	95122
	95146	95675	96074	96189	96358	96716	97154	97171	97451
	97656	97843	98035	98054	98404	98649	98745	98980	99025
	99183	99934	99970	100123	100405	100608	100647	100651	100994
	101185	101300	101661	101759	101845	101880	101899	102139	102250
	102296	102452	102965	103267					
健兒	101337								
建議	93840	95909	98531	98891	98892	102059	103625		
檢擧	93708	94236	94255	94271	94887	95027	97530	97625	97810
	97959	98320	98546	99321	99594	99743	99922	100226	100384
	100390	100432	100508	100674	100753	100813	101012	101892	102150
	103332	103444	103535						
檢米	94175								
檢事	95033	95635	95676	95805	95869	95985	95992	96575	96731
	96881	97784	97786	98142	98180	98318	98580	100118	100816
	100849	101413	101502	101524	101636	101951	102260	102316	102471
	102928								
檢疫	94592	95515	95601	95624	95780	95817	96098	96202	96218
	96264	96479	96650	96780	97187	97192	98022	98199	98223

	98434	98814	99061	99200	99406	99459	100246	100625	100818
	101291	101358	101421	101983	102539	102581	102674		
檢疫所	96479	98814							
檢閱	95233	95308	95411	98736	100119	100684	101018		
激減	93843	94403	95532	95556	95736	95835	95878	98841	101980
激增	93809	93925	93932	94479	94621	94672	94895	94933	95059
	95252	95679	98069	98306	98651	99079	99103	100450	100581
	100889	101667	101912	102355	102573	103161			
格鬪 搰鬪	97070	98026	94306	96503	99693	100227			
繭	94837	95131	95180	95483	95878	96419	97002	98405	100316
	100578	100644	100715	100741	100761	100921	101051	101197	101844
見學 (本社見學, 內地見學)	94319	94369	94857	94890	94911	95166	95178	95193	95319
	95373	95375	95838	95903	96538	96560	96705	96714	96727
	96932	97008	97086	97107	97338	97879	97968	98756	98808
	99044	99269	99273	99436	99571	99599	99665	99800	99823
	99907	99956	99977	100006	100084	100275	100597	100672	100735
	101266	102477	102588	102668	102670	102877	102915	103030	103597
結氷	97558	102473							
結核	96944	99239							
結婚	94851	94915	97235	97759	99114	99317	100155	101106	
兼二浦	94923	95123	95164	97016	97018	97109	97290	97413	97745
	99078	99175	99221	99236	99883	99974	100040	100422	100911
	100936	101427	101779	101886	103008				
鯨	98045	99625	102497						
警官	94180	94264	94271	94277	94383	94429	94692	94822	94970
	95016	95113	95152	95196	95202	95239	95292	96466	96491
	96762	96777	96953	97009	97073	97422	97973	98029	98223
	98229	98268	98386	98554	98680	98708	98729	98844	98884
	98946	99378	99380	99602	99664	99692	99701	99729	99971
	100000	100122	100306	100318	100566	100633	100672	100753	101328
	101499	101664	101834	101972	102036	102267	102334	102614	102813
	102928	103071	103211	103620					
警官募集	94383	94429	94970						
競技	94980	94990	98801	98838	98941	98969	99055	102060	102131
	102961	102973							
京畿道	93729	93795	94233	94407	94459	94549	94628	94650	94729
	94834	95241	95526	95714	95761	95798	95961	95994	96202
	96294	96679	96844	97548	98255	98478	98641	98676	98698
	98909	98923	99375	100173	100208	100601	100628	100997	102940
京南鐵道 南鐵, 京南線	94541	95321	95400	95522	95705	97256	98067	98388	99068
	99573	100943	101423	101433	101453	103023			
南鐵期成同盟會	100943								

慶南道	94800	97657	97872	98065	98348	100997	101324	102117	102218
京大	93709	93714	93719	93728	93732	93741	93757	94566	97507
	97592	100434							
京都	93900	94333	94437	95737	96575	96648	97753	102760	
敬老會	95578								
競馬	97393	97403	98944	99231	99320	99527	99582	99598	99788
	102127	102322	102681	103027					
競賣	98958	100573							
警務局 警務局	94386	94893	96238	96397	97309	97605	99279	100355	100633
	101084	101413	101760	102700	103069	103105	103106	103621	
警務機關	93792	94046	94150	95034	96530	103145			
警務部	99683								
警保局	96323	96337							
警部補試驗	101528								
警備艦	97518								
慶尙南道 慶南	97548	98698	100570	100580	100685	100707	100758	100773	100853
	94193	94594	94639	94800	95950	96107	96567	97657	97806
	97872	98065	98125	98348	98407	98654	98864	99192	99328
	100454	100652	100714	100941	100972	100997	101007	101275	101324
	101364	101498	101906	101908	102117	102218	102485	103197	103641
慶尙北道 慶北	94042	95124	97548	97882	98751	99448	93737	93739	93829
	93870	93972	94092	94111	94129	94141	94142	94150	94200
	94255	94404	94516	94591	94616	94623	94656	94698	94709
	94719	94796	94809	95056	95064	95132	95309	95347	95814
	95829	95980	95989	96004	96085	96376	96460	96502	96531
	96566	96614	96660	96735	96925	96966	97032	97062	97091
	97164	97368	97541	98572	98574	98812	98856	98892	99384
	99451	99517	99551	99569	99758	99798	99925	100020	100142
	100180	100644	100997	101213	101481	101726	101746	101844	101847
	101857	102124	102163	102178	102536	102750	102751	102908	103327
	103378	103509							
京城	93724	93734	93736	93761	93762	93799	93832	93838	93845
	93861	93872	93919	93939	93974	93981	93992	93993	94004
	94013	94024	94031	94035	94039	94046	94049	94050	94060
	94070	94072	94076	94083	94085	94098	94123	94135	94138
	94144	94195	94216	94231	94235	94240	94259	94260	94264
	94268	94270	94281	94295	94299	94301	94303	94304	94307
	94322	94323	94326	94327	94332	94347	94361	94367	94370
	94372	94379	94388	94389	94394	94402	94408	94415	94422
	94428	94436	94438	94441	94443	94459	94463	94469	94473
	94475	94489	94490	94493	94504	94509	94522	94526	94528
	94538	94539	94544	94564	94600	94604	94612	94619	94635
	94653	94658	94663	94669	94681	94682	94684	94693	94701
	94716	94717	94726	94730	94739	94741	94756	94757	94771

	94772	94777	94778	94790	94791	94801	94811	94813	94822
	94827	94850	94853	94860	94868	94871	94872	94890	94891
	94898	94901	94905	94917	94925	94942	94944	94977	94985
	94989	94996	95004	95012	95016	95026	95031	95033	95044
	95066	95081	95101	95109	95113	95124	95149	95151	95153
	95192	95196	95221	95241	95268	95271	95277	95289	95297
	95319	95321	95365	95385	95428	95429	95456	95471	95477
	95483	95490	95494	95508	95523	95542	95545	95615	95665
	95668	95676	95680	95695	95699	95729	95784	95785	95825
	95827	95870	95887	95902	95930	95944	95947	95966	96009
	96011	96024	96025	96040	96081	96105	96120	96127	96138
	96143	96165	96168	96192	96202	96251	96313	96336	96342
	96350	96356	96485	96559	96589	96685	96708	96775	96784
	96796	96798	96812	96813	96815	96832	96834	96843	96849
	96868	96870	96903	96998	97031	97089	97094	97105	97125
	97221	97255	97282	97374	97440	97460	97483	97533	97611
	97642	97667	97677	97689	97691	97698	97706	97743	97753
	97759	97817	97836	97842	97857	97914	97915	97924	97942
	97987	98031	98078	98101	98153	98172	98197	98243	98262
	98270	98289	98384	98417	98461	98484	98504	98509	98528
	98552	98580	98596	98630	98694	98753	98794	98795	98823
	98829	98908	98953	98982	99003	99006	99008	99028	99039
	99044	99097	99184	99212	99243	99249	99252	99307	99369
	99388	99472	99483	99488	99566	99636	99644	99666	99713
	99774	99775	99807	99812	99814	99816	99833	99848	99879
	99891	99913	99926	99942	99944	100066	100089	100141	100165
	100189	100192	100214	100278	100284	100308	100364	100370	100375
	100379	100503	100521	100527	100572	100647	100662	100693	100749
	100754	100766	100780	100875	100876	100889	100910	100931	100984
	100987	101048	101055	101067	101102	101111	101155	101157	101199
	101219	101226	101229	101237	101242	101244	101269	101290	101318
	101341	101443	101454	101533	101578	101667	101686	101738	101745
	101928	101936	101979	101987	101998	102002	102018	102021	102024
	102040	102057	102073	102090	102125	102145	102231	102232	102250
	102329	102330	102350	102375	102399	102407	102408	102418	102453
	102459	102507	102533	102562	102584	102596	102675	102801	102804
	102829	102853	102865	102904	102911	102942	102970	103001	103002
	103046	103065	103130	103134	103176	103190	103218	103256	103265
	103271	103305	103323	103345	103349	103377	103394	103413	103453
	103461	103475	103487	103493	103514	103518	103541	103554	103561
	103569	103577	103590	103609	103618	103623	103624		
京城高女	94138	94379	99833						
京城見聞錄	98528	98552							
京城公設市場	94853								
京城共進會	94367								
京城公會堂	93762	94772	95729						

京城劇場	94469	98197	98417	101443	102399			
京城圖書館	103349							
京城師範學校	98982	100284						
京城商議 京城商議戰	102801							
京城食堂	95668	95784						
京城神社	95221	102562	103514					
京城神學院	99249							
京城銀行 京銀	94612	94598	95192	95604				
京城樂友會	94905							
京城醫專	95699	98823	100379	100572	100910			
京城日報	98908	99713	100503	103176				
京城專門	94693							
京城帝國大學 京城帝大 (京城)帝大	94888	95737	98060	100824	102096			
京城製紙	94370	94422	94522	94663	94898			
京城通信部	94891	95297	96784	96798	96813	96849	96868	
京城會議所	94195	94801	99369					
敬神教育	100144							
京元鐵道 京元線	93803	102959						
京義鐵道 京義線	96323							
京仁	93722	94899	99739	103111	103379			
京仁線	94899	103111						
耕作	94688 102405	95229	95264	95546	95865	96344	98136	98471	100945
京電	94642 98118	94645 102838	95573	95756	97669	97770	97794	97839	97938
慶典	95005							
經濟 経済	93727 95679 97360 98270 100797 101616 102508	93727 95863 97360 98476 100797 101699 102508	94168 95863 97389 98476 100843 101699 102538	94168 95866 97389 99505 100843 102068 102538	95388 95866 97619 99505 101198 102068 102729	95388 96134 97619 99704 101198 102123 102729	95607 96134 98096 99704 101231 102123 102923	95607 96311 98096 100663 101231 102149 102923	95679 96311 98270 100663 101616 102149 102980

高等普通學校 高普學校	98745 100786 103136	99075 100864 103404	99341 101405 103550	99589 102236 103587	99781 102270	99808 102342	100024 102385	100458 102452	100608 102852
孤兒	94297	98635	102751						
古蹟	99148	99163	102423	102637					
古蹟調査	102423								
高興	99866								
穀類	93820	95686	96293	97662					
穀物市場	99345	99663	100012	102353	102416	102661	102998	103317	103590
骨董品	93822								
公金	94180	94263	96338	96639	97542	98687	98762		
共同墓地	103132								
公立學校	94927 103319	95495	96574	96984	97233	97332	99431	100758	103150
工務課	97402	97449							
工務課長	97402	97449							
工事	93756 95453 96055 97133 99407 100017 100281 101694 102719	94132 95571 96103 97258 99573 100044 100646 101795 103023	94629 95608 96344 97314 99590 100047 100902 101813 103048	94636 95683 96429 97647 99603 100049 100986 102343 103168	94923 95727 96473 97720 99803 100101 101026 102379 103200	94956 95731 96576 98067 99885 100129 101253 102421 103387	95061 95800 96588 98087 99890 100170 101458 102449 103423	95205 95882 96591 98671 99934 100211 101522 102646	95384 95900 97026 99010 100015 100261 101543 102654
共産黨	103621								
共産主義	95692								
公設	93978 94853 95255 98739	94074 94861 95346 98824	94131 94934 95886 100532	94603 94939 95940 102513	94648 95025 96296 103483	94681 95101 96514	94734 95111 96687	94767 95116 97143	94774 95146 98656
公設市場	94074 95111 102513	94131 95116 103483	94603 95255	94648 95346	94853 95886	94861 96296	94939 96514	95025 98739	95101 98824
公設質屋	93978	94681	94734	94767	94774	94934	95116	96687	
公訴	95766	95805	95912						
控訴	94903	96339	96471	96493	98061	98142			
工業	93703 94489 96665 102206	93961 94522 96966 102613	94037 94621 97423 103482	94185 94645 99153	94280 94663 100255	94309 94678 100348	94312 95706 100414	94324 96216 101144	94448 96358 102193
工業藥品	93961								
工業會社	94645	96665							

工藝	94540							
工藝品	94540							
公園	93760 101854	94601 101888	94751 101909	95277 102882	95522 103087	98563 103347	99446	100286	100931
工場	93913 98855	95049 99101	95073 100610	95191 101717	95497 101757	96603 102042	97239 103596	97443	98469
功績	95261							
共濟組合	97417							
共濟會	101856							
公州	93703 94849 100219	94020 94935 101943	94021 95259 102236	94213 95742 102270	94220 96016 102654	94234 97193 103567	94254 97223	94272 97294	94815 98880
共進會	94367 99711	97797 100826	97800 101107	98764 101273	98987 101539	99043 102264	99405 102604	99452	99695
公債	93947	101068	101104					
供託所	95417							
公判	94106 95723 96731 100271	94116 95754 96781 102875	94139 95766 97261 102928	94152 95796 97318	94169 95805 97862	94189 95913 98443	95349 96471 98549	95380 96480 99439	95630 96493 100206
恐慌	93877	95159	97439	100973	103291			
公會堂	93704 94969 99171 100623	93762 95249 99183 100742	93804 95313 99343 100953	93858 95345 99457 101098	94134 95445 99526 101309	94364 95729 100098 102655	94772 97075 100349 103421	94801 97451 100424	94875 99025 100426
果物	101663	102536	102990					
菓子	103584							
科學	97703	100765						
灌漑	98087	100282	100852	100963	101407	101764		
灌漑事業	101407	101764						
官公吏	96335	97394						
觀光	94492 99168	94721 99421	94739 100173	94841 100577	94967	95113	95151	96676	99123
關東	95582	99617	100365	100468	103499			
官吏	94133 97350	94416 97474	94538 99642	94793 100565	94950	95369	95430	96582	96594
官民	93836	94674	96358	97018	97748	98076	99571	101195
觀兵式	96973	97744	102612	102796				
關西	93958							
關稅	93735 98719	93840 98976	93853 99013	93968 100064	96212 102688	96228	96257	96290	98669
關稅改正	96257	96290						

官煙	98594							
官鹽	97130	99297						
官廳	96329	100059	102746					
觀測	95680	101884						
官憲 官憲	97598 99654	98234 99704	98412 99737	98852 100992	98903 103281	98991	99200	99572	99622
鑛區	102199							
鑛務課	96607	99211						
光復團	98432	98752	100753	102150				
光復團員	98432	102150						
鑛山	99705	101977	102802					
鑛産	100496	101021						
鑛業	93716 97889 103339	93720 97928 103416	94403 98108	94445 98648	94897 99211	95975 99853	96607 100126	97236 100650	97392 102206
光州	93764 99167 102326	93813 99635 103629	94491 100847	95300 101074	95451 101090	98677 101842	98678 101963	98720 101964	98968 102288
光州神社	102326							
敎科書	97273 102805	97497 103257	97780 103290	97790	97812	97886	98705	101031	101610
敎科書調査 敎科書調査會	97780	97886						
敎授	93709 93782 99807	93714 93924 100362	93719 95167 100494	93728 95781 101002	93732 96929 101186	93741 98384 101228	93757 98928 101773	93767 99076 102096	93773 99158
敎室	97690							
敎員	93918 95022 96152 96615 96727 97068 98322 99915 101165 102600	94010 95037 96161 96630 96797 97082 98354 100313 101347 102714	94127 95048 96162 96641 96837 97098 98426 100334 101359 102732	94485 95171 96210 96648 96841 97332 98483 100516 101610 103356	94511 95182 96349 96676 96851 97683 98498 100541 101661 103518	94516 95276 96359 96682 96990 97920 99093 100601 101671 103587	94809 95344 96432 96700 97017 98125 99192 100604 102175	94909 95453 96445 96710 97053 98230 99246 101025 102250	94911 95838 96589 96718 97054 98287 99444 101036 102295
敎員講習會 (鮮人敎員講習會)	95022 101347	95182 101359	95276 101671	96161	96162	96797	98125	100362	100541
敎員養成所	95022	97683	99246					
敎諭	101377							
敎育	93769 95073	93782 95113	94027 95258	94262 95261	94324 95322	94348 95527	94433 95737	94790 95825	94891 95842

	96033	96050	96152	96560	96851	96855	96872	97110	97118
	97173	97511	97649	97684	97700	97713	97766	97768	97779
	97894	97957	97982	97993	98209	98387	98417	98457	98459
	98634	98692	98774	98879	98880	99097	99201	99283	99367
	99516	99586	99671	99793	99808	99827	100144	100254	100305
	100602	100705	100758	100808	101097	101108	101175	101329	101442
	101537	101618	101695	101798	101860	102009	102600	102742	102995
	103179	103270	103409	103412	103517	103622			
教育令	97110	100602	103409	103517					
教育研究會	98417								
教育調査 (朝鮮教育調査會)	95842	97766	97957	99097	99516	99808			
教育會	95737	97173	100808	101108	102009				
教主	97084	97788	102840						
膠州灣	96178	96564							
教職員	96178	96564							
交通	93819	93883	95494	96180	96317	97113	97306	99486	100035
	100593	101103	102209	102831	103048				
交換臺	95647	95953							
交換所	94797	99835	100330	100882	101104				
交換手	94731	95647	95995	96617	96711	96929	97404	98103	100155
	102911								
教會	94737	96202	96381	97475	97482	97490	98802	98839	99149
	99347	100490	100656	101957	101987	102222	103542		
俱樂部	93746	94251	94449	96782	97878	101062	103092	103171	
九龍浦	98819	100877	102718						
拘引	93839	94699	95074	95317	95758	95768	96411	99536	100340
	100912								
舊正月 陰曆正月	98315	98247							
救濟	93713	93765	93780	93876	93948	94022	94218	94297	94382
	94547	94855	94896	94946	95105	95116	95418	95546	95762
	95818	95904	95989	96470	96521	96551	96603	96622	97178
	97485	97588	98034	98109	98269	98809	99228	99443	99487
	99562	99639	99685	99792	99895	100060	100153	100259	100493
	100638	101214	101509	101775	102751	103014	103574		
驅除 (綿蟲驅除布令)	94142	100768	101623	101644					
救濟	93713	93765	93780	93876	93948	94022	94218	94297	94382
	94547	94855	94896	94946	95105	95116	95418	95546	95762
	95818	95904	95989	96470	96521	96551	96603	96622	97178
	97485	97588	98034	98109	98269	98809	99228	99443	99487
	99562	99639	99685	99792	99895	100060	100153	100259	100493

	100638	101214	101509	101775	102751	103014	103574	
救濟資金	94382	94896	95904	97588	98269	100153		
救濟會	99562	99639	99895	102751				
九州	93735	93760	93922	93926	94276	94280	95296	96151	97800
	97910	98764	99043	99452				
歐洲	93948							
驅逐隊	94293	94400	98766					
驅逐艦	94345	94399	94508	94890	95238	96910	97120	
拘置監 (鐘路拘置監)	97217							
救護	93940	100254						
救恤金	96948							
國境	94317	94692	95152	95202	95239	95242	95407	95518	96032
	96267	96337	96355	96363	96367	96394	96401	96433	96451
	96491	96671	96703	96742	96769	96797	97379	97390	97558
	98095	98223	98233	98367	98554	98911	99442	99628	100497
	100915	100942	100950	100960	100979	100998	101023	101069	101088
	101109	101128	101145	101215	101381	101698	101741	101761	101808
	101898	102151	102411	102700	103109	103127	103141	103149	103164
	103181	103607	103620					
國境視察團	100950							
國境脱税	101808							
國民	93767	93825	93999	94614	94891	95383	95755	95986	96569
	97907	97931	98211	98718	99124	99353	99402	99711	100353
	100855	100888	101154	101205	102575	102888		
國民體操	95383	102888						
國民協會	93825	95986	97907	97931	98211	99124	99353	99402	100353
	100855	101154	101205	102575				
國勢	95062	95419	95582	95965	96456			
國勢調査	95062	95419	95582	95965	96456			
國語	95798	99445	100362	102890				
國語夜學會	102890							
國際辯護士大會	102929							
國際親和會	95149	95215	95795	96087	96217	99389	100333	103119	
君が代	97863							
軍旗祭	94507	94739	94864	95577	95837	99418	99437	100274	100436
	101790							
軍隊	94256	94264	96210	97099	97166	98444	99947	101634	101698
軍馬	96891	101041	102168	103588				
軍司令官	95271	95542	97473	97852	98065	99421	99848	100346	100497
	100824	101018	101143	102225	102330	103102		
群山	93834	93835	93836	93841	93858	93917	93920	94048	94364

	94396	94399	94411	94434	94490	94497	94696	95024	95049
	95170	95195	95234	95382	95455	95469	95670	95698	95811
	95823	95832	95892	96121	96247	96261	96488	96505	96522
	96684	96795	96894	96896	97034	97256	97323	97619	97980
	98241	98276	98350	98666	98688	98721	98725	98728	98740
	98898	98934	99080	99105	99496	99522	99762	100195	100196
	100197	100360	101727	102235	102259	102562	102577	102609	102689
	102694	103042	103173	103421					
郡守	94096	95119	95448	95553	95813	95903	96027	96096	96177
	96372	96377	96402	96483	96594	96692	98339	99123	99815
	99845	99911	99957	100021	100455	100589	100624	101007	101524
	101764	102307							
郡衙	98797	100528	102202						
軍營	94213								
軍人	94033	95017	95902	96861	97229	97350	97384	97562	98525
	98767	100957	101542	102434					
軍人會	97384	97562	98767	101542	102434				
勸酒歌	97946								
拳銃	93884	96839	97381	97630	97939	98361	99393	99878	100433
	100554	100680							
拳銃彈藥	98361								
蹶起	94547	100943							
軌道	95315	99339	100018	102340	103567				
歸省	95248	95990							
歸順	97988	98098	98542	98637					
歸任	95241	95271	95583	96105	98186	99264	100254	100915	101071
	101073	101080	101457	102065	102748	103525			
歸朝	94198	94977	101108	101252	101607	101641	101686	101729	101740
	101779	101826	101842	101913	101936				
歸還	97207	99654							
規則	94592	94922	95282	96291	96923	97489	97500	99331	99586
	100256	100856	103358						
劇	94322	94469	94914	95706	96959	97847	98197	98417	99361
	100027	101140	101443	101548	102048	102399			
極東艦隊	101015								
劇場	94469	98197	98417	100027	101140	101443	101548	102399	
近海	93953	94308	94587	99565					
錦江	94020	94624	97678						
金剛山	94942	95836	96783	98067	100407	100763			
金庫	95236	95956	102777						
金鑛業	94403	96607							
金鑛	94403	96607							

金礦								
金塊	97848	100317	102063					
金肥	95070	95230	95310	96885	100456			
金躍淵	98098							
金融	93761	93781	94143	94215	94337	94359	94468	94469	94548
	94549	94706	94722	94781	94783	94828	94843	94870	94872
	94887	94961	94996	95009	95018	95036	95081	95222	95246
	95279	95316	95387	95413	95456	95565	95775	95804	95878
	96089	96090	96263	96319	96377	96446	96707	96725	96834
	96835	97111	97127	97150	97205	97277	97469	97501	97575
	97619	97665	97687	97712	97793	97806	97819	97875	97945
	97987	97999	98111	98125	98270	98364	98473	98479	98486
	98497	98694	98700	98717	98870	99102	99217	99236	99250
	99307	99371	99474	99487	99569	99698	99891	99895	99920
	99982	100073	100125	100263	100502	100571	100965	100984	101022
	101054	101056	101111	101153	101416	101450	101578	101650	101659
	101700	101723	101961	101984	102024	102079	102259	103002	103286
	103291	103304	103363	103377	103390	103437	103448	103467	103580
金融概況 金融狀況	94549	96834	97111	97127	94548	94872	94996	95081	95246
	95456	95565	95804	96090	96725	97150	97205	97501	97665
	99569	99920	100984	101054	101578	101650	101659	101961	102079
	102259	103002	103286	103363	103377				
金融機關	94143	94722	99487						
金融組合	94215	94337	94359	94468	94706	94783	94828	94843	94870
	95279	95413	95775	96089	96377	97712	97806	97819	97999
	98111	98125	98479	98486	98700	99102	99236	99474	99698
	101416	101450	101984						
金佐鎭	98050	102737							
禁酒	93773	95579	95835						
禁止	94665	95601	95871	96180	96375	96546	96623		
金泉	93933	94311	94902	96410	96889	96911	96916	97027	97123
	97130	97241	97301	97312	97314	97321	97411	97412	97423
	97426	97522	97544	97548	97720	97908	98930	99296	99480
	99969	101009	101179	101240	101261	102345	102347		
今村鞆	97066								
給水	95808	96459	98520	99355	100646	101139	103579		
急行列車	94899	102935							
機關車	96945	99290	100314						
飢饉	94738	97178							
記念スタンプ	96928								
記念植樹	94600	94650	97499	99176	99232	100787	101052		
記念日 紀念日	94062	94220	94264	94331	94346	95210	96616	98620	98947
	100221								

祈禱祭	98579							
基督教	95681	96381	96652	96850	96996	97307	97554	98158	98325
	98683	98786	99672	100626	101987			
基督教靑年會	98786	99672						
基督教宣教師大會	101987							
杞柳	94522	95952	100886	103075				
寄附	93858	93887	94022	94134	94148	94888	95214	95458	95619
	96105	96522	97034	99746	100204	101089	101185	101309	101722
	102452							
寄附金	93887	94134	95214	96522	101089	101185	102452	
妓生	94665	94805	94829	95371	95427	95524	97703	97896	99201
	100405	100937	101564	101931				
妓生學校	94805							
汽船	94108	94423	94753	97083	99106	101041	101995	102023	
期成會	95321	96092	96624	97761	99837	102432	102543	
技術	93996	94109	94156	94185	94545	94811	94924	94925	95054
	96335	96708	97838	97870	97877	97968	100287	101280	101348
	101583	103548						
技術官	93996	94109	94545	94811	94924	94925	100287	101583	
技術員	94156	95054	96708	97838	97870	97877	97968	101280	103548
企業	93815	94069	99796	103388				
紀元節	94051	94091						
祈願祭	103536							
記者	93736	93946	93981	93992	94004	94024	94039	94049	94050
	94054	94240	94260	94270	94280	94281	94295	94301	94304
	94313	94323	94332	94347	94361	94372	94388	94389	94402
	94415	94428	94443	94459	94463	94475	94493	94509	94528
	94544	94564	94604	94619	94635	94653	94669	94682	94699
	94701	94717	94726	94741	94757	94778	94791	94813	94850
	94937	94983	95706	96458	96477	97233	97360	97484	97622
	97820	100002	102596	103143	103171	103176	103386	
寄贈	96811	100876	101171					
汽車	93722	93778	97995	98199	101187	102064	102173	
吉林	97905	99354						
金剛	94942	95836	96783	98067	100407	100763		
金德善	96543							
金堤	98818							
金貨	97486	100042						
喫煙	103161							
喫茶店	95483							

ㄴ								
のり 海苔	98310	98614	103057					
癩病	93866							
羅州	95446							
羅津	99519	100473						
洛東江	101064	101081	101189					
落成式	95461	96334	97525	97653	100483	100525	100822	102397	102436
難波	94444	94450						
南山	94658	94817	95277	95555	98455			
南鮮	93768	94181	94252	95317	95331	95915	96028	96614	96625
	97419	97603	97647	98067	98592	98595	98720	99547	99694
	99736	99851	99885	99963	100076	100496	100664	100690	100694
	100851	100943	100971	101008	101756	101794	102141	102264	102392
	102428	102459	102749	102878	102898	102918	102932	102933	102936
	102945	102962	102975	103027	103594			
南鮮鐵 南鮮鐵道	93768	95321	95400	95522	95705	97256	97419	97603	97647
	98067	98595	98720	99068	99547	99573	99694	99885	100694
	100943	101008	101423	101453	103023	103594			
南鮮物産 南鮮物産會社	95317	95331	96625	102264				
南洋	96721	101395	101814	103280				
南原	100427							
南浦	93752	93805	94504	94745	94750	94754	94781	94789	94874
	94879	95042	95177	95354	95368	95636	95708	95717	96149
	96454	96654	96656	96964	97149	97238	98023	98137	98216
	98583	99220	99338	99379	99388	99778	99789	99965	99988
	100012	100617	100666	100677	100688	100789	100878	100917	100925
	100940	100982	101087	101093	101099	101133	101136	101174	101201
	101283	101305	101389	101506	101701	101878	101985	102258	102350
	102526	102792	102894	102916	102925	102940	103297	103392	103458
	103472	103579	103611	103646				
納涼	95725	95963	96127	100629	100907	101122	101264	101622	
納涼列車	96127							
納稅	94466	97832	97856	98288	98631	98989	99286	99973	100722
浪人	96509	98078						
內閣	102920							
內務	93780	94459	96291	97066	99303	99305	99767	99908	99912
	100085	100254	100309	100658	100775	101325	101345	101540	101900
	102523	102603	103608					
內務局	93780	94459	96291	97066	99303	99767	99908	99912	100775
	101345							

農商部	93727								
聾啞	100060								
農業	94156	94342	94489	94742	94758	94764	94924	95389	96830
	96902	99099	99686	99919	100142	100496	100731	100791	101871
	102206								
農業技術員	94156								
農業學校	94342	94764	100791						
農業大會	101871								
農園	101546								
農作	95184	96136	96214	96231	96232	96246	96287	96314	96384
	97835	99798	101432	101656	101904	102529	102621		
農場	93847	96529	99104						
農村	94529	97868							
農學校	94032	94234	96334	99074					
農況	96147	96154	97805						
農會	94141	95441	96529	96660	98020	99384	100142	101871	102274
	102305								
泥棒	97615	100247							
尼港	95448	95542	95555	95574	95591	95618	95622	95629	95641
	95652	95687	95722	95743	96867				

ㄷ								
ダイナマイト	97268								
ダイヤ	96721								
ヂストマ	99888								
ドイツ 獨逸・獨	93868 95510 96543 97367 99209 100152 101533 103359	93890 95582 96556 97478 99321 100550 101612 103359	93893 95656 96600 97954 99391 100550 101664	93893 95656 96672 98340 99513 100656 101925	93952 95723 96881 98366 99594 100674 101952	94054 95796 96892 98381 99635 100866 102456	94170 95852 97247 98657 99899 101080 103143	94856 96341 97248 98760 99949 101123 103143	95380 96363 97306 98914 99950 101186 103259
茶	94260 94347 94463 95032 98769 98945 99682 99881 100110 102800 102963 103123	94270 94361 94475 95078 98790 98972 99700 99910 100139 102820 102976 103144	94281 94372 94493 98581 98803 98997 99727 99932 100162 102836 102994 103160	94295 94388 94509 98607 98828 99011 99749 99958 100187 102861 103012 103177	94301 94402 94528 98628 98849 99034 99768 99979 100209 102879 103031 103212	94304 94415 94544 98645 98869 99047 99790 100008 100228 102899 103045 103232	94322 94428 94564 98690 98890 99063 99806 100031 100253 102919 103066	94323 94443 94604 98714 98907 99092 99825 100057 100279 102934 103084	94332 94457 94619 98742 98917 99110 99850 100086 102781 102946 103103
多獅島	101379	101852	102200						
壇君教	97554								
單級學校	94511								
擔保	97717	99411	100121						
潭陽	98826								
當局	93852 94545 95719 96724 98448 98884 100179 102599	93879 94671 95948 96786 98481 99016 100544 102627	93968 94687 95961 97607 98557 99048 100900 102822	94026 94855 96018 97667 98664 99145 101029 102838	94091 94918 96221 97813 98669 99219 101070 102853	94110 95067 96271 97886 98672 99733 101242 102910	94188 95365 96323 98056 98691 99751 101268 102920	94282 95678 96326 98106 98705 99772 101449 103032	94416 95710 96364 98273 98778 100138 101696 103447
當選	93928 98963	95462 99166	97274 103305	97288	97289	97290	97312	97323	98747
大邱	93740 93976 94119 94444 94612	93776 93977 94145 94458 94618	93828 93984 94154 94518 94629	93850 93989 94199 94525 94646	93859 94017 94236 94527 94657	93861 94032 94239 94540 94659	93932 94043 94243 94542 94665	93936 94044 94300 94550 94680	93971 94088 94335 94560 94723

	94740	94797	94805	94825	94845	94881	94939	94956	94981
	95020	95025	95040	95050	95086	95087	95114	95138	95197
	95206	95225	95260	95270	95298	95314	95328	95345	95380
	95482	95540	95557	95580	95592	95621	95642	95699	95782
	95783	95814	95858	95884	95886	95911	95929	95939	95955
	96026	96048	96056	96060	96068	96099	96129	96142	96204
	96275	96296	96427	96428	96443	96517	96603	96612	96633
	96634	96641	96715	96720	96747	96753	96760	96890	96939
	97149	97161	97167	97179	97353	97365	97393	97403	97451
	97469	97572	97606	97608	97658	97858	97949	98391	98394
	98397	98422	98512	98513	98519	98562	98580	98726	98750
	98811	98835	98881	98882	98899	98900	98932	98969	98970
	98986	99073	99083	99164	99183	99189	99201	99218	99292
	99311	99320	99340	99345	99396	99454	99582	99591	99592
	99598	99668	99678	99835	99877	99913	99937	99968	99991
	100014	100052	100058	100116	100131	100159	100191	100231	100300
	100330	100402	100444	100452	100525	100529	100586	100629	100808
	100882	100907	100947	100965	100976	101055	101122	101152	101247
	101274	101300	101349	101362	101494	101562	101622	101704	101710
	101717	101828	101831	101841	101845	101859	101957	102095	102096
	102123	102127	102131	102186	102249	102318	102350	102391	102440
	102446	102506	102583	102629	102651	102681	102704	102730	102743
	102776	102882	102897	102936	102941	102953	102968	102970	103008
	103018	103087	103096	103209	103211	103310	103322	103373	103427
	103437	103462	103467	103508	103546	103627	103648		
大根	97686								
大都市	95086	96358	101759						
大同江	94093	94320	94912	96177	98749	99607	99707	99980	100164
	100258	100487	100890	101811	102029	102352	102542	103434	
大同江架橋	98749	99607	99980	100890	102227	102352	103434		
大同館	102569								
大東同志會	102640								
大同銀行	101284	102364							
大同靑年會	98755								
大豆	93962	94310	94459	94479	96009	96052	96080	96328	96382
	96583	96836	96936	96956	97805	98270	98472	98795	98821
	98990	99897	100420	101111	101129	101578	101857	101904	101945
	102084	102354							
大連	101298	101308							
大麻	102548								
臺灣 台灣	100533	100705							
大本營	94330								
相撲	94697	95540	95642	95654	97580	99659	100300	100434	100595

大相撲	100653	100936	102542					
大野緑一郎 大野(總監)	94446	94464	94523	98444	99279	100824	103087	
代議士	93877	97221	99143	103466				
大將	96168	96199	97473	99421	99848	102503	102559	
大田	93703	93865	93935	94627	94815	94926	95077	95174	95206
	95315	98693	99162	99429	99437	99474	99480	99509	99865
	99983	99987	100102	100323	100358	101472	101527	101579	101581
	101645	101740	101756	101779	101787	101830	101849	101954	101991
	102038	102050	102054	102120	102282	102337	102348	102392	102557
	102678	102776	102917	102956	102969	103159	103225	103459	103631
大庭	97473	97967	98065	98233	98488	98978	99848	100346	100497
	100824	101000	101143	103102					
大正親睦會	97837	97855						
大川	100974	101586						
貸出	94376	94382	94488	96163	96674	96835	96853	96967	97092
	97809	98281	98733	99198	99296	99351	99411	99488	100475
	101197	101469	101667	102137	102487	102885	103371	103448	
大阪	93834	94030	94305	95355	95443	95706	95843	95903	96630
	96920	97316	97993	98618	99538	99686	99796	100703	101104
	101413	101415	101692						
大學	93771	93782	95699	95737	95947	95988	96009	96381	97467
	97814	98031	99647	99808	99827	101053	101695	102995	
大韓	96852	96878	100817	101613					
大韓軍政署	101613								
大會	93805	93813	93833	93863	94066	94188	94280	94651	94737
	94812	94882	94913	95077	95128	95209	95247	95270	95334
	95538	95542	95834	96001	96245	96437	96444	96467	96485
	96569	96689	96741	96763	96811	96876	96903	96916	96927
	97036	97096	97403	97475	97923	97928	97931	97949	98747
	98749	98801	98941	99231	99278	99320	99353	99420	99527
	99582	99702	99904	100003	100061	100368	100829	100876	100914
	100939	101029	101038	101077	101090	101096	101157	101165	101324
	101336	101341	101355	101396	101423	101434	101447	101453	101573
	101580	101593	101609	101745	101756	101766	101775	101871	101987
	102017	102059	102112	102155	102244	102321	102322	102359	102363
	102392	102395	102428	102474	102564	102574	102578	102592	102610
	102611	102681	102684	102725	102743	102818	102882	102929	102932
	102936	102973	102977	103005	103020	103027	103033	103034	103050
	103116	103162	103503						
大興電氣	95384	100293	101074	102314					
德壽宮	94082	94929	100399						
德津	101429								

德惠姫	102668							
稻	94233	94782	95771	95820	95910	96153	96396	96548	96566
	96609	96663	97047	97792	101217	101361	101422	101531	101684
	101794	101884	101946	102082	102117	102257	102265	102315	102485
	102884								
陶器	102372	103028							
渡滿	102102	102186							
賭博	94822	98320							
圖書	94252	97434	98206	103221	103349				
圖書館	97434	98206	103221	103349					
渡船	101865	102761							
屠獸	97167	99375	99451						
屠獸場	97167								
都市住宅難	101897								
屠牛	98392	98565							
屠牛場	98392	98565							
桃源面	102585								
道議 道議會	95921 103472	95921	97539	97587	98113	98195	98348	98348	102940
稻作	95771	95820	95910	96153	96548	96566	96609	96663	97047
	97792	101217	101361	101422	101684	101794	101884	101946	102082
	102257	102265	102315	102485	102884				
道知事	93739	93864	94494	94529	94742	94758	94935	94950	95106
	95120	95126	95183	96107	96284	96324	96335	96344	96359
	98065	98314	98349	99397	99469	99515	99699	100208	100654
	101216	101488	101615	102218					
道廳	94800	94882	94916	94950	95051	95125	95312	95669	96358
	96483	97591	98138	98235	99019	99783	99976	100092	100222
	100297	100579	100866	101194	101324	101431	101541	103274	103398
道廳移轉	94800	94882	94916	95051	95125	95312	96358	98138	98235
	99783	100092	100297	101324	101431	101541	103398		
蠹島	95733	95761	95923						
獨立	93868	94170	95380	95510	95723	95796	95852	96363	96543
	96556	96600	96672	96881	96892	97247	97248	97306	97367
	97478	97954	98340	98366	98381	98657	98760	98914	99209
	99321	99391	99513	99594	99635	99899	99949	99950	100656
	100674	100866	101080	101123	101186	101612	101664	101925	101952
	102456	103259							
獨立團	96556	96892	97478	98340	98381	98657	98914	99209	99391
	99950	100866	101123	101952					
獨立團員	96556	98340	98657	98914					
獨立黨員	97954	101664							

獨立運動	95852 103259	96363	96543	96600	96672	96881	98760	99594	99899
獨立資金	95510	97247	97248	99321					
讀書	100109								
獨領事館	101533								
獨墺人	96341								
獨逸	93893	95656	100550	103143	103359				
瀆職	93944	97147	100271	101834					
篤行者表彰	96196	96407							
豚コレラ	100134	100273	100298						
敦賀	93931								
敦化	98073								
東京	93794 96718 100300	94405 96727 100434	94439 97068 100653	94743 97082 100936	95273 97098 101452	95443 97580 101510	95656 97831 103147	95737 98003	96511 99640
同光會	100089								
東宮	101108 101913 103096	101252 101936 103175	101641 102329 103186	101686 102365 103348	101729 102399	101740 102410	101779 102755	101826 102894	101842 102988
東大	95703								
東萊	95507	100027	102209	103471					
同盟	93718 95367 100076 102553	93958 95435 100693	94221 96260 100865	94259 96843 100943	94800 97813 101211	94877 98023 101765	94916 98044 101852	94940 98125 102209	95366 99004 102522
同盟休校 盟休	94940 96843 100693 102627	94940 97559 100693 102647	95366 98439 100865 103028	95366 98659 100865	95367 99533 100933	95367 100076 102522	95435 100076 102522	95435 100296 102553	96843 100636 102553
動物園	96598	100294							
東邊中學	102824								
凍死	98430								
東鮮	94037								
東亞鑛泉	94632								
東洋銀行	97757								
東洋協會	94868								
東拓 東洋拓殖	93785 94395 95046 95232 95944 96663	93812 94488 95055 95310 96077 96697	93974 94526 95066 95389 96094 96765	94012 94684 95070 95545 96163 96835	94035 94689 95092 95585 96167 96885	94135 94690 95105 95843 96263 97232	94172 94827 95185 95872 96268 97313	94354 94862 95213 95875 96305 97344	94376 94946 95230 95904 96645 97616

	97813	97929	98000	98071	98087	98217	98281	98468	98496
	98555	98568	98629	98693	98770	98891	99041	99330	99351
	99374	99429	99493	99514	99570	99858	99879	99893	99898
	100055	100065	100278	100417	100661	100898	100930	101040	101067
	101084	101129	101131	101162	101214	101395	101417	101438	101450
	101619	101660	101690	101692	101814	102015	102282	102299	102402
	102422	102628	102744	102885	103007	103019	103118	103216	103220
	103249	103360	103448	103506	103598	103640			
東拓移民	93812	94035	94172	94354	94395	94526	94827	95046	95055
	95066	95872	96268	96765	97313	97344	97929	98000	98217
	99330	100417	103216	103360	103640				
東鉄 東鐵	96525								
東淸	94075	97243	97638	98271					
東淸線	97243	98271							
同胞	102320								
豆滿江	94696	97042	97057						
豆腐	98301								
痘瘡	93838	93940	98773						
頭取	95664	95753	97360	97389	101498	102559	102819	103104	103304
騰貴	94035	94232	94392	94747	96295	102232			
燈臺	100123	101879							
燈料	96582								

ㄹ								
リーグ戰	96485	102618						
羅南	95577	99448	99640	101319	101972			
鍊	97991	98046	98112	100291				
煉瓦	95145	100369						
聯合大會	96467	102017	102574					
列車	94807	94880	94899	94917	95588	96127	96323	96516	96542
	98551	99271	99579	101702	101789	101861	102273	102361	102567
	103293	103376							
露(西亞) ロシヤ 露西亞	93897	93931	94007	94024	94163	94209	94257	94258	94267
	94392	94526	94614	94640	95193	95839	95874	96202	96255
	96752	96974	97317	97439	98003	98163	98740	99356	99743
	99769	99817	99819	99826	99911	100503	100740	101036	101154
	101365	101891	102682	102815	103598	103643			
流筏	102728							
榴彈	93969	101613						
李埈公	95275	95635						
燐寸 マッチ	96854	97662	103596					

ㅁ								

マスク	98182	99388						
まな鶴	94165							
マラリヤ	95478							
馬	93879	93886	93887	94018	94051	94093	94259	94264	94337
	94346	94637	94643	94645	94677	94788	94823	94831	94894
	94906	94919	94936	94972	94987	95002	95021	95063	95069
	95094	95098	95108	95130	95143	95194	95199	95225	95228
	95254	95273	95280	95291	95338	95353	95377	95400	95405
	95454	95470	95487	95503	95522	95530	95548	95586	95612
	95616	95617	95627	95628	95645	95650	95677	95700	95706
	95713	95738	95747	95763	95772	95788	95815	95828	95845
	95855	95861	95881	95901	95936	95997	96008	96232	96235
	96240	96265	96520	96532	96553	96579	96649	96722	96752
	96787	96791	96864	96891	96938	96979	96987	96999	97079
	97393	97395	97403	97410	97539	97575	97578	97624	97710
	97728	97878	97964	97984	98043	98072	98174	98177	98275
	98300	98305	98315	98428	98509	98544	98598	98707	98737
	98944	99044	99059	99082	99154	99231	99320	99328	99413
	99432	99527	99530	99558	99563	99572	99574	99582	99598
	99614	99640	99676	99784	99785	99788	99859	100055	100123
	100199	100294	100338	100391	100466	100588	100592	100616	100635
	100671	100696	100739	100740	100757	100843	100901	100949	100972
	101041	101062	101100	101304	101398	101462	101515	101529	101606
	101836	101861	101930	101947	101988	102098	102127	102159	102168
	102170	102195	102223	102234	102252	102322	102495	102551	102593
	102681	102771	102801	103008	103010	103027	103044	103098	103227
	103281	103312	103325	103331	103362	103499	103588	103618	
麻	94618	95155	95542	98029	98225	100151	101890	101939	102290
	102548	103507							
馬鈴薯	94259	95098							
馬山	93879	93886	93887	94018	94051	94337	94346	94637	94643
	94645	94677	95194	95225	95400	95487	95522	95612	95617
	95628	95650	95855	95997	96008	96232	96235	96240	96265
	96787	96791	96987	97079	97539	97578	97964	98275	98305
	98315	99328	99563	99574	99859	100055	100843	100949	100972
	101462	101515	102159	102234	102771	103008	103227	103325	103331
	103618								
馬賊	96649	96864	96979	97624	97710	97984	98043	98072	98174
	98177	98300	98428	98544	98598	98707	98737	99082	99154
	99413	99432	99530	99558	99572	99614	99676	99784	99785
	100199	100338	100391	100588	100592	100616	100635	100671	100696
	100739	100901	101100	101606	101836	101861	101930	101947	101988
	102098	102170	102195	102223	102252	102551	103010	103044	103098
	103281								

馬賊團	96649	97710	97984	98174	98428	99082	100338	100391	100588
	101606	103098							
麻布	95155	100151							
滿	93730	93801	93844	93868	93887	94031	94163	94223	94252
	94302	94309	94319	94351	94376	94554	94640	94684	94696
	94697	94699	94855	94866	94897	94937	94968	95001	95045
	95090	95145	95148	95159	95186	95231	95344	95358	95395
	95431	95476	95479	95594	95638	95690	95696	95785	95787
	95803	95826	95848	95880	95930	96141	96293	96298	96330
	96373	96378	96538	96547	96622	96652	96748	96899	96995
	97042	97057	97081	97155	97159	97204	97225	97276	97306
	97337	97340	97360	97361	97439	97449	97522	97527	97555
	97567	97616	97627	97732	97739	97763	97827	97895	97925
	97966	97976	98107	98119	98233	98234	98271	98304	98313
	98324	98444	98468	98490	98507	98567	98602	98670	98770
	99005	99015	99030	99120	99146	99225	99271	99279	99423
	99459	99562	99577	99622	99912	100136	100156	100186	100254
	100278	100292	100305	100327	100338	100391	100493	100700	100983
	101071	101129	101226	101243	101249	101298	101370	101478	101510
	101677	101786	101928	102041	102102	102139	102186	102191	102350
	102402	102438	102525	102529	102559	102591	102619	102621	102638
	102645	102695	102802	102854	102942	103070	103102	103191	103199
	103354	103454	103621						
滿蒙	96547	96995	97527	97616	97627	97763	97827	97925	
滿鮮	93730	94697	94897	95001	95090	95476	95690	96141	96373
	96622	96748	97360	97739	98271	98490	99146	99577	99912
	100136	100305	100327	100493	100983	101677	101928	102191	102350
	102438	102591	103070	103621					
滿洲	93801	93868	94684	95186	95344	95594	95848	95930	96293
	96538	96547	97340	97732	98233	98234	98304	98324	98468
	98770	99423	99562	99622	100254	100700	101786	102621	102638
	102695	102854	103354	103454					
滿鐵	93887	94302	94351	95045	95145	95159	95344	95358	95431
	95785	95787	95803	95880	96293	96298	96378	97081	97155
	97204	97225	97276	97337	97449	97555	97567	98107	98444
	98670	99005	99279	100156	100186	100278	101071	101249	101298
	101370	102139	102559	102619	102645	103070	103102		
埋立	100047	101900							
埋築	94108	94637	95487	100022	101194	101521			
麥作	94628	94871	95184	95185	95241	97209	98254	99735	99776
	99963	100020	100320	100323	100418	100622	100997	101047	102750
麥酒	96118	98644							
盲啞	96751	101003	102204						
盲啞敎育	98634								

盲啞協會	101003							
盲人	93833	100794	100993					
猛虎	102568							
綿絲布	94749	95219	96080	98270				
緬羊	94532	96314	96571					
棉業	94583							
棉作	94833	95266	95752	95833	95987	96105	96344	96646	97095
	97927	101006	101049	101135	101719	101726	102184	103054	
面長	94047	94926	94950	95847	96639	96790	96963	98059	98173
	98339	98746	99023	99430	99498	99536	100148	100207	100637
	100829	101886	101914	101915	102494	102552			
棉種	100239							
綿布	95387	99299	101578					
免許	100945							
棉花	94157	94576	94591	94626	95265	95746	95864	96921	96986
	97085	97641	98074	98717	100920	101465	101681	102013	102179
	102632	103447	103545	103589					
棉綿	93724	94142	94157	94576	94577	94579	94583	94591	94626
	94707	94749	94833	95219	95265	95266	95387	95746	95752
	95833	95864	95987	96080	96105	96344	96646	96792	96886
	96921	96986	97085	97093	97095	97641	97805	97927	98042
	98074	98270	98717	98962	99299	100239	100920	101006	101049
	101111	101135	101337	101465	101578	101681	101719	101726	101904
	102013	102179	102184	102201	102258	102632	103054	103341	103374
	103447	103545	103589	103612					
名物	93711	93767	93773	93782	93924	96067	97715		
明治神宮	96928	96976						
明太	93753	97295						
母國觀	101351							
牡丹江	97211	97243						
模範	95086	96529	97562	97749	97942	98986	100733	102805	
募集	93792	93947	94024	94035	94059	94190	94383	94414	95995
	96105	96581	96671	97009	97188	97351	97511	97613	97659
	98222	98701	98727	99701	102815	103273			
牧師	93833	96996	97188	99344	100591			
牧場	96752	100740						
木材	94246	95514	95640	96303	97450	97801	98170	99350	99627
	100774	101183	101222	101454	101769	102078	103338		
木炭	95899	96295	102955	103199				
木浦	93857	93862	94417	94424	95243	95256	95257	95321	98584
	99128	99137	100140	103248					
蒙疆蒙古	94890	97503	97936	99388	101949	102722			

	95727	97374	98414	98493	98515	98516	98881	98939	100115
	101237	101553	101704	102232	102675	102703	103190	103214	
物價騰貴	94232	102232							
物産	94659	94775	94856	95317	95331	96410	96420	96625	97063
	97279	98015	98464	99357	101323	101763	102264	102768	102797
	102881								
物産共進會	102264								
米價	94571	98157							
米改良	96344	97792	98854	100896	101424	101653			
未開地	96891								
美擧	94048	94181	94667	97350	100937				
米檢	95938	97471	98023	102775	103552				
米穀	93742	93743	93835	93843	94173	94591	94627	94708	95011
	95019	95170	95443	96496	96791	97069	97237	97366	97717
	97782	97809	98089	98240	98613	98728	99401	100894	101325
	101578	102694	103268	103340	103462				
米穀檢査	96496	97237	97782	98613	100894	101325			
美談	97323								
米豆	93772	93839	94370	94886	94963	94995	95235	95473	96236
	96746	96956	97674	98396	98540	99964	102534	102710	102740
	103055	103254	103526						
彌勒祭	102037								
未亡人	102048								
米商	94378	99059							
米船	94570								
美術	100362	101685	103158						
美術展 (日支美術展覽會)	103158								
迷信	95175	96064	96185	99395	100526	100590	101734	101835	
民力	93769	100580							
閔妃	98674	99031							
民心	97634	98691	99262	99683	100032	100570	102260		
敏腕家	95340								
民籍	98152	98189	100897						
民籍法	98152	98189							
民族	93825	99637							
民衆	94893								
密輸	97354	97629	97840	99593	101774	102271	102793		
密輸團	97354								
密陽	97711								
密航	101124								

ㅂ								
バハイ教	101772							
ビラ	94279	98940	99952					
ボーナス	103140							
博覽會	101977	102056	102400					
博物館	96598	101510	103058	103235				
博士	93709	93714	93719	93728	93732	93741	93757	93760	93767
	93773	93782	93924	93967	93999	94053	94068	94087	94101
	94125	94137	94536	94634	94735	95324	95990	96097	96551
	96764	99148	99163	99529	99608	99931	99957	99970	100208
	100295	100412	100474	100648	101057	101231	101439	101646	102199
	102210	102294	102456	102753	102806	103026	103178	103215	103235
	103555								
反對運動	94374	94774	94934	97027	100711	102532	103374		
半島	93942	93986	93998	94008	94025	94036	94045	94055	94077
	94089	94104	94114	94124	94136	94167	94183	94186	94240
	94260	94270	94281	94282	94295	94301	94304	94323	94332
	94347	94361	94372	94388	94402	94415	94428	94443	94463
	94475	94493	94509	94528	94544	94564	94604	94619	94635
	94653	94669	94682	94701	94717	94726	94741	94757	94778
	94791	94813	94850	94869	94892	95032	95078	95302	95320
	95335	95351	95363	95374	95386	95398	95410	95425	95438
	95449	95467	95480	95498	95511	95525	95541	95543	95559
	95581	95595	95607	95609	95623	95632	95643	95663	95672
	95689	95709	95721	95732	95744	95760	95770	95786	95801
	95812	95824	95841	95860	95897	95920	95931	95945	95957
	95964	95977	95984	95993	95998	96010	96015	96031	96049
	96062	96069	96086	96106	96130	96140	96152	96205	96224
	96242	96256	96283	96289	96302	96343	96357	96379	96391
	96398	96413	96447	96486	96518	96528	96544	96558	96584
	96604	96740	96757	96767	96785	96799	96814	96817	96825
	96828	96848	96869	96900	96917	96934	96946	96965	96981
	96993	97006	97023	97039	97052	97078	97087	97108	97123
	97124	97163	97181	97202	97222	97234	97254	97271	97286
	97308	97322	97339	97359	97372	97388	97400	97415	97433
	97447	97464	97496	97515	97528	97547	97564	97582	97632
	97655	97670	97681	97699	97727	97740	97747	97754	97775
	97789	97799	97811	97826	97846	97866	97885	97900	97921
	97943	97962	97977	97992	98016	98032	98051	98066	98085
	98105	98126	98147	98166	98187	98210	98232	98248	98280
	98302	98323	98344	98365	98385	98401	98418	98445	98467
	98489	98510	98529	98553	98581	98607	98628	98645	98690
	98714	98742	98769	98790	98803	98828	98849	98869	98890
	98907	98917	98945	98972	98997	99011	99034	99047	99063
	99092	99110	99121	99144	99159	99179	99208	99237	99260

	99280	99304	99325	99348	99363	99381	99398	99422	99441
	99467	99485	99512	99539	99561	99584	99601	99620	99641
	99661	99682	99700	99727	99749	99768	99790	99806	99825
	99850	99881	99910	99932	99958	99979	100008	100031	100057
	100086	100110	100139	100162	100187	100209	100228	100253	100279
	100304	100325	100347	100361	100388	100413	100439	100467	100491
	100512	100534	100564	100576	100598	100620	100643	100655	100681
	100704	100728	100750	100770	100796	100825	100848	100872	101193
	101212	101230	101248	101267	101296	101322	101335	101339	101369
	101393	101414	101430	101448	101464	101483	101511	101552	101571
	101592	101608	101628	101647	101693	101714	101735	101758	101776
	101793	101809	101822	101840	101851	101867	101896	101922	101932
	101955	101978	101997	102020	102039	102055	102072	102089	102106
	102125	102136	102154	102166	102190	102205	102219	102247	102262
	102281	102328	102349	102373	102398	102417	102439	102457	102479
	102501	102524	102541	102560	102590	102597	102620	102642	102669
	102685	102699	102721	102741	102759	102781	102800	102820	102836
	102861	102879	102899	102919	102934	102946	102963	102976	102994
	103012	103031	103045	103066	103084	103103	103109	103123	103127
	103144	103149	103160	103164	103177	103181	103212	103232	103241
	103266	103287	103316	103336	103352	103385	103408	103429	103446
	103465	103478	103500	103539	103558	103585	103604	103619	103635
	103649								
反日	98098								
發掘	94237	100052	102466	102637	103178	103215	103235		
發明	96882	98502							
發奮	96358	98745							
發電	94185	97001	100293						
發布	96749	96923	96949	97028	97584	97586	101268		
發行	93942	93974	93995	94855	95357	96083	96238	96546	97631
	97822	98192	98827	100107	103291	103306			
發會式	93872	95149	95696	95795	96875	96904	97173	100074	100445
	101307	103046	103142						
勃興	95968	96510	98075	99685	99744	100017	100146	100212	100255
	100310	100885	101601	101718	102376	103412	103484		
訪問	93767	93773	93782	93924	94297	100039	102370		
方魚津	102460	103170							
防疫	95518	95539	95570	95617	95719	95906	95983	96060	96085
	96097	96099	96100	96110	96128	96148	96164	96188	96388
	96504	96820	97853	97895	98402	98559	98778	98995	99051
	99236	99271	99690	100268	101043	101242	101343	101489	
防疫會議	98402	99051	101043	101489					
邦人	94261	95137	99254	101567	102470	103369	103384	103502	103582
紡績	93894	103255							

紡織	97729							
傍聽券	95754							
配給	93844	95070	98468	98757	99443	100469		
配付	96571	96948	100465					
賠償	95029	95352	95546	97862	98469	99261	99439	99955
排水	100902							
排日	93987	94075	95366	95968	95990	96352	96387	96510	96579
	96658	96840	97756	97903	98355	99158	99593	99996	101587
	102895								
排日黨	101587							
排日宣傳	96840	97903						
排日運動	93987	97756						
排日派	102895							
培材	94348	94476	94676	95695	100891	100897		
培材學堂	95695	100891	100897					
拜賀式	94091	102771						
培花	94348	94676						
白豆	98047							
白頭山 長白山	96974	101505	101780	101796	101812	101843	101853	101929
白米	98508							
白蔘	95058							
繁茂期	100199							
繁榮	93854	95536	95933	95975	96078	96274	97761	99865	100522
	101387	101544	101839	103252					
繁榮期成會	97761							
繁榮會	93854	95933	96078	96274	99865	100522	101839	
繁華街	100245							
罰則	95336							
氾濫	95854	101081	101818					
犯人	93819	94061	94291	94472	94806	95408	95587	96187	96254
	96338	96527	97004	97249	97601	97810	98142	98181	98318
	98353	98684	99155	99434	99462	99948	100841	101012	101293
	102615	102859	103184						
法	93773	93861	93916	93923	94118	94133	94185	94249	94290
	94348	94358	94394	94685	94702	94942	95033	95116	95118
	95380	95464	95676	95723	95745	95746	95781	95912	95960
	95969	95985	96051	96097	96111	96228	96335	96340	96344
	96348	96406	96496	96506	96519	96651	96661	96662	96684
	96731	96764	96768	96843	96929	97050	97074	97162	97261
	97335	97342	97450	97473	97505	97550	97570	97628	97774
	98034	98150	98152	98186	98189	98366	98378	98391	98450

	98512	98580	98712	98792	98793	98844	98912	98951	99016
	99143	99606	99667	99729	99730	99795	99827	99861	99957
	99961	99971	100014	100085	100119	100412	100533	100594	100644
	100849	100871	101002	101104	101268	101413	101421	101570	101629
	101630	101635	101653	101716	101816	101817	101823	101834	102035
	102046	102053	102573	102605	102613	102671	102783	103236	103349
	103430	103527							
法規	96228	96496	101635						
琺瑯	100234								
法令	94685	94702	96335	99827					
法務局	99795	101823	103430						
法院	93861	95033	95380	95464	96340	98186	98391	98580	99861
	101413	102046	103527						
法人	95118								
變更	93726	93738	94029	94268	94663	94673	94815	95047	95127
	95295	95501	95753	95775	95803	96775	98731	98799	99007
	99068	99122	100068	100478	100711	101423	101453	102345	103111
辯士	100341								
變造	94006								
辯解	93852	95365	95401						
辯護士	94664	94989	95868	95912	95992	96471	97734	98616	98716
	99650	101580	101745	102363	102564	102929	103005	103294	103614
辯護士大會	101580	101745	102363	102929	103005				
辯護士會	94664	94989	99650	103614					
病	93717	93866	93981	93992	93994	94004	94039	94050	94160
	94355	94734	94893	94957	95165	95474	95572	95699	95745
	95792	95927	96189	96239	96359	96421	96551	96587	96667
	97000	97244	97246	97482	97483	97553	97572	97890	97980
	98101	98305	98317	98465	98624	98778	99090	99328	99386
	99409	99450	99499	99542	99660	99733	99802	99959	100371
	100405	100452	100561	100842	100952	101150	101242	101286	101481
	101515	101664	101733	101755	102088	102143	102159	102167	102220
	102251	102333	102355	102401	102515	102814	102834	103009	103452
兵器	94875	97281	99770	99810					
兵士	94975	95273	96137	97446	101949	102816			
兵舍	97694								
病院	93994	94734	95474	95699	96587	96667	97890	97980	98101
	98305	99328	99409	99450	99499	99542	99802	101150	101515
	102088	102143	102159	102515	102814				
倂合	94302	96500	97139						
寶庫	95975								
補給	93750	94792	94943	95181	95899	96449	98557	101371	102074
	102599	102947	102964	103032	103521	103620			

補給金	102947	102964							
報道	96326								
補選	93747 103472	98395	99139	99753	100128	100241	100267	102390	102940
補助憲兵制	94140								
保險	93845	94578	94709	96320	98034	99147			
福岡	93924	94276	94279	94336	94503	95066	97910	98747	99300
復舊	96104	96200	96345	98316	98422	98675	98948	100660	101602
復興	93967	98858							
本屋	98705								
本願寺	95555								
奉告祭	94928	103514							
奉佛式	97738								
鳳山	98802								
奉天	95241 99371	96707 99434	97081 99688	97501 99791	97662 100610	97875 101949	97982 102525	97993 102551	99228 102666
賦課	95341 101980	95513 102794	98092	98099	98600	99708	100352	101282	101582
賦課金	99708	100352	101282						
婦女子	95605	96555	100414						
部隊	97207	97260	97692	98194	98637	98707	103010		
不渡手形	94151	94824	95059	95357	95391	99187	103301	103547	
不動産 (不動産取得稅· 不動産投資)	93799	96387							
埠頭	93854	95457	97559	102132					
浮浪人	98078								
釜山	93704 94038 94595 94810 95203 95536 95740 95982 96098 96360 96708 97481 98164 98539 98730	93705 94115 94607 94826 95207 95539 95749 96013 96146 96369 97004 97614 98256 98610 98740	93742 94131 94636 94854 95337 95554 95808 96026 96169 96383 97125 97711 98305 98611 98757	93743 94134 94652 94887 95402 95572 95863 96030 96258 96388 97223 97729 98354 98638 98775	93751 94242 94704 94927 95457 95625 95866 96036 96304 96450 97274 97874 98362 98644 98777	93804 94244 94714 95013 95468 95667 95867 96041 96309 96492 97317 97916 98424 98652 98842	93810 94252 94779 95072 95486 95675 95922 96065 96312 96541 97353 98015 98425 98653 98883	93815 94480 94780 95161 95502 95696 95933 96067 96346 96601 97386 98063 98464 98706 98944	93816 94557 94800 95187 95529 95707 95973 96071 96348 96603 97461 98157 98532 98712 98996

99044	99129	99155	99219	99231	99232	99303	99328	99335
99347	99409	99440	99473	99474	99480	99616	99634	99721
99734	99764	99765	99838	99849	99867	99894	99895	99964
99973	99986	100061	100128	100193	100238	100250	100280	100357
100460	100470	100504	100540	100571	100585	100593	100595	100615
100678	100743	100884	100914	101016	101024	101028	101054	101065
101079	101082	101108	101117	101150	101151	101157	101167	101181
101185	101260	101293	101330	101333	101341	101361	101436	101466
101507	101520	101545	101594	101659	101761	101826	101839	101913
101928	101935	101937	101992	102003	102006	102022	102033	102058
102122	102128	102140	102272	102315	102336	102350	102372	102393
102394	102465	102492	102518	102535	102537	102539	102540	102581
102615	102616	102641	102691	102765	102776	102855	102868	102896
102913	102930	102932	102935	102954	102967	102970	102986	102996
103025	103029	103041	103042	103049	103059	103077	103099	103138
103139	103151	103207	103220	103228	103249	103310	103332	103351
103355	103364	103396	103436	103456	103460	103467	103515	103556
103568	103570	103618	103647					

釜山高女	102896								
釜山教育會	101108								
釜山商議	94480	94595	95502	98063					
釜山商銀	95973	99721							
釜山驛	101839								
釜山中	95536	100585	103351						
釜山鎮	96309	96541	101117						
釜山港	95203	98256	98996						
釜山會議所	95529								
敷設	93828	95315	95742	95935	96505	96902	97121	97458	97891
	98086	98716	99339	100981	101172	101701	101795	101898	102880
	103521	103567							
府稅	96227	103637							
扶餘	97971	99365							
府營	94901	96272	97154	97329	97656	97767	98392	98394	98565
	100349	101098	101300	101400	101436	101485	101614	101799	102839
	102949	103036	103108	103271	103410	103504	103608		
府營住宅	97656	97767	101300	101799					
府尹	93879	94018	95273	95298	95453	96402	96415	96505	96524
	98168	99447	99734	99801	99815	99933	100311	100455	100624
	100990	101007	101762	102453	102458	103265	103289	103411	103636
婦人	94053	94068	94087	94101	94125	94137	94162	94206	94321
	94985	94988	95176	95360	95380	95395	95490	95508	95542
	95696	95698	95754	95995	96217	96753	96979	97051	97142
	98075	98306	99267	99594	99710	99869	99873	100158	100251
	100299	100412	101873	101970	102399	102566	102760	102929	103319

	103381	103404						
婦人會	94321 102566	95176	95490	95696	95698	99267	99873	100412	101873
不作	96009	98614						
部長	94241	94404	94728	94792	94827	94828	94843	94858	94868
	94870	94893	95034	95125	95168	95204	95430	95526	95551
	95560	95688	95714	95761	95965	95991	95994	96127	96185
	96266	96286	96332	96487	96590	96614	96797	96892	97003
	97024	97041	97126	97138	97208	97232	97306	97341	97822
	98041	98127	98205	98242	98364	98488	98641	98713	98784
	99064	99157	99305	99397	99665	99683	99767	99884	99939
	100023	100085	100254	100309	100472	100499	100514	100577	100645
	100658	100759	100772	100832	100977	101075	101216	101325	101332
	101413	101540	101900	102442	102462	102523	102526	102603	102830
	102940	103088	103608	103632					
府政	97731	99879						
不振	93869	94381	94596	94626	95170	96350	96452	97206	97940
	98089	98492	98584	98612	98615	98649	98806	98999	99291
	99306	99756	100072	100875	100965	101130	102183	102909	103052
	103273	103416						
富豪	94787	95364	95759	95889	96425	96556	96594	96595	96810
	97355	97624	97735	97911	98009	98056	98143	100433	100554
	100739	101956	103531					
府會	94612							
副會頭	96039	97420	103236	103392	103432			
北京	93837	95409	97598	100280	101241	102695	102929	
北滿	94223	94376	97306	97439	97895	97976	98119	98271	98313
	98507	98602	99030	99225	99271	99459	100338	100391	102529
北鮮	93715	93826	94112	94283	94325	94381	94848	94966	95074
	96032	97083	97377	97762	98076	98088	98590	98884	99067
	100718	100851	101038	101794	101926	102023	103253	103593	
北支	96621	102269						
分監	93933	96911	97301	97314	97423	98196	101009	101179	101287
	101310	102405	103423	103474					
奮起	93718	94147	103386					
紛擾	94664	96178	96437	96526	96573	96652	97761	98113	98626
	99020	99499	99715	100040	100379	100910	101063	101401	102709
紛糾	94070							
分遣所	100264							
分掌	100062	100537	103520					
佛教	94147	94187	95150	95566	95633	97475	98345	98369	99655
	99905	101434	101500	102522	103116				
佛教大會	103116							

朝鮮佛教大會								
佛國	94028	96588	99148	102504	102772			
佛國寺	94028	96588	99148	102504				
不良	94466	95393	95702	97613	97634	97856	99433	99701	100306
	101082	101794	101912	102184	102447	103039			
拂戾金	96370								
不逞	94236	94253	94271	95407	95826	96221	96253	96279	96288
	96329	96340	96372	96395	96411	96424	96439	96487	96509
	96552	96629	96722	96724	96794	96807	96808	96810	96824
	96826	96840	96844	96845	96881	96887	96901	96963	97772
	97785	97840	97868	97899	97917	97934	97939	97975	98004
	98028	98079	98148	98158	98173	98234	98246	98357	98382
	98412	98419	98431	99177	99203	99235	99275	99408	99413
	99423	99424	99460	99500	99501	99530	99531	99532	99579
	99580	99657	100299	100340	100385	100508	100554	100637	100697
	100701	100748	100766	100792	100813	100844	100908	100915	100970
	101014	101195	101257	101262	101568	101569	102368	102369	103344
	103369	103476	103498	103531					
不逞團	96424	96808	96810	96824	96840	96845	96963	97939	98028
	98079	98148	98158	98234	98382	98431	99203	99423	100637
	100697	100766	100813	100915	100970	101568	102368	103344	103476
	103531								
不逞鮮人	94236	94253	95407	95826	96221	96253	96279	96329	96340
	96395	96487	96509	96629	96722	96724	96794	96807	96844
	96881	96887	97840	97917	97934	98004	98173	99275	99408
	99413	99424	99460	99500	99501	99530	99531	99579	99580
	100385	100554	100701	100748	100792	100844	100908	101195	101257
	101262	101569	103369	103498					
不逞鮮人團	94236	96395	96629	97934	99460	99500	99530	100792	
不逞人	101014								
不逞漢	94271	96372	96411	96439	96552	96826	97899	99177	
不時着陸	98509	102393	102440						
不穩童謠	97896								
不穩文書	96859	97394	98763	100465					
拂入 拂込	94216	94599	95084	95192	95268	97370	97419		
拂下	93774	93842	94082	94568	94856	94929	95528	95547	95659
	95814	96077	98134	98812	98870	99368	101542	101854	101875
	101909	102026	103327	103338	103362				
不況	93783	95789	95863	96360	96725	96745	97517	98821	103640
非國民	98718								
非難	93879	94026	94282	94343	96087	96135	96291	96893	98811
	99718	99829	100000	100507	100544	101611	103553		

比島	93892							
肥料	93964	94454	94586	94832	99858			
祕密結社	95755	98246	99884	100046	100165	100192	100214	100308
琵瑟山	96991							
匪賊	99596	100045	100680					
匪賊團	100045							
飛行	93859	94003	94043	94064	94065	94076	94299	94371	94389
	94408	94419	94426	94444	94450	94458	94473	94680	95050
	95273	95297	95298	95299	95314	95684	96175	96719	97689
	97910	97985	98228	98440	99407	100682	101253	101426	101928
	102102	102186	102211	102384	102418	102453	102458	102480	102503
	102525	103208	103405	103571					
飛行機	94371	94408	94426	94444	94450	94473	95050	95297	100682
	102186	102211	102384						
飛行學校	94680							
濱田	99148	99163	103178	103215	103235			
氷庫	100641	100747	101315	101731	101845			

サイダー	97126							
スケート	94066							
スレート	94123							
セメント	94804	94875	103120					
セ將軍	97535	98055	98650	102157				
射擊 (射擊會, 射擊大會)	93779	95196	96177	96916	98177	98767	100954	101782	102434
四國	93922							
詐欺	96126	97409	97787	98605	99157	99903	100410	
寺内正毅 寺内(總督)	93873							
師團	94358	94762	94846	95124	95196	96100	96873	96958	97050
	97138	97141	97162	97473	97774	97958	97994	98040	98084
	98495	98741	98862	99143	99309	99960	100119	100533	100639
	100776	100840	100871	101233	101257				
師團長	94358	95124	95196	97162	97473	97774	98040	98084	98741
	98862	99143	100119	100533	100871	101257			
砂糖	93906	93963	97662	98270	98719				
辭令	94205	94986	95052	95603	95648	96750	96766	96778	96803
	96942	96961	97049	97065	97137	97157	97200	97216	97251
	97266	97421	97462	97508	97596	97650	97733	97821	97844
	97859	97953	97969	98024	98165	98272	98351	98379	98429
	98601	98640	98704	98800	99029	99140	99152	99170	99197
	99298	99314	99376	99455	99463	99477	99549	99576	99818
	99842	99868	99930	100106	100198	100276	100377	100403	100486
	100547	100632	100737	100811	100887	100929	101058	101121	101192
	101207	101290	101350	101366	101504	101605	101640	101730	101806
	101833	101887	101919	101969	101993	102016	102052	102070	102213
	102319	102450	102665	102735	102754	102829	102856	102867	102891
	102957	102985	103076	103122	103205	103226	103264	103302	103368
	103383	103403	103492	103496	103512	103534			
司令官	94473	95271	95542	96042	96202	96317	96451	96800	96811
	97348	97405	97410	97473	97491	97620	97852	97967	98065
	98233	98978	99033	99303	99421	99848	100346	100423	100497
	100511	100519	100824	100871	100915	101000	101018	101143	102225
	102330	103102	103367	103593					
沙里阮 沙里院	94686	94959	95115	95731	96429	97746	98005	100011	100498
	102203	103490	103529						
私立	93927	96359	97054	98208	98988	100758	102714	103131	
私立學校	93927	96359	97054	100758					
死亡	93990	94088	102420						

事務官	94138	94386	94429	94438	95551	95924	96028	96029	96238
	96267	96555	96698	97055	97221	97401	97416	97538	97605
	97682	97937	98514	98794	99468	99511	99931	100387	101413
	101534	101760	101999	102559	102573	102701	102819	103431	103622
事務分掌	103520								
事務所	93919	94520	96070	96139	99392				
斯文會	93872	93942	94212	94561	97397				
師範	95066	95193	95375	97700	98982	99586	100284	102249	
司法	93916	93923	94249	95676	95969	95985	96519	96662	96768
	98366	99667	100849	101817	101823	102573	102605		
司法界	96519	96768	102573						
司法機關	95985	98366	101823						
思想 (思想改善, 朝 鮮思想硏究會)	94193	94293	94794	94974	95175	95610	95726	95844	96174
	96320	96323	96359	96684	96706	96995	97393	97541	97606
	98465	99014	99160	99771	100309	103275	103588		
死傷	95407	96860	100201	102853	102857				
事業	93765	93780	93876	93936	94002	94032	94042	94079	94092
	94097	94122	94141	94185	94188	94223	94241	94262	94292
	94309	94376	94420	94505	94605	94623	94624	94637	94694
	94760	94828	94843	94870	94920	95033	95092	95116	95129
	95145	95159	95186	95195	95431	95561	95572	95710	95814
	96117	96244	96263	96333	96335	96344	96365	96452	96453
	96618	97026	97466	97487	97576	97608	97651	97729	97777
	97872	97887	97922	97926	97940	98128	98139	98190	98281
	98330	98390	98446	98447	98463	98511	98513	98533	98629
	98678	98880	98949	99006	99100	99127	99167	99213	99238
	99282	99293	99327	99373	99384	99626	99732	99854	100043
	100088	100215	100282	100310	100363	100568	100691	100802	100879
	100880	100923	100959	100963	100981	100985	100990	101042	101129
	101270	101279	101395	101407	101519	101535	101546	101574	101601
	101679	101718	101764	101823	102071	102291	102438	102573	102624
	102936	103032	103065	103067	103105	103163	103216	103242	103243
	103248	103267	103318	103322	103394				
飼育	94532	94606	96314						
飼育奬勵	96314								
辭任	94645	99991	100584	103519	103543				
司掌	100687								
社長	94450	95031	96116	97264	98185	99640	99713	100533	100654
	100863	101249	101298	101370	102180	102559	102619	102645	102682
	102819	102862	103065	103626					
史蹟	93924								
寫眞	94419	94705	94718	94748	94759	94784	94817	94829	94863
	94974	95175	95297	95821	95885	96174	96266	96321	97332

	97425	97726	98076	98441	98465	98639	98747	98995	99106
	99951	100553	102365	102410	102755	102894	102942	102988	103096
社債	93974	95843	98283	100107					
私鐵	94230	94761	94792	94943	95006	95181	96875	96904	96952
	97571	98063	98792	99331	100514	101173	102965		
砂糖	96080	97686	98795	100308	101111	101578			
社宅	100724	101438	102707						
泗浦	94955	96191	96222						
社會	94122	94605	95064	95508	98446	98513	98533	99165	99305
	99854	99912	100555	100797	100990	101042	101279	101345	101470
	101535	101652	101665	101669	101937	102177	103156	103502	
社會教化 (社會教化講習, 社會教化 展覽會)	101470	101669	102177						
社會事業	94122	98446	98513	98533	99854	100990	101042	101279	101535
山東	93987	94078	94090	94105	95555	96352	96444	96501	96525
	96569	96924	96943	102266	102285	102304	102321	102331	102378
	102403	102430	102444	102455	102483	102509	102527	102545	102598
	102608	102625	102648	102672	102690	102702	102723	102745	102770
	102785	102821	102837	102841	102869	102883	102938	102981	103015
	103035	103068							
山林 (山林調査)	96059	96131	98017	98455	99111	99543	99824	100010	100070
	100445	101307	101492	102215					
産物	94092	94591	94645	96344	96476	97662	98464	99216	100496
	103080								
産米	95710	96344	100896	101653					
産額	94565	94621	94707	94925	95151	96492	97550	98464	101021
	101736	101752							
産業	94311	94322	94469	94656	94670	94691	95655	95829	96286
	96344	96554	96568	96644	96660	96664	96706	97583	97828
	98033	99000	99012	99096	99147	99281	99686	99773	99796
	100130	100147	100229	100440	100582	101001	101077	101344	101638
	101848	101923	101933	102056	102059	102107	102181	102206	102400
	102481	102604	102822	102862	102964	103187	103201	103366	103371
	103586								
産業大會	101077	102059							
産業視察團	94691	96660	96664						
産院計劃	101674	101874							
産業調査 (朝鮮産業調査)	99000	99012	99096	99147	99773	100440	100582	101923	101933
	102056	102107	102206						
山陰	101926								
産鐵	94447	94641	94790	94868	95016	96429	97027	97252	97671

	97769	98114	98591	98636	100442	100538	100802	100858	101084
	101452	101678	101958	102414	102445	102652	102819	103004	103559
産婆	95016	99725	99892						
三教	98345								
三島	94257	95606	95620	95631	95918	100594	100679		
三菱	99630	99918	100769	100913					
三井	94856	96941	97063	97064	103065				
挿秧	95612	100949	101095						
挿話	101476								
桑	93782	94407	97297	98253	101101	101905	103133		
賞	94412	94893	96217	96793	96909	96922	96987	96989	97227
	97262	97337	97474	97628	97913	98121	98173	98534	99326
	100756	100769	100956	102435	102999	103223	103282		
上京委員	93980	97621	101274	101541	102592	103191			
商工團體	102903								
相談所	98397	98504	99801	101227	102922				
上棟式	101624	101694							
桑木(博士)	93782								
桑苗	97297								
相撲	94697	95540	95642	95654	97580	99659	100300	100434	100595
	100653	100936	102542						
商船	93950	93951	94267	100828					
上水	96272	96448	97458	97923	98219	98285	98681	98757	99674
	99940	100067	100097	100618	100646	100833	100940	100962	101087
	101321	101654	101869	101878	101901	102654	103234	103271	103370
	103411								
上水道	96272	96448	97458	97923	98285	100097	100646	100940	100962
	101654	102654							
商業	93840	93851	93862	93909	94001	94298	94324	94339	94413
	94417	94438	94609	95060	95325	95431	95728	95814	96056
	96789	96797	96825	96830	97648	98115	98384	98387	98750
	98892	99520	99717	99968	99990	100511	100693	100782	100876
	100975	100983	101005	101010	101030	101144	101157	101305	101341
	101513	101518	101573	101575	101596	101609	101700	101831	102206
	102350	102409	102784	103217					
商業校	94324	94609	98892	99520	101518	103217			
商業學校	94339	94417	95060	95814	96789	96797	97648	101144	101575
	102784								
賞與	97227	97262	97337	97474	100756	100769	100956	103282	
商銀 商業銀行	93917	94298	95753	95973	96613	99106	99721	101010	101030
	101478	103202							
商議	93745	93747	93806	93928	94011	94380	94480	94595	94703

	94930	95031	95101	95257	95455	95502	95657	95832	96454
	96467	96748	97642	97704	97714	98033	98063	98137	98626
	98740	99012	99056	99071	99166	99329	99338	99708	99753
	99937	99991	100354	101308	101677	101727	101800	102116	102130
	102341	102506	102561	102576	102591	102651	102726	102788	102801
	102902	102905	102953	102968	103018	103088	103093	103130	103180
	103218	103236	103276	103305	103413	103432	103519	103522	
商議員	93745								
商專	102698								
尙州	94796	98037	98956	100451	100761	100928	100951	101134	102810
上海	93868	95322	95750	96430	96437	96438	96852	96878	97183
	97719	97954	98902	99209	99632	100277	100550	100916	100992
	101291	102153	102546	103085					
傷害	101368	101807	101834						
上海大韓民國政府	96852	96878							
上海鐵血團	96852	96878							
商會	93848	94162							
生徒	94024	94035	94059	94414	94715	94940	95193	95394	96550
	96898	97008	97054	97351	98599	98651	99709	100132	100612
	100672	100956	101065	102522	103262				
生徒募集	94024	94035	94059	94414	97351				
生命保險	96320								
生産額	94621	94925							
生牛	93941								
生活	94529	95403	99738	99792	100527	101175	101195	101440	102696
	102948	103530							
瑞氣山	102110	103549							
庶務課長	94790	97066							
西伯利	93713	93822	97807						
徐相漢	95408								
西鮮	94309	95268	95915	96429	96632	97679	98067	98194	99366
	99669	99752	99796	99824	100496	100548	100658	101259	101459
	101692	101699	101960	102091	102196	102201	102260	102818	103339
	103473								
西鮮地方	101259	101960	102196	102260					
鼠疫	97895	97976	98119	98199	98238	98271	98313	98507	98602
	99030	99087	99225	99271	99459	99786	100246	100699	
署員活動	101709								
署長	95023	95361	96021	96267	96601	97347	97688	97801	98227
	98689	98729	98971	99838	100454	100628	100712	100713	103438
敍勳	95584	102813	103074						

石窟庵	99148							
石疊	98072							
石首魚	99993							
石油	93960	97662	98334	101625				
石炭	93937	94315	94406	95909	97204	97225	100410	100474	102183
	102429	102924	102966					
船渠	94752							
選擧	93848	93942	94333	94336	94349	94363	94390	94405	94431
	94470	94477	94503	94553	94703	94743	94830	94885	95071
	95096	95188	95194	95225	95243	95284	95336	95337	95360
	95411	95428	95429	95432	95455	95469	95531	95599	95790
	95921	95934	96170	96276	96499	96569	96619	96636	96730
	96797	96827	96833	96857	96870	96888	96998	96999	97043
	97079	97109	97126	97135	97149	97169	97193	97203	97223
	97238	97255	97275	97310	97323	97368	97375	97407	97413
	97461	97548	97587	98002	99353	99943	100103	102035	103088
	103236	103276	103432					
選擧有權者	96170	96827	96833	96888				
宣教	93808	93837	93861	93946	94147	94155	94289	95085	95462
	95475	95751	95990	96487	96606	96806	97185	98070	98106
	98580	98802	99428	99580	100441	101457	101486	101987	102207
	103071	103106	103502	103562				
宣教師 宣教師	93808	93837	93861	93946	94147	94155	94289	95085	95462
	95475	95751	95990	96487	96606	96806	97185	98070	98106
	98580	98802	99428	99580	100441	101457	101486	101987	102207
	103071	103106	103502	103562				
鮮女	93823	94851	94915	99224	99560	99998			
鮮臺教育令	103517							
鮮童	96851	97352	98336	100551				
善隣商業	94438	96825	100876					
鮮滿農林	94554							
鮮滿視察記者團	94937							
鮮米	93794	94041	94118	98044	98069	98215	98854	101382	101545
	101633	101696	103033					
鮮民	94181	96996	98672	99637	100004	100867			
先生	98218	98483	98643					
鮮語 朝鮮語	95037	97576	98833	99028	100256	100690	101671		
鮮魚	101245	102537	103138					
鮮語講習會	100690	101671						
鮮語獎勵	98833	100256						
鮮銀	93830	94041	94067	94300	94727	94797	94827	94860	94898

	94947	95151	95252	95387	95436	95452	95496	96083	96090
	96193	96203	96400	96408	96414	96494	96511	96675	96696
	96699	97048	97136	97150	97162	97172	97253	97406	97794
	97817	97839	98160	98259	98304	98353	98364	98408	98795
	98842	99016	99024	99193	99307	99371	99465	99484	99511
	99767	99779	99791	99982	100055	100115	100609	100619	100631
	100824	101111	101116	101168	101200	101297	101413	101672	101673
	101682	101692	101841	101940	102024	102063	102256	102559	102572
	102618	102763	102921	103114	103117	103143	103291	103306	103337
	103354	103613							
鮮銀券	95252	96083	97172	98353	98408	103291	103306		
鮮人 朝鮮人	93809	93856	93868	93884	93885	93929	94021	94023	94027
	94031	94048	94070	94096	94117	94146	94148	94170	94178
	94187	94193	94223	94236	94253	94278	94306	94348	94355
	94377	94408	94426	94437	94472	94492	94510	94661	94683
	94774	94787	94805	94809	94838	94856	94857	94863	94890
	94992	95022	95048	95091	95119	95150	95179	95182	95224
	95258	95276	95287	95331	95359	95380	95381	95407	95430
	95476	95550	95579	95585	95605	95610	95655	95662	95665
	95678	95683	95690	95692	95703	95739	95759	95802	95807
	95813	95825	95826	95844	95869	95885	95921	95926	95932
	95986	95992	95995	96050	96061	96064	96066	96085	96162
	96170	96208	96217	96221	96248	96253	96279	96323	96329
	96340	96395	96437	96438	96445	96457	96487	96509	96617
	96622	96628	96629	96635	96658	96670	96673	96676	96686
	96722	96724	96742	96753	96769	96777	96789	96794	96807
	96824	96844	96847	96859	96871	96881	96883	96887	96939
	96992	96994	96995	97001	97035	97188	97235	97243	97244
	97255	97273	97310	97311	97323	97329	97367	97373	97380
	97383	97404	97413	97424	97441	97580	97606	97629	97658
	97685	97709	97712	97723	97736	97737	97749	97829	97840
	97843	97886	97897	97917	97934	97940	97947	97986	97988
	98003	98004	98103	98120	98173	98201	98222	98264	98265
	98268	98287	98306	98325	98386	98398	98465	98484	98490
	98608	98685	98691	98706	98745	98748	98758	98779	98796
	98809	98831	98845	98850	98851	98909	98914	98916	98963
	98991	99028	99048	99093	99099	99109	99119	99132	99146
	99206	99275	99300	99329	99344	99352	99367	99392	99393
	99408	99413	99424	99445	99460	99468	99469	99482	99490
	99500	99501	99530	99531	99562	99572	99577	99579	99580
	99618	99642	99645	99648	99650	99654	99724	99737	99744
	99787	99792	99912	99952	99996	100032	100033	100053	100077
	100079	100082	100109	100205	100227	100254	100285	100302	100305
	100307	100362	100385	100414	100435	100441	100443	100472	100493
	100526	100554	100572	100599	100600	100701	100748	100792	100844
	100908	100919	100932	100943	101031	101060	101077	101100	101124

	101141	101159	101175	101187	101195	101214	101246	101257	101262
	101351	101363	101394	101447	101508	101534	101569	101629	101632
	101648	101742	101760	101775	101834	101912	101921	101924	101948
	101989	102032	102053	102059	102261	102284	102320	102356	102366
	102441	102447	102494	102686	102778	102948	102958	102972	103132
	103147	103189	103214	103298	103369	103409	103479	103498	103516
	103519	103531	103574	103621					
鮮人救濟 (在滿鮮人救濟)	96622	98809	99562	99792	100493	103574			
鮮人勞働者	93885	97940	99648	103298					
鮮人罷業	99206								
鮮人參政權運動	95986								
宣傳	93825	94086	94212	94256	94794	95478	95739	95779	95809
	95821	95885	95893	96148	96569	96840	97040	97203	97272
	97541	97543	97903	98003	98026	98104	98138	98182	98476
	98499	98706	98884	98940	99114	99274	99301	99364	99427
	99460	99480	99642	99745	100342	100382	100448	100529	100565
	100593	100617	100644	100812	101080	101321	101415	101770	101810
	102338	102394	103033	103209	103228	103275	103299	103422	103425
	103621								
宣川	98380								
鮮鐵	93768	94024	94029	94216	94302	94368	94406	94425	94495
	94498	94597	94660	94827	94933	94997	95117	95356	95393
	95505	95516	95517	95556	95563	95691	95715	95787	95974
	96278	96306	96608	96647	96690	96823	97061	97276	97419
	97603	97647	97718	97950	97965	98067	98347	98538	98595
	98720	99053	99285	99547	99694	99885	100088	100190	100395
	100464	100583	100606	100694	100781	100948	101008	101071	101114
	101147	101176	101277	101298	101455	101584	101721	102139	102233
	102530	102645	102706	102845	102906	103017	103267	103340	103559
	103594								
鱈	99042								
設立	93789	93857	93882	94012	94119	94141	94202	94313	94340
	94377	94434	94469	94502	94522	94530	94556	94557	94680
	94716	94733	94900	95000	95149	95176	95414	95458	95490
	95658	95741	95814	95862	96016	96381	96438	96789	97294
	97819	98037	98454	98536	99012	99153	99487	99543	99765
	100515	100808	100854	101705	101731	102237	102566	103046	103174
	103349	103354	103563						
纖維	94663								
城大	94299	96485							
聖書	93833	102267							
城津	93716	93718	93721	93723	93855	93938	93940	94352	94355
	94462	94467	94610	94816	94839	94910	94957	95244	95851

	96114	96136	96139	96624	96636	96712	97021	97205	97865
	97983	98298	98312	98320	98358	98541	98648	98651	98771
	98935	98957	99450	99528	99839	99840	100202	100215	100321
	100332	100368	100918	100944	101056	101227	101658	101864	102413
	102514	102515	102696	102716	102980	103011	103112	103167	
成川	99869	100225	100945						
猩紅熱	97105	97505	97602	97842	97865	98025	98298	98317	98599
	98662	98778	102371						
盛況	93706	94881	94902	94926	94927	94950	94984	95004	95012
	95044	95082	95115	95123	95148	95177	95200	95239	95242
	95249	95303	95382	95399	95403	95451	95479	95509	95637
	95650	95671	95769	95831	96141	99638	100151	101600	102399
	102566	102755	102854	102894	102912	102988	102996	103049	103096
	103348								
税	99215	99399							
世界	93788	93916	93923	94403	94565	95061	95704	96311	98484
	101104	102456	102814						
世界大戰	93916	93923							
稅關	95142	95486	96212	96267	96586	96658	99303	100111	100210
	100329	100713	100845	100895	101761	101855			
稅關監視所	101855								
稅關長	96586	99303	101761						
稅金	97724	100892							
稅令	93934	94687	96019	96219	96227	99518	99546	103320	
稅務	96227	96335	99269	99286	101612				
細民	93920	102639	102922						
世子殿下	94928	94982	97749	97955	100200	100738	102667		
巢窟	97428	98234	98268	102096					
少女	95217	97282	97557	100081	100956	102833			
少年	96485	97475	99045	100081	100277	101062	101082	101508	102447
所得稅	94083	96019	99518	99546					
掃立	95253	100112	100240						
小麥	101939	102045	103486						
消防	93740	94103	94825	95783	96129	97743	101688	102492	103460
	103544								
消防機關	103460								
消費稅	98652	100743							
燒死	94318	99091	100081						
訴訟	95349	95436	97051	98319	98443	99560	99618	99747	102448
	103016	103350							
小僧	99844								
騷擾	93921	94938	95723	95766	95796	95805	96389	96565	96668

	96764	96850	97601	98142	98620	99359	
篠原 (農務課長)	94056	94303	95711	101884	103447		
小原(長官)	93982						
小原新	93982						
小作	94218	94721	94818	96426	98918	100898	101746	102950
小作料	94818						
所長	94076	94472	95205	95251	95706	96628	97424	97440	97947
	98767	99853	100055	100913	101161	102284	102572	102864	103356
消長	97834	100580						
小井里	100030							
小包	95136	98976	100064					
小學	93734	93751	93831	93971	94063	94154	94484	94511	94715
	95191	95737	96569	97198	97233	97246	97488	97690	98025
	98413	98875	99039	99848	100013	100049	100132	100144	100178
	100196	100301	100604	100612	100636	100710	100938	101063	101261
	101319	101804	101916	101967	102035	102172	102243	102399	102446
	102493	102512	102657	103262				
小學教	94511	94715	100604					
小學校	93734	93751	93831	93971	94063	94154	94484	95191	95737
	97198	97233	97246	97488	97690	98875	100013	100144	100196
	100710	100938	101063	101319	102243	102446		
召喚	97413	101445	101586	102180	103584			
速成運動	93802	93851	97589	99937	100850	100900	100917	100999	102725
續出	95442	95822	95992	97958	100199	101070	102798	
孫基禎 孫(基禎)·孫君	95754	95766	96471	96493	96736	97000	97101	97482	98186
	98387	98433	99660	100814	102307	103078		
孫秉熙	96471	96493	97101	97482	98433	99660		
孫一派	95766	96736						
松江	93769	93982						
宋秉畯	96399	101461						
松山	93769	95097	101285					
送電	99890	99988	101099					
松岾蜥	95420							
松汀	95450	103277						
刷新	94029	94044	96335	99504				
首魁	96422	97711	99359	99572	100046	100933		
水口(稅務課長)	96227	99286						
收納	94662	96468	97783	98993	101312	103506		
水稻	94782	95771	95820	95910	96566	96609	102315	102884
水道	93769	94176	94411	94816	95192	95300	95365	95453	95608

	95717	95742	95800	95808	95834	95882	95884	95891	95923
	96101	96165	96272	96448	96582	97329	97458	97729	97867
	97922	97923	98094	98133	98285	98681	98716	98921	99502
	99832	100097	100127	100646	100732	100940	100962	100981	101196
	101400	101484	101576	101577	101614	101654	101658	102432	102654
	102952	103000	103326	103458	103611	103646			
水力發電 水電	94093	94202	95444	98693	100189	101399	101579	101986	102532
狩獵	96516	96542	97646						
狩獵列車	96516	96542							
水雷艇	93943	97018	97168	97267	99780				
水蓼	96623								
手榴彈	93969	101613							
水利開墾	94002								
水利事業	94694	95092	95561	95710	96453	98128	98281	100043	100282
	100310	100363	100691	100963	101601	101718			
水利組合	95227	95434	96342	97033	98191	99294	100707	100968	
搜査	94893	96844	98009	101260	102989	103043			
水産 水産	94038	94115	94616	95667	95716	96312	96344	96568	97568
	97892	97916	98404	98460	98464	98470	98491	98537	98810
	98933	99035	99626	100229	100244	100827	100879	100880	102181
	102206	102461	102752	102937	103046	103065	103206	103304	103370
	103605								
水産業 水産業	96344	96568	100229	102181	102206				
水産組合	97892	98810	98933	102461					
水上署	98971	99838	101330	103544					
輸送	93905	94246	94315	94435	94479	94495	94499	96712	96761
	97019	97140	97450	97550	97679	98734	102708	102789	102791
	103456	103559							
手數料	96022	99052	99225	99410					
水野錬太郎 水野 (總督・總監)	93791	94450	94685	94702	94811	94992	95192	95216	95396
	95544	96226	96243	96284	96933	99160	99180	99268	99281
	99585	99691	99879	100387	100416	100619	100760	100977	100982
	101862	102207	102374	102572	103083	103186	103188	103270	103337
修業	96863	96940							
授業	98928	99245	100693	101151					
獸疫	98224	98814	102740						
水泳	95890	100747	101065						
水運	99707	100419							
水原	94489	94520	94522	94984	95531	95912	96109	97274	98612
	100164	100552	103363						

昇格	93782	94417	95545	95699	98458	99195	99990	
乘車券	94006	100821	101360					
繩叭	93839	93867	94602	99994	100069	101766		
乘合自動車	94166	94356	94506					
詩	98050							
豺	99581	100520	101294	102133				
市區改正	96169	96258	96271	96465	97729	97874	98589	100016	100762
	100895	100978	101302	103321				
時局	96323	96657	96918	97861	98081	98275	98545	98650	99719
	100247	100505						
市民	93805	93813	93940	94038	94198	94882	94913	95015	95043
	95053	95259	95312	95376	95706	95834	95857	96001	96040
	97034	97842	97923	97949	98749	99278	99702	100368	100527
	101074	101090	101775	102578	102592	102611	102725	102743	102882
	103112	103162	103503					
市民大會	93805	93813	94882	94913	95834	96001	97923	97949	98749
	99278	99702	100368	101090	101775	102578	102592	102611	102725
	102743	102882	103162	103503				
施設	94012	94433	94751	95064	95539	95570	96290	96324	96335
	96505	96529	97329	97483	97565	97729	98188	98238	98263
	98668	99035	99093	99164	99165	99180	99243	99271	99283
	99305	99468	99486	99912	99989	100335	100415	100555	100648
	100729	100758	101104	101144	101449	101652	101695	101824	101889
	101897	102206	102377	102459	102464	102700	102995	103104	103156
	103179	103370	103430	103502				
時實	93864	93979	94494	94529	94742	94758	94935	95106	95120
	95126	95183	98621	99931	103047	103450			
示威	94264	94277	94490	96658					
市場	93880	93984	94031	94074	94131	94524	94603	94638	94648
	94684	94768	94790	94853	94861	94901	94939	95025	95101
	95111	95116	95255	95346	95850	95886	95999	96054	96115
	96156	96216	96296	96514	96649	96791	97143	97331	97506
	97512	97537	97607	97905	98564	98661	98739	98744	98824
	98859	98873	99214	99345	99401	99663	99936	100012	100918
	101117	101507	102242	102353	102416	102513	102661	102825	102998
	103317	103483	103566	103590	103629	103641			
市長	97802								
施政	93979	94685	94702	98138	99364	99427	99480	99585	99642
	102338								
視察	93730	93739	94096	94266	94280	94505	94691	94827	94857
	94897	94937	94942	95048	95091	95101	95119	95178	95179
	95192	95396	95404	95903	95976	95988	96061	96076	96229
	96249	96250	96325	96353	96356	96373	96385	96523	96554
	96555	96593	96621	96637	96660	96664	96682	96705	96739

	96774	96796	96855	96856	96874	96883	96898	96990	97030
	97106	97228	97316	97332	97363	97476	97521	97612	97649
	97767	98090	98211	98498	98618	98621	98764	98908	98960
	98981	98987	99028	99120	99138	99268	99405	99430	99448
	99476	99498	99521	99645	99670	99673	99699	99769	99782
	99944	100251	100366	100422	100443	100462	100478	100497	100528
	100735	100915	100950	101053	101080	101127	101143	101159	101328
	101372	101442	101786	102100	102129	102175	102176	102210	102248
	102269	102635	102670	102849	102982	103174			
視察團	94266	94505	94691	94857	95178	95179	95988	96229	96249
	96250	96325	96353	96373	96523	96621	96660	96664	96705
	96855	96856	96874	96898	96990	97228	97316	97332	97363
	97521	97649	98090	98211	98618	98764	98960	98987	99028
	99120	99138	99405	99448	99645	99673	99699	99769	100251
	100462	100735	100950	101442	101786	102100	102129	102248	102269
	102670	102982	103174						
侍天敎	97139	97514	97708	97788	99134	99760			
屍體	94291								
視賀	100131								
試驗	94038	94115	94144	94460	94560	94799	95016	95037	95168
	95220	95552	95776	96123	96312	96344	96349	96432	96821
	96841	97502	97560	97568	97888	98048	98065	98404	98426
	98537	98861	98896	99028	99169	99588	99626	99649	99841
	99892	100010	100100	100172	100229	100341	100367	100401	100777
	100778	100800	100924	101332	101499	101528	102005	102489	102752
	102844	103294							
食糧	93876								
食料品	93876								
植林	94531	94535	94786	95093	98017	98531	100150	100164	100309
	101617								
植民地	97966	98019	102438						
殖民 植民	97966	98019	102438						
殖産局	94670	95203	95352	95656	97090	98193	99147	100348	102964
	103288								
殖産鐵道	96429	101678	102445	102652	103559				
殖産 殖産	93750	94040	94262	94599	94670	95203	95352	95483	95656
	96134	96281	96405	96429	97090	97262	98193	98197	98281
	99147	99198	99631	100348	101678	101700	101712	101728	102445
	102652	102819	102822	102964	103288	103304	103559		
植樹	94521	94600	94650	94714	97499	99176	99232	100787	101052
殖銀 殖産銀行 殖産銀行	93750	93975	93995	94069	94084	94194	94235	94287	94303
	94360	94456	94500	94548	94932	95084	95099	95101	95113
	95483	95568	95664	96084	96134	96853	97060	97262	97389

	97448	97717	97793	97794	97809	98192	98197	98411	98695
	98842	98870	99106	99465	99555	99618	100072	100262	100475
	100481	101055	101168	101700	101712	101728	102137	102268	102487
	102488	102559	102679	102777	102819	103104	103196	103291	103371
薪	94638	94901	97454						
新嘉坡	98743								
新京	95825								
新京城	95825								
神宮	96928	96976	97758	102295					
神宮參拜	102295								
新聞	93726	93736	93758	93942	94024	94049	94179	94755	94875
	95043	95903	96018	96406	96458	96550	97264	97349	97500
	97605	97631	97993	98068	98091	98130	98149	98167	98183
	98239	98251	98252	98618	98664	99962	100182	100386	101406
	101972	102366	102910	103022	103494				
神社	93738	94958	95160	95217	95218	95221	95277	96591	96896
	97452	97843	98970	99175	99178	99233	99322	99396	100252
	101370	101880	102296	102326	102396	102412	102413	102562	102583
	102846	103514							
新嘗祭	96653								
新設	93721	93733	93902	93939	93970	93971	94001	94037	94038
	94042	94065	94113	94129	94143	94150	94226	94303	94324
	94342	94351	94417	94452	94453	94752	94796	95111	95135
	95191	95417	95699	95953	96659	96790	96891	96925	97040
	97090	97700	97765	97922	97999	98310	98855	98959	99075
	99287	99407	100037	100229	100264	100318	100351	101089	101247
	101416	101535	101695	101846	101907	102361	102401	102423	102601
	102711	102995	103058	103067	103217				
新稅	95471	98250	98638	100771	100980	101980	102092		
信仰	95150	98802							
新義州	95135	95201	95239	95242	95273	95432	95687	95767	95797
	96267	96358	96401	96543	96556	96858	96892	97079	97274
	98138	98247	98331	98619	98876	98877	99165	99186	99190
	99194	99271	99341	99406	99534	99783	100259	100415	100607
	100675	100820	100973	101139	101140	101172	101194	101358	102271
	102458	102512	102704	102868	102871	103006	103086	103100	103207
	103326	103400	103457	103497					
新日本主義	93825	97543							
神田 (忠南警務部長)	93864								
身體檢查	97881								
新築	93704	93738	93809	94154	94456	94520	94630	95347	95523
	95720	97579	98391	98722	98725	99019	99175	99453	99923
	99995	100025	100102	100297	100859	101150	101330	101438	102229

○									
アメリカ 米國	93765	93876	93948	93999	94739	94777	95319	95724	96217
	96381	97162	97757	98355	98929	99848	99908	100650	101467
	101648	101716	101977	103143					
アンモニア	96651	96661							
インド 印度	93894	99816	100294						
オリムピック	94812	98838							
お伽家庭講演會 家庭講演會	84854	94881	94902	94926	94935	94950	94951	94984	94985
	95004	95012	95044	95082	95115	95123	95148	95177	95200
	95239	95249	95295	95303	95590	102520	102996		
鵝口瘡 鷲口瘡	98505	99386							
兒島	94470	94756	95066	95895					
兒童	93734	93765	93876	94672	94950	95424	95671	96786	97497
	97706	97957	99461	99801	101564	102910	103513		
兒童救濟	93765	93816	102751						
兒童畵	97957								
阿部新總督 阿部總督・阿部	101275								
兒殺し	98082	98826							
阿片	94265	95546	95946	96468	97354	97629	97765	98144	98201
	99342	99462	100226	101097	101774	101980			
阿片收入	101980								
惡漢	96556	97115	100078						
安南	97237	97548	99352	99699	100644	100654	100880	101080	101577
	101617	101736							
安東	93933	94016	94311	95053	95249	96188	96385	96401	97019
	97164	98196	98496	100101	101172	101180	101183	101219	101343
	101476	101566	101737	101769	101773	102148	102350	102405	102429
	102604	102630	102631	102671	102924	102927	103008	103042	103052
	103093	103094	103198	103224	103227	103237			
安東縣	96401	101172	101183	101219	101343	101737	101773	102429	102924
	103008	103042	103052	103094	103224	103227	103237		
安藤	94950	99884							
鞍馬	99044								
鞍山	100650								
安州	100859	101407	101602						
斡旋	93967								
暗殺隊	97478	97479	97860	97913	98936	100270			
岩井長三郎	98580								

鴨綠江	94559 101392 103307	94912 101467 103311	98752 101664	98914 101781	99980 101881	100124 102208	100199 102808	100844 102827	101115 103230
押收	96777	97631	97939	98148	98361	98412	98761		
昂騰	93910 103190	94273	95378	101553	101704	102367	102675	102703	102798
愛國	94321	100412							
愛國婦人會 愛婦	94321 100412	95600 101091	96436 101155	97379 102419	97438 102463	97669	98006	98095	98703
縊死	94715	102944							
罌粟	94384	94481	95245	96009	97206				
野球	94102 100277 101157 101634	95409 100324 101336 102321	95495 100700 101337 102618	95533 100891 101341 102818	95840 100897 101447	96378 100914 101503	96444 100939 101573	96485 101029 101593	97180 101096 101609
野球大會	96444 101573	100914 101593	100939 101609	101029 102321	101096 102818	101157	101336	101341	101447
夜盜蟲	96195								
耶蘇	94289	94510	96380	99846	100077				
耶蘇教	94289	96380	99846						
夜學	97142	98726	99710	99717	99968	102890	103381		
藥水	97434								
躍進	94621								
掠奪	96338	98009	98300						
藥學 (藥學會大會)	97036	102359							
楊柳	97434								
兩班	95348	96739							
養蜂	94092	101863							
養成	93918 96359 102144	94485 96708 102197	94516 96797 102425	94809 97351 102866	94909 97510	94952 97683	95022 99192	95129 99246	95716 99602
養成所	94952	96708	97351	97683	99246				
洋式	99446								
養殖	100487	100854							
養蠶	93823	94591	95047	95192	95418	95605	96122	98405	100644
養蠶組合	95047	95192	96122						
釀造	93723 98882	95830 100714	95888 100972	96403 101908	96838 102289	96909	96922	96987	97593
釀造	95830 102289	96403	96838	96909	96922	96987	100714	100972	101908

釀造品評會								
洋灰	100203	101968						
漁夫	100001	100506	102615	103477	103600			
魚市場	98564	98873	103566	103641				
漁業	93783	93922	94343	94687	94925	95275	95807	96968	97295
	97530	98406	98407	98448	98730	99035	99117	99497	100448
	100827	101004	101224	102309	103095	103152	103213	103304	
言論	94015	95994	96326	96546	98664				
諺文	96018	96816	97605	98912	101280				
旅客	93722	94344	95780	95836	96188	96264	96650	96780	97190
	97796	97904	98188	102544	102967				
旅館	98656	99173							
旅券	100169	100179							
女性	99093	99367	99560	100355	100842				
麗水	103081	103495							
旅順	95193	100009	102566						
女判任官	99830								
女學校	93784	94417	94476	95206	96605	97590	97660	99337	101155
女學生	94437								
驛	93842	93865	94034	94086	94617	94629	95147	95315	95482
	95528	95536	95547	95684	95814	96105	96188	96335	96427
	96515	96541	96659	97218	97321	97437	97535	97793	98134
	98388	98400	98647	98812	98866	98870	98958	99373	99864
	100345	100374	100407	100437	100543	100820	100903	101146	101180
	101298	101670	101801	101808	101839	101868	101910	101949	102158
	102203	102671	103040	103267	103327	103402	103440	103533	
驛屯土	93842	95528	95547	95814	96105	96335	97437	97793	98134
	98647	98812	98870	98958	103327				
疫病	93717								
歷史	93703	94891	94929	94954	97886	100797	101157		
轢死	96427	102437							
轢殺	97282	97557							
驛員	101949								
驛長	94034	94086	98400	101801	101808	103402			
疫猫	94317	94451	94808	96007	96085	96209	98271	99172	102242
研究	93777	93783	93924	94128	94229	94533	94671	94680	94756
	95383	95572	95602	95675	95706	95726	95866	96369	96457
	97100	97335	97562	98417	98440	98484	98633	98747	98807
	99637	100234	100334	100601	101377	102004	102198	102220	102267
	102389	102438	102582	102783	103029	103158	103513	103623	
研究會	94533	94680	94756	95383	95602	95726	97562	98417	98807
	102004	102198	103029	103158					

燕岐	94026	94226	96442	100252	101384			
燕岐神社	100252							
聯絡船	96098	97192	98376					
燃料	94273	94309	97100	102206				
沿岸	93980	95003	96464	98730	99272	100652	103253	
演藝	95722	100405	101509					
演藝會	95722							
延平島	95481	99223	100322					
聯合	93840	93965	93991	94021	94123	94331	94496	94584	94661
	94876	94930	95077	95431	95490	95542	95658	96095	96369
	96420	96467	96488	96758	97279	97800	98033	98093	98291
	98764	98863	98924	99056	99067	99813	99857	100094	100125
	100171	100301	100922	100983	101353	101493	101677	101753	102017
	102116	102191	102192	102254	102350	102461	102523	102528	102543
	102561	102574	102576	102591	102864	102881	102902	102977	
延禧專門學校	95324	95366						
閱覽	100676							
鹽	94225	94501	95110	96043	96178	96333	96534	96564	97130
	97232	97765	98775	99297	100603	102162	102622		
廉賣	101954	102120	103373	103459	103627			
鹽業	96178	96534						
鹽田	96333	100603	102162	102622				
獵官	99112							
英	93861	93907	93952	93969	94086	94229	94437	95849	96070
	96172	97221	98338	98486	100208	100871	101015	101463	101517
	102280	102303	102578	103477				
營口	95293	96504	96975	97750	102674	103162		
英國	93861	93907	93969	94086	94229	95849	97221	100871	101015
	102303							
英國極東艦隊來	101015							
營林廠	101965	102728	103338					
榮山浦	95479	102240	103533					
營業稅	98394							
營業時間短縮	94060							
榮轉	94034	96590	97473	99242				
榮州	102313							
靈泉	94632							
英艦隊	101463	102578						

映畫 映畫·映画	99394	102565	102854					
豫科	102995	103032						
預金	94360	95379	95534	97092	97304	97486	98582	99296	99488
	100481	101494	101700	100120					
藝妓	94716	95630	99316	99697					
豫防注射	93832	94112	95617	95719	95941	96119	96218	96635	98010
	100652	101017	101389	102843					
豫算	93729	93755	93795	93932	93972	94002	94013	94195	94244
	94286	94341	94380	94418	94430	94459	94497	94514	94534
	94550	94605	94610	94620	94622	94623	94625	94643	94655
	94677	94695	94729	94745	94746	94779	94839	94845	94895
	94907	94945	95054	95106	95120	95126	95183	95204	95212
	95390	95485	95544	95644	95832	96091	96157	96449	96450
	97089	97728	97765	97776	97871	98100	98137	98190	98250
	98286	98368	98610	98651	98676	98677	98721	98794	98810
	98829	98832	98835	98851	98871	98876	98893	98900	98901
	98909	98927	98948	98961	99003	99018	99038	99080	99084
	99118	99210	99221	99238	99447	99615	99750	99812	99839
	100771	100884	100940	100959	100962	101068	101158	101238	102286
	102880	102904	102951	103032	103067	103124	103163	103242	103267
	103624								
藝術	99637	102554							
娛樂	99954								
娛樂機關	99954								
午砲	93977	95557	96443						
屋根	101711								
獄吏	101032								
溫突	93800	97970	102727						
溫泉	93760	94968	98524	99697	100007	100027	101544	102058	
瓦	95145	95422	95937	97535	98842	100369	100610	102007	
瓦斯	97535								
瓦電	95937	98842	102007						
倭館	94469								
外交	98784								
外國	94147	94517	94853	97185	100797	101486			
外人新聞	93942								
外地	98608								
料理	94805	94922	99420	100611					
遙拜	96976								
遙拜式	96976								
遼陽	96090								

郵便所	94452	94472	95251	95362	96628	96972	98837	98959	99135
	99248	99475	99992	100176	100515	100621	100756	101161	101182
	102069	102239	102312	102517	102850	103471			
郵便貯金	96359	101113	101538						
牛皮	98615								
運動	93782	93802	93840	93851	93862	93903	93980	93987	93991
	94011	94038	94130	94213	94277	94362	94374	94464	94512
	94774	94789	94812	94827	94875	94879	94916	94934	94953
	94980	94981	95014	95015	95042	95051	95053	95077	95241
	95259	95321	95336	95385	95409	95550	95594	95840	95852
	95922	95986	96047	96293	96363	96378	96485	96498	96543
	96551	96600	96644	96658	96672	96825	96829	96881	96927
	97027	97069	97155	97180	97589	97709	97729	97756	97769
	97867	97964	98104	98305	98515	98650	98760	98859	99134
	99206	99255	99372	99426	99461	99465	99594	99789	99883
	99899	99937	100148	100203	100217	100277	100301	100688	100711
	100850	100900	100917	100999	101044	101271	101379	101465	101514
	101626	101645	101824	101858	101926	102031	102093	102243	102261
	102337	102500	102532	102566	102592	102618	102697	102698	102725
	102743	102818	102932	103166	103259	103297	103298	103374	103521
運動界	94812	94980	95077	95409	95594	95840	96047	96378	96485
	96829	97180	99465	100277	101626	101645	102500	102618	102818
	102932								
運動場	99461	102743							
運動會	94789	94827	94875	94879	94981	95015	95042	95053	95241
	96829	99255	99465	99789	100203	100301	102243	102337	102697
	102698								
運輸	93834	94024	94123	94455	94557	94640	94671	94933	94997
	95117	95124	95231	95263	95517	95691	95789	95803	96006
	96037	96046	96082	96280	96842	97174	97343	97803	98633
	98702	98887	99291	99568	100395	100482	100543	100615	100630
	101850	102077	102544	102706	102900	102967	103440	103499	103503
	103626								
運賃	93898	93899	93954	95426	96293	96577	96680	97069	97155
	97555	97567	98240	99627	100369	101180	101204	102078	102230
	103246								
運轉	93722	94166	94461	94847	94899	96066	96475	96516	96882
	97494	97557	97654	98271	98799	99115	99285	99896	100530
	101318	101818	102273	102959	103086	103182	103250		
鬱陵島	94712	97752							
蔚山	93821	94028	94607	95057	95519	96473	96588	98045	102504
雄基	98561	100111	100713	100764	100906	101033	101041	102115	103219
原敬	102943	102974							
原料	95972	96118							

元山	93710	93790	93854	93931	93970	94037	94063	94108	94115
	94285	94298	94380	94430	94713	95030	95205	95303	95326
	95355	95360	95392	95444	95497	95712	96063	96148	96251
	96500	96555	96559	96565	96668	96713	96836	97125	97180
	97484	97621	97998	98046	98053	98692	98699	98731	98774
	98874	98894	98901	98910	98927	98950	98977	98980	98990
	99001	99014	99037	99049	99067	99077	99272	99557	99696
	101475	101517	101548	101631	101729	101800	101802	101883	102130
	102409	102725							
元山咸興	95205	95303	98874	98894	98910	98950	98977	99001	99014
	99037	99049							
月尾島	94751								
慰問	93797	95722	96032	97073	97379	98095	98606	98637	98669
衛生 衛生	93775	94790	94844	94893	94974	95073	95175	95624	95718
	95816	95961	96119	96174	96255	96359	96944	97196	97221
	97280	97324	97329	97483	97511	97595	97979	98465	98558
	98673	98807	99006	99327	99610	99856	99989	100254	100342
	100360	100617	100964	100995	101242	101591	101621	101877	102220
	102301	102324	102459	102571	102724	103067	103197	103275	103501
	103564								
衛生講習會	101877								
衛生課	94844	95624	95718	96119	97221	97280	97511	97595	98558
	98673	100964	103564						
衛生展覽會	99610	102324	102571	103197					
衛生思想	94974	95175	96174	96359	98465	103275			
衛生會 (朝鮮中央衛生會)	95816	97324	98807	101621	102220	102301	102724		
衛戍病院	99542								
慰安	95569	99361	99764	99876	100794	101824	102720	102855	103142
慰安會	99764	99876	100794	102720	102855	103142			
委員會	93858	93911	94827	95792	97272	97713	97768	97779	97790
	97812	97886	98031	98674	99684	99859	99959	100440	101456
	101635								
僞政府	97911	98359	98637	100492	101716				
僞造	96602	97810	98012	98353	99177	99463	99819	99903	100916
	100932	101547	102471	102779	103444	103496			
愈	93877	94107	94364	94568	95219	95939	96166	96632	96769
	97045	97656	97765	98285	98500	98693	98771	99607	100953
	100962	101068	101958	102435	102797				
有價證券	101104								
流感	93711	93751	93752	93850	93886	93920	93940	93989	93990
	94088	94153	94355	95745	95961	97105	97842	97958	98010
	98245	98778	102799	102843					

遊客	95714							
遺骨	96908	97220	100673					
遊廓	96631	97481	98575	101837				
誘拐	97261							
儒教	93921	94110	94212	94744	98802			
有力者	96668	97827	97868	99112	100648	102746		
有隣會	99387	102660						
儒林	96874	102010	102176	102635	102670			
遊民	96521							
儒生	93921	96739	96774	97963	99125	99372		
儒城小學	102657							
遊園地	94305	95659						
儒者	102096							
遺族	95722	95918	97511					
幼稚園 幼稚院	94119	98336	101768	103049				
留學	94023	95681	95779	95802	98371	98929	99151	99276	99489
	100406	100744	100812	101742	101931	102147	102376	103298	
留學生	94023	95681	95779	98371	98929	100812	101742	103298	
流行	93769	93832	94094	94160	94207	94235	94355	97187	97505
	97896	98200	98778	99090	100964	101155	103081		
流行病	94355	98778	99090					
遊興	93799							
陸軍 陸軍	94019	94204	94220	94331	94346	94389	95768	95799	96126
	97162	97436	99259	99549	99583	99647	99791	101067	101239
	101256	102469	102559	102828	103162				
陸軍記念日	94220	94331	94346					
陸上	94980	94990	95053	96175	99554			
育兒	95116							
育兒事業	95116							
尹元錫	102739							
融和	96726	97311	97323	97578	97749	103561	103577	103609
銀價	93890	93895						
恩賜金	94920	96020						
殷賑	94254	94329	98088					
銀行	93750	93856	93900	93914	93966	94030	94041	94179	94252
	94268	94298	94309	94338	94370	94377	94385	94432	94434
	94456	94469	94488	94502	94522	94526	94539	94557	94588
	94599	94612	94645	94663	94678	94696	94727	94733	94771
	94785	94804	94840	94860	94898	94912	94931	94932	94947
	94968	95000	95024	95041	95084	95240	95268	95283	95311

	95387	95472	95483	95493	95504	95537	95568	95604	95679
	95756	95764	95794	95888	95952	96005	96016	96134	96163
	96319	96400	96511	96547	96674	97150	97156	97253	97262
	97639	97704	97757	97794	97817	97839	97857	97858	97938
	97952	98118	98197	98582	98781	98782	98795	98842	99016
	99106	99153	99198	99228	99307	99371	99456	99483	99488
	99698	99767	99774	99898	99982	100107	100115	100370	100609
	100662	100881	100930	100969	101010	101030	101111	101168	101199
	101278	101284	101349	101352	101364	101385	101478	101498	101662
	101667	101700	101712	101728	101731	101940	102024	102145	102268
	102364	102486	102618	102664	102707	102819	102865	103134	103323
	103354								
淫賣 賣淫	100202								
陰謀	93819	93877	94255	95380	96070	96279	96552	97188	98265
	99174	99743	100339						
陰謀團	93819	93877	94255	100339					
音樂	93967	94203	96127	102556	103026				
音樂會	94203	102556							
應召	102712								
醫	93701	93709	93714	93719	93728	93732	93733	93741	93757
	93771	93924	94044	94053	94068	94087	94101	94125	94137
	94144	94184	94237	94268	94324	94790	94827	94999	95116
	95156	95157	95209	95220	95644	95699	95745	95791	96032
	96038	96078	96330	96667	96684	96747	97034	97058	97066
	97138	97324	97467	97776	97964	98223	98586	98609	98659
	98813	98823	98861	98864	98896	99146	99668	100100	100172
	100254	100379	100572	100777	100778	100910	101144	101383	101642
	101695	101803	101824	102087	102108	102113	102293	102369	102374
	102406	102489	102553	102601	102814	102987	103110	103358	103372
	103509	103555							
義拳團	103601								
義妓祠	97427								
醫療	95699	96032	98609						
醫師	94999	95116	95157	95220	95699	98223	98861	99146	100100
	100172	100777	100778	102087	102293	102406	102489	102987	
議員	93745	93806	94076	94248	94518	94830	94885	94949	95071
	95096	95104	95169	95188	95225	95243	95284	95336	95360
	95368	95428	95469	95600	95917	95921	95932	96112	96170
	96217	96636	96730	96797	96857	96998	96999	97031	97043
	97079	97109	97135	97149	97169	97193	97203	97223	97238
	97255	97274	97275	97311	97325	97326	97329	97368	97373
	97375	97407	97412	97441	97461	97476	97522	97539	97548
	97587	97606	97617	97642	97657	97658	97664	97672	97673
	97685	97701	97702	98002	98063	98395	98698	98740	98750

	98751	98815	98817	98818	98851	98909	98923	98931	98952
	98963	98983	99131	99575	100623	100888	102012	102313	102341
	102346	102390	102662	103036					
醫院	93701	93733	94044	94790	95644	95745	95791	96038	96078
	96684	97034	97058	97066	97776	97964	98864	101803	102601
醫專	95699	96747	98659	98823	99668	100379	100572	100910	101144
	102553								
義州	95135	95201	95239	95242	95273	95432	95687	95767	95797
	96267	96358	96401	96543	96556	96858	96892	97079	97274
	97824	98138	98247	98331	98619	98876	98877	99165	99186
	99190	99194	99271	99341	99406	99534	99783	100259	100415
	100607	100675	100820	100973	101139	101140	101172	101194	101358
	102271	102370	102458	102512	102704	102868	102871	103006	103086
	103100	103207	103326	103400	103457	103497			
醫學	93709	93714	93719	93728	93732	93741	93757	93771	93924
	94053	94068	94087	94101	94125	94137	94237	94324	95209
	96330	98813	103555						
李塽	95275	95635	96464	96526	96533	96597	97261	98336	
理工	94923	103168	103387						
李圭完	96585								
異動	93740	94204	94268	94303	94500	94642	94690	94727	95306
	95551	95879	95880	96027	96096	96506	96692	96693	97048
	97436	97688	98160	98242	98450	98501	98568	98842	99024
	99548	99570	99779	100122	100857	101131	101162	101216	101239
	101256	101599	101673	101801	101940	102268	102351	102469	102605
	102701	102763	102828	103019	103091	103118	103202	103295	103308
	103402								
伊藤博文 伊藤(統監)	95641	96608	101084	102458					
裡里	95399	101916	102579	102757	102971	102988			
移民	93812	94019	94035	94172	94190	94218	94354	94395	94526
	94689	94827	95046	95055	95066	95196	95585	95872	95944
	96268	96277	96469	96728	96765	96950	97313	97344	97659
	97759	97929	98000	98217	98282	98326	98327	99266	99330
	100212	100417	100447	101040	102402	103216	103273	103360	103640
移民募集	94190								
移民償還金 東拓移民償還金	94395								
移民身元調査	96469								
移民獎勵	96950	101040							
移送	102533								
李王	93731	93967	94928	96831	96971	97066	97495	97553	97749
	97955	98179	98566	99040	99226	99372	99506	99951	99962
	100404	100587	100703	100741	101226	101258	101685	102241	

李王家	97553							
李王妃	100404	100587	100741	101226	101685			
李王世子	94928	97749	97955	102241				
李王殿下	96971	97553	97955	98179	98566	99040	99226	101226
李王職	93967	96831	97066	97495	97749	99372	99962	100703	101258
利率協定	94250							
罹災	103085							
移住 (間島移住, 蒙古移住)	94223	94890	95066	95329	96425	96830	100919	
移出	93705	93706	93811	93855	93938	94375	94592	95878	96121
	96488	96623	96969	98007	98069	98155	98215	98519	98934
	98990	99103	99669	99964	100581	100757	100809	101050	101649
	101725	101872	102124	102536	103199	103307	103606		
離婚	97051	98319	99560	103016				
梨花學堂	95575							
翼	97606							
溺死	100294	101081						
人	93742	93794	93798	93809	93819	93833	93837	93856	93864
	93868	93872	93884	93885	93929	93937	93942	93982	93993
	94021	94023	94026	94027	94031	94033	94048	94053	94061
	94068	94070	94078	94086	94087	94090	94096	94099	94101
	94105	94117	94119	94121	94125	94137	94145	94146	94148
	94161	94162	94170	94178	94185	94187	94193	94196	94206
	94218	94223	94236	94253	94261	94278	94291	94297	94306
	94307	94321	94348	94355	94358	94374	94377	94386	94396
	94408	94426	94429	94437	94457	94472	94476	94488	94492
	94510	94515	94538	94618	94633	94661	94663	94683	94688
	94721	94774	94787	94794	94805	94806	94809	94834	94838
	94853	94856	94857	94863	94890	94904	94971	94979	94985
	94988	94992	95017	95022	95031	95033	95048	95091	95118
	95119	95123	95137	95150	95176	95179	95182	95218	95224
	95247	95258	95276	95284	95287	95331	95359	95360	95380
	95381	95395	95401	95407	95408	95430	95435	95439	95443
	95476	95482	95490	95508	95542	95550	95579	95585	95587
	95605	95610	95650	95651	95655	95656	95662	95665	95678
	95683	95688	95690	95692	95694	95696	95698	95703	95739
	95754	95758	95759	95802	95807	95813	95825	95826	95844
	95869	95874	95885	95902	95921	95926	95932	95946	95986
	95992	95995	95999	96044	96050	96061	96064	96066	96070
	96071	96085	96087	96162	96170	96177	96187	96208	96217
	96221	96248	96253	96254	96279	96299	96323	96329	96338
	96340	96341	96387	96394	96395	96401	96421	96426	96437
	96438	96440	96445	96457	96487	96489	96498	96499	96509

96525	96527	96564	96617	96622	96628	96629	96635	96658
96670	96673	96676	96685	96686	96688	96722	96724	96726
96742	96744	96753	96769	96777	96789	96794	96807	96815
96824	96830	96840	96844	96846	96847	96850	96859	96861
96871	96881	96883	96887	96919	96939	96970	96979	96992
96994	96995	97001	97004	97014	97035	97050	97051	97062
97066	97117	97123	97138	97142	97145	97146	97162	97182
97188	97201	97221	97223	97229	97232	97235	97236	97243
97244	97249	97253	97255	97273	97282	97299	97310	97311
97323	97329	97350	97367	97373	97380	97381	97383	97384
97404	97413	97424	97439	97441	97465	97504	97516	97519
97529	97531	97546	97549	97556	97559	97562	97563	97580
97601	97606	97610	97624	97629	97637	97658	97663	97675
97685	97696	97709	97712	97723	97736	97737	97749	97765
97774	97810	97829	97840	97843	97854	97886	97897	97917
97934	97938	97940	97942	97947	97961	97970	97971	97978
97984	97986	97988	98003	98004	98043	98065	98075	98078
98084	98103	98106	98120	98142	98146	98160	98173	98175
98181	98186	98198	98201	98209	98222	98227	98264	98265
98266	98268	98287	98296	98297	98306	98318	98325	98335
98353	98364	98384	98386	98397	98398	98437	98439	98444
98465	98484	98488	98490	98504	98523	98525	98527	98566
98580	98588	98608	98632	98660	98663	98684	98685	98686
98689	98691	98706	98713	98723	98741	98745	98748	98758
98760	98767	98768	98779	98791	98796	98809	98831	98843
98845	98850	98851	98853	98867	98894	98908	98909	98914
98916	98942	98963	98971	98991	98996	98998	99028	99033
99048	99069	99093	99099	99109	99119	99120	99123	99132
99143	99146	99155	99202	99206	99241	99254	99259	99267
99275	99279	99300	99303	99329	99344	99352	99356	99362
99367	99388	99392	99393	99397	99408	99413	99421	99424
99434	99438	99443	99445	99460	99462	99466	99468	99469
99482	99484	99490	99500	99501	99511	99515	99530	99531
99538	99562	99572	99577	99579	99580	99583	99594	99618
99640	99642	99645	99648	99650	99654	99657	99671	99691
99699	99710	99724	99729	99737	99738	99744	99755	99767
99779	99787	99791	99792	99807	99819	99848	99869	99873
99879	99883	99885	99900	99908	99912	99931	99948	99952
99957	99996	100032	100033	100045	100053	100055	100077	100079
100082	100085	100109	100158	100186	100205	100208	100223	100227
100251	100254	100270	100278	100285	100294	100296	100299	100302
100305	100307	100315	100344	100346	100362	100380	100384	100385
100387	100412	100414	100435	100441	100443	100472	100473	100493
100511	100520	100526	100533	100538	100550	100554	100563	100570
100572	100573	100599	100600	100616	100619	100651	100701	100703
100748	100792	100794	100797	100824	100841	100844	100868	100871
100888	100898	100901	100908	100913	100919	100932	100938	100942

	100943	100955	100957	100960	100977	100979	100993	100998	101012
	101014	101023	101031	101034	101055	101060	101067	101069	101077
	101084	101088	101100	101104	101109	101110	101124	101128	101141
	101145	101159	101175	101187	101195	101214	101227	101246	101257
	101262	101263	101293	101297	101303	101318	101340	101351	101363
	101394	101413	101447	101476	101508	101510	101517	101534	101542
	101549	101567	101568	101569	101629	101632	101648	101652	101682
	101692	101712	101742	101760	101775	101777	101834	101873	101895
	101912	101921	101924	101948	101956	101970	101972	101977	101987
	101989	102032	102038	102043	102048	102053	102056	102059	102087
	102155	102167	102217	102218	102246	102261	102263	102280	102284
	102294	102320	102356	102366	102383	102399	102405	102434	102435
	102437	102441	102447	102470	102494	102495	102542	102559	102566
	102572	102596	102615	102619	102623	102686	102757	102760	102778
	102801	102805	102819	102826	102849	102853	102859	102860	102928
	102929	102931	102948	102958	102972	102987	103065	103078	103083
	103102	103132	103140	103142	103143	103147	103176	103184	103189
	103214	103265	103298	103319	103343	103369	103381	103384	103393
	103404	103409	103479	103498	103502	103516	103519	103531	103532
	103554	103574	103582	103601	103621				
籸	96645	100121	100428	100885					
認可	94456	94821	94925	95097	97618	98974	99401	99412	99431
	99750	99751	99781	101075	101804	101967	102353	102364	102646
	102661	103590	103617						
人夫	93937	97559	101895	102757	102860	103142			
人事	94099	98397	98504	101227					
人蔘	97765	98566	102383	102623	103393				
因襲	99224								
仁川	93746	93747	93806	93848	93928	94060	94062	94100	94115
	94149	94237	94248	94251	94258	94286	94292	94370	94413
	94418	94427	94512	94609	94655	94752	94753	94899	95082
	95101	95154	95243	95361	95570	95657	95685	96279	97014
	97097	97274	97291	97559	97635	98423	99946	100511	100760
	101157	101341	101404	102350	102371	102410	102572	102889	103038
	103221	103282	103300	103489	103637				
仁取	94898	97952	99052	99198	99205	99410	99559	100271	101236
	102076	103283							
一頓挫	94308	103606							
日蓮	95859	99319							
日本	93767	93825	93837	93931	93966	93980	94319	94371	94426
	94680	94911	95193	95297	95743	95874	96074	96299	96318
	96367	96394	96498	96525	96722	96830	96907	96979	97332
	97543	97598	98264	98324	98637	98946	98991	99048	99572
	99613	100308	100378	100404	100533	100654	100888	101031	101231
	101486	101949	101987	102167	102362	103021	103078	103179	

日本國民	93767							
日本兵	93966							
日本海	93931	96318	102362					
日曜學校	95876 103050	96311	96437	96796	96856	101555	102017	102610	103034
日程	94858	97106	97955	98909	101159	101994		
日支	93727 102208	95272 102418	96423 102480	96919 103158	98852	99048	99704	100045	101343
日出	99848							
賃金	94259	99633	102261	102798				
任命	93879 97664	94018 97672	94799 97673	96111 97684	96678 98041	96697 99181	96790 99662	97326 102032	97657 102887
林產 林産	96344	102926						
林野調査	96194	100433						
林業	94282	94696	95537	96344	97096	97877	99533	102206	
賃銀	93937	94268	96000	97941	98153	99986	101094	102860	
入營	97141	97197	97260	97444	103072	103405		
入札	95864	99573	100679	100986	102449			
入學	94379 97880	94448 98413	94560 98651	94657 100693	94710 102426	95665 102441	95776 103319	97214	97683
剩餘	95906	99118						
剩餘金	95906							

					ㅈ				
資金	93877	94056	94376	94382	94663	94678	94896	95027	95092
	95229	95370	95387	95413	95431	95434	95483	95510	95512
	95549	95561	95829	95904	95907	96163	96305	96368	96452
	96453	96702	96839	96853	96967	96968	97013	97247	97248
	97259	97295	97380	97398	97448	97511	97532	97588	97613
	97629	97776	97882	98009	98089	98154	98269	98281	98552
	98582	98783	98867	98870	98895	98922	98954	98985	99106
	99184	99198	99244	99321	99443	99491	100015	100042	100153
	100538	100554	100798	101005	101046	101078	101085	101416	101450
	101553	101557	101596	101828	102206	102422	102815	103187	103196
	103268	103419							
自動車	93821	94005	94123	94166	94252	94356	94438	94502	94506
	94652	94826	94847	94912	95371	96006	96218	97484	98979
	99026	99606	99925	100018	100035	100095	100295	100328	100332
	100479	100686	100861	100941	101163	101318	102049	102094	102340
	102516	102617	102768	103086	103250	103278	103391		
資本	94554	95443	95679	96323	97354	97640	98324	103388	
資産家	94558	94806	97115	97394					
自殺	94180	95917	97186	99062	99119	99234	99413	102103	102817
	102834	103063	103262	103516	103648				
慈善	98056								
自衛團	96030	96045	98030						
自由勞働者 自由勞動者	103345								
自由航	94673								
自轉車	98062								
自治	95696	98923	103289	103623					
慈惠醫院 慈惠院 慈惠病院	93701	93733	93994	94044	94790	94998	95196	95699	95791
	96038	96078	96273	96365	96587	96684	97034	97890	97964
	97980	98305	98864	98899	99328	99409	99450	99473	99552
	99802	99987	100019	100037	100951	101311	101803	101941	102374
	102505	102515	102601	103488					
作家	99848								
酌婦	95089	96125	101773						
柞蠶	94606	101120	101477	102606	102809	103183	103224		
作況	95184	95771	95820	95987	101049	101432	101719	101767	101927
	102082	102315	102677	102884					
蠶	93823	93829	93832	93996	94042	94156	94174	94252	94591
	94606	94720	94766	94796	94920	94925	95047	95083	95132
	95192	95253	95267	95418	95564	95605	95613	95634	95773
	95951	95981	96034	96122	96211	96344	96563	96863	96876
	96877	96879	96951	97297	97328	98037	98405	98572	98701
	99182	99404	99758	100112	100240	100427	100644	101120	101477

	101697	101771	101870	101990	102014	102456	102606	102713	102809
	103183	103224							
蠶絲	96876	96951	101120	101477	102713	103183			
蠶業	93829	93996	94042	94156	94252	94720	94766	94796	94920
	96344	96863	99182	99404					
蠶況	101771	102014	103224						
雜穀	102630								
雜誌	94024	96143	96546	98664	98789	99274	99504	102149	
腸チブス 腸チフス チフス チフテリア 腸窒扶斯	94355	97105	97144	97250	102892				
將軍	96520	96532	96553	96579	97001	97302	97535	98055	98488
	98650	102157	102722						
長崎	94222	94431	95838	97335	99497	99583	99645	102350	102539
長白山	96974	101780	101796	101812	101843	101853	101929		
長白縣	97897	103010							
長城	98679	101670	102202	102274					
張作霖	98324								
長春	97150	97636	97875	98434	99578	102125	102384	102503	102935
長興	99693								
財界	93793	93888	93947	94449	94565	94855	94930	94953	95010
	95040	95625	95676	95728	96500	96817	97240	97636	97662
	98304	100875	102935	103292					
齋藤實 齋藤(總督)	93700	93777	93878	94820	94890	95248	96324	96335	96344
	96359	96367	96586	97110	97231	97741	97748	97766	97812
	98420	98427	98740	99264	99390	99424	99511	99602	99809
	100498	100599	100730	100751	100871	101420	101762	102025	102065
	102167	102358	102572	102842					
在滿鮮人	95476	95690	96622	98490	99146	99577	99912	100305	100493
	103621								
栽培	94118	94384	94481	94591	94626	95245	97206	98161	98253
	100471	100920	102548	102811	103545				
財産評價委員	95080								
裁判	94822	95960	95985	97430	102476	102722			
裁判官	95960								
裁判所	94822	95985	102722						
災害	98948								
在鄕軍人	95902	96861	97350	97384	100957				
貯金	96359	97303	101113	101538	103610				
貯水池	100310								

貯蓄	94771	94776	95099	96706	100481	100580	101700	
貯蓄獎勵	100580							
敵	95035	97007	101467					
敵國	95035	97007						
赤痢	95653	96944	97005	100552	101066			
赤誠	101664							
赤十字	95151	95186	95894	100533	100654			
赤行囊	98203	99089	101293					
電氣	93764	93832	93914	93935	93976	94309	94326	94502	94581
	94733	94840	94912	95164	95268	95384	95741	95827	96016
	96055	96893	97294	97370	97487	98208	98225	98330	99116
	99503	99635	99698	99732	100293	100789	101074	101739	101882
	101902	101985	102314	103225	103375	103553			
全南 全羅南道	93863	94175	94599	95265	95752	96185	96886	98042	98074
	98455	98722	98893	98962	99213	99266	99415	99448	99640
	99695	99941	100997	101103	101465	101972	101972	102112	102176
	102184	102204	102265	102286	102289	102325	102382	103073	
全南棉	95265	95752	98042	98074	102184			
全南殖産會社	94599							
全南實業大會	93863	102112						
全道	93825	93829	94429	94827	94836	99364	99492	100461
電燈	93814	94491	95285	95444	95933	95937	96582	97033	97329
	97382	97569	97581	97707	97795	97908	98005	99425	100215
	100847	101090	101943	102804	103272	103529	103568	103631	
全北 全羅北道	93920	94435	94679	94804	95019	96153	96200	96497	96529
	96921	97548	98036	98054	98067	98093	98250	98698	99019
	99699	100244	100556	100638	100652	100807	100860	100997	101488
	101528	101668	102013	102014	102066	102382	102636	102732	103056
	103274	103299	103398						
全北農校	98036							
北道救育會	100638							
全北水産會社	100244							
展覽會	94216	94891	98486	99610	99709	100495	100553	100629	100803
	101122	101490	101519	101539	101703	101860	102177	102193	102324
	102357	102523	102547	102571	102644	102942	102970	103158	103197
	103424								
電力	97523	98023	99984	100517	101747	102352	103296	103504
電力調査	99984	103296						
專賣	95305	95435	97045	97056	97448	97570	97765	97778	98449
	98562	99130	99161	99181	99189	99270	99862	100058	100444
	100463	100603	100683	100754	100799	100804	100923	102044	102377
	102701	103161	103342	103442	103638				

專賣局	97765	99130	99161	99181	100058	100754	100799	100804	102701
	103161	103342	103442	103638					
專門學校 專門校	93771	94324	95324	95366	99808	102138			
電報	94457	94993	95542	99962	102482				
戰死	95448	96701	97243	97356	97446	98121	98229	98485	100137
全鮮	93733	93811	94011	94188	94208	94268	94322	94393	94454
	94934	95068	95564	95658	95765	96153	96160	96190	96245
	96440	96477	96485	96496	96646	96689	96738	96776	96861
	96876	97303	97310	97639	97714	97996	98776	98791	99012
	99283	99420	100061	100120	100233	100326	100392	100914	100939
	101336	101580	101745	102155	102211	102297	102322	102474	102561
	102565	102574	102576	102961	102971	103256	103417		
傳習所	94448	97981							
電信 電信技術	95439	95647	96708	96821	96960	97863	98018	98263	101583
	102711	102983	103107	103141					
傳染病	94893	95745	95792	96359	97483	98465	99959	100952	101242
	101733	101755	102143	102220	102251	102401	103009		
傳染病豫防	93832	94112	94164	94171	94893	95031	95196	95342	95459
	95478	95617	95660	95718	95719	95885	95941	96040	96045
	96064	96101	96119	96120	96148	96218	96359	96635	97144
	97444	97505	98010	98238	98271	98436	98499	98697	98940
	99087	99928	100104	100180	100246	100294	100652	101017	101389
	101825	102086	102242	102251	102253	102387	102459	102498	102740
	102843	102892							
典獄	94249	101816							
戰爭	96395								
戰跡	99138	99571	101188						
全州	95403	96643	96687	97223	97384	98285	98436	98589	98594
	98746	98955	99023	99233	99270	99536	99552	99600	99913
	100097	100143	100644	100754	100768	100864	100958	101017	101027
	101066	101228	101380	101441	101446	101729	101818	102008	102009
	102083	102121	102377	102390	102395	102396	102931	102971	103077
	103094	103252	103274	103331	103407				
全州高普	100864								
全州農校	102008								
全州神社	99233	102396							
全州慈惠院	99552								
電柱	101589								
電車	93722	96104	97282	97489	97707	100135	100261	100295	100991
	101170	101604	101765	102853					
轉轍手	100183								
殿下	93731	94928	94982	96971	97261	97553	97749	97955	98179

井邑	95437	102662	103154					
定州	95200	98275	99104	100518	101946			
定礎式	95596							
帝國	95737							
帝國教育會 帝國教育會夏 期講習會	95737							
製糖	94875	95972	103329					
齊藤實	99957	103083						
製鍊	101174							
制令	96212							
祭禮 祭礼								
除幕式	94975							
堤防工事	96576	100044	101522					
製肥 乾製肥料	94750	101181						
製鹽	94501	95110	98775					
制定	95560	98189	99827	99855	100686	100996	101778	
製造業	95422							
濟州島	96185							
製紙	94370	94422	94522	94663	94898	99174	100026	101011	101184
製鐵所	94221	99630	100913					
製鐵 製鉄	93748	94221	99630	100769	100913			
制限	93827 103126	95054	95808	96504	96935	99214	99355	101139	102687
制限令	96935							
祖國	102294							
遭難 遭難船	96866	97804	98274	100001	100723	103477		
造林	94079	94188	94241	94624	96220	97096	100257	
造林事業	94079	94188	94241	94624				
繰綿	102258	103374						
調査	93911	94041	94111	94168	94214	94407	94425	94860	94947
	94994	95062	95190	95388	95419	95486	95582	95675	95842
	95874	95965	96059	96090	96131	96134	96194	96247	96277
	96332	96344	96456	96469	96568	96801	96815	96894	97150
	97187	97221	97391	97465	97640	97684	97713	97766	97768
	97779	97780	97790	97812	97817	97850	97886	97957	98157
	98256	98328	98374	98389	98453	98584	98585	98637	98666

	98791	98795	98912	98918	99000	99012	99096	99097	99147
	99307	99343	99371	99386	99516	99684	99686	99773	99793
	99808	99814	99888	99959	99981	99982	99984	100032	100115
	100124	100258	100433	100440	100527	100582	100650	100797	101008
	101111	101148	101220	101255	101797	101899	101923	101933	102024
	102056	102075	102107	102206	102214	102400	102401	102423	102460
	102484	102639	102727	102744	102805	102922	102949	103058	103128
	103213	103296	103410	103475	103489	103563	103621	103623	103625
	103642								
造船	93889	95576	95626						
朝鮮	93700	93726	93731	93735	93738	93783	93796	93823	93840
	93846	93853	93860	93874	93885	93921	93922	93942	93968
	93974	93990	93999	94002	94007	94010	94019	94041	94065
	94071	94080	94098	94107	94117	94123	94168	94184	94191
	94206	94214	94216	94230	94284	94308	94314	94385	94403
	94408	94416	94439	94440	94445	94449	94464	94488	94498
	94502	94522	94523	94533	94546	94591	94612	94615	94645
	94663	94678	94680	94696	94727	94762	94771	94785	94812
	94814	94851	94860	94863	94898	94912	94915	94928	94947
	94960	94980	95003	95017	95034	95045	95095	95103	95128
	95141	95160	95173	95180	95209	95217	95218	95226	95260
	95262	95263	95277	95283	95322	95387	95393	95412	95433
	95439	95527	95537	95562	95629	95633	95644	95658	95666
	95679	95710	95724	95726	95734	95748	95758	95789	95816
	95821	95830	95878	95879	95887	95928	95937	95947	95954
	95969	95991	96019	96041	96056	96059	96063	96088	96116
	96131	96163	96208	96217	96223	96238	96257	96278	96297
	96347	96366	96375	96400	96401	96403	96437	96438	96451
	96488	96506	96507	96511	96519	96535	96575	96591	96607
	96613	96626	96722	96725	96745	96758	96764	96768	96786
	96800	96823	96837	96838	96870	96873	96884	96903	96905
	96938	96944	96950	96951	96985	96996	97017	97036	97040
	97045	97053	97054	97068	97081	97082	97098	97110	97123
	97132	97134	97141	97142	97150	97212	97236	97244	97253
	97255	97264	97272	97298	97311	97329	97340	97343	97346
	97349	97360	97373	97379	97389	97392	97401	97416	97441
	97453	97457	97465	97467	97473	97497	97550	97562	97565
	97570	97576	97585	97606	97641	97658	97680	97729	97741
	97742	97748	97776	97797	97814	97817	97818	97878	97886
	97902	97904	97910	97922	97926	97928	97957	97978	97984
	97994	98003	98019	98020	98044	98052	98056	98065	98188
	98213	98214	98225	98249	98251	98254	98293	98336	98346
	98364	98372	98402	98444	98446	98481	98482	98484	98492
	98557	98632	98646	98765	98779	98781	98792	98795	98801
	98852	98860	98861	98867	98947	98948	99007	99028	99033
	99043	99066	99095	99111	99141	99148	99153	99163	99211
	99224	99228	99279	99281	99300	99303	99306	99307	99332
	99371	99377	99399	99421	99433	99482	99497	99504	99511

	99516	99529	99543	99560	99593	99608	99637	99639	99664
	99684	99686	99706	99767	99769	99771	99773	99793	99808
	99824	99836	99843	99848	99854	99855	99898	99922	99957
	99982	99997	99998	100051	100115	100142	100147	100165	100175
	100254	100268	100324	100337	100346	100355	100362	100363	100414
	100420	100469	100471	100511	100516	100578	100651	100656	100705
	100842	100849	100871	100876	100896	100899	100915	100977	101030
	101073	101111	101126	101159	101226	101231	101242	101268	101304
	101328	101337	101341	101344	101351	101377	101386	101413	101422
	101426	101449	101510	101538	101629	101633	101634	101638	101677
	101713	101729	101759	101778	101782	101810	101871	101884	101912
	101920	101923	101933	101956	101970	101994	101999	102024	102048
	102056	102059	102156	102192	102194	102206	102210	102220	102296
	102305	102350	102400	102431	102438	102521	102528	102573	102618
	102760	102786	102812	102854	102870	102948	102958	102966	102977
	103033	103080	103083	103102	103116	103145	103156	103161	103187
	103255	103257	103259	103294	103342	103343	103370	103404	103409
	103416	103477	103480	103513	103530	103573	103581	103586	103600
朝鮮館	97680	97797	98646	99043	102296				
朝鮮教科書	103257								
朝鮮教育令	97110	103409							
朝鮮軍司令官	97473	98065	99421	99848	100346	103102			
朝鮮貿易	94080	94546	95141	95262	95412	95433	95562	95734	95748
	96088	96223	96366	96507	96745	97298	98293	98492	99306
	102786								
朝鮮米	98044	101633							
朝鮮婦人	94206	97142	101970	102760	103404				
朝鮮思想研究會	95726								
朝鮮事情	95034	97040	97272	100362					
朝鮮産業調査會	99773	101933							
朝鮮産業總會	101638								
朝鮮商銀	96613								
朝鮮時報	97134	97349	97453						
朝鮮神社	93738	95160	95217	95218	95277	96591			
朝鮮信託總會	101386								
朝鮮語 鮮語	95037	97576	98833	99028	100256	100690	101671		
朝鮮銀行 鮮銀	93830	94041	94067	94300	94727	94797	94827	94860	94898
	94947	95151	95252	95387	95436	95452	95496	96083	96090
	96193	96203	96400	96408	96414	96494	96511	96675	96696
	96699	97048	97136	97150	97162	97172	97253	97406	97794
	97817	97839	98160	98259	98304	98353	98364	98408	98795
	98842	99016	99024	99193	99307	99371	99465	99484	99511
	99767	99779	99791	99982	100055	100115	100609	100619	100631

	94357	94506	94515	94522	94530	94563	94622	94724	94815
	94950	94978	95198	95259	95806	96072	96179	96189	96241
	96377	96473	96482	96540	97077	97169	97223	97292	97933
	98057	98111	98221	98866	99740	99741	99923	99927	99972
	100017	100039	100073	100242	100502	100668	100725	100838	100966
	101153	101156	101526	102101	102504	102531	102538	102956	103008
	103121	103173	103237	103567					
組合	93789	93857	93932	94012	94215	94337	94359	94378	94418
	94468	94486	94518	94534	94549	94622	94625	94627	94643
	94706	94708	94737	94783	94827	94828	94830	94839	94843
	94870	94908	94925	94949	94965	95047	95071	95096	95104
	95169	95174	95188	95192	95194	95206	95225	95227	95243
	95256	95279	95284	95336	95337	95368	95381	95389	95390
	95413	95428	95434	95469	95599	95619	95775	95887	95889
	95939	96046	96051	96089	96091	96105	96122	96158	96178
	96342	96377	96450	96488	96501	96527	96534	96758	97033
	97135	97278	97386	97396	97417	97476	97551	97676	97712
	97806	97819	97892	97999	98015	98031	98083	98111	98125
	98191	98212	98259	98288	98310	98479	98486	98518	98539
	98651	98677	98700	98740	98782	98810	98889	98898	98933
	99102	99236	99294	99474	99488	99698	99714	99774	99805
	99824	99880	99883	99922	100026	100075	100191	100248	100370
	100515	100586	100662	100707	100767	100788	100882	100884	100967
	100968	101104	101199	101265	101416	101450	101582	101667	101917
	101984	102080	102083	102145	102461	102467	102486	102606	102734
	102803	102865	103057	103134	103154	103304	103323	103330	
助興稅	95693	95714	96350						
卒業	94328	94413	94437	94438	94489	94711	94868	95113	96334
	96797	98735	98776	98836	98955				
卒業生	94711	96334							
卒業式	94328	94413	94438	94489	94868	95113	96797	98735	98776
	98836	98955							
宗教	93982	94009	94224	94510	95118	95869	95963	96292	98683
	99149	100146	100758	101410					
宗教家	94009	101410							
種痘	94076	94868	95175	95282	96733	98773	98957	99917	103039
種牡牛	95281	96202	103380						
宗務院	98831	99336							
種子	94259	96009							
佐世保	93711								
酒	93703	93723	93773	93908	93925	93988	94252	94276	94288
	94412	94421	94555	94594	94639	94696	94883	95579	95835
	96118	96227	96335	96672	97116	97126	97175	97350	97936
	97946	98044	98322	98346	98644	100510	100721	101403	102066
	102574	103024	103223	103233	103330	103470			

洲岬	103634							
住宅難	99252							
酒類	94276	94594	103223					
珠算	97270	100401	102973					
酒稅	93988	94288	96227	96335	97175	103233		
酒稅令	96227							
株式會社	94309	94522	94678	94696	94771	94898	94912	94968	95443
	95952	97083							
酒屋	97936							
駐在所	94150	94719	96627	97342	97644	99501	99722	100318	103097
	103344								
酒造	93703	93925	94252	94696	94883	98044	98346	100721	101403
	102574	103024	103330	103470					
酒造會社	94252							
株主總會	94135	95041	95192	95268	95493	95756	96084	97263	97794
	97938	98411	98417	99198	99228	99456	103231	103285	103401
住宅	94269	95146	95453	95892	96211	96359	96851	96982	97656
	97767	97924	98980	99828	100143	100248	100331	101055	101085
	101194	101232	101281	101300	101380	101456	101561	101657	101661
	101665	101738	101775	101799	101827	101828	101897	102018	102051
	102080	102118	102137	102250	102649	102744	103014		
住宅難	95892	96982	100143	100331	101055	101085	101194	101232	101665
	101775	101897	102137	102744	103014				
噂	94267	95360	95757	96125	96253	96307	96499	96500	96509
	97643	100616	101599						
中國	93922	99484	99767						
中等教員	100516	103587							
中等校 中學校·中學	93776	93970	94037	94199	94319	94560	94657	95328	96127
	96381	96612	96760	97133	97700	97942	98053	98409	98932
	99062	99548	99688	100249	100312	100525	100585	100865	101157
	101313	101341	101378	101963	102321	102337	102375	102522	102824
	103179	103351							
仲買人	95999	96044	96489	96726					
中西	101692							
中鮮	93793							
中央輕鐵	96592							
中央銀行	96547	103354						
衆議院	98850							
中樞院	94925	95144	97363	99662	99731	99809	102602		
重砲	101903							
證券	94309	97915	98842	99358	99411	101104		
蒸氣暖房裝置	102567							

增設	93734	93831	94132	94468	94484	94719	94734	95362	95647
	95699	95985	96273	96359	96365	96574	96627	96708	96984
	97364	97660	97700	97947	97981	97994	98116	98290	98406
	99102	99469	99966	100319	100389	100607	101149	101604	101984
	102137	102249	102339	102468	102600	102995	103435	103566	
增税	94918	96365	98878						
增收	94056	94118	94314	94591	95564	96328	97047	100578	100622
	100852	101870	102621	102688					
增殖	96344	98919							
增資	93830	93966	93985	94030	94040	94071	94216	94537	94588
	94599	94771	94804	95355	96773	100721	102076		
證紙	99073	99644							
增徵	94908	98250	101068	103233					
增築	95669	96474	96483	97239	98899	99295	99337	99740	99969
	101146	101458	101529	101903	101916	101982	102734	103260	
地價	96992								
地久節	95492	95558							
支那	93837	93916	93923	94790	95137	95155	96325	96387	96525
	96564	96621	96685	96744	96800	96840	96919	96959	97178
	97224	97334	97562	97649	97696	97848	97934	97973	98003
	98012	98072	98076	98174	98234	98412	98530	98707	98743
	98784	98820	98903	98991	99010	99200	99349	99442	99523
	99622	99654	99692	99729	99737	99882	99999	100033	100199
	100280	100356	100428	100494	100739	100792	100888	100992	101014
	101060	101086	101100	101195	101836	102071	102164	102480	103158
	103179	103281	103292	103384	103464				
支那人	95137	96387	96685	96744	96840	96919	97696	99729	100888
	101060	103384							
地圖	98637	100093	102443						
地方税	101068								
地方議會	95932	95978	103386						
地方制度	96371	96392	96499						
知事	93739	93864	93979	93982	94094	94494	94529	94742	94758
	94935	94950	95106	95120	95126	95183	95192	96107	96253
	96284	96324	96335	96344	96359	96497	96637	97657	98065
	98125	98138	98314	98349	98622	98712	98820	98971	98977
	99045	99242	99262	99264	99303	99344	99397	99400	99469
	99511	99515	99538	99583	99699	100208	100283	100366	100589
	100654	100869	100988	101044	101073	101216	101488	101518	101576
	101615	101668	102218	103074	103243	103428	103578	103641	
地税	97783	103233							
志願	97141	97260	97683	98103	99685				
志願兵	97141	97260							

	ㅊ							
借入	98867	103576						
茶話會	95490	98162	101340					
讚美	93833							
參列	95151	95641	102064					
參拜	96971	102295						
參政權	94117	95986	98211					
參政權運動	95986							
僭稱	97183	98295	98784	99094	99209	101013	102997	
昌慶苑	94748	96478						
倉庫	93749	93876	94242	94309	94469	94754	96178	96534	97130
	97291	98702	98886	100201	100345	100482	100862	102916	
倉庫業	93749							
猖獗	93850	93886	93940	93989	94088	94112	94160	94317	94350
	94451	94808	95997	96007	96008	96085	96209	96421	96441
	97439	98271	99172	99415	102242				
娼妓	95089	99361	101368					
昌德宮	98249	98413	99031					
娼婦	96367							
昌原	93884	95613						
猖紅熱	101319	102584						
債券	93995	94084	98192	98283	101700			
採種	94782	96344	96566					
處刑	96248	99971	102778					
叺	93839	93867	94026	94602	96737	99994	100069	101466	101766
	101876								
拓植 拓殖	96452	97448	97616	100212	101105	101977	102628	
拓殖協會	100212	102628						
天道教	94684	95869	96127	96731	97000	97084	97215	97482	97490
	97831	99032	101590	101892	102840				
川上(東拓理事)	98569	98629	101067	101084	101173	101692		
天安	93703	94617	96515	98330	102504	102550		
天然痘	94164	94235	94322	94355	94397	94698	95087	95175	98436
	98574	98778	99415	99690					
天然氷	101731	102030						
天長節	96890	96912	96913	96973	97015	102704	102796	
天主教	96202							
鐵橋	99486	99980	100311	101273	101390	102542	102857	102873

鐵道 鉄道	93802	93851	93878	93980	93991	94011	94024	94057	94059
	94060	94076	94081	94098	94216	94283	94311	94322	94334
	94335	94362	94385	94469	94498	94607	94611	94792	94827
	94877	94913	94955	95029	95044	95073	95234	95259	95290
	95321	95393	95429	95560	95611	95705	95723	95862	96005
	96056	96082	96117	96244	96260	96318	96364	96370	96393
	96429	96525	96667	96802	96823	96902	96940	97024	97041
	97067	97256	97258	97292	97449	97552	97567	97583	97603
	97621	97653	97891	98067	98086	98188	98197	98308	98502
	98595	98633	98720	98792	98872	98949	99068	99282	99332
	99538	99547	99694	99885	99889	99937	100095	100130	100186
	100217	100371	100501	100514	100694	100727	100850	100900	100944
	100982	100999	101008	101072	101110	101637	101678	101795	102027
	102042	102113	102156	102161	102199	102206	102445	102504	102543
	102611	102652	102673	102676	102693	102705	102725	102747	102787
	102823	102862	102880	102902	103003	103067	103166	103191	103201
	103366	103559	103575						
鐵道學校	94059	97552	97653						
鐵嶺	95565	99982							
撤兵	97309	98294	98303	98597	98650	98715	98770	98805	99132
	99442	99704	99763	101979	101998	102021	102040	102057	102073
	102090								
綴字法	98912								
鐵砲	103262								
鐵貨	94495	94660	101114	101277	102233	103340			
鐵 · 鉄	93748	93755	93763	93768	93802	93828	93851	93878	93887
	93904	93956	93974	93980	93991	94011	94024	94029	94035
	94057	94059	94060	94076	94081	94098	94216	94221	94230
	94259	94283	94302	94311	94322	94334	94335	94351	94362
	94368	94385	94406	94425	94435	94447	94455	94469	94483
	94495	94498	94597	94607	94608	94611	94641	94660	94761
	94790	94792	94804	94827	94868	94877	94913	94933	94943
	94955	94997	95006	95016	95029	95044	95045	95057	95068
	95073	95084	95113	95117	95145	95159	95181	95192	95234
	95259	95268	95285	95290	95321	95344	95356	95358	95393
	95397	95400	95429	95431	95505	95516	95517	95522	95556
	95560	95563	95565	95611	95691	95705	95715	95723	95774
	95785	95787	95803	95848	95862	95870	95880	95900	95930
	95935	95974	96005	96056	96082	96117	96200	96244	96260
	96278	96293	96298	96306	96318	96347	96364	96370	96378
	96393	96429	96510	96525	96592	96608	96647	96656	96667
	96669	96690	96772	96802	96823	96852	96875	96878	96902
	96904	96940	96952	97024	97027	97041	97057	97061	97067
	97081	97102	97121	97155	97204	97225	97252	97256	97258
	97263	97276	97292	97337	97345	97419	97449	97494	97552
	97555	97567	97571	97583	97600	97603	97618	97621	97647

	97653	97671	97679	97718	97769	97891	97942	97950	97965
	98063	98067	98086	98107	98114	98174	98188	98197	98308
	98347	98417	98444	98502	98538	98544	98557	98591	98595
	98633	98636	98649	98670	98671	98707	98720	98792	98843
	98872	98949	98984	99005	99053	99068	99153	99156	99228
	99279	99282	99285	99331	99332	99333	99433	99486	99538
	99547	99573	99630	99694	99824	99885	99889	99898	99937
	99980	99982	100015	100088	100095	100107	100129	100130	100156
	100170	100186	100190	100217	100278	100311	100371	100395	100442
	100464	100501	100514	100538	100539	100583	100606	100694	100727
	100769	100781	100802	100850	100858	100900	100913	100930	100943
	100944	100946	100948	100982	100999	101008	101071	101072	101084
	101110	101114	101147	101172	101173	101176	101249	101273	101277
	101298	101357	101370	101390	101423	101452	101453	101455	101485
	101584	101637	101666	101678	101721	101737	101795	101818	101958
	101988	102000	102027	102042	102113	102139	102156	102160	102161
	102171	102199	102203	102206	102233	102321	102386	102414	102445
	102449	102458	102504	102530	102531	102542	102543	102559	102611
	102619	102636	102645	102652	102673	102676	102693	102705	102706
	102725	102733	102747	102787	102819	102823	102845	102857	102862
	102873	102875	102880	102902	102906	102949	102965	103003	103004
	103017	103023	103036	103067	103070	103089	103102	103108	103166
	103191	103195	103200	103201	103262	103267	103340	103366	103410
	103481	103503	103504	103521	103559	103575	103594	103608	
甛菜	101752	101927							
鯖	94507	100157	100343	100506	100718	101523	102718	103011	103095
靑邱俱樂部	103092								
靑年	94196	94203	95149	95451	95566	95567	95650	95658	95681
	96085	96288	96423	96434	96671	96779	96871	97084	97513
	97613	97831	98208	98335	98755	98786	98857	98863	99091
	99190	99672	99760	99938	99949	100028	100302	100817	102496
	102624	102909							
靑年團	95451	96288	98857	99949	100817	102624			
靑年會	94196	95149	95567	95650	95658	96423	96434	96779	96871
	97513	97831	98755	98786	98863	99190	99672	99760	99938
	100028	102909							
靑島	93955	94078	94090	94105	94261	94867	95043	95272	95804
	95949	95962	95967	95979	95996	96002	96017	96023	96053
	96073	96079	96132	96133	96144	96150	96155	96176	96182
	96183	96186	96215	96225	96270	96285	96299	96319	96327
	96381	96387	96393	96400	96418	96458	96489	96498	96534
	96546	96582	96631	96651	96661	96666	96677	96691	96709
	96717	96723	96743	96770	96788	96819	96983	96997	97012
	97044	97080	97112	98068	98091	98130	98149	98167	98239
	98252	99054	99113	100186	101097	101980	102562	102691	102848
靑島每日	102848								

靑島邦人	94261								
請負 請負業	95727	96508							
請願	93927	94117	94176	94184	94265	94543	95257	95414	95443
	95502	95868	96026	96093	96103	96146	96271	96397	96603
	96640	97145	98001	98235	98236	98263	98309	98452	98522
	98575	98583	98715	98716	98748	98850	99012	99052	99072
	99627	99695	99729	100163	100259	100729	100918	100931	100944
	101137	102173	102825	103111	103168				
淸酒	94276	94412	94421	94555	102066				
淸州 淸州	94506	94524	94548	94598	94950	95653	96482	96549	97079
	97173	97274	97292	98702	98855	98887	98942	99940	99943
	100067	100091	100178	100431	100485	101437	101944	102332	102421
	102504								
淸津	93931	94488	95834	96524	96599	96712	96910	97125	97761
	97942	98047	98117	98328	98329	98363	98556	98816	98841
	98873	98878	99554	99702	100022	100041	100048	100050	100289
	100303	100336	100473	100730	101410	101631	101858	102099	102132
	102169	102592	102593	102633	102768	102969	103139	103616	103618
	103641								
遞送 遞傳	97146	97630	100113	100328	100380	100861	102617	103278	103391
遞信	95306	95323	95340	95439	96359	96618	96706	97417	97442
	97466	98237	99017	99036	99362	99732	99931	100387	100621
	100961	101160	102108	102197	102321	102360	102563	103265	
遞信局	95306	95323	95340	95439	96618	96706	97442	97466	99362
	99931	100387	100621	100961	101160	102563	103265		
體育	94980	98083	98230	98801	100876	101401	102395	103029	
體育協會 (朝鮮體育協會, 平壤體育協會)	94980	98083	98230	98801	100876	101401			
體操	95383	102142	102888						
逮捕	96177	96527	96639	96826	96994	97188	97189	97243	97247
	97268	97306	97428	97455	97542	97598	97711	97825	97860
	97918	98026	98176	98275	98297	98340	98382	98416	98432
	98684	98706	98737	98914	99408	99413	99419	99510	99572
	99693	99787	99922	99947	99948	99949	100046	100270	100380
	100596	100932	101262	101367	101502	101643	101788	101834	102097
	102334	102615	102739	102859	103060				
滯貨	93796	94153	94201	94814	95343	97330			
初等敎育	103412								
草梁	94210	97729	101775	101837	102361				
招魂祭	98442	98466	98485	98495	100160	100566	103211		
囑託	95600	96457	97721	98380	98665	98703	100254	101690	101824

	101847	101885	102108					
囑託醫	100254	102108						
村田(鑛務課長)	97243	97595	98971					
總監	93791	94121	94322	94450	94685	94702	94811	94992	95066
	95079	95101	95192	95216	95396	95440	95544	96226	96243
	96284	98209	99160	99180	99268	99281	99511	99585	99691
	99879	100387	100416	100453	100528	100619	100977	100982	101292
	101862	102388	102724	102880	103083	103087	103186	103188	103270
	103337								
總督府學務局 総督府學務局	97942	99303	101510						
總督府 総督府	93842	93852	93853	93968	94009	94056	94107	94110	94168
	94262	94302	94416	94429	94511	94543	94600	94620	94670
	94681	94687	94792	94855	94918	94951	95004	95182	95332
	95401	95411	95430	95485	95544	95596	95624	95644	95678
	95711	95718	95740	95745	95787	95821	95874	95905	95946
	95965	96018	96028	96050	96077	96157	96165	96227	96266
	96290	96291	96292	96321	96332	96605	97040	97050	97066
	97221	97309	97341	97401	97402	97416	97497	97607	97635
	97776	97813	97840	97930	97942	98199	98446	98557	98580
	98621	98668	98768	98791	98853	99118	99145	99210	99279
	99300	99303	99511	99767	99879	99908	99931	99962	100085
	100208	100346	100387	100533	100931	101080	101085	101242	101268
	101510	102107	102137	102559	102572	102622	102701	102736	102819
	102920	103128	103243	103289					
總督 総督	93700	93777	93842	93852	93853	93878	93968	94009	94056
	94106	94107	94110	94116	94139	94152	94168	94169	94189
	94262	94302	94307	94416	94429	94511	94543	94600	94620
	94654	94670	94681	94687	94792	94820	94855	94890	94918
	94951	95004	95005	95182	95248	95332	95370	95401	95411
	95430	95485	95526	95544	95596	95624	95644	95678	95711
	95718	95740	95745	95787	95821	95874	95905	95946	95965
	96018	96028	96050	96077	96157	96165	96168	96227	96266
	96290	96291	96292	96321	96324	96332	96335	96344	96359
	96586	96605	96616	96933	97040	97050	97066	97110	97221
	97231	97309	97341	97383	97401	97402	97416	97497	97607
	97635	97741	97748	97766	97776	97795	97812	97813	97840
	97930	97942	98140	98162	98186	98199	98268	98273	98325
	98420	98427	98446	98557	98580	98621	98668	98768	98791
	98853	98874	98974	99118	99145	99210	99264	99279	99300
	99303	99511	99602	99683	99767	99809	99879	99908	99931
	99957	99962	100085	100208	100346	100387	100422	100478	100498
	100533	100548	100565	100599	100645	100730	100751	100871	100931
	100959	101080	101085	101242	101268	101292	101420	101510	102025
	102065	102107	102137	102167	102207	102358	102374	102404	102559
	102572	102603	102622	102701	102736	102819	102842	102920	103067
	103083	103128	103243	103289	103525				
總選擧	94333	94336	94349	94363	94390	94405	94431	94470	94477

	94503	94553	94743					
總裁 総裁	93888	94942	97232	97253	99687	99791	100055	100619	100824
	101977	102056	102559	103354				
總會	93763	93835	93914	93966	94011	94040	94060	94076	94123
	94135	94194	94322	94418	94432	94469	94488	94588	94732
	94798	94840	94868	94932	94989	95041	95151	95192	95213
	95268	95283	95311	95349	95436	95493	95568	95604	95756
	95887	96005	96044	96084	96330	96347	96625	96772	96904
	96905	97229	97252	97263	97358	97485	97537	97545	97562
	97669	97781	97794	97914	97938	98083	98118	98125	98197
	98208	98411	98417	98740	98842	98863	99008	99106	99198
	99228	99247	99456	99474	99574	99698	99716	99721	99824
	100051	100130	100667	100789	100930	101168	101386	101452	101638
	101712	102419	102636	102660	102767	103231	103285	103401	
追悼會	95555	95618	95631	95687	95743	96316	96579	96914	97025
	98712	102943	102974	102992					
萩野	103441	103599							
秋蠶	95773	95951	95981	96034	96211	96879	101771	101870	102014
追弔	95574	95591	95697						
逐鹿	94674	97079	97125	97203					
畜産界	96610								
畜産會議	93786	102993							
畜産 畜產	93786	94309	94488	94502	94785	94912	95390	96051	96095
	96570	96610	96732	99168	99699	99720	99782	100969	102148
	102478	102993	103142						
祝宴	97357								
畜牛	94552	94591	94709	94769	96234	96344	98034	101020	101050
畜牛政策	101020								
祝賀會	95013	95312	101864	101911	102146	103274			
椿事	95330	97535							
春蠶	95083	95132	95253	95267	95564	95613	95634	96563	98572
	99758	100112	100240						
春川	97350	99385	99470						
出稼鮮人	96995								
出版	94663	94696	96683	97791	101713	102438	102958		
出荷	93893	95406	97293	101115					
沖繩	93926	97800	98764	99043					
忠州	94180	94356	97005	100522	103115	103346	103494		
忠淸南道 忠南	93703	93864	93979	93979	94014	94026	94047	94181	94188
	94241	94494	94505	94529	94530	94555	94626	94706	94720
	94742	94758	94760	94818	94828	94843	94870	94883	95003
	95106	95106	95120	95120	95125	95126	95126	95183	95183
	95184	95266	95720	95807	95903	95981	96145	96147	96154

	96181	96252	96384	96442	97170	97458	97594	97805	98700
	98751	98960	99026	100021	100288	100427	100644	100712	100719
	100784	100894	101004	101049	101051	101095	101325	101719	102257
	102342	102385	103172	103572					
忠淸道	95622	101440							
忠淸北道 忠北	93946	94672	94688	94707	94769	94786	95204	96417	96420
	96481	96539	97299	98314	98751	98871	99126	100105	100171
	100240	100997	101432	101669	102940	103612			
忠魂碑	96074	102325							
趣味	93982								
翠雲亭	97434								
取引	93724	93742	93772	93818	93835	93955	93965	94031	94151
	94310	94370	94627	94732	94768	94874	95011	95058	95155
	95272	95286	95402	95414	95728	95905	96071	96133	96261
	96489	96986	97176	97492	97635	97873	98038	98193	98472
	98925	99185	99215	99399	99611	99755	99761	99811	99916
	100151	101051	101104	101466	101935	102889	103341	103461	
取調	95174	96670	96881	97899	98205	99276	99906	100340	100408
	100767	101258	101445	102972	103538				
取締	94217	94263	94344	94893	94922	95476	95520	95690	95826
	95946	95994	96018	96101	96288	96326	96335	96546	97126
	97145	97165	97245	97489	97530	97605	97791	97840	97903
	97995	98183	98224	98234	98543	98763	98853	98920	99218
	99399	99507	99606	99755	100038	100109	101191	101549	101632
	101760	102030	102094	103099	103125	103147	103152		
就學	93734	94272	94672						
就航	93744	93826	98571	103511					
測量	94447	94790	96669	98595	99519	102208	102549	103192	
測候	94208	95072	97440						
齒科	94184	100778	102406						
齒科醫	94184	100778	102406						
値上	93769	93901	93988	94259	94265	95045	95067	95305	95423
	95427	95444	96327	96418	98732	99315	100108	100463	101075
	102757								
治水	95925	95948	96059	96202	96537	96576	97026	100398	101045
	101148								
治水工事	97026								
治安	100087	100772							
治安警察	100087	100772							
淄川	102321								
勅語	96872	102769							
鍼紡工場	93913								
浸水	95733	101506							

ㅋ								
コレラ 虎疫	95196	95342	95459	95636	95660	95708	95718	95765	95810
	95855	95885	95887	95915	95929	95954	95961	95997	96007
	96008	96013	96030	96040	96045	96064	96065	96085	96101
	96120	96124	96145	96179	96181	96185	96190	96191	96209
	96218	96222	96240	96251	96252	96265	96294	96313	96322
	96361	96390	96421	96440	96442	96461	96462	96481	96512
	96776	98271	98697	100134	100180	100273	100298	100673	100952
	101291	102153	102459	102539	102616				

E								
たばこ 煙草・葉煙草	93919	93934	93988	94227	94227	94738	94835	95067	95229
	95264	95301	95305	95493	95497	95865	96160	96171	96351
	96492	97045	97177	97287	97570	97666	97765	97778	98136
	98161	98311	98378	98449	98469	98494	98560	98855	98993
	99065	99130	99180	99261	99261	99315	99392	99643	99739
	99913	100231	100393	100460	100463	100469	100471	100513	100657
	100708	100830	100862	100945	100973	101177	101206	101487	101717
	101743	101999	102033	102044	102083	102318	102631	102793	103161
	103251	103342	103506						
トラスト	100941	103447	103589						
打合會	94977	95547	96247	96483	96699	99236	100630	101591	101681
	102181								
託兒所	101410								
炭鑛	94222	94955	102199						
炭鑛鐵道	94955								
彈藥	96777	97384	98361	99614					
嘆願	93827	95926							
炭田	97113	100783	101473						
脫走兵	97710								
湯地幸平	98971	99303							
怠業	93860	94647	102332						
太平洋會議	101231	101394	101716	102356					
土木	94342	94798	94868	95001	95159	96324	96905	97186	97781
	99100	99247	99324	99691	100191	100853	101440	102218	102421
	102526	103395							
土木部	102218	102526							
土木事業	99100								
討伐	96638	96846	96860	96865	96937	97001	97243	97244	97283
	97302	97320	97334	97352	97378	97398	97459	98073	98174
	98294	98326	99118	99737	100199	102551			
土匪	96525								
土産	100961	102814							
土地	94098	94374	94588	94612	94901	95190	95614	95683	96077
	96182	96226	96243	96309	96344	97090	97586	97609	97879
	98134	98389	99368	99414	100070	100133	100145	100154	100470
	101722	102168	102795	103090	103216	103642			
土地改良	96344	97090	97586	97609	100154	103090	103473		
土地制度	96226	96243							
土地調査	95190	103642							
土地會社	99414								
噸	93796	94108	94153	94246	95626	96219	100036	100948	

噸稅令	96219								
通關	95133 103324	97094 103591	97996	99053	99454	100421	102671	102907	103219
通關貿易	95133	97094	100421	102907	103324	103591			
通信	94705 96784 97082 100599 102131	94718 96798 97098 100729 102866	94748 96813 97520 100863 102961	94759 96837 97981 101086 103607	94784 96849 98220 101104	94817 96868 98941 101348	94829 97017 98969 101620	94891 97053 99841 102041	95297 97068 100093 102060
通信競技	98941	98969	102060	102131	102961				
通信傳習生	99841	102866							
通譯	97066	101499							
統營	94663 101918	98094 102432	100981 102472	101600 103630	101620	101750	101842	101855	101917
統一	94656 99417	95218 99678	95658 101170	96336 101375	96496 102916	97272 103504	97963 103573	98831	99026
通學	94010 98745 103376	94556 99808	94927 100758	94944 101155	96574 101702	97526 102452	97759 102687	97995 102995	98618 103150
投賣	97722	103161							
投票	95360	96308	98227	103469	103485	103522			
特派使	93912								
特派員	97001	97546							

	Ⅱ							
パン	100702							
ペスト	97439	98356	98965	99535	100268	100971		
ポスター ポスター展	101213	102638	102644	102854	102871	102912	102930	102942	102970
	103025	103049	103096	103257				
ポンプ	102516							
派遣	93837	95332	95358	95542	95629	95666	96435	97621	98666
	98672	99145	99146	99704	102308	103147		
罷工	93957	100610	101246					
破産	95027	95163	95359	96360				
罷業	94221	94877	95822	96667	99060	99206	100053	102757	103312
破獄囚	103101							
播種	100430	102382						
派出所	95142	95151	96203	98496	100488	100779	100893		
判検事	95985	95992	101636					
判事	95970	97942	98740	100924	101268	101832		
阪神	96297	96807						
判任官	99830	100996						
膨脹	93972	94244	94550	94605	94918	94962	96449	98532	103163
	103624							
苹果	101459	101527	102245					
平民主義	96605							
平安南道 平南	94755	94875	95131	95719	95938	96487	97237	97408	97548
	98286	98290	99163	99262	99283	99288	99305	99344	99352
	99397	99469	99596	99699	99720	99863	99886	99897	99957
	100125	100134	100149	100150	100154	100282	100298	100342	100351
	100418	100419	100448	100456	100495	100644	100654	100684	100690
	100717	100827	100880	100880	100904	100905	100920	100963	100964
	100995	100997	101020	101021	101080	101089	101132	101135	101148
	101154	101178	101251	101255	101273	101305	101490	101577	101617
	101736	101748	101752	101825	101877	101889	101904	102172	102253
	102339	102498	102547	102830	102951	103034	103054	103090	103113
	103133	103153	103222	103395	103412	103414	103415	103470	103548
	103645							
平安北道 平北	94094	94733	95000	96153	97626	97634	97883	98275	98475
	98499	98822	98914	98952	99388	99448	99746	99777	99976
	100160	100415	100566	100644	100698	100748	100997	101052	103397
	103431							
平壤	94081	94097	94185	94309	94312	94324	94334	94366	94603
	94605	94621	94684	94875	94930	94969	95100	95122	95133
	95146	95148	95260	95269	95285	95699	95911	95940	95975
	96380	96415	96633	96708	96756	96898	96988	97008	97149
	97274	97409	97424	97686	97703	97704	97715	97942	98162

	98220	98377	98626	98741	98749	98767	99171	99207	99217
	99240	99255	99263	99284	99289	99343	99355	99383	99387
	99407	99427	99446	99447	99457	99458	99480	99502	99595
	99604	99609	99629	99656	99674	99677	99679	99698	99753
	99802	99810	99828	99834	99853	99876	99913	99920	99921
	99933	99934	99966	99985	100036	100098	100132	100194	100213
	100216	100237	100245	100248	100263	100281	100315	100317	100326
	100349	100352	100354	100421	100424	100425	100449	100476	100501
	100507	100532	100581	100617	100618	100623	100627	100646	100663
	100710	100732	100742	100754	100791	100801	100804	100805	100826
	100828	100835	100840	100874	100879	100880	100895	100902	100923
	100953	100964	100977	100978	100980	100983	100990	100991	101022
	101035	101080	101107	101143	101144	101146	101149	101198	101218
	101243	101273	101293	101298	101299	101314	101353	101357	101385
	101400	101401	101485	101491	101514	101518	101525	101539	101543
	101564	101576	101614	101626	101634	101654	101656	101657	101666
	101674	101675	101694	101722	101725	101733	101754	101779	101784
	101869	101874	101882	101888	101901	101911	101938	101961	101962
	101971	101982	102000	102004	102030	102092	102097	102111	102126
	102143	102171	102192	102224	102249	102251	102256	102287	102341
	102350	102376	102381	102387	102420	102508	102526	102528	102543
	102618	102639	102663	102680	102684	102726	102729	102738	102755
	102761	102780	102784	102788	102807	102854	102872	102905	102907
	102912	102922	102923	102949	102952	102991	103000	103036	103048
	103072	103086	103088	103089	103108	103148	103150	103155	103163
	103165	103171	103180	103208	103217	103234	103236	103243	103263
	103296	103305	103318	103320	103324	103386	103390	103410	103411
	103432	103450	103467	103469	103470	103482	103483	103510	103522
	103523	103537	103566	103571	103591				
平壤公會堂	94875	94969	99171	99343	99457	100098	100349	100424	100742
	100953								
平壤安全デー	101035								
平元線	95107	97589	97751	98284	99004	101271	103148		
平元鐵道	93802	93851	93980	93991	94011	94362	96364	97621	100850
	100900	100982	100999	101072	102543	102611	102673	102880	103067
	103166	103191							
平井內務部	99305	100309	100658	101540	103608				
平和博 平和博覽會	102292								
肺ペスト	98356	98965	100268						
肺病患者	101286								
捕鯨	98045								
布教	94078	94090	94105	94187	97738	98150	99772	100168	101711
	102043	102436							
布教所	101711	102436							

砲兵	93881	94878	95293	98384	100703			
砲兵會議	93881							
褒賞	94412	96909	96922	96989	102999			
浦潮	93931	95778	96675	96686	96883	98156	98650	99079	99508
	99786	100291	101041	102691	103574	103622			
浦項	98112	99924	101676	102093	102309	103503			
暴動	95796	95913	96555	103353					
暴落	93963	94026	96992	97801	98412	102242			
暴利	98503	101083							
暴民	98729								
爆彈	93777	94106	94116	94139	94152	94169	94189	94236	94903
	95034	95408	95587	96329	96433	96552	96670	96737	96892
	97004	97302	97840	98009	98143	98180	98318	98438	99155
	100820	102065	102185	102859	103097	103466			
漂流	98011								
俵米	98517	98592	100664	102141	102511	102749	102764	102936	102999
標語	96097	102540							
表彰	94063	94103	95261	95958	96196	96277	96377	96407	96460
	96472	96539	96728	97170	97804	98322	98354	98457	99045
	99137	99472	100510	100957	101136	101708	101941	101975	102607
	102732	102977	103261	103439					
品評會	94174	94412	94421	94540	94594	94602	95830	96095	96234
	96403	96420	96476	96549	96567	96570	96732	96793	96838
	96909	96922	96987	96989	97279	98015	98110	98322	98478
	98517	98592	100664	100714	100907	100972	101763	101908	102066
	102141	102148	102289	102461	102511	102632	102692	102749	102881
	102926	102936	102937	103024	103172	103204	103470	103628	
豊漁	93753	97803	98112	98730	100157	100506	100574	100718	102497
	102718	103253							
豊作	93897	96351	96446	96513	97641	97686	99220	100418	102623
風土病	93981	93992	94004	94039	94050				
被告	94106	94116	94139	94152	94169	94189	95852	95913	99971
	100934	101524							
避難	103085								
披露宴	94007	94024	94257	94258	94526	101154			
避病院	98101								
皮革	94612	94771	99228	99898					

ㅎ								
ホテル	94827	94942	96892	98188	102767	103021		
下關	94209	96589	96615	98971	100443	101231		
河內(財務局長)	96257	96290	96414	96674	100771	102572	102599	103067
	103083	103586						
河東	98279							
下水	94956	99383	102646					
下宿	98656	103554						
學校	93734	93751	93769	93771	93784	93789	93831	93927	93932
	93936	93971	94010	94024	94032	94042	94059	94063	94148
	94154	94216	94226	94234	94324	94328	94339	94342	94417
	94418	94437	94453	94476	94484	94486	94489	94511	94518
	94531	94534	94556	94560	94610	94622	94625	94643	94644
	94680	94695	94764	94765	94796	94805	94819	94827	94830
	94839	94891	94925	94927	94940	94944	95060	95096	95104
	95174	95191	95194	95206	95225	95243	95324	95328	95336
	95337	95366	95375	95381	95394	95428	95469	95495	95619
	95737	95814	95867	95876	95978	96091	96127	96158	96201
	96309	96311	96334	96359	96380	96381	96437	96438	96574
	96605	96612	96744	96789	96796	96797	96843	96856	96887
	97054	97171	97198	97233	97246	97332	97467	97488	97526
	97552	97590	97648	97653	97660	97661	97676	97685	97690
	97700	97705	97759	97880	97942	98002	98031	98035	98083
	98100	98212	98218	98290	98383	98395	98409	98425	98470
	98501	98539	98618	98651	98665	98677	98726	98745	98776
	98798	98836	98875	98877	98930	98956	98982	99028	99074
	99182	99194	99195	99337	99340	99469	99586	99597	99605
	99685	99688	99710	99808	99880	99945	100013	100099	100144
	100196	100296	100359	100585	100693	100710	100758	100791	100876
	100884	100938	101031	101063	101089	101144	101155	101319	101336
	101555	101573	101575	101582	101593	101609	101695	101697	101705
	102017	102138	102218	102228	102243	102249	102263	102291	102339
	102375	102407	102441	102446	102452	102519	102525	102610	102686
	102687	102784	102863	102995	103034	103050	103081	103150	103179
	103381	103551							
學校組合	93789	93932	94418	94486	94518	94534	94622	94625	94643
	94827	94830	94839	94925	95096	95104	95174	95194	95206
	95225	95243	95336	95337	95381	95428	95469	95619	96091
	96158	97676	98031	98083	98212	98539	98651	98677	99880
	100884	101582							
學校閉鎖	97246	101319							
學童	94426	98262	99775	100530					
學務	94027	94091	94107	94110	94127	94217	94476	94487	94511
	95004	95241	95495	96050	96359	96545	96606	97468	97942
	98620	98913	99303	99469	100693	101510	102138	102249	102263

	102686	102995	103013	103032	103587			
學務局	94027	94217	94476	94487	95241	95495	96545	96606	97942
	98620	98913	99303	101510	102249	103587			
學務局長	94027	94217	94476	94487	95241	95495	96545	96606	97942
	98620	98913	99303	101510	102249	103587			
學問	100362								
學費	99265	99839							
學生大會	95128	95247	96741	96927					
學生宣傳	100382								
學術	98230								
學習院	96605								
學藝會	97198								
學資	95370	100305							
學制	94107	94126	94191	94373	95842	96490	96749	97046	99808
	101595	102441							
學制改正	94107	94126	94191	95842	97046	101595			
學制改革	94373	96490							
學組	94885	97195	98817	98818	98835	98901	98931	99003	99080
學生組合	99084	99221	99243	99615	99658	99734	102313	102346	102662
	103279	103624							
學會	93914	95209	98031	102359	102713	102890			
漢江	94326	94371	96202	99412	101337	101399	102412		
韓國	94806	94991	99463						
漢城	94030	94734	103433	103468	103565	103639			
漢城病院	94734								
漢銀	97952	103203							
旱天	101819								
旱害	93855	94022	94182	94382	94547	94606	94649	94896	94946
(旱害救濟)	95105	95333	95818	96470	100851	101095	101132	101691	
咸鏡南道	94094	94341	94350	94433	94472	94484	94485	95460	95491
咸南	95820	96164	96255	96286	96328	96404	96548	96571	96583
	96610	96956	96969	97196	97634	97772	97975	98007	98116
	98127	98267	98374	99782	99788	99820	100759	100761	100809
	100832	100997	101221	101323	101329	101523	101771	101825	101945
	101953	101990	102324	102411	102797	103254			
咸鏡北道	93720	94973	95274	96408	96580	96891	97891	98204	98393
咸北	98815	99018	99127	99380	100034	100217	100222	100283	100297
	100733	100854	100922	100944	101303	101862	102183	102548	102979
	103136								
咸鏡線	95028	95147	95330	98129	98303	98771	99282	101071	
艦隊	93931	97574	101015	101463	102303	102578			
咸興	93701	93702	93707	93824	93871	94037	94339	94342	94668

	101405	101460	101683	101779	101788	102118	102704	102969	102971
	103369								
海苔 のり	98310	98614	103057						
行軍	95293								
行方不明	93819	96963	98357						
行旅病	95572								
行政	96335	98532	100087	100265	101348	101670	103451	103597	
鄉軍	95902	96861	97350	97384	100957				
鄉土	101241								
憲兵	93790	93864	94086	94140	94247	94948	95101	95584	95622
	95629	95879	96451	96510	96561	96681	96701	96722	96800
	96818	96846	96980	97073	97118	97306	97348	97390	97422
	97455	97457	97829	98353	98367	98587	98916	99033	99303
	99349	99471	99494	99540	99703	99759	100079	100166	100264
	100412	100511	100519	100659	100871	100915	101067	101317	101387
	101441	103102	103145	103194	103295	103308	103337	103353	103620
憲兵隊	93790	94086	94948	95101	96722	96800	96846	97306	97829
	98353	99033	99471	100166	100659	100915	101067	101317	101387
獻上	98566	101685	102842	102990	103342				
現物	93880	93993	94031	94085	94130	94216	94394	94538	96115
	97278	97914	98193	101104					
玄米	95938	96956							
懸賞	97628	97913	98173						
現株	93903	94070	94216	94307	94366	94441	94490	94504	94530
	94613	94684	95214	95436	95999	96024	100614	100734	102709
玄海	101588								
現況	94215	94733	95110	95392	96000	99116	99492	100417	101697
	103559								
穴居生活	102696								
血書	98163								
嫌疑者	95137	95250	96411	96892	99434	101367			
脅喝	98605	99277							
協議會	93979	94496	94661	94739	95006	95109	95978	96619	96797
	98753	100925	103522	103540					
刑死者	96949								
戶口	94216	94994	95062	95965	96247	96332	96801	96815	96858
	96889	96894	97187	97465	98585	98630	99591	100237	100731
	101472	102224	102421	103300					
戶口調査	94994	95062	95965	96247	96332	96801	96815	96894	97187
	97465	98585							
湖南	93856	94179	95134	95321	95509	98258	99115	100096	102047

94552	94558	94593	94631	95506	95669	95702	96429	96434
96441	96472	96563	96835	97237	97327	97375	97548	97591
97702	98349	98511	98708	99216	99515	100122	100579	100644
100857	100879	100997	101050	101101	101434	101500	102082	102086
102134	102498							

會 (코너기사)

93704	93718	93736	93746	93762	93763	93779	93786	93798
93804	93805	93813	93814	93819	93825	93829	93833	93834
93835	93836	93840	93848	93849	93851	93854	93858	93863
93872	93881	93882	93909	93911	93914	93919	93928	93942
93946	93958	93965	93966	93979	93983	93991	93996	94001
94011	94017	94021	94033	94040	94047	94049	94060	94066
94076	94122	94123	94134	94135	94141	94144	94156	94162
94174	94178	94179	94185	94188	94194	94195	94196	94202
94203	94212	94216	94230	94243	94248	94249	94251	94252
94258	94259	94261	94262	94280	94286	94288	94298	94308
94309	94321	94322	94326	94338	94340	94343	94352	94362
94364	94367	94370	94385	94412	94418	94421	94423	94432
94456	94469	94485	94486	94488	94491	94496	94502	94515
94522	94530	94533	94539	94540	94545	94551	94555	94557
94561	94582	94584	94588	94594	94599	94600	94602	94605
94612	94625	94634	94639	94645	94651	94661	94663	94664
94678	94680	94696	94700	94716	94728	94732	94733	94737
94739	94756	94770	94771	94772	94785	94789	94790	94794
94798	94800	94801	94804	94811	94812	94825	94827	94840
94841	94845	94854	94858	94868	94875	94876	94879	94881
94882	94891	94893	94898	94902	94905	94909	94912	94913
94916	94924	94925	94926	94927	94930	94932	94935	94948
94949	94950	94951	94961	94962	94968	94969	94976	94977
94980	94981	94984	94985	94989	94998	94999	95000	95004
95006	95012	95013	95015	95023	95024	95031	95041	95042
95043	95044	95053	95064	95066	95077	95082	95084	95101
95109	95113	95115	95123	95124	95128	95135	95145	95148
95149	95151	95156	95174	95176	95177	95182	95192	95195
95196	95200	95208	95209	95213	95215	95232	95239	95241
95242	95247	95249	95258	95268	95270	95271	95272	95274
95276	95283	95287	95295	95296	95303	95311	95312	95313
95317	95321	95325	95331	95334	95345	95349	95354	95372
95383	95399	95415	95416	95419	95424	95431	95436	95437
95441	95443	95445	95448	95469	95490	95493	95500	95508
95529	95537	95538	95542	95547	95555	95558	95566	95567
95568	95578	95579	95585	95590	95598	95602	95604	95618
95631	95637	95644	95650	95658	95671	95681	95687	95696
95698	95704	95722	95724	95725	95726	95728	95729	95737
95741	95743	95755	95756	95764	95769	95781	95785	95787
95792	95795	95802	95809	95811	95816	95830	95834	95835
95842	95847	95862	95875	95883	95887	95888	95890	95911
95917	95919	95921	95925	95932	95933	95952	95963	95978

95986	96001	96005	96006	96009	96016	96021	96026	96039
96044	96056	96059	96078	96084	96087	96092	96095	96112
96127	96133	96161	96163	96168	96178	96201	96202	96204
96217	96234	96244	96245	96247	96260	96274	96275	96284
96299	96316	96330	96334	96347	96356	96369	96377	96381
96402	96403	96418	96420	96423	96425	96434	96437	96444
96467	96476	96477	96482	96483	96485	96488	96498	96529
96536	96537	96549	96567	96569	96570	96579	96586	96619
96622	96624	96625	96626	96633	96660	96665	96688	96689
96699	96732	96741	96758	96763	96772	96773	96779	96793
96797	96811	96829	96838	96854	96861	96871	96875	96876
96877	96880	96903	96904	96905	96909	96912	96914	96916
96922	96927	96951	96987	96989	97003	97024	97025	97033
97036	97041	97067	97075	97083	97096	97097	97173	97183
97188	97198	97203	97208	97221	97229	97233	97236	97252
97263	97270	97272	97279	97285	97294	97324	97327	97341
97345	97350	97358	97361	97384	97389	97392	97393	97396
97397	97402	97403	97420	97432	97434	97435	97445	97449
97451	97475	97482	97485	97488	97490	97513	97537	97545
97562	97573	97578	97639	97642	97669	97689	97705	97713
97761	97766	97768	97776	97779	97780	97781	97790	97794
97797	97800	97804	97812	97816	97820	97827	97831	97833
97834	97837	97838	97839	97845	97850	97854	97855	97876
97877	97886	97888	97907	97914	97923	97928	97931	97938
97949	97951	97952	97957	97963	98015	98020	98023	98031
98033	98063	98083	98086	98093	98096	98108	98110	98118
98123	98125	98162	98178	98197	98208	98211	98225	98226
98230	98235	98236	98256	98267	98291	98322	98329	98348
98363	98370	98378	98400	98402	98411	98417	98440	98446
98453	98454	98455	98459	98474	98476	98478	98486	98491
98497	98513	98517	98525	98533	98536	98584	98587	98592
98593	98608	98639	98654	98672	98673	98674	98698	98712
98740	98747	98748	98749	98750	98751	98753	98755	98764
98767	98786	98789	98801	98802	98807	98811	98815	98839
98842	98850	98851	98863	98909	98912	98923	98924	98941
98944	98952	98974	98980	98987	99008	99012	99025	99028
99043	99051	99055	99067	99083	99097	99106	99124	99141
99147	99149	99153	99165	99171	99183	99190	99196	99198
99207	99228	99231	99236	99247	99255	99267	99278	99305
99320	99324	99343	99347	99353	99362	99369	99378	99382
99384	99387	99389	99400	99402	99405	99414	99420	99452
99453	99456	99457	99465	99474	99483	99495	99505	99516
99526	99527	99543	99550	99562	99574	99575	99582	99593
99595	99609	99610	99629	99639	99646	99650	99658	99664
99672	99684	99688	99695	99698	99702	99709	99711	99716
99718	99721	99731	99734	99757	99760	99764	99773	99789
99793	99808	99809	99813	99815	99824	99837	99854	99859

99860	99863	99865	99873	99876	99886	99893	99895	99898
99904	99905	99912	99937	99938	99941	99959	99967	100003
100021	100028	100051	100061	100065	100066	100068	100074	100089
100094	100098	100107	100116	100125	100126	100130	100142	100166
100171	100195	100203	100212	100215	100216	100231	100244	100265
100288	100301	100333	100349	100353	100362	100368	100376	100397
100402	100412	100424	100426	100431	100440	100445	100454	100455
100460	100477	100480	100484	100490	100495	100522	100528	100537
100541	100553	100554	100555	100560	100582	100623	100626	100629
100630	100638	100645	100656	100664	100667	100690	100714	100720
100742	100749	100751	100784	100789	100794	100797	100803	100808
100826	100828	100829	100854	100855	100876	100894	100907	100914
100922	100925	100930	100939	100943	100953	100958	100961	100969
100972	100976	100983	100988	100990	100995	101003	101007	101011
101027	101029	101030	101038	101042	101043	101077	101090	101091
101092	101096	101098	101107	101108	101118	101122	101136	101154
101155	101157	101158	101161	101165	101167	101168	101178	101181
101200	101205	101221	101225	101231	101249	101264	101269	101271
101273	101279	101288	101305	101307	101309	101315	101324	101336
101340	101341	101344	101345	101347	101353	101355	101359	101362
101365	101381	101386	101394	101396	101401	101404	101423	101434
101437	101447	101452	101453	101456	101470	101489	101490	101519
101530	101535	101539	101542	101573	101580	101591	101593	101609
101621	101622	101632	101635	101637	101638	101646	101652	101665
101669	101677	101681	101688	101694	101703	101712	101716	101731
101745	101756	101763	101765	101766	101775	101790	101791	101831
101839	101852	101856	101860	101864	101871	101873	101877	101908
101911	101913	101923	101933	101934	101937	101938	101957	101977
101987	102004	102009	102010	102017	102056	102059	102066	102068
102107	102112	102116	102127	102129	102141	102142	102146	102148
102155	102163	102169	102177	102181	102191	102192	102193	102198
102206	102220	102222	102234	102240	102243	102244	102254	102255
102264	102274	102277	102289	102297	102298	102301	102305	102309
102321	102322	102324	102337	102341	102350	102356	102357	102359
102363	102372	102374	102392	102395	102399	102400	102401	102406
102419	102428	102432	102433	102434	102458	102461	102472	102474
102478	102481	102490	102503	102511	102520	102523	102528	102543
102547	102554	102556	102558	102561	102563	102564	102566	102568
102571	102574	102575	102576	102578	102591	102592	102593	102602
102603	102604	102610	102611	102628	102632	102636	102640	102644
102647	102655	102660	102666	102681	102682	102684	102692	102697
102698	102713	102720	102724	102725	102740	102743	102749	102751
102767	102775	102790	102804	102818	102838	102851	102853	102855
102864	102881	102882	102890	102902	102909	102917	102926	102929
102932	102936	102937	102941	102942	102943	102970	102973	102974
102977	102992	102993	102996	103005	103020	103021	103024	103027
103029	103033	103034	103036	103046	103050	103051	103093	103116

	103119	103142	103148	103156	103158	103162	103172	103173	103174
	103179	103188	103197	103198	103204	103206	103231	103236	103251
	103274	103285	103374	103386	103392	103401	103406	103413	103420
	103421	103424	103432	103457	103470	103484	103502	103503	103515
	103518	103522	103532	103537	103540	103542	103548	103563	103605
	103613	103614	103628	103636					
繪	93713	100927							
會計	95174	95241	95271	95644	95785	96498	97345	97776	98110
	98491	99362	99610	101324	102558	102993	103628		
繪卷	93713								
會寧	94932	95113	95208	95448	97689	98096	98440	99718	100720
	100751	101381	102593	102941	103173				
會頭	93848	93851	93928	93983	94258	96039	96536	97097	97420
	100216	101271	101362	101831	102790	102970	103093	103236	103392
	103413	103432							
會社銀行	93914	93966	94298	94370	94385	94456	94488	94502	94522
	94539	94557	94588	94612	94645	94663	94785	94804	94840
	94898	94912	94932	94968	95000	95024	95041	95084	95268
	95283	95311	95537	95568	95756	95764	95888	96005	96016
	96163	97639	97794	97839	97938	97952	98118	98197	98842
	99106	99153	99198	99228	99456	99483	99698	99898	100107
	100930	100969	101030	101168	101712	101731			
回數券	96931								
會寧	101790	101791	102568						
會議	93786	93840	93851	93881	93909	93991	94017	94047	94076
	94195	94248	94249	94286	94486	94625	94728	94801	94811
	94845	94858	94893	94924	94925	94948	94949	94961	94962
	94998	95023	95084	95101	95113	95124	95135	95192	95196
	95232	95325	95419	95431	95469	95500	95529	95728	95737
	95847	95917	96021	96026	96056	96127	96201	96284	96356
	96377	96402	96483	96586	96797	96877	97003	97183	97208
	97233	97285	97341	97488	97573	97766	97816	97877	97888
	98083	98208	98256	98267	98348	98400	98402	98486	98584
	98587	98654	98673	98750	98811	98924	99028	99051	99106
	99324	99369	99382	99400	99550	99593	99629	99646	99658
	99731	99734	99757	99809	99815	99893	99941	100021	100068
	100166	100288	100454	100455	100537	100623	100630	100645	100784
	100828	100894	100961	101007	101043	101158	101200	101231	101305
	101353	101362	101394	101404	101489	101632	101677	101716	101938
	102107	102169	102191	102192	102350	102356	102374	102523	102528
	102591	102602	102603	102647	102724	102864	102993	103051	103142
	103179	103188	103206	103432	103457	103548	103636		
會議所	93840	93851	93909	93991	94195	94248	94286	94801	94845
	94961	94962	95135	95325	95431	95529	95728	95917	96026
	96056	97285	98256	98584	98750	98811	98924	99369	99382

	99629	100068	100623	100828	101305	101353	101362	101404	101677
	101938	102169	102191	102192	102350	102528	103432	103457	
會長 会長	99124	99353	100142	100412	100855	100988	102917		
橫須賀	96710	97053							
後援	94009	94891	98748	101029	103026				
訓導	96123	100362	100636	103516					
訓令	96352	98852							
彙報	102438								
休業	95049	95207	95421	95916	101388	103081	103615		
興凱 興凱湖	102737								
興業	94007	94024	94081	94098	94309	94599	94645	94733	94785
	94912	95000	95268	96163	96370	98752	100038		
興行	96439								
喜雨	95112	95446	95730	95767	99656	100911	101819		

한림일본학자료총서 발간에 즈음하여

1994년에 춘천에서 '일본학연구소'라는 간판을 내걸고 문을 연 한림대학교 일본학연구소는 당시 불모지에 가까운 상태였던 국내 일본학계에 기본적인 문헌을 공급한다는 기획을 세웠다. 바로 「일본학총서」였다. 그로부터 18년이 지난 지금 본 연구소의 출판물은 총 160권이 넘는다.

이번에 새롭게 발간한 「일본학자료총서」는 기존의 「일본학총서」를 승계·발전시킨 「한림일본학신총서」, 그리고 2011년에 『제국일본의 문화권력』을 첫 권으로 출발한 「일본학연구총서」와 함께 한림대학교 일본학연구소가 기획·간행하는 일본학 관련 총서의 세 기둥을 이룬다. '자료총서'라는 기획이 시작된 배경에는 국내 일본학에 1차 자료에 대한 보급이 매우 지진하다는 이유가 있다. 가령 일본이 제국을 지향하고 건설하는 과정의 한 부분으로서, 당시 일본인들의 정신세계를 국가주의로 이끌고 하나로 엮는 데 주체적인 역할을 한 이른바 당시 일본 '지식인'들의 행보를 알아야 하고, 그러기 위해서는 그들이 쓴 1차적인 저작을 읽고 분석할 필요성이 있다. 우리는 35년이나 제국일본의 식민지로서 지낸 불행한 경험이 있음에도 불구하고, 그리고 일제강점기 연구, 일본학 연구가 많은 성과를 내놓고 있음에도 불구하고, 아직 우리에게는 이런 부류의 저작을 한글로 옮겨서 많은 연구자, 학생들이 접할 수 있도록 한 출판물이 없다. 문헌에 대한 소개 자체가 거의 안 되어 있다는 것이 현실이다.

이러한 상황을 개선해서 한국의 일본 연구자, 일본학 종사자의 사명을 다하자는 것이 이 「일본학자료총서」이다. 현재 「일본학자료총서」에는 두 가지 시리즈가 존재하는데, <근대일본의 학지(學知)> 시리즈와 <아사히신문 외지판>시리즈이다. 전자는 일본이 조선, 아시아 그리고 세계를 어떻게 바라보고 있었는가를 알기 위한 작업이며, 후자는 일본 아사히신문이 외지에서 발행한 외지판 중 이른바 '조선판'에 대한 기사명 색인을 작성해서 학계에 1차 자료로 제공하려는 것이다. 앞으로 신규로 추가될 시리즈를 포함해서 이 「일본학자료총서」는 우리가 일본을 분석하는 깊이와 다양성을 담보할 수 있는 필수이면서도 매우 기초적인 작업이 될 것이라 믿는다.

2012년 3월
한림대학교 일본학연구소

아사히신문
외지판(조선판)
기사명 색인_제2권

초판인쇄 2017년 3월 31일
초판발행 2017년 3월 31일

지은이 한림대학교 일본학연구소
　　　　서정완, 심재현, 김성희(6기), 김보민, 박명훈, 박진희, 노혜민, 방나은, 정단비,
　　　　홍세은, 김성희(12기), 박상진, 현정훈
　　　　ⓒ Johngwan Suh 2017 Printed in Korea.
기획 한림대학교 일본학연구소
펴낸이 채종준
펴낸곳 한국학술정보㈜
주소 경기도 파주시 회동길 230(문발동)
전화 031) 908-3181(대표)
팩스 031) 908-3189
홈페이지 http://ebook.kstudy.com
전자우편 출판사업부 publish@kstudy.com
등록 제일산-115호(2000. 6. 19)

ISBN 978-89-268-7900-9 91070

아사히신문
외지판(조선판)

기사명 색인_제2권

한림일본학자료총서
아사히신문 외지판 7

This publication has been executed with grant from
the Japan Foundation(Support Program for Japanese Studies Organizations),
National Research Foundation of Korea grant funded
by the Korean Government(2014S1A5B8066696)
and the fund of the Institute of Japanese Studies, Hallym University.

한림대학교 일본학연구소는 이 책을 간행함에 있어
출판비용의 일부를 일본국제교류기금과 한국연구재단으로부터 지원받았고,
한림대학교 일본학연구소 발전기금을 사용하였습니다.